최인학의
세계
민속기행

최인학 崔仁鶴

경희대학교 대학원 문학석사 수료
동경교육대학 대학원 문학연구과 박사과정(문학박사)
인하대학교 명예교수
A TYPE INDEX OF KOREAN FOLKTALES, MYONGJI UNIVERSITY, 1974
(REVISED EDITION 2024, MINSOKWON)
『문화인류학』, 새문사, 1986
『한국민속학연구』, 인하대학교출판부, 1989
『구전설화연구』, 새문사, 1994
『韓日昔話の比較研究』, みやい書店, 1995
『옛날이야기꾸러미』(엄용희 동편) 집문당 2003
『韓國昔話集成 全8卷』, 悠書館(東京), 2013~2020
『한국 신이·요괴사전』, 민속원, 2020
『오키나와를 담다』민속원 2022
『韓国民話の不思議な世界』(樋口淳 共編) 民話の森, 2023 외

최인학의
세계 민속기행

민속학의 화소話素를 찾아

민속원

머리말
Preface

민속기행을 회고하며

지금껏 세계 각지의 서로 다른 민속을 찾아서 지구촌 여러 곳을 두루 답사했다. 그러나 체계적인 계획에 따른 민속답사가 아니라 틈틈이 기회가 닿을 때마다 여행을 겸해서 답사한 까닭에 제대로 된 민속지나 조사보고서를 학계에 내놓지 못했다. 그럼에도 여러 매체에 답사기를 연재할 수 있어서 답사 결과를 제때 정리할 수 있었다. 당시만 하더라도 세계 오지 답사는 드문 일이어서 답사기 연재가 가능했다. 답사기라 했지만 사실상 민속기행이라 하는 것이 더 적절하다.

이 민속기행은 1970년대부터 1990년대에 걸쳐 일간지나 주간지에 연재했던 글들을 모은 것이다. 내용을 4장으로 구성했는데 특히 마지막 4장에는 답사지와 관련 있는 논문 7편을 재수록 했다. 그동안의 민속답사를 단계적으로 보면 다음과 같이 요약될 수 있다.

돌이켜보면, 비교민속학의 연구를 시작한 것은 대만의 고산족인 아미족阿美族의 현지조사가 처음이 될 것이다.(「臺灣の南勢アミにおける年中儀禮」, 『民俗學評論』 제10호, 1973. 9.) 당시는 고산족의 갈등이 심했기 때문에 이들을 만난다는 것은 여간 조심하지 않으면 안 되었다. 그런 환경에서도 예전에 있었던 참수斬首풍습, 신앙생활에서 비중이 높은 '앙이와 포에', 문신풍습 등에 관한 소득은 뜻밖의 낙수落穗였다.

다음으로 아메리칸 원주민에 대한 답사와 연구로 이어진다. 필자는 아메리칸 원주민들이 동북아시아에서 건너간 종족이라는 생각을 오래도록 털어버리지 못했다. 라틴아메리카의 인디오, 미국의 네이티브 인디언, 알래스카의 에스키모가 그들이다. 이런 연관성을 이해하고자 풀브라이트 연구기금으로 1년간 인디애나 대학에서 연구를 마친 1987년 11월 귀국길에 1개월간 잉카와 마야문화를 답사할 수 있었다.

칭기즈칸의 고장 몽골은 흙먼지 자욱한 말발굽 소리를 떠올리게 한다. 한 때는 전 세계 삼분의 일을 지배한 대제국이었으나 지금은 중국 변방의 몽골자치구와 몽골인민공화국으로 불리는 외몽골로 분리되었다. 몽골은 우리나라와 중세말의 역사에서 조우한다. 특히 몽골은 문화인류학적으로 우리와 깊은 공감대를 갖고 있다. 그럼에도 우리는 '죽의 장막'으로 가린 몽골을 오랫동안 들여다볼 수 없었다. 해방 후 처음으로 그들의 과거와 현재의 문화 전반에 관해 답사할 기회를 가졌다.

우리가 흔히 북간도北間島라 부르는, 오늘날 중국 길림성 연변 조선족 자치구도 답사하였다. 외롭고 고달픈 민족의 땀과 한이 얼룩진 북의 땅이다. 미지의 땅을 찾아 이민의 역사를 본격적으로 연지도 어언 한 세기가 지났다. 우리에게는 동포지만 그곳에 뿌리 내린 조선족은 중국 안에서는 영원한 소수민족이다. 생활실태와 민속의 변형을 알아보았다.

민속답사를 통해서 느낀 점은 문화의 다양성이다. 이 다양성 속에 도사리고 있는 화소話素는 무엇일까. 예컨대 한 나라 문화의 본질을 올바로 이해하려면 그 나라의 주요 곡식이 어떻게 전래하였는지 경로를 살펴보는 것이 무엇보다 중요하다. 우리 농경문화의 본질은 무엇이며 어디에서 어떻게 유입되었는지, 이 문제를 풀려면 다각적이며 과학적이고 종합적인 연구가 이루어져야 한다. 그래서 우리는 쌀문화를 위한 답사팀을 조직하였고 그동안 유력시 되던 중국 운남을 향해 출발했다.

끝으로,

이 책의 제목에 대해서 처음 『민속학의 화소話素를 찾아』로 하였으나 임재해 교수가 목차를 보고나서 『최인학의 세계 민속기행』이 좋겠다 하여 그렇게 결정했다. 동료교수로부터 제호를 받는다는 것은 그런대로 기쁨이 아닐 수 없다. 참으로 고마운 일이다.

그동안 지면을 할애해준 언론사에도 늦게나마 감사의 마음을 전한다. 근래 인문학 도서의 유통 사정이 좋지 않은 데도 불구하고 출판을 선뜻 맡아준 민속원 홍종화 사장과 책이 출간되기까지 수고를 마다않은 편집부 직원에게도 깊은 감사를 드린다.

2024. 가을 최인학

목 차
Contents

Ⅲ. 각국 문화유적지 – 탐방기와 답사기

IV. 답사보고(워크숍)와 논문

라이스로드rice road
: 쌀문화 민속기행

Ⅰ

운남의 쌀문화 본향을 찾아서

비교민속학회 회원으로 구성된 11명의 운남조사단이 홍콩을 경유 광주廣州에 도착한 것은 지난 1991년 2월 9일이었다. 북경어가 통하지 않고 광동어라야 통하는 이곳 중국의 3대 국제도시중의 하나인 광주는 교역 도시로 더욱 유명하다. 외국자본을 유도하기 위해 일찍이 개방시킨 광주는 중국의 도시답지 않게 활기가 넘친 자유경제도시로서의 향취가 뭉클하는 곳이었다. 광주에는 2박을 하는 동안 운남에 대한 예비지식을 수집했으며 자체적으로 간담회를 통해서 가지고 있던 단편적인 지식들을 충분히 교환할 수 있었다. 조사단이 운남을 가는 이유가 선명해졌다.

한국민속은 농경문화에 바탕을 두고 있다. 그러면서도 고유종교라 할 수 있는 무속신앙은 북방계 요소가 짙다. 한편 한국의 농경문화는 쌀이 중심을 이루며 쌀이 주식으로 군림하게 된 것은 이미 신석기시대부터 시작된 것은 고고학적으로 입증되고 있다. 그럼에도 불구하고 이 쌀의 기원과 유입과정의 정설이 없고 가설만 있을 뿐이다. 양자강 하류의 델타지역으로부터 바다를 건너 한강유역으로 유입되었을 것이라는 가설이 최근에 유력해진 것 같다.

그러나 일부 중국학자들이 주장하고 있는 양자강 하류의 쌀 기원설은 수도재배水滔栽培

가 전제가 된 것이며 전 단계인 육도陸稻나 야생 벼를 고려할 때, 보다 대상을 광역화 할 수밖에 없다. 지금까지는 쌀의 발생지로 인도북방의 앗삼지역과 버어마, 라오스, 타이, 베트남의 국경고원지대와 운남의 시산반나 일대가 유력한 후보지로 등장한다.

우리는 일차적으로 운남을 그 후보지로 가정하여 현지에서 식문화 또는 농경의례를 확인하는 동시에 한국의 도작문화와 비교해 보려는 것이 목적이었다. 다만 고고학적 및 인류학적 연구는 금후 이들 전문가들에게 일임하기로 하고 우리는 단지 농경을 중심으로 형성된 식문화, 민간신앙, 세시풍속, 구비문학, 민속예능, 그밖에 생산의례를 조사하기로 했다. 여기서 분명히 밝혀 둘 것은 이번 조사는 시작에 불과하여 조사활동이 계속됨에 따라 앞으로 성과가 기대되리라 확신한다.

운남으로 출발하기에 앞서 광주에서의 경험 중 두 가지만 언급하겠다. 하나는 2월 10일 밤, 저녁식사를 끝내고 숙소인 백운반점白雲飯店으로 돌아가던 중 월수공원越秀公園을 지나게 되었다. 요란한 폭죽과 함께 찬란한 네온으로 장식한 공원 안이 축제 마당이 되어 우리 일행을 유혹했다. 양의 해를 맞아 축하하는 놀이마당羊城賀歲燈會이었다. 지구 한쪽에서는 걸프전쟁을 하고 있는데 이곳은 '강 건너 시아비' 보듯 아랑곳없이 시민이 모두 축제 분위기에 매료되고 있었다. 하기야 쓰고 남아 북한에까지 지원한다는 오일 생산국이니까 할 말은 없지만 한 가지 분명한 것은 '설'이 아직 닷새 뒤인데도 벌써 시민들의 축제는 본격화하고 있다는 것이다.

우리나라의 명절 민족대이동을 방불케 하는 중국인의 민족이동은 더욱 심각할 정도이다. 항공교통은 말할 것도 없고 육로교통 또한 이미 체증 현상을 이룬다. 우리는 대절버스를 세워놓고 공원 안으로 들어섰다. 가설무대가 대낮처럼 밝게 비치고 마침 한복차림의 가무단이 귀에 익은 듯한 요란한 음악에 맞춰 춤을 추며 무대 위를 맴돈다. 이것은 대형인형무대이다. 소수민족들의 단결을 호소하는 캐치프레이즈가 선명했다. 사실 여러 번 들은 얘기지만 54개 소수민족 중 조선족이 매우 뛰어나다는 것은 이미 공지의 사실이다.

광주박물관을 들렀다. 이곳에서 이슬람문자로 된 비석 한 개를 발견했다. 1349년 고려인인 라마단이 광주에 와서 병을 얻어 38세로 죽었는데 선현들이 묻힌 이슬람 묘역에 안장됐다는 내용이다. 이로 보아 고려인중 이슬람문화에 깊이 관여한 인물들이 있음을 알 수 있고 이들은 한국과 중동의 문화교류에 교량적 역할을 했음이 분명하다.

운남성의 수도, 곤명昆明에 첫발을 디뎠다. 해발 1,894m 운귀고원雲貴高原의 중부에 위치한 고원도시 곤명은 맑은 공기에 따사한 기온 때문에 춘성이라는 별칭이 있다. 맑은 공기가 간지러운 봄바람에 한결 신선미를 더한다. 운남성의 면적이 38만㎢이고 인구는 약 3,400여만 명이다. 이 중 3분지 1은 24개 소수민족이며 기관장은 대부분 소수민족으로 되어 있다. 조선족도 곤명시에만 다섯 가정이 있고 모두 생활은 윤택하다.

곤명시는 가장 추운 날씨라도 섭씨 영상 2-3도이며 가장 더운 날씨가 27도이니 평균이 19도이다. 그러므로 1년을 통해서 꽃과 푸르름이 계속되는 아름다운 도시라 할 수 있다. 그리고 거리에서 흔하게 보이는 원색컬러의 소수민족들의 고유복장이 그들에게는 평상복이겠지만 우리에게는 이색적으로 보였다. 곤명시에만 12개 소수민족이 섞여 살고 있다.

일행은 진장반점震藏飯店에 짐을 풀었다. 고풍이 짙은 당대의 건축양식과 인공 호수, 그리고 숲이 우거진 경내는 일반손님은 접수하지 않는 정부요원만의 전용호텔인 셈이다. 그런 관계로 밤에는 경찰이 출입을 지켜 검문을 한다. 그러나 우리는 서툰 중국어로 한국인이라고 하면 출입에 불편은 없었다.

곤명에 머무는 4일간은 무척 바빴다. 사찰과 박물관, 시장과 밤거리, 민족학연구소 연구원들과의 간담회, 석림이족마을 답사, 운남민족학원방문 등 꽉 짜인 일정에 시간을 할애했다.

민족학연구소장인 곽대열郭大熱씨는 나시족 출신으로 북경민족대학을 나온 지식인으로 80년도 시험을 거쳐 사회과학원 연구원이 되었다. 그는 우리 일행을 위해 같은 연구원 중에 4명을 저들 민족의상을 입혀 동참케 했다. 여기서 운남성 소수민족의 기원 역사 문화 그리고 현재의 생활상에 대해서 비교적 자상하게 정보를 얻은 셈이다.

조사단원들이 이구동성으로 외친 것은 음식이 우리 입에 맞다는 것이다. 이 말은 곧 재료와 양념이 비슷하다는 것을 말하며 비록 한족화漢族化 조리법이 수용되어 여러 식단이 식탁에 오르지만 밥, 국수, 김치 류가 있다는 것만으로 우리의 호기심을 끄는 데 충분했다. 원래 이들의 주식은 쌀이었으며 명절에 쌀로 떡을 해서 제사를 드리는 것도 우리와 진배없었다.

이족彝族 마을의 본거지인 석림을 찾은 것은 관광을 겸해서 즐거웠다. 중국에서도 계림에 버금간다는 명승지 석림은 곤명으로부터 남동쪽 126m의 이 지역은 전형적인 카르스트지형으로 뾰족한 석회암이 솟아있어 신비감을 더해 준다. 웅장함은 없어도 아기자기한 바위틈을 사이로 구불구불 돌며 자연의 오묘함을 감상하기에는 꼭 한 번 들릴만한 곳이다.

일행이 현지에 도착하자마자 마치 기다렸다는 듯이 이족과 나시족의 행상인들이 벌떼처럼 모여들며 "시슈, 시슈" "고래 야스이 20겐, 20겐" 하고 호객을 한다. 순박한 이족과 나시족의 소년소녀들이 벌써 일본 상혼에 물들은 것을 생각하니 애석하기까지 했다. 결코 이들은 가난하지 않다. 최소한의 생활은 보장되어 있는 셈이다. 주로 자수용품들은 틈이 나는 대로 자수하여 관광객을 상대로 파는 부업인 셈이다.

일행은 자수품을 행상 하는 나시족의 한 가정을 방문했다. 약 2시간가량 문답식으로 정취를 하고 나서 집안을 샅샅이 구경을 했다. 한마을에 친척만 100여 명이 산다는 동족마을을 상징하듯 이 마을은 전형적인 농촌이라 할 수 있다. 주로 쌀 옥수수, 채소를 재배하는데 옥수수는 가축용이다. 돼지 양, 말, 소가 각각 한 마리씩 그리고 닭을 20여 마리 키운다. 관광물품을 파는 것은 순전히 부업이며 평일에는 노동 때문에 그나마 팔지 못한다. 어느새 우리가 온 줄 알고 모여든 마을의 부녀자들이 30여 명 되었다. 모두가 관광용품이 담긴 바구니를 껴안고 있었다. 주인아주머니가 우리를 위해 집에서 만든 술을 대접했다. 한 그릇 마셔보니 감주와 같은 것으로 술기운은 별로였다.

떠날 때 고마운 표시로 주인댁 상품을 팔아주겠다 했더니 "여기 모인 사람은 모두 친척이니 고루 팔아 달라."고 한다. 그러자 일제히 덤비는데 왁자지껄 소동이 일어났다. 단원들은 가급적 물건을 고루 사주었다. 그런데 어쩌다 보니 주인댁 아주머니는 하나도 팔지 못하고 있었다. 단원 중 한 사람이 봉사심을 발휘해서 겨우 체면은 지켜주었다.

곤명 일정을 끝내고 일행은 버스로 10시간 이상을 가야 하는 대리大理로 향했다. 곤명에서 서쪽으로 400㎞ 지점에 있는 버어마 접경이다. 이곳은 13세기 몽골 후리라이칸의 침략으로 짓밟히기 전까지는 대리왕국의 수도였다. 서쪽에는 히말라야산맥의 줄기로서 창산蒼山 19봉이 나란히 솟아있고 산 위쪽에는 만년설이 덮여 있다. 동쪽에는 귀모양을 한 이해耳海가 남북으로 놓여있다.

이 지역은 백족의 자치주이며 대리국, 남조南詔시대를 거친 유적들이 보존되어 있는 유서 깊은 지역이다. 우리는 이곳 박물관에서 혼례의식, 농경 의식 중에 농악의 유형과 달집태우기 등 기본적인 놀이문화의 유사성을 보고 일만 리를 사이에 둔 한국과 운남의 소수민족간의 공감대가 형성됨을 느꼈다. 비록 14일간이라는 짧은 예비답사였지만 2차 3차 기행을 거쳐 쌀문화의 실태를 엿보려고 한다.

쌀문화의 길을 따라

I

I.
라이스로드 운남성 만리길

인천신문 1991. 7. 15.

천지 개벽후에

우수성군이 탄생하사

농사법을 창시하니

만민의 의식주는 신농씨의 은택이라

어허 여허 상사뒤요

여보 우리 농부님네

어허여허 상사뒤요

　　　　　　　　　　(무안 농부가 중에서)

신농씨 본을 받아

방방골시로 농사지어

잔닙히 펄펄 영화로세

　　　　　　　　(임실 농부가중에서)

　각지의 농부가를 살펴보면 가장 전통을 고수해야 할 농민들조차 중국의 신농씨神農氏가 최초에 농사를 시작한 것으로 노래 부르고 있다. 물론 신농씨란 신화상의 인물이다. 신화를

대전의 둔곡동 용머리 마을에서 실시한 모내기 두래. 신나게 농요를 부르며 초벌을 맨다. (1996년)

들먹인다면 중국의 신화까지 갈 것 없이 우리의 단군신화에도 환웅이 풍백·우사·운사를 거느리고 신단수아래 내려와 곡식·수명·질병·형벌·선악 등 인간의 3백60여 가지 일을 주관하며 백성을 다스렸다고 한다. 환웅이 거느리고 내려 온 3사인 풍백·우사·운사는 농경의 기본조건이며 농사에 없어서는 아니 될 비·바람·구름을 일컫는 것이다. 그렇다면 우리 농부들은 마땅히 「환웅님의 가르침을 받아 농사지어」라고 노래 불렀어야 했을 것이다.

　그럼에도 불구하고 중국신화 인물을 등장시키는 것은 일찍부터 모화사상과 사대주의가 이 나라 문화 전반에 걸쳐 얼마나 많이 침윤되었는지를 단적으로 보여주고 있는 것과 같다. 그렇지만 반드시 모화사상이나 사대주의 때문이라고 일축해 버릴 수만은 없는 까닭이 하나 있다. 그것은 우리가 주식으로 하는 「쌀」은 중국에서 유래되었다고 보고 있으며 농민들도 그렇게 믿고 있다.

　대체 우리가 주식으로 하는 쌀이 언제 어떤 경로로 우리나라에 들어와 우리의 농경문화의 중심이 되었는지 현재로서는 확실한 것을 알 길이 없다. 지난 6월 21일 일간신문에 의하면 일산신도시개발지역에서 발굴된 볍씨가 기원전 1200~2200년 사이의 것으로 판명되었으니 약간의 오차가 있다 하더라도 최소한 지금으로부터 3000여 년 전부터는 벼농사가 이 땅에 경영되었다고 볼 수 있다.

문헌상으로는 『삼국사기』의 「백제본기 다루왕 6년(서기33년)조」에 나라 남쪽의 주州와 군郡들에 영을 내려 벼농사를 시작하게 했다[下令國南州郡 始作稻田]. 또 「고이왕 9년(기원242년)조」에도 영을 내려 벼농사를 개시했다고 하는 기록이 있다. 이밖에 연대 기록이 없이 삼국시대 이전인 삼한을 삼국지위서변진전에 밝히고 있다. 김해 패총발굴에서 나온 벼 낱알이 1~2세기 것으로 판명되었으므로 이러한 문헌을 뒷받침하는 데 충분하다.

그렇지만 그 뒤 고고학적 발굴은 문헌상의 연대를 훨씬 소급하게 했다.

1970년대에 충남 부여에서 발굴된 벼 낱알은 기원전 7세기에서 5세기 것으로 추정되었다. 경기도 여주에서 발굴된 벼 낱알은 기원전 1000년을 추정한다. 그밖에 북한에서도 대동강유역의 남경유적지에서 나온 벼 낱알이 기원전 1000년으로 보고되어 있는 것은 여주 것과 연대가 일치한다.

여기에 전술한 일산신도시개발지역에서 나온 벼 낱알을 종합하여 고찰한다면 우리나라 벼농사는 적어도 지금으로부터 3000년 전 이전에 시작되고 있었다는 증거가 확실하다. 3000년이라는 긴 세월 우리는 쌀을 먹어 왔고 따라서 쌀문화를 만들어 발전시켜 왔다. 그럼에도 불구하고 우리는 이 쌀이 언제 어디서 어떻게 이 나라에 왔는지 심각하게 생각해 보지를 않았다. 쌀만 온 게 아니라 쌀과 더불어 사람도 왔을 테고 사람이 왔다 갔으면 문화도 분명 왔을 테니 쌀과 함께 쌀문화도 왔을 것임에 틀림없다. 그렇다면 최초 쌀이 이 땅에 대체 어떤 쌀문화가 도래 했을까 하는 의문을 던지지 아니할 수 없다. 이러한 의문들이 쌓여 결국 강남 따라 운남성 답사를 가게 되었다. 한마디로 우리의 쌀문화의 뿌리를 찾아 나섰다고 할까.

세계적으로 쌀의 고향으로 알려진 곳이 세곳 있다. 하나는 인도 동북부에 위치한 앗삼지역이고, 또 하나는 타이의 고원지대인 논 녹 타Non Nok Tha이다. 그리고 마지막 하나가 중국 운남성의 시산반나西雙版納인데 앗삼지역과 논 녹 타의 두 지역은 찰기가 없는 멥쌀로 일반적으로 우리가 부르는 알남미(인디카 벼)가 생산되며, 운남성 일대는 찰기가 있는 찹쌀(자포니카 벼)가 생산되는 곳으로 우리민족이 좋아하는 쌀의 생산지이니 자연 매력이 끌리는 곳은 이 지역이 될 수 있다.

쌀문화의 뿌리를 찾아 나선다고는 했지만 의문을 풀거나, 학문적으로 이론체계화 하기엔 단 한 번의 답사로는 역부족이다. 단신으로 이 의문의 열쇠를 풀기에도 한계가 있다. 광의로는 인류학의 각 분야학자들이 모두 동원돼야만 해결이 가능하다. 그래서 처음부터 욕심을 앞세울 것이 아니라 비교민속학적 측면에서 농경의례, 민간신앙, 세시풍속, 민속놀이, 설화 등 우리민속과 유사성이 많은 것으로부터 차근히 그 실태를 하나씩 관찰하기로 해야 한다.

운남조사단은 비교민속학회 회원 11명으로 구성되었다(단장 최인학). 지난 2월 8일부터 22일까지 14일간 현지조사를 했는데 물론 이번 조사는 본격적 조사를 앞두고 실시된 예비적인 조사였다. 현지에 도착했을 때 놀란 것은 우리 민속은 심한 문화습합으로 인해 원형태가 이미 모호해진 것들이 많으나, 우리가 아직 해명 하지 못한 민속사상을 이곳에서 발견하여 문화의 원형태와 동질성을 감지했을 때였다.

예컨대 조왕신앙의 원형태인 불씨신앙이 북방문화요소였다는 편견을 버려야만 했고, 농경문화 배경을 설명하는 세계적 공통 홍수설화가 이곳에 보편적으로 구전되고 있어 지금까지 중국의 여와女媧・복희伏羲 신화의 남하분포설이 수정을 하지 않으면 안 되게끔 되었다. 우리 농악과 같은 기악무, 벽사용의 다양한 탈과 탈춤, 제의에는 떡이 반드시 오르고 쌀로 신주神酒를 빚고 제사 후에는 군취가무가 반드시 뒤따르는 놀이의 신성성이 아직도 유지되고 있는 것 등은 변이된 우리의 민속사상의 원형태를 소원적으로 추구하는 데 크게 기여할 것이라고 추정된다.

중국에 산재하는 55개 소수민족중 반 이상이 옹기종기 모여 사는 이곳 운남성은 마치 인종박물관을 방불케 한다. 겨울이 없이 연중 꽃을 볼 수 있는 기후조건에 수전水田하기에 넉넉한 수자원, 2천m 가까운 고원지대가 많은 이곳은 하늘이 가까이 펼쳐진 것 같고, 밤에는 별이 한결 돋보인다. 이런 천혜의 자연조건에 사는 소수민족들이 외침을 제외하고는 갈등이라고는 발생하지 않은 인간미 풍요로운 정서의 소유자들이다. 그 때문인지 알 수는 없으나 우리 기준으로 보아 성이 지나칠 정도로 개방적이다. 여성 우위가 농경문화의 핵심 요소임을 입증이나 하듯 처처혼妻處婚이 성행하고 있다. 특히 혼전의 사전경험이나 구애의 방법은 다양하고 흥미롭다.

2.
자유화 도시 광주의 미식요리美食料理

인천신문 1991. 8. 1.

홍콩에서 중국민항으로 곤명에 직행하는 길도 있지만 우리 조사단은 일단 광주에 들르기로 했다. 지리적으로 운남의 길목이면서 예로부터 상해와 함께 국제교역도시로 알려진 곳이다. 그러나 우리가 매력을 가진 것은 역시 식문화 때문이다. "식食은 광주에 있다" 할 만큼 광동요리는 유명하다.

국인의 보신관광이 최근 사회문제화 되었지만 보신음식이라면 광동요리를 빼놓을 수 없다. 개는 말할 것 없고 개구리, 비둘기, 쥐, 도롱뇽, 원숭이 등 살아있는 것이라면 요리대상이 아닌 것이 없고 심지어 뱀을 용고기라 하고 고양이를 범고기라 부르면서 미식가들을 유혹한다. 내장을 모두 꺼내 구운 개를 걸어두고 행인들의 미각을 촉발시키기도 한다. 처음에는 돼지고기로 착각하지만 꼬리가 긴 것을 보고야 개인 줄 안다. 우리는 이미 혐오식품이라 하여 표면에 내놓지 못하게 하지만 이곳은 다르다.

운남의 길목 광주(廣州)
먹고 남아야 식성이 풀리는 민족성

광동어만이 통하는 인구 4백만 명의 광주는 동남아나 미국등지에 흩어진 화교들의 고향이기도 하다. 세계굴지의 재벌화교들이 대부분 광동성 출신이고 보면 결코 이곳은 각국 상인들이 모여들게 마련이다. 그렇지 않아도 광주시는 지리 기후조건이 좋아 옛 한대漢代부터 번창한 도시로 알려져 이후 당·송·명·청에 이어 해상교역도시로 군림해 왔다. 그런가 하면 일찍이 서양과의 접촉을 통해 서양문물과 자유화의 영향으로 제국주의지배 타도를 위한 봉기가 자주 일어나기도 한 곳이다. 1840년의 아편전쟁, 1911년의 황화강黃花崗 봉기, 그리고 신해혁명辛亥革命 등 많은 싸움을 했던 전흔이 맴도는 이곳은 그만큼 열사나 영웅이 희생된 곳이기도 하다. 중국이 공산화된 이후 또는 문화혁명을 겪었지만 광주만은 자유화의 물결을 거스르지 아니하고 지금까지 명맥을 계승해 올 수 있었던 것은 이러한 역사적 배경이 있었기 때문이다.

조사단이 광주에 머문 것은 이틀밖에 안 되지만 잠시도 쉴 틈이 없이 뛰었다. 운남에 대한 정보를 이곳에서 듣기도 하고 자료를 구하기도 했다. 2월 10일 밤, 저녁식사를 끝내고 숙소로 돌아오던 중 일행은 월수공원越秀公園 앞을 지나게 되었다. 요란한 폭죽에 화려한 네온, 그리고 중국특유의 멜로디가 확성기를 통해 행인들의 발걸음을 멈추게 해다. 양띠 해를 맞아 축제마당이 벌어지고 있는 것이다. 구정은 아직도 닷새가 남았건만 설의 축제분위기는 이미 무르익었다. 그러고 보니 화교들의 귀성객으로 인해 육해공 교통이 벌써 초만원이 되어 좌석을 예약할 수 없는 지경이다. 그뿐 아니라 예약되어 있는 여객기조차 징발된 탓으로 결항이 속출하는 형편이 되었다. 우리도 그중 희생자로서 애당초 예약된 여객기를 타지 못하고 팀을 두 패로 나뉘어 시간차를 두면서 곤명에 간 해프닝이 있었다. 우리의 상식으로는 도저히 상상할 수 없는 일이지만 중국민항은 가능하다. 그러므로 중국여행에서 일방적으로 예약이 취소되는 경우가 있음을 염두에 두어야 할 것이다.

월수공원은 옛날 다섯 명의 선녀가 입에 벼를 물고 있는 다섯 마리의 양을 거느리고 이곳에 당도했다는 전설을 바탕으로 1959년 다섯 마리 양의 석상을 세운 것으로 유명하다. 우리는 공원으로 들어갔다. 제일 처음 눈에 띈 것은 화려하고 웅장한 가설무대였다. 사람들이 운집해서 무대 위를 주시하고 있다. 가까이 가보니 그것은 대형인형극이었다. 여러 소수민족들의 화합을 주제로 각각 민족의상을 하고 무대 위에 나타나 가무를 행한 다음 무대 밑으로 사라지면 다음 민족이 다시 등장한다. 물론 한복차림의 조선민족도 등장하여 가무를 하고 무대 밑으로 사라졌다. 중국에서 조선족의 위상은 대단하다. 인구는 1백80여만 명으로 중국 인구의 0.18%에 지나지 않으나 인재 면에서는 뛰어남을 입증하고 있다.

55개 소수민족을 다스리는 중국의 정책에 대해서도 한번쯤 생각해볼만 하다. 티베트와 같이 독립을 쟁취하기 위해 항거하는 지역도 있기는 하지만 대부분의 소수민족들은 중국의 소수민족정책을 탈 없이 따르고 있다. 능력이 있으면 자치주를 인정하고 지방장들도 해당민족을 내세워 민족별 교육까지 시키도록 하며 많은 행정권한을 부여하고 있다. 조선족자치주는 비교적 빨리 성립되었다. 연변조선족자치주가 1952년에, 장백조선족자치현이 1958년에 성립되었다. 그러나 조선족들은 연변에만 모여 사는 것이 아니다. 소수이긴 하지만 내몽골을 비롯해서 위구르, 운남, 광주 등 모든 지역에 거주하고 있다.

일행이 광주박물관에 들렀을 때, 젊은 직원이 관내 안내를 맡았다. 조선족 청년이었다. 우리를 보는 순간 눈시울을 붉히면서 반기는 태도가 너무나 순진하고 대견스러워 저녁때 호텔로 오도록 권했다. 과연 약속시간에 3명이 왔는데 그중 1명은 여자였다. 우리는 마치 유학생을 만난 듯 반겨주면서 서로가 궁금한 것을 묻는 가운데 시간가는 줄 몰랐다. 그들은 중앙정부에 의해 선발된 청년들이며 특별교육을 이수하고 박물관 직원이 된 것이다. 말로만 듣던 조국사람을 만나니 흥분한 탓인지 얼굴엔 홍조를 띄우고 있었다. 가장 어려운 일은 결혼 상대를 구하는 일이란다. 연변에 있으면 별문제가 아니지만 객지에 나와 있으면 십중팔구 중국종족과 결혼하게 되는데 그것은 중국이 바라는 일일지는 몰라도 조선족이 바라는 것은 아니란다. 우리는 약간의 선물을 나누어 주고 재회를 약속한 다음 헤어졌다.

광주박물관에서는 이슬람문자로 새겨진 비석 한 개를 발견했다. '1349년 고려이슬람묘역에 안장 됐다'는 내용이다. 내용으로 봐서 이 고려인은 보통 신자가 아니라 상당한 지위인 라마단이 이곳 광주에 와서 병을 얻어 38세로 죽었는데 선현들이 묻힌 에 있었던 것을 알 수 있다. 그렇지 않고서야 선현들 묘역에 묻힐 수가 없었을 것이다. 광주는 당시 인도나 중동으로 통하는 중요한 지점으로 한국에서 중동을 왕래하는 데도 이곳을 거쳤을 것이다. 한국의 젊은 이슬람 지도자가 한·중동 간에 문화사절로 왕래가 있었다면 종교사적인 입장에서뿐 아니라 한국의 중동문화라는 측면에서도 검토할 가치가 있다고 생각한다.

사리탑으로 유명한 류룽사六榕寺를 빠뜨릴 수 없다. 높이 57.6m로 된 이 탑은 9층탑으로 내부에서 돌면서 정상까지 올라갈 수 있게 되어있다. 겉으로 보면 9층이지만 안쪽에서 올라가다 보면 17층으로 되어 있음을 알 수 있다. 정상에서 굽어보는 시가지는 가관이다. 류룽사 경내에는 광주불교협회의 사무실도 있다. 여기서 얼마 안 되는 곳에 "광주 있기 전에 광효사 있었다."라 할 만큼 유명한 광효사光孝寺가 있다. 사찰경내를 돌면서 그토록 많은 참배객들에 우선 놀란다. 사회주의를 표방한 중국에서 종교탄압이 전혀 없었던 게 아닌가 하리만큼 불교신도가 많았다. 이러한 현상은 자유경제도시라서가 아니라 운남에 갔을 때 그곳에도 같은 현상을 보고 "역시 전통적인 의식구조는 종교탄압이나 이데올로기를 극복하는가보다." 하고 생각했다.

광주 시내를 굽어 볼 수 있는 류룽사(六榕寺)
서기537에 지어졌으며 원래 명칭은 보장엄사였으나 북송 때 989년에 중건되면서 원나라 때 소동파가 이곳에 유람 왔다가 절언에 오래된 용나무 6그루를 보고 육용사란 이름을 지었다.

소형전세버스에서 내려 호텔로비로 들어서는데 결혼식을 끝내고 나오는 신랑신부 두

광주시에서 만난 신랑과 신부

결혼식장에 온 하객들

쌍을 만났다. 면사포를 입을 신부는 짙게 화장을 했고 조금도 수줍음 없이 싱글벙글한 얼굴이다. 이렇게 사치스럽게 결혼을 하는 데 비용이 얼마정도 드는가 물었더니 낮게는 1만원에서 2만 원정도 드는데 신랑 쪽에서 60% 신부 쪽에서 40% 부담한다고 한다. 월 3백만 원 내지 5백만 원 받는 월급쟁이가 결혼하자면 적어도 쓰지 않고 2년은 모아야 한다는 계산이 나온다.

3.
쌀문화를 일으킨 소수민족들

인천신문 1991. 8. 22.

운남성의 성도省都인 곤명공항에 발을 딛는 순간 「아, 이 맑은 공기를!」 하는 감탄사가 절로 나온다. 몇 십 년 전 시골에서 자랄 때 풀내음이 뭉클 나며 스치는 공기의 맛, 분명 그것이었다. 오랜 세월 오염된 공기, 아니 공기라기보다는 독가스를 마시며 살아온 우리의 미각이 아직도 완전히 마비되지는 않은 듯 옛 맛을 알아낸다.

가슴을 활짝 펴고 공짜로 주는 신선한 공기를 맘껏 마셨다. 해발 1,894m 운귀고원의 중부

한 대(漢代) 족장무덤에서 발굴된 토벽(土壁)조각으로 호숫가에서 새사냥하는 모습과 함께 호수에는 물고기가 보인다. 아랫부분에는 긴 화도(禾刀)를 이용해 추수하는 장면과 이를 운반하는 모습이 잘 양각돼 있다.

에 위치한 곤명시는 맑은 공기에 따사한 기온 탓으로 일년내 꽃을 볼 수 있는 낙원도시이다. 그래서 일찍부터 이곳을 춘성春城이라 불렀다. 운남성의 면적이 한반도의 1.5배 정도인 38만 ㎢이고 인구는 약 3천 4백여만 명이다. 이 중 3분의 1은 25개 소수민족이며 기관장은 대부분 소수민족으로 조직되어 있다. 조선족도 현재 다섯 가정이 있으며 생활은 어렵지 않게 지낸다.

곤명시는 가장 추운 날씨라도 섭씨 영상 2~3도이며 가장 더운 날씨가 27도이니 평균은 19도로서 천혜의 기후조건을 갖추었다고 할 수 있다. 키가 약간 작고 얼굴은 거무스름한데다 원색민족의상을 걸친 소수민족들, 다소곳이 수줍음이 있는 듯하면서도 야무진 데가 있어 보인다. 아직 사교적이라고 할 수는 없으나 콧대가 큰 한족漢族에 비하면 훨씬 접근하기 쉬운 대상이다. 힐끔 우리쪽을 보면서도 일부러 태연해 보이려는 태도가 오히려 순진하게만 보인다.

운남성에 사는 25개 소수민족 중 곤명시에만 12개 소수민족이 산다고 하니 벌써부터 호기심이 앞선다. 호텔에 짐을 풀자마자 거리로 뛰쳐나가고 싶다. 특급호텔이 있었지만 우리는 고급공무원이나 고급장교들이 머무는 진장영빈관震庄迎賓館에 숙소를 정했다. 아마도 비용을 절감하기 위한 것이 아닌가 생각되지만 현대판 호텔보다는 훨씬 유익했다.

운남성 곤명시 중심가

고풍이 짙은 당나라 때의 건축양식에다 인공호수가 곁들이고 숲이 우거진 경내는 마치 우리의 비원과 같은 인상이 든다. 해가 지면 무장군인이 정문을 지키는데 우리가 출입하는 것이 자유스러웠다.

첫날 밤, 우리는 삼삼오오 흩어져 거리구경을 나섰다. 인민공회당 앞은 북경의 천안문보다는 규모가 작은 축소판 광장이 있었고 많은 시민들이 저녁산책을 나와 쉬고 있었다. 바둑이나 장기를 노는 노인층이 많았으며 관상·수상을 보는 점쟁이도 있었으며 루생蘆笙을 연주하면서 고전소설을 읊조리는 강독사도 있었다. 젊은이들은 단신이라기보다 남녀 쌍쌍이 많았다. 손을 잡고 거니는 모습은 너무나 자연스러웠고 이성교제가 오히려 한국보다 개방적이다.

광장 맞은편에 넓은 인도가 있었는데 큼직한 휴대용 스테레오에서 나오는 음악에 맞춰 사교춤을 추고 있었다. 작년여름 북경의 천안문을 들렀을 때 그곳에서는 볼 수 없었던 풍경이었다. 자유화·개방화는 변두리부터 일고 있다는 인상을 가졌다. 시민의식도 북경보다는 이곳이 훨씬 개방적이다. 공산주의나 사회주의 국가라고는 좀처럼 생각하기 어려울 만큼 자유화되어 있다. 다만 우리와 차이가 있다면 검소한 생활, 즉 자가용 대신에 자전거를 타는 차이 정도라고나 할까.

사교춤을 가르치는 선생이 있었다. 후에 안내양으로부터 들은 이야기지만 호텔카바레에 소속된 사람이다. 노상에서 무료로 춤을 가르친다고 하지만 이것도 장차 자기네 영업을 번창시키는 방법의 하나란다. 딴은 그렇다. 카바레가 흥행하려면 춤을 출줄 아는 사람이 많아야 한다. 어떻든 메인스트리트의 인도에서 공공연히 그것도 트롯이나 블루스풍의 춤을 배운다는 게 보기에 나쁘지 않았다. 방치해 두고 있는 당국의 저의가 무엇인지 알만하다. 하기야 작년 여름 단신으로 몽고답사를 갔을 때 초원의 게르(蒙古包)에서 나를 위한 환영회가 있었다. 역시 왈츠와 블루스곡에 맞춰 춤을 추는데 못 추는 사람은 나뿐이었다.

운남성 사물놀이

운남성 곤명에서 발굴된
토우(土偶).
북치며 창을 한다.

운남성 병신춤
운남성 곤명에서 발굴된 토우
(土偶)

　광주나 상해는 국제도시니까 그렇다 치고 이곳 곤명시가 이토록 개방적이라는 것은 다른 의미가 있을 것이다. 그것은 말할 것 없이 개방적이고 유희적인 이곳 특유의 민족성 때문이다. 한족보다는 소수민족이 더욱 그렇다. 남녀교제의 자유는 물론 우리의 도덕관으로 보면 분명 정도가 지나친 성교제가 성행하고 있다. 이 문제는 호를 달리해서 깊이 고찰하려고 한다. 다만 여기서 한마디 지적할 것은 지구상에서 몇 곳 안 되는 쌀 원산지의 하나라는 점과 쌀문화와 아울러 농경민족이 갖는 모계사회의 특수성이 이러한 민족의 놀이문화를 생성해 왔을 것이라고 생각하는 것이다.

　순서가 바뀌었지만 저녁식단을 빠뜨릴 수가 없다. 쌀문화를 알기위해 이곳까지 왔으니 말이다. 그런데 한 가지 서운한 것은 우리에게 내놓은 식단이 대부분 한식단漢食單이었다는 점이다. 어쩌다가 한두 가지가 이곳 요리라고 내놓았지만 그것도 기름에 볶았거나 튀긴 한식요리였다. 선의로 해석하면 우리를 대접하느라고 고급을 제공한 것이라 할 수 있지만 실은 고마운 일이 아니었다.

자연과 쌀문화
중국의 한족은 멥쌀로 밥을 지을 때
씻은 쌀을 끓는 물에 넣어 익혀 꺼낸
뒤 다시 찜통에 넣어 찐다. 이것은
밀을 주식으로 하는 한족의 식습관
이 보편화 되어 끈기 없는 밥을 좋아
하게 됐기 때문인 것으로 보인다.

　시장에서 팔고 있는 배추김치 무김치 장아찌 등이 밥을 먹는 식단의 밑반찬이라는 것을 확인할 수 있었던 것은 큰 성과였다. 맛을 보기 위해 조금씩 샀다. 그리고 저녁식탁에 내놓고 먹었을 때 맛은 우리와 달랐지만 역시 고춧가루를 넣어 소금으로 간을 맞춘 것이다. 우리보다 양념이 적게 들어갔을 뿐이다. 한 가지 더 발견한 것은 취반炊飯형식이다. 씻은 쌀을 솥에 넣어 끓인 다음 쌀을 꺼내 이번에는 찜통에다 넣어 쪄서 먹는 것이다. 이 방법은 떡을 시루에 넣어 찌는 것과 같아서 원래 떡이 주식이었던 도작농경민의 식제를 확인할 수 있었다. 즉 우리는 취반이전의 밥을 찌는 밥짓기를 통해 찐밥을 먹었고 역시 쌀로 만든 쌀국수를 이곳에서 먹을 수 있었던 것은 운남이 쌀문화의 원향이 틀림없다는 것을 입증하는 것이다.

　소수민족의 하나인 다이족이 먹는 쌀국수를 궈차미쉐라 하는데 다음과 같은 설화가 있다.

　한 부부가 있었다. 남편은 출세를 위해 공부를 하는데 식사시간이 고르지 않았다. 언제나 더운 음식을 해 놔도 식어서 먹곤 한다. 부인은 생각 끝에 어찌하면 식지 않고 뜨겁게 먹을 수 있을까 궁리하다가 한 가지 방법을 찾았다. 그것은 닭고기 국물에 국수를 넣어 먹는 방법이다. 닭고기 국물은 기름 때문에 식지 않는다. 그리하여 남편의 건강을 잘 관리했다는 것이다.

4.
발수절潑水節 기원전설과 괴적퇴치설화

인천신문 1991. 9. 10.

운남성의 소수민족 중 4번째로 큰 다이족의 농력 설에 행해지는 발수절의 기원설화는 대충 이렇다.

오랜 옛날, 물로도 검으로도 당해 낼 수 없는 강력한 힘을 가진 괴적 한 놈이 시산반나西雙版納 지역을 지배하며 횡포한 짓을 일삼았다. 괴적은 이 지역의 12고을로부터 각각 12처녀를 납치해 가서 종으로 삼았다. 그런데 이들 붙잡힌 1백32처녀들은 용모만 수려할 뿐 아니라 매우 영리했으며 그중에서도 제일 나이 어린 처녀가 뛰어나게 영리했다. 그래서 그들은 어떠한

12처녀 물로 불세력 꺾어
옛날 화금(火劍)으로도 무찌르지 못하는 괴적이 있었다. 이 괴적은 시산반나 일대에서 12처녀를 납치해와 이 지역을 공포에 사로잡히게 했다. 처녀들은 궁리 끝에 괴적의 머리를 베었지만 머리는 불덩이가 되어 사방으로 번졌다. 12처녀는 물을 퍼부어 불의 세력을 꺾었다.

방법을 써서라도 탈출하기를 시도했다.

가장 나이 어린 처녀가 하루는 괴적에게 다가가서 유혹을 했다. 진수성찬을 차리고 술을 권했다. 괴적은 속으로 '이제야 체념하고 고분고분 수청을 들기 시작하는가보다.' 하고 유쾌한 기분으로 주는 술을 받아마셨다. 나이 어린 처녀는 잔뜩 술에 취한 괴적에게 바싹 다가앉아 귓속말로 속삭였다.

"오, 나의 주인이시여, 당신같이 용맹스런 분이시면 이 세상을 다 정복하여 당신 발앞에 엎드리게 할 수 있나이다. 인간은 물론 숲속에 있는 온갖 짐승들까지라도 당신 앞에는 무력할 뿐입니다."

이렇게 말하자 술에 취한 괴적은 유쾌한 나머지 자기 비밀을 털어놓고 말았다.

"너는 내 생명이며 내 목숨을 네게 맡기노라. 나는 무적이며 감히 나에게 도전해 올놈이 이 세상엔 없다. 그러나 난들 약점이 없겠는가. 내 머리카락으로 내 목을 감기만 하면 내 목은 떨어져 두동강이 난다. 그렇지만 절대 그런일은 있을 수 없다."

말이 끝나자마자 괴적은 술에 떨어져 세상몰라라 하고 깊은 잠에 빠졌다. 처녀는 괴적의 머리카락 한 개를 뽑아 재빨리 그의 목을 감았다. 순간 그의 머리는 육체로부터 떨어져나가 불꽃으로 변해 이리저리 튀기면서 사랑방에 불을 붙였다. 불꽃으로 변한 괴적의 머리는 마치 공처럼 굴러다니며 사람들이 사는 집이나 뜰이나 할 것 없이 불바다를 만들었다.

이에 12처녀는 그 불을 끄기 위해 한달동안이나 물을 길어 퍼부었다.

지금도 다이족들은 저들의 설(우리 역曆으로는 4월 중순이 된다)이 다가오면 옛날의 12처녀를 기리는 물 뿌리기 축제가 3일간이나 계속된다. 그리고 이 축제기간에 마을 앞을 지나는 강은 온통 사람으로 인해를 이룬다.

신년을 맞아 1년간의 무사함을 비는 이 축제는 물의 힘을 빌어 벽사진경을 기원하는 농경문화권에서 보편화된 의식이다. 그리고 물의 힘, 물의 신성성을 표상하는 상징의례이기도 하다. 우리나라에도 옛날에는 정수신앙이 보편화되었으며 지금도 조왕에게 정화수를 떠 놓거나 제례를 앞두고 목욕재계를 하는 것은 물의 신성성을 의미한다.

그러나 위의 다이족의 의례에서 중요한 것은 바로 그 기원설화의 내용이다. 12처녀가 괴적에게 납치당해 가서 스스로의 계략으로 탈출에 성공한다는 줄거리인데 여기서 우리의 괴적퇴치설화와 비교할 필요가 있다. 1920년대 손진태씨가 지하국대적제치설화(『韓國民族 說話의 硏究』)를 언급하면서 몽골의 유사설화를 들어 이 계통의 설화가 북방계 영향을 받아 우리나라에는 고려시대 몽고인들의 왕래로부터 전파된 것이라고 추리했다. 그리고 유형연 구로는 희랍의 페르세우스 신화와도 비교연구를 한 논문이 수 편 있다. 그러나 직접 우리의 농경문화를 특히 라이스로드(稱作傳承)의 시각에서 연구한 실적은 전무한 형편이다.

다이족의 설화가 우리 설화와 비교할 때 우리 것은 한량이나 용기있는 무사 또는 영웅이 여인 구출을 하러 가는 데 비해 전자는 여인 스스로가 구출에 노력하는 것으로 대차가 있다. 이것은 다이족이 묘족과 아울러 쌀의 원산지 시산반나 일대에 거주하는 쌀의 생산자들이라 는 점에 주의할 필요가 있다. 그리고 쌀 생산에 있어서 여인들의 역할은 핵심을 이룬다. 야생벼를 최초에 발견한 주인공도 여성들이었다는 학설도 이를 뒷받침한다.

쌀이 우리나라에 수용되면서 발수절의 근원설화도 함께 전파되었으리라고 본다. 다만 고려시대에 몽골인들의 왕래로 설화의 윤색이 이루어졌을 가능성은 충분히 인정된다.

다이족의 물뿌리기 축제(潑水 節)는 설 축제라 할 수 있다. 젊은 여인들은 흰색 또는 분홍색의 꼭 끼는 저고리와 길게 늘어뜨린 원 색치마를 입고 머리에는 아름답 게 장식된 모자를 쓰고 참여한다. 이때는 멀지 않은 곳에 사는 다른 소수민족들도 나름대로 새옷을 입고 이 축제에 동참한다.

다아족 발수욕의 일종으로 직접 물에 들어가 용과 놀이를 한다.

차茶와 참외 등 먹을 것을 가지고 와서 함께 나누어 먹기도 한다. 이 축제의 가장 하이라이트는 물장구치기이다. 대야나 물그릇에 깨끗한 물을 가득 담아 와서 푸른잎이 달린 나뭇가지를 손에 들고 이것을 물에 적셔 상대방에게 사정없이 뿌린다. 분위기가 고조되면 이번에는 나뭇가지로 성에 차지 않아 대야째 들고 물을 뿌린다. 아니 뿌린다기보다는 퍼붓는 것이다.

바로 이때 강에서는 청년남녀들에 의해 경조시합競漕試合(Dragon-Boat 시합)이 시작된다. 우리가 흔히 홍콩이나 양자강유역에서 보아왔던 드래곤보트 시합의 원형이라 할 수 있다. 한배에 탈 수 있는 구성원은 노를 젓는 40여 명의 젊은 남녀와 3명의 키잡이와 한명이 징을 치기 위해 동승한다. 이 날의 강은 보트로 꽉 찬다.

아직도 한 가지 중요한 행사가 남았다. 꽃주머니 던지기 행사다 축제를 앞두고 처녀들은 꽃무늬로 수놓은 아름다운 작은 주머니를 만든다.
먼저 여자가 주머니를 남자에게 던지면 실수하지 않고 받아야 한다. 만일 받지 못하면 여자에게 돈을 주어야 하고 주머니를 다시 여자에게 던진다. 여자가 받지 못하면 꽃을 남자에게 주어야 한다. 이렇게 남녀가 조가 되어 서로 주머니를 던지면서 실수하지 않고 몇 번씩이나 거듭하면 그들은 서로 사랑하는 사이라는 것을 보이는 것이며 둘은 그 자리를 떠나 숲으로 들어간다. 마치 마을이 공인한 남녀교제 일이라고나 할까. 남녀교제에 대해서는 다른 소수민족의 구혼과 사랑 찾기 방법과 함께 다음 호에 쓰기로 한다.

우리 조사단 일행이 다이족 식당에서 점심을 먹고 나오는데 뒤편에서 야유같은 소리가 들리기에 뒤돌아보니 아름답게 차린 처녀들이 꽃주머니를 던져준다. 일부러 엉뚱한 데 던져 우리가 가서 줍도록 한다. 왜 그렇게 던졌는지 까닭을 안 것은 훨씬 뒤의 일이었다.

5.
귀주성의 소수민족들

인천신문 1991. 11. 12.

　귀주성 안순지역의 묘족마을을 찾았을 때, 저들의 전통악기인 루생蘆笙을 불며 춤을 추는 마을놀이를 관람할 수 있었다. 직경 약 1.5 내지 2㎝ 되는 대통을 6개에서 8개까지를 한 조로 묶어 구멍을 뚫어 부는 일종의 취주악기로서 대의 길이가 일치하지 않으므로 여러 소리가 구성지게 들려온다. 마치 내면 깊이 감추어진 인간의 비밀을 털어내 놓기나 하듯 그 은은한 호소력은 깊은 감동을 주기까지 한다.

귀주성 안순 묘족마을. 루생을 불며 노래를 부르며 무희를 춘다.

묘족들은 이 루생이 벼줄기를 부는 데서 유래 되었다고 한다. 그래서 벼농사와 루생은 공생해 온 셈이다. 묘족 여인들의 춤을 관찰하면 상체의 몸흔듦과 팔놀림은 순박하고 오히려 발에 힘을 주어 땅을 밟는 느낌이 마치 대지를 주름잡는 듯 동작을 반복하는 형식이었다. 우리의 강강술래에 서도 상체의 동작보다는 대지를 밟는 데 의미부 여를 할 수 있다면 묘족여인들의 원무는 강강술 래와 기본적으로는 맥이 같다고 본다. 다만 강강 술래는 진행에 있어서 느리다가 빨라지는 것이 특징인데 비해 루생춤은 시종 은은하기만 하다.

남녀한조가 되어 함께 노래를 부르며 찰떡을 찧고 있는 중국 운남성의 묘족들.

옛날 주나라 시조 강원姜嫄이 기이하게 임신하여 아들 후직后稷을 낳았다는 고사가 있다. 옛날 논밭을 갈 때 사람이 쟁기를 밟았다. 쟁기가 생기기 이전에는 발로 직접 대지를 밟았다 그래서 임금이 앞에서 밟아 나가면 뒤에 강원이 따랐다. 임금의 뒤를 따르며 땅을 밟을 때 임신이 되어 후직을 낳았다. 후직은 농사의 시조가 되었다. 논밭을 갈 때 사람이 땅을 밟는 것은 즐거운 일이었으며 여기서 원시 가무가 발생했다는 설도 있다. 도작의 기원이라고 할 만한 운남이나 귀주성의 소수민족들이 가무를 즐기는 것도, 남녀의 교창요가 성행하는 것도 그리고 공개적인 남녀의 성관계가 이루어지는 것도 모두 그 시작을 따진다면 농경의례의 성장과 풍요를 기원하는 원시심성에서 유래된 것이라 할 수 있다.

묘족이 즐기는 자매반姉妹飯, 통족이 즐기는 파종절이 3월명절로 우리의 삼짇날에 해당한다. 마을 처녀들이 아침 일찍 산에 가서 야생파를 다듬고, 야채밭으로 가서 마늘을 캐어 개울에서 정성껏 깨끗이 씻어 광주리에 담는다. 그리고는 우물가(이 우물은 세묘정洗苗井이라 호칭한다)에서 자신이 좋아하는 남자가 나타나기를 기다린다. 남자들이 다가오면 여자들은 정성껏 다듬은 파, 마늘을 자기가 좋아하는 남자에게 준다. 파와 마늘은 묘苗의 상징이라 한다. 결국 남녀의 교제는 곡식의 성장을 위한 주술적 행위인 셈이다. 처녀로부터 파, 마늘을 받은 남자가 그 여자를 좋아하면 다음 해 같은 날에 자수바늘과 실을 바구니에 넣어 돌려준다. 이것을 정정定情이라 한다. 약혼에 해당한다. 남은 것은 형식으로 부모의 승낙을 받아 정혼(결혼)을 한다. 묘족이나 통족의 놀이와 의례는 그래도 우리와 비슷한 데가 있다. 그렇지만 리이족의 경우는 태어난 아이가 누구의 아인지 모르는 것이 보통이다. 또 이것이 부부의 관계를 서먹하게 만들거나 하지 않는다. 오히려 더 좋아하는 관계로 환영받는 경우도 있다.

나시족의 한 종파인 모소인들은 아주혼인阿注婚姻을 한다. 사랑하는 사람끼리 혼인한다는 뜻인데 결혼이나 이혼이 자유스럽다. 명절이 다가오면 남녀가 가무놀이를 하고, 교창요를 부르다가 마음에 드는 짝끼리 마을의 묵인 하에 떳떳이 관계를 한다. 이때 여자가 아이가 있어도 하등 장애가 되지 않는다. 오히려 아이가 있는 여자는 출산의 가능성을 보여주는 보장이 되니까 인기가 있다고 하면 지나친 표현일까. 모소인은 아이의 양육권과 재산의 상속권이 여자에게 있다. 남자는 여자에게 와서 여자의 재산을 증식시켜주고 후손을 갖게 해주는 기능을 한다. 여자로부터 이혼을 당하면 그야말로 빈손으로 집을 떠나야 한다. 처처혼妻處婚의 유습이 짙다.

모소인들은 특별한 경우지만 남녀교제에 있어서 자유스러운 것은 이 지역의 어느 소수민족이나 공통점이다. 옛날에는 산모나 영아의 사망률이 높아 종족번식의 수단으로 마을에서 낳은 아이는 비록 산모가 양육하더라도 공동체의 공유 의식이 강했다. 공동체가 유지존속하려면 우선 공동체 공유성의 아이를 많이 낳아야만 했다. 초기에는 도작의례의 주술에서 다산성의 모의행위로부터 가무놀이가 시작되었다 할지라도 차차 공동체, 종족번영의 수단을 강구하지 않을 수 없었던 것이다.

귀주성의 여평현에 있는 통족侗族마을에는 월당月堂이라 부르는 처녀들 공동숙소가 있다. 대개는 노래도 일도 잘해 내는 처녀집(이 처녀를 고낭두姑娘頭라 부른다)이 층이 월당으로 정해진다. 한편 총각들의 우두머리는 나한두羅漢頭라 하는데 월당은 없다. 여자의 월당에는 15~16세가 되면 들어가고 결혼하면 나간다. 밤이 되면 총각패들이 월당가까이 와서 노래를 부르며 처녀를 유혹한다. 이리하여 좋아하는 짝끼리 숲으로 들어간다. 이러한 제도도 적령기에 있는 남녀의 교제를 공동체가 관리 하는 형식을 취하고 있으나 성은 개방되고 있다.

아예 운남성 시산반나에 있는 하니족은 농한기에 처녀 총각이 잠자는 방을 만들어 준다. 공방公房이라 하는 이 집은 마을이 관리를 하나 좋아하는 짝끼리 하룻밤 거처하는 곳이다. 한 가지 규칙은 아이들의 출입은 금지된다. 현재는 공방제도가 없어졌지만 총각이 있는 집에 따로 작은 방을 세운다. 화방花房이라 하여 아들이 결혼하면 며느리가 출산하는 방으로도 쓰인다. 성이 문란하게 보이지만 강간이나 유괴와 같은 현대 문명사회의 고민거리는 물론 남자의 외도, 가정파탄과 같은 사회악도 이들의 공동체에는 존재하지 않는다. 우리의 도덕으로 볼 때 성의 문란한 질서가 오히려 저들의 사회에서는 가정과 공동체를 보호하는 메커니즘이 되어 있다는 것이다.

6.
백족의 '설' 풍속과 용춤

인천신문 1991. 12. 2.

구정을 앞둔 대목거리는 무척 부산하다. 사람들의 발걸음도 빨라지고 아직도 설빔이나 제수를 사려는 사람들로 임시 마련된 시장은 발 들여놓을 틈도 없이 빽빽하다. 값을 흥정하는 소리에 시끄럽기는 하나 오히려 생동감이 느껴진다. '사회주의국가에도 이런 면이 있구나.' 의문을 하리만큼 이곳은 자본주의 시장풍경을 보는 듯 했다.

구정은 중국인에게 있어서 가장 큰 명절이다. '설' 전후로 6일 혹은 그 이상 명절 때문에 쉰다. 귀성객으로 교통수단은 마비가 된다. 시외버스는 지붕에 산더미처럼 짐을 싣고 굽잇길을 위험스럽게 달린다. 기차는 입석으로 넘쳐 출입구에 아슬아슬하게 매달린 귀성객을 본다. 물론 항공도 이맘때면 정식 운항표는 무시되고 외국에서 귀국하는 화교들의 전세기로 변신한다.

섣달그믐은 묵은 설이라 하여 1년을 청산하는 마지막 날이다. 집집마다 안팎으로 대청소를 하고 대문에는 앞으로 1년간 악귀의 침입을 막아달라는 의미에서 낡고 바랜 장군신상도는 떼고 새 것을 붙인다. 대개는 『삼국지』의 주인공 장비가 공통적인데 이는 억울하게 죽은 원한으로 인해 강한 주력을 가진다는 것이다. 문설주에는 사각의 빨간 헝겊을 중앙에 거는데 이것도 빨간색의 주력으로 악귀를 막으려는 속신이다. 어떤 집에는 둥근

농경기원설화를 그림으로 나타낸 신화도이다. 위는 경작을 하는 장면이고, 중간은 액땜을 하는 발수절(몸에 물을 뿌리는 것) 아래는 제의를 위해 제장(祭場)으로 가는 모습이다.

거울을 걸어두는 수도 있다. 집으로 들어오려는 악귀가 반사되어 멀리 가라는 원리를 이용한 주술이다. 길이 1m쯤 되는 향대를 대문양쪽으로 세워 피운다. 이는 악귀는 가고 명절에 내방하는 선신(조상신도 포함한다)을 환영하는 뜻이다.

　일행은 소수민족의 백족 거주지 대리를 가기 위해 여행사에서 마련한 소형버스를 탔다. 백족은 현재 1백만 명이지만 6세기에서 9세기경 이곳에 대리왕국을 세우고 불교문화를 꽃피웠던 남조국南詔國의 후손들이다. 수차에 걸친 당나라의 침략도 받았으며 13세기에는 몽골의 후비라이칸의 군대에 짓밟히기도 했다. 자연의 요새라는 입지조건도 몽골군의 세력에는 힘을 쓰지 못했다.

　곤명에서 서쪽으로 400㎞, 버스로 11시간 달려 해질 무렵 현지에 도착했다. 과연 말 들은 대로 아름다운 곳이었다. 서쪽에는 히말라야산맥과 연결된 창산 19봉이 백설로 덮인 채 나란히 솟아 있고, 동쪽은 바다처럼 검붉은 이해珥海호수가 남북으로 수놓았다. 창산을 스쳐오는 바람에는 한기가 느껴지지만 영상 15도의 기온이 기분을 상쾌하게 한다. 자연의 천혜 때문인지 이곳 백족의 표정은 소박하고 담담하기만 하다. 악의라고는 찾아볼 수 없는 그들을 과거의 역사는 주변 강대국의 침략에 의해 괴로움을 당했다.

설날 용춤
용춤은 농경문화권에서 악귀를 쫓고 풍요를 비는 놀이로서 한족에 성행하고 있으나 원형태는 강남의 쌀문화재배 민족들 사이에서 소박한 형태의 수신맞이 놀이가 발전한 것이다.

백족의 설과 용춤
백족(白族)의 처녀들이 설날 용춤에 참여하여 행진한다.

　초저녁에는 백족마을의 윤강택尹康澤씨 댁을 찾았다. 그믐날 밤이라 집으로 찾아가는 것은 결례가 되지만 사전에 양해를 받았다. 온 가족이 반가이 맞아준다. 이 댁은 다락에 조상의 위패를 모신 사당이 있었고, 오늘밤에는 조상이 찾아오는 밤이다. 마당 한가운데 상을 차리고 향을 피운다. 그리고 장손인 윤씨가 헌작을 하고 절을 한다. 영혼을 맞는 이를테면 영신의례이다.

　다락에는 평소에 가족들도 출입을 꺼리는 곳이다. 민속학자라는 핑계로 제한된 인원만 조용히 윤尹씨를 따라 다락에 올라갔다. 위로 3대 조상까지의 위패와 초상화 혹은 사진이 나란히 놓여 있었다. 자정이 지나면 장손이 이곳에서 제사를 올린다고 한다. 이러한 형식의

백족의 설과 용춤

조상숭배는 원래 소수민족의 신앙체계는 아니다. 한족의 문화로서 이미 운남성의 소수민족들도 한족문화를 일부 수용하고 있음을 확인할 수 있었다.

　밤에는 폭죽소리에 잠을 이룰 수가 없었다. 마치 전쟁의 소용돌이에 휩싸인 듯 날이 새기까지 철야로 폭죽을 터뜨린다. 그믐날밤 악귀가 폭죽소리에 멀리 가버리라는 축귀逐鬼의례이다. 잠을 설치고 아침을 맞았다. 10시쯤 용춤이 시작된다. 제일 앞에 복신福神을 상징하는 소면笑面을 쓴 노인이 있고, 다음엔 잎이 파란 나뭇가지를 든 노인 내외가 뒤따른다. 이어서 악대가 연주를 하며 남자 수십 명이 길이 15m에서 20여m 되는 용을 치켜 올려 마치 용틀임이나 하듯 곡선을 지으며 길을 메운다. 그리고 남녀로 구성된 무희가 수십 명 가무를 하며 뒤따른다. 행렬의 길이는 50m는 넘는 듯 했다.

넓은 마당에 이르면 원무가 시작된다. 유지나 독지가가 촌지를 전하거나 술과 떡과 과실을 갖다 준다. 용춤은 온마을을 도는데, 좀 괜찮게 사는 집 앞에서는 원무를 행한다. 그 집 가장이 나와 음식이나 촌지를 전하고 굽실절을 한다. 용춤은 며칠 전부터 시작된다. 그러나 설날 전에 하는 것은 예행으로 아이들의 용춤이다. 아이들의 용은 작은 것으로 길이는 5m 내외이다. 본격적인 마을 용춤은 설날에 하는 것으로 며칠씩 계속하는 수가 있다.

용은 수신을 상징하며 농사의 풍요를 관장한다. 그러므로 농경, 특히 벼농사를 하는 지역에서 성행하는 농경의례이다. 쌀을 처음 재배하기 시작한 이곳 운남성의 소수민족들은 원래 수신을 숭배했다. 불교문화와 한족문화의 영향으로 용의 관념이 수용되고 용춤이 구체화 되었다. 원래의 수신신앙이 한족의 용사상과 일치하기 때문에 쉽게 수용이 된 셈이다.

용관념이 우리나라에 수용하면서 용춤이 수용되지 않은 것은 농경의례로서의 줄다리기가 이미 뿌리를 내리고 있었기 때문이다. 원래 외줄에서 시작한 줄다리기는 암숫줄의 교미交尾로 형상화하여 발전했으므로 용춤이 수입여지가 없었던 것이다. 그러나 줄은 용을 상징하는 것으로 미루어 볼 때 용춤이나 줄다리기는 공통원리라 할 수 있고, 우리나라에서 정월에 걸쳐 벽사진경을 목적으로 마을을 돌며 행하는 지신밟기와 줄다리기는 중국의 강남일대에서 성행하는 용춤과 동질적인 것임을 알 수 있다. 소수민족들 사이에 이런 전설이 전한다.

옛날, 우리는 평지에서 벼농사를 짓고 살았다. 그런데 어느새 슬며시 몰려 온 한족들이 우리 논에다 모를 심고는 "이 논은 우리 것이다!" 하고 우기는 것이었다. 그래서 우리와 언쟁이 끊일 새가 없었다 할 수 없이 우리는 산신에게 물어보기로 했다. 이리하여 우리 선조들은 한족과 함께 산상으로 가서 물었다. 우리 선조가 "논임자는 우리입니까?" 그러자 아무대꾸가 없었다. 이번에는 한족이 물었다 그러자 산신은 "그렇다." 하고 대꾸를 했다. 할 수 없이 평지의 논을 버리고 산으로 옮겨가서 개간을 하여 살기 시작했다. 실은 한족은 패거리를 산상에 몰래 숨겨놓고 마치 산신처럼 행세했던 것이다.

억압과 편법으로 한족문화를 수용시키려는 과정을 엿볼 수 있다. 현재 소수민족들의 생활문화가 한족화하여 외관상으로는 소수민족의 특성이 영락해가는 듯 보이지만 이같은 전설이 구전되고 있는 것을 보면 전통성 회복을 위한 그들의 정신은 아직 생동하고 있음을 알 수 있다.

7.
쌀의 발생지와 음식문화

인천신문 1992. 1. 22.

이쯤해서 이제 「라이스로드」의 핵심인 쌀문화를 다루기로 하자. 전호에서 이미 말했지만 운남에는 중국 전체 소수민족의 절반인 25개 소수민족이 살고 있다. 이들이 모두 쌀을 발견하고 발전시킨 것은 아니다. 그렇다고 확실히 말해서 어느 소수민족이 쌀을 최초에 발견했다고 단정할 아무런 단서도 없다.

다만 고고학적으로 운남의 남쪽, 라오스와 버어마 접경의 시산반나西雙版納 일대가 쌀의 발생지로 유력시 되고 있으며, 이 일대에 거주하는 여러 소수민족들이 최초에 야생벼를 먹기 시작하다가 차차 쌀의 재배가 이루어진 것이라고 한다.

묘족苗族은 그들 중 한 종족이다. 이들은 조상대대로 농경의례를 계승시키고 있는데, 지금도 중시하는 의례중의 하나가 '치신찌에吃新節'라는 것이다. 비록 중국식으로 이름은 바뀌었지만 의례자체는 옛 그대로이다. 벼가 무르익어 본격적으로 추수를 할 무렵이 되면 논에서 가장 잘 익은 벼를 세포기정도 뽑아 와서 조상신에게 바치는 의례이다. 조상을 모신 제단 앞에 벼포기를 걸어 놓거나 세워 놓는 것이 보통이다.

이와 비슷한 의례는 같은 지역에 사는 이족彝族과 경파족景頗族에게도 있었다. 전자는 자합세自合細라 했고, 후자는 당신절當新節이라 했다. 호칭은 달라도 의례의 내용은 유사하며 천신제薦新祭의 성격을 띠었다. '첫 곡식을 조상님께 드린다'는 뜻이다.

여기서 잠시 우리의 농경의례를 상기시킬 필요가 있다. 호남지역에서는 지금도 '올베심리'를 한다. 이것은 벼가 다 여물 무렵 베어 온 벼포기를 안방 윗목벽에 가로 묶어 두었다가 다음 해에 바꾸는 것을 말한다. 또 심穗만을 묶어 안방 윗목에 매달아 두는 수도 있다. 이와 비슷한 것으로 영남지역의 '풋바심'이 있다. 대부분의 농가에서 '조상단지'를 모시는 것도 이계통의 의례로 볼 수 있다. 햇곡식이 나면 먼저 조상단지의 묵은 것을 꺼내 새 것을 담아 봉해 두고 다음 햇곡식이 날 때까지 잘 모셔 두는 것이다.

조상단지와 올베심리가 한 의례에서 분리된 것인지 초기부터 양립해 있어왔는지는 확인할 길이 없으나 첫 이삭을 조상님께 드리는 천신제의 성격이 있는 것은 틀림없다. 우리는 이같은 귀지일대에 성행하고 있는 것을 보고, 최소한 쌀에 있어서만은 중국의 북방과는 상관없이 남방과 직접으로 관계했을 것이라는 인상이 들었다.

이족의 한 지파인 사니족마을을 답사 했을 때 우리를 반겨 준 그 집 주부가 집에서 담근 술이 있는데 마셔보겠느냐고 하기에 호기심에서 응낙했다. 신단 옆에 놓인 독에서 된쌀

중국의 음식문화
일반가정의 부엌
멥쌀이라 밥을 지을 때 씻은 쌀을 끓는 물에 넣었다가 익으면 꺼내 다시 찜통에 넣어 찐다. 일부러 끈기를 없애기 위한 조리법인데 아마도 밀을 주식으로 하는 한족들의 영향을 받은 것이라고 생각한다.

53

죽을 퍼더니 물을 부어 젓는다. 마치 탁주처럼 보였다. 마셔보니 술기운은 별로 없고 그렇다고 달지도 않았다. 주부는 많이 마시면 취한다고 했다. 이것은 자연발효를 시킨 감주와 같은 것으로 아마 옛날에는 제사용 신주임에 틀림없었다.

몇 년 전 경기도 광주군내 엄미리 산신제를 참관한 일이 생각났다. 신수神樹 가까이에 묻어 논 항아리에서 담근 술을 퍼 제사를 지냈다. 음복을 했기 때문에 그때의 술맛이 기억나는데 어쩌면 사니족의 신단주神壇酒와 같은 것이었다. 비록 지금은 주조가 발달했지만 신주는 옛 그대로 계승하고 있다는 점을 고려할 때 우리와 운남의 연관성을 다시 한번 확인할 수 있었다.

중국의 주곡은 강남의 쌀과 화북華北의 밀·보리로 대표된다. 물론 화북에서는 여름에 조·기장·깨·목화 재배도 하지만 대표적인 것은 가을에 파종하는 밀이다. 그러므로 화북지역은 밀가루 음식인 삔餠·면麵·만두가 주식이다. 흔히 중국의 주식이 밀가루 음식이라고 생각하기 쉬우나 양자강을 경계로 하여 북쪽에만 그렇고, 남쪽의 주식은 밥이다. 지금은 중국전역에 걸쳐 한족문화의 침하로 식문화마저 민족과 지역성이 쇠퇴하여 중국 어디를 가나 한족이 살지 않는 곳이 없으며, 따라서 화북식제가 보편화 되었다고도 할 수 있다.

곤명시내 식당거리를 들어서면 식당입구 한쪽에 부뚜막을 설치해 놓고 취사를 한다. 자세히 살펴보면 밥 짓는 방법이 우리와는 판이하다. 끓는 물에 씻은 쌀을 넣어 뚜껑을 덮은 뒤 약간 익은 듯하면 쌀을 건져 내어 찜통에 넣고 다시 찐다. 이렇게 하면 쌀의 끈기가 없어지고 마치 고두밥이 된다. 우리가 쌀을 푹 끓이고 뜸을 들여 차지게 만들어 먹는 것과는 차이가 있다.

원래는 이곳 원주민들도 차고 끈기있는 떡과 밥을 좋아 했지만 밀가루 음식을 좋아하는 한족들의 식문화 영향을 받아 이를테면 식제의 한족화가 이루어진 셈이다.

8.
화남쌀·화북밀의 음식문화

인천신문 1992. 3. 17.

「사람은 먹기 위해 산다」는 말이 중국인을 일컫는 말이 아닌가 싶도록 세상에서 중국만큼 식문화가 발달한 나라도 드물다. 이렇게 된 것은 몇 가지 원인이 있다. 첫째는 토지가 넓다는 것이다. 기후나 풍토가 다르니까 자연히 먹는 것도 다를 수밖에 없다. 둘째는 소수민족이 많기 때문이다. 55개 소수민족이라 하지만 언어 풍속의 차이를 기준으로 하면 더 많은 종족으로 분류할 수 있다. 복합민족은 그만치 먹는 것도 다양할 수밖에 없다.

그렇지만 전체적으로 볼 때 중국의 식문화권을 대충 6개 지역으로 나눌 수 있다. 이를테면 북경요리, 산동요리, 강남요리, 사천요리, 복건요리, 광동요리가 그것이다. 이것을 다시 크게 묶는다면 양자강을 경계로 해서 북방요리와 남방요리로 대별된다. 이렇게 대별하는 것은 뒤에 언급 하겠지만 쌀·보리·밀 등 주식의 문화권과 연관하기 때문이다.

일찍이 중국에서는 남담南淡, 북함北鹹, 동산東酸, 서랄西辣이라하여 지역적 미각분포권을 일컬어 왔다. 즉 남쪽요리는 담백하고, 북쪽요리는 짜며, 동쪽요리는 시고, 서쪽요리는 맵다는 것이다. 그밖에 양자강을 경계로 하여 북쪽에는 주로 돼지·양·소·말고기를 요리재료로 많이 쓰는 한편 조, 수수·옥수수·보리·밀을 주식으로 한다. 물론 쌀도 남쪽으로부터 수입해서 먹기는 하나 잡곡에 비해 양은 적다. 여기에 비해 남쪽은 쌀을 주식으로 하며 부식으로는 어패류, 닭고기 등이 많아 자연히 그 맛이 담백하다.

한편 밀이나 보리를 생산하지 않는 운남성에서는 쌀가루로 다양한 음식을 개발했다. 그 중에 대표적인 것이 쌀국수이다. 쌀국수 요리로 유명한 것이 '꿔차오미셴過橋米線'인데 우리 식으로 말하면 국수전골과 비슷하다. 닭고기 국물에 여러 야채를 넣어 건져 먹다가 국수를 살짝 익혀 먹는다. 닭고기 국물은 쉬 식지 않기 때문에 끝까지 뜨거운 것을 먹을 수 있다는 데 착안한 것이다. 이런 전설이 있다. 과거시험을 준비 중인 남편은 식사시간이 고르지 않아 언제나 찬 음식을 들자 아내는 남편의 건강을 생각한 끝에 닭고기 국물을 고안해 냈다. 닭고 기 국물은 일단 끓여 놓으면 오래가기 때문에 먹을 때 국수만 넣어 먹는다. 그로부터 남편은 더운 음식을 먹게 되고 따라서 건강도 회복되었다는 것이다.

중국인의 주곡의 분포는 강남의 쌀과 강북의 밀·보리로 대표된다. 황토의 넓은 광야를 열차로 달리다 보면 무성한 밀밭을 볼 수 있다. 물론 여름에는 조·기장·깨·목화 재배도 하지만 그래도 화북지역은 가을에 파종하는 밀의 천국임을 알 수 있다. 화북의 주식은 대개 밀가루가 재료인 삥餅과 면麵과 만두饅頭로 대표된다. 삥은 여러 가지가 있지만 춘삥春餅의 아침식사는 접시에 놓인 춘삥 한 장을 자기 접시에 옮겨 놓고 중국장을 발라 그 위에 돼지고 기와 나물을 얹어 둘둘 말아서 먹으면 미각이 절로 난다. 면은 우리처럼 국물에 말아 먹는 게 아니라 국수에 중국장을 얹어 먹는데 우리의 자장면을 연상케 한다.

우리나라 중국 음식점에서 먹는 흰 만두는 고급밀가루에 중탄산소다로 불려 만든 것이지 만 중국의 일반 가정에서는 통밀가루를 반죽해서 하룻밤 두어 자연발효를 시킨 다음 아침에 적당히 떼어 증기로 쪄서 먹는다.

중국의 춘추전국시대 문헌에는 '구糗'라는 문자가 등장하는데 이것은 보리를 볶은 것으 로서 후대에 와서는 가루로 만들어 먹었다. 지금 중국의 '샤오몐炒麵', 일본의 '무기코가시' 나 '이리코', 한국의 미숫가루가 이에 해당한다. '구'는 중국의 주나라 시대에는 간이식사를

중국 일반가정의 부뚜막　　　　　　　　　　　　중국의 음식문화

일컬었는데 이것은 알 그대로 익혀 먹었기 때문에 밀이기보다는 보리로 보아야 할 것이다. 지금은 밀가루에 밀려 보리가 자취를 감췄지만 고대에는 밀보다 보리가 앞선 주곡으로 보아야 할 것이다.

　우리나라는 쌀과 잡곡이 모두 생산되지만 겨울에는 보리와 밀, 여름에는 쌀이라는 계절 농경 사이클을 발전시켜 왔다. 굳이 도식화 한다면 쌀보다 보리가 앞섰을 것이고 조리법으로는 볶아서 먹거나 보릿가루(지금의 미숫가루)를 만들어 먹었지만 밀이 전래되면서 밀가루 조리가 발전하여 보릿가루는 후퇴한 것이 아닐까 생각한다. 지금도 먹고 있는 미숫가루가 한국인의 고대 주식의 잔존일 것으로 추측한다. 그리고 중국 남방으로부터 쌀이 유입되면서 쌀이 한국인의 식성에 맞을 뿐 아니라 풍토에도 알맞아 점차 주식의 위치로 굳어졌으며, 따라서 쌀·보리·밀은 한반도에서 조화를 이루어 통합된 주곡문화권을 형성한 것이라고 할 수 있다.

9.
티베트 지역의 잡곡문화

인천신문 1992. 4. 1.

한국인의 중국내 배낭여행이 가능하다. 그러나 우리처럼 단순한 여행이 아닌 민속답사가 되고 보면 쉬운 일은 아니다. 때로는 가정의 형편을 묻기도 하고 생활의 방식을 살피기도 한다. 사회주의 국가에 사는 사람들이 제일 말하기 싫은 본인의 성장배경이나 마을조직에 대해서도 물어봐야 한다. 그러므로 때로는 스파이로 오해받기가 쉽다. 이런 때 실력있는 중국여행사가 필요하다.

봉변을 당하지 않으려면 전국에 조직망을 가지고 있는 국제적 여행사의 안내가 필요하다. 이미 알려진 사실이지만 이러한 여행사들은 모두가 국영기관이고 외화수입의 관문이기에 국가로부터 상당한 권한을 부여받아 행사한다. 여행 알선·안내만이 아니라 국내비행기의 좌석, 승용차의 징발, 주민의 동원, 공연의 의뢰 및 취소 등 막강한 권한이 부여되어 있다. 그러므로 중국내에서 여행사는 젊은 엘리트가 선망하는 직종이다.

필자가 단신으로 내몽고 답사를 할 때, 여행사는 모 기관으로부터 승용차를 징발했을 뿐 아니라 현지 대학교의 일본어 교수를 안내원으로 동원했다. 본인은 부수입이 되니까 좋아했지만 여행사가 교수를 동원시키는 권한을 보고 깜짝 놀랐다.

귀주성의 사천성은 곡창지대이다.　　　　　　　　　　사천성의 재래식 탈곡기

　　쌀문화의 원류를 찾아 운남성을 비롯해서 귀주성·사천성까지 왔다. 우리의 욕심은 여기서 끝나지 않았다. 기왕이면 잡곡문화까지 훑어보자는 심사였다. 사실 따지고 보면 쌀보다는 잡곡이 선행주식이었으며 어차피 한국 농경문화의 시층에는 잡곡성도 용해되어 있음을 부정할 수 없기 때문에 중국의 잡곡 문화권도 장래 다루지 않으면 안 될 과제였다.

　　하물며 사천성의 성도까지 왔으니 티베트답사의 욕심을 씻을 수가 없다. 성도는 티베트로 가는 관문이고, 이곳에서 입장入藏허가서를 받을 수 있기 때문이다. 우리 여행을 시종 도와준 중국국제여행사는 처음부터 교포중국인 김문숙金文淑씨를 동행시켜 주었다. 그녀는 군부의 부대장을 역임하고 있는 대령의 딸로 운남민족학원대학 영문학과를 나와 영어권 관광객을 위해 발탁된 여행사 직원이다.

　　따라서 우리의 입장入藏허가서를 받는 것은 어렵지 않았다. 티베트는 완전개방지역이 아니다. 90년4월까지 계엄령이 펼쳐진 곳이었다. 지금도 티베트독립을 위한 군중시위가 일어날 도화선이 도사리고 있는 곳이다. 공안부 출입관리국의 붉고 큼직한 관인이 찍힌 외국인여행증명서는 이를테면 입국사증이나 같다. 그리고 보니 티베트에 여행하기 위해서는 비자가 또 하나 필요했다. 이리하여 비교민속학회 민속조사반은 마침내 티베트를 입국

티베트 성도(省都) 라사 공항에 도착한 한국 최초의 민속조사반(좌로부터 필자, 최길성, 최광식, 임재해, 박진태, 윤광봉)

한 한국최초의 학술답사반이 되었다.

티베트성도 라사공항에 도착한 것은 8월21일 햇볕이 내리쬐는 성하의 무더위였지만 트랩을 내려올 때는 신선한 가을 날씨처럼 선선했다. 맑은 공기가 맛을 내는 듯했다. 영어가 유창한 현지 안내원이 세련된 행동으로 우리를 맞았다. 원래 민속학자란 색다른 현지에 닿으면 쉬 흥분하는 속성을 가지는 법인데 예외는 아니었다. 여기가 세계의 지붕, 신비의 나라 티베트라는 생각을 하는 순간, 흥분 탓인지 가슴이 답답하고 머리가 띵했다.

현지안내원 치미紀鳴가 이미 우리 동정을 눈치 챘는지 버스가 떠나자 한마디 주의를 한다. 티베트에 처음 오는 사람은 세 가지를 지켜야 한다는 것이다. '하나는 뛰지 말 것, 둘째는 흥분하지 말 것, 셋째는 웃지 말 것'이다. 그리고 보니 현재 우리가 서 있는 곳이 백두산보다 높은 해발 3천 6백m나 되는 곳이다. 체내의 산소소비 억제를 위한 세 가지 주의가 즉시 효과가 있었다. 차내 분위기가 갑자기 숙연해진 것을 보니, 모두 고산병 초기증상이 아닌가 싶었다.

시내로 향해 달리는 도중, 티베트인들의 제장祭場, 다루초를 촬영하기 위해 차를 멈추고 셔터를 마구 눌러댔다. 티베트에 발을 딛기 시작해서 첫 번째 촬영 때문이었는지 필름 아까

민간신앙의 상징
경배하는 성지인 나마뛰와 찡패. 경계가
되는 곳 혹은 높이가 낮은 산의 정상에는
빠뜨리지 않고 경배하는 장소인 나마뛰
와 찡패가 있다. 규모도 작은 것, 큰 것이
있으며 라마교 형성 이전부터 신앙해 오
던 것이다.

운 줄 모르고 찍었다. 알고 보니 티베트인에게 다루초는 산 정상, 도로변, 언덕 위, 지붕 위
할 것 없이 없는 데가 없을 정도로 널려있다. 다루초는 구조적으로 니마뛰라는 돌무덤과
금줄에 찡패라 부르는 경문이 쓰인 색채헝겊을 다수 매어놓았다. 티베트인의 원시신앙에
서 유래된 것으로 하늘과 땅의 신들에게 제사 지내는 제장인 셈이다. 우리의 성황당을 연상
케 한다. 몽골의 오보와 티베트의 다루초와 우리의 서낭당이 기능이나 구조가 일치하다는
점을 지적할 수 있다.

인근에 집이 없건만 어디서 모여들었는
지 5~6명의 아이들이 승차구를 막아 적선
을 구한다. 모든 아이들에게 공평히 나눠줄
게 없으면 아예 모른 척 하라는 말을 듣고
참았다. 얼굴과 손은 며칠째 세수를 하지
않았는지 때가 다닥다닥 붙어 있는 꼴이 다
리 밑 거지같았다. 그러나 이들은 결코 거
지가 아니다. 관광객에게 보시를 거두어 부
처께 바친다. 실지로는 그렇게 하는 아이가
몇이나 될지는 모르나 명분은 그렇다는 것

보시를 구하는 아이들.
어디를 가나 아이들이 와서 손을 내민다. 손발을 씻지 않
아 까맣다. 이들은 동냥이 아닌 보시(布施)를 구한다.

이다. 공해가 전연 없는 고장, 맑은 물이 없는 것은 아닌데 왜 세수나 목욕을 하지 않는지 궁금하다. 일생에 목욕은 세 번 하는데 출생 때, 혼인 때, 사망 때만 한다는 말이 실감난다.

라사로 향하는 도중 또 한 번 차를 세웠다. 도로 좌측에 위치한 깎아지른 절벽에 채색된 큰 마애불磨崖佛이 있었다. '과연 티베트는 불교의 나라'라는 강한 인상을 받았다.

절벽에 새겨진 마애불.
공항에서 나사시내로 가는 도중 볼 수 있는 절벽에 새겨진 마에불(磨崖佛)이다.

10.

티베트의 고원족 후예들

인천신문 1992. 4. 28.

실크로드와 곤륜산맥의 남쪽, 평균해발 4천 5백m 되는 한반도 5배정도의 티베트 고원에는 2백70만 명에 가까운 티베트족이 살고 있다. 그들은 선조대대로 유목을 주업으로 해왔으며 일부는 농경도 하면서 라마교 문화를 생성해 왔다.

중국의 당나라시대 때는 토번왕국吐蕃王國을 세워 하서河西와 서역을 당나라로부터 빼앗기도 하고 서북방으로 그 세력을 팽창한 일도 있었다. 그러나 9세기말부터는 그 세력이 꺾여 밖으로의 진출은 중단되고 지배층의 쇄국정책으로 인해 외부와의 교류가 차단되면서 세계의 지붕, 비경祕境의 나라가 되었다.

중국인은 서장西藏, 우리는 티베트라 부르는 칭호의 유래부터 알아보자. 티베트인들은 스스로를 '쾌파'라고 하는데 '파'는 사람이란 뜻이다. 7세기 당대에는 이곳을 토번왕국土蕃王國이라 불렀다. 이때의 '蕃'자는 당시 티베트인들이 스스로를 '쾌파'라 한 '쾌'의 음역으로 보며 '吐'는 '쾌'의 의역으로 표현한 것이라는 설이 있다. 토번이라는 명칭이 당시 실크로드를 거쳐 서쪽으로 전해진다. 당시 실크로드를 지배했던 튤크족突厥族은 '돌궐비문突厥碑文'에 '튀뷔트'라고 표기한다. 이것이 유럽으로 가서 티베트가 된다. 그러나 중국인은 지금 서장西藏이라 하며 장족藏族이라 부르는데 이때의 서장은 '서쪽의 토지'라는 의미이고 장족은

티베트 수도인 라사 보통 가정집

'장에 사는 사람'이란 뜻이다.

티베트족을 대별하면 야크털로 짠 까만 천막에 사는 유목민과 돌과 흙으로 만든 집에 정주하는 농경민으로 분류된다. 농경민은 수도인 라사지역과 야루찬포 유역의 곡창지대, 즉 중앙티베트에 살고 있으면서 라마교문화가 주류를 점하며 인도불교문화의 영향이 크다. 한편 유목민은 초원을 이동하며 라마교문화 확립이전의 고유신앙을 유지하며 설화와 민요의 구전이 풍부하다.

「티베트」하면 라마교를 연상할 만큼 라마교문화를 생성시킨 민족이다. 그렇지만 '라마'란 고승의 뜻이니 종교를 지칭하는 것은 잘못이라 하여 최근에는 '티베트불교'라고 부르는 경향이 있다. 실은 티베트인 자신도 라마교라고는 부르지 않는다. 티베트불교의 교의는 산스크리트(梵語)로부터 티베트어로 번역한 대승불교의 교전에 근거한다. 이 교전에 쓰인 티베트문자는 북방인도계 문자(구푸타문자)를 원형으로 해서 만들어진 횡서의 표음문자로서 죽필로 쓰기 때문에 글 모양이 매우 정돈되고 아름답다. 현재 티베트인은 이 문자를 사용한다.

비록 대승불교이긴 하지만 8세기경 이것이 티베트에 정착할 무렵 티베트고유의 샤머니즘 색채가 농후한 원시 불교를 많이 수용한 탓으로 티베트적 불교가 되었다. 이것을 서구인이나 우리가 라마교라 불러왔다. 초기 인도불교를 티베트에 포교한 '파도마 상바봐' 수도사(승려가 되지 않는 불교수도사)에 대한 전설은 유명하다.

어느 날 한 노인이 강물에 떠오는 연꽃을 발견했다. 꽃 위에는 한 아이가 앉아 있었다.

아이는 "나는 불교를 위해 세상에 태어났다."고 말했다.

　노인은 아이를 데려다 양육했다. 파도마 상바봐이다. 커서 그는 훌륭한 수도사가 되었다. 임금의 측근에 있는 여자를 사랑하게 되었다. 임금에게 간청하여 그녀를 얻었다.

　어느 날 티베트임금이 훌륭한 불교전도자를 구한다는 소식을 접했다. 그래서 티베트로 가서 임금을 만났다. 임금은 그가 고승이 아니라 평범한 수도사였기에 실망하고 환영하지 않았다. 인도에서는 상바봐가 뛰어난 주술사로 그의 명성을 모르는 사람이 없는데 티베트 임금은 그것을 알 리가 없었다. 티베트임금은 삼예라는 곳에 불교사원을 지을 생각에서 상바봐를 초청한 것이었다. 상바봐를 무시한 임금은 소매에 불이 붙기 시작했다. 상바봐가 한 노릇이다.

　드디어 임금도 상바봐의 위력을 인정했다. 삼예사원을 완공한 그는 티베트에서 불교의 포교를 대대적으로 전개했다. 인도로 돌아간 그는 "머지않아 티베트에 불교가 위기를 맞게 될 것이다."라는 예언을 했다. 이 예언은 적중해서 토번왕국의 붕괴와 아울러 불교의 쇠퇴기를 맞이했다. 매월 10일은 파도마 상바봐가 돌아오는 날이라 하여 티베트에서는 지금도 법요가 열리고 있다.

　티베트 유목민의 가축은 주로 야크와 소·양·산양 등이지만 이 중에서도 야크는 티베트인들에게 끊을 수 없는 중요한 가축이다. 텐트의 이동시 운반을 도우며 농민이 밭을 갈 때는 쟁기를 끌어준다. 털은 실을 뽑아 옷을 깁고, 가죽은 말려 신발을 위시해서 가죽제품을 만든다. 고기는 귀중한 식용이며 건조시켜서 보

가축 중에도 가장 값진 것은 야크다.

관하여 먹는다. 야크 젖은 마시기도 하거니와 버터나 치즈를 만들어 상용한다. 따라서 야크
는 재산목록 제1호가 된다.

한편 농민의 주요 작물은 추위에도 잘 자라는 고원 쌀보리裸麥종류이다. 중국인들은 나맥
의 알이 푸르다하여 청과靑裸라 한다. 나맥가루를 야크 젖으로 반죽을 해서 구우면 참파가
된다. 티베트인의 주식이다. 나맥으로 술을 빚으면 맥주모양의 청과주가 된다. 티베트인들
에게 빼놓을 수 없는 식단의 하나는 버터茶이다. 소금과 버터로 만든 버터차는 잠자는 시간
을 빼고는 거의 10분마다 마신다고 해도 과언이 아니다. 건조한 고원지대에서 먹지 못하는
야채를 대신하여 영양을 보충한다고나 할까.

II.

신성한 활불 달라이라마

인천신문 1992. 6. 8.

하늘 가까이에 감추어진 나라, 티베트가 금세기에 이르러 서서히 그 베일이 벗겨지면서 신기한 풍습들이 하나 둘 세상에 드러나기 시작했다. 그중 삼대기습이라는 게 있다. 하나는 관세음보살이 되살아난 '활불 달라이라마', 또 하나는 죽으면 시신을 갈기갈기 찢어 독수리 밥이 되게 하는 조장鳥葬, 그리고 세 번째는 여기에서만 볼 수 있는 티베트식의 일처다부제이다. 그중 이번에는 생불(活佛과도 동의어)에 대해서 알아본다.

티베트가 철저한 불교국임은 이미 소개한 대로이다. 그런데 윤회와 전생사상이 너무 강하다 보니 생물과 생명을 보는 관념이 엉뚱한 데가 있다. 이를테면 대자대비하여 중생을 구하기 위해 33가지 몸으로 나타난다는 관세음보살이 현실에 전생한다는 것이다. 그러므로 역대 달라이라마(大海의 라마)는 관음보살이 전생한 살아있는 부처이며 최고 권력자이다.

현재 인도에 망명중인 14대 달라이라마도 바로 이러한 주인공이다. 만일 14대 달라이라마가 죽었다고 치자.

14대 달라이라마
제1대는 타시룬포사원의 창립자이자
사원장이었다.

그가 다시 아이로 전생하므로 비슷한 또래 중에서 여러 증거를 제시하여 15대 달라이라마가 될 아이를 찾아내야 한다.

이윽고 아이는 포달라궁으로 영접하게 되고, 그곳에서 성인이 될 때까지 최고의 환대 속에서 교육을 받는다. 성인이 되기까지는 대라마승에 의해 섭정된다. 현재의 14대 달라이라마 자신도 이러한 과정을 밟아 선택된 생불이다.

구전을 정리하면 이렇다. 13대 달라이라마가 죽었다. 1년 반이 지난 1935년 6월 청해성青海省의 파리·다그체라는 곳에 한 아이가 태어났다. 당시 이곳에 망명해온 제9대 판첸라마가 예언을 했다. (달라이라마 다음가는 활불로서 타시룬포사원과 중앙티베트를 지배한다.)

"지금 차기 달라이라마의 후보 12명중 진짜는 이 가까이에 있다. 3명의 후보를 주노라!"

이 놀라운 예언에 고위층 라마들은 변장을 하고 아이를 찾으러 나섰다.

계략과 모험과 신변의 안전을 위해 변장을 한 것이다. 전생된 활불을 찾으러 다니는 줄 알면 수단방법을 가리지 않고 덤빌 것이 뻔하다. 또 라이벌 되는 쪽 패거리가 음모를 꾸미거나 살해할지도 모른다. 과거에 실제 이러한 불상사가 있었기에 극비리에 행해진다.

열흘쯤 수소문 끝에 어떤 집에 당도했다. 변장을 한 일행 중 게우스탄·린포체가 초라한 모습으로 대문을 들어섰다. 이때 한 아이가 쫓아 나오며 린포체 라마승을 보고 쌩긋 웃었다. 린포체는 무의식중에 이 아이를 안아 올렸다. 아이는 린포체 목에 두른 13대 달라이라마(先代)의 염주목걸이를 만지며 중얼거렸다.

"이게 갖고 싶어요."
"아가야, 내가 누군지 아냐? 맞추면 이걸 주마."
"세라사원에서 오신 스님이지요."

"그렇담 내 옆에 서 계신 이 분은 누구시냐?"

"체돈 · 로포상!"

이럴 수가! 이름을 맞추다니, 일행은 놀랐다. "이 아이는 분명 선대의 전생이다!" 그러나 속단은 금물이다. 좀 더 신중히 확인할 필요가 있다. 일행은 이날 조용히 물러났다. 다음날 변장을 한 일행은 아이의 부모가 없는 틈을 타서 다시 찾아 갔다. 어제와 다른 두 개의 염주목 걸이를 내보이며 마음에 드는 것을 집으라고 했다. 아이는 13대 달라이라마가 목에 걸었던 염주목걸이를 집었다. 지팡이를 두 개 내보였다. 아이는 가짜 지팡이를 잡더니 고개를 설레 며 반환하고 다른 것을 잡았다. 일행은 황급히 아이의 옷을 벗겨 알몸을 살폈다. 달라이라마 만이 가지고 있는 두 개의 증거를 찾았다. 이제 확신이 들은 것이다.

서둘러 포달라궁의 섭정에게 이 사실을 보고했다.

"꿈에 본 내용과 일치하니 당장 그 아이를 받들어 모셔 오너라!" 하는 명령이 내려졌다. 역시 극비리에 아이는 라사로 옮겨졌다. 이리하여 죽은 13대 달라이라마는 아이로 전생해 서 14대 달라이라마가 되기 위한 교육을 받기 시작하는 것이다.

최초 후보가 12명이었으나 판첸라마의 꿈에 3명으로 축소되었다. 나머지 2명중 1명은 변장한 라마승들이 현지에 도착하기 전에 죽었다. 아마 라이벌 되는 쪽의 음모로 피살되었 을지 모른다. 그리고 또 1명은 스님들을 만나 확인하는 과정에서 이 아이는 낯을 가려 응하지 않았다. 실패한 것이다.

후보 중에서 진짜 전생한 활불은 1명뿐, 나머지는 모두 가짜다. 진짜를 가려내는 것도 난문이지만 자기 가족 중에서 선택 받는 것만큼 영광은 없다. 그러므로 후보끼리의 암투나 음모가 말이 아니다. 때로는 변장한 라마들이 살해당하는 수도 있다. 이러한 갈등은 포달라 궁 안에까지 파급되기도 한다. 때로는 라마승 간의 갈등으로 비화하는 수도 있다. 그렇기 때문에 궁내라고 달라이라마의 신변이 안전하다고 할 수 없다. 음식상이 차려져도 먼저 라마승이 먹어본 다음에야 안심하는 정도이다.

　달라이라마가 종교에서는 관음보살의 전생된 활불로, 법왕이라는 권위를 가졌다. 정치로는 티베트를 통일하여 통치해온 군주로서 최고 통치자이다. 이 둘의 권자를 한몸에 지닌 달라이라마는 온 티베트인으로부터 신앙과 존경의 대상이 된다. 작은 아이들까지도 관광객에게 손을 내밀어 "달라이라마 픽쳐!" 하고 외치는 것은 다른 어떤 보시보다도 달라이라마의 사진 한 장이 그토록 소중하다는 것을 의미한다. 신앙의 열도를 보여주는 단면이 아닐 수 없다.

12.
부인 공유하는 일처다부제

인천신문 1992. 8. 1.

지구상에는 여러 형태의 혼인제도가 있다. 기본적으로는 단혼과 복혼이다. 일부일처제는 단혼이고, 일부다처제나 일처다부제는 복혼에 해당한다. 그러나 일부일처제라 하더라도 이혼이 절대금지 되는 제도가 있고, 수시 배우자를 바꿀 수 있는 대우혼도 있다. 또 옛날 우리나라에서 일부 존재했던 소실제도는 일부일처제에 축첩제가 가산된 것이다. 일부다처제만 해도 여러 형태가 있다. 배우자들이 한 지붕 밑에 동거하는 형식, 배우자들이 아이들을 데리고 각각 별도의 집에 살지만 한부지내에 사는 것, 배우자들이 각 마을로 흩어져 사는 것 등이 있다.

일처다부제의 경우도 여러 형태가 있다. 아이의 생부는 첫 남자가 된다든지 정식혼인을 한 사람은 한 사람뿐, 나머지는 어떤 권한도 없고 단지 성적접근만을 허용하는 예 등이다. 예컨대 동부아프리카의 바냥코레족이나 바히마족들은 신부값(婚資)이 너무 비싸서 아우들에게 원조를 청하게 된다. 아우들은 형수와 동침이 허용된다. 그러나 일단 형수가 임신하면 더 이상 관계는 끊고 출산하면 그 아이는 장형 것이 된다.

티베트의 일처다부제는 한 여인이 남편의 형제를 공유하는 혼인제도이다. 우리와는 이질적인 데가 있어 흥미를 끌지 않을 수 없다. 그러나 티베트의 생태적 환경을 고려하면 이러한 혼인제도가 생성할 수밖에 없다는 현실을 엄숙히 받아들여야 할 것 같다. 남자의 입장에서 보면, 한 남자가 한 여인을 아내로 얻는다. 여기까지는 일부일처제를 따르고 있다. 그러나 1년, 혹은 2년 후에 만일 아우가 있다면 아우가 형수와 혼인을 한다. 이때는 형처럼 정식 혼례식은 치르지 않고 집안에서 어머니와 당사자 간에 이루어진다. 물론 형은 집에 없다. 형은 대상이나 방목으로 집을 나가 1년이나 혹은 그 이상 집을 빈다. 이때 아우가 형수를 데리고 산다. 둘째도 집을 나간다. 만일 셋째가 있으면 역시 같은 방법으로 형수를 데리고 산다. 이리하여 한 여자가 피를 나눈 형제들을 남편으로 데리고 사는 것이 티베트의 일처다부제이다.

물론 여자가 시집갈 때 남자 형제가 있는 것을 기피하는 경향이 있다. 이때는 친정어머니가 설득에 나선다.

"티베트에서는 관례가 아니냐? 보통 있는 일이다. 누가 뭐라고 말할 사람은 아무도 없다."
한편 형수와 혼인하는 아우들도 더러는 저항할 수 있다. 그러나 이것저것 생각해보면 피할 길이 없고 집을 나가 독립할 여건도 안 된다. 약간의 가축과 토박한 땅을 일궈 목숨을 유지하기 위해서는 형제가 협조할 수밖에 없다. 여기서 분가는 거의 기대할 수 없는 상황이다.

아이가 생기면 생부가 누구든 상관없이 장남의 아이가 된다. 아이는 크면서 둘째, 셋째 남편을 숙부라고 부른다. 아이는 자연히 막내 숙부와 친해지기 마련이다. 재산의 권리는 장남이 가지며 가부장으로서 그의 권한은 막중하다.

그러나 번갈아가며 형제가 장기간 집을 비우는 동안 재산의 관리는 여인이 하게 되고 서서히 실권이 여인에게 돌아간다. 남자들은 밖에 나가 돈을 벌어서는 여자에게 맡기게 되고, 따라서 여인에게 잘 보이려고 애를 쓴다. 그렇지 않으면 애정을 나눠 받지 못할 경우가 있기 때문이다.

이런 예가 있다. 형제 없는 남자에게 시집을 갔다. 남편이 장기간 집을 비웠다. 그 사이에 다른 남자를 데리고 왔다. 돌아온 남편은 참고 묵인할 수밖에 없다. 만일 그렇지 않으면 아내로부터 손찌검을 받는다. 티베트 여인은 이런 면에서 강하다. 또는 남자가 늙어서 여인이 다른 젊은 남자를 데려와도 참고 견뎌야 한다. 티베트에 일부다처제가 없는 것은 아니

유목을 시작하면 몇 달씩 걸린다. 도중에서 다른 팀을 만나 즐겁게 담소하며 음식을 먹는다.

다. 예컨대 아들이 없고 딸만 있는 집에서는 가계를 이을 데릴사위를 얻어야 한다. 물론 큰딸과 혼인한다. 그러다가 처제가 자라서 성인이 되면 그녀와도 혼인한다. 이것도 역시 재산의 분배를 방지하기 위한 장치라고 할 수 있다.

산소량은 평지의 절반이고 산에는 나무가 없어서 비만 오면 산이 깎여 지형이 약간씩 변할 정도라고 한다. 라사에서 시가체로 가는 도중 안내원이 엄숙히 말했다. "지난주는 길이 좋았지만 파손되어 되돌아올지도 모르니 양해 바랍니다." 결국 일정표대로 안 되더라도 자기네 책임이 아니라는 말로도 들리고, 수시로 길이 파손된다는 말도 된다. 준령을 넘고 계곡을 달리는 길은 그다지 나쁘진 않았다. 아니나 다를까 비포장 왕복선 도로를 달리는데 군데군데 패인 곳이 많았다. 폭우가 내리면 산사태가 생겨 길을 묻어버리는 수도 있고 차단시키는 수도 있다. 우리 일행도 결국 며칠 전에 온 비로 길이 파손되어 큰 고역을 치렀다.

약간의 경작지가 있어도 자갈밭이고 방목을 하지만 규모가 작다. 그러므로 형제가 재산을 분배할 만큼 여유도 없고, 단신으로 가출해도 노동력의 착취를 당할 뿐 뾰족한 수가 없다. 이러한 상황일진대 가족원이 일체감으로 한데 모여 극한의 환경과 더불어 생존투쟁을 지속할 수밖에 없다. 하루 두 끼만을 먹는 이들은 환경 탓으로 조로조사의 경향까지 있다. 어느 통계에 의하면 평균수명이 40세라고 한다. 지금 중국 측에서는 연장되었다고 주장하지만.

그러면서도 순박성과 낭만을 잃지 않고 사는 티베트인들이다. 오로지 저들의 고유 신앙인 '본'교와 티베트불교에 귀의하면서 보다 행복한 내세를 꿈꾸며 사는 생활철학이 있기 때문이 아닐까.

쌀문화의 원류를 찾아

II

I.
쌀의 기원 설화와 볍씨

주간여성 1992. 4. 12.

아주 먼 옛날 지상에는 벼가 없었다. 사람들은 굶은 배를 채우기 위해 야산에 올라가 풀뿌리나 나무열매를 따먹었다. 그러나 인간이 날로 늘어나 그나마도 줄어들어 근심이 쌓였다. 하늘에는 곡식이 많았다. 하늘의 신들은 지상의 인간들이 하늘 곡식을 먹게 되면 폭발적인 인간의 증가로 하늘에 도전해 올 것이라고 생각하여 벼 한 낟알이라도 지상에 떨어뜨리지 않으려고 필사적이었다. 인간들은 하늘에 도움을 요청했으나 효과가 없자 구미견(꼬리 9개의 개)을 하늘에 보내 볍씨를 훔치기로 했다.

하늘창고에 간 개는 꼬리에 볍씨를 묻혀 도망쳤다. 그러나 창고 문지기에게 발각되었다. 문지기가 던진 도끼에 꼬리가 잘렸다. 그러나 개는 피를 흘려가며 달아났다. 문지기는 계속 도끼를 던졌다. 개 고리가 계속 잘려나갔다. 8개의 꼬리가 잘렸을 때 겨우 하늘의 경계를 넘었다. 이리하여 구사일생으로 도망친 개의 마지막 꼬리 끝에 묻은 볍씨하나가 이 땅에 벼농사를 지을 수 있는 계기가 되었다. 사람들은 벼가 자라 머리를 숙이는 것은 개 꼬리를 의미하는 것이라 한다.

장족 마을에서 채록한 쌀 기원설화이다. 이 같은 설화는 쌀의 발생지라고 일컬어지는 중국 서남지역에 사는 운귀고원 일대의 소수민족들, 예컨대 묘족, 수족, 포의족, 타이족 등 널리 구전되는 설화이다.

'흥부와 놀부'에서 농경의 효시嚆矢를 의미하는 박씨를 물어다 주는 제비의 고향은 곧

농경기원설화를 그림으로 나타낸 신화
도이다. 위는 경작을 하는 장면이고, 중
간은 액땜을 하는 발수절(몸에 물을 뿌리
는 것) 아래는 제의를 위해 제장(祭場)으
로 가는 모습이다.

쌀의 고향이기도 하다. 강남 갔던 제비라 했으니 강남은 일 년 내 따스한 운귀고원일 게다.
쌀 기원설화를 보니 어쩐지 이질감이 나지 않아 마치 우리 설화를 대하는 듯하다. 아마도
같은 쌀 문화 민족 간에 흐르는 연대감 때문이 아닐까.

이곳은 쌀의 발생지답게 쌀의 기원설화가 다양하게 구전되고 있다. 동물 중에 개가 등장
하는 것은 개가 일찍이 가축이 되어 인간과 친해진 탓도 있겠지만 동물의 생태를 잘 관찰한
원주민들이 다른 동물에 비해 개가 꼬리 끝을 말았다 폈다 하는 데 착상한 것이다. 그리하여
다산성의 벼이삭이 익어 머리를 숙이는 모습에서 개의 꼬리를 연상하여 대입시킨 것으로
해석된다.

개가 볍씨를 가져다 준 쌀 기원설화를 가진 민족들은 개를 식용으로 하지 않는다. 우리
구전설화에도 개가 등장한다. 이를테면 암흑의 나라 임금이 태양과 달을 훔쳐오게 개를
보낸다. 그러나 태양을 물었을 때는 뜨거워 실패하고 달을 물었을 때는 차가워서 실패한다.
충견은 끝내 성공해 보이려고 지금도 되풀이 물고 있다. 일식과 월식의 유래담이다. 부모의
무덤가에서 아우는 개 한 마리를 얻는다. 아우는 개 때문에 부자가 된다. 형이 개를 빼앗아가
실패하여 개를 죽인다. 아우는 개를 마당에 묻어준다. 무덤에서 자란 나무가 하늘 창고를
뚫어 양식이 내려와 아우는 다시 부자가 된다.

장족의 설화는 개가 직접 하늘에 가는데 우리 것은 간접적 구술방법을 쓴다. 장족 설화가

보다 단순하고 신화소가 있는 데 반해 우리 것은 복합구조에 흥미소가 짙은 민담성격이 강하다. 쌀 기원설화의 변이로 보아야 할 것이다. 어떻든 쌀이 최초 우리나라에 도입될 때 이 설화도 신화로서 묻혀 들어왔다가 차차 변형된 것이라고 생각한다.

쌀을 주식으로 하는 우리는 잡곡을 주식으로 하는 민족과는 달리 나름대로의 쌀 문화를 형성하면서 이 땅에 한민족문화를 키워왔다. 그럼에도 불구하고 우리는 지금 외래문화, 국적불명의 문화에 물질적으로 정신적으로 시달리고 있다. 국제화되어 가는 지구촌에서 우리 문화의 위상을 바로 찾기 위해서 는 우리 선조로부터의 전통물화를 체계화해야 하겠고, 이 전통문화의 핵심은 쌀임을 인식해야 한다.

비교민속학회가 '라이스로드'라고 명명하여 쌀의 원류를 찾아 나선 것도 이런 의도에서 였다. 서울에서 일만 리, 쌀의 원주민 소수민족들이 사는 중국 서남부지역의 운남성과 귀주성은 이들의 고향이다. 아니 쌀의 본향이기도 하다. 쌀에 얽힌 설화, 신앙, 의례 , 세시풍속, 남녀교제, 가족제도, 놀이 등이 아직도 원형소를 어느 만큼은 지니면서 전래되고 있어 우리에게 많은 깨우침을 줄 뿐 아니라 신선한 자극이 되기도 한다.

남자는 오직 노동의 수단으로 여계女系를 풍요롭게 해주는 데서 남자의 가치가 인정되는 아주혼인제阿注婚姻制, 혼전 남녀교제가 마을이 공인하는 장소에서 떳떳이 이루어지는 혼전선행제도, 우리는 이미 사라진 민속으로 된 남녀 짝짓기를 위한 교창요놀이, 그밖에 삼국시대에 있었던 계욕일에 해당하는 물 뿌리기(潑水節), 우리설화의 야래자담이 이곳에서는 살아있는 현실 등을 보고, 이미 원모습을 잃은 우리 민속의 원형태를 보는 듯 해서 흥분을 감출 길이 없다.

2.

처처혼의 모계사회

주간여성 1992. 4. 19.

운남은 쌀의 원산지답게 쌀문화가 형성된 곳이다. 겨울이 없는 온난지대라서 3모작도 가능한 지역이지만 겨우 일모작으로 만족해하고 있다.

재물에 별로 욕심이 없는 이곳 소수민족들은 하늘이 준 토지에 먹을 만큼만 심어서 오손도손 살아가는 특성을 가졌다.

여인들은 누에를 치고 옷감을 만들며, 식물을 이용한 물감을 들여 아름다운 옷을 해 입는다. 장을 보러 갈 때나 나들이의 옷은 화려하다. 비단과 같은 고급은 아니라도 색깔의 조화가

귀주성의 묘족 소녀

운남성 이족 여인의 복장

운남성의 나시족

무척 원색적이라 한결 청아하게 보인다. 장식을 단 모자를 쓴 처녀들의 걸음걸이에서 평화를 느낀다.

이번 답사에서 예상외로 소득이 있은 것은 도작문화권에서의 남과 여의 관계였다. 예컨대 구애求愛의 방법, 혼인제도, 여성의 위상에 대해서 보고, 들을 수 있었던 것은 다행한 일이었다. 한마디로 남녀관계가 지극히 개방적이다. 그러면서도 내면의 질서가 엄연히 지켜지고 있는 것이 놀랍다.

운남성 서북지역에 사는 나시족納西族의 한 지파인, 모소인摩梭人들은 가무에 뛰어나다. 마을의 축제 때나 혹은 들이나 물가에서 남녀가 모여 서로 교창요를 부르는데 노래를 부르다가 서로 마음에 드는 짝은 그 자리를 뜬다. 이들에게는 혼전경험이 우선한다. 밤늦게 남자는 좋아하는 여자의 방을 찾는다. 여자의 방은 부모나 동생들이 거처하는 방에서 약간 격리된 곳이다. 새벽이 되면 부모들이 일어나기 전에 가버린다.

이렇게 밤에 찾아왔다가 새벽에 떠나는 남자를 부모가 모를 리 없다. 어느 날 남자가 여자의 부모에게 들키면 부모는 남자를 거실로 불러 차를 대접한다. 만일 야단을 쳤다면 이는 거절을 표시하는 것이고, 차를 대접한 것은 승낙을 의미한다. 그로부터는 몰래 다닐 필요는 없다. 공공연히 동거가 계속된다. 어느 한쪽에서 혼인을 강요할 수는 없다. 혼인에 어떤 의식이나 경제적 부담도 없다. 그저 이렇게 살다가 헤어지기도 한다. 이러한 결혼제도를 아주혼인제阿注婚姻制라고 하는데 서로 사랑하는 사람끼리 산다는 뜻이다. 학술용어로서는 처처혼(uxorilocal)에 가깝다.

혼전에 출생한 아이나 지금 남자의 아이라도 부양의 권리는 여자에게 있다. 재산의 상속도 여자에게 있다. 남자는 여자와 동거하는 동안 여자의 재산을 증식시키는 일을 하면 그만이다. 만일 남자가 여자로부터 미움을 사 '가라!'는 말을 연거푸 들으면 집을 나가야 한다. 그러나 이렇게 쫓긴 남자는 소문이 나쁘게 나기 마련이라서 여자들에게 인기가 좋을 리 없다.

한국설화에 '야래자담'이 있다. 어느 날 오밤중에 방문이 슬며시 열리면서 늠름한 사나이가 들어섰다. 부잣집 무남독녀는 거절하려 했으나 뜻대로 안 된다. 새벽 동이 트기 전 사나이는 가버렸다. 다음날 또 나타났다. 이를 알아차린 부모는 사나이의 정체를 밝히기 위해 딸에게 "만일 오늘밤에도 오거든 바늘에 실을 꿰어두었다 목덜미에 꽂으라." 하고 일렀다. 딸은 시킨 대로 했다. 실패의 실이 다 풀렸다. 날이 밝아 부모가 실을 따라 가보니 연못으로 들어갔다. 실을 끌었더니 이무기가 나왔다. 그로부터 딸은 아이를 낳았다. 부모는 '애비없는 자식'이라 하여 갖다버렸다. 짐승들이 아이를 보호했다. 심상치 않다 하여 데려다 키웠더니 자라서 영웅이 되었다.

대충 줄거리만 옮겼다. 밤에 찾아온 사나이의 정체는 마치 모소인들의 혼인제도에서 밤에 사랑하는 여자 방을 찾는 사나이와 같다. 우리의 야래자담은 모소인들 풍속의 설화화로 봐도 무리는 아니다. 같은 쌀문화권인 한국에도 옛날에는 모소인들처럼 처처혼 제도가 있었지만 혼인제도가 바뀌자 유풍은 설화가 되어 마치 영웅담의 출생설화처럼 전승되어진 것이 아닐까 생각한다.

운남성 남쪽에 위치한 산지 묘족들은 근친 또는 혈족간의 혼인을 금한다. 그래서 멀리까지 가서 짝을 찾아야 한다. 축제 때는 모두 대로 만든 노생蘆笙 악기를 들고 남자, 여자 대열을 맞춰 연주한다. 또는 나뭇잎을 입술에 대고 불면 아름다운 소리가 난다. 무엇인가 자기의 특기를 보이면 여자들에게 그만치 인기가 상승한다. 남녀대항 연주나 노래를 부른다.

오 나의 아름다운 친구여!
당신이 수놓은 띠를 내 '노생'에 매어주오.
이 간절한 소청을 물리치지 않는다면
내 노생은 우리의 중매자가 되어 줄텐데

노래가 끝나면 여자들은 미리 준비해온 곱게 수놓은 띠를 자기가 좋아하는 남자의 노생에 매어 준다. 둘이는 공인된 한 쌍이 된다. 그러다가 둘이 마음이 맞으면 마을 사람을 모아 결혼식을 올린다. 어른들은 혼전경험을 권장하는 빛이다. 결혼식은 다시는 헤어지지 않는다는 약속이므로 혼전에 경험을 통해 결심하라는 것이다. 결혼 후의 이혼율이 거의 없는 것은 상호간의 성격을 이해하고 나서 결혼하기 때문이다. 혼전경험은 우리 가치관으로 보면 부정적이지만 이들에게는 공동체를 평화스럽게 유지시키려는 메커니즘의 기능을 하고 있다는 사실을 알 수 있다.

3.
떡과 술은 중요한 제사음식

주간여성 1992. 4. 26.

운남성에 위치한 석림은 중국에서도 유명한 관광지의 하나다. 2억 8천만 년 전에는 이곳이 바다 밑이었다. 지각의 변화로 지표에 그 모습을 드러낸 석회암질의 기암괴석은 멀리 한국서 온 우리의 눈을 당혹시키기에 충분했다.

우리 일행은 석림 가까이에 있는 사니족마을을 들러 한 농가를 방문했다. 마을 사람들이 이방인이 온 것을 알고 모여들었다. 100여 명이 사는 이 마을은 동족마을로 전형적인 농촌이다. 주로 쌀, 옥수수, 채소를 재배하는데 옥수수는 가축용으로 쓰인다고 하니 부유한 농촌임

운남성 곤명 가까이에는 석림(石林)이라는 관광지가 있다. 2억 7천만 년 전에 지각변동으로 솟아난 자연조각미술관으로 알려졌다.

에 틀림없다. 이 집은 돼지, 양, 말, 소가 각각 한 마리씩, 그리고 닭을 20여 마리 키운다. 이것들은 모두 제사나 잔치용이다. 살림방을 들여다보니 자수품이 많았다. 여기가 관광지이기 때문에 부인과 어린 딸이 부업으로 행상을 한단다.

그리고 보니 지금 모여든 동네 아주머니와 여아들, 모두 보따리 하나씩을 들고 있다. 우리 일행을 상대로 모인 것이라 생각하니 아찔했다. 주인아주머니가 집에서 빚은 술이 있으니 마셔보겠느냐고 하기에 체면 없이 요청했다. 제단 옆에 있는 큰 항아리 뚜껑을 열더니 바가지로 퍼낸다. 술이라기보다는 물에 담근 떡쌀을 퍼내는 것 같았다. 그것을 큰 그릇에 담고 물을 붓는다. 그랬더니 부연 뜨물이 생겨 연한 막걸리 빛이 나기 시작한다.

네댓 살 난 머슴애가 자기도 마시겠다고 응석을 부리자 한 종자 떠 준다. '세상에, 아이도 술을 먹이냐!' 하고 놀랐는데 직접 마셔보니 술도 아니고 감주도 아니다. 쌀알도 씹히는 게 달지 않은 감주라고나 할까. 그런데 이곳 사람은 이것을 지주地酒라고 하며 많이 마시면 취한다는 것이다.

필자는 몇 년 전, 경기도 광주의 어떤 마을에서 지내는 산신제 때 신주라며 직접 담근 술을 주기에 마신 경험이 있다. 어쩌면 지금의 이 맛과 그토록 같은지, 문득 이것이야말로 술의 조형祖型이며 원래 술의 시작은 신에게 바쳐지는 데서 유래되었다는 것을 알았다. 지주地酒는 찹쌀떡과 찹쌀을 발효시켜 만든다. 가장 일반적인 것은 찜통에 찐 떡을 식혀서 누룩을 섞어 보존시킨 것으로 쌀알이 그대로 남아 있고, 발효도가 낮아서 마치 밥에 물을 탄 느낌이다.

소수민족이 관광객을 상대로 열린 가게들이다.

이 집을 떠날 때 사례로서 자수품을 팔아주겠다고 했더니 주인아주머니는 "우리 모두가 친척이니까 부담 갖지 말고 싼 것으로 고루 팔아 달라"는 것이었다. 삽시간에 마당은 난장으로 변했다. 우리 일행은 11명이었다. 이제 적당히 물러설 때가 됐다고 생각했을 때 주인아주머니가 시무룩하다. 왜냐고 물었더니 이웃들의 성화에 막상 자기 것은 하나도 팔지 못했다는 것이다. 나는 회장으로서 책임을 느껴 앞치마 5장을 사주었다. 서울로 귀가해서 아내에게 주었지만 달갑지 않은 표정이었다.

명절이나 잔치 때에는 찹쌀로 만든 고두밥이나 떡을 지어 먹는 관습이 있다. 특히 찰떡은 액땜이 된다 하여 길조를 의미하는 물감을 들여 먹는다. 물감은 이를테면 단풍나무 잎으로 검게 물들이거나, 치자나무 열매로 노랗게 물들이거나, 또는 홍엽으로 붉게 물들이기도 한다. 우리의 추석에 해당하는 날에는 찹쌀을 물에 담갔다가 매통에 찧어 사탕물을 적당히 넣은 떡을 만들어 먹는데 이 떡에도 삼색 물감을 들인다.

건축을 할 때도 상량식에는 떡이 차려진다. 대들보에다 붉은 천과 찹쌀벼 이삭을 포개서 걸어놓고 모인 사람들에게는 떡을 던져주어 손으로 받아먹게 한다. 이때 지주를 내 놓는다. 명절이나 제사 때는 기본 식단이 떡과 술이다. 따라서 다른 찬은 필요 없다. 이곳 쌀문화의 고장 사람들의 식제를 보면 시간적으로 밥보다 떡이 선행한 음식임을 알 수 있으며 초기의 떡은 아마도 손으로 집어 먹을 수 있는 고두밥에서 떡으로 발전 했다가 차차 밥의 조리법이 발전함에 따라 반찬의 필요성이 생겨났다고 생각한다. 묘족들이 설날에 먹는 '지메이반'이라는 떡이나, 5월 단오 때 대나무 잎에 싸서 먹는 찹쌀밥, 이것을 '쫑즈'라고 하는데 모두 옛 선조들이 남긴 초기 식사임을 알 수 있다.

귀주성 안순지역도 쌀문화권에 속하는 지역이다. 우리 일행이 들른 마을에서 마침 노생 놀이가 시작되었다. 노생이란 여러 개의 대나무를 포개 만든 전통악기로, 불면 아름다운 소리가 난다. 이곳 사람들은 모두가 악사다. 남녀로 나뉘어 남자가 연주하면 여자가 춤을 춘다. 그러다가 교창요가 벌어진다. 교창요에 대해서는 설명을 다음에 미루기로 한다. 놀이가 끝날 무렵 떡치기가 벌어진다. 이때 사랑하는 남녀 한 쌍이 찐 찹쌀을 절구에 넣어 찧는다. 고물에 무쳐 먹는 모습이 우리의 인절미와 같았다. 놀이에 떡이 등장하는 것은 비단 이곳뿐 아니라 쌀문화권에서 행해지는 보편적인 일이다.

4.
백족마을의 구전 민담

주간여성 1992. 5. 3.

　처음 계획으로 남쪽의 월남과 미얀마국경지대인 '시산반나'에 가기로 여행계획이 짜였었다. 그러나 비행기사정으로 취소되었다. 이런 일은 중국을 여행하려면 익숙해져야 한다. 여러 이유를 대지만 결국은 외국 손님의 안전을 위한 것이라는 데는 할 말이 없다.

　시산반나를 못 가는 대신 대리를 답사하기로 했다. 운남성 서북쪽에 위치한 이곳은 주로 쌀농사를 하는 지역이며 자연경관이 뛰어난 곳이다. 소수민족인 백족자치주인데다 교통이 나빠 외지사람의 교류가 적은 곳이다. 귀 모양으로 생긴 바다와 같다 해서 '이해'라는 큰 호수가 있는데 많은 물고기가 잡히며 전설도 많다. 서쪽에는 히말라야산맥의 줄기인 창산 19봉이 눈 덮인 채 서 있다. 자연은 4계절이 분명하지만 기온은 연중 봄과 초여름이 계속된다.

　이러한 천혜의 자연 속에 사는 백족은 이름 그대로 맑고 청아하다. 자연의 아름다움에 못지않게 처녀들의 의상도 아름답다. 빨강, 파랑, 노랑, 남색 등 원색실로 수놓은 전통 복을 입고 가사를 돕는 처녀들, 처마 밑에서 노인들의 수연관水煙管을 흡인하여 유유자적하는 모습, 부인들이 등 짐을 매고 오가는 모습들이 어쩌면 이국 풍경답지 않게 친근감이 든다.

　이곳에 며칠 있는 동안 필자는 우리의 대표적인 민담「해님과 달님이 된 이야기」를 들을 수 있었다. 이곳 사람들은 누구나 잘 아는 이야기다.

　옛날, 어머니가 두 아이를 데리고 산에서 살고 있었다. 딸은 따첸판, 아들은 알체체였다.

운남성의 백족 소녀들은 가사를 돌보며 생업을 유지한다.

어머니는 매일 밭에 가서 일을 하고 어둠이 갈리면 집으로 돌아오곤 했다. 뒷산 골짜기 깊은 동굴 속에 요괴할멈이 살고 있었다. 하루는 요괴할멈이 숨어 있다가 밭에서 일을 하고 돌아오는 어머니를 단숨에 잡아먹고는 아이들이 있는 집으로 향했다.

"따첸판, 알체체야! 빨리 문을 열어다오, 엄마가 왔단다."

"우리 어머니 목소리가 아닌걸요. 만일 어머니가 확실하다면 문틈으로 손을 넣어 보세요."

요괴할멈이 문틈으로 손을 쓱 밀어 넣었다. 아이들은 깜짝 놀랐다.

"우리 엄마 손은 이뿐데 이 손은 털이 많네요. 엄마 손에는 팔찌와 반지를 끼고 있는데 이 손에는 아무것도 없네요."

하자, 요괴할멈은 이를 갈며 돌아갔다. 요괴할멈은 손에 있는 털을 깎았다. 그리고 어머니가 입었던 옷을 입고 팔찌와 반지를 끼고 다시 돌아왔다.

"아가야, 아가야, 엄마가 왔다. 어서 문 열어라!"

하고 상냥하게 말했다. 문틈으로 밀어 넣은 손을 보니 어머니의 손이 틀림없다. 동생이 문을 열어 주려고 하자 누이는 다시 한 번 물었다.

"진짜 우리 어머니라면 이 문틈으로 발을 넣어 보세요."

하자, 요괴할멈은 발을 즉시 밀어 넣었다. 누이는 말했다.

"이건 어머니 발이 아닌걸요. 우리 어머니 발은 털이 없고 하얀 버선에 수놓은 신을 신었죠."

요괴 할멈은 이를 갈며 돌아갔다. 발 털을 밀고 어머니가 신었던 버선과 신을 신고 다시 돌아왔다. 집안까지 들어오는 데 성공한 요괴할멈은 잠을 자는 척 하면서 동생을 잡아먹었다. 뽀드득하는 소리에 누이가 용기를 내고 물었다.

"어머니, 뭘 먹나요?"

"콩을 먹고 있단다."

"저도 먹게 주세요."

"안 돼, 네 이는 작아서 깨물지 못한다."

따첸판은 요괴할멈임을 알았다. 그래서 도망칠 궁리를 했다.

"어머니, 어머니, 오줌이 마려워요."

"그 자리에서 해!"

"안돼요. 지신이 노하시는걸요."

그러자 요괴할멈은 화를 버럭 내며 소리를 질렀다.

"네팔에 끈을 묶어 줄 테니 마당에 가서 누고 오너라!"

따첸판을 살며시 근을 풀어 개나리에 묶었다. 그리고 복숭아나무 위에 올라가 숨었다. 속은 줄 안 요괴할멈은 따첸판을 찾으러 나왔다.

"어머니 복숭아가 맛있게 익었네요. 입을 벌리시면 넣어드릴게요."

그러자 요괴할멈은 입을 크게 벌렸다. 따첸판은 미리 준비해 두었던 부엌칼을 힘껏 던졌다. 요괴할멈은 피투성이가 된 채 쓰러졌다. 요괴할멈이 죽자 그 몸에서 쐐기풀이 나더니 순식간에 복숭아나무를 감쌌다. 따첸판은 내려갈 수가 없었다. 동녘이 훤해지더니 서산으로부터 두 사람이 산을 내려오고 있었다. 한 사람은 빨간 양탄자를 매고, 다른 한 사람은 하얀 양탄자를 매고 있었다. 따첸판은 구원을 청했다. 두 사람은 쐐기 풀밭 위에 빨간, 하얀 양탄자를 폈다. 따첸판을 뛰어내리기 전에 이같이 말했다.

"만일 빨간 양탄자 위에 떨어지면 두 분의 양딸이 될 것이고, 만일 하얀 양탄자에 떨어지면 두 분의 아들 중 큰아들의 아내가 되겠습니다."

하고 뛰어내렸다. 그러나 따첸판은 양탄자 위에 내리지 못하고 쐐기풀의 가장자리에 떨어졌다. 그 순간 따첸판을 한 그루 쑥이 되었다. 이대로부터 쐐기풀에 질린 사람이 쑥으로 문지르면 감쪽같이 낫는다고 한다. 이 지역에 쐐기풀이 나 있는 곳에는 반드시 쑥이 나 있다고 한다.

대충 줄거리만 소개했다. 우리와는 부분부분 상이점이 없지는 않다. 예컨대 호랑이 대신 요괴할멈이 등장하고, 밧줄이 끊어져 수수밭에 떨어진 호랑이 피로 인해 수수 알이 빨갛게 된 것과 쐐기풀, 남매가 하늘에 올라가 해와 달님이 되었다는 것과 쑥이 되었다는 것 등이 다르다. 그렇지만 이 민담이 가지는 공통분모는 도작이전의 잡곡농경문화를 배경으로 하고 있다는 점이다. 어떻든 중국에도 이 계통의 유사민담이 있기는 하지만 우리 것과 거의 공통민담이 일만 리나 떨어진 백족지역에서 구전되고 있다는 사실이 우연이라고 하기엔 너무나 많은 의문을 던져주고 있다.

5.
쌀문화와 백족의 여성우위

주간여성 1992. 5. 12.

백족마을에서 또 하나 눈에 뜨이는 것은 여성들의 활동이다. 처녀들은 평소에도 원색적인 자수와 색감의 옷을 입고 작업을 하고 있다. 부인들은 등짐을 지고 부산히 오간다. 백족처녀들은 기하학적 무늬가 든 천으로 머리를 싸고 그 위에 장식된 모자를 쓴다. 부인들은 모자는 안 쓰지만 천으로 머리는 싼다. 보통 여성복은 무릎을 덮는 정도의 치마에다 소매 없는 저고리를 입고 앞치마를 두른다. 그리고 꽃무늬 수를 놓은 허리띠를 맨다. 대개는 맨발로 짚신을 신지만 자수한 천으로 된 신을 신는 것은 상류에 속하는데 한족의 영향인 듯하다.

그러나 산속으로 깊이 들어가면 같은 백족이라도 생활모습이 상이하다. 한마디로 궁핍한 생활을 영위한다. 그렇지만 인심은 후하다. 이를테면 낯선 나그네가 잠시 들렀더라도 귀한 꿀을 한 종지 퍼준다. 사양하면 오히려 호의를 무시한다 해서 노한다. 비록 통나무집 움막이지만 집안에 들어서서 난로 주위에 앉으면 식구가 되는 것이다. 이방인이고, 언어불통이 문제가 아니다. 격식이나 예절이 따로 없다. 먹는 것 같이 먹고, 밤이 되면 같이 덮고 잔다.

이곳 사람들은 한 장의 양가죽 혹은 두 장의 양가죽을 이어서 만든 소매 없는 등거리 같은 것을 입는다. 겨울에는 털을 안쪽으로 하고, 여름에는 가죽을 안쪽으로 해서 입으면 편리하다. 때로 산촌에 사는 부인들은 짧은 저고리와 앞치마를 두르거나 머리에는 검정 혹은 푸른 천으로 감싸지만 질은 매우 빈약하다.

모두에서 백족여인들이 사회적 활동이 눈부시다고 했지만 자세히 살펴보면 분명히 노동은 물론 집안 안팎에서 여성의 지위가 남자보다 우위에 있음을 느껴진다. 대개 대외적인 교섭은 부인들의 권한이다. 이 지역에 거주하는 안내원은 필자에게 "여기서 멀지 않은 등천, 이원일대는 옛날 여인국이었다."고 말해 주었다. 또 "옛날 당나라 스님이 불경을 구하러 갈 때 통과했다는 여인국이 바로 여기"라는 사람도 있다.

이러한 여성우위 탓인지 백족여인들의 이성교제는 무척 자유롭다. 처녀들은 자유로이 남자를 바꿔가며 교제할 수 있다. 결혼은 반드시 부모의 허락을 전제로 하지만 결혼 후에도 부인이 전 남자와의 교제는 허용된다. 만일 결혼에 불만이 있으면 이혼은 안 되지만 자유로이 친정에 갈 수 있으므로 친정에 있는 동안 좋아하는 남자와 교제한다. 이곳 여성은 힘든 일을 제외하고는 생산생업의 경제활동은 거의 여성이 주도한다. 그리고 보니 여성의 지위가 높아질 수밖에 없다.

매년 음력 4월 23일부터 25일까지는 대리일대의 백족 축제일이다. '라오산린繞三靈'이라 한다. 첫날밤은 성원사에 머물고, 둘째 날은 하애성에 머물고, 셋째 날은 마구읍을 돌아 넷째 날에 집으로 돌아온다. 대학을 나왔다는 이 지방 출신의 안내원이 다음과 같이 설명했다.

이 축제는 젊은 남녀가 서로 사랑하는 데 목적이 있다. 남녀는 아름답게 치장하고 사랑하는 사람끼리 서로 가무하고 잠자고 즐겁게 지낸다. 부모를 비롯해서 누구도 탓할 수 없다. 계절적으로 더운 초여름인데다 세 명소가 모두 숲이 우거지고 꽃이 만발한 자연의 아름다움 때문에 젊은이들의 가슴은 더욱 부풀어 진다는 것이다. 공동체가 공인하는 남녀의 짝짓기 행사라고 할 수 있을 것 같다.

이 축제의 명칭으로 봐서 불교적인 색채가 강하지만 불교이전의 민간의식이 수용된 것이라고 보아진다. 우리나라에도 『삼국유사』의 「김현감호」에 보면 매년 2월 초파일부터 15일까지 민중이 탑돌이를 하는데 남녀상열이 있었다. 팔관회나 관등회 등의 불교행사도 초기에는 가무군취가 자행됐음을 알 수 있다. 우리나라는 유교의 영향으로 일찍부터 남녀교제가 엄격히 규제된 데 비해 백족들은 중국영역이면서도 유교가 우리만치 영향을 미치지 못한 탓으로 지금까지 이같은 전통이 유지되어 온 것이라고 할 수 있다.

가무군취와 남녀상열은 농경문화권의 어느 민족이나 가지고 있는 원시공동체의 유습이다. 따라서 여성우위의 사회적 제도도 쌀문화권에서 볼 수 있는 한 현상이다. 다만 한국은 중국 북방에서 형성된 유교의 영향을 강하게 수용한 탓으로 농경문화의 여성원리가 쇠퇴한 대신 남성우위가 사회제도화 되었다고 할 수 있다.

운남의 소수민족들 중에서도 일찍부터 고문화를 형성했던 백족은 그 역사가 우리와 비슷하다. 경제생활은 쌀재배문화를 기반으로 하고 있으면서 고유신앙인 샤머니즘에 불교를 복합시켰다. 한편 운남으로 남하한 티베트계의 기마목축민문화와 중국의 한문화도 일부 수용하여 이를테면 우리와 같은 복합문화를 형성했다. 백족들이 겉으로는 불교를 숭상하나 막상 병이 나면 무당을 찾는 것이나, 영웅이나 역사적 인물을 마을의 수호신으로 숭배하는 신앙도 우리와 맥을 같이 하고 있다. 그러므로 공통민담이 많은 것도 우연은 아니다.

6.
운남 소수민족의 손님 대접

주간여성 1992. 5. 17.

운남을 다녀온 사람 치고 푸대접 받고 돌아왔다는 사람 없을 것이다. 그만치 운남에 사는 소수민족들은 인심이 후하다. 넉넉해서가 아니다. 어떤 반사급부를 바라서가 아니다. 비록 가난해도 함께 공존한다는 본능 때문이다. 이것은 쌀문화 민족의 공통 요소라 할 수 있다. 다만 그렇지 못한 쌀문화 민족은 그만치 원형을 상실하고 변화되었다는 것뿐이다. 그 변화의 요인은 외세 때문일 수도 있고, 내적 요인도 있을 수 있다. 그런데 운남의 소수민족들은 외세에 의해 물들지도 않았고 내면의 변인도 적었다. 그래서 원형대로 유지 계승되고 있는 것 같다.

다이족泰族은 귀주, 광서, 운남 등지에 흩어져 사는 총 인구 50만의 쌀문화 주인공들이다. 당나라부터 명나라까지는 이들을 '빠이이白衣'라 불렀는데 청결을 즐기고 특히 여인들이 하얀 상의를 입었다는 데서 유래된 이름이다. 그만치 다이족들은 지금도 청렴결백을 족혼민으로 삼고 있으며 백색을 좋아한다.

예로부터 논으로 둘러싸인 마을을 형성하면서 정착생활을 영위해 왔다. 남녀 모두 희고 큰 다아반으로 머리를 감는다. 여인들은 팔에 꽉 낀 긴 소매가 달린 저고리를 입고 붉은 허리 두르게(사롱)를 한다. 버어마풍의 의상과 비슷하다. 옛날엔 남자들이 온 몸에 문신을 했다. 지금도 양팔에 문신을 한 남성을 가리켜 호남자라 부른다. 기후조건이 좋아 2모작이 가능했지만 이들은 물욕이 없어 먹을 만큼 1모작으로 끝낸다. 논은 남자가 갈고 여자는 모를 심는

귀주성 안순시 묘족마을
워크숍을 끝내고 한국과 중국팀의 기념사진

손님을 환대하는 묘족마을 사람들

분업이 예로부터 실시되어 왔다. 그러나 공산화 되면서 생산증산정책에 따라 2모작을 강요당하면서 여자도 소를 몰며 논을 갈게 되었다.

다이족은 손님 대접을 본능적으로 잘 한다. 모르는 사람이 찾아와도 식사와 잠자리를 제공한다. 요리는 여자의 일이다. 다이족의 기본 식단은 대밥과 떡과 향채를 넣어 구운 생선이다. 대밥은 쌀을 약 30분간 물에 담가 불렸다가 직경 10㎝정도 되는 싱싱한 대나무통에 넣어 바나나잎으로 구멍을 막고 굽는다. 익으면 칼로 대통을 가르고 대통껍질을 베긴 다음 먹는다.

바위에 생식하는 이끼를 강가에서 채취해와 떡을 만드는데 손님 대접에는 필수음식이다. 옛날에는 추장이 즐기는 음식으로 일부러 이끼를 배양해서 음식을 만들었다. 이끼로 조리하는 방법이 둘 있는데, 하나는 이끼를 따서 강물에 깨끗이 씻은 다음 양념을 쳐서 바나나잎에 싸서 먹는다. 또 다른 방법은 이끼를 말린 다음 기름에 튀겨서 쌀과 섞어 떡을 만들어 먹는다. 다이족의 식단에 빠뜨릴 수 없는 것이 생선구이이다. 생선을 가르고 속의 내장과 뼈를 추려낸 후, 양념을 친 다음 향채香菜를 그 안에 넣어 굽는다. 손님이 와도 특별한 음식을 조리하지 않는다. 평소 먹는 그대로 대접을 하는데 손님에게는 술을 권하는 것이 예의로 되어 있다.

술대접에는 묘족이 둘째가라면 서운하다고 할 만치 열정적이다. 우리 일행이 귀주성 안순지역의 묘족苗族마을을 들렀을 때, 마을 사람들은 미리 우리가 올 것을 통고 받고 용의주도하게 준비를 하고 있었다. 대나무 악기인 노생을 든 20여 명의 밴드대가 구성진 전통 음악을 연주하는 가운데 10여 명의 여인들이 술을 담은 항아리를 옆에 놓고 길을 가로막았다.

우리 일행이 차에서 내리며 마을로 향하자 여인들은 사발로 술을 퍼서 마시라고 강요한다. 아무리 애주가라도 독한 술을 사발로 단숨에 들이켜기에는 무리였다. 어리둥절하여 주춤거리자 입에 대고 부어주는데 반은 마시고 반은 옷에 쏟았다. 그 뿐 아니라 이렇게 하기를 일곱 번 되풀이해야 마을로 들어갈 수 있다는 것이다. 산 넘어 산이라더니 앞이 깜깜하다. 어떻게 어떻게 사정도 하고 도망치듯 사람사이를 뚫고 통과는 했지만 우리의 행동은 참으로 불손하고 미개인다웠다. 극진한 호의를 저버렸기 때문이다. 참으로 대접하는 방법도 가지가지이다.

묘족들의 방을 들어서면 문 윗벽에 큰 소뿔이 거꾸로 매달려 있다. 누구를 막론하고 이 방문을 들어서는 손님은 주인이 소뿔에 술을 넘치게 부어주면 마셔야 한다. 손님을 환영하는 술잔인 셈이다. 잔치가 벌어지면 원으로 앉아 각자의 술잔에 술을 가득 부운 잔을 왼손으로 들어 왼쪽사람의 입에 갖다 댄다. 오른편 사람으로부터 건네 온 술잔을 비운 다음 똑같이 술을 부어 반복한다. 이때 술을 붓는 일은 주부가 맡아 한다. 노래도 부르며 춤도 춘다. 이때 특별한 음식이 나오는데 닭이나 오리의 간이나 쓸개를 주인과 손님이 나누어 먹는다. 이들의 속담에 "간과 쓸개 같이"라는 말처럼 상호 신뢰와 우정을 의미한다.

연회가 끝나고 모두 돌아갈 때는 주부는 암탉과 오리고기 중에서 머리나 허벅지, 날개, 발톱부이의 고기를 꼬챙이에 끼워 손님의 머리에 꽂아준다. 이는 우정이 영원하고 자주 왕래하자는 희망의 뜻이 있다. 다른 지역의 묘족들은 연회가 끝날 무렵 손님들은 상대방 얼굴에 서로 먹칠을 하는 관습이 있다. 우정의 표시라고 한다. 그리고 주인은 성심으로 손님을 대접한다는 표시로 손님이 취하도록 마시게 하며 한편 손님은 취하도록 마셨다는 표시로 일부러라도 취한 척 해 보이며 비틀거리거나 혀가 꼬부라지게 말을 해 보이는 것이 주도酒道이며 예절이다.

운남성 묘족 뒤풀이(귀주성 안순시
묘족마을)
한중민속학워크숍이 끝난 뒤풀이는
흥겹다. 묘족마을 사람들과 한국방
문단원이 한데 어울려 춤을 춘다. 묘
족할머니와 함께 춤을 추는 이수봉
교수와 성병희 교수, 그리고 김상홍
교수가 보인다.

  다이족이나 묘족의 인정과 인심은 우리들 기억에 남아 있는 옛 우리의 인심과 어쩌면
그토록 같은지 마음으로 친근감이 느껴진다. 우리도 옛날에는 인심이 후했다. 손님 대접
잘 해야 한다는 뜻의 "문전 나그네 흔연欣然대접"이라는 속담이 이를 입증한다. 술은 취하도
록 마시고, 노래와 춤은 즐겁게 마시라는 주연풍속도가 물 건너 일이 아니었다.

7.
교창交唱은 사랑의 추파

주간여성 1992. 5. 24.

오빠는 높고 큰 산

나는 큰 산 위에

자라는 나무이어요.

하고 가까이에 있는 여성이 노래를 부르면 남자는 노래로 응답하는 것이 관례이다.

나는, 나는 넓은 바다

넌 바다 위를

떠가는 배이어라.

이것은 구애를 받아들인 것이다. 만일 구애를 원치 않는 다면 노래 내용이 달라져야 한다. 이를테면 "우리 집은 네 식구, 그릇이 하나밖에 없어요. 한 개의 그릇을 누구에게 줄까요." 하면 된다.

사랑이나 구애의 방법으로 교창요가 널리 쓰이고 있는 것은 이 지역에서는 보통 있는 일이다. 그래서 이곳 운남성의 소수민족들은 노래를 잘 부른다. 음치는 구애도 못하고 사랑 도 못한다는 말이 역설적으로만 들릴 만큼 모두 가수들이다. 농경민족은 어릴 때부터 가무

歌舞의 영향을 받아가며 성장하기 때문에 감정의 표출을 노래로 표현하는 것이 당연하다고 할 수 있다.

관광지의 하나, 석림지역에 사는 태족의 한 지파, 사니족들은 민족의상이 화려하다. 묘족처럼 옷에 많은 장식품을 단다. 특히 모자에 장식이 많은데, 모자의 양쪽 귀 윗부분에 마치 동물뿌리형상을 한 삼각 장식을 붙이고 있다. 함부로 이것에 손을 대었다가는 심각한 사건이 발생한다. 왜냐하면 남자가 살며시 이것을 만지면 구애의 표현보다 강한 의미를 지닌다. 여성이 이를 거절 할 수는 있어도, 남자가 실수였다고 변명할 수는 없다. 설혹 실수였다 하더라도 일단 여인을 평생 먹여 살려야 하는 책임을 져야 한다.

이런 내용을 알게 된 이상, 일행은 사니족 처녀들을 가까이 하기가 두려웠다. 티 없이 맑은 표정과 미모에 잠시 매료되기는 해도 감히 접근할 수는 없었다. 용기가 있으면 겨우 사진을 찍는 정도로 그쳤다. 우리 일행 중 사고가 없는 것은 다행한 일이었다.

대리석으로 유명한 대리지역의 백족은 현대문명을 사랑의 짝짓기에 활용하고 있다. 어둠을 밝히는 휴대용 플래시를 좋아하는 상대방 얼굴에 비추면서 세 번 깜박거리면 의사표현이 된다. 아마 플래시가 없었던 옛날에는 다른 불빛을 사용했으리라고 짐작한다.

태족들의 젊은이들에게는 또 다른 구애방법이 있다. 만일 장거리에 닭고기 세 마리를 놓고 파는 여인이 있으면, 이 여인은 구애를 하고 있음을 알리는 것이다. 마음에 드는 남자는 닭고기를 파는 여인에게 다가가서 넌지시 "이 닭고기는 얼마나 합니까?" 하고 물으면 된다. 여인이 값을 묻는 남자가 마음에 들지 않을 경우 "이 고기는 팔지 않습니다." 혹은 엄청난 값을 부르면 그만이다. 그러나 호감이 가는 남자라면 의자를 내놓으면서 앉기를 권한다. 이때 나누는 말은 대개 의례적인 것이다.

"아가씨, 그대가 파는 닭고기는 얼마나 향기로운지, 마치 최고급의 푸른 고추와 소금과 나물이 들어있는 것 같습니다. 혹시 이 닭고기를 다른 손님이 미리 주문한 것은 아닙니까?"

"그대여 내가 파는 닭고기에는 보통의 푸른 고추와 소금과 나물이 들어 있을 뿐입니다. 다만 다른 것이 있다면 뜨거운 내 마음이 들어 있다는 것뿐입니다. 만일 그대가 싫지 않으시다면 용기를 내어 다시 한번 확인해 보시지요."

이리하여 한 쌍의 남녀는 둘만이 속삭일 수 있는 장소로 가게 된다.

닭이 사랑의 매개물로 등장하게 된 것에는 다음과 같은 유래 전설이 있다.

옛날, 한 가난한 집에 4형제가 살고 있었다. 이들은 우애도 깊었고 마음씨도 고왔다. 어느 날 불행이도 장남이 죽어서 용왕이 되었고, 차남은 죽어서 이무기가 되었으며 삼남은 죽어서 산에 사는 매가 되었다. 막내만 살아남았다. 그가 혼인할 때 예물로 닭 한 마리를 신부에게 보내려고 했으나 너무나 가난하여 할 수 없이 형들에게 부탁을 했다. 그러자 큰형은 닭의 벼슬을 가져왔고, 둘째형인 이무기는 발을 물고 왔으며, 셋째형인 매는 깃털을 가져와 자기들의 몸에서 가장 중요한 부분들을 떼내어 한 마리의 닭을 만들어 주었다. 이때부터 남녀 간의 사랑의 예물은 닭이 되었고, 닭고기 파는 행위는 사랑의 구도求道가 되었다.

쌀문화권의 소수민족들이 행하고 있는 낭만과 소박함이 깃든 구애의 방법을 살피면서, 우리도 옛날 구애의 교창요가 성행했었으며 자유스러웠던 남녀교제도 행하고 있었음을 비교하면서 농경문화권의 공통문화요소를 발견하는 듯 해서 기뻤다.

8.
쌀문화의 특징 밑반찬

주간여성 1992. 6. 7.

호텔에서 저녁식사를 일찍이 끝내고 야찬夜餐거리로 갔다. 일종의 식당가라 할 수 있다. 이 먹는 거리에는 고급식당은 없다. 옥내식당도 있지만 거리에 펴놓은 낮은 식탁과 긴 나무 의자에 서민들이 앉아 먹고 있는 풍속도가 볼만하다. 식탁에는 무려 60여 종의 반찬이 좌우로 줄지어 놓여 있다. 마치 전시용인 듯한 인상이다.

인민폐로 30전(약 40원)을 내놓으면 더운밥 한 공기를 수북이 담아준다. 이것을 받아들고 나무 위자에 걸터앉아 앞에 놓인 60여종의 반찬과 먹으면 그만이다. 알지도 못하는 사람과 함께 같은 반찬을 먹는 게 일수다. 일종의 간이 뷔페라고도 할 수 있을지. 우선 우리에겐 위생적으로 적응이 안 된다. 굳이 위생을 찾는다면 이 같은 야찬거리에는 애당초 나타나지 말아야 한다.

이방인인 나도 그들이 어떻게 먹나를 살핀 다음 30전을 내놓았다. 저녁을 먹은 뒤라서 배가 불렀지만 그대로 지나칠 수가 없었다. 그들에게 좋은 인상을 보이기 위해 처음부터 밥을 조금만 요구했다. 60여 가지 반찬을 맛보기란 거의 무리였다. 시금치, 콩나물, 무말랭이무침, 고구마순무침, 총각김치, 콩장, 장아찌종류가 많았다. 내 천박한 실력으로 그 이름을 다 알아내기란 무리였다. 특징은 짜고 매웠다.

문제는 어째서 밑반찬이 이토록 많은가. 한국에도 밑반찬이 너무 많아 상다리가 부러질 만큼 많다고 야단법석인데 그래도 여기에 비하면 점잖은 편이다. 밑반찬이 많은 것은 아마

곤명시 야찬거리는 일종의 식당가이다. 30전만 내면 밥 한
공기를 준다. 반찬은 30가지 중에 빈그릇에 덜어 먹는다.

도 쌀문화권의 식제의 특징인 듯하다. 밥을 먹는 민족 치고 밑반찬이 없는 식단이 없다. 빵이나 밀가루를 주식으로 하는 민족은 밑반찬이 없이도 먹을 수 있지만 밥은 반찬 없이는 먹을 수 없다.

그렇기 때문에 밑반찬이 발달할 수밖에 없다. 따라서 도작문화민족은 야채밭을 겸작하는 것이 필연적이다.

밀가루나 빵 문화 민족은 이동이 가능한 유목민족이고, 농경민족은 정주생활을 하기 때문에 논이나 밭의 경작이 가능하다. 쌀문화의 발생지 운남사람들이 많은 밑반찬을 차려 먹는 것이 하나도 이상하지 않다. 오히려 우리가 이상하게 보는 것이 이상하다.

소수민족의 하나인 태족의 요리로 유명한 공작반점에 들렀다. 태족의 배우들이 공연을 겯들인 이를테면 극장식당인 셈이다. 핵심식단이 나왔다.

이름은 '꿔차오미셍過橋米線'인데 원료가 쌀로 된 일종의 국수전골이다. 처음 얇게 썬 돼지고기와 닭고기를 담은 그릇이 나오고, 파, 부추, 향채를 담은 그릇이 나왔다. 다음에는 아주 큰 접시에 국수를 담아왔다. 마지막으로 닭고기국이 나왔다. 불이 없어도 국은 끓고 있었다. 살짝 고기를 익혀 먹고, 야채를 익혀 먹은 다음 국수를 넣었다가 건져 먹는다.

맛이 담박하고 좋았다. 요즘은 밀재배도 하기 때문에 밀가루가 보급되고 있지만 옛날에는 쌀가루가 많이 식단에 올랐음을 알 수 있다. '꿔차오미셍'은 물론 이들에게도 인기가 대단하다. 그 때문인지 유래담도 곁들인다.

옛날, 가난한 선비가 학문에만 열중하다보니 음식을 제때에 먹지 못해 건강이 몹시 나빠졌다. 아내는 걱정이 되어 궁리 끝에 한 가지 묘책을 생각해 냈다. 닭고기 기름은 여간해서 식지 않는다는 것을 알고는 닭고기 국물에 국수를 익혀 먹게 하면 때 늦어도 더운 국수와 국물을 먹을 수 있다고 판단한 것이다.

길거리에 펼쳐놓은 이동식 간이식탁에는 (포장마차 유형)하얀 국수를 담은 그릇이 많이 놓여 있다. 13전을 주면 국수그릇에 뜨거운 닭국물만 부어 준다. 극장식당에서 먹은 '꿔차오 미셴'은 이것의 발전형이라 할 수 있다. 이곳 장거리에서 서민용 식탁에 앉아 먹는 음식이 북경과 같은 대도시에서 먹는 음식보다 우리 입에 맞는 것은 같은 쌀문화의 친연성 때문일 것이다.

9.
농경문화의 '예축의례'와 놀이

주간여성 1992. 6. 14.

아주 옛날, 일 년 동안 천둥소리 한번 나지 않더니 결국 가뭄으로 9년간 흉작이 계속되었다. 공중을 나는 새도 모습을 감춘 지 오래고, 마을 사람들의 절반은 굶어 죽었다. 설상가상으로 그 해 6월 3일, 많은 이슬이 내려 모든 농작물이 죽어버렸다. 파종에 쓸 종자마저 썩어버렸다. 사람들은 어찌할 도리가 없어 그저 죽기만을 기다리고 있었다. 바로 이 무렵, 몇 명의 '초통아마'(아마는 노인을 말한다)가 멀리서부터 종자 씨를 가지고 이 마을을 찾아왔다. 그리고 마을 사람들의 농사를 도왔다. 그 덕분에 수확하게 되었고, 사람들은 굶주림에서 구출되었다. 이런 일이 있은 뒤로 흉년이 드는 해, 천재지변이 있을 때는 10월 첫날부터 정월 보름사이의 밤에, 마을 사람들은 '초통아마'로 분장하여 전설에 따라 옛날에 있었던 사건을 재현하기 시작했다.

이상이 운남과 귀주성 일대에 살고 있는 농민들이 정월에 행하는 벽사진경과 풍요를 비는 예축의례, '초통지'를 설명하는 유래담이다. 이 의례에는 으레 사자춤이 병행되는데 사자춤의 유래담은 이렇다.

어느 해, 천재가 있었다. 이때 갑자기 하늘에서부터 한 마리의 사자가 내려오더니 하늘을 보며 웃고, 땅을 치며 빙글빙글 돌았다. 그러자 그 해는 풍년이 들었다. 이것을 본 농민들은 '초통지' 의례를 할 대 사자의 탈을 쓰고 사자춤도 추었다.

이족彝族말로 '초'는 인간이란 뜻이고, '통'이나 '지'는 다 같이 놀이를 의미한다. 그러므로 사람이 살아가는 모습을 담은 유희 즉, 놀이라고 할 수 있다. 또는 '초통'은 숙어로서 귀신이란 말도 되니까 조상숭배라고도 풀이할 수 있다.

최근까지 마을에서 행해오던 초통지의 내용을 요약하면 다음과 같다.

음력 정월초하루부터 보름가지 사이에 초통지로 분장한 사람들은 마을의 각 가정을 일일이 찾아간다. 참여한 사람들은 20여 명이나 되었는데 그 중 한 사람은 남신 '아부모'로 분장한다. 그는 빨간 탈과 하얀 모자를 쓰며 지팡이를 들었다. 또 한 사람은 여신女神 '아다모'로 분장한다. 그는 까만 탈을 쓰며 역시 지팡이를 가졌다. 이 두 사람을 선두로 해서 뒤로 20여 명의 사람들이 따른다. 그들은 보통 의상을 하고 있었지만 손에는 횃불을 각각 들었다. 일행이 집 앞에 다다르면 집 주인은 집안으로 불러들여 모두에게 술과 안주를 내놓고 대접한다. 이 자리에서 아부모와 아다모는 농사짓는 모의극을 연출하여 풍요를 기원한다. 만일 이 집에 환자가 있다면 쾌유를 빌어준다. 그러고 나서 아부모와 아다모는 포옹을 하며 성교의 모의동작을 취한다. 이렇게 하면서 집집을 돈다.

정월에 집집을 돌며 액땜과 풍요를 비는 우리의 풍물놀이, 일명 '지신밟기'와 운남, 귀주의 '초통지' 놀이가 구조적으로 일치 하다는 것은 말할 것 없다. 필자가 전남 광산군에서 정월 14일 밤에 있었던 동제는 분명 할비당과 할미당에게 제사를 지내고, 남신男神과 여신女神의 탈을 쓴 노인과 노파가 등장해서 제장祭場에서 풍물패와 가무歌舞를 했다. 그러고 나서 풍물패와 함께 마을을 도는데, 집집에 들어가서 지신밟기를 해주는 것이다.

중국 한족들에게도 정월 예축의례가 없지는 않으나 우리와 구조적으로나 기능적으로 보다 공통요소가 많은 것은 운남과 귀주의 '초통지' 의례였다. 우리와 한족들의 문화 전파관계는 상류의 표층문화라고 한다면, 농경을 바탕으로 한 기층문화는 삶의 기원지인 중국 서남지역과의 관련성이 더욱 짙다는 사실을 지적하지 않을 수 없다.

한편 우리 문화는 농경문화가 기층에 자리잡고 있다지만 유목문화의 요소도 전연 배제할 수 없다. 우리 민속에서 산신신앙이 차지하는 비중이 너무나 크다. 운남성의 서북산악지대에 사는 부미족은 현재 1만 5천 여 명이 반농반산촌을 형성하여 살고 있다. 이들은 잡곡을 농작하면서 유목을 주로 한다. 산신은 이들에게 가장 중심이 되는 신앙이다. 1980년 운남의 산악지대를 답사하여 푸미족의 산신신앙에 대한 발표를 한 보고 내용을 간추리면 다음과 같다.

푸미족은 산에서 사는 만큼 산신을 중요시 해 매달 초닷새, 15일, 25일에는 산신제를 올린다. 1년에 한번은 '소구나바'라는 대산신제를 산상에서 올리게 되는데 노약자나 병자를 제외한 마을 사람이 모두 산에 오른다. 워낙 산이 험하고 높아 오르는 데만도 이틀이 걸린다. 해발 4,000m의 산상까지 오르는 것이 푸미족에게는 희망과 즐거움의 여정이다. 왜냐하면 모든 근심걱정을 짊어지고 와서 산신께 떠맡기고 돌아갈 수 있기 때문이다.

산신을 상징하는 거목巨木 앞에 당도했을 때는 나무 앞에는 돌을 쌓아 올린 낮은 원추형 돌탑이 있었다. 꺾어 온 소나무가지를 수북이 쌓고 차려온 참파, 과실, 술을 차린다. 주위의 나뭇가지에는 갖가지 색깔의 종이나 헝겊을 걸어둔다. 이윽고 소라고둥 악기를 분다. 제사가 시작되자. 샤먼이 독경을 하고 기원을 드린 다음 불을 지핀다. 이때 사람들은 시계방향으로 돌며 거목을 향해 조, 옥수수, 콩, 참파를 조금씩 던진다. 또 술과 우유도 조금씩 뿌린다. 그리고 무릎을 꿇고 절을 한다. 더러는 입던 누더기 옷을 나뭇가지에 걸어두는 사람도 있는데 이는 옷 임자의 악재를 모두 씻기 위한 것이다.

산신제 제장의 모습이 티베트의 '다루초', 몽골의 '오보', 우리의 성황당과 맥을 같이 하고 있음을 알 수 있다. 돌무덤 형식의 성황당에는 반드시 나무가 서 있고 그 나뭇가지에는 서낭이라고 일컫는 포布가 걸려 있다. 이것은 우리의 기층문화에도 유목민의 영향이 수용되어 있음을 보여주는 좋은 예라고 할 수 있다.

10.
쌀문화의 기원지 운남성

농민신문 1991. 10. 18.

우리나라에서 벼농사가 시작된 연대를 확실히 알 수는 없으나 몇 가지 기록들로 보아 적어도 삼국시대 이전에 이미 쌀밥을 지어먹고 있었던 것으로 보인다.

『삼국사기』「백제본기 다루왕 6년(서기 33년)조」에 보면 "나라 남쪽의 주와 군들에 영을 내려 벼농사를 하게 했다."고 쓰여있다. 중국의 문헌『삼국지』「등이 전 변진조」에 보면 "이 곳은 토지가 기름지고 아름다워 오곡과 벼를 가꾸기에 알맞다. 또 누에치는 법을 알아서 비단을 짜서 입는다."고 기록되어있다. 이 기록으로 봐서 한반도 남부지역에서는 삼한시대에 이미 현재와 다를 바 없이 본격적으로 벼농사를 짓고 있었다는 사실을 알 수 있다.

최근의 고고학적 발굴은 우리나라 벼농사의 생성연대를 더 확실하게 밝혀주고 있다. 최초로 쌀이 발견된 곳은 1920년 김해패총으로 여기서 발굴된 한줌의 탄화미炭化米는 기원전 1~2세기 것으로 밝혀졌으며, 70년대 이후 계속된 고고학적 발굴은 벼농사의 생성연대를 더욱 소급시켜 주었다. 그 예로서 충남 부여군에서 발굴된 벼 낟알은 기원전 7세기에서 5세기 것으로 추정되며, 경기 여주군에서 발굴된 벼 낟알은 기원전 1천 년 것으로 판명되었다. 더 놀랍게도 벼 낟알은 지금까지 한반도의 한강 이남에서만 발견되었는데 북한 대동강유역의 남경유적에서도 같은 연대의 것이 발견되어 기원전 1천 년경에는 쌀문화가 이 땅에 보편화되어 있었던 것으로 보인다.

그 후 쌀은 우리의 주식이 되었고 쌀문화는 고대국가 형성 이전부터 우리의 기층문화로서 자리잡아 온 것이 틀림없다. 따라서 이제 와서 쌀의 본향이 어디며 쌀이 어떤 경로로 들어왔는지 규명하는 것이 무의미하게 여겨질지도 모르나 민속학적인 측면에서 우리민속의 본질을 과학적으로 연구하고 규명하기 위해서는 비교연구라는 방법을 사용할 수밖에 없다. 그래서 쌀의 본향과 벼농사의 경로를 밝혀내는 일은 중요한 의미를 갖는다.

지금까지 밝혀진 쌀 유입 경로의 하나인 '북방유입설'은 양자강 하류로부터 북상하여 육지를 통해 한반도에 유입되었다는 학설로 아직 학계의 인정을 받지 못하고 있다. 가장 유력한 학설은 양자강 하류로부터 해상을 통해 한강이나 대동강유역으로 유입되었다는 설이다.

그러나 여기에 만만치 않은 도전은 일부 일본인 학자들이 주장하는 '남방유입설'이다. 즉 중국 복건성일대의 해변으로부터 일본 큐슈지방에 일단 유입되었다가 한반도 남부해안에 상륙했다는 설이다. 그러나 기원전 1천 년경으로 추산되는 벼 낟알이 한강과 대동강유역에서 발굴된 이후 이 학설을 주장하는 학자가 적어졌다.

쌀의 유입경로를 밝히기 위해 운남성 성도 군명을 답사한 것은 1991년 2월 8~22일까지였고 두 번째는 8월 12~28일까지였다. 운남의 2월은 따뜻한 초여름 날씨였다. 해발 1천 8백 94m의 곤명시는 여러 소수민족들이 제각기 고유의상을 입고 거리를 활보하고 있어 인종박물관을 방불케 했다. 길에서 스치는 각양의 민족들을 보는 것만으로도 충분히 눈요기가 되었다.

소수민족중의 하나인 묘족苗族은 벼농사를 주농으로 하는 민족이다. 1차 답사를 통해 한족의 농경의례에서는 찾아볼 수 없는 새로운 것을 묘족에게서 발견했다. 그것은 흘신절吃新節이라는 것인데(현지에서는 '치신쩨에'라 일컫는다) 벼가 무르익어 본격적으로 추수를 할 무렵 논에서 가장 잘 익은 벼를 세포기 정도 뽑아 조상신(佃)에게 바치는 의례로서 조상을 모신 사당 앞에 벼 세 포기를 걸어놓기도 하고 세워놓기도 한다. 그리고 사당 앞에 놓인 항아리에서 묵은 쌀을 꺼내 그것으로 밥을 지어 가족들이 먹고 빈 항아리는 새 곡식으로 채워 다음 추수 때까지 사당 앞에 놓아둔다.

이같은 농경의례는 묘족이외에도 벼농사를 주로 하는 소수민족들에게서 찾아볼 수 있었다. 예컨대 이족彝族은 자합세自合細라는 의례를 지내는데 천신제薦新祭와 같은 의미를 갖고 있다. 또 경파족景頗族은 아예 이러한 행사를 상신절甞新節이라 부르는데, 이는 '첫 곡식을 조상께 드린다'는 뜻이다.

우리나라의 곡창지대인 호남지방에도 '올베심리'란 의례가 있다. 벼가 다 여물 무렵 베어온 벼포기를 두세 개 안방 윗목벽에 가로 묶어 두었다가 다음 해에 바꾼다. 또 심穗만을 묶어 안방 윗목에 매달아 두는 수도 있다.

영남지방의 '풋바심'도 이같은 의미에서 유래된 것이라 여겨진다.

그의 우리나라의 벼농사를 주로 하는 지역에는 '조상단지'가 보편화되어 있다. 햇곡식을 넣어두었다가 다음해 햇곡식이 나올 때 묵은 것을 꺼내 밥을 지어 먹는 풍속이다.

이와같이 우리나라에서는 거의 사라져가는 풍속이 쌀을 최초로 먹기 시작한 운남의 소수 민족들에 성행하고 있는 것은 결코 우연이라고는 할 수 없으며 이러한 사실들을 종합해볼 때 우리 쌀의 본향은 운남이라는 생각을 지을 수가 없다.

제비가 갔었다는 '강남'도 바로 이곳이 아닐까 생각한다.

II.
자연과 쌀문화의 형성

농민신문 1991. 10. 25.

겨울이 없는 운남은 일 년 내내 꽃을 볼 수 있다. 아름다운 자연에 묻혀 사는 운남의 25개 소수민족들은 오직 조상들이 물려준 자연에 묻혀 자연이 가르쳐준 생활의 법칙대로 살아가기를 원할 뿐 지구 저편에 무슨 일이 일어났는지 관심도 없고 간섭도 받고 싶어하지 않는다. 또 천혜의 기후조건과 넓은 땅 덕택에 의식주에 극한 상황은 없다. 그 때문인지 부富의 축적이나 물욕도 별로 없고 먹을 만큼 적당히 일하며, 농사는 삼모작이 가능하지만 이모작을 겨우 하고 일모작으로 만족하기도 한다.

이같은 전통으로 인해 운남의 소수민족들은 공산주의 치하의 공동농장운영방식에 적응하느라 무척이나 힘들었을 것이다. 생산목표량을 채우자니 잘 달성될 리가 없었으리라. 그러나 지금은 중국도 서서히 자유화의 물결을 타고 개인의 농토를 인정해주고 있어 약간은 강제성의 고삐가 풀린 셈이다.

60년대부터 시작해서 80년대 초까지 계속된 일본인 관광객은 이곳에 자본주의의 배금주의사상을 물들여 놓았다. 그 때문에 요즈음은 외국인만 보면 입던 옷이나 몸에 걸친 장식품마저도 벗어주며 돈을 요구한다. 그러나 농촌으로 가면 아직도 그들의 본성을 찾아볼 수 있어 다행이다.

시장엘 가보면 노상 곡물 가게에는 오곡이 갖추어져 있고 쌀도 여러 종류가 있다. 채소가게에도 푸성귀가 푸짐하게 쌓여있고 과실 가게엔 특수 재배한 신품종은 없지만 재래종 과실이 풍요로웠다. 그 모습들은 마치 우리의 장터를 방불케 했다.

벼 품종은 두 가지로 대표되는데, 그중 한 종류는 알이 길고 끈기가 적은 메벼로 중국에서는 이것을 '선秈'이라 부르며 학명은 〈인디카〉이다. 다른 한 종류는 알이 짧고 끈기가 많은 메벼로 중국에서는 이것을 '갱粳'이라 하고 학명은 〈자포니카〉이다. 그 밖에 떡이나 술을 만들기 위해 재배하는 찹쌀이 있는데 이것을 중국에서는 '나糯'라 한다.

앞에 말한 〈인디카〉의 원산지는 인도 북동부의 아삼Assam지역으로 알려져 있다. 또 우리가 좋아하는 메벼의 원산지는 운남지역으로 알려져 있다. 중국의 황하·회하·양자강 유역의 쌀은 모두 끈기가 있는 메벼이다. 양자강 하류의 델타지역에도 〈인디카〉와 〈자포니카〉가 모두 존재한다. 그렇지만 광동이나 남쪽지방으로 갈수록 〈인디카〉가 많아진다.

우리나라에서 주로 생산되는 쌀은 찰기가 있는 멥쌀이다. 멥쌀은 떡을 만드는 데 적당하기 때문에 멥쌀생산지역은 떡을 이용한 식문화가 발달돼 있다. 필자가 운남지방을 답사하는 동안에도 식당에서 멥쌀로 밥을 짓는 광경을 많이 보았다. 끓는 물에 씻은 쌀을 넣어 뚜껑을 덮은 뒤 약간 익은 듯하면 건져내어 찜통에 넣고 찐다. 이렇게 하면 쌀의 끈기가 없어지는데, 우리나라에서 푹 끓여서 뜸을 들여 차지게 만들어 먹는 것과는 다소 차이가 있다. 이것은 밥보다는 밀가루 빵을 주식으로 하는 한족漢族의 식생활이 보편화됨에 따라 쌀도 점차 끈기 없는 〈인디카〉를 좋아하게 되었거나 끈기 있는 멥쌀로 밥을 하더라도 일부러 끈기를 없애는 방향으로 변화된 것이다.

한족식당엘 가면 밥은 주문을 해야 갖다 주는데 밥에 끈기가 없다. 그러나 이족彝族이나 묘족苗族이 경영하는 식당엘 가면 밥을 당연히 내놓으며 어떤 때는 끈기가 있는 밥을 주기도 한다.

이족의 한 지파인 〈사니족〉마을을 답사할 때 우리를 반겨준 주부가 "집에서 만든 술을 마셔보겠느냐."고 하기에 호기심에서 응낙했다. 신단 옆에 놓인 독에서 마치 된 쌀죽과 같은 것을 퍼와 물을 섞자 탁주처럼 뿌옇게 변했다. 이것을 본 그 집의 대여섯 살 난 아이가 마시겠다고 보채자 한 종지 떠주었다. '아이에게 술을 주다니….' 놀란 표정으로 필자도 한 잔 받아 마셔보니 술이라기보다 감주에 가까웠다. 그러나 많이 마시면 취한다고 했다. 아마도 고대의 신주가 바로 이런 것이 아니었을까 하는 생각이 들었다. 만일 제사 때 헌작하는 술이 그와 같은 것이었다면 우리의 막걸리는 그로부터 발전한 것이라고 할 수 있다.

안순安順지역의 묘족마을에 들렀을 때 그곳 주민들이 우리 일행을 위해 놀이마당을 베풀어 주었다. 그 놀이마당을 통해서 제의에는 반드시 놀이가 뒤따랐으며 떡과 술은 신에게 바치는 기본 제수라는 것을 확인했다. 이 마을에서는 자작술을 준비하지 못했기 때문에 독한 중국술을 내놓았으나 대신 떡을 만드는 법을 보여주었다. 먼저 시루에서 찐 고두밥을 퍼오더니 절구에 쏟아 넣고 젊은 남녀가 노래에 맞춰 찧기 시작했다. 남녀노소 모두가 절구를 중심으로 하여 원을 그리며 노래를 부르고 지치면 교대로 찧되 반드시 남녀 두 사람이 한조가 된다. 약 15분쯤 되자 퍼서 고물을 묻혀주는데 먹어보니 우리나라의 인절미 같았다. 떡의 역사가 밥보다 더 오래 되었으리라는 것은 재수음식에 떡과 술이 필수적이라는 점에서 짐작했었지만 운남에서 확인한 셈이다.

12.
3천 년 전부터 벼 재배

농민신문 1991. 12. 6.

중국인의 주곡은 강남의 쌀과 화북華北의 밀·보리로 대표된다. 황토로 덮인 광활한 대지 위를 열차를 타고 지나가다 보면 지금도 무성한 밀밭을 볼 수 있다. 물론 여름에는 조·기장·깨·목화 재배도 하지만 그래도 화북지역은 가을에 파종하는 밀의 천국임을 알 수 있다.

지금까지 세 차례 중국을 답사했는데 그때마다 느낀 것은 역시 화북지역의 주식은 삔餠과 면麵과 만두饅頭라는 것이다. 이 세 가지는 모두 밀가루 제품이다. 삔에는 여러 가지가 있지만 고급스러운 춘삔春餠의 아침 식사는 접시에 쌓인 춘삔 한 장을 자기 접시에 옮겨 놓고 중국장을 발라 그 위에 돼지고기와 익힌 나물을 얹어 손으로 돌돌 말아서 먹는 것이다. 면은 우리처럼 국물에 말아먹는 것이 아니라 독특한 장을 얹어 비벼 먹는데 그 모습이 마치 자장면을 먹는 것과 같다. 가정에서는 굵은 칼국수가 주종을 이룬다. 우리나라의 중국음식점에서 먹는 만두는 고급 밀가루에 중 탄산소다로 불린 흰색의 작은 것이지만 중국의 일반가정에서 먹는 만두는 밀가루를 반죽해서 하룻밤 두어 자연발효를 시킨 다음 아침에 이것을 적당히 떼어 증기를 이용해 쪄먹는다. 불에 구운 식빵에 비해 표면은 눅눅하지만 안쪽은 똑 같다. 그리고 빛깔은 통밀가루이기 때문에 누른빛을 띤다.

중국의 춘추전국시대 문헌에는 심심찮게 '구糗'라는 문자가 등장한다. 이것은 보리를 볶은 것으로서 후대에 와서는 가루로 만들어 먹었다. 이를테면 중국의 '샤오몐炒麵', 일본의 '무기코가시'나 '이리코', 한국의 '미숫가루'에 해당하는 것이다. '구'는 중국의 주나라 시대에는 간이식사를 일컬었는데, 이것은 알 그대로를 익혀 먹는 것이므로 밀이라기보다는 보리로 보아야 할 것이다. 지금은 밀가루 음식이 주종을 이루어 보리는 자취를 감춘 듯하나 밀이 생산되기 이전에는 보리가 주식이었음을 알 수 있다.

지난 8월에 티베트를 답사할 때 놀랐던 것은 추수를 눈앞에 둔 보리밭을 보고서였다. 안내원에게 물었더니 티베트의 주생산물은 나맥裸麥, 즉 쌀보리라고 했다. 티베트인은 나맥을 볶아 가루로 만들어 먹는데 이것을 짬파tsampa라 한다. 그리고 이것은 바로 고대 중국의 '구'에 해당한다. 이런 점에서 볼 때 티베트의 보리 식사법은 고대 한국이나 중국의 원형을 유지하고 있는 것이다.

식물학적으로 밀이나 보리는 근동지역이 원산지라고 한다. 최초의 요리법은 가장 널리 분포되고 있는 방법으로서 볶은 채로 먹거나 볶아서 가루를 내어 먹는 방법이다. 이 방법은 티베트·고대 중국·한국·일본·인도·북아프리카·서유럽 등에 광범위하게 분포되어 있다. 그리고 근동지역에서 재배되기 시작한 보리와 밀은 인도를 거쳐 일단 티베트와 중국으로 갔다가 한반도를 경유하여 일본으로 전파된 것으로 추정된다.

연대적으로는 적어도 역사 시대에 들어와서 티베트는 그대로 고형을 지키고 있는 데 반해 중국에서는 주식이 만두나 국수로 바뀌게 된다.

인도는 '차파티shapati'가 주식이 되었고, 한국과 일본은 쌀의 개발로 밀·보리가 주식에서 밀려났다. 그렇지만 한국은 광복 전만 하더라도 밀·보리가 주식의 위치에서 완전히 밀려나지는 않았다. 1920년대 통계에 의하면 한국에서 생산된 쌀이 1천 2백만 섬인데 비해 보리·밀·나맥의 생산량은 6백만 섬이었다고 하니 이 통계만 보더라도 보리와 밀의 위세를 짐작할만하다.

중국인이 쓴 『삼국지』의 「동이전」을 보면 삼국시대 이전의 고대 한국에서는 봄가을로 천신제를 드렸다는 내용과 함께 잡곡이 많이 생산되었다는 기록이 있다. 예로부터 우리나라에서 생산된 주요 농산물은 쌀·맥류·팥·조·피·기장·수수·옥수수·귀리 등이라 할 수 있다.

한민족이 농경을 시작하면서 본격적으로 주식이 된 것은 보리로서 볶아서 그대로 먹거나 가루로 만들어 먹었다. 그 후 밀재배가 이루어지면서 밀가루를 반죽하여 국수나 만두는 만들어 먹는 요리가 발달했다. 이때부터 보리와 밀은 겸용되었다.

　중국의 운남 지역에서 시작된 쌀은 양자강하류를 거쳐 우리나라에 상륙했다. 우리나라 기후와 풍토는 쌀을 재배하기에 적합할 뿐 아니라 민족의 식성에도 맞아 자연히 쌀을 주식으로 대체하기에 이르렀다. 쌀을 먹기 시작한 확실한 연대는 알 수 없으나 고고학의 발굴업적으로 보면 기원전 1천 년경에 쌀이 재배되었고 이 무렵부터 쌀문화가 이 땅에 뿌리를 내리기 시작한 것으로 보인다.

티베트 잡곡문화의 길을 따라 Ⅲ

I.
라마교 적석단 '니마뛰'

문화일보 1991. 12. 6.

콩가공항에서 야루잔포강을 끼고 라사로 가는 도중이었다.

"달라이라마의 사진을 소지해도 안 되고 나눠줘도 안 됩니다."

가이드의 두 번째 주의였다. 첫 번째 주의는 체내 산소를 과소비하지 말라는 것이었다. 그러기 위해서는 뛰지 말고, 흥분하지 말고, 말을 줄이라는 것이다. 지금 우리가 백두산보다 높은 3천 5백50m지점에서 있으니 산소가 부족할 수밖에 없다. 생소한 풍치에 매료되어 차를 세웠다. 사진을 찍기 위해서다. 어디서 모여 들었는지 아이들이 입구를 막아서서 손을 내밀며 "달라이라마" "달라이라마, 픽처!"한다.

티베트의 수도인 라사 전경

얼굴은 며칠째 세수를 하지 않았는지 때가 켜로 묻었고 손등은 까맣다. 거지 중에서도 상거지이다. 그러나 이 아이들은 거지가 아니다. 한 푼 동전을 구걸하는 것이 아니라 생불 달라이라마 14세의 최근 사진을 원하는 것이다.

인구 15만의 티베트 제일의 도시 라사(신의 땅)에 도착하는 순간, 옅은 안개위에 엄숙하게 포탈라 신궁이 모습을 드러냈다. 탄성이 절로 나왔다. 1642년 티베트를 통일하고 정치와 종교를 한손에 장악한 달라이라마 5세가 백궁을 짓고, 그가 죽은 후 다시 홍궁을 지어 지금의 웅장한 모습이 되었다.

길에 보이는 누더기 군상들, 이들은 모두 걸인행각을 벌이면서 성자 포탈라궁을 찾는 순례자들이다. 이들 중에는 오체투지五體投地로 성자에 당도했다는 표시를 하기도 한다. 머리에서 발끝까지 땅에 엎드리는 오체투지는 온 몸과 마음을 부처님께 바치는 최고신앙의 표상이며 사원 앞에서 3번 오체투지를 하기도 한다. 더러는 돌아가는 노자를 위해 재주를 보여 보시를 구하는 무리도 있다.

사원 내에서 수없이 부닥친 순례자들, 고행으로 몸은 비록 추한 꼴이지만 환희로 충만한 눈빛은 부처의 투영같았다. 수많은 부처 앞을 지나면서 그나마 품속에 간직했던 종이돈을 꺼내 아낌없이 바친다. 대체 이들에게 '달라이라마'는 누구일까. '대해大海 또는 대양大洋의 최고자'라는 의미를 가진 달라이라마는 관음보살의 화신이다. 세습되는 법은 없고 불교의

라사 시내의 포탈라궁

시내에 있는 문물전

달라이라마의 영정을 모신 포탈라궁(布達拉宮)

마니차(摩尼車), 불경이 새겨져 있다.
소형과 대형이 있는데 소형은 손에 들고 돌린다. 한번
돌리면 경을 한번 읽은 것으로 된다.

윤회사상에 근거해서 아이 중에서 선택한다.

달라이라마가 죽으면 49일째 환생의 수태가 이루어진다. 출생해서 5년이 지나면 라마승들에 의해 5세쯤 되는 아이들 속에서, 선대의 유언이나 생전의 신체적 특징 등을 참고하여 환생된 아이를 찾아낸다. 이 아이는 포탈라궁으로 데리러 가게 되고 철저히 교육을 받은 후 '달라이라마'로 생불한다. 현재 인도에 망명중인 달라이라마는 이런 과정을 밟은 14대째이다.

세계의 지붕, 티베트에 2백만 명이 살고 있다. 라마교는 불교가 들어오면서 이전부터 있던 '본'이라는 민간신앙을 수용하여 형성된 티베트불교를 말한다. 그러므로 라마교에는 티베트 원시 민간신앙적 요소가 많다. '본'교는 무교적 요소도 있으며 교주는 하늘에서 카이라스산에 하강했다고 전한다. 태양과 하늘과 산을 숭배하는 본교는 높고 낮은 산이나 언덕에 '나마뛰'(돌탑과 같은 것으로 경배신에게 의식을 행하는 곳)를 세우고 얼룩덜룩한 헝겊을 나무나 줄에 매달아 놓는다. 이것을 다루초라 한다.

나마뛰나 찡패는 몽골의 '오보'와도 같으며 우리의 돌탑이나 언덕 위에 쌓은 돌무덤처럼 된 서낭당, 그리고 나뭇가지에 옷감을 걸어두는 것을 서낭이라고 하는데 티베트 몽골 한국을 축으로 하는 비교연구가 이루어져야 할 것이다.

2.
타시룬포사원의 미륵불

문화일보 1991. 12. 13.

티베트의 제2도시 시가째日喀則는 라사로부터 4백20㎞가 넘는 거리지만 굴곡이 심한 비포장에다 폭우로 파인 도로가 많아 12시간 넘어 걸린다. 시가째는 티베트불교의 한 계파로서 개룩파의 거승 판첸라마의 영탑이 있는 곳으로 달라이라마 다음 가는 생불이다.

'대학자'라는 의미를 가진 판첸은 아미타불의 화신이며, 17세기 중엽에 제1세의 판첸라마가 생불한 이래 89년 1월 삼아한 판첸라마가 7세로서 현재는 공백중이다.

판첸라마 6세가 친중국 경향으로 기울자 달라이라마 13세와 갈등이 심각해져 한때 북경北京에 망명한 사실도 있었으나 결국 청해에서 객사했다. 판첸라마 7세는 중국인민대표대회

타시룬포 시가째의 전경

의 요직까지 지내기도 했다.

비록 달라이라마와 한때 숙적관계에 있었다고는 하나 판첸라마의 거성 타시룬포사원은 고대 종교도시를 방불케 하는 놀라운 규모이다. 지금은 6백여 명의 승도밖에 없지만 전에는 4천여 명의 승도가 이곳에 있었으며 학문과 종교의 중심지였다.

라사를 출발하여 시가쩨로 가는 도중 시야에 펼쳐지는 자연은 마치 4계절을 동시에 보는 듯 했다. 고도 5천~6천m 되는 백설 덮인 고봉사이로 달릴 때는 냉랭한 바람이 불어와 으스스 한기마저 느꼈다.

초원을 지날 때는 푸른 풀밭에 띄엄띄엄 야크가 풀을 뜯는 게 봄같이 느껴진다. 모퉁이를 돌아서니 갑자기 나무 하나 없는 벌거숭이산이 줄줄이 잇는다. 비바람에 씻긴 황토는 지형마저 바꿔 놓으며 개울의 급류가 황토를 무수히 아래로 밀어낸다.

빗물에 패어 끊긴 길에서 우리 차는 끝내 헤어 나오지 못했다. 운전사와 안내원이 열심히 땅을 다지고 우리가 밀었지만 역부족이었다. 어느새 모였는지 유목민 마을에서 구경꾼이 10여 명 모여들었다. 팔짱을 끼고 앉아 무표정하게 구경을 할 뿐, 손끝하나 도울 생각을 하지 않는다. 한심한 사람들, 야속하기만 하다. 이때 무심코 담배를 꺼내 한 개비씩 나눠줬다. 그것은 단지 혼자 피우기 미안해서였다. 결코 환심을 사서 노동력을 동원하려는 의도는 없었다. 의도가 있었다면 돈으로 흥정을 해 보려는 속셈을 가졌다고나 할까.

판첸라마 1세의 보탑(寶塔)

티베트 불경을 조각한 목판과 마니차

그러나 순간 기대하지 않았던 일이 발생했다. 그들의 도움으로 우리는 무사히 달릴 수 있었다. 담배 한 갑도 아닌 한 개비가 무엇을 의미할까. 이런 경우 청탁이나 돈보다 담배 한 개비가 상호간의 연관을 맺는 데 더 중요한 구실을 한다. 이것이 그들의 '호혜성을 바탕으로 한 연대관계'이다. 참으로 중요한 교훈을 받았다. 처음 만나는 사람에게 담배 한 개비를 권하는 것이 적대관계가 아님을 표상하는 자연의 법칙이 아직도 이곳에는 존재하고 있다.

산을 등에 지고 사원도시를 이룬 타시룬포 사원의 중심은 판첸라마 1세의 영탑전이다. 11m 높이의 탑신은 갖가지 금은보석으로 장식되었다. 그러나 더욱 유명한 것은 세계에서 제일 크다는 미륵불을 모신 7층 건물의 미륵불전이다. 이 안의 미륵불좌상은 높이 26.2m로서 1914년에 건조됐다.

3.
가면 연희 '아치라모'

문화일보 1991. 12. 20.

라사에 들르면 팔각가八角街를 밟지 않을 수 없다. 유서깊은 대소사大昭寺가 위치해서가 아니다. 팔각가 일대가 라사의 중심지이며 시장과 난장이 벌어지고 있기 때문이다. 그뿐 아니라 대소사 앞 광장은 순례자들의 쉼터이며 연희가 베풀어지는 무대이기도 하다.

티베트 명절은 종교명절이라 할 만큼 라마교와 연관되어 있다. 티베트 캘린더(臟曆)로 1년 명절 수는 농촌이나 유목민의 특별 의례행사를 제외하고 16종이 되며 일수로는 약 70일

라사의 팔각가(八角街)는 대소사(大昭寺) 정문 광장을 낀 넓은 장터로 되어 있다. 이곳에서 하루를 지켜보면 티베트인의 삶의 숨결을 느낄 수 있다. 아침 해 뜨기 전 승려들의 독경소리로부터 시작해서 밤 코루라가 끝날 때까지의 팔각가는 티베트인의 신앙과 열기를 조명할 수 있다.

대소사 앞마당에는 각지로부터 오체투구(五體투구) 하여 모여든 신자들로 매웠다.

전후가 된다. 1년의 3분의 1이 명절인 셈이다.

불교의례에는 거의 벽사진경을 주제로 하는 차무(羌姆 또는 跳神이라고 한다)라는 라마탈춤을 연희한다. 이 탈춤은 인도밀교 유입이전부터 있었던 벽사탈춤이 그대로 수용되었으며 라마교 성립배경을 담고 있어서 우리의 신라시대부터 연희된 벽사탈춤인 처용무와 비교의 여지가 충분히 인정된다.

민간에서 연희되는 아치라모阿吉拉姆라는 장희臟戱는 의례라기보다 예술연희에 가까운 것이다. 18세기 이후 시대를 풍자한 우리의 예술적 탈춤들과 그 발달과정에 있어서 공통점이 많으므로 역시 비교연구의 대상이 되기 충분하다.

라사의 아침은 해가 뜨기 전, 독경하며 사원으로 출근하는 승려에 의해 시작된다. 거처가 없이 노숙한 순례자들이 '참파'를 먹는데 그 앞에서 청소원들이 콧노래를 부르며 장대비로 길을 쓸기 시작하며 마침내 팔각가는 생기가 돌기 시작한다. 10시쯤 되면 성지 순례자들이 팔각가의 첫손님으로 모여들기 시작한다.

정오가 가까워지면서 가게와 노점들이 흥청거리기 시작한다. 순례자들의 물물교환으로 떠들썩한 가운데 불구들, 몸에 지닐 액세서리, 양이나 야크 가죽 제품들이 거래되면서 라사의 화폐경제는 절정에 이른다.

4시부터 철시가 시작되면 팔각가는 잠시 휴식을 취하듯 적막감이 돈다. 그러다가 6시가

지나면서 다시 인파의 물결이 외래객을 놀라게 한다. 수백 명의 타베트인이 '옴 마니 페매 훔'(나무아미타불에 해당한다)을 외우며 길을 메운다.

무저항 데모군중으로 착각하기가 쉽다. 호기심에 군중 틈에 끼었다. 약 10분쯤 걸었더니 제자리에 와 있었다. 결국 대소사원을 한 바퀴 돈 셈이다. 우리 불교 의례의 '탑돌이'가 아닌가.

적어도 세 번 돌지만 많이 돌수록 좋다. 한번 돌면 독경 한번으로 간주하기 때문이다.

밤이 되면 사원을 도는 코루라右繞의 군중도 사라지고 멀리서 개 짖는 소리만이 정적을 울린다. 하루가 끝난 것이다. 아침독경으로 시작해 코루라로 끝내는 티베트인의 하루는 마치 인간이 마음의 성전을 짓기 위해 사는 것 같다.

4.
일처다부제 아직 잔존

문화일보 1991. 12. 27.

티베트인의 유목은 산악지대가 많아 좁은 초원을 최대한으로 활용하여 양이나 야크 방목으로 이뤄진다. 이동의 행동반경도 크지 않다. 약 일주일 간격으로 유목을 하며 겨울은 마을에서 지내고 봄이 오면 토젠(텐트)을 가지고 이동을 개시한다.

명절이나 마을 축제 때 몇 개 마을이 모여 젊은 남녀들의 교창요가 개최된다. 주로 혼기가된 남녀가 마음에 드는 상대의 특징을 들어가며 노래를 부르면 상대도 응대하는데 이때

티베트인은 유목을 하며 기거한다.

티베트의 가축 중 가장 가재(家財)가 되는 것은 야크이다.

그 내용으로 혼인의 약혼이 이루어진다.

대개의 경우는 사전에 마음에 드는 사람을 정해 두었다가 이날 공개하는 것인데 이 교창요는 일종의 「합동선보기」라 할 수 있다. 교창요의 내용은 대충 이렇다.

가파른 절벽이라도 오르는 미로는 있는 법/ 만일 누군가가 길을 가르쳐 준다면/ 그대 마음에도 길은 통하고 있지/ 임이여 내게 그 사랑의 미로를 가르쳐주렴. (남창)

만일 내가 이 과일을 임에게 드리려고 마음 먹었다면/ 이미 임의 것이지요. 오늘이나 내일이나/ 그렇지만 임의 등뒤에 숨은 무서움이 있어요/ 슬픔이 될 악마의 빨간 빛이. (여창)

노래는 은유로 이루어진다. 과일은 여성의 애정을 의미하며 악마의 빨간 빛은 라마교 신화에 등장하는 증오의 신이다.

형제가 처를 공유하는 일처다부제의 형식이다. 아들을 여러 명 낳으면 그중 영리한 아이를 사원으로 보낸다.

교창요에서 짝이 지어지면 곧 결혼식을 올리는데 신부가 말을 타고 신랑마을로 가서 4일정도 연회를 베푼다.

지금은 형식상 1부1처제가 기본이지만, 한때 일처다부제polyandry가 보편적이었으며 현재도 근절되지 않았다. 이를테면 형제가 처를 공유하는 형식이다. 아들을 여러 명 낳으면 그중 영리한 아이를 사원으로 보낸다.

이리하여 사원에서는 명승이 되기를 꿈꾸는 어린 수도승들이 암기와 문답식 학습을 하는 장면을 언제나 볼 수 있다.

문자를 소유하지 못한 이들은 경험을 통해 유목과 생활의 지식을 축적하며 부모로부터 전수받는다.

선조들의 역사는 영웅서사시로 노래 부르고 설화

형식으로 계승된다. 1906년 오코노(W.F O' Connor)가 티베트 강째에서 들은 민담을 런던에서 출판했는데 중국과 인도의 영향을 받지 않은 것이라면서 소개한 민담 중에 우리의 「흥부와 놀부」 모티브가 있음을 알고 놀라지 않을 수 없었다.

옛날, 어느 마을에 부자(체린)와 가난뱅이(참바)가 살았다. 참바는 상처받은 제비를 고쳐줬다. 씨앗을 물어다 주어서 심었다. 한두 달 후 열매가 맺혔는데 보석이 주렁주렁 매달렸다. 큰 부자가 되었다. 욕심쟁이 체린이 일부러 제비를 상처 나게 해서 고쳐주었다. 제비가 가져다준 씨앗을 심고 기다렸다. 열매를 거두려고 하자 악마가 나타나 재산을 빼앗고 참바의 종이 되게 했다.

전반부의 개요이다. 흥부설화의 분포가 몽골 한국 일본으로 알고 있었는데 티베트에서 발견되었으니 고대문화의 상호교류 가능성이 더욱 짙어졌다.

5.
티베트의 삼대기습三大奇習

인천신문 1992. 6. 8.

하늘 가까이 감추어진 나라, 티베트가 금세기에 이르러 서서히 그 베일이 벗겨지면서 신기한 풍습들이 하나 둘 세상에 드러나기 시작했다. 그중 삼대기습이라는 게 있다. 하나는 관세음보살이 되살아난 '活佛(달라이라마)', 그리고 세 번째는 여기에서만 볼 수 있는 티베트식의 일처다부제이다. 그중 이번에는 생불(活佛과도 동의어)에 대해서도 알아본다.

티베트가 철저한 불교국임은 이미 소개한 대로이다. 그런데 윤회와 전생사상이 너무 강하다 보니 생물과 생명을 보는 관념이 엉뚱한 데가 있다. 이를테면 대자대비하여 중생을 구하기 위해 33가지 몸으로 나타난다는 관세음보살이 현실에 전생한다는 것이다. 그러므로 역대 달라이라마(대해大海의 라마)는 관음보살이 전생한 살아있는 부처이며 최고 권력자이다.

현재 인도에 망명중인 14대 달라이라마도 바로 이러한 주인공이다. 만일 14대 달라이라마가 죽었다고 치자. 그가 다시 아이로 전생하므로 비슷한 또래 중에서 여러 증거를 제시하여 15대 달라이라마가 될 아이를 찾아내야 한다. 이윽고 아이는 포달라궁으로 영접하게 되고, 그곳에서 성인이 될 때까지 최고의 환대 속에서 교육을 받는다. 성인이 되기까지는

달라이라마 1세의 보탑(寶塔)

大라마승에 의해 섭정된다. 현재의 14대 달라이라마 자신도 이러한 과정을 밟아 선택된 생불이다.

구전을 정리하면 이렇다. 13대 달라이라마가 죽었다. 1년 반이 지난 1935년 6월 청해성青海省의 파리·다그체라는 곳에 한 아이가 태어났다. 당시 이곳에 망명해온 제 9대 판첸라마가 예언을 했다.(달라이라마 다음 가는 활불로서 타시룬포사원과 중앙 티베트를 지배한다.)

"지금 차기 달라이라마의 후보 12명중 진짜는 이 가까이에 있다. 3명의 후보를 주노라!"

이 놀라운 예언에 고위층 라마들은 변장을 하고 아이를 찾으러 나섰다. 다니는 줄 알면 수단방법을 가리지 않고 덤빌 것이 뻔하다. 라이벌 되는 쪽 패거리가 음모를 꾸미거나 살해할지도 모른다. 과거에 실제 이러한 불상사가 있었기에 극비리에 행해진다.

열흘쯤 수소문 끝에 어떤 집에 당도했다. 변장을 한 일행 중 게우스탄·린포체가 초라한 모습으로 대문을 들어섰다. 이때 한 아이가 쫓아 나오며 린포체 라마승을 보고 쌩긋 웃었다. 린포체는 무의식중에 이 아이를 안아 올렸다. 아이는 린포체 목에 두른 13대 달라이라마(先代)의 염주목걸이를 만지며 중얼거렸다.

"이게 갖고 싶어요."

"아가야, 내가 누군지 아냐? 맞추면 이걸주마."

"세라사원에서 오신 스님이지요."

"그렇담 내 옆에 서 계신 이 분은 누구시냐?"

"체돈·프로상!"

이럴 수가! 이름을 맞추다니, 일행은 놀랐다. '이 아이는 분명 선대의 전생이다!' 그러나 속단은 금물이다. 좀 더 신중히 확인할 필요가 있다. 일행은 이 날 조용히 물러났다. 다음날 변장을 한 일행은 아이의 부모가 없는 틈을 타서 다시 찾아갔다. 어제와 다른 두 개의 염주목걸이를 내 보이며 마음에 드는 것을 집으라고 했다. 아이는 13대 달라이라마가 목에 걸었던 염주목걸이를 집었다. 지팡이 두 개 내보였다. 아이는 가짜 지팡이를 잡더니 고개를 설레며 반환하고 다른 것을 잡았다. 일행은 황급히 아이의 옷을 벗겨 알몸을 살폈다. 달라이라마님이 가지고 있는 두 개의 증거를 찾았다. 이제 확신이 들은 것이다.

서둘러 포달라궁의 섭정에게 이 사실을 보고했다.

"꿈에 본 내용과 일치하니 당장 그 아이를 받들어 모셔 오너라!" 하는 명령이 내려졌다. 역시 극비리에 아이는 라사로 옮겨졌다. 이리하여 죽은 13대 달라이라마는 아이로 전생해서 14대 달라이라마가 되기 위한 교육을 받기 시작하는 것이다.

최초 후보가 12명이었으나 판첸라마의 꿈에 3명으로 축소되었다. 나머지 2명중 1명은 변장한 라마승들이 현지에 도착하기 전에 죽었다. 아마 라이벌 되는 쪽의 음모로 피살되었을지 모른다. 그리고 또 1명은 스님들을 만나 확인하는 과정에서 이 아이는 낯을 가려 응하지 않았다. 실패한 것이다.

후보 중에서 진짜 전생한 환불은 1명뿐, 나머지는 모두 가짜이다. 진짜를 가려내는 것도 난문 이지만 자기 가족 중에서 선택받은 것만큼 영광은 없다. 그러므로 후보끼리의 암투나 음모가 말이 아니다. 때로는 변장한 라마들이 살해당하는 수도 있다. 이러한 갈등은 포달라궁 안에까지 파급되기도 한다. 때로는 라마승간의 갈등으로 비화하는 수도 있다. 그렇기 때문에 궁내라고 달라이라마의 신변이 안전하다고 할 수 없다. 음식상이 차려져도 먼저 라마승이 먹어본 다음에야 안심하는 정도이다.

달라이라마가 종교에선 관음보살의 전생된 환불로, 법왕이라는 권위를 가졌다. 정치로는 티베트를 통일하여 통치해온 군주로서 최고 통치자이다. 이 둘의 권자를 한 몸에 지닌 달라이라마는 온 티베트인으로부터 신앙과 존경의 대상이 된다. 작은 아이들까지도 관광객에게 손을 내밀어 "달라이라마 픽쳐!" 하고 소리를 치는 것은 다른 어떤 보시보다도 달라이라마의 사진 한 장이 그토록 소중하다는 것을 의미한다. 신앙도 열도를 보여주는 단면이 아닐 수 없다.

6.
티베트인의 호혜주의

문화일보 1991. 12. 13.

　티베트의 제2도시 시가째日喀則는 라사로부터 420㎞ 넘는 거리지만 굴곡이 심한 비포장 도로 에다 폭우로 파인 곳이 많아 10여 시간 넘어 걸렸다. 시가째는 티베트 불교의 한 계파인 개룩파의 거승巨僧 판첸라마의 영탑이 있는 곳으로 달라이라마 다음 가는 생불이다.

　대학자라는 의미를 가진 판첸은 아미타불의 화신이며 17세기 중엽에 제1세의 판첸라마 가 생불한 이래 89년 1월 사망한 판첸라마 7세까지 계속되었다. 현재는 공백중이다. 판첸라

다르쵸는 각지 각처소마다 각색의 불경을 새긴 깃발이 걸려 있다.

마 6세가 친 중국 경향으로 기울자 달라이라마 13세와 갈등이 심각해져 한 때 북경에 망명한 사실도 있으나 결국 청해에서 객사했다. 판첸라마 7세는 중국인민대표대회의의 요직까지 지내기로 했다.

비록 달라이라마와는 한때 숙적 관계에 있었다고는 하나 판첸라마의 거성 타시룬포사원은 고대종교도시를 방불케 하는 놀라운 규모의 사원이다. 지금은 600명의 승도밖에 없지만 전에는 4,000여 명의 승도가 이곳에 있었으며 학문과 종교의 중심지였다.

라사를 출발하여 시가쩨로 가는 도중 시야에 펼쳐지는 자연은 마치 4계절을 동시에 보는 듯 했다. 고도 5-6천m되는 백설 덮인 고봉사이로 달릴 때는 냉랭한 찬바람이 불어와 으스스한기마저 느꼈다. 초운을 지날 때는 푸른 초장에 띄엄띄엄 야크가 풀을 뜯는 게 봄 마냥 느껴진다. 모퉁이를 돌아서니 갑자기 나무 하나 없는 벌거숭이산이 줄줄이 잇는다. 비바람에 씻긴 황토는 지형마저 바꿔 놓으며 개울의 급류가 황토를 무수히 아래로 밀어낸다.

빗물에 패인 끊어진 길에서 우리 차는 끝내 헤쳐 나오지 못했다. 운전사와 안내원이 열심히 당을 다지고 우리가 밀었지만 역부족이었다. 어느새 모였는지 유목민 마을에서 구경꾼이 10여 명 모여들었다. 팔짱을 기고 앉아 무표정하게 구경을 할 분, 손끝하나 도울 생각을 하지 않는다. 한심한 사람들, 야속하기만 하다. 이때 무심코 담배를 꺼내 한 개비씩 나눠줬다. 그것은 단지 혼자 피우기 미안해서였다. 결코 환심을 사서 노동력을 동원하려는 의도는 없었다. 의도가 있었다면 돈으로 흥정을 해보려는 속셈을 가졌다고나 할까.

그러나 순간 기대하지 않았던 일이 발생했다. 그들의 도움으로 우리는 무사히 달릴 수 있었다. 담배 한 갑도 아닌 한 개비가 무엇을 의미할까. 이런 경우 청탁이나 돈보다 담배 한 개비가 상호간의 연관을 맺는 데 더 중요한 구실을 한다. 이것이 그들의 '호혜성을 바탕으로 한 연대관계'이다. 참으로 중요한

이 소년들은 자동차 바퀴가 흙탕에 빠져도 구경만 한다. 담배 한 개비를 주면 모두 덤벼들어 돕는다. 호혜주의의 실상이다.

교훈을 받았다. 처음 만나는 사람에게 담배 한 개비를 권하는 것이 적대관계가 아님을 표상하는 자연의 법칙이 아직도 이곳에는 존재하고 있다.

산을 등에 지고 사원도시를 이룬 타시룬포사원의 중심은 판첸라마 1세의 영탑전靈塔殿이다. 11m 높이의 탑신은 갖가지 금은보석으로 장식되었다. 그러나 더욱 유명한 것은 세계에서 제일 크다는 미륵불을 모신 7층 건물의 미륵불전이다. 이 안에 미륵불 좌상은 높이 26.2m로서 1914년에 건조되었다.

7.
자연으로 보내진 조장鳥葬

인천신문 1992. 5. 23.

산 위에서 시신을 찢어 독수리가 와서 먹게 하는 것을 두고, 죽은 자를 하늘로 보내는 장례식이라 하여 천장天葬이라고 한다. 그러나 이것은 잘못된 해석이다. 사실 영혼은 숨이 걷히는 순간 이미 천국이나 지옥으로 가버렸다. 시신은 단지 껍데기에 지나지 않는다. 이러한 철저한 영육분리사상이 시신을 자연으로 돌려보낸다는 뜻에서 오히려 새에게 보시하는 것이다.

티베트에서는 조장鳥葬 이외에 화장, 매장, 수장, 탑장 등이 있다. 그러나 가장 보편적인 것이 조장이다. 티베트가 중공이 되면서부터 이 조장제도를 없애려고 무척 노력했으니 티베트인의 영혼관과 사생관을 바꿔 놓기 전에는 없앨 도리가 없었다. 그러므로 지금도 조장은 행해지고 있다. 탑장이란 고승, 이를테면 달라이라마나 판첸라마 같은 환불의 시신을 미라로 해서 탑안에 안치하는 것이다. 포달라궁안에 있는 영탑이 이것이다.

화장은 역시 고승高僧이나 귀족층에서나 가능한 장법으로 시신을 불에 태워 남은 재는 강물에 뿌리거나, 바람에 날려 보낸다. 나무가 없는 고원지대에서 화장을 하는 데는 막대한 돈이 소용되므로 평민들은 엄두를 못 낸다. 다만 삼림이 우거진 동티베트의 일부 지역에 한해 국부적으로 일반도 화장을 하는 곳이 있기도 하다. 수장은 강물에 시신을 띄워 보내는 것인데 일반적인 것이 못된다. 처형 받은 죄인이나 살해된 사람, 극빈자, 걸인, 과부, 유아에 한해 실시한다. 때로는 수장도 고기들이 잘 먹을 수 있도록 시신을 토막 내어 강물에 던지는 것이 보통이다.

매장도 일반적이 아니다. 병사했거나 전염병으로 죽은 시신을 새에게 먹이지는 않는다. 또 죄인을 매장하는 수도 있다. 고대 티베트에서는 왕이나 족장이 죽으면 종자들의 순장이 있었는데 이때는 매장을 했었다고 한다. 그러므로 티베트의 장법을 보면, 귀족이나 상류층은 화장, 일반 시민은 조장鳥葬이라는 것을 알 수 있다.

시신을 중요시하지 않는 티베트인들의 장법을 우리가 미개하다고 할 수 는 없다. 다만 조상숭배가 기층이 된 우리와는 근원적으로 차이가 있음을 인정할 뿐이다. 필자가 티베트 답사기간에 조장을 볼 수 있는 기회가 있었지만, 일정표대로 움직이다 보니 시간을 할애할 수 없었다. 조장을 보려면 별도 허가를 받아야 했고, 시간도 많이 소요된다. 설혹 허가를 받았다 하더라도 유족의 양해가 없으면 멀리서 망원경으로 참관할 수밖에 없다. 원칙은 외부인의 접근은 금한다. 조장鳥葬은 당국에서조차 합법으로 허가사상이 아니고 묵인하는 것이므로 외국인의 참관은 더더욱 허용되지 않는다. 여기서는 현지인들의 구전을 중심으로 약간 살펴보기로 한다.

조장을 현지 사람들은 '차톨'이라 한다. 아무 산에서나 하는 것이 아니고 대개는 정해진 산에서 한다. 예컨대 라사에서는 세라 사원, 시가체에서는 타시룬포 사원의 뒷산이 조장장 鳥葬場이다. 사망하면 백포로 시신을 쌓아서 한쪽 구석에 둔다. 라마승을 불러 와서 독경을 한다. 이때의 의식을 '포와'라 하는데 일종의 환혼의식이다. 선한 영혼은 천상으로 악한 영혼은 지옥으로 간다. 독경의 내용은 기도를 드림으로서 영혼을 천계로 가게 하려는 것이다. 시신의 머리맡에는 고인이 쓰던 그릇에 음식을 차리고 24시간 버터기름의 등을 밝힌다. 유족은 슬픔의 의미로 세수도 않고 장식을 떼고 검은 옷을 입는다. 출상은 길일을 잡아 정하는데 대게 사망해서 4-5일 뒤로한다.

시체 위에 가끔은 돌을 얹어 놓는 수가 있다. 영혼이 육신으로부터 격리되면 처음 2, 3일간은 시신 주변을 맴돌거나 강가나 산골짜기를 방황하게 되는데 육신이 그리워 도로 돌아오는 수도 있다. 이때 시체가 벌떡 일어나기도 하고 설치기도 하는데 이것을 방지하기 위해 시신을 묶고 돌을 얹어 놓는다고 한다. 출상 전날에 조문객들은 가까운 사원에 들러 명복을 빈 다음 귀가한다. 독경하던 라마승도 보시를 받아 사원으로 돌아간다.

'퐁레파'란 시신을 해체하는 사람을 가리킨다. 출상 날의 절차는 이 사람들에 의해 진행된다. 지금은 소형 트럭에 실어 오지만 옛날에는 우리의 농악같은 악기를 연주하며 행렬을 지어 조장장까지 운구한다. 어떤 형태의 장례식이든 촬영은 금기시 한다. 유족들은 산 밑에까지는 오지만 산 위에 오르진 않는다. 시신을 해체하는 사람과 친척 몇 사람과 가장 친근한 친구들만이 시신을 매고 산으로 올라간다. 시신해체는 산정에서 약간 아래 암반 위에서 행해진다. 모닥불을 지핀다. 독수리를 부르는 것이다. 모닥불이 타오를 때 나맥으로 구운 참파와 맥주를 뿌리면 새가 그 냄새를 맡아 날아온다.

독자들의 비위를 건드릴까봐서 시신을 해체하는 장면묘사는 그만 두겠다. 필자가 타고 다닌 차의 운전수도 그것을 보고 이틀이나 먹지 못했다고 한다. 해체된 시신의 조각들이 암반 위에 뿌려지면 공중을 맴돌던 수십 마리의 독수리들이 일제히 내려와 쪼아 먹는다. 10분쯤 지나면 새들은 만복이 되어 날아간다. 주변은 깨끗하다.

물론 불교에도 여러 갈래가 있지만 티베트불교를 신봉하는 이곳 사람들이 조장을 하게 된 데는 생태적으로 그럴 수밖에 없는 당위를 발견할 수가 있다. 하나는 해발 3,600m 이상되는 고원지대에는 나무가 흔치 않다. 그러므로 연료는 야크분을 말려 쓰지만 화장용으로는 부적당하다. 수장水葬도 깊은 강이 없어 적당치 않다. 그렇다면 매장은 어떤가. 토질이 매장하기에 적당치 않다. 가장 좋은 방법은 역시 조장이다. 최근의 조장비용이 중국 화폐로 60원이라고 들었다. 대학을 나와서 첫 봉급에 해당하니 싼 것은 아니다. 하물며 일반 시민이 몇 갑절이나 비싼 장례를 치를 수 없다.

극한의 환경에서 자연에 순응하며 사는 티베트인들의 지혜를 조장에서 찾을 수 있을 것 같다.

'라이스로드' 시리즈를 끝내며

쌀의 원류를 찾아 1만 리 길을 마다않고 돌아다녔다. 조사니 답사니 하는 말들은 모두 미명뿐이다. 언어가 통하지 않으니 이 중 통역 때로는 삼중통역을 했으니 어찌 완벽을 기할 수 있겠는가. 그렇지만 필자는 돌아다니는 것으로도 만족했고 무척 기뻤다. 쌀 문화의 뿌리가 같다는 공통점은 비록 국적이 다르고 말이 다르더라도 그 무엇인가 연대감을 끈질기게 해주는 게 있다. 밥, 떡, 막걸리, 제사, 놀이가 구조적으로 같으니 문화의 친근감이 들지 않을 수 없다.

나들이는 미식가의 본고장 광주廣州로부터 시작한다. "四季花開開不絶"이라 一花未一謝花開 하는(꽃은 일 년 내내 피어나고, 꽃은 시들기 전에 피어난다) 언중 꽃과 푸름으로 아름다운 고장 운남을 두루 다녔다. 소수민족의 삶을 통해 서둘지 않고, 자연과 잘 융화하는 지혜를

경극의 원형인 지희(地戲)를 연출하는 마을 단원들

터득했다.

다음은 놀이의 고장이라 할 수 있는 귀주성으로 들어갔다. "天無三日晴 地無三兩銀"(하늘은 사흘 동안 맑지 않고, 땅도 사흘 동안 맑지 않다)이란 귀주의 이를테면 삼무속담은 이곳의 험악한 자연조건을 말하지만 막상 가보니 그토록 최악은 아니었다. 액땜의 나례탈춤이 이곳에 성행하고, 중국이 자랑하는 오페라 원극의 원형인 지희地戲를 볼 수 있었던 것만도 여독을 풀어주기에 충분했다.

욕심은 다시 욕심을 낳는다더니 나들이는 귀양에서 끝나지 않고, 중국의 곡창지대라 일컫는 사천분지의 수도 성도成都를 찾았다. '삼국지연의'의 주인공, 제갈공명 유비 현덕 등이 활약하던 곳답게 유서 깊은 고적이 많은 곳이다. 이곳에서 쌀의 한족화를 보면서 종착지 티베트의 고달픈 여정에 올랐다. 평지 산소의 절반 분인 이곳에서 체내의 산소 절약 법을 배워가며 이 풍경을 머리에 담기 바빴다. 나맥을 주식으로 하는 티베트는 엄격히 쌀의 문화권은 아니다. 우리도 쌀보다 앞서 밀보리를 먹었지만 나맥은 쌀과 보리의 중간형으로 관계가 전문한 것은 아니다. 그리고 밀교의 나라, 티베트 불교와 우리나라 문화와의 상관성은 일찍이 최치원이 언급한 '오기五技' 이래 관심의 표적이 되어왔다.

라이스로드를 좇다가 지구의 지붕까지 왔다. 처음부터 쌀 그 자체를 연구할 뜻은 없었다. '쌀 문화'의 비교연구가 동기였으므로, 그렇다면 어느 정도 목표에 달했다고 자부한다.

중국의 곡창지대라 할 만큼 성도(成都)는 풍요했다. 추수가 끝나고 지붕 잇기가 한창이다.

칭기즈칸의 후예들,
조선족의 이주문화

Ⅱ

내몽골 문화의 뿌리를 찾아 I

I.
칭기즈칸의 고장, 내몽골

서울신문 1990. 7. 26.

「고향의 봄」이 차내방송을 통해 흐르는 사이 베이징에서 몽골자치구수부인 후허호토 呼和浩特로 가는 열차에 몸을 실었다. 이번 답사에 필요한 사전지식을 얻기 위해서다. 연제나 그렇듯이 처녀답사지에 발을 들여놓을 때는 정치·문화·교통의 중심지에 우선 가서 박물관을 살피면서 전체적인 개관을 살핀 다음 서점을 들러 필요한 문헌자료를 입수하여 예비지식을 보충하고 다음으로 연구기관인 그 지역 대학을 찾는 것이 순서라 할 수 있다.

한민족의 본거지로

이러한 절차가 끝나면 여로가 어느 정도 윤곽이 정리된다. 몽골의 인류문화 기행을 위해서는 적어도 1차는 화북과 서남 몽골지역 코스가 될 것이고 2차는 동북몽골지역으로 가야할 것이다. 어느 한쪽만으로는 전체를 파악할 수 없으며 견강부회의 우려가 있다. 워낙 광범위한 지역에 걸쳐 다양한 문화가 존재하기 때문이다.

베이징에서 몽골행 열차에 오른 것은 하오 3시 10분. 항공보다는 열차가 발달된 중국은 벽지에 가기에는 항공편을 이용하기 보다는 열차편이 안전하고 정확하다. 주 3편정도 운항하는 쌍발비행기는 걸핏하면 날씨 때문에 결항하는 예가 다반사다. 안전제일이 중국 당국의 말이기도 했다.

청진대사(淸眞大寺).
중국식 이슬람사원. 중국에서 모스크를 부르는 명칭은 청진사(淸眞寺)이다. 대(大)자를 넣은 청진대사는 The Great Mosque 이다. 청진(淸眞)은 모스크의 푸른색 돔을 한자식으로 표현한 것이다.

열차가 달리자 경음악이 방송된다. 귀를 의심할 수밖에 없었다.「고향의 봄」이 아닌가. 몽골행 열차에서 '나의 살던 고향은…' 멜로디가 은은히 울려 퍼지자 감정이 욱해졌다. 옆에 앉은 내몽골자치구 수도국 직원이라는 30대代 몽골족에게 "이 노래를 아십니까?" 하고 물었다. "아주 좋은 노래죠."라며 오히려 "당신도 이 노래를 아십니까?"라고 되묻는다. 어이가 없다. 그건 그렇고 몽골족에게 이 노래가 피부에 닿는다니 여기서 첫 공감대를 실감했다.

그렇다. 비록 이 뿐이랴. 아리랑을 비롯해서 우리의 민요나 동요가 무척 마음에 감동을 준단다. 며칠 후의 일이었지만 게르(蒙古包, 파오라는 중국말로 더 알려진 천막집)에서 하룻밤을 잘 때 몽골처녀가 처음 듣고 마음에 든다며 아리랑민요를 가르쳐 달라고 칭얼댄 일이 있었다. 문화의 뿌리가 유사하거나 하나일 때 우선 민족의 감정이나 민족성의 공감대가 형성된다. 민요의 반응에서 이를 느낄 수가 있다.

문화의 뿌리가 유사

후허호토에 도착한 것은 아침 8시경. 침대칸에서 자고 나니 내몽골 깊숙이 와 있는 것이다. 80여 년 전만 하더라도 장자커우張家口까지 열차로 와 여기서부터는 말을 타고 만리장성을 넘어 망망대 초원을 질러 이곳까지 오는 데 일주일이 걸리는 여로였다. 그러던 것이 17시간에 올 수 있으니 옛날에 비하면 격세지감을 느끼지 않을 수 없다.

몽골의 자연의 삼대 특징은 광활한 대초원, 울창한 삼림, 그리고 사막이라 할 수 있다. 또 삼대 특산물은 유목을 배경으로 한 양육과 카시밀론, 그리고 풍요로운 철광 특히 철과 석탄을 말한다. 가도 가도 끝이 없는 대고원은 겨울에는 대설원이고 여름에는 대초원으로 바뀐다. 몽원으로 향했다.

후허호토로부터 동북향 1백27㎞면 2시간이면 주파할 수 있는 거리지만 아스팔트가 아닌 울퉁불퉁한 시골길이니 상오 8시에 출발해서 하오 2시에 목적지에 도착했다.

가는 도중 몇 곳에 정차시켜 촬영을 했다. 처음 정차한 곳은 찻길에서 50m쯤 떨어진 밭에 봉분인 듯 한 묘지가 몇 기 있었기 때문이다. 봉분의 외형구조는 우리와 같으나 봉분위에 돌을 얹어 놓은 것과 버드나무가지를 꺾어 꽂은 두 종류가 있었다. 도시에선 화장시키는 예가 보편화됐지만 시골은 아직도 매장이 성행한다는 것이다. 이 봉분은 전통적 몽골장법은 아닌 것 같다. 통역을 맡은 젊은 사람은 민속에 대해서는 거의 지식이 없다. 후에 들은 얘기지만 여성의 무덤에는 버드나무가지를 꽂는데 만일 살아나면 후손이 번영한다는 것이었다. 여기서 문득『샤머니즘』의 저자 엘리아데의 지모신설이 생각난다. 대지의 생생력에다 수목신앙이 곁들인 민간신앙의 한 표상이라고 할 수 있다. 그리고 이 묘지형식은 이미 한문화의 경향을 딛고 있음을 알 수 있다.

달리는 차를 도중에 또 한 차례 정차시켰다. 물도 없는 냇가가 계속 파헤쳐져 있다. 처음에는 모래나 자갈을 캐간 것일 거라고 생각했다. 그러나 상류로 갈수록 파헤쳐진 모습이 더욱

내몽골 수부(首府) 후허호토시의 전경. 산이 시야에 들어오지 않은 대초원에 자리한 시가지엔 현대식 건물과 야트막한 일자형태의 붉은 벽돌집이 들어서 있다.

심했다. 냇가 위쪽에서 인부들이 작업하는 현장을 목격했다. 그곳에서 사금을 캐기 위해 작업 중임을 알았다. 대규모 사금광에는 수십 명의 인부들이 기계까지 동원해서 본격적으로 캐고 있었다. 사금이 많이 난다고 한다. 규모가 큰 것은 정부관리하에서 작업하는 것이고 3~4명의 작은 규모는 개인이 하는 것이다.

기후변화 들쭉날쭉

하오 1시가 지나자 대관령 같은 고개를 오르기 시작한다. 소련제 승용차는 보기에는 허름하나 성능은 무척 좋았다. 비가 내리기 시작한다. 기후의 변화가 심한 곳이란다. 기온도 갑자기 하강하여 춥다는 느낌이 든다.

차가 정상에 닿자 시야가 갑자기 펼쳐지는데 대초원이 이곳서부터 시작된다. 푸르른 초원, 차는 마치 융단 위로 달리듯 부드럽다. 도중에서 몽골족 청년을 태웠다. 운전기사와는 구면인 듯 둘이 의좋게 담소한다.

그런데 도중 어디서 많이 들어본 용어가 귀를 스쳐간다. '어버' '어버' 하는 소리를 여러 번 들었다. '오보(敖包)'를 말하는 것이냐고 물었더니 그게 아니고 '아버지'를 지칭한다는 것이다. "그러면 어머니는 무어라고 부르냐."고 묻자 "어머."라는 것이다. 필자는 귀를 의심하지 않을 수 없었다. 어버-아버지, 어머-어머니. 어미변화를 일으켰을 뿐이지 어간은 같지 않은가.

또 한 번 놀라게 했다. 혈연호칭이 비슷하면 민족의 뿌리도 같다는 추론이 가능하다. 그렇지만 부모호칭만을 가지고 속단은 금물이다. 그것은 역시 전문적인 언어학자들의 영역이다.

왼편 멀리 보이는 언덕위에 볼록 튀어나온 무엇인가가 보였다. 완곡을 이루는 언덕 능선에 볼록 튀어나온 것이라면 '오보'일 수 있다. 운전기사에게 물었다. 과연 '오보'였다.

국내 학자로는 손진태씨가 1920년대에 처음으로 오보를 논문으로 다룬 이래 아무도 이를 다루지 못했다. 현지답사가 불가능했기 때문이다. 차에서 내려 빗속에서 셔터를 눌러댔다. 그것은 사진이 될 수는 없지만. 그렇게라도 감정을 달래고 싶었다. 내일은 반드시 가보리라는 결심을 다짐하는 동안 차는 계속 대초원을 달린다.

2.
'게르'의 생활 풍속

서울신문 1990. 8. 4.

　어딜 가든 2명 이상이 팀을 이루어 여행하는 것은 무척 편한 일이다. 왜냐하면 경비의 절감은 물론이려니와 조사 분야의 폭이 넓어질 수 있고 학자간의 의견교환 등 유리한 조건이 많기 때문이다. 그렇지만 자신이 가고픈 조사지와 조사항목이 자유스럽다는 점에서는 단독여행이 무척 유리할 때도 있다.

　휘팅실리輝騰錫勒 대초원을 향해 답사길에 올랐다. 해발 2천m의 고원지대라서 그런지 조석의 기온차가 심했다. 그래서 여름에도 아침에는 가죽옷을, 낮에는 마 옷을 입고 저녁에는 게르에서 불을 쬐며 수박을 먹는다는 속어가 있을 정도이다.

유목민의 이동식 주택, 게르

　끝이 보이지 않는 광활한 대초원. 준마를 타고 마구 달리고 싶은 충동이 절로 난다. 이러한 충동이 칭기즈칸으로 하여금 세계를 정복하려는 욕구를 촉매했을 것이다. 이곳 휘팅실리 초원은 넓이가 3백만㎢이며 13세기 초 칭기즈칸이 몽골족을 통일한 후 이곳을 훈련장으로 했다는 설명이다. 지금도 당시에

칭기즈칸의 게르
정복자 칭기즈칸은 이 수레 위의천막집 게르에서 기거하면서 초원을 순회, 병사들을 훈련시켰다.

설치했다는 토성과 석조울타리가 군데군데 흩어져 있다.

길은 나 있지만 운전사는 일부러 초원을 달린다. 파랗게 물든 풀 사이로 귀엽기만 한 노랑 자색 꽃이 활짝 피어있다. 참새보다는 약간 커 보이는 들새가 시끄럽게 지저귄다. 차를 세워 밖으로 나가 한참을 마구 뛰어봤다. 공기 맛이 한결 좋았다. 대지가 비에 젖지만 않았으면 뒹굴고 싶을 정도였다.

계속해서 다시 20분쯤 달리니까 멀리서 하얀 원형지붕이 보인다. 처음에는 두 개가 보이더니 가까이 갈수록 여러 개가 나타났다. 몽골유목민의 이동식 주택인 게르이다. 엔진소리를 듣고 주민들이 마중나와 있다가 일행이 차로부터 내리자 정중히 인사를 한다. "라아 사잉 바이누!"(안녕하십니까?) 그리고 일행을 게르로 안내한다. 원래는 주민들의 주거용이었지만 최근에는 주민들이 다른 곳으로 집을 짓고 옮겨 갔으므로 방문객이나 관광 온 손님 접대용으로 쓰고 있는 셈이다.

주인은 반드시 밖에서 손님을 영접한다. 오른 손을 가슴에 얹은 주인이 허리를 굽혀 정중히 인사를 했다. 게르 안으로 들어서면 손님은 왼쪽으로 가서 주인의 오른편에 앉게 되어있다. 옛날에는 주인이 경의를 표하는 뜻으로 담배를 권하고 서로 주고받으면서 피웠다는 것이다. 신은 벗되 안쪽을 향해 벗어놓는다. 잘 때는 머리를 문 쪽에 두지 않는다. 우리의 손님맞이 예절과 진배없다는 생각이 들었다.

게르 안에 앉자마자 부인과 딸이 큰 주전자와 찻잔을 가지고 와서 따르며 마시기를 권했다. 마치 숭늉같은 기분이 들어 성큼 받아 마셨더니 우유냄새를 풍기는 맛이 비위를 역겹게 했다. 그러나 일행은 몇 잔씩이나 연거푸 마셨다. 사탕을 섞기도 하고 이곳 생산품인 볶은 쌀(炒米)을 수북이 넣어 마시기도 했다. 이것이 내이차奶茶이다. 전차磚茶를 부숴 베에 싸서 끓는 물에 넣어 빛깔이 베어들면 꺼낸 다음 신선한 우유나 분유를 붓고 다시 끓이면서 주걱으로 저어서 만든 것이다. 어느 집을 가나 기본적으로 내 놓는 것이 내이차이다.

몽골족의 유제품은 나름대로 발달했다. 그럴 수밖에 없는 것이 영양을 고루 섭취하기 위해서는 한정된 생산품으로 다양한 식료를 만들어야 했기 때문이다. 우유나 양유는 풍부하므로 이것을 원료로 하여 버터 · 치즈 · 과자 등 유제품을 제조하는 기술이 발달할 수밖에 없었다.

게르는 일종의 원형천막이다. 유목민족은 이동을 끊임없이 해야만 했다. 그래서 이동식 주택이 필요했고 풍우나 폭설에도 견딜 수 있도록 창안된 것이다. 지붕 쪽 중앙에는 폭이 1m정도 되는 원형창이 개폐식으로 장치되어 굴뚝이나 환기통, 그리고 내부를 밝게 하는 역할을 하고 있다.

버터 등 유제품기술 발달

나무막대를 능형으로 교차시켜 가죽끈으로 묶어 고정시켜서 살목으로 쓰는데 펴면 벽이 되고 이사할 때는 접을 수 있게 만들어졌다. 이것을 '하나(壁)'라고 한다. 천장중앙과 벽 사이를 받치는 나무막대는 '오네에'라고 했다. 게르는 높이가 2~3m에 면적은 10㎡정도이며 출입문은 남향으로 하여 북풍을 막도록 되었다. 게르는 원형이므로 풍설의 저항이 적을 뿐 아니라 겨울에 아무리 많은 눈이 내려도 쌓이지 않는다. 또 게르 안 바닥중앙에는 난로가 설치되어 있는데 말려 둔 말과 양의 분糞을 연료로 썼다.

최근에는 게르를 주택으로 쓰는 몽골족은 적어졌다. 대부분은 '호도'라 하여 일정 장소에 공동주택을 지어 정주생활을 하는 경향이 늘어나고 있다. 방풍용 석벽을 둘러치고 그 안에 채소를 심기도 하고 방목도 한다. 그러므로 순수유목 생활이라고 할 수 없다.

점심을 먹은 뒤 정주생활을 하는 몽골 유목민 마을을 찾아갔다. 자동차로 20분쯤 가는 곳에 기다랗게 한일자로 단층 벽돌집이 지어져 있었다. '호도'라 한다. 이곳에는 3세대가 사는 데 필요한 만큼의 방풍벽 안에 채소도 심어져 있었다. 마당에는 말과 양의 분을 말리기 위해 널어놓았다. 주인 장산해張山海씨가 반가이 맞아주었다. 집안을 둘러보니 한족들의 생활과 흡사했다. 특이한 것은 부뚜막 옆의 높은 위치에 온돌이 있었다. 이것은 한족들의 주택구조라기 보다는 만주나 조선족문화를 수용한 주거형식이라 할 수 있다.

장씨 집은 1백여 마리 이상의 양을 치고 있으며, 고급품은 아니라도 가구들이 갖추어져 있고 여유있게 사는 것 같았다. 워낙 바람이 많은 곳이라 풍차를 이용한 발전시설이 갖추어져 있어 최소한의 문화생활은 영위하는 셈이었다. 백색 원형의 딱딱한 캔디를 접대용으로 내놓는데 맛을 보니 우유와 설탕으로 된 가내유제품이다.

저녁에는 손님을 위한 환영만찬이 베풀어진다는 통역의 귀띔이 있었다. 호기심이 생긴다. 저녁 7시쯤이 되자 5~6개의 식탁이 놓여 있는 홀로 초청되었다. 둥근 식탁에 차려진 음식은 몽골의 고유식단은 아니었지만 중앙에 놓인 양고기는 몽골식이다. 귀한 손님에게 양고기를 내놓는 것은 몽골식제이다. 양고기를 접시에는 소형 몽골칼이 2개 놓여 있다. 이것으로 고기를 각자가 썰어서 손으로 들고 먹는다.

몽골처녀 셋이 고유복장을 하고 홀에 나타난다. 옆에 앉은 통역이 "이제부터 에레헨토(축주가祝酒哥라는 의미)가 시작됩니다."라고 했다. 길이 1.5m, 폭 30㎝ 정도의 백포白布를 두 손으로 받쳐들고 그 위에 대접을 얹어 6도나 되는 페이주白酒를 거의 넘치도록 붓는다. 그리고 셋에서 에레헨토를 부른다. 바로 필자 앞에서…귀한 손님이 찾아오면 으레 하는 주연예속이다.

한 · 몽골 간 공감대가 형성

노래의 내용은 대충 이렇다. "이 금잔에 금술을 넘치도록 부어 우리의 사랑과 우정으로 권하오니 청컨대 한잔 드시옵소서…" 멜로디의 청아하고 서글픔이 어쩐지 술잔을 받지 아니하고서는 못 견디게 만들었다. 두 손으로 술을 받고보니 앞이 캄캄하다. 대접의 술을 모두 들이켜야 한다는 통역의 말 때문이었다. 그렇다. 이곳 사람은 술에 강하고 가무가 뛰어났다. 우리 한민족도 이점에서는 몽골족과 맥을 같이 하는 것이 아닐까.

술잔을 비우고 나니 박수가 우렁차다. 세 처녀는 다시 다른 손님에게 가더니 똑같은 방법으로 권주가를 불렀다.

그런데 여기서 또 하나 호기심을 끄는 것이 있었다. 그 몽골손님은 술잔을 받아 들더니 오른손 넷째 약손가락으로 술을 적시더니 하늘을 향해 땅을 향해 공중을 향해 세 번 튕기고야 술을 마시는 것이 아닌가. '고수레'가 틀림없다고 생각했다. 연회가 끝나고 그 내용을 물었더니 천신과 지신 그리고 인간에게 각각 감사하다는 표시를 하는 것이었다. 몽골식 고수레를 보고 느낀 것이지만 서로 언어 소통이 잘 안 되지만 섬세한 분야의 민속에 있어서는 한 · 몽 간에 공감대가 형성된다는 것을 느낄 수가 있었다.

연회가 한창 고조될 때 몽골처녀가 '모링호올'이라는 악기를 들고 나와 반주를 하며 노래를 부른다. 목가를 부르는 듯 심금을 울린다. 그러나 그보다 더 호기심이 가는 것은 모링호올이라는 악기가. 마치 우리의 가야금과 비슷했다. 이것은 중국의 칠현금, 25현금과도 별개의 몽골 특유의 악기라 한다. 15현금으로 된 이 악기는 구조면이나 연주방법에서 우리 가야금과 일치하므로 비교연구 할 만한 가치가 있다고 생각했다.

모링호올毛林胡尒은 몽골어이며 한어로는 마두금馬頭琴으로 대역한다. 그러나 필자가 본 가야금과 똑같은 이 악기는 모링호올은 분명히 아니었다. 통역이 잘못 전하는 것 같았다.

3.
몽골족의 토속신앙과 축제

서울신문 1990. 8. 11.

우리가 '오보'를 알게 된 것은 1930년대초 손진태씨의 「조선의 누석단과 몽골의 오보에 대하여」라는 논문에서 시작한다.

돌무더기 오보.
오보라는 이름의 이 돌무더기 제단은 몽골족의 샤머니즘과 더불어 원시신앙적 기층요소가 들어 있다.

원래 성황당이란 중국의 성읍을 수호하는 신으로 고려초에는 이미 이 명칭이 우리나라에 수입되었다고 했다. 그러나 우리의 누석단累石壇은 원래가 산신과 경계신을 동시에 모시는 제장이 었다고 주장한 것이다. 그리고 몽골의 오보鄂博의 성격을 논하면서 일종의 원시적 경계표지로서 공통점을 지적한바 있다.

5월 13일에 오보제의

일본 학자인 도리이류조오鳥居龍藏의 「몽고여행」(1911)에서도 오보의 기록이 보인다. 신령을 맞아 거하시게 하는 성지라는 해석을 했다. 아끼바다까시秋葉隆도 오보의 신은 산신 신앙에서 유래했을 것이라는(1941) 주장을 폄으로써 손진태씨의 가설을 뒷받침하고 있다.

그러나 분명히 여기서 밝힐 수 있는 것은 몽골족의 종교신앙은 라마교이지만 라마교로 인해서 오보신앙이 발전한 것이 아니라는 점이다. 이는 라마교가 몽골에 수입되면서 오보를 수용하여 라마교사원 뒤에 오보를 건조한 사실에서 찾을 수 있다. 그러므로 오보는 몽골족의 샤머니즘과 더불어 원시신앙이며 문화의 기층요소이기도 한 것이다.

밤새 내린 비는 날이 밝으면서 개기 시작했다. 게르에서의 하룻밤은 빗소리를 들으며 떨며 지새웠지만 좋은 추억이라는 생각이 든다. 더구나 그토록 소원했던 오보를 보러 간다는 기대 때문에 간밤의 불편했던 것은 가뿐히 가셨다.

일행은 아침 식사를 간단히 끝내고 승용차를 타고 달리기 시작했다. 대초원을 가로질러 가는데 지평선 끝 높은 지대의 만루형 오보가 시야에 들어오고 있었다. 약 30분쯤 달렸을 때 오보의 정체가 가까이서 모습을 드러냈다. 통역이 오보를 설명하느라고 열을 올렸다. 오보는 방향을 가리키는 표지이며 영역구분의 표지, 그리고 농사가 잘 되도록 축원하는 성지라는 점을 누누이 강조했다. 그리고 음력 5월 13일에 오보제의를 올린다는 것이다. 그 이상의 것은 물어봐도 별 신통한 대답이 없었다.

오보란 몽골어로 '대지의 언덕(丘)'이란 뜻이다. 돌을 원추형으로 쌓아 올린 일종의 누적단인 것이다. 현장에 도착하고 보니 직경10m의 원형 돌기단이 조성되어 있고 그 위에 다시 돌을 직경 2~3, 높이 3m정도의 원추형으로 쌓아올린 석조 조형물이다. 정상에다 큰돌 하나를 얹어 놓거나 버드나무를 꽂아 놓은 경우도 있다.

형태나 규모면에서 가지의 오보가 일치하지는 않는다. 그리고 어떤 지역에는 하나만 있는 곳도 있고 또 복수로 설치된 것도 있다. 가장 유명한 곳은 시린궈러錫林郭勒에 있는 13오보로서 거대한 오보군을 이룬 것이 장관이다.

구전설화에 나오는 오보의 유래는 이렇다. 한 소년목동이 양떼를 몰아 방목하고 있을 때 낮잠을 잤다. 이때 늑대가 나타나 양떼를 먹어치웠다. 소년목동은 자기 책임을 절감하여 산위에서 자살을 했다. 사람들이 애통히 여겨 야산에 몇 개의 돌을 쌓아 그의 영혼을 빌어주었다. 그로부터 그의 혼신은 가축의 수호신이 되었다는 것이다.

이 설화가 물론 오보의 기원설을 전적으로 뒷받침해 주지는 못한다. 그러나 오보의 성격

중에는 조상신이나 조령을 숭배하는 사상이 과거에 있었다는 증거를 쉽사리 떨쳐 버릴 수는 없다.

현재까지 조사된 바로는 신격이 산신 또는 지신이라는 것으로 거의 집약되지만 때로는 묘신이나 조상신으로도 이해되고 있기 때문이다.

오보제의 형식을 알아보면 매우 흥미롭다. 음력 5월 13일은 초목이 싱그럽고 가축이 살찌는 아주 좋은 계절이다. 오보 정상에 버드나무가지를 꽂고 거기에 원색의 헝겊을 매달아 바람에 나부끼게 한다. 이것은 일반 종교의례에서는 볼 수 없는 의식의 하나이다.

한국의 무당굿에서 볼 수 있는 것과 일치한다. 신대를 세운다든가 서낭목에 빛깔 있는 헝겊을 매달아 놓은 광경을 흔희 볼 수 있다.

노래 · 춤 등으로 신바람

오보제의는 대개 3단계로 구분된다. 처음은 혈제血 祭로서 자기가 키운 가축을 희생제물로 바치는 의례이다. 우리의 무당굿에서 돼지를 잡는 것과 상통한다고나 할까. 두 번째는 주제酒祭라 하는데 우유를 발효시켜 만든 술이나 버터 또는 신선한 우유를 신령께 바치는 것이다. 우리네 마을에서 행하는 동제 때나 굿에서는 신주를 따로 만들어 헌작하는 것과 다를 바 없다. 셋째는 화제로서 제단 앞에 불을 지펴 제물을 놓고 제주가 자기 이름을 외면서 양고기와 떡을 불속에 넣는 것은 우리의 소지와 같은 의식이라 할 수 있다.

가무하는 몽골 처녀

이때 불이 잘 타면 길조라고 하는데 그것은 우리의 경우 불이 잘 타오르면 신령이 가납했다는 것을 의미하는 것과 역시 같다.

한편 라마교 승려가 주재하는 오보제의는 향을 피워놓고 독경을 하는 동안 일반은 오보를 왼쪽에서 오른쪽으로 세 번 돌며 소원을 기원한다. 바로 우리네의 탑돌이인 것이다.

전반적으로 볼 때 라마교 제의의 형식을 띠고 있으나 핵심은 천신과 지신을 숭상하는 샤머니즘에 뿌리를 두었음을 짐작케 했다.

따라서 몽골족의 고유신앙인 오보의 정체는 샤머니즘을 핵으로 하는 제천의식의 요소가 강했다. 시대의 흐름에 따라 경계와 방향을 가리키는 표지기능이 추가된 것이라고 추정할 수 있었다.

지금까지의 오보관찰을 총체적으로 볼 때 손진태씨가 지적한 한국의 누석단(성황당)은 이러한 맥락에서 몽골의 오보와 상통하고 있음을 유추할 수 있다. 한국의 굿이나 동제는 반드시 가무군취가 병행되고 있음은 고대부터 나타나는 전통이다.

몽골에서도 오보제의 때는 제사가 끝난 후에 가무군취로서의 경마 궁술 씨름대회가 푸짐하게 베풀어진다. 그리고 노래와 춤이 젊은 사람들에 의해 주도되어 신바람을 일으켰다.

몽골을 대표하는 축제로 나담(那達慕)축제가 있다. 오보제의 후에 열리는 연회와는 달리 연중 최대의 축제로서 7백여 년의 역사를 가졌다고 한다. 이를테면 한국의 단오축제와 같은 것이다. 강릉단오제에서 전국에서 찾아온 약장수·서커스단원·잡상인들과 주민들 수만 명이 남대천변에 모여 며칠 동안 난장을 벌이는 것과 같다.

식품거래·물물교환도

나담은 몽골어로 유희, 오락이란 뜻이다. 지역에 따라 다르나 대체적으로 여름이 끝나고 가을이 다가오는 계절에 개최된다. 방목이 거의 끝날 무렵 가축들은 살찌고 바야흐로 겨울 준비를 시작하려는 계절에 일대 난장을 벌이는 것이다. 장사치, 예능인들이 운집하고 식품 거래와 물물교환이 이루어진다. 우리겔(몽골어로 구술자)이 모여 왁자지껄하는 소요 속에 나담의 가장 중심적 행사인 경마와 씨름, 궁술 등 전통적 3대 경기가 베풀어진다.

어릴 때부터 말 타는 훈련에 익숙한 몽골족은 말을 사랑한다. 5~6살이 되면 아버지와 형들을 따라 방목에 나서기 때문에 10살이 되면 승마에 자신이 붙게 마련이다. 아이들·청년·장년별로 누구나 원하면 출전할 수 있다. 약 25㎞에서 35㎞를 달려오는 코스로 종점은 나담대회장의 중앙에 설치된다. 달리는 좌우편에 운집한 군중들이 환호성을 올리는 가운데 경마가 끝나면 기수들이 시상대 앞에 한 줄로 서고 사회자는 '말의 찬가'를 부른다. 그리고 마유주馬乳酒를 우승 말에 뿌린다. 승부순으로 상을 받고난 젊은이들은 관중들의 선망을 한몸에 받는다.

　이날의 클라이맥스는 씨름대회이다. 독특한 복장·규칙·방법에 따라 씨름경기가 열린다. 상의는 쇠가죽으로 만든 반소매조끼에 은이나 구리 장식이 주렁주렁 달리고 밑에는 품이 넓은 훈바지를 입는다. 남자들의 한복바지라고 생각하면 된다. 허리에는 3원색의 장식 앞치마를 두르고 밖에는 몽골식 가죽장화를 신은 씨름꾼의 모습은 기사처럼 위풍당당하다. '주부후나배'라는 노래로 경기가 임박했음을 알린다. 노래가 끝나면 서동쪽에서 각각 선수가 발로 땅을 힘차게 차며 춤을 추듯 나온다.

　마치 레슬링과 같은 느낌으로 서로 잡고 기를 겨루는데 무릎부터 상위가 지면에 닿으면 패자가 된다. 승자는 패자를 일으키고 서로 손을 잡아 예를 갖춘 다음 다시 춤을 추며 퇴장한다. 승자는 오직 챔피언 한 사람이며 말이나 소 한 마리 이외에 많은 상품을 받는다.

　활쏘기도 이날 중요한 종목의 하나이다.

　이같이 행정지역 단위로 개최되는 나담축제는 몽골족의 용기와 기예를 과시하는 전통적 문화행사라 할 수 있다.

4.
몽골족 제1의 유적지 '오르도스'

서울신문 1990. 8. 18.

오르도스鄂爾多斯는 황하가 감싸고도는 대만곡大彎曲지대를 일컫는다. 고고학적으로 이곳에서 발견된 '오르도스 사람'은 구석기시대에 걸쳐 중국 최고의 앙소仰韶문화의 영향을 받은 곳이다. 한편 이곳은 중국본토와 북방 유목민족 간의 항쟁의 격전지이기도 했다.

몽골문화를 답사하기 위해서는 이곳을 반드시 밟아야 한다. 이러한 고고학적 유적지라는 이유와 함께 칭기즈칸이 서하西夏 정복길에 최후를 마친 곳인 오르도스 남쪽의 감숙성 육반산六盤山 혹은 영주성이 있기 때문이다. 그래서 지금까지 당시 칭기즈칸의 친위장군 후손들에 의해 칭기즈칸제사가 이곳에서 엄격히 행해지고 있다.

한족과의 갈등 현장

오르도스에서는 칭기즈칸의 유품이 전해지고 있다는 칭기즈칸능묘(중국인들은 팔백실八白室이라 호칭한다)가 있다. 내몽골자치구 수부인 후허호토로부터 기차편으로 서쪽을 향해 3시간반을 가면 공업도시인 파오두包頭에 이른다. 다시 승용차로 아스팔트길을 따라 남쪽으로 약 1백90㎞쯤 달리면 칭기즈칸능묘가 위치한 이친후오리치伊金霍洛에 당도한다.

파오두를 출발해서 약 30분 만에 황하대교를 건너게 되었다. 진한 황토빛의 물결은 마치 장마가 그친 뒤의 물살과 같았다. 다시 한 시간쯤 달리자 황량한 오르도스사막을 가로지른다. 인적도 없는 사막은 죽은 모래사장과 같았다. 넓은 오르도스 초원에선 이따금 양떼가 보였다.

둥생시(東月生市)를 지나자 폭풍우에 깎인 듯한 구릉계곡을 구불구불 돌아가니 다시 초원이 펼쳐진다. 약 3시간쯤 자동차로 달리는 동안 수림지대 사막 험준한 구릉 그리고 초원지대 등이 다양하게 시야에 들어왔다.

초원사이로 좁은 아스팔트길이 나 있다. 낮은 언덕을 넘어서니 마치 이슬람 사원지붕처럼 금빛의 원형지붕 3개가 번쩍이고 있었다. 주위에는 수목도 울창했다. 이곳이 칭기즈칸 능묘이다. 오르도스가 지정학적으로 중국과 북방 소수민족 간에 갈등과 분쟁이 지속된 지역임은 역사가 증명하지만 이곳에 칭기즈칸능묘가 있는 것은 하나의 수수께끼라 할 수 있다. 칭기즈칸이 최후를 마친 곳도 이곳이라는 이설이 있을 뿐 증거는 없고 칭기즈칸의 사인도 확실한 것은 알 수 없다. 다만 13세기 후반에 써졌다는「몽고비사」도 원본은 없지만 한역된 자료에만 낙마의 부상으로 죽은 것으로 되어 있다.

특히 이곳이 능묘이긴 하나 제사를 올리는 사당일 뿐 시신이 묻힌 묘지는 어디인지 지금까지도 미궁으로 남아 있다.

최근 외몽골蒙古人民共和國측에서 일본의 재원과 고고학적 발굴기술을 수용하여 공동발굴조사가 본격적으로 시작된다는 소식을 접했다. 그러나 내몽골족들은 별로 이를 기대하지 않는 눈치다. 내몽골족들은

칭기즈칸의 능묘(陵墓).
오르도스 초원지대에 있는 칭기즈칸의 능묘.
게르양식을 빌려 원형지붕에 청황색 유리기와로 이어 찬란하기만 하다. 이 능묘는 정전(正殿)과 동서로 전(殿)을 갖추고 있으며 칭기즈칸의 영구(靈柩)와 관련유품을 봉안하고 있다.

칭기주칸의 묘역이 그가 죽은 곳에서 멀지 않은 곳에 위치하고 있을 것이라고 믿는다. 그리고 영원히 발견하지 못하도록 해 놓았다는 것이다.

본당건물은 게르 형식

필자가 휘팅실리 초원에서 청취한 전설에 의하면 칭기즈칸은 그의 세력이 노도와 같이 중앙아시아를 거쳐 서방으로 뻗어갈 때 부상을 입었다. 그의 죽음이 당시 승승장구하는 여러 장군들에게 알려지면 사기에 문제가 있다 하여 극비에 부쳐졌을 뿐 아니라 사후일까지 유언에 의해 실행되었다. 그의 시신 묻힌 곳은 수천 마리의 준마들이 뛰게 하여 평토화 시켰다는 것이다. 이는 후에 그의 죽음을 알 수 없도록 하기 위함이었다.

지금 오르도스에 있는 능묘는 당시 칭기즈칸의 친위대를 이끌던 장군들의 후손에 의해 제사를 드리고 있는 곳이다. 오르도스란 몽골어로 '임금의 거처'란 뜻의 오르돈의 복수형이다. 그리고 이곳에는 칭기즈칸과 그의 부인들, 칭기즈칸의 유품들을 모시는 8개의 사당이 있었다는 데서 중국어로는 '八白宮' '八白室'라 호칭한다.

능묘의 전체면적은 5만 5천㎡이며, 원대의 성루식城樓式을 모방한 입구와 정원으로 돼있고 본당건축은 순몽골식 게르 형식을 띠었다. 둥근 지붕은 청황색 유리기와로 덮여 멀리서 보면 마치 황금지붕처럼 눈부시다. 중앙에는 높이 5m되는 위풍당당한 칭기즈칸의 소상塑像이 놓여 있다. 묘의 사당은 대체로 4개 부분으로 이루어졌다. 정면은 정전이며 좌우 복도 끝에는 동전과 서전으로 이루어졌고 정전의 뒤는 침궁으로 되어 있다.

침궁에는 3개의 몽골게르가 설치되어 있는데 중앙의 큰 게르에는 칭기즈칸과 그의 본처 보르테 우친의 영구, 그리고 좌우 양측에 둘째 부인 호룬과 셋째부인 이치의 영구가 안치되어 있다. 또 좌우에 있는 다른 게르에는 칭기즈칸의 동생 비리구다이와 하사루의 영구가 각각 안치되어 있다. 정전에서 동서전으로 통하는 복도 벽에는 칭기즈칸의 치세중에 있었던 업적을 그린 벽화가 있고 동전에는 칭기즈칸의 넷째 아들 도루이와 그의 처 이시하톤의 영구가 안치되었다. 서전에는 칭기즈칸의 아홉 장군을 상징하는 9개의 기와 하늘에서 내려 주셨다는 장모長矛, 그리고 칭기즈칸이 사용했다고 하는 보검과 마편 등이 진열되어 있다.

한번은 칭기즈칸의 어느 전투에서 패하고 곤경에 빠졌다. 그때 그는 하늘을 향해 구원의 기도를 드렸다. 그때 긴창이 하늘에서 잎이 무성한 나무 위로 내려왔다. 칭기즈칸은 하늘에서 내린 이 창을 들고 전쟁터로 나갔다. 창은 칭기즈칸에게 승리를 안겨주었다. 이로부터 이 창은 신기가 되었으며 지금도 이 신기에 대한 제사를 드리고 있다.

창의 상단은 30㎝쯤 양날이 선 철제품이고 4m정도의 삼나무막대를 끼운다. 창과 막대사이에 백은제 원반을 씌우고 둘레에 81개의 구멍을 내 이 구멍에다 흑갈색 수말 갈기털을 끼웠다. 이 신기의 제사는 칭기즈칸이 하늘에서 내려 주신 것이므로 옥외에서 올리는데 1년마다 첫 진년에 거행한다.

제사 때의 축문 몇 절을 소개한다.

"천의 시작/만의 머리/더운 입/맑은 머리를 한/백양을 희생시켜/크나큰 제사에 바치고/흰 어미 양고기로/또 음식해 바치고 있나이다/바쳐 온 우리에게 자비를 베풀고/맹세한 우리에게 아뢴대로 내려/명예와 이름을 드 넓히시고/…노적 강도없이 나 다니도록/금년의 지금부터/내년의 이때 되도록/날마다 길하고/달마다 행복하게/구원에 넣어/축복 내려 주소서"

축문, 우리 동제 흡사

마치 한국의 각 마을에서 옛날 동제를 드릴 때 제관이 읽는 축문과 내용이 같다. 또 무속에서 무당이 굿에서 축원하는 내용도 이와 같은 것이다. 7백여 년간을 제사 지내오는 동안 장문의 이 축문들은 순몽골어로 구전되어 왔다. 이 축문에는 중국의 제사의례의 영향이 수용되었다고는 볼 수 없다. 원元나라가 아직 멸망하기 전에 이미 성립된 이러한 제사제도와 축문은 마치 그 구성이나 내용에 있어서 우리가 흔히 말하는 무가와 유사성이 많아 비교연구의 가치가 충분했다.

수백 년을 구전으로 내려오는 몽골어 축문을 최근 내몽골족 사인지르갈과 샤랄다이 양씨가 다년간 고생 끝에 한역편 『성길사택제존成吉思澤祭尊』(1988)을 내놓았다.

이 자료를 보면 몽골어 축문은 신과 인간의 관계를 읊은 한편의 서사시임에 틀림없다.

여기 칭기즈칸 제의를 소상히 소개할 겨를은 없지만 대체적으로 제사의 규모와 형식을 검토해 볼 필요가 있다. 몽골족 공동체의 협동은 한때 세계를 제패했지만 그 후 존재마저 없어졌다. 그래서 저하된 정신력을 복원하려는 의도가 역력히 나타나있다.

그리고 현행제의에는 부분적으로 불교문화가 수용되어 있지만 그런 것은 중요한 것이 아니다. 유목민족 특유의 경천사상이 기층이 되어 있다는 점이 돋보일 뿐이다. 그들이 제사 때마다 읽는 축문은 제의 때의 축문과도 내용이 유사한 점을 발견할 수 있었다. 몽골민족이 통일국가를 형성하기 이전부터 계승해온 민간신앙의 결정체라고 보아야 할 것이다.

몽골고유문화의 근간이 수용되어 있는 칭기즈칸능묘 제의는 한국 무속에서 굿의 원형을 찾고 동제의 변이양상을 더듬는 데 다소라도 어떤 계기가 되어줄 것이라고 확신한다.

5.
내몽골 후허호토의 조선족

서울신문 1990. 8. 25.

칭기즈칸능묘와 오르도스사막을 밟고 나서 다시 내몽고자치구 수도인 후허호토로 돌아왔다. 여로를 풀기 위해서였다. 내몽고호텔에 여장을 풀고 나니 긴장이 가신 탓인지 온 몸이 노그름했다. 호텔식당에서 저녁을 먹으며 통역겸 안내를 맡은 단서총段瑞聰씨에게 은근히 '조선족'을 만나고 싶다고 전했다.

"조선인이 경영하는 식당을 알고 있는데요."

놓칠 수는 없다. 말이 난 김에 당장 가자고 졸랐다. 이미 시간은 늦었지만 단씨는 내 요청을 받아들여 선뜻 앞장을 섰다. 택시로 식당 앞에 당도했을 때는 이미 9시 가까이 되었다. 작은 개인 식당이었다. 한글로 '진달래식당'이란 글귀아래 몽고어로 표기한 낡은 간판으로 보아 오래된 식당인 듯하다. 작은 홀에는 식탁이 6~7개 놓여 있었고 "안녕하십니까." 하는 인사에 예쁜 얼굴의 젊은 여인이 웃음으로 받아 주었다.

손을 덥석 잡고 눈시울

잠시 후 50대 후반의 식당주인 김영삼金永三씨가 들어오더니 묵직한 두 손으로 내 손을 꽉 잡으며 눈물을 글썽거렸다. "조국에서 왔습니까." "네 서울서 왔습니다." 이렇게 말문이 열리면서 둘은 약 30분 동안 쉬지 않고 말을 이었다. 예상 밖으로 한국 실정을 잘 알고 있었다. "어떻게 한국사정을 잘 아십니까." 했더니 "텔레비젼이나 신문에 자주 보도하니까 빠짐

없이 살핀다."는 것이다.

김씨는 이민2세이고 지금 홀에서 손님을 맞는 예쁜 아가씨는 3세인 딸이다. 대화의 중심은 남북통일이 평생소원이고 죽기 전에 통일을 봐야 할 것이라는 이야기였다. 이처럼 통일의 염원은 본국인 보다 더욱 강렬했다. 그럴 수밖에 없는 것이 비록 외국인 국적을 가졌을망정 이민자임엔 틀림없고 조국이 통일되고 발전하면 그만큼 이민자들의 아이덴티티도 높아지기 때문이었다.

후허호토시의 동포들
좌로부터 진달래식당 주인 김영삼 씨, 필자, 내몽골 임학원 이동근 교수와 그의 부인

화제를 바꾸기 위해 왜 식당 옥호를 '진달래'로 했느냐고 물었다. 진달래 전설을 아느냐고 되묻는다. 연변의 조선족이 구전하는 '오뉘전설'을 안다고 했더니 감격해 한다. 그렇다. 중국에 사는 '조선족'은 이 '오뉘전설'을 사랑하고 오누이정신으로 서로 협동하고 사는 것이다.

옛날 두메산골에 의좋은 오누이가 살았다. 악명 높은 임금은 가난한 백성들로부터 무리한 세금을 거둬들일 뿐만 아니라 1년에 한차례씩 예쁜 처녀를 골라 천신제의 희생제물로 바쳤다. 백성들의 원성은 하늘에 닿았다.

이윽고 의좋은 오누이에게 불행이 닥쳤다. 누이가 희생제물로 바쳐질 차례가 된 것이다. 어느 날 아침 불행을 의미하는 화살 셋이 획하고 날아와 오누이집 문에 박혔다. 이 화살은 희생제물의 차례가 된 것을 의미했다. 화살이 박힌 집의 처녀는 목욕재계한 후 좋은 옷으로 단장을 하고 관군이 데리러 오기를 기다리고 있어야 했다.

누이는 오빠에게 말했다.

"오빠, 나를 죽이고 빨리 도망을 치세요."

그러나 오빠는 그럴 수 없었다. 오빠는 누이를 데리고 깊은 산속으로 숨었다. 이것을 안 임금은 수많은 군사를 풀어 산을 에워쌌다. 춥고 굶주린 오누이는 뒤쫓아 오는 관군을 피해

죽을힘을 내서 깊은 산속으로 들어갔다. 이제 더 갈 수 없는 절벽에 이르렀다. 관군은 점점 다가오고 붙잡히는 것은 시간 문제였다. 둘이는 더 이상 견딜 수 없는 지경에 이르렀다.

조선인 소학교도 운영

바로 이때였다. 큰 바위가 두 조각으로 갈라지더니 백발의 노인이 한 손에는 긴 칼을, 또 한 손에는 백마를 이끌고 나타났다.

"네 오뉘의 절박한 사정이 하늘에 닿았다. 이제 너희들을 구출해줄 테니 이것을 받아라. 이 칼은 절대 몸에 지니고 있어야 한다. 몸에 지니고 있는 동안에는 천하무적의 신검이니라. 그리고 이 말도 언제나 놓쳐서는 안 된다. 용말이니라."

오빠는 신선노인이 일러준 대로 했다. 그래서 관군을 단숨에 물리치고 마을로 내려갔다. 살아 돌아온 오뉘의 모습을 본 마을 사람들이 모두 용기를 내어 낫이나 도끼를 들고 오뉘의 뒤를 따랐다. 많은 사람들이 가세하여 큰 무리를 이루었다. 궁성을 침략할 셈으로 공격을 시도했다. 아무리 훌륭한 장군이 지휘하는 관군이라 할지라도 용마와 신검을 휘두르는 오빠를 당할 수는 없었다.

마침내 임금은 남은 관군을 이끌고 도망을 쳤고 오뉘는 개선장군처럼 민중의 환호를 받았다. 밤이 되어 피곤을 풀기 위해 야영을 하게 되었다. 말은 마당에 메어 놓고 신검은 벽에 걸어 놓고 오빠는 깊은 잠에 빠졌다.

이때 임금은 한 꾀를 내어 정예병을 조직해서 깊이 잠은 오빠를 공략하기로 했다. 임금의 병정은 몰래 쳐들어와 우선 말을 훔치고 그리고 벽에 걸린 신검을 빼앗았다. 물론 누이도 베어 죽였다. 이틀 안 오빠가 벌떡 일어나 대항했지만 신선노인의 당부를 어겼기 때문에 신비의 힘은 사라지고 사로잡히고 말았다.

임금은 복수에 불타 오빠를 묶은 채 채찍질하여 이 마을 저 마을로 끌고 다녔다. 온 몸은 갈기갈기 찢어지고 피투성이가 되었다. 아무리 힘센 오빠일망정 이러한 고초를 견딜 수 없어 끝내 숨을 거뒀다.

그로부터 오빠가 끌려 다니며 피를 흘린 곳에서는 자홍색 꽃이 피었다. 이것이 진달래꽃이다.

원문은 이보다 상당히 길다. 그러나 끝부분은 아마도 중국문화혁명 시기에 덧붙인 듯한 대목인 것을 발견하게 된다. 즉, 진달래꽃이 아름다운 것은 민중영웅의 선혈로 피어난 꽃이기 때문이며 '진달래꽃은 청년용사의 영혼'이라는 것이다. 문화혁명당시 몇몇 설화들은 교양교육용으로 활용하기 위해 말미에 청년남녀의 숭고한 희생과 민중의 봉기가 정당한 것이었음을 찬미한 대목을 덧붙인 것이라 할 수 있다. 이 '진달래전설'도 이러한 목적으로 약간 개작된 것임에 틀림이 없다.

원래 이 설화는 고향의 봄을 생각하는 외로운 이민자들이 여러 설화의 모티브를 복합하고 여기에 진달래꽃을 대입시켜 생성시킨 설화이다. 인신공희 모티브와 난국을 도운 천우신조사상, 그리고 삼손과 데릴라에서 보듯 금기를 어겼을 때 따르는 불행 요소들이 복합된 것이다.

우리말도 유창하게

다만 중국의 한국이민자들이 이 설화를 즐겨 구전하는 이유 속에는 고국에 대한 향수와 어려운 땅에서도 오누이처럼 동포끼리 협동해서 살아야 한다는 교훈적 의도가 깔려있다. 김영삼金永三씨가 옥호를 '진달래식당'으로 명명한 것도 이러한 시각에서 보고 싶다.

후허호토시는 내몽고자치구의 수부首府답게 인구의 백여만 명에 자치구에 정치 · 교통 · 교육의 중심지이다. 이곳에는 '조선족'이 7백여 명이나 살고 있고 조선인소학교도 운영되고 있다.

이러한 내몽골 깊숙이 고원지대에까지 우리 동포가 번져 산다는 것은 여러 가지로 의미가 있다. 한민족

주택가의 개인점포
후허호토시의 한 단층연립주택가에 늘어선 개인점포들. 모두 당국의 허가를 받은 이들 개인점포는 일정한 세금을 내면 이익은 개인소유가 가능할 정도로 사유재산이 인정되는 추세이다.

도 결코 옹졸하지 않은 대국적 기질을 가진 민족이며 어떤 환경에서도 잘 적응하는 민족성을 지녔다는 점이 그것이다.

비록 이곳에 한정된 것만은 아니지만 대체적으로 이주의 형태를 넷으로 생각할 수 있다. 하나는 생활이 궁핍하여 할 수 없이 떠돌다가 이곳까지 와서 살게 된 계층이며, 둘째는 독립운동과 연관해서 만주·몽골일대를 누비다가 정착하게 된 계층이다. 그리고 셋째는 보부상과 같이 몽골·중국·만주·한반도를 오가며 장사를 하던 상인들과 소수이기는 하나 학문에 관심을 두고 이주한 계층이라 할 수 있다.

현대 동포 4세대는 어리기 때문에 2~3세대가 주류를 이룬다. 그러면서도 우리말이 유창하며 한잔 마시면 신바람 나게 노는 낭만성도 승계하고 있었다. 이와 같이 타국에 살면서도 민족의 전통문화를 유지 계승할 수 있었던 것은 선명한 목적을 가지고 이주해 온 탓도 물론 있다. 그러나 죽의 장막 속 사회주의 국가라 할지라도 중국이 다양한 문화를 가진 소수민족의 자치성을 인정해준 데서 더 큰 요인이 찾아질 수도 있다.

6.
후허호토시의 명소, 소군묘昭君墓

서울신문 1990. 9. 1.

후허호토市는 몽골어로 '청성青城'을 뜻한다. 이 도시의 역사는 약 4백여 년 전 몽골족 수령인 엄답한俺答汗이 세워 게게호톤이라 부르는 데서 시작되었다. 1954년에는 내몽골자 치구의 수부가 되면서 명실 공히 정체 · 경제 · 사회 · 교육의 중심지 구실을 해왔다.

철도가 이곳에 부설되면서 많은 한족들이 밀려와 후허호토市는 도시로서의 면모를 갖추기 시작했다. 유목민족인 몽골족은 장사나 정주생활에 적성이 맞지 않았으나 꾸준한 한족화, 한문화화의 정책이 결실을 맺어왔다. 많은 몽골족이 유목생활을 버리고 정주생활을 하게 되었고 목축보다는 농경을 택하는 경향도 생겨났다. 지금도 초원에 가면 방목은 하지만 정주생활을 영위하면서 주택지 근처를 경작하는 몽골촌락이 늘어나고 있다.

무덤 정상엔 정자가

그렇다 할지라도 후허호토市는 역시 민족비례로 보면 한족이 가장 많이 살고 있다. 신흥 상공업 도시로서의 발전이 최근 눈부시다. 공장이 많이 들어섰고 시장이 활기를 띠고 있으며 공산품 전시장이 항상 붐비고 있음을 보게된다.

이 도시에서 가장 명소중의 하나가 소군묘이다. 후허호토市로부터 남쪽으로 9㎞ 지점에 위치한 소군묘는 높이 33m정도 되는 고분형태를 띠고 있다. 주위에 나무가 우거지고 고분 허리쪽으로 정상까지 길이 나 있으며 정상에는 정자가 세워졌다. 겨울이 찾아와 초목이

전설의 여인 소군묘(昭君墓)
한(漢)과 흉노와의 평화를 위해 흉노의 수령 호한사(呼韓邪)에 시집을 갔다는 궁녀 왕소군의 묘.
늘 푸름을 간직하여 높이 33m나 되는 이 무덤은 오늘날 중국의 여러 민족이 단결하는 상징물이 되고 있다.

말라 죽어도 이곳은 항상 푸르다는 전설에 따라 '청총靑塚'이라는 별명이 붙어있다.

기원전 33년 큰 뜻을 품은 왕소군은 변경의 안녕을 꾀하기 위해 흉노의 수령 호한사呼韓邪에게 시집을 갔다. 그로부터 60여 년간은 한조漢朝와 흉노사이에 평화가 유지되었다. 왕소군은 민족단결의 상징이며 예로부터 인민들의 존경의 대상이 된 것도 이 때문이다.

이상이 왕소군묘에 대한 공식설명이다. 보다 구체적인 내용에 대해서는 정사正史에는 없다. 왕소군의 신분, 소군묘의 진실성 여부는 사실상 모두 수수께끼로 남아 있다. 그러나 이러한 학문적 규명은 뒷전으로 하고 오히려 소군묘를 민족적 관광지로 개발해왔다. 이는 민족통일과 협동정신을 상징하는 교육의 장으로 이용하고자 하는 의도가 담긴 것이다.

중앙정부의 요직인사가 내몽골을 시찰하면 반드시 이곳을 들러 분향한다. 60년대는 당시 주은래총리가 다녀갔고 63년에는 당시 부주석인 동필무董必武가 들러 친히 쓴 시비를 세우기도 했다. 필자를 안내한 단씨가 전해준 내용은 이렇다.

한의 무제가 죽고 원제가 등극했다. 이때 흉노는 아우 호한사가 집권했다. 형 질지郅支가 대항하자 호한사는 체면을 꺾고 한에 종속하기로 했다. 한의 힘을 빌려 형을 치려는 것이었다. 원제는 웬 굴러온 떡이냐 하고 극진히 대우할 뿐 아니라 궁녀 중에 왕소군을 골라 정략결혼을 시켰다. 그 때문에 평화가 유지되었다는 것이다.

여기서는 왕소군의 입지는 존재 없고 원제의 명을 받아 시집갈 수밖에 없는 신분으로 처리되고 있다. 어떤 구전에는 왕소군이 흉노로 보내지는 도중 국경인 대하에 투신자살한 것으로 되어있다.

또 하나의 이설은 이렇다.

한은 언제나 흉노 때문에 골치를 앓고 있었다. 이때 공주였던 왕소군은 본인이 흉노에게 시집을 가면 평화가 유지되리라 믿고 시집을 갔다. 흉노의 수령 호한사는 뛰어난 미모의 왕수군에 마음이 끌려 한과 친교를 유지했다.

현재 일본에 체류 중인 주달생周達生씨가 낸『중국민족사』는 북경대학출신인 진국경陳國慶씨로부터 들은 것이라며 또다른 내용을 소개한다.

협동정신의 본보기

원제 때 후궁에는 많은 궁녀들이 있었다. 그토록 많은 궁녀들을 일일이 왕王에게 보일 수가 없으므로 당시 화공이었던 모연수毛延壽로 하여금 빼어난 미녀들의 얼굴을 그려 바치게 했다. 이때 왕소군은 너무나 아름다워 자신만만한지라 화공에게 직접 나가지 않았다. 화공은 왕소군의 얼굴을 형편없이 그려 바쳤다. 마침 흉노로 시집 보낼 궁녀 하나를 뽑는데 원제는 가장 밉게 생긴 그림을 골랐다. 결정이 난 다음 원제가 실물을 보니 너무 아름다워 흉노에게 주기에는 아까우나 신의문제가 있어 할 수 없이 보냈다. 호한사는 미녀를 맞아 너무 기뻤다. 얼마쯤 살다 죽었다. 당시 흉노 풍속으로는 아버지가 사망하면 아들이 자기 실모를 제외한 나머지 아버지의 처첩을 취할 수가 있었다. 결국 호한사의 장남이 왕소군을 아내로 맞이하려 했다. 왕소군이 분개하여 귀국을 청했으나 받아들여지지 않아 함께 살게 되었다.

이 구전자료는 완전히 한족의 입장에서 구술한 것임을 알 수 있다. 그리고 끝대목도 석연치 않은 점이 있다. 흉노에 레비제이트혼兄死娶嫂婚이 있다는 사실은『삼국지』「동이전」부여도에 언급되어 있으므로 인정되지만 유목민족인 흉노에 과연 부사취모혼父死娶母婚이 있었는지는 들은 바가 없다. 아마 제보자의 와전이 아닌가 싶다.

어쨌든 중국측과 몽골측의 상반된 내용의 전설이 구구하게 전하는 가운데 소군묘는 민족 통일의 상징으로 부각되고 주은래 미화된 것은 확실하다.

1960년대 중국의 실권자 주은래周恩來가 내몽골의 파오두시包頭市에 들렀다. 이때 몽골 청년들이 결혼상대로 한족여성을 취하려고 해도 기피하는 현상이 있어 난관이 있다는 말을 들었다. 주은래는 당시 유명한 극작가 조우曹禺에게 왕소군을 주제로 해서 이 문제가 잘 풀리도록 계도하면 어떻겠느냐고 제시했다. 조우는 즉시 현지답사를 몇 차례 나선 끝에 창작극 〈왕소군王昭君〉을 썼다. 이 창작극은 민족단결을 주제로 한 것이며 한몽 우호증진에 기여했다는 것이다.

정사에도 없는 전설상의 구설수가 정치적으로 민중계도에 유용하게 쓰이는 실례가 되었다. 또 하나 흥미로운 일은 소군묘가 후허호토뿐 아니라 파오두包頭 이외에 여러 곳에 분포되어 있다는 사실이다. 지금껏 진짜 소군묘가 어느 것인지 판명되어 있지 않다. 처음부터 도굴을 예방하기 위해서 일부러 이렇게 만들어졌다는 설도 있고 명 · 청조에 대한 족주의 실현을 위한 의도적인 조작일 수도 있다는 것이다.

민간 신앙으로 발전

뿐만 아니라 소군묘가 민간신앙으로 발전한 일면도 관찰할 수가 있었다. 자세히 고분을 돌아보니 뒷면 중간쯤에 홈이 파여졌고 그곳에 촛불 향을 피운 자국이 보였다. 잠시 전에 누군가가 이 곳에 촛불을 켜놓고 기원을 하고 간 흔적이 보였다. 아니나 다를까 민간 신앙의 실례가 나타났다. 예컨대 가난한 양치기가 이곳에 와서 기원을 드리면 소원이 성취된다든가 결혼 후에 재운이 따르지 않을 때 이곳에 와서 밤새 기원을 들이면 소원을 이룬다는 내용 따위였다. 그리고 아이를 낳게 해 준다는 소원성취도 포함되었다. 소군묘가 여신으로서 생산신의 기능과 재보신의 기능을 하는 민간신앙의 요체로 정립해 가는 모습을 관찰할 수 있다.

소군묘의 정면은 전설로 역사를 미화시켜 민족적 여신으로 승화되었다. 그 뒷면은 소군묘가 민간신앙으로 정립해가는 과정을 보여 양면성을 동시에 지녔다고나 할까. 어쨌든 한 공간에서 민족전설과 민속신앙이 함께 생성하는 과정을 엿볼 수 있는 것 같아서 흥미로웠다.

또 하나 이 소군묘를 통해 느끼는 것은 마치 흉노가 몽골족의 선조인 듯한 인상을 주고 있다는 사실이다. 물론 흉노가 현재의 몽골족지역에 활거하고 있었던 것만은 사실이지만 그렇다고 해서 흉노의 후손이 몽골족이라는 도식은 아무런 근거가 없다. 옛날 이곳을 밟았던 유목민족은 흉노뿐 아니라 돌궐突厥 · 선비鮮卑 · 오환烏桓 · 거란契丹 · 여진女眞 등이 흥망성쇠를 되풀이하면서 역사의 뒤안길로 사라졌다. 북방 제민족의 종합적이고도 과학적 연구의 성과가 없이 몽골족의 혈통을 쉽게 파악할 수는 없다.

따라서 한국민족의 기원과 문화 형성이라는 점에 있어서도 이들 각 북방 제 민족의 실증적 연구가 전제되어야 할 것이다. 단순히 몽골문화와의 공감대만으로 한몽의 민족이나 문화의 수수관계를 단언하는 것은 금물일지 모른다.

7.
몽골의 국교, 라마교

서울신문 1990. 9. 7.

옛날 좋은 시절에 늙은 노부부가 아들을 데리고 살았다. 이 노인은 적선을 많이 했다. 이웃에 또 다른 노인이 살았다. 욕심쟁이고 나쁜 짓을 많이 했다. 어느 날 착한 노인이 갑자기 사라졌다. 아들이 아무리 찾아도 찾을 길이 없었다. 이때 이웃에 사는 나쁜 노인이 가족들에게 둘러싸여 숨을 거뒀다.

착한 노인의 아들은 계속 행방불명이 된 아버지를 찾았지만 허사였다. 마침 한 라마喇嘛가 탁발을 하는데 극진히 모셨다.

"네, 아버님이 갑자기 집을 나갔습니다. 찾을 길이 없으니 스님께서 가르쳐 주십시오."

남자는 초원서 죽어야

라마는 경을 외었다. 그러고 나서 젊은이에게 말했다.

"내 겨드랑이에 머리를 넣으시오."

아들은 시키는 대로 했다.

"자, 머리를 꺼내시오, 뭣이 보였습니까."

"네, 제 아버님은 염라대왕전에서 후한 대접을 받고 있는데 옆집 노인은 산채로 심장을 도려내고 있었습니다." "살아 있을 때 적선을 한 사람의 사후는 이런 것이오."

그로부터 아들은 제자가 되기로 결심하고 라마를 따랐다. 얼마쯤 가다 면식이 있는 중국

상인을 만났다.

"넌 어쩌자고 이 나쁜 라마를 따라다니느냐."

"말 조심해. 이분은 굉장한 라마 고승이시란다."

"아 그래. 그렇담 나도 따라다니자."

셋은 또 길을 걸었다. 한 외딴집에 당도했다. 이 집에는 두 명의 미녀가 있었다. 라마는 중국상인에게 말했다.

"자네는 이곳에 이 여인들과 함께 있게나." 하고 라마는 젊은이만 데리고 길을 걸었다. 호수에 다다랐다.

"자, 우린 이 물위로 건너가세. 자네는 날 따라 물로 뛰어들게나." 둘은 물위를 걸어 호수 건너편으로 갔다. 이때 라마는 "아차, 내가 그 집에 염주를 놓고 왔어. 자네가 좀 갔다 오게 나." 했다. 젊은이는 시키는 대로 갔다.

그런데 집은 사라지고 두 마리 범이 그 중국상인을 잡아먹고 있었다. 염주는 범 오른쪽 귀에 걸려 있었다. 젊은이는 염주를 가져왔다.

"그래 뭘 보고 왔는가." 젊은이는 보고온대로 아뢰었다.

라마는 고개를 끄덕이며 "됐다." 하고는 옷을 벗은 채 나무위로 올라가자고 말했다. 그대로 했다. 다시 내려오라고 하기에 내려왔더니 나무에 올라갈 때는 없었던 시체 한 구가 놓여 있었다. 라마에게 까닭을 물었다.

"그렇다, 이 시체는 바로 네 몸이다. 넌 이미 죽고 이제부터는 영혼이 나와 걷고 있을 것이 다." 어떤가. 훌륭하지 않은가.

몽골민족의 라마신앙 현상을 보여주는 이야기다. 라마교는 최근에 이르러 사양길을 치 닫고 있지만 한 때는 절대적인 권력과 국교의 비호를 받아 몽골민족을 휘어잡은 국교였다. 그러므로 이만한 민담이 있는 것도 당연하다.

그런데 이 민담을 이해하려면 몽골의 금언이랄까 속담을 알 필요가 있다. 즉 '남자는 게르 에서 태어나지만 초원에서 죽는 법이다.' 유목민족의 그럴싸한 속언이다. 그래서 몽골인들 중에는 지금도 집을 나갈 때 "헤어지지만 살아 돌아올지는 몰라." 하고 작별인사를 한다. 따라서 남자로서의 바른 죽음은 밖에서 죽는 것이고 집안에서 가족들이 지켜보는 데서 죽는 것은 비굴한 죽음이요 불행한 죽음이라고 여긴다. 여기서 우리는 유목민족과 농경민족의 사생관의 차이를 발견할 수 있다. 한국은 농경문화가 기층이 되어 있으므로 가족들이 있는 자기 집에서 죽는 것을 행복된 죽음으로 여긴다.

다음은 예로부터 북방소수민족과 한족 간의 갈등이 끊임없이 지속되었다는 사실을 발견할 수 있다. 이 민담에서 중국상인이 라마교를 비방하여 죽음을 당하는 대목은 이러한 민족 간의 갈등을 구비문학형식으로 표출한 것이다. 그것은 그렇고 몽골 라마교에 대해서 보다 이해를 돕기 위해 알아본다. 라마교가 몽골에 수입되기 이전에는 여러 가지 민간신앙이 존재하고 있었다. 예컨대 샤머니즘, 토테미즘, 애니미즘이 각 북방소수민족들 간에 존재하고 있었다.

건축 · 미술 · 예술에 영향

이윽고 몽골통일을 이루고, 영역을 넓히는 사진四進을 꾀하던 원대는 티베트로부터 라마교를 수용하면서 몽골의 국교가 되었다. 정책적으로 라마교의 보급이 이루어지면서 몽골의 건축 미술 예술 등에 영향을 주었다. 그러므로 몽골지역을 방문하면 반드시 라마교 사원을 둘러보게 되며 몽골의 문화재로서 관광의 명소가 되어 있다.

라마교의 발생지는 인도로서 연화상좌사(Guru Padma-sambhava)를 교조로 하는 불교의 일파였다. 서기747년 티베트왕의 초청으로 입국하여 티베트 고유신앙(특히 주무적呪巫的인 본Bon신앙)을 수용해서 티베트 종교로서의 라마교를 성립시킨다.

그 후 원의 세조 쿠빌라이忽必烈가 중국을 통일하고 세계를 정복할 야심으로 티베트를 공략하나 당시 티베트를 지배했던 파스파八思巴의 항거에 부딪쳐 협정을 맺었다. 티베트를 경우하여 서역을 공략하기 위해서였다. 쿠빌라이는 파스파를 국사로 모시고 라마교를 국교로 정할 뿐 아니라 자신도 라마교로 귀의했다.

의술 · 사제를 겸하도록

한편 쿠빌라이는 티베트문자가 있는데도 몽골문자가 없음을 한탄하고 파스파에게 의뢰하여 몽골문자를 만들라 했다. 이리하여 파스파문자란 것이 생겨났지만 사용이 불편한 탓으로 일반에게는 보급되지 못하고 관청의 공문서에만 쓰이다가 그 후에 새로 만들어진 것이 오늘날 쓰이는 몽골문자이다.

몽골국교가 된 라마교는 정치와 권력의 보호아래 눈부시게 발전했다. 그러나 종교가 권력과 제휴하면 반드시 부패와 세속화가 뒤따랐다. 라마라는 말은 몽골어로「최상」「최고」의 뜻이므로 라마승을 일컫는다. 그리고 누구나 라마되는 것을 명예며 최상의 출세로 생각했다. 그래서 너도나도 남자로 태어난 이상 라마가 되려고 하다 보니 가독권을 이을 장남을 제외하고는 모두 라마가 된 때도 있었다. 한 예로 인구 약 1만 5천여 명의 작은 도시에서 라마가 2천여 명이나 되었다고 하니 알만하다.

그래서 작은 사원이면 수백 명, 큰사원이면 1천여 명이나 라마를 거느리게 되었다. 이와 같은 라마교 확장이 이루어진 원인을 살펴보면 첫째는 물론 신앙심을 들 수 있다. 인간의 전생사상을 철저히 주장하는 라마교를 신봉하는 것은 사후를 보장받는 것과 같았다. 둘째는 고된 생활의 고역으로부터 육신의 평안을 추구하기 위해서다. 라마가 되면 가혹한 세금, 병역의 의무, 유목생활의 고달픔, 가족들의 호구지책 등에서 모두 면제며 해방이다. 황색법의만 몸에 걸치면 시민의 존경과 대접을 한몸에 받을 수 있고 손끝하나 건드리지 않아도 사원에서 의식주가 해결된다. 불경을 읽을 줄 몰라도 좋다. 삭발을 하고 법의만 걸치고 양지에 앉아 졸고만 있어도 신분은 보장받는 정도로까지 되었다.

심지어는 주색이 금지되어 있음에도 불구하고 축첩이 이루어지고 음탕한 일이 생겨났다. 어리석은 민간인 중에는 과부나 처녀가 겁탈을 당해도 라마에게 은총받은 것이라 생각하여 내심 걱정을 않는다. 이쯤 되면 종교개혁이 일어날 만도 하다. 결과는 마침내 신교가 탄생했다. 종래의 라마교가 권력을 지나치게 행사하고 음탕한데 반기를 들어 종고파宗喀巴를 개조로 하는 라마신교가 태어났다. 재래의 라마구파가 홍의를 몸에 걸치는 데 반해 라마신파는 황의를 걸치고 황모를 쓰게 되었다.

아무나 라마가 되지 못하게 규정할 뿐 아니라 규칙도 새로워졌다. 라마가 되려면 남자 7세로 한정하고 삭발하여 수업을 해서 수득하게 되면 라마자격을 주면서 사원이나 개인가정의 의례를 사제하게 했다. 주로 관혼상제와 의술이 그들의 임무다. 의술과 사제를 겸한 것이 몽골라마교의 특징이다. 독경을 하여 액을 쫓고 초근목피로써 민간요법을 시도한다.

초원에서 방목을 할 때 우마나 양이 즐겨 먹는 풀을 살펴보면 그 중에는 인간에게 효험이 있는 약초가 발견된다. 이것을 효율적으로 사용하고 있다. 한약의 감초도 원래 몽골산이었다고 한다.

8.
몽골의 국민적 신앙

서울신문 1990. 9. 22.

라마는 몽골에서 지식계층에 속한다. 과거 몽골인들은 태어나면 양유를 먹고 자라 소년이 되면 양떼를 몰고, 크면 본격적인 유목생활로 접어들어 초원을 돌다가 결국 초원에 묻히는 일생을 보낸다.

그들은 글을 배우지도 쓰지도 못한다. 여기에 비해 라마는 경을 읽고 의술을 배우며 몽골어는 물론 티베트어 산스크리트어까지 구사하니 최고의 지성인일 수밖에 없으며 존경의 대상이다.

몽골의 큰 라마교 사원은 대부분 학문의 전당 기능을 한다. 수백 명 또는 1천여 명을 거느리는 사원은 모두가 사승과 제자승으로 구성되어 있다. 민간에서는 광대한 사원에서 일반과 격리된 수백수천의 라마들이 그저 빈둥빈둥 놀며 소일하는 것으로 보이는 부정적 시각이 있지만 실은 그렇지 않다. 라마의 생활은 가혹하리 만큼 정신적 육체적 노력의 연속이다. 이러한 고행의 연속은 20년에서 30년이나 걸리며 그러므로 소시 때 소라마가 되어 장년이 돼서야 겨우 존경받는 라마가 될 수 있다.

대표적 사원은 '대소大召'

학습내용은 라마경의 암송과 문답, 그리고 천문ㆍ의학 분야가 있는데 천문은 다시 수학 역술 점성이 포함된다. 의학에서는 해부학 약학 이외에 주의술呪醫術이 포함된다. 라마경의 암송과 문답은 스승의 강의는 무시되고 무조건 의미해독이 없이 경문을 외기만 한다. 암기 이외의 방법을 사용하지 아니하므로 미개한 방법이라 할 수 있으나 예나 지금이나 이 암송법은 계속되고 있다.

어느 정도의 수준까지 암송이 되었으면 문답식으로 들어가는데 이것을 통해 교리의 논리나 진리를 터득하게 된다. 지문자 응답자는 일체의 참고서를 볼 수 없으며 모두는 원을 이루어 앉아 그중에 한명이 중앙으로 나가서 질문하는 형식을 취한다. 질문자는 위세 당당한 태도로 가급적 난문을 던진다. 그러면 앉아있는 문도 중에서 앉은 채 침착하게 답을 말한다. 그러면 질문자는 다시 그 답변중에 모순점을 발견하여 추궁하며 다시 답변을 계속한다. 이러한 방법으로 라마교리가 순도 높게 모든 라마에게 정연히 흡수되어 지식의 터득에 이르도록 한다.

후허호토시는 서기 1580년 때부터 중요한 정치 군사적 도읍지로 출발한 곳이다. 따라서 중요한 라마교문화가 유적으로 남아있다. 그중 대소大召(몽골어로 큰 사원이란 뜻)란 라마교 사원이 있다. '7개의 대소, 8개의 소소, 72개소의 무명소'라는 말이 있을 만큼 많은 사원이 있는 가운데 후허호토시의 이 대소가 으뜸이다.

서기 1579년에 세워져 대전에는 석가모니상을 은으로 주조했다 해서 은불사銀佛寺라고도 부른다. 그 후 왕조의 변화로 몇 차례 시달림을 받기도 했다. 건물양식은 명대의 목조건축풍을 따랐으며 기둥을 줄여 공간을 넓혔다. 대전에는 소상과 벽화로 장식되었고 석가모니 은불상은 지금도 잘 보존되어 있다. 대전 앞에는 명대 천계년간의 명문이 새겨진 한 쌍의 철제 사자가 세워져 있다. 정원에는 청조 때 주조된 철향로가 있는데 몽골인 공장의 이름도 새겨져 있다.

후허호토시의 오탑사(五塔寺)
금강좌 자체가 7층으로 되어있고 다시 그 옥상에 5개의 탑이 건조되어 오탑사라는 이름이 붙었으나 원래의 이름은 금강좌사리보탑(金剛座舍利寶塔)이다.

대소에서 얼마 안 되는 곳에 관광명소의 하나인 라마교 오탑사五塔寺가 있다. 서기 1732년에 세워진 것으로 인도식 불탑이다. 5개의 탑이 금강좌 위에 세워졌기에 오탑사라는 이름이 붙었지만 본명은 금강좌사리보탑이다. 탑기부분의 금강좌의 높이는 7.8m이고 금강경과 금강오계보좌를 대표하는 사자, 코끼리, 말, 공작, 가루라 등 5종류의 동물이 조각되어 있고 탑과 건물전체에 무려 1천 5백63개의 작은 불상이 조각되어 있다.

석가 은불상 잘 보전

금강좌 옥상에 있는 5개의 탑은 각각 7층탑으로 되었고 높이는 6.26m이다. 특히 금강좌 뒷면에는 천국과 지옥, 그리고 몽골문자로 된 유일한 천문도가 조각되어 있다. 입구를 통해 좁은 계단으로 옥상에 오를 수 있다. 옥상에서 굽어보이는 시市가는 현대로 변도하는 몽골 문화를 한눈으로 볼 수 있다. 라마교에는 사원에서 집전하는 년중의 예가 있다. 원단부터 제야에 이르기까지 매달 특별한 의례가 있고 그밖에 매일의 염불 공의가 있다. 이 중에서도 특히 관심을 끄는 것은 기자의례와 도무(중국식으로는 타귀打鬼라고도 한다)의례였다. 전자는 아이를 원하는 부인들에게 은총을 내리는 의례이며 후자는 제재초복을 기리는 가면도무의 례라 할 수 있다.

각 사원마다 개최일과 의례내용이 각각 다르나 대충 요약하면 다음과 같다. 1년중 하루는 사원이 정한 날에 아이가 없는 부부가 사원에 모여 기원을 드린다. 라마가 합당한 독경을 하고 나서 모인 부부군중의 머리 위에 쌀을 뿌린다.

젓가락 한 쌍과 붉은 실, 그리고 토우인형을 각자에게 준다. 이러한 의례가 끝난 수개월 후에 임신의 징조가 보이면 이것은 부처님의 은덕이다. 태어난 아이를 부부가 데리고 사원으로 와서 불공을 드린다. 이때 라마는 누런 헝겊으로 된 작은 부적을 아이 목에 걸어준다. 아이가 자라서 8~9세가 되면 다시 사원으로 가는데 이번에는 지난번 받았던 부적을 돌려준다.

몽골은 철저한 부계사회로서 아이를 낳지 못하는 여인의 지위는 그만큼 약화된다. 끝내 아이가 없으면 남자 아이를 양자로 데려오기도 하고 딸이 있는 경우에는 데릴사위를 맞아 가통을 잇게 한다. 그러므로 남아는 유목생활과 가통을 계승하는 데 있어서 절대적 존재이다. 그만큼 아들 없는 여인들이 라마신앙에 매달리는 경향도 강하다.

기자의례 때 라마가 부부의 머리를 향해 쌀을 뿌린다거나 붉은 실, 토우인형을 준다거나 하는 행위는 라마교가 민간신앙을 수용하고 있는 일면을 보여주는 것으로 이는 한국의 무당이 무점을 칠 때 사용하는 쌀과 생명줄을 상징하는 명주실을 활용하는 예가 있는 민간신앙과 견주어 볼 때 매우 연관성이 깊다고 생각한다.

라마교의 연중 최대의 축제라 할 수 있는 도무는 일종의 탈놀이로서 한국 탈춤과는 연관성을 추구하는 데 좋은 연구대상이 될 것이다. 행사일은 사원마다 다르나 수백 명의 라마들과 관중이 모인 가운데 사원 뜰에서 행해진다. 이 탈놀이는 라마가 여러 종류의 탈을 쓰고 나와서 신명나게 놀이를 하는 것으로 행사전후의 의례까지 치르자면 며칠씩 걸린다.

양자로 가통 잇기도

탈춤의 내용은 대체로 여러 형태의 악귀가 나타나 부처를 해치려고 한다. 이때 영수靈獸·영조가 나타나 악귀와 대항해서 싸운다. 또 이때 고마운 보살이 출현해서 묘법공력을 통해 끝내 악귀를 추방하는 것으로 되어 있다. 탈을 쓴 라마가 관중 앞에 나타나 음악에 맞춰 춤을 추고 들어갈 뿐 대사나 대화가 없으므로 사전지식이 없이 관찰하면 내용을 도저히 알 수 없다. 동원되는 악사는 모두 10여 명의 라마들이고 악기로는 북·징·나팔·퉁소 등이며 현악기는 사용치 않는다.

탈은 모두가 괴기적이며 머리로부터 쓰게끔 되어 있는데 눈이 뚫려있는 것은 한두 개뿐이고 대개는 뚫린 입을 통해 밖을 볼 수 있도록 되어 있다. 탈춤이 시작되어 과장이 끝날 때마다 관중의 환호가 있으며 악장격인 라마에 의해 동각나팔을 불면 과장이 바뀐다.

탈춤이 끝나면 미리 준비해 두었던 삼각탑(이것은 혼집과 같은 것으로 이를테면 악귀들의 혼을 이곳에 모두 쓸어 넣는 탑이다)을 불태우므로 액막이를 목적으로 한 탈놀이는 끝난다.

한국의 처용무가 신라의 처용전설로부터 발전한 것으로 고려시대 불교문화로 융합되었다가 조선시대에 이르러 대폭 수정되어 벽사진경을 위한 궁중가면악으로 정착하게 된 것은 이미 공지의 사실이다. 일찍이 최치원이 지적한 신라무악 오기중 대면은 황금탈을 쓴 주술사가 악귀를 쫓는 종교적 가면이며 산예狻猊는 동물이 등장하는 인도 특유의 탈놀이임을 말해 주었다. 그리고 대면은 서역으로부터, 산예는 인도로부터의 유입이라고 말했다.

몽골의 도무탈놀이가 이 두 가지 형태를 모두 수용한 것으로 보이며 이것이 티베트로부터 전래된 것이라면 최치원이 말한 전파루트가 뒷받침 될 수 있을 것이다.

몽골의 라마교가 사회주의 국가가 되면서 라마의 사회적·종교적 신분도 후퇴했으며 더구나 중국의 문화혁명 당시에 많은 사원이 파괴되고 유적과 문헌들이 소실되어 라마들의 세속화는 가속화 되었다. 그 후 소수의 라마들만이 쓸쓸한 사원에 남아 옛 황금시대를 동경하며 관광객을 맞고 있었다. 그러나 최근에 이르러 몽골문화의 회복운동이 일면서 라마교는 다시 발흥의 기운을 맞는 것 같았다.

9.
몽골과 티베트 라마교

인천신문 1990. 11. 1.

1960~70년대 중국대륙을 휩쓸었던 문화대혁명文化大革命의 소용돌이는 문화의 암흑기라고도 표현할 만큼 전통문화의 파괴가 격심했다. 청소년으로 이루어진 홍위병들은 애써 모은 구전자료들을 불태웠고 옛 사찰의 유물도 파괴했다. 이러한 일은 내몽골에도 예외는 아니었다.

전통적인 몽골인의 종교는 라마교이며 라마승에 대한 일반의 존경은 대단했다. 그러나 문화혁명기에 있었던 태풍의 후유증은 라마교의 사양길을 걷게 했으며 그토록 존경받던 종교지도자 라마승들은 호구지책을 위해 직업을 전환하지 않으면 안 되었다. 그 때문에 지금은 그토록 화려하고 장엄한 라마교사찰을 찾으면 옛날의 호황을 누렸던 시절의 발자국은 사라지고 몇몇 라마승들만이 자리를 지키고 있을 뿐이었다.

몽골이 여러 부족을 통일하여 원조가 성립하자 쿠빌라이忽必烈는 중국을 통일하고 세계를 정복할 야심으로 티베트를 공략하나 산악에 익숙하지 못한 몽골군은 티베트의 파스파八思巴의 항거에 부딪치고 만다. 이에 쿠빌라이는 티베트와 협정을 맺고 서역西域을 공략하기 위한 발판을 구축했다. 이때 쿠빌라이는 파스파를 국사로 모시고 티베트의 라마교를 몽골의 국교로 수용할 뿐 아니라 본인이 스스로 귀의했다. 몽골국교가 된 라마교는 정치와 권력의 보호아래 눈부시게 발전했다.

최고의 영애 라마승

따라서 몽골은 누구나 라마승을 최상으로 여겨 선망의 대상이 될 뿐 아니라 라마승이 되는 것을 최고영예로 생각했으며 최상의 출세로 여겼다. 그래서 너도나도 남자로 태어난 이상 라마승이 되려고 했다. 몽골인구가 감소된 원인의 하나가 여기에 있었다. 가독권을 이을 장남을 빼고는 모두 라마승이 되었으니 그럴 수밖에 없다. 어떤 도시에서는 인구가 1만 5천여 명밖에 안 되는데 라마승은 이 중 2천여 명이나 되었다고 하니 놀랄만하다. 그러니 작은 사원에 수백 명 큰 사원이면 1천여 명이나 라마승이 있었다는 보고도 있다.

당시의 사회의식을 조사해보면 고독 유목생활을 탈출하여 평안을 추구하려는 의도가 있었고, 일단 라마승이 되면 가혹한 세금도 면제될 뿐 아니라 병역의 해택도 받았으니 이러한 조건이 라마승을 증폭시키는 기폭제가 되었다고 생각한다. 한편 라마교의 질적 저하도 뒤따랐으니 너도나도 라마승이 되려도 모여드는 아이로부터 어른들은 삭발을 하고 법의만 입으면 사원에서 의식주가 해결되었던 것이다. 일부 라마승 중에는 법의를 걸치고 주색을 즐겨 음탕한 일이 비일비재였다.

이쯤 되면 라마교도 쇄신하지 않으면 안 되어 마침내 엄격한 규정이 내려졌다. 즉 라마승 입교의 연령을 7세로하고 일정한 과정을 밟아 엄격한 수련생활을 끝에 라마승 자격을 획득하게 했으며 이렇게 어려운 과정을 그친 라마승은 민간의 여러 의례를 주관할 자격을 부여했으며 의술까지 베풀도록 했다.

의술까지 베풀어

그들의 의술은 주로 주술과 자연의 초근목피를 사용하는 민간요법이었다. 초원에서 방목할 때 가축들이 즐겨 먹는 풀을 살펴보면 그 중에는 인간에게 효험이 있는 약초가 발견된다. 이것을 효율적으로 사용하고 있다.

내몽골자치구의 수도인 후허호토시에는 대소大召(큰 사원이라는 뜻)가 있다.

1579년에 세워져 대전에는 석가모니상을 은으로 주조했다고 해서 일명 은불사銀彿寺라고도 한다. 명대의 목조건축풍을 따라 건조되어 건축학상 귀중한 문화재이다. 이곳에서는 일년중 많은 의례가 진행되는데 그중에서도 기자의례와 도무의례踏舞儀禮는 매우 관심이 끌리는 것이었다.

기자의례는 아이를 원하는 부인들에게 은총을 내리는 의식으로서 라마승이 독경을 암송한 뒤에 쌀을 부인들의 머리위에 뿌린다. 이것은 아마도 곡물처럼 아이를 많이 생산하도록 비를 주술행위라고 볼 수 있다.

아이 목에 부적 매

그리고 나서 젓가락 한 쌍과 붉은 실, 토우인형을 각자에게 준다. 이런 행사 후 몇 개월 이내 아이를 갖게 되면 부처님 은덕이며 낳은 아이를 데리고 다시 라마교를 찾는다. 이때 라마승은 아이 목에 부적을 매어준다.

몽골은 유목문화의 특징인 부계사회로서 부인의 지위는 아이의 생산과 상관한다. 양자제도와 데릴사위제도가 존재하는 것도 우리와 유사하다. 머리 위에 쌀을 뿌리거나 실을 주거나 토우를 주는 풍습은 일종의 주술 기능을 하지만 이러한 현상은 한국민속에서도 찾아볼 수 있는 것으로 몽골의 라마교가 민간신앙을 많이 수용하고 있다는 사실을 알 수 있으며 라마교 이전의 민간신앙이 한국의 민간신앙과 공감대가 깊다는 사실도 알게 되었다.

무엇보다도 사찰에서 행해지는 도무는 한국의 탈춤과 비교할만한 가치가 있었다. 수백 명의 라마승과 신도들이 사원 뜰에 모여 행해지는 이 탈춤은 원래 인도와 티베트를 거쳐 들어온 것이며 액막이의 기능이 있다. 험상궂은 마면魔面을 쓴 탈이 등장하면 신령스런 조수류의 탈이 등장하여 서로 싸운다. 이때 고마우신 보살이 등장하여 묘법공력을 통해 악귀를 추방하는 내용이다.

탈춤이 진행되는 동안 라마승으로 조직된 악사들이 음악을 연주하는데 북·징·나팔·퉁소 등의 악기를 사용한다.

탈춤이 시작되어 과장이 끝날 때마다 관중의 환호성이 터진다. 그리고 라마승에 의해 동각銅角나팔을 불면 모든 과장이 끝난다. 그리고 나서 미리 준비해둔 삼각탑(악귀들이 혼魂을 쓸어 넣은 탑이라는 뜻)을 불태우고 시가행진이 이어진다.

벽사진경을 위한 처용탈은 신라시대부터이고 최치원이 지적한 신라무악 오기 중에 대면大面과 산예狻猊는 우리나라 신라시대부터 연출되고 있었는데 내용을 확실히는 알 수 없으나 라마승에 의해 연출된 몽골의 도무踏舞와 맥을 같이하고 있음을 알 수 있다.

이런 의미에서 한국의 민간신앙이나 전통가무 그리고 탈놀이의 기원을 연구함에 있어서 몽골의 그것을 대상에서 제외할 수는 없다.

우리 동포 7백 명

내몽골지역을 답사하면서 한 가지 더 감격한 것은 우리 동포들을 접견한일이다. 우연한 기회에 한글간판 '진달래식당' 주인인 김영삼金永三씨를 만났다.

두 손을 꽉 잡고 반겨주는 김씨의 눈동자가 충혈 되었다. 그는 필자를 차에 태워 내몽골임학원(농임대학農林大學에 준함)의 이동근李東根 박사댁으로 안내해 주었다.

대화를 나누는 동안에 이곳 후허호토시에 우리 동포가 7백 명이나 살고 있으며 조선인소학교도 있음을 알았다. 이러한 오지에까지 한민족韓民族이 퍼져 살고 있을 뿐 아니라 더러는 요직에도 있으며 교수·공무원도 많다. 정신적으로도 건강하게 살고 있음을 보고 마음 든든히 돌아설 수 있었다.

IO.
몽골족의 의생활

서울신문 1990. 9. 29.

일찍이 알렉산더대왕의 원정을 능가한 칭기즈칸의 세계정복은 사상최대의 사건이었다. 그 후 역사가들은 당시 고도의 작전술과 철저한 군사조직으로 뛰어난 이슬람군대를 여지없이 짓밟은 칭기즈칸군대의 승전비결이 어디에 있었는가를 알아내는 데 힘을 쏟았다.

칭기즈칸 비장의 작전술, 그리고 초원에서의 조직적인 기마훈련만으로는 승전을 거듭해온 이슬람군대를 정복할 수는 없었을 것이라는 것이다. 칭기즈칸의 승리의 비결은 바로 경장비 기병대가 신속한 공격을 할 수 있었다는 데 초점이 모아진다.

허리띠로 남녀구별

당시 이슬람권을 비롯하여 유럽군대는 철갑옷에 투구를 쓸 뿐 아니라 말에까지 쇠사슬로 엮은 망을 씌웠다. 이러한 중장비 기병대는 방어에는 한몫을 했지만 기동력은 저하했다. 또 몸이 둔하다 보니 활 사용보다 검이나 창을 사용했다.

여기에 비해 몽골기병대는 철갑대신 가죽갑옷을 입었고 그나마 등에는 가죽이 없는 것이었다. 투구도 간단한 원추형 철모를 쓸 뿐 말에는 아무것도 장비하지 않았다. 몸이 가벼움으로 활쏘기에 편하며 등에 멘 활통에서 화살을 뽑아 연달아 쏘는 데 장점이 있었다. 그리고 전술의 기본은 전략상의 요지를 최단시간에 박살을 낸다는 데 있었으므로 기동력이 빠른 경장비 기병대에 의한 일순의 공격은 그 누구도 이 위력을 꺾을 수는 없었다.

이러한 기병대의 전술이나 장비는 원래 초원을 무대로 유목생활을 영위해온 몽골족에게 있어서 전통적인 생활방식이었다고 보아야 할 것이다. 몽골족은 오랜 유목생활의 역사를 가진 민족으로 그들의 복식은 그들의 생활문화의 산물이라 할 수 있다.

말을 타는 여인의 복장

몽골복식에는 델del과 마라가이malagai, 그리고 고톨gotol이라는 세 형태가 특징이라 할 수 있다. '델'은 두루마기와 같은 것으로 목덜미 깃이 높으며 오른쪽으로 목 부분서 어깨 겨드랑이 옆구리에 각각 단추를 끼우게 되어 있다. 남녀의 델은 색깔로 구분 짓는데 남자는 주로 남색이나 갈색이 많고 여자는 녹색이나 자색이 많다. 여름에는 얇은 홑옷, 겨울에는 안쪽에 털을 입힌 두꺼운 것을 입는다. 아주 혹한일 때는 그 위에 가죽조끼를 입는다.

명절이나 의례 때는 여러 가지 장식이 새겨진 화려한 무늬가 자수된 델을 입는다.

이 델엔 또 한 가지 필수적인 것은 넓은 허리띠를 두르는 것이다. 띠의 길이는 약 4~5m되는 명주실로 짠 것인데 허리를 감아 그 끝을 매지 않고 끼우게 되어 있다. 두루마기와 띠의 빛깔은 서로 잘 조화되도록 띠는 원색으로 하여 보기에 아름답다.

몽골에는 평소 남자를 가리킬 때는 부스디훈(띠를 두른 사람), 여자를 가리킬 때는 부스귀훈(띠가 없는 사람)이라 하는데 이 말은 여자는 띠를 두르지 않는다는 말이 아니라 여자가 작업시에는 (주로 주방일)허리띠를 두르지 않는 데서 유래된 말인 듯하다.

담배 권해 우의 표시

이러한 장복은 바람이나 추위를 막는 데는 아주 실용적이며 말을 타는 데도 편리하고 무릎관절보호에도 좋다고 한다.

몽골족은 모자를 복식의 하나로 여기며 잘 쓴다. 평소 여자는 모자대신 녹색 스카프로 머리를 싸지만 겨울에는 방한용 털모자를 남녀모두 쓴다. 이것을 '마라가이'라 한다.

유목생활에 적합한 것으로 그들이 신는 '고톨'이 있다. 고톨은 헝겊으로 된 것과 가죽으로 된 것 두 종류가 있는데 뒤꿈치가 없는 고톨은 무릎까지 신는 것으로 일종의 부츠다. 여름용은 주로 헝겊으로 된 것인데 겨울용에는 안쪽에 벨트가 입혀져 있다. 고급일수록 무늬나 도안이 자수되어 있으며 고톨 끝이 위로 구부러져 있다. 이것은 승마시에 말안장에 달린 발 디딤장치에 편리하게 고안되었다고 한다.

유목생활은 자주 거주지를 이동하기 때문에 가재도구가 많지 않은 것이 특징이다. 그러나 이상 지적한 '델' '마라가이' '고톨'은 그들의 기본 복식이며 항상 준비되어 있다. 그런데 이밖에도 몸에 지니는 필수품으로 몇 가지가 더 있다. 이를테면 남자의 경우 담배쌈지와 몽골어로 '호도가'라는 소형 몽골칼을 빠뜨릴 수 없다. 담배쌈지는 허리띠 앞쪽에 매달고 오른쪽 옆구리에는 담뱃대를 꽂는다. 등쪽에는 부싯돌을 넣은 주머니가 있고 이 주머니에 고리 장치를 해서 몽골칼을 늘어뜨린다. 이 소형칼은 양고기를 썰어먹는데 필수품이며 젓가락도 함께 끼워져 있어 출타중에 타인의 집에서 식사할 때는 자기 젓가락을 쓴다. 동시에 항상 나무바리도 품에 넣어 휴대하고 다니는데 이것도 타인의 집에서 대접을 받을 때 이 바리로 유차乳茶나 식사를 하게 된다.

담배를 즐기는 표시들은 초원에서나 밖에서 두 사람이 만났을 때 담배예절이 있다. 즉 한쪽이 담뱃대에 불을 붙여 오른손으로 권한다. 같은 담배를 피우는 것은 서로의 건강과 번영을 기원하는 뜻이 된다. 만일 이때 불 꺼진 담배를 권했을 때는 큰 결례를 범하는 것이 되며 이는 죽음을 의미한다. 그만큼 담배를 소중히 여기는 한편 담배나 담뱃대에 대해서도 신경을 많이 쓴다. 담뱃대를 빠는 부분이 비취로 된 것을 구하기 위해 말 몇 필씩 투자하기도 하며 담배의 향료로 재력이나 신분의 지위까지 감지할 수 있으므로 고급을 구하려 애쓰기도 한다.

손에게 담배를 권하여 같은 담배를 피우는 것으로 우의와 동맹 관계임을 나타내는 풍속은 아메리카 인디언들의 관습에서도 찾아볼 수 있지만 한국에서도 옛날 담배를 권하는 것은 친절을 베푸는 것으로 미덕으로 삼았다.

고 김동욱박사의 한국복식의 기원과 주변민족복식과의 비교연구는 괄목할만한 것이었다. 그는 우리 바지, 저고리의 기원에 대해서도 몽골의 노인, 우라에서 발굴된 유물을 근거로 서기 1세기의 흉노의 복식으로 단정하여 몽골계통임을 지적하고 있다. 두루마기에 대해서는 몽골계통임을 분명히 밝히지는 않았지만 고구려의 백저포白苧袍의 계통임을 밝히면 서 처음에는 이 두루마기에도 허리에 띠를 두르기도 하다가 옷고름이 발달하면서 허리의 띠가 없어진 것으로 보인다고 했다. 또 허리띠가 없어진 것은 이것이 예복이 아니라 간이복 으로 된 때문이라고 했다.

허리띠가 없어진 곳은 오히려 예복이 되었기 때문이 아닌가 하는 반문도 생기지만 이 문제는 차치하고라도 허리띠를 두르는 두루마기를 입고 있는 몽골족 의복식을 볼 때 관련 이 있음을 알 수 있다. 우선 흥미를 끄는 것은 명칭고찰에 있어서도 김동욱박사가 지적하고 있듯이 우리의 저고리란 말이 몽골어 '처커덕치'에서, 두루마기란 말이 '우루막치'에서 유 래됐다고 하니 용어만 차용해 왔는지 더 연구하지 않으면 안 될 것이다.

평소엔 인민복 입고

현대화의 물결은 몽골초원에도 영향을 미쳐 복식도 최근에는 많은 변화를 가져왔다. 고 유의 두루마기 '델'은 이제는 예복이 되어 명절이나 집안의 축연이나 특별한 날에만 입게 되었다. 평소 남자들은 바지에 허름한 인민복 상의를 걸치고 있으며 여자는 스커트를 많이 입고 있다. 파마도 유행이다. 춤도 유행이다.

축연이 벌어지면 전통춤은 사라지고 사교춤이 판을 친다. 낡은 중형 트랜지스터를 틀어 놓고 남녀가 쌍쌍이 춤을 추는 청장년이 늘어나고 있다. 방목을 하는 데도 가끔은 목동이 오토바이를 타고 등장한다. 대중교통 수단이 자전거임은 이곳도 마찬가지다. 그러나 자전 거로는 초원을 달리기가 불편하므로 값은 비싸지만 젊은 목동들은 무리해서라도 오토바이 를 갈망한다.

젊은이들이 전통적인 유목을 등지고 도시를 동경하는 경향이 최근에 이르러 부쩍 늘었다 고 노인들은 걱정을 한다. 그러나 마음대로 직장을 가질 수 없는 중국의 현실제도는 젊은이 들의 도시화를 막는 제동기능을 하고 있다. 그렇다 하더라도 몽골자치구가 내세우는 상공 업의 진흥발전을 위해서는 어차피 지하자원이 풍부한 이곳에 공장을 세우게 되고 인력난을 해소하기 위해서는 몽골의 젊은이들을 채용할 수밖에 없다. 따라서 전통문화의 붕괴가 올 날도 멀지 않았음을 실감하게 한다.

II.
몽골족의 식생활

서울신문 1990. 10. 13.

몽골족의 의식주문화는 저들의 유목생활에 적합하게 생성된 것이라고 할 수 있다. 이동이 편리하고 풍설에도 거뜬히 견디도록 장치된 게르(蒙古乞)는 저들의 대표적 주거형태이기도 하다. 델(몽골식 두루마기)에다 넓은 허리띠를 죄어매고 장화인 고톨을 신는 의생활도 유목생활에 편리하도록 되어 있다.

그런데 몽골족의 전통 식생활문화는 대체 어떤 것일까. 필자가 방문한 휘팅실리초원지역 게르 집단에서 대접받은 식단은 아무리 살펴도 순수한 몽골풍은 아니고 한족화된 식단인 듯 했다. 다만 게르에 들어서자마자 큰 주전자로 부어주는 내이차奶茶(몽골어로는 스디차이)라는 이를테면 밀크차, 동글고 딱딱한 흰빛의 유제품과자류, 그리고 큰 접시에 양고기 정도가 몽골음식이고 나머지는 한족식단인 것 같았다. 궁금증을 풀기 위해 휘팅실리 초원에 위치한 주택지를 들러 알아보기로 했다.

유제품 가공하며 소일

찰우중기종마장察右中旗種馬場에서 장산해張山海씨 부부가 반갑게 맞아주었다. 마침 유제품을 가공 중이었고 밖에서는 우유를 짜고 있었다. 하루의 일과를 대충 물었다. 필자가 방문한 시기인 7월은 상오5시면 날이 밝아 게르 밖으로 나가 양떼를 방목한다는 것이다. 겨울에는 상오9시나 10시쯤 돼야 활동이 시작된다. 착유는 여름에 한다. 초원의 풀을 뜯어 먹은 양이나 소들이 가장 살찌고 젖이 많이 나는 때가 7~8월이다. 그래서 7월은 한창 바쁜 시기이기도 했다. 주부들이 스디차이를 준비하는 동안 남자들은 공동우물에서 물을 길어 온다. 겨울에 우물이 얼지 않도록 소가죽으로 덮고 그 위에 돌을 얹어 놓지만 그래도 결빙하면 눈을 녹여 쓰기도 한다. 아침식사라는 것은 스디차이(밀크차)로 때운다. 차에는 볶은 몽골 쌀(우리 쌀보다는 작고 좁쌀보다는 커 보인다)을 넣거나 유제품인 버터를 넣어 마신다. 서구식의 우유에 시리얼을 섞어 먹는 거와 같다. 하루 7~8그릇분을 마신다. 옛날 가난한 사람들은 종일 이러한 밀크차茶만으로 식사를 대신하기도 했다. 스디차이의 원료는 중국에서 수입한 전차磚茶와 우유(또는 양유)그리고 소금을 넣는다. 벽돌처럼 단단한 전차는 갈아서 가루를 내어 끓인 다음 우유를 섞어 데운다.

아침 식사가 끝나면 남자는 방목을 도우러 나가고 주부는 주로 젖을 짜는 일과 유제품 가공을 하면서 소일한다. 가축 떼를 몰고 다니다 보면 이웃 게르 집단을 지나게 되는데 이때는 스디차이를 대접 받는다. 풀을 실컷 뜯어 먹은 가축들은 상오11시경부터 하오 3~4시까지는 대개 평원에서 쉬거나 잠을 잔다. 이때 목동은 집으로 돌아오거나 가까운 게르로 가서 쉬기도 한다. 점심도 별 것이 없다. 아침과 같이 스디차이를 마시는 것으로 때운다. 그러나 항상 유념할 것은 가끔이긴하나 대낮에 늑대의 습격을 받을 때가 있다.

늑대의 습격을 받고 나면 적어도 몇 마리의 양이 죽는다. 그러므로 착실한 목동일수록 가축 곁을 떠나지 않는다.

늑대는 양의 목부분을 물어뜯은 다음 꼬리를 물어뜯는다. 그래도 반항하면 다시 목을 물고 자기의 긴 꼬리로 양을 두들겨 친다. 드디어 양이 조용해지면 멀리 끌고 가서는 복부부터 먹어치운다. 상처만 입은 양이 있을 때는 그 상처가 회복의 가능성이 없을 때 식용으로 사용한다.

흔히 우리가 유목민들은 가축이 많으니까 언제나 육류를 취한다고 생각하기 쉬운데 사실은 그렇게 않다. 특별한 날이나 특별한 손님이 왔을 때가 아니면 가축을 잡지 않는다. 유목민에게 있어서 가축을 재산이며 도살하는 것은 그만큼 재산을 축내는 것이기 때문이다. 가축의 도둑은 늑대뿐 아니라 하늘로부터의 습격도 만만치 않다. 가끔 있는 일이지만 하늘을 선회하는 매떼가 노리는 것은 갓 난 양새끼들이다.

저녁 때가 되면 가축을 몰고 게르로 돌아온다. 목동은 종일 신세진 자기 말을 돌보고 물을 먹인다. 가축들을 울안에 몰아넣으면 하루의 일과는 끝난다.

양념은 소금만 사용

저녁식사야말로 식사다운 식사를 하는 시간이다. 일반적으로 국수전골이 준비된다. 구릴다이 · 호라라는 국수전골은 물을 끓이고 양고기를 넣은 다음 국수를 넣고 소금으로 간을 맞춘다. 때로는 양고기를 다져 넣은 물만두를 먹는 수도 있다. 찐빵처럼 된 만두를 먹는 수도 있다. 양념으로는 소금 이외에 잘 쓰지 않는다.

식사시간은 길다. 짧아도 30분 길면 1시간 이상이다. 도시나 농촌처럼 일에 쫓기지도 않으므로 저녁을 먹고 나면 담소시간이 자연 길어진다. 혹시 밤에 손님이라도 찾아오면 술을 마시며 노래를 부르거나 떠들며 논다. 부인이나 아이들은 구석에서 잠을 이룬다. 술을 마시다 용변이 마려우면 슬그머니 나가서 게르 가까이 아무데나 방뇨한다. 변소가 없는 것이 보통이다. "대지는 변호, 옷은 변소." 이 말은 아무데서나 좋다는 뜻이고 낮이라도 델은 앉아서 용변하는 것을 가려주는 방패가 된다는 뜻이다.

순몽골식의 주된 식료는 말할 것 없이 육식과 유식乳食이다. 양을 잡을 때는 피한방울 흘리지 않게 하며 내장은 하나도 버리지 않고 식용으로 한다. 보통은 머리, 사지와 꼬리를 6등분해서 뼈째로 끓는 물에 넣어 익힌다. 호도가蒙古刀로 베어 먹는다. 뼈는 깨어서 안까지 발라먹고는 남은 뼈도 아이들 게임용구를 만든다. 오직 하나 안 먹는 것은 위뿐인데 이것도 말려서 버터나 기름 용기로 사용한다. 남은 고기들은 말려 딱딱하게 해서 운반하거나 겨울 식용으로 쓴다.

음료로는 앞에서 말한 스디차이 이외에 몽골어로 아이라구酸乳라는 이를테면 요구르트와 같은 것이 있고 사라아리이라 하는 마유주가 있다. 알콜농도가 1~3%밖에 안 되는 것으로 마유를 발효시켜 약한 불에 끓여 증발시켜 만든 것으로 혈액순환을 촉진시키고 추위를 타지 않게 한다하여 인기가 있는 음료이다. 손님 접대용으로 많이 쓰인다.

그밖에 유제품으로는 샤르토스라 일컫는 버터종류가 있다. 우유나 양유를 솥에 넣어 끓이면서 수분을 증발시켜 표면에 생긴 유지를 냄비에 넣어 졸인 것이다. 더운 여름이나 가을에 신선한 우유나 양유를 냄비에 넣어 몇 시간 끓여 주걱으로 저어 거품이 생기도록 해서 2~3시간 식힌다. 그다음 그 위에 생긴 박막薄膜을 제거하여 그늘에 말린 것이다. 우유캔디라고나 할까 맛이 뛰어나다. 우름이라고 하는 이 유제품은 단백질과 각종 비타민이 많아 손님 대접에 많이 쓰인다. 또 오로다乳豆腐라는 것이 있다. 발효된 우유나 양유의 표면에 생긴 지방을 제거하여 남은 것을 약한 불에 데워 응고시킨 다음 침전된 것을 각종 틀에 넣어 말린 것이다.

파·배추 등 채소 재배도

최근엔 마늘 파 배추 등 채소를 조금씩 재배하고 있지만 옛날에는 채소가 귀한 곳으로 중국상인을 통해 구입했다. 각종 유제품을 통해 채소에서 취해야 할 영양을 섭취하는 지혜를 짜낸 것이다.

소금은 예로부터 흥안령 일대에 유명한 염산지가 있어서 풍부했다. 또 한 가지는 몽골인은 예로부터 어조류를 먹지 않는다고 한다. 지금은 식성이 한족화함에 따라 어조류도 먹게 되었지만 옛날에 먹지 않았던 것은 아마도 라마족의 영향이 아닌가 싶다.

유목민의 가축으로 소·말·양·낙타가 전부지만 또 하나 중요한 가축으로 개를 빠뜨릴 수 없다. 방목할 때 개의 역할은 크며 적어도 게르마다 두 마리 정도는 키우고 있다. 더 많이 키우는 것은 개가 사람 몫만큼 먹기 때문에 사람의 식료가 그만큼 줄어들게 돼 꺼린다. 개한테는 감시라는 기능도 주어진다. 비일상적인 일을 당했을 때 짖어대는 소리를 듣고 게르 안에 있던 사람은 바깥 동정을 짐작하여 대처한다. 가끔 개들 중에는 양떼들을 놀이 대상으로 취급해서 마구 뛰며 어지럽히는 경우가 있는데 이런 경우 목동은 개를 처형한다. 방법으로는 크고 힘 꽤

운남의 길목 광주(廣州)
먹고 남아야 식성이 풀리는 민족성

나 쓰는 큰 양을 골라 개와 함께 연결시켜 묶어놓으면 양이 뿔로 개를 마구 받는다. 이때 개가 양을 해치려고 하면 목동은 채찍으로 개를 마구 친다. 끝내 개가 양을 무서워하게 되면 좋거니와 끝까지 그런 기미가 보이지 않을 때는 죽이는 수밖에 없다.

만일 다른 집 양떼를 해쳤을 때는 자기네 개를 죽인 다음 사죄하면 용서를 받는다. 외지 사람들 봤을 때는 짖기는 해도 물지는 않도록 되어 있으나 늑대를 만났을 때는 사생결단하고 투쟁한다. 이러한 개는 주인으로부터 대접을 받는다. 넓은 초원에서 밤중에 개 짖는 소리는 멀리까지 잘 들린다. 사람이 먹는 음식을 그대로 먹는 몽골개는 가족원이라는 인식이 깊다.

12.
몽골족의 산육민속

서울신문 1990. 10. 27.

"양은 풀을 먹고 사람은 양을 먹는다." 이 말은 몽골족의 기층적 심성을 대변한 것이다. 즉 사람은 태어나서 양젖을 마시고 또 양고기를 먹고 성장하지만 죽으면 대지에 묻혀 풀이 되어서 양을 살찌게 한다는 것이다. 참으로 초원의 유목민다운 인생철학이다. 그러므로 저들은 무덤을 남기지 않는다. 대지의 거름이 되기 위해서다.

그러나 몽골족의 인생관을 이렇게 한마디로 축약해서 설명할 수는 없다. 인간의 일생을 통해서 행해지는 통과의례를 검토할 필요가 있다. 그러기 위해 우선은 출생에 관한 민속을 살펴보자.

자식 많이 낳아야 다복

중국의 소설가 장승지張承志씨가 쓴 내몽골에서 지낸 4년간의 체험기록 중에 출생에 관한 부분이 있었다.(モンゴル大草放牧誌 86) 1969년 5월 1일의 일이었다. 그날 밤 노동절 축하연회에서 늦게 돌아와 보니 게르 한구석에 누운 랭화의 진통이 시작되었다. 랭화의 어머니가 간병을 하고 있었다. 남편이 나더

휘팅실리 초원을 놀이터로 씩씩하게 자라고 있는 몽골 어린이 형제. 군복차림을 한 어린이는 내몽골 뿐 아니라 대륙 어디에서나 어린이들이 선호하는 복장이다.

러 산파를 불러오라고 하기에 말을 타고 떠났다. 한우라 지역의 산파는 생산대대로부터 승마용 한필을 제공받고 있을 뿐 보수는 없다.

새벽이 돼서야 아이의 첫 외침이 초원의 싸늘한 공기를 진동시켰다. 세 번째 아기였다. 이 갓난 여자아이의 이름을 내가 작명했다. 우니치(충성)라고. 그러나 노동절인 5월 1일에 태어났으므로 모두들 '우우이이'(5·1)라고 불렀다. 랭화는 나흘이 되자 밖으로 나와 착유나 취사일을 했다. 몽골여인이 아기를 낳은 것을 특별한 일로 간주하지 않는다. 그 후에도 랭화는 다섯 아기를 더 낳아 지금은 8명의 자녀를 가졌다. 생산대대란 행정구역의 하부단위를 일컫는 것이며 한우라汗烏拉는 내몽골 동북이며 외몽골과 접경지대에 위치한 작은 지역이다.

몽골의 전통의식에 근거하면 다자다복이 핵심을 이룬다. 의례 땐 읽는 축문(유로오루)에도 아들을 낳아 아비의 혈통이 끊기지 말 것이며 딸을 가지는 것은 출가를 위한 것이란 구절이 있다. 그러므로 자식이 없을 경우는 양자를 들이고 딸만 있을 경우는 데릴사위를 맞는 풍습이 예로부터 성행했었다. 특히 앞에서 이야기한 랭화의 경우처럼 많은 아기를 가진 부모는 이웃으로부터 선망의 대상이 되었다. 유목민족의 가부장제와 가세의 확장을 가족원에 비례한다는 사실을 알 수 있다.

자식이 귀한 집, 특히 무자로 사망했을 경우 이웃들은 "그의 불은 꺼졌다!"는 말을 한다. 가계의 단절을 의미하는 것이다. 우리의 민속에서도 불씨에 대한 신앙이 가계의 연속과 연관 지어 불씨를 깨뜨리지 않도록 경각심을 주는 습속이 있고 또 이를 뒷받침하는 설화들이 있다. 우리의 불씨신앙은 중국의 조왕신앙에서 유래된 것이 아니라 그보다 훨씬 이전 북방유목민들 사이에 보편화된 불씨신앙과 관련지어 생각해봐야 할 것이다. 현재 부엌에 모시고 있는 조왕은 명칭의 차용이며 그 이전의 형태는 가계의 상징인 불씨신앙일 것이다.

외몽골에서는 일찍이 사회주의 이데올로기 혁명으로 인해 전통문화의 변화가 심화되었고 내몽골은 명청조시대부터 꾸준히 한문화화를 추진해 온 탓으로 민속이 굴절된 것이 많다. 그러나 아직도 교통소통이 나쁜 초원의 유목지를 찾아가면 몽골인의 전통성 회복에 대한 의지와 함께 민속도 유지 계승되고 있음을 알 수 있다.

아기가 탄생해서 6~7일이 지나면 이웃을 불러 축하연이 베풀어지는데, 이때는 양을 잡는다. 한편 산파를 비롯한 이웃들은 아기를 위한 선물을 준비하는데 가죽을 붙인 기저귀나 혹은 동전을 엮어 장식한 아기 옷, 그리고 가까운 친척들은 양·송아지나 망아지를 선물로 주기도 한다. 특히 남자아이를 위해서는 칼집이 있는 작은 칼이나 활과 살, 그리고 말 안장을 주는 경우가 있다.

사내아이엔 칼등 선물

그뿐 아니라 신생아의 무사성장을 비는 의미에서 신생아가 기거하는 게르에는 일정기간 타인을 넣지 않는다. 출입을 금하는 표지로 입구에 줄을 매는데 한쪽을 입구에 매고 다른 한쪽을 작은 말뚝을 세워 묶거나 돌에 매어 둔다.

마치 우리의 금줄을 연상하게 한다.

이미 이번 연재의 앞부분에서 몽골오보에 대하여 언급했지만 오보에는 금줄이 쳐진 곳이 많다. 일본인 학자 아끼바다까시秋葉隆가 1954년에 발표된 논문「조선민속과 북아시아 민속」에서 몽골금줄은 우도右繩인데 한국의 금줄, 일본의 시메나와는 좌도左繩(왼새끼) 인 점을 지적하여 남방문화요소라고 단정하고 있다.

그러나 농경문화권이 아닌 북방유목 민족들 간에도 금줄이 사용되고 있으며 금줄의 기능이 또한 한국과 유사한 점은 한국 금줄이 단순히 농경문화를 배경으로 한 남방문화요소라고만 말할 수 없다.

중층문화라는 시각에서도 다시 고찰해야 한다고 생각한다.

장승지張承志씨의 체험기록을 보면 자기가 아기 이름을 지어주었다고 하는데 그것은 평소 존경하는 윗사람이 작명을 해주는 것으로 되어 있는 관습을 따른 것이다. 그는 몽골족은 아니었으나 4년간 몽골생활을 하는 동안 랭화네 부부와는 형제처럼 친숙해졌고 또 장씨로 말하면 지식인이고 소설가였기에 존경의 대상이었던 것이다. 옛날에는 라마승이 작명해 주는 수가 많았다. 빠를 때는 생후 3일 만에 늦으면 1년 지나 작명하는 수도 있지만 대개는 1주일 전후에 작명하는 것이 보통이다.

신생아를 안아주거나 업어주는 일은 거의 없다. 굵은 통나무를 반으로 쪼개 아기를 뉘일 수 있도록 파낸 요람에 누인다. 산모나 할머니가 "행복하여라."만 되풀이 하는 자장가를 중얼대면서 흔들어 준다. 옛날에는 이러한 가공요람도 없이 양가죽으로 몸을 감고 가슴, 배, 허벅지 세 곳을 묶어 놓기만 했다. 이렇게 하면 몸의 균형이 잘 잡힌다고 한다. 생후 5개월이 되기까지 이런 자세로 키우다가 풀어준다.

갓난아기의 왼쪽 귀에 소라껍데기를 장식으로 달아주는 경우도 있다. 이것은 아기가 잘때 꿈을 꾸지 않도록 예방하는 주구이다. 사람들은 아기가 우는 것은 아기가 꿈을 꾸기 때문이라고 믿는다. 소라껍데기는 바다에서 생식하는 것이긴 하지만 이미 화석화 된 것을 구해서 사용한다. 흔한 것이 아닌 귀한 것일수록 주술의 힘이 크다고 여겼다.

출산시의 태반은 남편이 게르 밖으로 가지고 가서 개가 파내지 못하도록 잿더미 속이나 땅을 파서 묻었다고 한다. 아기가 태어나서 만 1년이 되는 첫돌에 머리를 깎아주고 '우스아바후'라는 성대한 축연이 베풀어진다.

학교생활 이름은 따로

유아작명에 대해서는 독립을 한 외몽골과 중국의 자치구인 내몽골간에 차이가 있다. 옛날에는 별다른 차이가 없었다는 것이다. 라마승으로부터 이름을 지어 받은 것 중에는 티베트풍의 이름이 많았다. 이를테면 신성·성지·수호신의 의미가 있는 투우반(불타는 존칭) 양지마(詩의 女神) 치미도不死 동가르白貝 담바(최고) 마이다르(행복의 神) 등이 있고 때로는 티베트와 산스크리트어의 합성어로 이루어진 것도 있다.

한편 중국의 내몽골자치구에서는 아기가 성장해서 학교에 입학하게 되면 교사가 훌륭한 이름을 한문으로 지어준다. 적어도 학교생활을 하는 동안에는 이 이름이 통용된다. 사회생활에는 한식 이름을, 가정이나 마을에서는 몽골식 이름을 병용하는 수가 있다. 새음길일사 納賽音吉日嘎拉은 '사인지르갈'을 음을 따라 한자를 대입시킨 것이고 사일륵대沙日勒垈도 '샤랄다이'를 한자로 표기한 것에 지나지 않는다. 그러나 맹보전孟保全이니 오수선吳守先과 같이 순 한식으로 된 이름도 있다. 최근에는 문화의 자주성을 인정하는 중국정책에 힘입어 몽골문화의 복원이 이루어지고 있는 가운데 순몽골식 이름으로 개명도 이루어지고 있는 실정이다.

산육민속이 유목과 농경이라는 문화적 배경이 다른 한몽 양문화간에 공통점이 많은 것은 우연이라고 보기에는 석연치 않은 점이 많다. 출생시 금줄을 치는 것, 이례가 지나 축연을 베풀고 신생아를 위한 선물을 준다거나 작명의 방법, 태반의 처리, 돌잔치가 모두 우리와 같은 민속사유에서 시행되고 있다는 점을 간과할 수 없는 것이다.

산속이 주로 여성에 의해 유지 계승되고 있는 특징을 고려할 때 아마도 고려시대 한국여성들의 이주에 따른 문화이식의 부분도 있으리라는 생각까지 들게 했다.

13

몽골족의 혼인풍속

서울신문 1990. 11. 3.

후허호토 시가를 산책하다가 우연히 주택가에서 '혼인개소소婚姻介紹所'라는 벽글씨를 봤다. 호기심에서 화살표를 따라 들어가 본 곳은 개인이 경영하는 결혼중매인이었다. 얼마 전만 하더라도 이런 영업은 불가했지만 최근 자유화 탓으로 당국도 묵과한다는 것이었다.

자유결혼이 가능한 지금 군이 이런 소개소가 필요할까 하는 의구심도 없지는 않았으나 자세히 듣고 보니 수긍이 갈만한 일이었다. 한국도 물론 예외는 아니다. 한국의 혼속도 남녀교제가 자유스러운데도 중매결혼이 아직 성행하고 있지 않은가. 전통혼인이 현대화해가는 과도기적 성격이라 할 수 있다.

7일전 딸에게 배필 알려

가사만을 돕던 여성들이 남자교제의 폭이 좁을수록 중매의존도는 높다. 사회적으로 보다 높은 상위층을 상대로 맞고 싶은 심리도 중매의존도를 높이는 요인이 된다. 전통문화를 고수하려는 부모들의 보수성도 이를 부채질한다. 이러한 복합요인들이 중매를 성행시키는 것이다. 최근에는 농촌남자를 기피하는 여성들 때문에 중매는 한결 그 몫이 더 요구되고 있다.

몽골의 결혼소개소가 도시에서 떳떳이 성행하는 것도 사회변화에서 오는 전통의 과도기 성격을 노골적으로 나타낸 것이다. 몽골청년들은 한마디로 한족화를 선망하는 추세이다.

따분하고 획일적인 조상들이 남긴 유목생활을 잊고 도시로 진출하여 편안하고 향락적인 생활을 누리려고 한다. 그중에는 공부도 하고 싶어하며 출세욕도 불태운다. 한족여성과의 결혼은 유목생활을 탈피하는 발판이 될 수 있기 때문에 더욱 그러하다. 그럼에도 불구하고 한족여성은 콧대가 높다.

명청조를 거쳐 정책적으로 몽골의 한족화 운동은 꾸준히 지속되었으며 또 그 효과도 컸다. 그러므로 현재 몽골족의 인구는 날로 줄어 2백60만 명에 불과하다. 실리를 추구하려는 현대 몽골청년들이 조상으로부터의 유목문화 전통을 계승할 의지가 약화되어가고 있는 것도 이러한 맥락에서 생각해봐야 할 것이다.

이번 여행에서는 몽골의 전통혼례의식의 양상을 자세히 살펴볼 수 있었다. 그것은 한국의 전통혼례와 비교해 볼만한 가치가 충분한 것이었다. 물론 몽골족이라 해서 일률적으로 획일화되어 있지는 않다. 부족에 따라 약간의 차이는 인정되지만 대개 몇 가지 공통점을 갖고 있다. 우선 혼례를 단계적으로 구분해서 중매 · 혼례준비 · 신부의 출영 · 혼례의 축연 · 가족방문 등으로 그 절차가 이어진다.

아들이 성년이 되면 아버지는 적당한 며느리감을 찾기 위해 수소문한다. 이때 중매인을 내세운다. 배필감이 나타나면 중매인들이 선물(이때는 '하다'라 부르는 일종의 수건)을 가지고 가서 혼인을 권한다. 이때 선물받기를 거절하면 동의할 수 없다는 뜻이 된다. 일단 선물을 거두어들이면 합의된 것으로 보고 혼자婚資에 대해서 의논한다. 얼마 후 약속한 날에 중매인 수명이 여자집을 방문하는데 이때는 수건 · 술 · 양고기 등의 선물을 가지고 가서 축사를 나눈다. 이때 수건을 신과 부모에게 각각 한 장씩 나누어 주면서 대접을 한다. 이때까지도 처녀는 혼사에 대해서 전혀 알지 못하도록 하는 것을 원칙으로 하고 있다.

그리고부터는 본격적으로 혼례준비를 갖추기 시작한다. 신랑측 부모는 주택용 게르와 가구를, 신부측 부모는 딸의 의복과 얼마간에 가구를 준비한다. 신부측 부모는 신랑측으로부터 혼자로 여러 마리의 양과 말을 받는다. 이날부터 혼례당일까지의 기간은 수개월이 걸린다.

사위에게 화살 · 옷 선물

혼례 약 1주일 전쯤 해서 부모는 비로소 딸에게 신랑에 대한 소개를 하게 되며 예비신부로서 특별한 옷을 입혀 이웃이나 친척 · 친구들에게 인사를 다니도록 배려한다.

신랑은 혼례식 하루 전날, 부모의 게르 동쪽에다 신방용 게르를 세운다. 그리고는 부모와 중매인 여러 명과 함께 신부집을 방문한다. 신랑은 우선 부뚜막을 향해 절을 하고 신부 부모에게 인사한다. 신부의 아버지는 사위에게 가장이 되었음을 상징하는 화살을 선물한다. 또 신부의 어머니는 사위에게 몇 가지 옷을 선물하고 스디차이(밀크茶)를 마실 때 쓰는 그릇을 준다. 이것은 사위를 가족의 일원으로 받아들임을 의미하는 것이다.

혼례 당일 새벽이 되면 혼례복으로 정장을 한 신랑은 5~6명의 동료들과 함께 신부를 태우기 위해 안장을 얹은 말을 가지고 신부에게 간다.

부모가 딸을 떠나보낼 때 딸을 동쪽에 앉혀 스디차이를 한 잔 권하고 계훈戒訓을 한 뒤에 축가를 일제히 부른다. 그런 다음 모두 신부 곁을 떠난다.

신부측 들러리가 2명, 그밖에 여자친구 몇 명이 신부와 함께 남는다. 이윽고 신랑이 도착할 무렵 신부가 밖에 나온다. 신부와 신랑의 머리끝을 서로 꼬면 이것은 최초의 육체적 접근을 의미한다. 이때 신랑은 팔로 신부를 포옹하려는 태도를 보이지만 신부의 들러리들이 신부를 놓아주려 하지 않는데 마치 신부를 보내고 싶지 않다는 의사를 전하는 것 같았다.

신부는 빨간 면사포로 얼굴을 가리고 신랑과 함께 말을 탄다. 부모의 게르를 세 번 돌고 나서 시집쪽으로 향해 떠나가는 것이다. 갈 때 동행한 신랑신부측은 앞서거니 뒤서거니 두 편으로 나뉘어 경마경기를 한다. 마침내 신랑신부가 가까워지면 상위에 음식을 차린 뒤 신부에게 인사를 하고 모닥불을 두 군데 지핀다. 신혼부부는 이 두 모닥불 사이를 통과하는 것으로 예로부터 전해온 풍습을 연출했다.

신부는 게르 안으로 안내되어 의례용 복장으로 갈아입고 머리를 두 뿔모양으로 따 올리고 부모의 게르로 가서 인사를 한다. 신부는 백색용단에 앉혀지는데 이는 신부를 며느리로 맞는 것을 표시한다. 이때 옆의 들러리가 두 개의 게르 기둥을 가지고 있는 것은 신부가 가족의 한기둥임을 일러주는 혼례 풍습이라고 한다.

신부는 다시 부뚜막에 가서 인사를 한다. 신부는 부뚜막아궁이에 불을 지피고 스디차이를 데운다. 첫잔에 신에게 바친 다음 시부모와 하객들에게 차례로 바쳤다. 그리고 나서 베풀어지는 축연에 신부는 동참하지 않고 커튼으로 가려진 곳에 앉는다. 마치 정결과 겸손을 표현하는듯했다. 연희는 해질무렵에서야 끝이 났다. 누군가가 끝나는 노래를 불렀고 모두는 이제 이별의 시간이 다가온 것을 알고 조용해졌다. 신랑측 대변인이 고별사를 했고 손님들이 돌아갔다. 이때 친정어머니는 딸의 소매끝에 돌을 넣어 주었다. 이것은 "이 집안은 돌이나 쇠붙이처럼 강건할테지. 내 딸이여, 이 집안에서 충실하고 존경받는 내자가 되거라." 하고 축원하는 것이라고 안내자가 설명했다.

첫날밤을 지내고 아침 스디차이를 데운다. 게르 천장의 창을 열면 새 살림이 시작되는 것이다. 혼례 후 사흘 동안 신부는 얼굴을 남에게 드러내 보이지 않는다.

나흘째 친정아버지가 인사차 와서 비로소 딸의 얼굴에 씌운 면사포를 벗겨준다.

아버지가 면사포 벗겨

이러한 전통혼례를 본 것은 행운이 아닐 수 없다. 앞에서 지적한대로 현재는 이같은 형식의 혼인의례는 찾아보기가 흔치않다. 자유결혼인 경우 신랑 신부는 부모의 양해를 받고 날을 정해 친인척과 친구들을 모아 성대한 축연을 베푸는 정도로 끝난다. 그러나 몽골의 전통 혼례의식에서 몇 가지 우리의 관심을 끄는 것이 있다. 철저한 유목민족의 부계사회에서 혼인의 주체가 남자에 의해 진행된다는 점이 그것이다. 혼자(신부값)를 주는 풍습은 우리의 납채나 납폐에 해당하고, 신랑이 신부를 맞으러 가는 것은 우리의 친영과 같았다. 중매를 내세우는 데서부터 혼례가 끝나기까지의 절차가 전혀 위화감이 느껴지지 않는 것은 의혼 납채

가리개를 벗는 신부
신혼 때 썼던 딸의 얼굴 가리개를 벗겨주고 있는 친정아버지. 남에게 얼굴을 보이지 않기 위해 쓴 신부의 가리개는 신혼 나흘째에 친정아버지가 벗겨주는 것이 몽골 혼례풍습으로 남아 있다.

납폐 친영의 절차가 우리와 구조적으로 동일했기 때문이다.

신부의 얼굴을 가리는 빨간 면사포, 신부가 친정을 떠날 때나 시집에 도착해서 부뚜막에 첫 인사를 하는 풍습, 또 혼자를 주는 풍습 등에는 아련한 옛 풍속도가 스며있다. 부뚜막에 인사를 하는 풍속은 북방민족들 간에 성행했던 배화사상의 한 풍속으로 추정된다. 중국에서는 남방의 묘족들 사이에서도 신부는 반드시 시집의 가계와 가통의 상징인 불난로를 향해 절을 하는 풍속이 현존하고 있다. 그리고 한국민속에서도 이것이 불씨신앙으로 뿌리내려 역시 불씨는 가계를 계승시키는 상징으로 여겼다. 그래서 며느리가 이 불씨를 꺼뜨리지 않게 잘 관리해야 한다는 것이 며느리의 첫 덕목으로 꼽히기도 했다.

14.
몽골족의 장례민속

서울신문 1990. 11. 10.

몽골족의 통과의례를 총괄적으로 이해하려면 산육과 혼인, 그리고 장례의식을 일별하지 않으면 안 된다. 산육과 혼인에 대해서는 이미 살펴보았으므로 이번에는 장례를 통해서 몽골족의 영혼관이나 타계관에 대해 알아볼 필요가 있다.

여기서 미리 이해할 것은 몽골은 각 부족, 각 지역마다의 방언이 다르고 생활양식도 다양하다는 점이다. 그러므로 획일적으로 어떤 해답을 얻기란 어렵다. 문화의 전통에 있어서도 원조를 경계로 해서 이전과 이후의 변이성이 뒤따른다. 그리고 최근의 혁명이후는 전통의 굴절이 여간 심한 것이 아니다.

임종 땐 접근 못해

현지에서 여러 번 들은 말은 "사람은 어려서 양젖을 먹고 죽으면 양을 살찌게 한다."는 것이었다. 마치 몽골의 속담처

사자(死者)를 위한 향당(享堂)
죽은 이의 사후 영혼이 안주할 수 있도록 배려한 오르도스 지방의 조형물. 무덤 근처에 향당격으로 세운 듯한 이 건물은 한족의 영향을 받은 것으로 보인다.

럼 느껴졌다. 사람은 죽어서 거름이 되어 풀이 무성해지면 양이 그것을 뜯어먹어 살찐다는 이치이다. 전통적으로 무덤을 만들지 않는 몽골의 장제에서 이 말이 더욱 실감나게 들렸다.

"죽어서 어디로 가느냐."는 질문에도 죽으면 조상들이 있는 곳에 간다는 것이며 그곳에서도 이승과 같이 양떼를 몰고 가축을 늘려 부유하게 산다는 말을 서슴지 않았다. 이승과 저승의 공간개념은 불분명하지만 나름대로 영혼관과 타계관을 가지고 있는성싶다.

무덤이 없기 때문에 조상제사나 성묘는 하지 않지만 조상의 영혼은 현재의 자손들에게 많은 영향력을 미친다고 생각하는 점도 어쩌면 우리와 같다. 몽골의 장례의식이 지역마다 차이점이 있지만 전체적으로 공통되는 요소를 유추하는 작업을 하는 데는 일단 고대로부터의 과정을 정리할 필요가 있다. 그러나 자세한 내용이 담긴 문헌은 많지 않다. 다행한 것은 12세기 중엽 유럽의 두 선교사가 중앙아시아를 거쳐 몽골 깊숙이 답사하여 보고한 문서가 있다. '죽음의 길'이라고 할 만큼 위험하고 험준했던 이 여행기록은 원조이전의 몽골민족을 이해하는 데 더 없는 귀한 자료로 평가된다. 한 선교사는 이탈리아 출생으로 프란치스코수도원 소속인 존이며 다른 한 사람은 프랑스인으로 역시 프란치스코수도원 소속인 윌리엄이었다. 존은 1245년부터 2년간, 윌리엄은 1253년부터 2년간 몽골여행을 했었다.

이 두 선교사의 여행보고서에서 죽음과 장례에 관한 부분이 요약되고 있다. 임종이 가까워 오면 창을 세우고 그 꼭지에 검은 헝겊을 감는다. 그리고는 누구나 접근하지 못하도록 한다는 것이다. 임종시에 함께 있던 자들은 신월이 뜰 때까지는 발이 묶이기 때문에 가능한 임종을 피해 곁을 떠나는 것이 상례였다. 묘지는 일정한 장소가 없이 사람이 잘 다니지 않는 초원의 언덕이나 산이다. 죽은이를 매장할 때는 암말 한 마리와 새끼 말 한 마리, 그리고 안장을 얹은 말을 함께 묻었다. 이어서 말 한 마리를 잡아 고기는 모두 먹고 그 가죽에 짚을 싸 이것을 2~4개의 장대에 매달았다.

이렇게 하는 것은 사자가 타계에 가서 젖을 공급해 줄 암말과 가축의 풍요와 역시 이승과 같이 말을 타고 유목을 하는 생활의 연장을 의미하는 것이다. 먹고 남은 말뼈는 여인에 의해 태워지는데 영혼을 위한 것이라 했다. 때로는 금은 장식품도 함께 매장했고 생전에 사자가 타던 수레나 게르는 해체되었다. 이로부터 3대까지는 죽은 자의 이름을 입에 담지 않았다.

부족장묘엔 식수

또 하나의 장례방법이 있다. 시신을 은밀한 초원에 운구하여 풀을 뿌리째 뽑아 웅덩이를 판 다음 다시 측면으로 굴을 약간 뚫었다. 이 굴에 시신과 부장품을 넣고 흙을 메웠다. 풀을 다시 덮어 흔적이 없도록 했다. 장지에 참여했던 사람들은 누구나 부정을 씻는 의례를 하지 않으면 안 되었다.

이것은 불속을 통과하여 몸을 정결하게 하는 의례인데 두 군데 모닥불을 피우고 양쪽에 창을 꽂아 놓았다. 창끝에는 헝겊이 매달렸다. 사람을 물론 동물들까지 불 사이를 통과하는 데 이때 양쪽에 여인이 서 있어서 불을 통과하는 사람들에게 물을 뿌려주며 주문을 외운다. 혹 마을 사람 중에 낙뢰로 인해 죽은 사람이 있어도 불을 통과하는 정결의례를 했다.

부족장이나 왕이 죽으면 시체를 매장하는데 그 위에 나무를 심었다. 이와 더불어 주위에도 나무를 심어 외부인의 출입을 절대 금했으며 묘지기가 감시를 했다. 묘지 경내의 나무를 베거나 뽑으면 대죄를 범하게 되는 것이다.

12세기 중엽에 몽골 깊숙이 여행한 선교사의 이 보고서에는 장례와 관계있는 풍습이 잘 나타나있다. 이밖에 1920년대 일본인 도리이鳥居 부부가 남긴 보고서에서도 풍장에 대한 기록이 나온다. 즉 사람이 죽으면 수레에 태워 산으로 가서 남쪽을 향한 양지바른 곳에 두고 온다는 것이다. 산이 없는 곳에서는 사람이 잘 다니지 않는 사막이나 초원에 나체로 두고 온다는 얘기도 썼다. 그러면 늑대나 개들이 와서 먹어치우는데 몇 달이 지나 다시 그곳에 가서 깨끗해진 뼈를 작은 상자에 담아 묻는다고 했다.

이것은 민속학에서 말하는 이중장제와 같다. 우리나라에서 해안지대에 성행했던 초분草墳은 가매장이며 몇 년이 지난 후 다시 세골하여 정식 묘를 만드는 풍속이 있다. 그러나 필자의 이번 답사에서는 풍장에 대한 이야기는 들었으나 이중장제를 말하는 사람은 없었다. 수레에 태우거나 말을 태워가다가 떨어지면 그대로 둔 채 돌아간다는 것과 불로 부정한 몸을 정결케 하는 의례가 전해왔다는 장례 풍습을 말로만 들었을 뿐이다. 그리고 죽으면 영혼은 육신으로부터 떨어져나가 타계로 가는데 조상의 영혼은 자손들에게 영향을 미친다고 믿고 있다. 그러므로 어떤 결심을 할 때나 자식을 낳기 원할 때는 조상신에게 기원한다는 것이다.

풍장은 사회주의가 된 이후에 없어져 버렸다. 개들이 시체를 먹는 것을 막기 위해서라고 했다. 그래서 목관에 넣어 매장하고 있다.

라마교의 영향으로 화장을 해서 나무상자에 넣어 산 중턱 오목한 곳에 묻는 경우도 많아졌다. 그리고 최근에는 한족화의 영향으로 봉분도 더러 만들었고 버드나무를 꽂는 옛 전통만은 여전히 지켰다. 청명절에 성묘하는 사람도 가끔 눈에 띄었다.

칭기즈칸의 무덤을 아직도 발견하지 못한 것도 전통적인 장제때문인 것으로 여겨진다. 「원조비사元祖祕史」에는 다만 칭기즈칸이 게르렝 계곡에 묻혔다고만 기록되어 있다. 전투 중에 낙마하여 죽었다고 알려진 지금의 감숙성甘肅省의 육반산六盤山으로부터 북으로 운구되었다. 그리고 고원의 동북단인 그의 출생지 게르렝강가의 어느 산중턱 양지바른 곳에 깊숙이 묻혔으리라고 추측했다.

풍장기록도 나와

외몽골 울란바토로의 정치가이며 학자인 마이달박사가 1981년에 발표한 기록에는 전통적 장제로 토장과 풍장·화장이 공존했음을 밝히고 있다.

그리고 3년 후에 초원에 방치된 뼈를 모아 다시 매장하는 이중장제도 존재했다고 지적했다. 또 장지에서 돌아오는 길에 불을 통과하면서 부정을 씻는 의례가 분명히 있었다는 사실도 들추어냈다.

이와같은 사례들을 종합, 검토해 볼 때 장제에 있어서 지역차 또는 부족들 간의 차이는 인정되나 몇 가지 공통점은 찾아지고 있다.

몽골의 전통적 장의는 매장을 하든 풍장을 하든 묘지의 흔적이 없도록 하는 점이다. 우리가 봉분묘지를 만들어 성묘를 하는 제도와는 차이가 있다. 이는 정착생활을 하지 않는 유목민들의 이동특성 때문에 일정한 묘지문화가 정착하지 못한데서 비롯되었다.

그렇다 해도 조상에 대한 영혼관은 우리와 유사점이 있다. 이승과 같은 생활을 저승에서도 영위한다는 사고가 그것이다. 그래서 이승의 소지품을 모두 가져간다는 생각에서 부장품을 묻고 있는 것이다.

그뿐 아니라 조상의 영혼이 자손들에게 영향력을 미친다는 사고도 우리와 같은 공감대를 형성하기에 충분한 것이었다.

부정을 씻기 위해 장지에 다녀온 사람들이 불을 통과하는 풍습은 우리의 초우初虞를 연상케 했다. 우리가 초우를 지내기전 장지를 다녀온 모든 사람이 목욕을 해야 하는 것과 같은 맥락으로 이해되었다.

임종을 입회하는 사람이 신월이 뜰 때까지 발이 묶여 근신하는 몽골의 고대풍속은 우리네가 상중喪中에 근신해야 하는 풍속과 다를 바가 없다.

비록 유목과 농경이라는 상이한 문화권이지만 인간의 영혼관이나 내세관에서 유사점이 찾아지는 것은 우연의 일치로 보아 넘길 수만은 없는 일이다.

15.
몽골족의 가축산육

서울신문 1990. 11. 17.

몽골의 유목민은 철따라 이동하는 생활이 근간을 이루기 때문에 우리처럼 가구나 생활용품이 넉넉지 않다. 그리고 농경민처럼 정착을 목적으로 한 튼튼한 건축물도 물론 없다. 이동하기에 편리하도록 살림살이가 가급적 간편하다. 또 낙타나 말 등에 실어가다가 땅에 떨어져도 부서지지 않는 용구들이 대부분이다. 한마디로 그들은 가축이외의 다른 살림들은 조촐하기 그지없다.

동물들의 감정 꿰뚫어

그러면서도 그들에게는 농경민이 도저히 상상할 수 없을 만큼 동물의 생태를 훤히 익히고 있었다. 마치 동물과 자유자재로 의사소통이라도 가능한 것처럼 보였다. 역시 유목민다운 면모가 역력히 드러났다. 그런 이유로 동물을 소재로 한 서사시가 성행했다. 더불어 동물의 감정까지 꿰뚫어 보는 통찰력은 많은 설화를 참조하여 왔다.

어떤 부자가 족장에게 흰 낙타 1백 마리를 헌상하기로 결심했다. 그러나 한 마리가 모자랐다. 할 수 없이 어미낙타를 강제로 끌어내어 1백 마리를 채워 헌상할 수밖에 없었다. 이때 홀로 외톨이가 된 새끼 한 마리가 남았다. 이 새끼낙타는 어미를 찾아 나섰다. 이때 어미낙타가 새끼의 목소리를 들었다. 어미낙타는 쇠사슬을 끊고 주위에 있던 병사를 떼밀치며 탈출, 마침내 모자간의 만남이 이루어졌다. 낙타 모자는 그동안 헤어진 이후의 외로움을 달래고 있었다. 그때 추격해 온 병사들에 의해 어미 낙타는 죽고 말았다. 다시 고아가 된 새끼낙타는 어미가 죽을 때 가르쳐 준대로 앞산 봉우리에 올라가 어미와 똑같은 암낙타를 만나 그로부터 행복하게 지냈다.

이같은 이야기는 문자를 모르는 일반인들에 의해 오로지 구전만으로 전해진 그들의 문학세계였다. 구전설화의 태반이 동물을 소재로 하고 있는 것은 동물과 더불어 공존하는 유목민의 심성이 반영된 것이다.

지역에 따라 다르지만 내몽골 중부 초원지대에서는 대개 4월 초순을 양의 출산시기로 잡는다. 양의 회임기간은 5개월이기 때문에 이때에 새끼를 낳는 양은 전해 11월초에 교배를 시킨 셈이 된다. 암수의 방목은 격리시키는 것이 관례로 되어있다. 암양의 무리에는 암놈과 새끼, 거세된 수놈들이 일군을 형성한다. 그리고 다른 한쪽은 수놈들로 무리를 이룬다. 교배시기에는 이 수놈들 중에서 적당히 선발, 암양의 무리 속에 집어넣는다.

회임기간이 추운 겨울이지만 여름 가을의 초원방목을 통해 영양을 섭취, 체내에 충분한 지방질을 저축해 놓았기 때문에 태중의 새끼와 함께 겨울을 나는 데는 별 문제가 없다. 그러면서 5개월간의 지루한 겨울을 버티고 희끗희끗 잔설이 있는 계절에 새끼를 낳기 시작한다.

가령 1천 마리의 양을 키운다면 50여 일 사이에 약 4백 마리의 새끼가 나온다.

이 엄청난 생산에 가족들은 눈코 뜰 새 없이 바쁘다. 우선 새끼를 낳기 전에 해야 할 일이 너무 많다. 새끼를 받을 넓은 공간의 울타리를 치고 바닥에는 양분¥糞을 두껍게 깔아둔다. 이때 사용되는 양분은 겨울 것이 아니

내몽골의 초원에는 방목하는 가축들이 풍요롭다.

다. 겨울의 양분에는 아직 수분이 남아 있으므로 절대로 사용하지 않는다. 반드시 1년 이상 걸려 봄바람과 여름 뙤약볕에 완전 건조된 것을 쓴다.

울타리는 새끼를 보호하기 위한 것도 되지만 방한의 기능도 갖는다. 이쯤 되면 준비는 끝난 것으로 보이지만 가족이 총동원돼도 인력이 부족하게 마련이다. 그래서 대개는 두 집 혹은 그 이상의 두레 일을 하고 있다. 이것을 '아이루'라 하며 최소 사회집단이기도 한 것이다.

털 빛깔 등으로 구별

새끼를 낳아 처음으로 하는 일은 어미와 제 새끼를 식별하는 일이다. 이것을 '다누호'라 한다. 이 '다누호'를 못해주면 새끼양은 영양실조로 결국은 죽고 만다. 다른 동물도 그러하지만 특히 양은 제 새끼 이외는 어떤 일이 있어도 젖을 물리지 않는다. 어미와 제 새끼의 식별을 사람이 한다는 것은 유목을 모르는 우리에게는 상상도 할 수 없는 지혜이기도 하다. 저들은 몸의 털 빛깔과 결, 머리 부분의 생김새, 그밖에 작은 특징을 통해 그 숫자가 수백 마리 수천 마리라 할지라도 어미를 잃은 새끼를 어미 품에 안겨주는 것이다. 이러한 식별력은 어릴 때부터 익힌다.

한 마리 검정말이 세살 때 행방불명이 됐다. 그 후 10년이 지났다. 이미 이 말의 털빛은 회색으로 바뀌어 있었다. 그럼에도 불구하고 어느 날 항우라마을의 노인이 이웃마을의 목민이 몰고 있는 말떼 안에서 이 말을 찾아냈다. 물론 말을 몰던 목동도 그 말이 애당초 자기네 말이 아님은 알고 있었다. 그래서 쌍방은 의논을 했다. 사실 이때 목동이 우겨대면 어쩔 수 없는 일이지만 그 말은 원래의 주인에게로 반환되었다.

이 이야기는 실링호토 동북쪽 항우라라는 마을에서 실제로 있었던 얘기이다. 이만한 정도의 일은 초원에서는 흔히 있을 수 있는 일이기도 하다. 상호간에 식별력이 있기 때문에 언쟁으로까지 번지는 일은 없다는 것이다.

유목민이 가장 골치 아프게 여기는 일로 가오랑가이라는 것이 있다. 분명히 제 새끼임이 틀림없는데도 젖을 물리는 일을 거부하는 태도를 일컫는 말이다. 새끼가 어미를 찾아와 보채는데도 어미는 발로 차거나 뿔로 받는 횡포를 부리는 수가 있다. 이런 경우는 주부들이 맡아 매우 조심스럽게 접근, 달래는 것이 보통이다.

즉, 어미양을 폭 안아 젖을 짜면서 자장가같은 노래를 불러주면서 손바닥에 묻은 어미젖을 새끼의 머리와 궁둥이에 바른다. 그리고는 어미의 머리를 꽉 잡아 억지로라도 새끼의 머리나 궁둥이쪽을 핥게 한다. 대개는 이렇게 해서 모정이 회복된다. 이러한 처방으로도 낫지 않을 경우는 어미를 채찍질 한다. 노래를 불러주며 젖을 짜기도 하고 더러 매질을 하면 어미는 비로소 자기 새끼임을 인정하게 된다. 이렇게 모성으로 회복된 것을 '아마랑가이'라 한다. 가오랑가이를 아마랑가이로 돌려놓는 것은 역시 모성을 가진 주부의 역할이었던 것이다. 몽골 유목민의 주부들은 이 일을 실패하지 않는다.

난산하면 어미를 살려

그런데 이런 골치 아픈 가오랑가이는 암소에서도 나타나고 있다. 한번 자기 새끼가 아니라고 단정하면 암소는 여간해서 고집을 꺾지 않는다. 이런 때는 노련한 수법을 동원한다. 어미소의 배 밑에 송아지와 개를 동시에 갖다 놓아 젖을 물게 한다. 이때 어미소가 송아지를 받거나 차면 결국 개도 송아지와 더불어 당하는 꼴이 된다. 이쯤 되면 개는 부아가 치밀어 사정없이 암소에게 달라붙어 물어뜯는다. 이때 암소는 '개에게 물리는 것보다는 차라리 송아지에게 젖을 물리는 편이 낫다'고 생각한다는 것이다. 이 일을 몇 번 되풀이하다보면 암소는 '아마랑가이'로 돌아가고 만다. 인내와 시간이 필요한 길들이기 작업이 아닐 수 없다.

흔치는 않지만 이런 방법도 종종 쓰일 때가 있다. 고슴도치를 잡아 그 가죽을 베껴서 송아지 머리에 씌우고 '가오랑가이'가 된 어미소의 젖을 물린다. 어미소는 당연히 머리로 받고 발로 차려고 한다. 어미소는 고슴도치 가죽 가시에 찔려 아픔을 느낀다는 것이다. 그래서 결국 젖을 물려 제 새끼로 키우는 경우도 있다고 했다.

어미양이 난산일 경우는 한손으로 어미양을 누르고 다른 한손으로는 새끼를 끌어내면서 태반으로 어미양의 주둥이를 문지른다. 이것으로 자기 새끼임을 확인시켜주자는 것이다. 이러한 조산은 5분에서 10분이면 거뜬히 해치운다. 그러나 말의 경우는 다르다. 워낙 등치도 크고 또 말떼 속에 섞여 있어서 이것을 잡아 묶고 뱃속의 새끼를 꺼내는 데는 기술을 필요로 한다. 말의 경우 조산의 성공률은 양에 비해 저조한 편이다.

때로는 수술을 하는 경우도 있다. 태중의 새끼말 때문에 진통을 겪기 시작한 어미말이 옆으로 누워 거의 죽게 되면 어미를 살려내기 위해 최후의 수단을 쓴다. 항상 휴대하는 칼을 꺼내 손에 잡고 산도産道를 따라 어깨가 닿을 때까지 손을 집어넣는다. 그리고 태중의 새끼를 사정없이 갈기갈기 찢어 끄집어낸다. 오밤중이라도 이 작업은 계속되고 몇 시간이 지나면 어미말은 훌훌 털고 일어난다. 아무리 가축이 많아도 그 생명 하나 하나를 소중히 생각하는 유목민의 심성을 읽을 수 있는 사랑의 손길이 여기 있는 것이다.

16.
몽골족의 설화

서울신문 1990. 11. 24.

몽골에도 물론 고유문자가 있다. 그러나 난이하고 쓰기가 불편하여 지식인이나 라마승려들이 주로 사용할 뿐 대부분의 유목민은 문자를 사용하지 않는다. 이러한 여건에도 불구하고 그들은 대자연속에서 가축들과 함께 사는 동안 자연스럽게 생겨나는 구전문학을 많이 남겼다.

유목생활이라 할지라도 여가를 누릴만한 시간이 없다는 것은 아니다. 긴긴 겨울밤을 지내는 데는 구송되는 이야기 시간이 그들 생활의 한 부분이기도 했다. 아이들의 교육은 거의 경험을 기본으로 하고 있다. 그리고 아이들은 구비문학을 통해 조상들의 이야기, 영웅들의 승전기, 동물과 인간의 관계, 생활의 지식을 터득한다. 한편 민요나 수수께끼 속담을 통해서 어릴 때부터 정서를 키우고 지혜도 배운다.

생활의 지혜 등을 익혀

그러나 성인이라고 해서 누구나 다 구송을 잘하는 것은 아니다. 구변이 좋고 기억력과 창의력이 있는 사람은 별로 많지 않다. 그런 사람은 게르 취락에 한두 사람이 있을까 말까할 정도다. 우리로 말하면 이야기꾼이나 말꾼, 또는 강담사, 말쟁이와 같은 전문구술가가 있다. 이들은 장편 영웅서사시나 옛날이야기를 며칠씩 계속 구술해도 샘물이 솟듯 끝없이 이어진다. 때로는 호오루, 도부슈르와 같은 전통현악기를 연주하면서 서사시, 영웅담을 노래로 들려주기도 하는 것이다. 이것을 기록하면 평균 3천에서 5천의 시행詩行이 된다고 하니 암기력도 대단하지만 그 내용의 규모도 방대한데 놀라지 않을 수 없다.

신화·전설·민담의 구분은 명확하지 않지만 신화와 전설은 서사시로서 노래로 구성되며 민담은 대개 이야기형식으로 엮어진다. 구술형식은 우리와 같이 도입부문은 '에리떼'(옛날)로 시작하여 결구는 '아무르한 사이한 자르가자이'(편안하게 아주 행복했습니다)로 끝맺는다. 말하자면 해피엔드인 것이다.

1927년 우리나라에서 처음으로 한몽설화비교연구를 시도한 손진태는 우리와 몽골간의 공통설화 6가지 이야기를 찾아낸 적이 있다. 이를테면 대전쟁전설(홍수설화), 견모犬猫의 보주탈환설화, 지하국대적퇴치설화, 조선의 일월설화, 쇠똥에 자빠진 범, 흥부설화 등이 그런 것이다. 최근 주채혁교수가 번역출판한『몽고민담』에는 나무꾼과 선녀, 호랑이와 토끼, 나그네와 호랑이 등 공통설화가 있으며 부분적으로 유사한 유화도 많다는 것을 지적하고 있다.

한편 벨기에 출신, 모스탈트선교사가 1937년에 발행한 오르도스지방의 설화집에도 우리와의 유사민담이 여러 편 수록되었다. 한몽 간의 설화관계에 공감대가 형성될 수 있었던 데는 몇 가지 역사적 배경이 깔려있는 것으로 보인다.

하나는 몽골계통의 어떤 부족에서 한민족이 파생했으리라는 가설이 그 하나이다. 이에는 고유신앙인 샤머니즘을 숭상한다는 점, 고대어에 있어서 어근의 공통성 등이 이를 뒷받침하고 있다. 다음으로는 원대에 양국 간 인적 문화적 교류가 꼽힌다. 약 1백여 년간 고려와 원대의 관계는 상호 문화수수관계였으므로 많은 영향을 끼쳤음에 틀림없다.

해피엔드로 종결짓고

그러므로 양국 간의 설화 공감대가 형성하는 것은 당연한 것이며 다만 우리의 관제는 설화의 전파과정을 밝히는 일이다. 막연히 몽골에서 한반도로 유입되었다든가 혹은 역으로 유출했다든가 할 수는 없다. 실증적이고 객관성이 있는 해답을 얻기 위해서는 주변 민족들의 설화와 함께 심도 있고 체계적인 연구가 이루어져야 할 것이다.

어느 날 한 여인이 창가에서 바느질을 하고 있었다. 그곳에 상처 입은 한 마리 제비가 추녀 끝에서 떨어졌다. 여인은 불쌍해서 적 백 청 흑 황의 오색실로 발을 묶어주었다. 제비는 매우 좋아하면서 하늘 높이 날아갔다. 그런데 어디로부터 가져왔는지 박씨 한 개를 물고 와서는 여인이 바느질을 하고 있는 창가에 놓고 갔다.

여인은 그 씨앗을 마당에 심었다. 그러자 얼마 안 있어 싹이 나더니 점점 자라서 드디어 박이 열렸고 그 박이 점점 커졌다. 여인은 그 박을 따서 꼭지 부분을 땄더니 속에는 쌀이 가득 담겨 있었다. 그래서 그 쌀을 꺼내 익혀서 먹었다. 매일 매일 이 박에서 쌀을 꺼내 먹었지만 언제나 쌀은 가득히 채워져 있었다. 이렇게 해서 가난했던 여인의 집은 부자가 되었다.

그런데 이웃에 심보가 나쁜 여인이 있었다. 이 모양을 보고 시기가 생겨 견딜 수가 없었다. 자기네집 추녀 끝에 제비집을 지어 살고 있는 제비 한 마리를 꺼내 일부러 다리를 꺾어서 오색실로 매어주었다. 다리가 꺾인 제비는 날아갔다. 이 제비 역시 박씨 한 개를 물어다 이 여인에게 주었다.

이웃 여인보다 더 많은 보물을 얻을 욕심으로 박씨를 심었다. 점점 자라 가지와 잎이 무성하더니 박이 하나 열렸다. 이웃 여인의 박보다 더 크게 자란 후에 땄다. 꼭지 부분을 베어 보니 안에서 큰 뱀이 나왔다. 놀란 심술궂은 여인은 그 자리서 숨이 멈춰 죽었다.

「흥부와 놀부」이야기와 같은 것이다. 설화학계에서는 이 설화가 농경문화를 배경으로 발생한 것이라는 견해가 지배적이다. 여러 가지 정황으로 보아 유목문화권의 몽골족 사이에서 자연 발생한 것으로 보기는 어렵다. 예컨대 추녀에 제비집을 짓는 대목은 농경문화권 속에서 정주생활을 하는 주택구조에서나 볼 수 있는 일이다. 그런데 항상 이동하는 게르에다 제비집을 짓는다는 것은 어불성설일수 있다. 그리고 박씨를 물어다 주어 그것을 심어 수확을 한다는 부분도 또한 농경문화의 소산인 것이다.

우리 것은 형제간의 갈등으로 구성되어 있는 데 비해 몽골은 이웃 여인간의 갈등으로 처리되어 있다는 점이 다르다. 이 점은 유목민들에게는 형제간의 재산 상속에 우리처럼 심각한 갈등의 요인이 없다. 그들에게 있어 유일한 재산은 농토가 아닌 가축일 뿐이며 이것은 어디까지나 공유재산이고 늘어나면 적당히 분배하기 때문이다. 그래서 설화의 주인공들이 자연스럽게 바뀌었을 뿐이다.

손진태는 고려시대에 인질이나 강제이주 된 한국여인들에 의해 이 설화가 몽골에 이식된 것이라고 추정했다. 충분한 가능성을 가지고 있다.

한 · 몽골 간 공감대 형성

우리가 소유하고 있는 설화 중에는 유목문화를 배경으로 한 것이 더러 발견된다. 예컨대 「여우 누이와 삼형제」가 그렇다. 옛 나라 큰 목장주인이 수백 마리의 말을 사육하는데 매일 한 마리씩 죽어갔다. 이상해서 밤에 지켜보니 누이의 탈을 쓴 여우의 짓이었다. 두 형이 사실대로 고한 것이 오히려 아버지의 노여움을 사게 돼 추방당한다. 막내는 거짓으로 고해 집에 남게 되지만 끝내 여우누이에게 잡혀 먹힌다. 가출한 두 형은 도사를 만나 술책을 배우고 황폐된 집을 찾는다. 여우 누이는 이때 최후의 두 오빠까지 잡아먹으려고 추격하지만 오히려 죽임을 당한다. 대강 이런 줄거리다.

이 계통의 설화는 몽골에서는 보편화되어있다. 특히 마하친(몽골어로 식인귀食人鬼) 모티브는 각종 이야기에 접맥되어 이야기의 흥미소로서 기능을 하고 있다.

옛날 어떤 상인이 노파를 데려와 어머니처럼 돌봐줬다. 어느 날 막내아이를 잡아먹고 있는 것을 보고 노파가 미하친인 줄 알았다. 남은 아이가 잡혀 먹히기 전에 데리고 도망쳤다. 미하친은 필사적으로 추격해 왔다.

상인은 소지하고 있던 상자를 열어 반지 하나를 꺼내 뒤로 던졌다. 연못이 되었다. 미하친이 연못을 빠져나와 또다시 추격해 오기에 이번에는 거울을 던졌다. 바다로 변해버렸다. 미하친은 끝내 바다에 빠져 죽었다.

이 민담은 원래 여러 삽화가 복합된 장편이다. 또다른 이야기 하나는 산에 사는 네 딸을 가진 부인이 친정에 가는 데서 시작된다. 미하친이 아이를 습격하지만 막내만 희생당하고 위로 셋은 지혜로 미하친을 교살시키는 데 성공한다. 두 번째 삽화는 죽은 미하친을 큰 나무 밑에 묻었더니 그곳에서 채소가 자라났다. 잡화상인은 잡화를 주고 대신 채소를 가지고 오는데 채소가 노파로 변신한다. 다음 계속되는 줄거리는 앞의 이야기와 같다.

몽골의 민담이 여러 삽화가 복합된 것이 많은 것은 전문적인 설화의 구술자들이 혹은 삭제하고 혹은 첨가하여 변이시킨 때문이다. 수렵이나 유목문화권에서 발생했을 가능성이 있는 설화들이 농경문화권으로 전파되었을 때는 내용에 변화를 일으킨다. 그러나 변하지 않는 것은 삽화를 구성하는 모티브(화소話素)로서 이 모티브를 통해 우리는 설화의 원향을 찾을 수 있다.

I7.
몽골족의 속담과 수수께끼

서울신문 1990. 12. 1.

세상에는 세 가지 부자가 있다. 가축과 자식이 많은 사람이 부자이다. 그러나 지식이 많은 사람은 더 최고의 부자로 꼽는다. 또 한편 세상에는 세 가지 위험이 있다. 아이 손에 칼을 쥐어주는 것, 어리석은 자의 손에 권력을 쥐어주는 것, 아첨하는 자의 입에 오르내리는 칭찬이 그것이다.

세상에서 멸시당하는 것도 셋이 있다. 곤경을 두려워하는 자, 죽음을 두려워하는 자, 그 중에서도 제일 멸시 받는 자는 아첨하는 자이다.

이것이 바로 몽골인들이 생활 속에서 반추하는 좌우명이라 할 수 있다. 비록 떠돌이 유목생활에서 체계적으로 교육을 받을 기회는 없을지라도 내면생활에는 불문율 같은 것을 지닌다. 이것을 어겼을 때는 게르 집단으로부터 소외당하거나 경험이 많은 노인이나 지도자로부터 힐책을 받는 수가 있다.

자연·동물 섭리 익혀

행복의 기준은 가축과 자식이 많은 것이 되겠지만 그보다 중요한 것은 지식이라 했다. 결국 유목생활을 번영시키는 데 필요한 것을 전통의 관습을 익히고 자연과 동물이 순응하는 섭리를 배우는 데서 찾아왔다. 그들이 가장 혐오하는 것은 아이에게 칼을 쥐어주는 것 보다 어리석은 자에게 권력을 쥐어 주는 것이라 했다. 인류학적으로 볼 때 미개사회의 부족사이에서 리더의 위치는 힘을 과시하는 것으로 굳힐 수 있다. 하지만 유목을 생명으로 하는 몽골족은 지도자의 자질을 우선 부족을 이끌만한 풍부한 지식에 둔다. 그리고 나서 힘을 갖춘 자를 요구하고 있다. 그리고 가장 혐오하는 것은 아첨하는 자이다. 단기간의 여행이었지만 필자가 몽골족을 대하여 느낀 점도 그들은 솔직하고 거짓이나 가식이 없다는 것이었다. 좋은 것은 좋다고 하고 나쁜 것은 나쁘다고 했다. 그들의 이러한 심성은 오직 동물의 세계를 무대로 살아온 데서 비롯되었으리라. 동물은 지극히 단순하고 솔직하며 또 소박하기 때문이다.

그리고 '셋'이란 숫자를 매우 즐겼다. 민속학에서 '셋'은 완전수로서 예로부터 모든 민족이 즐겨 쓰는 수였다.

몽골족은 '셋'이 천지인의 삼합을 의미한다고 생각해왔다. 우리의 '고수레'와 같은 행위에서도 첫 술잔의 술은 하늘을 향해서, 그 다음은 땅을 향해서, 공간(인간세상)을 향해서 각각 뿌리고 나서 마신다. 이러한 '셋'의 개념은 생활철학이나 수수께끼 속담과 같은 구비문학에도 반영되고 있다.

수호신이 있는 3개의 언덕, 풍요로운 3개의 오보, 얼음이 언 3개의 계곡, 꽃이 있는 3개의 들은 무엇인가? 이 대답은 '춘하추동'으로 1년의 4계절을 말한다. 여기서도 셋이란 숫자가 완전의 개념을 내포하고 있다. 즉 수호신의 3개의 언덕은 봄을 뜻하는 가운데 셋은 3개월을 의미하는 것이다.

가축들에게 봄은 연중 가장 나쁜 계절이다. 그래서 수호신이 있는 3개의 언덕을 넘으면 1년은 보장을 받는다는 것을 암시했다. 셋이 네 번 거듭해서 완전에 이른다는 계절의식을 가지고 있다. 유사한 것으로 '바루두'(영혼이 거하는 곳)의 3개의 언덕, 잎처럼 생긴 3개의 꽃, 풍요로운 3개의 '항가이山脈名', 추운 3개의 계곡은 무엇인가? 이 대답 역시 앞에서처럼 '춘하추동'을 말한다.

낙타의 중요성 시사

"세상에서 빠르고, 어렵고, 먼 것은?" 또는 "세상에서 세 가지 많은 것은?" 하는 수수께끼가 나오면 "세상에는 뿌리가 많고, 하늘에는 별이 많고, 바다에는 물이 많지." 하고 대답한다.

몽골족의 수수께끼를 자세히 관찰해보면 동물과 자연에 대한 생태나 섭리를 터득케 하는 지식의 공급원이라는 것을 알 수 있다.

"쥐의 모양을 하고 황소의 굽과 범의 가슴을 가지고는 토끼의 입술을 했다. 그리고 용의 목을, 뱀의 눈을, 말의 목털을, 양의 털을, 원숭이의 혹을, 닭의 벼슬을, 개의 다리를, 돼지의 꼬리를 가진 것은 무얼까?"

이 대답은 "낙타"다. 물음의 순서가 십이지十二支의 동물순서임을 알 수 있다. 이 12동물의 생태를 낙타는 모두 가지고 있다는 것을 암시한다. 그러나 그보다 십이지를 익히기 위해서 구성된 동물의 생태를 나열한 지혜는 대견할 뿐이다. 물론 이것은 십이지의 역법曆法이 수용되면서 생겨난 수수께끼지만 유목생활에 없어서는 아니 될 낙타의 중요성을 시사하고 있는 것이다.

"뛰고 뛰는 영양羚羊, 뒤쪽을 수 없는 영양, 빳빳이 서 있는 영양, 잡을 수 없는 영양은 무엇인가?" 이 대답은 "신기루"이다. 자연을 동물이나 식물 또는 인간에 비유해서 섭리를 설명하고자 하는 지혜가 매우 뛰어나 보였다.

아이들의 말장난(언어요言語謠)이 성인들의 수수께끼와 같은 유형으로 보급되고 있다.

"재灰를 밟아도 자국이 없고 문으로 들어오지도 않는 넌 대체 누구냐?" 하고 말할 때는 욕설이다. 이것의 대답은 "유령"이나 "악마"를 뜻하기도 한다.

아이들의 욕설 중에는 또 이런 것도 있다. "황야에서 시들어버렷!" 이것은 죽어버리라는 욕이다. "미친 늑대에게 찢겨버렷!" 이 말도 역시 사라지라는 뜻의 주언이다. "문밖에서 올빼미가 울기나 해!" 이는 죽었으면 좋겠다는 주언으로 심한 욕이다. 몽골에는 올빼미가 울면 곧 누군가가 죽는다는 예감이 드는 불길한 새로 믿고 있다.

"잿더미 위에 여우가 쓰러져 있다!" 이 욕은 너를 잡아먹으려고 여우가 잿더미 속에 숨어 있다는 뜻이다. 몽골에서는 옛날에 풍장이 성행해서 늑대나 새가 시신을 먹어치우면 영혼의 저승길이 트인 것이라는 길조로 보는 라마교의 영향이 있다. 그럼에도 불고하고 아이들의 욕에는 여우에게 찢겨 먹히는 것이 욕설의 주언으로 등장한 것은 사후관의 변화인지 아니면 라마교 이전 내세관에서 유래된 사고인지는 좀 더 관찰할 필요가 있다.

금기의 하나로 이름을 입에 담아서는 안 될 때가 있다. 예컨대 며느리가 시부모나 시아주버니의 이름을 입에 담아서는 안 된다는 것이다. 며느리는 시부모나 시아주버니 이름과 비슷한 음도 피해서 동의어나 혹은 일부러 조어로 대치해서 사용해야만 하는 경우도 보였다.

만일 시아버지 이름에서 샤라黃 차간白 하라黑같은 말이 들어 있을 때는 며느리는 자기의 대화중에 이같은 말을 빼버리고 대신 다른 말을 넣어 사용했다.

이러한 관습은 아이들에게도 마찬가지였다. 아이가 자기 부모나 혹은 의부모의 이름과 같은 다른 사람에게 말을 건넬 때는 그 이름이 나올 부분에 이름을 피한 채 '어려운 이름의 아버지'라는 형용사를 붙인 구를 만들어 사용하고 있었다.

심성心性 · 덕성 함께 가늠

몽골족의 지혜의 산실은 속담에 함축되었다. 두 마디로 구성된 짧은 속담에는 몽골족의 생활과 의식이 담겨 있다. 어느 개인의 창작이 아니라 오랜 역사의 유목생활을 통해 축적한 경험과 관찰에서 자생된 것이다.

'비렁뱅이 등은 굽어도 주는 이의 가슴은 펴 있다' '까마귀가 다른 까마귀를 검다 한다' '어리석은 자는 먹는 이야기만 하지만 현자는 무엇을 본 것에 대해 말한다' '무서우면 하지 마라. 했으면 두려워 말라' '사람을 알고프면 그의 벗을 보라' '물방울이 모여 바다를 이룬다' '사람은 진실할 때 아름답고 말은 달릴 때 아름답다' '놓친 말馬은 잡지만 놓친 말(언어言語)은 잡지 못한다' '말(언어言語)은 적은 편이 좋고 생각은 많은 편이 좋다' '운수에 불평하지 말고 자기에게 불평하라' '아이에게 칼을 주지 말라' '우자愚者에게 권력을 주지 말라' '우자에게 충고하는 것은 소뿔에 앉는다거나 같다' '비구름이 모이면 비, 사람이 모이면 힘' '거북은 천의 알을 낳아도 소리를 지르지 않지만 닭은 한 개를 낳고도 세상이 떠들썩하게 외친다'

몽골족의 심성과 덕성을 함께 가늠할 수 있는 속담들이다. 이 중에는 우리의 속담과 유사한 것도 많다. 그 속에 내포된 도덕률이 우리와 공감이 가는 부분이 많다는 사실을 새삼스럽게 느꼈다.

18.
몽골의 수렵민족

서울신문 1990. 12. 8.

내몽골지역에는 물론 몽골족만이 사는 것은 아니다. 내몽골자치구 지역내에는 몽골족 이외에 한족, 만주족, 회족, 다우르족, 오웅크족, 오르촌족 조선족, 시보족, 도차족, 동샹족, 묘족, 치왕족 등 다수의 소수민족이 살아가고 있다.

이 중에서도 내몽골자치구의 동북지역인 대흥안령과 소흥안령이란 양산맥을 근거지로 수렵생활을 하는 오웅크족과 오로촌족은 빼놓을 수 없다. 산림을 배경으로 수렵생활을 하면서 전통문화를 향유해온 특별한 민족이다. 같은 퉁그스어계의 민족이라는 점에서 몽골족과 공감대를 갖는다. 그러나 유목민족이 아닌 수렵민족인 것이다.

더구나 이 지역은 몽골족의 발생지라고도 일컬어지고 있기 때문에 우리 민족과도 연관시켜 일찍이 관심이 모아졌던 곳이기도 하다.

대흥안령지역에 살아

북으로는 흑용강을 끼고 한때는 시베리아까지를 생활무대로 했던 오웅크족과 오로촌족은 지금은 그 수도 감소되어 오웅크족이 약 1만 명, 오로촌은 2천 명에 지나지 않는다. 수렵민족의 정통을 이어오는 가운데 문화인류학적으로 한국민족과도 관계가 깊은 이들 만족, 사냥이 생활의 전부이기도 했다.

대흥안령지역은 배수가 잘 안 되는 습지와 빈틈없이 빽빽한 수림지역일 뿐 인간이 살

수 있는 적지는 아니다. 그럼에도 불구하고 오로촌족은 놀랄 만큼 건강한 사람들이다. 승마와 사냥의 솜씨는 무척이나 뛰어나 다른 소수민족들에게는 놀라움을 던져주고 있다. 기마술이 대단하여 적의 침입이 있을 때는 더욱 용감해지는 민족이기도 했다. 청나라는 이점을 최대한으로 활용하여 오로촌을 북방경비병으로 쓴 때도 있었다. 지금 오로촌에 차용된 명칭인 '악륜춘鄂倫春'도 북방경비시 전공의 대가로 1688년 청나라로부터 얻은 것이다.

유목민이 가축의 생태를 잘 파악하고 있는 것처럼 오로촌족은 사냥의 대상인 야수들의 생태를 잘 알고 있다. 이 삼림지역에는 사슴류 중에서 가장 크다는 중량 500㎏, 몸 길이와 높이가 각각 2m정도 되는 한다한이 서식한다. 코끝까지 털로 덮여 있는 한다한은 코끝 부분이 고급요리에 쓰인다. 잡은 사람만이 한다한의 코부분을 가질 권리가 있다.

수림 깊은 곳에 서식하는 한다한은 소리에 민감한 청각을 갖고 있기 때문에 여간해서 잡기 어려운 짐승이다. 여름이 되면 좋아하는 수초를 찾아 강이나 늪, 시냇가로 모습을 드러내는데 사냥꾼은 이때를 노린다. 수초에 온통 마음을 빼앗긴 한다한은 풀을 뜯어먹기 위해 머리를 물속에 처박는 버릇이 있다. 이때 총을 겨눈다. 맞지가 않아도 머리를 물속에 담가 소리를 못 듣는 탓에 다시 겨누어 잡게 마련이다. 가장 잡기 쉬운 시기는 발정기가 되는 가을(9월 중순부터 10월 중순)이다. 이때는 교미에 정신이 팔려 경계심을 소홀히 할 뿐 아니라 한 마리 수컷에 여러 마리의 암컷이 몰려들어 잡기가 아주 쉬운 것이다. 수놈은 암컷을 위협, 도망치지 못하게 하면서 차례로 교미를 시도한다. 사냥꾼은 처음에 암컷부터 쏘아 잡고 다음에 수컷을 쏜다.

일단 잡으면 이내 해체, 가죽과 고기로 분류해서 처자가 기다리는 막사로 운반한다. 털가죽은 지방을 모두 빼어 말린다. 고기는 가늘게 썰어 큰 가마에 끓인 다음 역시 건조시켜 보관한다. 고기를 건조하는 것은 10월 중순까지이며 이 작업은 주부에게 돌아간다.

야수의 습성을 꿰뚫어

오로촌에서 아뎃가라라고 부르는 곰은 11월말부터 다음 해 3월까지 굴에서 겨울잠을 자는 동물. 여름에는 뱀, 쥐, 개미 등 동물성 식성이고 가을에는 도토리같은 나무열매를 따먹는 식성을 가지고 있다. 여름의 곰은 살이 마르고 냄새가 나기 때문에 잘 잡지 않는다.

만일 잡았어도 담낭 정도 취하고 나머지는 버린다. 곰사냥은 겨울이 제철이다. 9월이 지나면 눈이 와서 발자국이나 찾기 쉽고, 살도 포동포동 쪄 있어서 고기맛도 좋을 뿐 아니라 털가죽도 질이 좋을 수밖에 없다.

옛날에는 곰을 잡았을 때 가족이 있는 막사를 향해 "홋 홋 홋" 하고 소리를 지르면 가족들도 멀리서 이것을 되받아 화답했다고 한다. 그리고 곰에 대해서는 속신같은 것이 있었다.

곰을 잡아서 해체가 끝나면 고기는 가늘게 썰어 가마에 넣어 끓이면서 소금과 야생파를 약간 넣는다. 이것이 '앗솜'이라는 음식인데 고급요리에 속한다. 앗솜을 먹으면 몸이 차지 않고 건강에 좋다는 것이다. 주위에 있는 사람들을 모두 불러서 함께 먹는다. 이때에 가장 웃어른이 축도를 한다.

먹고 난 뼈는 정중히 모아 버드나무 가지로 묶어 숲속으로 가지고 간다. 나뭇가지를 양쪽으로 세워 선반을 얹히고 그 위에 안치시킨다. 이때도 "홋홋홋" 하는 소리를 낸다. 이것은 "내 스스로 잡은 것이 아니오. 산신께서 주신 것이오. 그러므로 돌아가 주시오." 하는 의미를 내포하고 있다.

오로촌족은 곰을 다른 짐승과 구별한다. 즉 백부라는 의미인 '아마하'로 존칭된다. 곰을 부를 때 자기보다 높이는 관습이 있다. 자기가 잡고서도 자기 탓으로 돌리지 않는 태도는 옛날부터 곰을 숭배한 토템사상의 잔존이다. 그래서 곰을 잡아 해체할 때는 여러 의례가 뒤따랐다.

오로촌족은 수렵시기가 되면 이동식 막사를 친다. 나뭇가지를 10여 개 이상 원추형으로 세워 둘레에 천막을 두르고 바닥에는 깔개를 까는데 20분이면 충분하다. 중앙에 모닥불을 피우고 그 위에 솥이나 냄비를 놓아 불을 종일 꺼뜨리지 않는다.

영하50도의 추위를 견디기 위해 털가죽 옷은 필수적이다. 그러나 털가죽이 아무리 좋다고 해도 혹한을 견디기란 어려운 일이다. 어릴 때부터 신체적으로 단련된 이들이 아니고서는 불가능한 것이다.

순록 50~60마리씩 사육

막사 입구는 늘 남쪽을 향한다. 중앙의 난로를 중심으로 북쪽은 주인이나 노인의 자리,

동쪽은 부녀의 자리이고 서쪽은 아이나 손님자리이다. 이것은 몽골 게르의 좌석배열과 일치하기도 하는 것이다. 주인자리 동쪽에는 원래 신단이 차려지고 신상이 안치되어 있다. 그러나 현 정치체제 아래서는 금지시켜 왔으므로 없어지는 추세이다. 물론 변소설비는 따로 없으나 여자는 막사 밖의 동쪽을 사용하고 남자는 서쪽을 사용하는 관례가 지금도 지켜지고 있다.

수렵기간에는 2~3개 가족이 한조가 되어 공동수렵에 나선다. 물론 혈연집단만은 아니나 친척처럼 가까운 사이라야 한다. 사냥의 수확량이 이 이상의 집단을 요구하지 않기 때문이다. 사냥은 주로 남자 5명이 한 단위가 된다. 이것을 '아삼배'라 하고 6명이상인 경우를 '하람배'라 하여 큰 단위집단으로 여기고 있다.

혈족 간의 결혼은 금지되어 있으며 전통적인 관례는 본인들의 의사가 무시된 양가부모간의 약속에 의해 이루어진다.

결혼적령기는 16~18세. 혼사일에 신랑이 친척과 함께 말을 타고 신부한테로 간다. 장인될 사람이 사위에게 여러 가지 잔소리를 실컷 한 다음 딸을 넘겨준다. 딸측 가족들이 말을 타고 모두 함께 신랑집으로 끌려온다. 신랑집 옥외에서 혼례식이 베풀어지는데 먼저 신랑신부가 하늘에 대해 무릎을 꿇고 절을 한다. 그 다음 고기를 넣어 조로 쑨 죽을 한 그릇 가져와서 젓가락으로 한술씩 입에 떠 넣어 준다. 식은 이렇듯 간단히 끝내고 축연이 베풀어진다.

술을 마실 때는 반드시 천天 · 지地 · 화火에 먼저 헌주한다. 몽골족 고수레의 이치와 방법도 같다.

대흥안령 일대에는 순록(토나카이)사육을 하는 오웅크족이 있다. 이들은 원래 북

흥안령 부근의 여인들은 아이 때부터 총 쏘기를 가르치기 때문에 남자들과 진배없다.

방 시베리아가 원향이라고 생각하고 있다. 순록사육은 여러 가지 조건으로 보아 현위치가 한계선인 듯 싶다.

더 남쪽으로 기후나 생태조건이 부적격하기 때문이다. 대흥안령만 해도 순록의 질이 시베리아보다 낮아 체중이 1백~1백40kg, 키는 겨우 1m정도밖에 되지 않는다.

교미는 8월말에서 10월말까지이고 출산은 4월 중순에서 6월말까지이다. 수놈은 3마리를 남겨 놓고는 모두 거세된다. 오웅크족은 한가정단위로 평균 50~60마리 정도의 순록을 사육하면서 2~3가족이 한 단위가 되어 이동생활을 꾸려가는 것이 보통이다. 몽골족의 유목민은 양·말·소가 주 사육동물인데 비해 오웅크족은 토나카이유목민이다. 현재는 야생사슴이 거의 없기 때문에 사육사슴으로 대치되고 있다. 토나카이 녹용은 약용으로 고가에 팔려 기본적인 생활은 유지된다고 한다.

I9.
몽골족의 무속신앙

서울신문 1990. 12. 15.

필자의 내몽골여행이 거의 끝나가면서 안내와 통역을 맡아준 단段씨에게 보오孛額를 볼 수 있도록 부탁했다. 그는 몽골에 체류하는 동안 여러 가지로 학술탐사활동을 이해하고 또 도와준 사람이었다. 처음에는 경계를 했지만 순수한 관광객이 아니라는 것을 알게 된 후 부터는 성심껏 보살펴주었다.

하지만 그의 노력에도 한계가 있었던지 끝내 보오를 찾지 못했다. 그도 그럴 것이 라마교가 국교로 된 이래 보오의 사회적 위치는 쇠퇴했기 때문이다. 라마승이 보오의 기능의 일부를 흡수하면서부터 보오는 별 볼 일 없는 위치로 전락되고 말았다. 그렇다고 해서 보오가 몽골민족의 정신세계에 완전히 사라진 것은 아니다. 보오는 우리의 무속신앙에서 의례를 주재하는 무당과 같은 존재이다.

지역따라 호칭도 다양

지역에 따라 호칭도 다양했다. 동북 몽골지역에서는 보오孛額는 남무를 가리키고 여무는 얄간亦都竿이라 불렀다. 흥안동성쪽 일부에서는 무당은 아니지만 독경이나 점복행위를 하는 사람을 '발시'라 하는데 한자로는 巴黑石·巴黑失·巴克西 등으로 표시해왔다. 발시란 '박시'의 와전이라고 주장하는 학자도 있다. 우리나라에서 남무를 가리켜 '박수'라 하는 것도 연관해서 생각하면 흥미롭다.

어떻든 몽골 고유신앙의 핵심인 보오를 이번 기회에 볼 수 없는 게 유감일 뿐이었다. 그러나 없어진 것은 아니었고 의도적으로 보여주지 않으려는 당국의 입김이 작용했다는 사실을 어렴풋이 알아차릴 수 있었다. 사회주의 국가를 표방하는 나라라는 점을 고려하여 보오를 안보여 주는 것 같았다.

몽골족이 무속신앙에 얼마나 깊이 잠식되었는지를 알 수 있는 흥미로운 일화가 있다. 금세기 초 몽골탐험가로 유명한 덴마크 출신의 크리스찬센이 1927년부터 3년간에 걸쳐 두 번째 몽골탐험을 시도하던 때였다.

박물관 표본채집을 위해 탐색 중 쿠랑(노새와 비슷한 야생마)떼를 발견했다. 총을 두발 쏘고 달려갔더니 거세된 몽골말이 쓰러져 있었다. 아마도 가축 무리로부터 이탈된 말인 듯 싶었다. 비록 이탈된 말이라 할지라도 주인이 있게 마련이며 주인이 있는 말은 잡지 못하게 되어 있는 것이 몽골유목민간에 금기로 되어 있었다. 안내와 마부 그리고 몽골일꾼들은 곧 불길한 사건이 터질 것이라는 예감에 파랗게 질려 있었다. 탐험가는 일행과 함께 숙의한 끝에 죽인 두 필의 말을 사육하고 있는 주인을 찾아 솔직히 실수였음을 밝히고 배상을 하기로 결심했다. 그래서 그곳에서 제일 가까운 마을을 찾았다.

이윽고 사육주가 나타났다. 당장 큰일이라도 발생한 듯 사육주는 험상궂게 굴었다. 크리스찬센은 이 사육주와는 대화가 순조롭지 못함을 알자 촌장을 찾아가서 자초지종 설명을 했다. 촌장은 이 일은 매우 중대사이기 때문에 지도자회의를 거쳐 재판에 회부해야 된다고 말하는 것이었다. 그들은 장시간 떠들어대다가 갑자기 조용해졌다. 크리스찬센 일행과 촌장일행이 게르 안에서 대좌했다. 밖에는 유목민 가족들이 결과를 알기 위해 호기심으로 모여들어 게르 안의 동정을 살피고 있었다.

크리스찬센은 이것을 완전히 실수였으며 응분의 배상을 하겠다고 제의했다. 그리고 말 두 필 값으로 은양바(말굽모양을 한 은괴로 약 1.7㎏) 한 개를 내놓았다. 그러나 사육주는 우리 몽골족은 쿠랑을 잡지 않는 것을 뻔히 알면서 잡으려 했다는 사실은 장차 몽골족을 향해서도 총질을 한다는 뜻과 같다고 억지를 부렸다. 그러면서 은괴 3개를 내놓으면 상담에 응할 생각이라고 했다.

라마승은 표면상 도와

대죄를 지은 범인 취급을 하는 것이 못마땅했다. 은괴 3개는 대단히 큰 값이며 이러다간 가지고 있는 은괴마저 모조리 빼앗길 것이라는 불길한 예감이 들었다. 밖에서는 군중이 모여 처벌하라고 아우성을 쳤다. 어떻게 해서든지 이 위기를 벗어나야 할 텐데 하고 생각하는데 문득 '샤먼이 되자!' 하는 생각을 하게 되었다. 과거에 보오(무당)나, 라마승이 유목민을 신비와 위하로 압도한 장면을 몇 번이나 보아왔던 터라 북몽골에서 배워둔 무당굿을 한바탕 연출하기로 했다.

크리스찬센은 손을 쭉 앞으로 뻗어 궁중을 향해 무언가 신비적인 줄을 그리며 무당의 기도문을 줄줄 외나갔다. 그것은 일부는 티베트어였으며 일부는 몽골어였다. 게르 안은 갑자기 침묵이 흘렀으며 소요하던 밖의 군중도 모두 조용해졌다. 그리스찬센은 사육주의 눈을 직시하면서 무서운 표정을 지으며 무가를 소리높이 부르기도 하고 낮추기도 하면서 때로는 광적태도를 보이기도 했다. 마침내 군중들과 지도자들은 몸 둘 바를 모르면서 전전 긍긍했다. 갑자기 무가를 그치고 손끝으로 사육주를 가리켰다.

"보라! 이 자의 얼굴에 불길한 징조가 보인다. 신의 저주를 의미하는 줄이 보인다."

이때 마을지도자들은 엄숙한 표정으로 신의 공수를 들었다.

"욕심으로 그대의 부富를 축적했도다. 권세를 쌓았도다. 나는 위대한 신의 권능으로 그대의 정의를 시험코자 왔거늘 오호라, 그대의 불의와 증오가 심하도다. 지금 신의 형벌이 그대를 맞고 있도다. 그대는 오늘 중에 양을 희생제물로 신에게 바쳐 뉘우칠 것이며 그렇지 않으면 가축은 사라지고 2년 이내에 그대는 거지가 될 것이다. 지금 당장 이 정의로운 사람들 틈에서 떠나거라!"

그러자 사육주는 죄인마냥 그곳을 떠나갔다. 게르 안팎은 잠시 침묵이 흘렀다. 크리스찬센이 본래 모습으로 돌아온 체 하고 웃으며 앞에 내놓았던 은괴를 촌장에게 주면서 "이것으로 모두에게 차와 담배와 향연을 베풀어 주시오." 하자 분위기는 돌변하여 화기애애해졌다.

그런데 문제는 과연 그 사육주가 양을 가져올 것인가 하는 것이었다. 저녁이 되자 과연 예상한대로 크고 튼튼한 양 한 마리를 가지고 왔다. 이렇게 해서 사건은 깨끗이 정리가 되었다.

유목민이 무속신앙에 얼마나 깊이 몰두하고 있는지 그 실상을 보여준 한 사례라 할 수 있다. 지금 내몽골은 중국 영토가 되어 사회주의 국가이지만 공식 의례인 오보제의에는 보오가 입회한다. 물론 라마승이 표면상으로는 의식 자체를 진행하고 있어도 평복을 입은 보오가 입회하여 라마승을 도울 뿐 아니라 교시하는 모습을 볼 수 있다. 마치 한국에서 동제를 지낼 때 제관들이 유교식으로 집권하지만 무당의 굿이 중심을 이루고 있는 것과 같은 현상이다.

몽골에서는 공식의례에도 이처럼 보오가 그들의 실력자 노릇을 하고 있다. 하물며 개인의 의례에서 보오의 역할이 음성적으로 강조되고 있음은 충분히 짐작할만한 일이다.

제구엔 거울 · 북등 필수

몽골의 무속조직은 넷으로 구분된다. 하나는 의례를 관장하는 보오와 조무가 있다. 조무는 무복을 입히고 벗기고 하는 일과 무의 중에 신이 지쳐 쓰러지는 경우 일으켜 주고 향로나 주구들을 옮기는 일을 맡는다. 보오는 신통력이 있는 사람이 사무로부터 일정기간 배워서 되는 수도 있지만 전통적으로는 혈연적 세습무이다.

또 무무巫舞이나 무가(이곳에서는 노옴이라 부른다)는 하지 않지만 일정한 독경을 행한다. 병을 고치거나 점무를 하는 발시 혹시 박시라 일컫는 점무도 있다. 이것은 무巫와는 전연 관계없는 사람이 하는 경우는 드물고 예컨대 남편이 보오의 직능에 있을 경우 부인은 점무가 되는 것이다. 그 반대의 경우도 있다.

보오의 집에는 안주하는 주택이나 이동하는 게르나 상관없이 제단을 차려놓는다. 중앙 벽에는 여러 신상도를 붙이고 그 밑에는 향로와 음식물을 차린다. 우측 구석에는 나무로 만든 온곤Ongon이라 일컫는 목우신상들을 담은 주머니와 신경神鏡 신고神鼓를 안치해준다. 그밖에 양이나 소의 말린 방광과 늑골 2개씩을 놓는 등 유목민의 특성을 반영시키고 있다.

엄밀히 관찰해 보면 지역 차는 있지만 한국 무속신앙체계와의 공통점이 발견된다. 우리의 굿과 절차상의 공통점이 있다. 제구에 있어서도 방울과 거울 · 북이 반드시 구비되는 것은 우연의 일치로만 볼 수 없는 것이다. 한국의 무속신앙의 본질을 이해하고 이론적 체계를 이루려면 몽고의 무속신앙을 연구하지 않을 수 없는 것도 이 때문이다.

20.
몽골족의 우주·영혼관

서울신문 1990. 12. 29.

몽골의 무속신앙을 몸소 체험한 학자가 있다. 1935년 9월 몽골을 찾았던 아카마쓰赤松智城가 바로 그 사람이다. 그는 내몽골 동북부 하이라루海拉爾 교외의 한 촌락에서 직접 경험한 무의를 상세히 소개한 적이 있다.

이 굿은 보오巫人 스스로가 벌인 것이 아니라 반강요에 의해 베풀어진 것이었다. 축원자는 물론 아카마쓰 자신이지만 동석자 중에는 영사관의 경사가 입회하고 있었기 때문이다. 첫날에는 아카마쓰 자신의 복통을 고쳐 달라는 데서 시작되었다. 당시 42살의 보오는 7~8대째의 세습무로 20년 경험이 있는 아우운핀이란 사람이었다.

병도 굿으로 다스려

아카마쓰를 자세히 살핀 보오는 "별다른 병이 아니니 곧 나을 것이다. 굿을 하지 않아도 된다."고 거절해 버렸다. 그래서 달래기도 하고 얼러도 본 끝에 "그렇담 꿈을 봐야 할테니 내일 만나자."는 약속을 받아냈다. 다음날 상오10시에 다시 찾아갔다.

"병은 어떤가?"

"조금 나은 듯 싶지만 ??이 가라앉지 않았다."

보오는 의사처럼 맥을 짚거나 하는 일은 본래 하지 않는다. 신령의 영험에 의해 병이 낫는다고 믿을 뿐이다.

"무복을 입으면 정신을 잃게 된다. 무슨 일이 발생할지 몰라. 당신들도 이곳을 도망치겠지…."

"결코 그런 일은 없을 것이다."

"신검으로 찌를 것이다. 그러나 상처는 나지 않는 것이다."

이리하여 굿은 시작되었다. 제단에 제물을 차리고 향로에는 향을 피웠다. 보오는 조무의 도움을 받아 무거운 무복을 입고 신고를 가지고 출입구를 향해 북을 치기 시작했다. 사방 돌면서 배례를 하고 무가를 부르는 무무는 계속되었다. 이때 조무들은 입구에 향로를 두고 향을 연신 피웠다. 출입로를 정결하게 하여 신령이 들어와 보오에게 지피기를 기원하는 의식이었다. 속도는 빨라지고 알아들을 수 없는 주언을 하면 조무가 따라 복창했다. 이윽고 비틀거리며 주언이 그쳤다가 힘없이 이어지고 하는 것이 되풀이되었다.

그리고 조무가 자리를 피했다. 눈을 감고 입구를 향해서 몇 발자국 움직이더니 갑자기 우회전 5번, 좌회전 3번, 뺑뺑이 춤을 추더니 보오는 바닥에 쓰러졌다. 이때 조무가 재빨리 입구쪽을 향로를 옮겨 보오의 얼굴쪽에 바짝 갖다 대고 일으켜 앉혔다. 보오는 계속 북을 치며 무가를 불렀다. 일어나 서서 좌우로 뺑뺑이 춤을 계속했다. 그러다가 제단에 있는 가죽 띠를 잡고 흔들었다. 이번에는 난로에 꽂혀 있던 불에 단 인두처럼 생긴 쇠연모를 집더니 축원자의 배를 향해 댔다. 그리고는 배를 열라는 눈짓을 했다. 순간 쇠연모 끝에 혀를 대는가 하더니 이번엔 쇠연모 끝으로 배를 향해 찌르는 시늉을 했다. 이때 놀란 일행이 벌떡 일어나 밖으로 뛰어나갔다. 이러한 일을 두 번 되풀이했다. 다시 분위기가 가라앉았다. 북을 치며 가무가 계속되었다. 그러다가 굿은 그쳤다. 1시간정도가 실히 걸리는 굿이었다.

치병을 위한 병굿인 셈이다. 원래는 더 복잡하고 절차도 다양하겠지만 무리한 요구에 응하느라 제대로 하지 못한 듯하다. 그러나 대체적으로 우리의 영감무들에게 의한 병굿과 구조면에서 일치하고 있다. 우선 가무를 곁들인다는 점이 그렇다. 또 보오가 신지피는 과정 (trans)에서 심한 도무를 병행하는 것, 우리가 신칼이라 일컫는 신검을 이용하는 데 반해 불에 붉게 달아오른 쇠연모를 사용하는 것 등이 그것이다. 여기에서 우리는 무속신앙의 북방전 래설을 시사하는 느낌을 받게 된다.

천둥은 용의 울음소리

이러한 외형적인 무의만으로 북방유입설을 유추한다는 것은 피상적일 수 있다는 점이 없지 않다. 그래서 몽골민족의 내면생활의 구심점이 되는 신관에 대하여도 다시 살펴볼 필요가 있다. 우선 지적할 수 있는 것이 일반적으로 유목민이 공통적으로 향유하고 있는 천신에 대한 관념이다. 몽골족은 하늘은 세계의 지배자, 영원한 주신이며 생명의 근원이 된다고 믿는다. 그리고 선의 원천이 된다고도 생각해왔다. 이 천신관념은 다시 천체와 기상으로 분화되고 있다. 예컨대 태양과 달의 신앙이 존재하는 것이다. 달은 태양으로부터 빛을 받아 인간의 생활을 풍요롭게 하는 힘이 있다고 생각한다.

그러므로 태양에 부성원리를, 달에는 모성원리를 부여하고 있다. 별은 인간의 건강·재물과 장수를 관장하는 힘을 가진 것으로 보아왔다. 우레와 번개는 중국으로부터 수용한 용관념과 연관해서 매우 두려운 대상으로 여겼다. 우렛소리는 용의 울음소리며 번개는 용의 꼬리로 지상에 징벌을 내리는 표상이라는 것이다. 번개를 특히 두려워하는 것은 범법자의 징벌이라는 것 때문이다. 그리고 문화사적으로 용은 황제의 권력·지능·능력을 상징하는 존재이기도 했다.

대지는 천신 다음으로 중요시하는 신앙체계를 가지고 있다. 예로부터 땅을 여신(etugen)으로 여기고 숭배해 왔다. 따라서 대지는 산천의 기능신으로 다시 분화된다. 모든 부족들이 오보를 언덕 위나 노변에 세우는 것은 신경이 임재하기 쉬운 거소라는 관념에서 비롯되었다. 예로부터 오보의 설치는 보오가 신에게 고해서 신령이 임재하도록 한다는 뜻을 담고 있다. 언덕 위나 산을, 또 풀이 많이 나고 물이 있는 곳을 골라 돌을 쌓아 올려 만들었다. 마을 수호신의 기능이 부여되어 있다. 소림이 우거진 곳에 사는 수렵민은 수림의 주신인 마니한manihan을 숭상했다. 이는 수림의 수호신이며 이곳에 서식하는 동물들을 모두 지배한다는 것이다.

한편 천신과 지신 사이에서 갈린 화신 신앙도 무시할 수 없다. 몽골신화에서는 천지신 사이에서 갈린 것이라고 했다.

그러나 몽골의 화신을 오토(ut, ot)라고 하는 것은 터키에서 불의 여신을 일컫는 오토를 차용해 쓰고 있다는 주장도 있다. 그러므로 터키로부터 중앙아시아 유목민족을 경유해서 몽골에 수용된 것을 추정되었다. 만일 터키 유입설을 지지한다면 터키나 중앙아시아에서 불을 생명의 근원으로 여기는 관념이 몽골에 이르러서 정화의 표상으로 변화한 차이점을 어떻게 설명해야 할 것인가. 물론 불의 관념이 터키로부터 이동하는 동안에 변이할 수도 있다. 하지만 배화사상의 분포권은 매우 광범위하다. 동북아시아로부터 남하해 갔다는 가설도 가능하기 때문에 이 문제는 학계가 해결해야할 숙제로 남는다.

보오는 우리 무당 역할

몽골의 '불'은 정화의 기능이 있을 뿐 아니라 가통, 또는 가계의 상징이기도 했다. 그래서 불을 지피는 난로나 부뚜막은 신성한 장소가 되고 있다. 신랑이 신부를 데리러 갈 때, 그리고 신부가 시집에 왔을 때 먼저 화신에게 경배하는 데에서 불이 가계의 상징이라는 점이 찾아진다. 그리고 신부는 불을 꺼뜨려서는 안 된다. 뿐만 아니라 장례의식이나 그밖에 범법자가 신의 심판을 받을 때 양쪽에 지펴놓은 모닥불 사이를 통과하는 의식에서도 불에 대한 정화의 기능이 나타난다.

몽골족에 있어서 조상숭배는 우리의 유교적인 도식화된 조상숭배와는 차이가 있다. 그러나 우리의 무속신앙에서 볼 수 있는 조령신앙과는 맥을 같이하는 부분이 많다. 즉 사람이 죽으면 영혼이 내세에 가는데 이승에 사는 가족에게 직접 축복을 주거나 건강을 주는 영향력이 있다고 생각한다. 단지 착한 사람이 죽었을 때는 내세에서 평안히 생활하지만 악인이 죽었을 때는 그 영혼은 내세에 이르지 못하고 중간에 머무르면서 이승사람에게 해를 입힌다는 것이다. 인체에 잠입해서 병을 발생케 하고 아이를 죽이기도 하는데 이처럼 죽은 영혼이 활동하는 것을 온곤ongon이라 했다.

옛날에는 사랑하는 사람이 죽으면 인형을 만들어 보존했다. 식사 때 이 인형에게 먼저 드리고 입 맞추고 절도 했었다. 그러나 사자死者의 영혼이 모두 온곤ongon이 되는 것은 아니다. 인간에게 축복을 하던 악행을 하던 죽은 자의 일부분이 온곤이 될 수 있으며 이를 판별하는 것은 보오의 역할이다. 따라서 보오는 무의를 통해 해를 끼치는 온곤을 제거하는 일을 맡았다. 그리고 보오가 죽었을 때는 그 영혼이 모두 온곤이 된다고 했다. 보오의 사회적 지위는 제의를 집행하는 사제기능, 병을 고치는 무의기능, 불행의 원인을 알고 미래를 점치는 점복기능을 가진 것은 우리의 무당과 일치하는 것이다.

　몽골족의 전통적 주업은 유목이고 일부는 수렵이지만 그들의 정신세계인 우주관과 영혼관은 농경문화를 기반으로 하고 있다. 우리의 기층문화와 공통점이 많이 발견되는 것은 이 때문이다.

21

변화하는 몽골

서울신문 1991. 1. 12.

몽골족을 처음 만났을 때 가졌던 선입견이 잘못임을 차츰 깨닫게 되었다. 휘팅실리대 초원에서 대면한 유목청년들은 너무나 순박했고 수줍음을 잘 탔다. 아직도 때가 묻지 않은 순수함을 지녔다고나 할까. 칭기즈칸의 후예라는 자만심이 오만과 불친절로 나오지 않을까 하는 생각은 기우로 끝나고 말았다.

세계를 놀라게 한 기마민족의 특성이 역사 속에서 사라진 사실을 직시한 탓인지도 모른다. 지금은 또다른 변혁, 새로운 자유화와 개방화에 조금씩 눈을 뜨고 있었다. 우선 선조들의 유목민생활로부터 차츰 그 형태의 변화가 이루어지고 있는 것을 실감했다.

변화의 바람이 부는 초원 양 떼와 붉은 기가 펄럭이는 게르 앞에서 서성대는 몽골인들.
최근 몽골에선 가축 등 재산이 어느 정도 개인소유로 인정되면서 재산 증식의 욕구가 생겨나기 시작했다.

단층벽돌 가옥도 등장

유목민의 본거지인 대초원에서 변화의 첫

징조는 목조운송구인 달구지가 없어지고 있다는 것이다. 훤히 뚫린 도로에는 소형트랙터의 달리는 모습이 가끔 눈에 띄었고, 수레바퀴 자국대신 타이어바퀴 자국이 이미 많이 나있었다. 그리고 가끔 오토바이가 초원을 달리는 모습은 경쾌하기까지 했다. 아마도 몽골에는 멀지 않아 오토바이를 탄 목동이 생겨날지도 모른다는 생각을 했다.

그다음 변화의 조짐은 몇몇 초원의 안주가옥설계에서도 나타났다. 물론 많은 가옥이 모인 취락은 아니었다. 우리나라 학교건물 모양의 단층벽돌가옥을 지어 3~5가정이 들어앉아 살았다. 이러한 현상은 본격적인 탈유목생활이라고 할 수 있다. 이동은 하지만 가옥마저 옮기는 그런 원거리 이동이 아니고 가능한 한 정주가옥 주변에서 목축생활을 하려는 경향이 뚜렷했다.

안주가옥에는 풍차를 달아 발전기로 이용, 그런대도 전기도 사용했다.

또한 물물교환의 기능이 없어지고 도시의존도가 많아졌다는 것도 변화의 하나였다. 옛날에는 옷은 물론 가구류의 거의가 수공手工에 의해 만들어졌다. 그러나 지금은 수공이 점차 줄어져 게르군群간의 물물교환이 사실상 불가능하게 되었다. 한편 가까운 도시에는 이러한 것을 메워주기라도 하듯 피세공장·은세공장·대장간·목공 등 많은 기술자와 점포가 생겨났다. 경제적 유통구조가 변화하고 있는 것이었다. 보부상들에 의해 금은 장식품·쇠붙이·담배·차茶정도를 양가죽이나 소가죽을 주고 바꾸던 물물교환시대는 이제 막을 내렸다.

가장 큰 변화는 뭐니뭐니 해도 정책변화를 들 수 있다. 옛날에는 모두 개인소유였지만 공산국가가 된 이래 국가소유가 되었다가 1984년부터는 정부가 가죽을 단위로 하는 관리방식을 취하고 있다. 즉 생산대대에 속한 가축은 사람 수에 비례해서 각 가정으로 할당되고 그 관리가 위임되었다. 새로 태어나는 새끼들은 물론 모두가 자신의 소유이다. 그래서 재산을 늘려간다는 인간본연의 욕구가 생겨나고 있는 것이다. 잘만하면 1인당 연수입이 6백원(우리돈 9만 5천원·1원元은 1백34원)이라고 했다. 노동할 수 있는 가족 수를 곱한다면 도시로 나가 공장에서 버는 것보다 별로 뒤지지 않는 수입이었다. 비록 도시 공장수입보다 약간 뒤질지는 모르나 도시의 생활비를 감안하면 유목민의 생활이 더 윤택할 수 있다는 이야기이다.

그렇지만 최근 젊은 세대에서는 도시 진출의 꿈이 높아지는 추세이다. 도시 진출은 중국의 한족과 결혼을 하든가, 고등교육을 받아 직장을 알선 받는 방법에 의존한다. 여기에 내몽골자치구의 정책이 가세하여 교육열은 고조되어가고 있다.

1945년 세계대전이 끝날 즈음의 내몽골에는 대학은 하나도 없었고 중학교가 16개소, 소학교가 겨우 1천6백 개소 밖에 존재하지 않았다. 그러므로 당시의 문맹자수는 90%를 넘었다. 그런데 1985년에는 정규대학과 고등전문학교만도 16개소인데다 전공과목이 1백여 개가 되었고 현재 재학생은 3만여 명에 이른다. 이런 정책에 힘입어 교육시설과 학생 수가 많아졌다. 그러나 고등전문교육의 질적 문제는 아직도 숙제로 남아있다.

젊은층, 도시진출이 꿈

단적인 예를 하나 든다면 내몽골에서 한 대학의 총학생수는 4천 명인데 교수 수는 7백여 명에 이른다고 한다. 교수당 학생 수 6명이니까 가장 이상적인 교육이 가능하리라는 생각이 얼핏 든다. 하지만 사정을 들여다보면 당국의 무작위한 교수배치와 낮은 급료, 연구비 혜택이 없는 교육환경을 곧 발견하게 된다. 학과소속 교수 중에는 강의를 맡지 않는 교수도 있다고 하니 알만한 일이다. 그래서 뜻있는 학생들은 유학을 가려고 안간힘을 쓰고 있다. 몽골은 지금 분명히 변화하고 있으며 멀지 않아 더 큰 변혁이 일어날 것이다.

오르도스사막에 있는 칭기즈칸능묘를 가려면 열차로 후허호토시를 경유, 포두包頭에서 내려야 했다. 포두는 중국의 유수한 공업도시의 하나이다. 약 7만 명이 근무하는 포두제강소가 있는 도시이다. 안산·무한과 더불어 중국의 삼대제철도시로 널리 알려져 있다. 1959년 소련의 기술원조로 제1호 용광로가 세워진 이래 지금은 3개의 용광로에 11개 공장을 가진 매머드 제철소로 성장했다. 이런 변방에 이같은 공장이 세워질 수 있었던 것은 1927년 중국 지질학자에 의해 발견된 파이운오보 철광산 때문이다. 공장에서 약 30㎞지점에 황하가 동서로 흘러가고 있는 자연 해택도 이 공장을 키운 한 요건이 되었다.

이 제강소의 연평균 생산량은 철1백70만 톤t이며 년 순이익은 약 1억7천만 원이다. 특히 이 공장의 주생산은 철도레일인데 연간 약 20만 톤t을 생산해왔다. 레일은 1m당 중량으로 50,60,75㎏의 3종류가 있다. 75㎏레일은 가장 무거운 것으로 미국·소련·중국에서만 생산

관광객을 위한 게르.
후허호토시의 북쪽 작은 도시 우란투게에
는 욕실까지 갖춰진 관광객을 위한 게르가
세워져 있다. 최근 내몽골에서는 정주가옥
설비를 정책적으로 권장하고 있기 때문에
몽골 전통주거인 게르는 차츰 사라지는 경
향을 보이고 있다.

하는데 중국전체 생산량의 80%를 이곳에서 충당했다. 얼마쯤은 북한으로도 수출한다는
것이다. 이 공장은 3교대로 24시간 가동하고 있으며 종업원 평균임금은 월 70원이다.

임업 · 광업 · 축산 · 캐시밀론 · 피혁 등 자원이 풍부한 내몽골자치구는 독자적인 대외
무역의 길도 개척, 자치구 경제에 도움을 주고 있다. 북경 · 천진 · 대련 · 진황도 · 광주등
지에 독자적인 무역사무소를 두고 50여 개국과 가공무역 · 보상무역등의 방법으로 경제부
흥을 시도하고 있는 중이었다. 수입품목은 주로 자동차 · 가정용 전기용품 · 기계 · 방직원
료 · 의료기기 등이고 주된 수출품은 캐시밀론 · 피혁 또는 모피의류 · 냉동육류 · 화섬생
지 · 텅스텐광석 · 흑연 · 한약재 등 2백40여 품목에 이른다.

그러나 생산기술부진으로 부가가치가 높은 품목의 생산이 부족하여 외국으로부터의 기
술도입을 적극 추진하고 있다. 외국의 자본투자가 비록 단독이건 합자건, 또는 협동경영이
건 경제특별구의 해택은 충분히 돌아간다는 홍보가 대대적이었다. 그리고 이윤은 자치구
내 중국은행을 통해 국외송금도 가능하다는 주장을 곁들였다.

콧대가 높지 않고 우직해 보이는 몽골민족은 보기에는 순박하지만 때로 욱하는 성질도
지녔다. 한국민족과는 성격상 공감대가 형성될 수 있는 민족인 것 같았다. 인건비가 중국내
대도시보다 훨씬 싸다는 것이 외국자본투자자의 매력처럼 보이기도 했다.

한국인처럼 순박 · 다급

인구 1백20여만 명의 자치구 수부인 후허호토시市, 그리고 공업도시인 인구 1백57만 명의 포두시에는 한국교포가 각각 7백여 명씩 살고 있다. 이들은 고급공무원을 비롯하여 교수 · 교사 그리고 기술자 · 일반상인 등 각양각색이다. 소수민족의 문화진흥정책에 따라 독자적으로 조선인 소학교와 중학교를 가지고 있으며 그간 북한으로부터 교재지원을 받아왔다.

모두가 중국 국적인 이들은 평균 해발 1천m이상 되는 초원지대에 살면서 고국의 향수를 달래고 있을 뿐, 이데올로기에는 관심이 없어보였다. 그러면서도 한국의 정치 · 경제에 정통하고 있다는 데 놀라지 않을 수 없었다. 한글간판을 내건 한 식당주인은 한국의 정치는 누구 때문에 곤경에 빠져있고 지역감정도 왜 유발되었는가 등 시시콜콜한 모든 소문을 다 듣고 있었다. 그들은 조국의 정치상황을 걱정하기도 했다. 조국에 대한 관심이 의외로 높다는 사실을 피부로 느낄 수 있었다. 뜻 있는 몇 사람은 한중국교가 정상화되면 제일 먼저 해야 할 일이 서울에 자식을 유학 보내는 것이라 했다.

짧은 시간에 만난 교포들이었지만 그들은 무언가 하고픈 말이 쌓인 것 같기도 했고 표정에는 홍조를 띠기도 했다.

우리와 문화인류학적으로 깊은 관계가 있는 몽골, 초원과 사막 · 대산림이 있는 변화무상한 이 대륙을 떠나오면서 서운한 마음을 못내 지우지 못했다. 어떤 천연이 자신을 사로잡았는지도 모를 일이었다.

중국조선족의 이주문화

II

I.
백두산, 영봉에 서다

인천신문 1990. 9. 1.

한국신산의 하나, 백두산은 한민족의 젖줄이며 정기가 담긴 영봉이다. 최고봉이라는 것 뿐 아니라 한반도와 만주벌의 중심에 우뚝 서서 그 옛날 한민족이 활약했던 넓은 대지를 굽어보며 흥망성쇠를 지켜본 영산이다.

우리의 신산이면서 갈수 없었던 백두산이 이제는 갈 수 있게 되었다. 가까운 길을 두고 멀리 돌아서 몇 날이 걸리기는 하지만 숨통이 약간 열린 듯 해서 그래도 후련한 편이다.

서울을 떠나 홍콩을 거쳐 북경을 들러 다시 연길로 가서 지프로 6~7시간 험로를 달려 백두산까지 직행을 하는 데는 빨라도 4일이 걸린다. 참으로 어이없는 짓이다. 그러나 백두산

백두산은 고요히 지켜보고 있다.(1990.7.11)

북경서 연길행 쌍발기 비행기를 타고 연길까지 간다.

을 밟고 싶은 충동을 이러한 어이없는 여정을 흥분과 욕망으로 해소해 주었다.

그동안에 강토의 분단, 민족의 분단이 얼마만큼이나 민족의 갈등을 축적시켰으며 이다지도 어려운 길을 왔어야 했는가. 통일의 염원에 한 맺힌 표출이라고 보아야 할 것이다.

용틀임 뒤의 고요 같은

백두산의 정상에 섰을 때 그 장엄하고 웅대한 자연의 모습은 인간의 마음을 사로잡은 것 같았다. "아아, 백두산!" 이 한마디 함성과 함께 침묵이 있을 뿐이다. 둘러싸인 기암절벽에 잔잔한 호수는 누가 명명했는지 천지에 걸맞게 하늘의 호반답다. 맑은 수면에는 병풍처럼 둘러친 봉우리가 거꾸로 비치고 마치 용이 용틀임을 하며 승천한 뒤의 고요함 같았다. 그래서 천지를 용왕담이라고도 한다. 둘레가 12㎞에 가장 깊은 곳이 3백12m.

연변조선족부녀회 임원 몇몇이 정상에 올랐다. 손에 손을 잡고 반겼다.

"한국서 오셨구만요."

"참으로 멀리서 오셨습니다."

"통일만 되면 이렇게 고생스럽게 안오셔도 될걸."

모두 한마디씩 위로한다. 비록 만주 땅에 부모의 시신을 묻고 지금은 중국인으로 살고는 있지만 통일의 염원은 우리보다 강렬했다. 그리고 오히려 우리를 위로하는 여유를 보였다.

보따리 속 한복을 입고

"자아 옷을 갈아입읍시다."

부녀회 임원들은 손에 들고 온 보자기를 풀더니 치마저고리를 갈아입는다. 갑자기 분위기가 바뀐다. 한복으로 차린 부녀회 임원들은 모두 기념촬영을 했다.

"우린 중국인으로 만주 땅에 살지만 이곳을 외국이라고 생각지 않고 살아갑니다."

그렇다. 예로부터 한민족이 삶의 터전으로 하던 곳 부여, 고구려, 발해의 영토였다. 그래서 백두산을 중심으로 남북 만 리가 우리 영역이었다. 문득 가곡원류에 수록된 무명씨의 시조 한 수가 떠오른다.

백두산에 높이 앉아 앞뒤를 굽어보니
남북만리에 옛 생각 새로워라
간 님의 정령 계시면 눈물질가 하노라.

이 시조작가는 넓은 만주벌을 잃은 설움에 한숨지은 것이다.

그뿐이랴. 지금은 한반도마저 두 동강이 난 처지를 생각하면 통곡도 모자랄 것이다.

부녀회 임원, 이봉련李鳳蓮여사와 박수옥朴秀玉여사로부터 많은 이야기를 들었다. 결론은 통일기원이었다. 백두산에 오르는 것도 통일을 바라는 마음 때문이란다.

무산茂山민요에 이른 구절이 있다.

백두산 대맥에 칠성단 무어놓고 아들 딸 낳기만 발원이구나에….

백두산은 오악의 하나요. 신령의 산이다. 예로부터 백두산 신령은 나라의 평화와 인간의 소원을 들어주는 민간신앙의 표징이다. 그래서 함경도민은 백두산을 더욱 신성시한다. 일행은 남북통일의 소원이 이루어지도록 빌며 하산을 서둘렀다.

얼마 안 되는 곳에 중국에서 명소로 꼽는 장백폭포가 있다. 실은 천지 북쪽에 달문이라고 일컫는 좁은 협구를 통해 천지의 물이 흘러내린다. 이 물은 북쪽으로 흘러가서 송화강에 합류한다. 길이 30m나 되는 이 폭포는 중국의 명소지만 물은 백두산 천지요 만주벌 조선족의 젖줄이 되기도 한다.

장백폭포로부터 약 5백m 내려오

장백폭포
아래쪽에는 온천수가 나와 계란을 익혀 먹으며 탐방객의 피로를 푼다.

면 작은 담수호가 울창한 숲속에 자리잡고 있다. 아직 길은 나있지 않아 많은 사람이 드나들지 않은 호수이다. 이곳 사람들은 소천지라고 부른다. 이 소천지에는 「선녀와 나무꾼」 전설이 전해지고 있다.

조선족 생활근거 확인

나무꾼이 사냥꾼으로부터 쫓기는 짐승을 도운 덕택에 이 호수에서 멱을 감는 선녀를 아내로 맞게 된다. 그러나 보여서는 안 될 선녀의 옷을 보인 탓으로 선녀와 헤어질 수밖에 없는 슬픈 나무꾼의 이야기다.

나무꾼 설화가 이 호수의 전설이 된 것은 아마도 예로부터 이 지역에 사는 조선족에서 유래된 것이라고 생각한다. 백두산 북쪽은 중국땅이고 중국에서는 장백산이라고 호칭하지만 이 지역에 거주하는 주민은 거의 조선족이라 할 수 있다. 물론 중국에도 「선녀와 나무꾼」 설화의 유형이 없는 것은 아니지만 옛날 조선족의 생활근거지였던 점을 무시할 수 없다.

백두산에서 지프를 타고 5시간쯤 하산하면 이도백하진二道白河鎭에 이른다. 큰 농촌도시라 할 수 있다. 관청의 건물들이 현대식과 전통양식을 복합한 형태로 이 지역의 재정사정이 여유 있음을 보여준다. 장백산의 자연림에서의 임업과 광업이 이 지역의 재정을 여유 있게 만든 것 같았다. 한글과 한자 간판이 즐비하다. 역시 중국의 조선족이 주류를 점하고 있는성싶다.

한국인 농촌마을
농촌의 취락구조는 한국과 진배없다. 싸리울타리에는 호박넝쿨이 있고 마당에는 소채를 심었다.

우리만 인사로 응답

지나가는 노인들에게 "안녕하십니까?" 하고 인사를 하면 우리말로 응답한다. 이곳은 아직도 장백산 산림구역인 탓으로 밭에는 옥수수, 감자, 콩을 재배하고 있었다. 장날은 아닌데도 길거리에 노점상이 많고 거래하는 인파 때문에 자동차가 지나가는

데 애를 먹었다. 거의 동포들이었다. 바구니에 야채를 담아놓고 파는 아낙네가 많았다. 마치 한국의 농촌 장날같은 느낌이었다.

　도중 드문드문 농촌마을을 지났다. 싸리울타리에 싸리문, 호박넝쿨이 지붕을 덮은 모습, 닭들이 마당에서 모이를 쪼는 모습이 마치 60년대초 한국농촌과 흡사했다. 현재 한국에서는 볼 수 없는 초가 마을을 스쳐 지나갈 때는 고향을 찾는 듯해서 여로의 피곤도 잠시 잊을 수 있었다. 삼도진三道鎭을 거쳐 매음마을을 지나면 평지에 이른다. 이제부터 평강벌에 접어든다. 멀리 우회해서 백두산을 찾았지만 옛 땅을 밟아 조상들의 얼이 묻힌 이 땅을 밟은 것은 또 하나 깊은 의미가 있었다.

2.
두만강에서 북녘을 보다

인천신문 1990. 9. 7.

"내가 죽으면 백두산에 묻히고 싶다."는 말은 빈말이 아니다. 연변의 한국인들이 자주 입에 담는 이 말은 의미가 깊다. 그들의 1세대들이 이 백두산 줄기에서 일본군을 맞아 피비린 내 나는 항전을 벌인 곳. 청산리전투는 너무나 유명하다.

백두산에 묻히고 싶다

김좌진이 이끄는 독립군은 3 · 1운동이후 모여든 독립투사로 조직되어 적은 수로 일본군 을 대파한 것은 오로지 정신력 하나뿐이었다. 굶주림과 헐벗음을 무릅쓰고 일본군과 싸운 곳, 청산리벌을 뒤로하고 용정을 거쳐 연길로 달렸다.

도중도중 한국인 마을이 있어 들리고 싶었지만 갈 길이 멀고 시간에 쫓겨 어쩔 수 없이 단숨에 연길행을 택했다. 오늘 중으로 두만강을 보기 위해서였다. 어차피 북경행 비행기는 내일 아침에 있으니 오늘 중으로 두만강을 보기로 중국인 안내원과 합의가 된 셈이다.

연길에서 간단히 점심을 때우고 다시 지프를 타고 이번에는 동쪽으로 향했다. 이곳은 지프가 많다. 산악이나 사막용으로 만들어진 랜드로우버 형식인 이 승용차는 백두산 등정 이나 비포장도로를 달리는 데는 안성맞춤이다.

공용승용차 모두 지프

공용 승용차는 모두가 지프다. 자세히 살펴보니 모두가 일제 도요타나 닛산제품이었다.

무슨 돈으로 이 많은 지프를 구입했을까. 궁금해서 물었더니 안내원이 "만주에서 생산되는 옥수수를 몽땅 쓸어갔지요."

'하기야 자치주니까 농민을 다그쳐 생산증산을 시킨 다음 잉여 농산물로 사들여 올 수도 있는 문제다'라고 가볍게 넘길 수도 있는 문제지만 생각해 보면 일본의 상술에 또 한번 놀라지 않을 수 없다. 70년대에 일본은 이미 개발도상에 있는 만주지역에 완제품 지프를 특별 설계하여 팔아먹고 지금은 완전히 손을 땐 상태이다. 이제 한국의 상사가 이곳에 들어간들 기술제휴를 하지 않는 한 쉽지도 않을 것이며 돈 벌 생각은 애당초 하지 말아야 할 것이다. 이것이 솔직한 느낌이다. 일본인들에게 기술이전을 은근히 기대했던 중국인들은 그 불만을 장차 한국인들에게 쏟아놓을 것이기 때문이다.

관광안내원 인기 직종

중국인 안내원, 그는 고등교육을 받았고 관광안내원은 선발된 지식인 계층이다. 중국에서는 관광안내원이 모두가 선망하는 직종이며 적어도 대학을 나오고 해당 외국어에 능통해야 한다. 이 중에서도 한국인 관광객 안내원을 선망한다. 왜 그럴까. 한국인의 선심행각 때문일까. 끝내 곁에 앉은 안내원으로부터 이 해답을 얻어내진 못했지만 돈 씀씀이가 후하고 선심 쓰는 게 후하다는 인상을 받았다.

안내원과 더불어 경제문제를 담소하는 중에 벌써 1시간이 지났다. 이제 30분만 더 달리면 도문圖們시에 다다른다. 두만강을 사이로 중국쪽은 도문, 북한쪽은 함경북도 온성군 남양(남양로동자구)고을이 마주 보인다. 상류

강건너편 북한땅 온성군 남양고을이 보인다. 가뭄 때문에 두만강이 얕아보인다. 철교가 양쪽을 가로 놓이고 이쪽 끝에는 도문(圖們)세관이 있다.

247

북한을 통관하는 중국측 사무소

방금 자동차로 도착한 교포들이 세관 통관을 위해 기다리고 있다.

쪽에는 양쪽을 연결하는 철도가 있고 하류쪽은 교량이 가설되어 있다. 교량 양쪽 끝에 각각 세관이 있어서 넘나드는 방문객의 수속을 관장한다.

강가에 서서 북녘을 바라보니 산에는 크게 속전속결이란 간판이 세워졌고 주재사진사가 빌려 주는 망원경으로 강 넘어 남양시가를 보니 가끔 사람이 지나가는 모습이 보인다. 비교적 조용한 마을 같았다. 연변지역에서 북한을 가려면 이 관문을 통과해야 한다.

연변지역의 북한관문

잠시 망설이고 있는 새에 대형 마이크로버스 한 대가 다리를 건너 왔다. 북한을 방문하고 돌아오는 교포들이다. 입국절차를 밟기 위해 짐들을 내린다. 거의 상자나 보따리 봇짐들이다. 장사하러 오가는 사람이 많다고 들었다. 북한으로 갈 때는 일본제 전기제품을 가져가면 이익이 많고 돌아올 때는 옷을 가져온다고 한다.

두만강은 백두산 동부에서 발원하여 동해로 흐르는 연장 520㎞되는 한국과 중국의 국경을 이루는 강이다. 상류에서 벌채된 많은 목재를 뗏목으로 하류까지 유송하는 강이기도 하다. 예로부터 두만강 북쪽의 간도지역은 고구려, 발해의 옛 땅이었으며 한국 민족이 지금껏 계속 거주해오고 있는 지역이다. 그러므로 두만강이 지정학적으로는 한중간 국경으로 되어있지만 중국에 사는 '조선족'의 의식은 고향으로 가는 길목 정도로만 생각하는 강이다.

중국의 도문에서 보는 두만강은 물이 얕았고 강 기슭과 기슭의 거리도 좁았다. 그만큼 북한 땅을 가까이서 볼 수 있어 후련했다. 가까우면서도 먼 우리의 조국을 뒤로 하면서 마음은 다시 착잡했다. 이번 만남이 이루어진 남북한 총리회담에서는 반드시 직접 왕래의 숨통이 트이기를 기원하면서 여길로 향했다.

이미 땅거미가 지고 거리는 적막했다. 조선족 식당이 많은 골목으로 들었다.

한국유학 꿈꾸는 청년

'고려식당'으로 안내해 준 청년은 이곳 부녀회장 이봉련씨의 아들 건호군이었다. 수수한 식당인데 아래층에는 몇 쌍의 손님들이 이미 식사중이라서 2층으로 올라갔다. 건호군은 한국으로 유학을 꿈꾸는 면학도였고 성품이 밝았다. 세대 차이를 의식하지 않고 솔직하게 대화를 건넨다. 가끔 북한 말씨와 억양이 듣기에 나쁘지 않았다.

모처럼 푸짐한 나물에 장국을 들며 술이 얼근해지자 건호군은 노래를 청했다. "장유유서가 아닌가. 먼저 부르게." 하고 되받았다.

그는 서슴지 않고 최근 서울의 젊은이 사이에 유행하는 가요를 부른다. 노래가 담긴 테이프가 입수되면 복사하고 또 복사하고 돌고 돈다는 것이다. 그만큼 중국은 개방의 속도가 빠르다는 것을 느꼈다. 실은 중국의 개방화는 젊은이 사이에서 앞지르고 있다. 늑장을 부리는 것은 체제를 지키려는 정부라는 것이다.

술자리합석 흥취절정

차례가 되었기에 할 수 없이 〈돌아와요 부산항〉을 불렀다. 건호군이 함께 불러 주었다. 이때 건너편에서 술을 마시고 있던 30대 세 사람이 합석을 하자며 다그쳤다. 이게 한국민족이다. 놀 때는 신명나게 놀이 끼가 발동된다. 감정이 풍부하면서도 소탈한 민족성. 먼 중국 연변에서 잊혀져가는 참한국인의 심상心像을 발견하는듯해서 기뻤다.

예로부터 전승해 내려온 진정한 놀이문화란 화합과 협동을 확인하는 것이며 재충전하는 기능이 있어야 할 것이다.

3.
옛날이야기 통해 민족얼 지킨다

인천신문 1990. 9. 14.

중국이 자랑하는 설화의 최다 보유자인 김덕순金德順 할머니는 심양에 사는 조선족이다. 1900년 경북에서 태어난 할머니는 젊은 시절 만주로 이주하여 전전하는 동안 지금은 90세를 맞았다.

김덕순 할머니의 기억력은 뛰어나 며칠 동안 연속해서 설화를 구술했는데도 중복이 없었다 한다. 그뿐 아니라 또렷또렷한 한국말로 억양과 손짓을 써가며 말하는 태도도 마치 전문 구연자다웠다고 하니 만일 생존해 계시다면 꼭 만나고 싶은 인간문화재이다.

전문 구연자다운 솜씨

이번 답사여행은 너무 시간에 쫓기도록 짜여서 김덕순 할머니의 생존여부조차 확인하지 못하고 떠나온 것이 못내 서운했다. 필자가 이 할머니를 알게 된 것은 지난 88년 일본에서 출판된 『세계의 민담』이라는 설화사전에서였다.

"중국을 대표하는 설화보유자라는 여성 김덕순씨이다. 할머니는 자신이 알고있는 1백50여 화를 한국어로 구연했다. 이것을 중국어로 번역해서 1983년에 출판했는데 이 책은 중국최초의 개인민담집이며 화자를 중심으로 연구하는 설화학자들의 기본교재가 되었다."

이러한 짧은 소개를 읽고는 즉시 수소문해서 끝내 상해문예출판사가 낸 『김덕순고사집 金德順故事集』을 입수했다. 할머니로부터 들은 설화를 기록하고 정리한 중국의 설화학자 배영진裴永鎭씨는 당시의 상황을 상세히 설명하고 있는데 부분을 소개하면 다음과 같다.

설화채록 책으로 엮어

"1981년 4월 조선족이 모여 사는 심양시소가둔瀋陽市蘇家屯에 설화채집을 갔을 때 한 친척으로부터 소개받기를 김덕순 할머니는 대단한 이야기꾼으로 몇날며칠을 들어도 끝이 없었다고 했다. 그래서 즉시 찾아가 만났더니 81세의 노령이었지만 정신이 맑았고 눈빛이 빛나 있었다. 찾아온 목적을 말하자 할머니는 '내가 아는 고사故事는 모두 허튼소리고 쓸만한 것이 없소' 하며 사양했으나 끝내 이야기를 시작했는데 도취되었다. 이렇게 하여 며칠을 두고 들었는데 1백여 화를 계속 말했는데도 중복이 없었다."

그 후 배영진씨는 할머니를 자기 집으로 모시고 가서 들었는데 총 1백50여 화를 들었다 한다. 때로는 억양을 조절하며 때로는 창을 부르는 대목도 있었다한다. 아니나 다를까 책 내용을 보니 노래부분도 눈에 띄었다.

적절히 수수께끼 삽입

설화의 흥미와 교훈의 기능을 최대한으로 발휘하기 위해 적절히 수수께끼와 속담을 삽입하고 있었다. 이러한 전문 구연설화가가 생존해 있었다는 사실은 한국 설화학계에 던져준 파문 또한 크다. 김덕순 할머니는 자신이 말한 대로 이 설화들은 어릴 때부터 고향에서 들은 것이라고 했다. 50살이 지나서야 겨우 한글을 터득했다고 하니

옷차림 깔끔한 어린이
'명암소학교'의 어린이와 선생님. 조선족 어린이들이 복장이 중국 어린이에 비해 좋은 것은 그만큼 생활의 여유가 있음을 의미한다. 이 할머니로부터 설화를 들으며 자란다.

책을 통해 얻은 지식이 아님은 확실하다.

설화에서 사용된 속담과 수수께끼 몇 마디.

발 없는 말이 천 리 간다.

산입에 거미줄 치랴.

정성을 다 하면 돌 위에도 꽃이 핀다.

간신은 나라를 망치고 못난 아들은 집안을 망친다.

벼는 익을수록 고개 숙인다.

해가 떠서 지는 곳까지의 거리는? (하루만큼의 거리)

하늘과 땅의 거리는? (눈 깜짝할 사이의 거리)

하늘아래 바람 통하지 않는 담 없다. (말이 빨리 퍼짐)

민요가창대회도 열어

얼마 전 면식이 없는 김산덕金山德씨로부터 한글편지를 받았다. 사라져가는 민요를 지금 채록해 두지 않으면 안 되겠기에 첫 사업으로 민요가창대회를 개최한다는 내용이었다.

우리 동포들이 전승시키는 구전예술의 보존을 위해 노력하는, 그들의 수고스러움에 조금이라도 도움이 되는 길을 찾고 싶다.

비록 중국땅에 살지만 '조선인'임을 잊을 수 없어 자식들에게 이러한 정신을 이어주기 위해 설화, 민요를 구연이라는 수단으로 발전시켰다. 이러한 역사적 과정을 생각할 때 자연히 머리가 숙여진다.

다시 한번 연변의 동포들이 어떻게 한을 달랬으며 얼을 계승시켰는지 그 실태를 알아보러 와야겠다는 다짐을 하면서 이번은 떠날 수밖에 없다.

연변 백산白山호텔은 한국서 온 방문객으로 북새통이다. 로비에 꽉 찬 한국인들, 그들의 대화 속에는 무엇을 얼마에 샀느냐, 무엇이 좋더라 등에 관심이 모아진다. 로비상점에는 한복을 입은 점원이 눈코 뜰 새 없이 바쁘고 품절된 상품의 주문이 쇄도한다.

물 흐리는 한국관광객, 선물 잘못사면 바가지

동양화 한 폭이 아무리 싼 것이라 하더라도 이곳 주민들의 몇 년 월급보다 많은 것을 몇 장씩 산다. 남이 사니까 나도 따라 사는 부추김도 있다.

이곳 동포들의 눈에 비친 한국 방문객의 인상이 어떨까. 그래서 일부는 한국인의 주머니를 털자는 속셈으로 바가지 작전을 벌이기도 한단다. 음식 값도 그렇고 선물도 잘 못 사면 바가지요금을 내게 되어 있다는 것이 안내원의 귀띔이었다. 누가 이곳 사람을 이렇게 만들었는가. 백산호텔의 로비는 더 이상 머물고 싶지 않은 곳이었다.

연길을 떠나는 날. 아침 일찍 일어나자마자 하늘을 쳐다본다. 여행자에게 날씨는 그만큼 중요하다. 만일 비행기가 뜨지 않으면 다음 여정이 모두 차질이 생기니 그럴 수밖에 없다.

중국비행기는 '갈 때 간다'는 비아냥스런 말이 보편화 되었다. 날씨가 조금만 나쁘면 비행하지 않는 것은 보통이고 언제 비행할지 몰라 공항에서 죽치고 앉아있어야 한다. 인명 안전 제일을 내세우지만 비행기를 아끼는 마음이 우선한다는 것은 중국의 경제수준으로 보아 짐작이 간다.

인명보다 비행기 우선

중국인은 가장 안전하고 정확한 기차를 애용한다. 워낙 땅이 넓은 탓인지 기차망은 발달되었다. 시속은 느리지만 비교적 시간만은 정확하다. 여유 있는 대륙적 기질을 가진 중국인은 기차를 애용하는 탓에 비행기가 뜨든 말든 불평이 없다. 불평하고 발을 동동 구르는 것은 여기에 익숙지 못한 외국인뿐이다.

행운의 날이다. 쌍발비행기가 하늘을 날게 해준 날씨에 감사할 수밖에 없다. 9시 30분에 연길비행장을 떠서 1시간 40분 만에 심양에 일단 내린다. 기름을 채우고 나서 다시 떠 북경에는 오후 2시에 도착한다. 창으로 넓은 땅임을 실감한다.

4.
거대한 대륙의 움직임 연상

인천일보 1990. 9. 22.

북경공항에 내리니 헌칠한 키에 색안경을 낀 40대 중년 갈진가葛振家씨가 손을 흔들며 맞아주었다. 그는 북경대학동방학과를 나온 한국어통의 안내원이다. 보기엔 관료형이지만 사귀고 보니 서민적이고 학구적이다. 한 때는 어학연구차 평양의 김일성대학에 1년간 유학을 다녀온 경험도 있고 몇 년 전에는 하와이대학 동서문화연구소 초청으로 국제회의에도 다녀왔다.

외화벌이 '벤츠'차

검정색의 독일제 벤츠를 난생 처음으로 탔다.

"이 차는 선생님을 위해 여행사가 제공하는 것이니 맘대로 쓰십시오."

과분한 것이기는 하나 외화획득을 위한 조처이며 응분의 대가를 지불한 것이니 미안할 것은 하나도 없다. 그러나 민속학자로서 이런 고급차를 타고 거리를 누비는 것이 어쩐지 구색이 안 맞았다.

"솔직히 말해서 저는 이 차를 돌려보내고 대중교통수단을 이용했으면 합니다."

이러한 심중을 몇 번이나 토로했으나 받아들여지지 않았다. 물론 상대방에서 내가 절약하기 위한 것이 아니라는 것은 이해해 주었다. 그들은 변은 이렇다. 대중교통은 매우 불편하다는 것이며 짧은 시간 내에 많은 곳을 보자면 이런 승용차가 아니고서는 불가능하다는 것이다. 이치에 맞는 말이다.

여행사는 특권기관

그러나 그것만이 이유의 전부는 아니다. 우선 여행사란 우리가 생각하는 이상으로 특권기관이라는 것을 잊어서는 안 된다. 특히 외국인을 상대로 하는 몇몇 여행사는 전국적으로 지점망을 펴고 있으며 중앙정부로부터 비자(입국사증)발급권한까지 이양받고 있는 실정이다.

외국인을 위해 여행사의 승용차가 모자랄 때는 어떤 기관으로부터도 차출할 수 있는 위치에 있으며 여행사 직원의 신분은 도도한 것이다. 따라서 안내원의 급료는 대학교수의 급료보다도 상회한다. 갈葛씨는 연구소 연구원의 신분을 가졌으면서도 안내원으로 발탁된 것이니 어떻게 보면 연구원보다는 안내원이 사회에서 보는 시각이 평가상승하고 있음을 알 수 있다.

모든 체제가 외화획득에 우선한다는 중국의 경제상황을 읽은 것만 같다.

공항에서 40분쯤 시내를 향해 달리다가 외국인 전용 화도華都호텔에 닿았다.

웃음 없는 종업원들

이곳은 B급 호텔이다. 외국인을 위해 세워진 것이지만 당간부나 간부의 가족들이 많이 투숙해 있었다. 내부의 구조는 한국의 호텔과 진배없지만 하나 다른 게 있다면 서비스면에서 기대에 못 미친다. 로비의 커피점이나 식당에서 또는 매점에서 종업원들의 미소를 찾을 길이 없다. 웃겨보려고 농을 걸어도 반응이 없다.

갈葛씨는 솔직히 말한다.

"그럴 수밖에 없습니다. 모두 공무원이거든요. 시간만 때우면 월급이 나오니까 손님을 즐겁게 해주었다 해서 월급이 오르는 것도 아니고 승진이 되는 것도 아닙니다. 도대체 이런 체제가 잘못입니다."

매우 비판적이다. 비단 호텔뿐이 아니다. 백화점도 그렇고 식당도 그렇다. 82년초 모국 대통령 부처가 중국을 예방했을 때 부인이 쇼핑을 했다. 점원이 거스름돈을 던지듯이 주니까 모욕을 당했다고 생각한 부인이 대통령에게 말했다. 대통령이 이 사건을 당국에 항의하자 수뇌부는 정중한 사과를 했고 그로부터 예절 지키기 운동을 대대적으로 폈다고 한다. 직장마다 우수점원을 투표로 선출하여 장려금이나 표창을 했다. 그래서 다소는 나아졌지만 구조적인 개선이 없는 한 근원적으로 나아질 수는 없다.

고궁같은 북경대학

관광을 하자는 안내원의 요청을 뿌리치고 우선 북경대학을 가보자고 했다. 그러자 선뜻 응답하면서 자기 모교니까 좋다는 것이었다. 은사님도 소개해 주겠다는 것이었다. 마치 고궁처럼 붉은색으로 된 정문을 들어서니 인공호수와 숲이 대학이라기보다는 고궁정원과 같은 분위기였다. 교수들의 사택이 경내에 있었다.

양통방楊通方교수가 현관까지 나와 맞아 주었다. 양교수는 한국사전공의 원로 교수로 지금은 정년이 되었으나 사택에 거주하며 연구에 몰두하고 있다. 응접실에서 한 시간여 담소하면서 그 유창한 한국말에 향수를 느끼면서 세계적 석학을 만난 기쁨에 젖었다.

북경대학이면 최고의 수재들이 모인 학당이다. 그만큼 정치현실에도 민감하여 작년 6월 천안문사건의 모태가 되기도 했다. 중국의 고등교육기관으로는 종합대학교와 단과대학이 있고 그밖에 2년제·3년제의 전문대학이 있다. 대학에 들어가기 위해서는 전국 공통시험에 합격하지 않으면 안 된다. 예컨대 1백점 만점에 평균 92점 이상이 아니면 대학에 들어가지 못한다. 북경대학 정도라면 거의 만점을 받지 않고서는 안 된다. 91점 이하는 전문대에 가거나 아니면 고등학교에 개설되어 있는 보충반에 들어가 재수한 다음 또 도전하는 수밖에 없다.

중국에도 재수생

대학생수는 같은 세대의 4%밖에 안 되므로 취직에는 염려할 필요가 없다. 대개는 1년 정도의 실습기간을 거쳐 간부로 진출할 단계로 진입한다.

방향을 천안문광장으로 돌렸다. 지금은 관광명소로도 유명하지만 작년 6월에는 젊은이들이 개혁과 개방을 부르짖으면서 많은 희생을 냈던 곳이다. 천안문 중앙에는 모택동의 초상화가 걸려있고 앞의 광장에는 군중이 운집하여 거닐고 있었다. 1백만 명을 수용할 수 있다는 천안문 광장은 중국의 심장이며 개혁의 물결이 고동치는 곳이다.

북경의 천안문

천안문 중국의 심장

　새벽에는 가볍게 조깅을 하는 사람, 중국인의 국민체조라고도 할 수 있는 태극권을 하는 사람, 배드민턴, 최근에 유행하는 후리스비 등 각양의 가벼운 운동을 하는 시민의 광장이며 낮은 관광객 밤에는 젊은 남녀들의 데이트장소로도 쓰이고 있다.

　승용차, 버스가 속도를 내지 못하는 것은 자전거 무리 때문이기도 하다. 메인스트리트는 자전거전용도로가 되어 있지만 그 밖의 도로는 자동차가 자전거 무리에 오히려 밀리는 인상이다. 가끔 자동차와 자전거의 접촉사고현장을 목격하기도 한다. 대중교통수단은 단연 으뜸이 자전거라 할 수 있을만큼 중국은 어디를 가나 자전거천국이다. 자전거의 무리를 보고 있노라면 모두가 활기있게 목적을 향해 페달을 밟고 있는 것 같다. 대륙의 11억이 무언가 성취시키려고 조용하게 움직이고 있는 것 같았다.

5.
중국의 중추절을 만나다

인천신문 1990. 9. 22.

대륙도 크고 인구는 많은 만큼 구조물도 크다. 인류역사상 전무후무한 만리장성의 축조도 단연 제일이다. 인공호수도 곤명호昆明湖를 따를 데가 없다. 호수에서 파낸 흙으로 만수산萬壽山을 지었으니, 인공산으로서는 기록이다.

호수 파내 만수산 쌓아

12세기 금나라 때 황궁의 정원으로 짓기 시작해서 명나라 때는 몇 개의 건물을 짓고 청나라에 와서는 호수를 확대하고 건물을 다시 만수산에 지어 이화원頤和園이라 명명했다. 이화원의 전체면적은 2백67ha이며 이 중 곤명호가 4분의3을 차지한다. 북경시가의 북서쪽 변두리에 위치하고 특히 청나라 때는 여름의 별궁으로 사용되어 왔다.

그동안 아편전쟁을 비롯하여 청일전쟁 때 파괴되었으나 서태후는 막대한 국고를 축내면서 원상복구 시켰다. 동궁문을 늘어서서 호수를 끼고 서쪽으로 향해 7백28m나 되는 긴 벽 없는 복도(장랑長廊)를 지나면서 중앙쯤 이르렀을 때 배운각에 이르자 안내가 말했다.

"이곳이 중추절 서태후가 달에게 제사를 지낸 곳입니다."

실은 명·청시대 황제들은 매년 달에게 제사하는 의례를 행했다. 그중에서도 서태후가 지낸 월제月祭는 규모면으로 제일 컸으며 모든 대신들과 궁녀들이 서태후를 중심으로 월병과 각종 과실을 차려놓고 엄숙히 제의했다. 현재 부성문阜成門 밖에 있는 월단月壇공원은 원래 역대 황제들이 달에게 제사를 지내던 곳이다.

서태후 월제 최대 규모

중추절은 중국의 추석으로 모든 사람이 달에게 제사를 지낸다. 우리도 추석을 중추절이라고 하지만 이 말은 음력으로 7~9월을 가을이라고 볼 때 8월 15일은 중간에 해당하며 만월 중에 만월이라는 데서 유래된 이름이다. 보름날을 의미하는 둥근 떡 월병月餅은 이곳 사람들의 추석 시절음식이다. 집집마다 이날 마당에 제상을 차리고 월병과 과실을 진설한 다음 콩줄기와 감자나 낙화생을 줄기째 놓고 향을 피우고 기다렸다가 달이 뜨면 가족들이 모두 달을 향해 큰 절을 한다. 제사가 끝나면 가족들이 둘러앉아 음식을 나누어 먹는다.

가까운 친척이나 이웃노인들에게 월병을 돌린다. 이것을 행효월병이라 한다. 또 중추절에는 가족들이 모두 모여 제사를 해야 하므로 출타중이나 외지에 사는 사람들은 미리 고향으로 돌아간다. 또 이날 밤 늦도록 폭죽을 터뜨리며 흥을 돋우는 곳도 있고 남녀가 서로 노래를 부르는 곳도 있고 탈춤을 추는 곳도 있다. 이날 밤 보름달에 구름이 스쳐 순간달빛을

역대 황제들의 별궁이며 여름 궁정으로 만들어진 이화원(頤和園).
인공호수 곤명호를 만들기 위해 파낸 흙으로 만수산을 조성했다. 지금은 이 호수에 관광선이 떠 있다.

가리면 풍년의 징조라고도 한다.

달에 구름 스치면 풍년

그런데 우리의 추석과는 크게 다른 것이 있다. 하나는 조상차례를 중국에서는 지내지 않는다. 둘째는 우리의 이날 시절음식은 송편인데 비해 중국은 둥근 월병이다. 초승달이나 반달을 상징하는 송편은 만월로 가는 과정을 비는 기원심성이 깃들어있다. 가장 영력이 충만한 만월을 기다리는 심정, 그것은 미래지향적 민족의 심혼이 반영된 것이라 생각한다. 만월을 상징하는 월병을 먹는 것이나 우리의 송편을 먹는 것이나 만월의 영력을 받고자하는 신앙은 일치한다.

천단(天壇 Tian Tan) 풍요를 기원하는 기년전(祈年殿)

월병 · 송편 민족심성

조상 제사의 형식적 규범은 중국에서 유래된 것이나 한국민족만큼 조상과 밀착된 신앙을 가진 민족은 유례를 찾아볼 수 없다. 한국의 4대 명절인 설, 한식, 단오, 추석의 중심은 차례를 지내는 데 있다. 이것은 인간만사가 모두 조상 탓이라는 기층신앙에 기인된 것이라 볼 수 있다. 농경민족에게 있어서 달은 유목민족들이 태양을 중요시한 것과 같이 신앙의 대상이 되어왔다. 첫 수확이 된 햅쌀로 술이나 떡을 빚어 추수감사와 농공감사를 지내는 근본은 양 민족이 일치하나 문화의 다양성은 인정된다.

모두에서 말한 대로 중국은 대국이

며 대민족이다. 지구인의 4명중 한 사람은 중국인이며 영어가 국제어로서 전세계를 지배하지만 수적으로는 중국어사용자수가 더 많다. 그러나 한 가지 알아 둘 것은 중국인은 56개 민족으로 구성되어 있다는 점이다. 물론 이 중 한민족이 94%를 차지하고 나머지 6%가 55개 소수민족으로 형성되고 있다. 이 55개 소수민족들은 중국인민이긴 하나 자기네 언어문화를 향유하고 있다. 예컨대 조선족은 자치주가 인정되어 한국말을 사용할 수 있으며 자기네 문자와 문화를 교육시킬 교육기관도 가질 수 있다.

그렇기 때문에 중국의 문화를 획일적으로 단정하는 것은 금물이다. 중추절 행사만 하더라도 각 소수민족들 간의 차이가 많다. 내몽골자치구는 유목문화가 배경이 되어 있어서 추석의 명절이 없다. 그러나 북경과 같은 남쪽의 농경민족에게는 수확의 감사제의가 있다.

소수민족 풍속 제각각

만리장성은 인간의 힘으로 할 수 있었던 최대의 작품으로 중국의 거울이라고 할 수 있다. 만리장성만 보면 중국을 다 봤다는 말이 있을 만큼 인간의 힘으로 불가능이 없다는 것을 보여준 유적이다. 발해만의 산해관에서 시작하여 멀리 고비사막에 이르기까지 수천㎞를 조성한 이 성벽은 순전히 방어용 전투용으로서 큰 만큼 많은 인부가 많은 세월동안 완성시킨 것이다.

북경에서 북쪽으로 약 70㎞지점에 위치한 팔달령八達嶺은 관광객이 만리장성을 밟아볼 수 있는 지점이다. 그러나 이 팔달령에 있는 장성은 비교적 새로운 것으로 튼튼하게 만들어졌지만 다른 곳은 흙담으로 쌓아 올린 곳도 있었다.

일반적으로 진시황에 의해 축조되었다고 알려져 있지만 부분적으로 일부는 기원전 5세기 이래 북방의 흉노 침략을 막기 위해 쌓은 것으로부터 시작한다.

다만 진나라 때 시황제가 부분 부분을 연결시켜 정비한 것이다.

그 후 명나라 때는 몽골의 재침입을 두려워하여 더욱 확장시켜 오늘날 남아있는 것은 명나라에 와서 완성된 것이라 보아야 할 것이다.

수많은 사람 희생된 곳

산과 산을 잇는 능선위의 장성줄기를 보면서 장엄하고 놀라움에 앞서 이 공사를 위해 얼마나 많은 사람들이 고생했으며 얼마나 많은 사람들이 희생되었는지 생각하니 옛 군주들의 횡포가 눈앞에 선해 발걸음을 돌리고 싶은 심정이다. 전설에 따르면 이 장성축조를 위해 숱한 한국농민들도 동원되어 이역만리異域萬里에서 숨져 갔다고 한다.

내일이면 만리장성을 넘어 광활한 초원지대, 옛 칭기즈칸의 후예들이 사는 몽골을 답사한다.

6.
북경에서 기차로 후허호토까지

인천신문 1990. 10. 11.

내몽골까지 화차火車(기차를 화차火車라 하고 버스를 기차汽車라 한다.)로 가기로 했다. 1주일에 두 번밖에 없는 비행기는 촌각을 다투는 여행자에게는 불편했다.

베이징역北京火車站에는 발 디딜 틈도 없을 만큼 사람으로 빽빽했다. 11억을 가진 대중국의 수도 중앙역이니 그럴 수밖에 없다. 자가용이 보급되지 아니한 중국의 교통수단은 단연 기차편이다. 그리고 휴대하고 있는 짐도 크고 많았다.

내몽골자치구 수도인 '후허호토'까지 비행기로 2시간이면 갈 수 있는 곳을 거의 12시간 걸리는 열차에 몸을 실었을 때는 안도와 피로가 겹쳤다. 침대칸도 2종류가 있는데 외국인이라 해서 특등 침대실 표를 산 것이다. 칸마다 2층 침대가 마주 보이게 된 4인용이고 창가에 작은 티테이블이 부착되었다. 실내 스피커의 음량조절기가 있고 복도 문을 잠글 수 있게 되었다.

중국 열차 안의 우리노래

오후 6시 53분 정각에 출발한다. 중국의 열차는 대개 시간을 잘 지킨다는 평이다. 갑자기 실내 스피커로부터 은은히 음악이 들리는데 귀를 의심하지 않을 수 없었다. 경음악으로 편곡도 아닌 〈고향의 봄〉이 그것도 한번이 아니라 여러 차례 들려준다. 처음에는 비슷한 곡도 있구나 생각했지만 우리 동요임이 확인되었다. 내몽골수도국에 근무한다는 동승자에게 물었더니 모르는 노래이긴 하지만 듣기 좋은 곡이라고 한다.

어둡기 전에 열차밖에 펼쳐지는 농촌풍경을 실컷 보려고 창밖을 열심히 주시했다. 옛날 칭기즈칸이 말발굽소리도 요란하게 세계의 삼분지 일을 점령했던 발원지 몽골을 간다니 가슴이 벅차다.

1206년 한 몽골족 귀족의 수령이었던 테무진(칭기즈칸)은 각 부족을 통일하고 몽골제국을 세웠다. 그 후 서하, 요, 금을 정복하고 원나라를 세웠으니 원왕조는 중국역사상 소수민족이 세운 최초의 통일왕조가 된 셈이다.

중앙아시아를 비롯한 서아시아 일대를 정복하고 다시 세력을 동으로 뻗쳐 한반도를 짓밟았다. 이리하여 원과 고려의 관계는 100여 년간 지속되었다.

그러나 원은 명에게 망하고 점차 세력이 위축되었다. 그리하여 지금은 고비사막을 경계로 북은 몽골인민공화국이 세워졌고 남은 중국의 내몽골자치구가 되었다. 보통 우리가 '몽고蒙古'라고 할 때는 이 둘을 합친 몽골족의 분포지역을 총칭하고 있으며 지정학적으로 분리할 때도 편의상 외몽골(몽고인민공화국蒙古人民共和國)와 내몽골(중국中國의 자치구自治區)로 총칭되고 있다.

외몽골 소련문화 동화同化

외몽골은 1911년 독립선언을 하고 이어서 노몽露蒙조약을 맺게 되어 1921년에 소련에 이어 두 번째로 사회주의 국가가 되었다. 영토는 한반도의 약 7배며 총인구는 2백여만 명, 수도는 울란바토르이다. 일찍이 소련문화의 영향을 받아 전통문화의 퇴색이 심화되었다. 한편 내몽골은 1920년대부터 시작한 인민해방운동이 중국 공산당의 모택동 지원하에 일본 침략군과의 투쟁으로 선회하게 되었다. 그러나 일본군에게는 역부족, 내몽골서부의 광대한 영토가 점령당했다. 그러나 일본군이 패퇴한 후 내몽골은 1947년 중국역사상 소수민족이 영도하는 최초의 자치구가 되었다.

일부에서는 내외몽골의 합병, 내몽골의 독립을 주장하면서 투쟁이 전개되었으나 1949년 10월 중화인민공화국이 성립되면서 완전히 내몽골은 중국의 자치구로 종속되었다. 자치구 면적은 한반도의 약 5배가 넘고 총인구는 2천여만 명이지만 이 중 몽골족은 2백70만

명 정도이다. 외몽골이 소련문화에 경사되고 있는 것에 비해 내몽골은 청조 때부터 꾸준히 한족화의 의도가 있은 탓으로 의식주를 비롯하여 한문화해 가는 경향이 강했다. 최근에는 전통문화의 회복운동이 일기 시작하면서 새로운 전기를 맞고 있다.

여기서 하나 첨가할 것은 요즘 국내에서도 '몽고'냐 '몽골'이냐 일부 논쟁이 있었으나 이는 매우 미묘한 문제로서 필자는 한자표기일 때는 종래대로 쓰지만 한글표기인 경우에는 현지인의 요구대로 '몽골'로 쓰기로 했으니 독자의 양해가 있기를 바란다.

밤 9시가 되자 허기가 진다. 슬그머니 일어나 식당 칸으로 가보니 자욱한 담배연기에 왁자지껄 떠들며 마시는 사람들. 앉을 자리가 없다. 승무원에게 물어보니 시간이 지났다는 것이다. 승무원이 영어를 못하고 필자의 서툰 중국어 실력으로 겨우 알아차린 것이 식단은 주문제이며 열차가 떠날 때 이미 주문을 받으러 다녔으나 당신은 주문을 하지 않았다는 것이다. 그리고 보니 창밖에만 주시하고 있을 때 여승무원이 칸칸이 주문받으러 다닌 모양이다.

식사 주문 안 해 굶을 뻔

할 수 없이 자리로 돌아와 '오늘은 한 끼 굶었구나' 생각하다가 문득 베이징역에서 샀던 카스텔라와 오렌지가 생각나 꺼내 먹었다. 이것도 여행습관성이라고나 할까. 여행의 경험에서 얻은 습관이다. 출발할 때는 반드시 뭔가 식사에 대응이 될 만한 것을 버리는 한이 있더라도 준비해 가는 것이다. 가능하면 시간이 경과되어도 상하지 않는 것으로 준비하되 조조 떠날 때는 전날 밤에 준비해 두는 것이다.

후허호토呼和浩特는 몽골어로 청성靑城이라는 뜻이다. 1백22만 명이나 사는 이 도시는 내몽골자치구의 행정 경제 문화의 중심도시이다. 아침 7시가 약간 지나 역의 플랫폼을 나서니 7월초순인데도 한국의 초여름답게 맑은 공기에 쌀쌀하기까지 했다. 순간 이곳이 해발 1천m가 넘는다는 것을 잊고 있었다.

20대 후반의 청년이 다가서면서 일본말로 인사를 한다. 통역겸 안내를 맡은 단서총段瑞聰 씨이다. 어떻게 알았느냐고 물었더니 어제 베이징으로부터 자세히 용모까지 들었노라고 했다. 호텔에 짐을 풀고 나서 명함을 교환해 보니 내몽골대학일문학과의 전임강사이다. 가끔 여행사 일을 돕는 것 같았다. 한국어 안내원이 없어 일본어로 했으니 양해해 달라는 사전 합의가 있어서 문제는 없다. 소련제 승용차 한대가 준비되었고 30대의 운전기사도 괄괄한 성격에 마음에 들었다. 싫으나 좋으나 셋은 이제 한 팀이 되어 몽골초원을 누빌텐데 서로 협동하고 상대 의견을 존중해야 할 것이다.

칸막이 없는 공중변호

한 시간의 여유를 달라고 해서 방으로 돌아와 우선은 용변과 샤워를 했다. 중국여행에서 용변은 가장 중요하다. 호텔을 나서기 전 충분히 끝내지 않으면 하루 종일 고통을 겪는다는 사실을 알아야 한다. 공중변소는 많다. 중국은 가정집에 변소가 없고 주택지에 몇 개씩 공중 변소가 있다. 앞사람과 마주 보며 옆 사람과 벽이 없는 재래식 변소를 연상해 보았는가. 남녀를 가르는 벽이 오직 있을 뿐이다.

7.
홍콩의 민간신앙을 보다

인천일보 1990. 11. 22.

　귀국하는 길에 홍콩을 들렀다. 1997년이면 영국으로부터 중국에 완전히 관할권이 이양되는 바람에 그동안 재벌들의 동요가 있었다. 그러나 요즘은 진정기미가 보이고 상가도 경기를 회복한 듯 관광과 쇼핑의 국제도시마냥 번창하고 있다.

한국관광객은 '봉'

　홍콩은 한국인 여행자들이 쇼핑을 즐기는 곳이기도 하다. 이곳에서도 과소비의 풍조는 여전하다. 서양 사람은 알뜰관광에 째째하지만 한국인은 고가품을 찾으며 많이 사간다는 것이다. 그래서 한국인을 상대로 하는 호객이 성하다. 그러나 한 중국인 상인은 솔직히 귀띔하기를 잘 사면 본전이고 대개는 품질이나 값을 속여 바가지를 씌운다는 것이다.

　한국인이 찾는 물건은 보석류에 전기제품 거기에다 최근은 중국산인 한약재가 주종을 이룬다. 어디를 가나 한

홍콩공원은 마치 신들의 박물관처럼 여러 신들을 모아 놨다.

홍콩공원
해상의 안전을 기원하는 대상인 천후신이 있다.

국인의 씀씀이는 불쾌감을 준다.

　홍콩의 공용어는 영어와 광동어廣東語로서 북경어는 통용이 잘 안 된다. 필자는 홍콩에서 중국민속을 알아보기 위해 이틀을 묵기로 했다. 1842년부터 영국의 속령이 된 홍콩은 중국 민속이 거의 이질화된 듯이 생각하기가 쉬운데 실은 그렇지 않다. 오히려 중국은 세계대전 후 사회주의 국가를 표방하여 이데올로기 문제로 많은 전통문화가 변이되었지만 홍콩은 전통문화를 고수하고 있다.

홍콩 전통문화 고수

　원래 중국인은 세계 어느 나라에 이주하던 본래의 전통신앙이나 세시풍속 그리고 생활양식을 바꾸지 않고 유지시키는 특질이 있다. 그러므로 화교들이 사는 곳에서는 중국민속을 관찰하는 데 별 어려움이 없다. 홍콩도 예외는 아니다.

　홍콩은 크게 홍콩섬 신구룡新九龍과 신계神界로 3구분된다. 홍콩도는 섬이지만 터널을 통해 구용반도와 연결되고 신계는 신구용과 중국국경사이에 위치한 넓은 지역이다. 이곳은 홍콩답지 않게 중국남부지역의 농촌처럼 농경촌락이 산재되어 있어 마치 중국농촌을 방불케 한다.

해상거주민 이색적

　3면이 바다로 된 이곳 홍콩의 민속 중에 관심을 끄는 것은 보트피플이라 일컫는 해상거주민들의 실태다. 그들은 해신을 신앙하며 그 수호신을 모신 사당이 이를테면 천후묘이다. 이 사원은 1865년에 건조된 것으로 지붕의 곡선이나 색채와 장식등이 전통적인 중국양식이다. 구용반도를 남북으로 종단하는 나단로를 따라 북상하다보면 좌측에 천후묘天后廟가 있다. 주위는 빌딩과 주택이 꽉 들어섰지만 매립하기 이전에는 이 천후묘 앞뜰까지가 바다

홍콩공원 입구에는 천세문이라는 글귀가 보이고 이 안에 들어서면 천신, 수신(水神) 등 여러 신들이 있다.

였다. 넓은 뜰은 시민들에게 공개되어 휴식처로 쓰이긴 하지만 주로 노인들이 삼삼오오 짝을 지어 내기 바둑이나 장기를 둔다.

매해 음력 5월 8일은 천후제를 이곳에서 지내는데 이날은 천후의 생일이다. 어민들은 이날 어로를 중단하고 이곳에 제사를 드리고는 앞으로 1년간 안전과 풍어를 빈다. 또 제사가 끝나면 바닷가에서 베풀어지는 사자춤은 장관을 이룬다.

바닷가 사자춤 장관

우선 여기서 잠시 천후신의 내력을 살펴볼 필요가 있다. 중국문헌에 능통한 미국인 동양학자 에버하르트가 소개한 내용을 요약한다.(*Studies in Chinese Folklore and Related Essays*, 1970)

"옛날 임씨네 집 딸이 언제나 난파하는 배를 구조하고 있었다. 하루는 아버지와 두 오빠가 바다에 나가 풍난을 만났다. 집에 남은 모녀는 잡담을 하고 있었는데 갑자기 딸이 외마디소리를 내더니 실신을 했다. 어머니가 딸을 부르며 소리를 질렀다. 이때 딸의 혼은 백조가 되어 조난당한 아버지와 두 오빠를 구출했다. 입으로는 아버지를, 두 오빠는 좌우에 걸치고 험한

269

바다 위를 날랐다….”

한편 집에서는 죽은 딸을 깨우려고 어머니가 필사적으로 흔들어 깨웠다. 딸은 생기가 돌며 “네.” 하고 겨우 입을 열었다. 실은 이때 입에 물었던 아버지를 놓친 것이다.

옷이 흠뻑 젖은 두 오빠가 집에 당도 했다. “어머니 참 이상하네요. 갑자기 백조가 나타나 우리를 구제했는데 오는 도중 아버지는 바다에 떨어져 익사했어요.” 하는 것이었다.

딸은 그 후 일생을 독신으로 지내면서 죽자 천후가 되어 신앙의 대상이 되었다. 바다의 수호신이다.

우리의 민담에도 이와 비슷한 것이 있다. 중국의 이 이야기는 10세기경의 문헌에도 기록되어 있다. 12세기 중국의 문헌인 『포전현지蒲田縣志』에는 고려의 사신 충적充迪이 승선한 배가 조난당한 것을 위와 같은 방법으로 구제했다는 기록도 보인다. 우리 해변의 용왕당이나 해랑당 그리고 성황당도 원래 여신으로서 바다의 수호신으로 추앙되어 온 것을 보면 중국, 대만, 오키나와 그리고 한반도의 해양신앙은 거의 같은 맥락에서 전승되고 있음을 알 수 있으며 하나의 해양축을 형성한다고 보아진다.

홍콩에서 관심을 가지고 식당입구를 바라보면 재보신을 모신 작은 신단을 볼 수 있다. 초복의 기능을 하는 이 신단은 액막이의 기능까지 곁들인다. 그런 의미에서 문신의 역할도 한다. 주방에는 조왕신(부뚜막神)을 그린 신상도가 그려 붙여져 있다. 이 신은 부뚜막신으로서 화재의 예방과 집안 식구들의 평안을 지켜주는 신이다.

1주일간 신의 부재

매해 섣달 24일에는 조왕이 하늘에 올라가 염라대왕께 1년간의 일을 모두 고해바치고 그믐날밤에 돌아온다고 한다. 그러므로 약 1주일간은 신의 부재기간이다. 이때 부엌손질을 하거나 이사를 하거나 무엇을 해도 상관이 없다. 그런데 승천한 조왕竈王이 좋은 일, 나쁜 일을 모두 고 해 바치는 것을 꺼리는 심사가 있어 엿으로 조왕의 입을 발라버리는 속신이 있다. 그러면 조왕의 입이 막혀 아무 말도 못하고 돌아온다고 믿는다.

우리나라의 조왕도 이 계통이다. 그렇지만 조왕이라는 신명과 엿을 바르는 속신을 중국으로부터 차용된 것이라고 본다. 우리는 원래가 증발에 정화수를 떠놓는 것으로 되어있어 중국과는 그 형태가 다르다. 가계나 가통을 상징하는 불씨신앙이 조왕의 기원이 될 것이다. 예로부터 상층문화는 중국의 영향을 받았지만 기층문화의 요소들을 깊이 살펴보면 한족과 우리의 뿌리가 동일하지 않은 점을 발견할 수가 있다. 그리고 중국이란 55개 소수민족과 한족으로 형성된 다민족국가이니만치 민속사상이 한마디로 중국의 영향이라고 하는 것은 시정되어야 할 것이다.

8.
쪽박 차고 건넌 어느 할머니

한국인 1994. 11월호

별로 반갑지 않는 손이 끼니 때가 되어 찾아왔다.

종이 주인의 눈치를 살피며 물었다.

"인양이 비백하니 복일하오리까?"

하자, 주인은 못마땅한 눈치로

"월월산산커든."

알아듣지 못하는 말로 주인과 종의 대화를 듣고 있던 손은 심히 못마땅한 표정을 지으며 "견자화중일세." 하고 한마디 내뱉고는 자리를 떴다.

그러자 종도 한마디 거들었다.

"정구죽천이로다."

이 소담笑談은 글을 전연 모르는 올 여든한 살 된 연길의 유위성 할머니께서 들려준 이야기다. 이야기를 시작하기 전 나더러 주의를 환기시켜주었다.

"문자를 쓸 테니 잘 알아맞추시오."

하고 이야기를 시작한 것이다. 다시 정리하면 이렇다.

하인: 인양이 비백하니 복일하오리까 ? (食皆하니 上하오리까?)

　　　식사준비가 다 되었으니 올릴까요?

주인: 월월산산커든 (朋出커든) 벗이 가거든

손님: 견자화중일세 (猪種일세) 돼지 같은 족속일세

하인: 정구죽천이로다 (可笑롭다) 웃기는구나

글자의 자획을 분합하여 맞추는 수수께끼형식의 파자담破字談이다. 문제는 글을 모르는 할머니가 어찌 이같은 파자담을 많이 알고 있을까 의문이 가지 않을 수 없다. 자신은 한자를 알지 못해도 상대가 유식하면 이런 식으로 대화의 포문을 연다. 나는 여기서 문맹일수록 기억력은 뛰어나다는 사실을 인식했다. 이들은 한번 들은 줄거리를 내용의 첨삭 없이 구전시킨다.

지금은 우리가 자유롭게 다녀올 수 있는 연변 땅, 그곳은 100년 전만 해도 북간도로 알려진 삭막한 곳이었다. 독립운동하다 쫓겨 간 인사들이 있는가 하면 먹지 못해 쪽박 차고 건넌 사람들도 있었다. 그러한 불안정한 사람들이 하나 둘 모여 이룬 작은 집단이 지금의 중국 조선족이 사는 연변이다. 그들의 개척정신은 서부영화에서나 보는 미국식 개척정신과는 차원이 다르다. 원주민 인디언을 정복하고 인디언을 일정지역에 수용하면서 백인마을을 세운 웨스턴 스타일이 아니라 황량한 들판에 움막을 짓고 스스로 극한적인 자연환경을 극복하면서 마침내 용정이라는 마을을 세운 것이다.

비록 1세들은 배우지 못한 문맹일지라도 2세들은 가르쳐 보리라는 각오로 학당을 짓고, 저들 나름의 교훈서를 만들어 아이들을 가르쳤다. 할머니 할아버지들은 어릴 때 고향에서 들었던 '옛날이야기'를 회상하여 들려주는 데 게으르지 않았다. 그러면서도 오락적인 이야기의 기능을 살려 다양하고 양질의 구비문학으로 발전시켰다.

중국에서 최초로 등장한 구연자는 '김덕순金德順 할머니'로서 상해문예출판사가 1983년에 『김덕순고사집』을 내었다. 12억 인구 중에서 가장 뛰어나다고 중국이 자랑하는 이 할머니는 경상북도에서 태어나 30대에 중국으로 건너갔다. 할머니는 혼자서 150여 편을 구술했다. 그 후 조선족 사회에서는 그 정도라면 나도 나도 하고 구술자가 나타나기 시작했다. 그중의 한 사람 '차병걸 할아버지'가 계시다. 할아버지는 설화 420여 편, 민요 300여 수, 속담과 수수께끼 100여 개를 구술하는 놀라운 전승자이다. 그 후에도 계속해서 '배영진' '한병율' '배선녀' '김동희' 등 기라성 같은 구술자가 속속 등장하여 중국을 놀라게 했다.

이번 필자가 만난 유위성 할머니와 심윤철 할아버지도 100화 이상을 구술하는 수준급 구술자이다. 심윤철 할아버지는 올해 81살인데 요즘 소학교 다니는 손녀로부터 재미로 천자문을 배우기 시작했다. 할아버지는 한글도 모르고 중국말 한마디 모르지만 기억력은 뛰어나 한번 들은 것은 절대 잊지 않는다.

몇 년 전 북경에서 개최된 구연대회에서 당당히 우승한 배선녀 할머니의 「백일홍」은 한국에서는 들어보지 못한 설화로서 유형은 식물유래담에 해당하지만 남녀의 사랑을 묘사한 내용으로 가슴이 뭉클하다.

어촌 마을에 사랑으로 맺은 갓 혼인한 젊은 남녀가 있었다. 어느 날 바다에 괴물(머리가 셋 달린 바다뱀)이 나타나 어부들이 바다에 나가지 못하게 되었다. 이때 청년은 괴물을 무찌르러 나갔다. 나갈 때 청년은 아름다운 신부에게 거울을 주며 "거울 속에 하얀 깃대가 보이면 우리가 이긴 것이고, 만약 붉은 깃대가 보이다가 검게 변하거든 내가 죽은 줄 아시오." 이 말을 남기고 청년은 떠났다.

떠난 지 한 달이 지났다. 계속 거울을 보고 있는데 한번은 붉은 깃대가 보이더니 검게 변하는 것이었다. 신부는 실망하여 바닷가에 쓸어져 숨을 거두었다. 마을 사람들이 양지 바른 곳에 묻어주었다. 무덤에는 이름 모를 꽃이 피었다. 백 일째 되는 날 괴물을 잡으러 떠난 청년이 돌아왔다. 신부의 죽음을 비통하면서 청년은 거울을 보니 검은 깃대가 있었다. 그리고 자신이 타고 온 배의 깃대를 보니까 아니나 다를까 괴물의 목을 배었을 때 괴물의 피가 붉고 검게 물들여 있었다. 그러므로 신부의 거울에는 붉고 검게 보인 것이었다.

그로부터 이름 모를 꽃은 매해 피어나서 백일동안 피었다 시든다. 사람들은 백일홍이라 이름 지었다. (지면관계로 대충의 요지만 기록)

중국조선족의 설화는 매우 문학적이고 세련된 것이 특징이다. 뿐만 아니라 중요한 대목에서는 노래가 나오며 수수께끼와 속담도 많이 쓰인다. 이것은 구연을 위해 화자 스스로가 정리한 탓이라고 생각한다. 한국인의 민족혼을 잇게 하려는 조선족의 기백이 엿보여 마음 흐뭇하다. 「백일홍」은 슬픈 이야기지만 이 밖에 재담도 많고 덕담도 많이 구전되고 있다. 그러나 이곳도 별 수 없듯이 뛰어난 전승자가 한 사람씩 사라져가고 있다. 텔레비젼과 같은 매스미디어의 보급으로 차차 구연의 현장도 위축되어가고 있는 실정이다. 하루 빨리 수집과 정리가 필요하다는 것을 느꼈다.

연변 조선족

한민족 숨결을 찾아

III

I.

손님 대접 넉넉한 마음

서울신문 1994. 10. 14.

연길시 신화반점 회의실이 '제1회 중국조선민족 민간문예 심포지엄' 장소였다.

40명 내외가 참석했고 22명이 발표를 했다. 민간문예는 구비문학을 말한다. 우리는 문학을 강조해 왔기 때문에 구비문학이라는 이름이 보편화 되었고, 민간문예는 연희적 측면을 강조하기 때문에 붙인 이름이다. 일본에서도 구승문예라고 하는 것은 연희에 비중을 크게 둔 탓이다.

제1회 중국조선민족민간문예 심포지움이 연길시에서 개최되어 최인학, 엄용희가 초청되어 갔다. (1994.8.22.)

오전 11시 반이 되자 의장은 오전회의를 종결하면서 식당으로 안내한다. 오후회의는 2시부터이고 발표자가 많기 때문에 분반으로 한다는 것이었다. 참가자 전원이 식탁에 둘러앉았다. "낮이기 때문에 술은 약간만 들겠습니다." 하고 의장이 선언하자 독한 술병을 계속비웠다. 상다리가 휘어질 만큼 음식을 날라왔다. 물론 중국식 식단이기 때문에 중간에 그만둘 수 없다. 가져올 수만큼 다 가져와야 끝난다. 자리가 없으면 채 비우지 못한 그릇 위에 포개 놓을 수밖에 없다.

서울에서 학술회의를 자주 해본 경험이 있는 나로서는 대뜸 경비문제를 생각하지 않을 수 없었다. 참가비도 없고 요리는 고급인데 상식이 통하지 않는다. 그렇다고 연회상을 앞에 놓고 궁금증을 물을 수도 없다. 꾹 참을 수밖에. 낮 2시가 되자 분과회의가 시작되었다. 소파에 앉아 정담을 나누는 형식으로 진행되었다.

나는 술기운에 졸음을 참느라 고생했지만 그들은 늠름했다. 낮술이 열기를 더 해 줬는지 회의 분위기가 매우 좋았다. 오후 5시가 되자 모두 식당으로 안내되었다. 낮보다 성대한 만찬이 베풀어졌다. 다음날도 같다. 더는 참을 수 없어 귓속말로 의장에게 물었다. "경비가 많이 드실 테지요." 하자, 의장은 웃음을 지으며 설명했다. 북경(중앙정부를 지칭)에서 지원을 해주었으나 모자라서 몇몇 회사로부터 찬조금도 받았고 잡지사로부터 책을 내는 조건으로 공동주최를 한다는 것이었다.

매우 타당성 있는 설명이었다. 북경에서 지원금을 받을 정도라면 이 회의의 성격이 매우 높다는 것을 알 수 있다. 그러고 보니 연변 뿐 아니라 요녕, 흑룡강성에서도 참가하고 있음을 알 수 있다. 결국 동북 3성이 모이고 한국을 넣어 국제회의 성격이 되었다. 처음 계획단계에는 북한 학자도 참석하기로 했으나 김일성사망으로 인해 불가능해졌다는 설명이다.

어떻든 회의가 진지하게 진행됐지만 잔치분위기도 만끽할 수 있었다. 일상 먹는 것보다 특별하게 차려 먹으면 그게 잔치가 아니겠는가. 그렇지만 우리 시각에서는 과소비요, 낭비임에 틀림없다. 얼마 전 조선족의 박경휘 씨가 쓴 「조선족의 미풍양속의 계승과 제거해야 할 몇 가지 풍습」이란 글을 읽었다. 이 글에는 장점과 단점을 명료하게 구분하여 항목을 들어놓았는데 단점으로는 첫째 대식풍습, 둘째 허례허식 풍습, 셋째 과소비풍습, 넷째 체면과 겉치레 풍습, 다섯째 어린이를 황제처럼 모시는 풍습의 5개항목이다. 어쩜 한국인의 단점이라고 해도 무방할 만큼 공감이 가는 항목들이 아닌가. '한국사람 나쁜 버릇 개 줄까?'하는 새 속담이 뭉클해진다.

지금 한국은 빠른 속도로 현실화, 내지는 국제화의 물결을 타고 있는 데 비해 중국조선족은 그 속도가 느리다는 것뿐이다. 그러나 우리 마음속에 있는 의식은 상다리가 부러지도록 차려 먹고 남아야 식성이 풀리는 것 아닌가. 중국조선족 스스로가 악습이라고 하는 이 잔치 의식은 결코 부정적으로만 보는 것은 잘못이다. 첫째는 대접정신이 살아있다. 가난한 선비 부인이 자신의 머리를 깎아 술을 받아와 남편의 벗을 대접했다는 설화가 있다. 대접한다는 것은 물질적인 것이 아니라 정신적인 것이다. 마음이 넉넉하지 아니하고서는 남을 생각할 수 없다. 옛날엔 부인들이 끼니 때가 되면 이웃집 굴뚝을 버릇처럼 쳐다보곤 했다는 것이다. 만일 굴뚝에서 연기가 나지 않으면 양식이 없는 것으로 알고 보리쌀을 바가지로 퍼다 주었다는 미담은 설화가 아니라 실화이다.

둘째는 넉넉함이다. 우리가 생각한 만큼 조선족은 가난하지 않다. 그들은 우리처럼 자가용을 소유하지 않고, 개인 아파트를 소유하지 않고, 집안에 수세식 변소나 부엌에 냉장고를 소유하지 않는다 뿐이지 마음마저 가난한 것은 아니다. 그리고 최소한의 의식주는 넉넉하며 생활에 불편이 없다. 국민학교 학생들의 의복을 보면 한족이나 다른 소수민족들의 아이들보다 한결 사치하게 입혀 놓았음을 알 수 있다. 아이들의 얼굴도 명랑하고 동심이 활짝 피어 있다. 백화점에 가면 전기제품을 비롯한 상품이 넉넉하지 못함을 실감한다. 그러나 장거리를 가보면 야채가 풍부함을 느낀다. 셋째 황금만능주의가 서서히 물들어가고 있다. 이는 젊은 층으로부터 위기감을 가진다. 아직은 위험선에 도달하지는 않았으나 곧 한국처럼 황금만능주의가 생겨 겉치레 경제가 만연해질까 걱정이다. 그러나 한국처럼 오렌지족, 야타족이 생겨나지는 않으리라 믿는다. 그것은 아직도 성인사회가 자녀들의 장래를 걱정하고 있기 때문이다.

황금만능주의가 중국조선족에 파급된 요인은 한국 방문객 탓이라는 조선족 지성인의 말에 귀를 기울일 필요가 있다.

2.

아박춤은 궁중춤에서 유래

서울신문 1994. 10. 21.

"교수님, 내말 좀 들어보오. 쪽박 차고 건너와 이제 겨우 살듯하니 시어머니 셋이 되었소. 시어머니 하나도 감당하기 벅찬데 셋을 모시자니 어찌 고달프지 않겠소."

"시어머니 셋이라니?"

"처음 시어머니는 우리가 스스로 모시기로 한 중국이고, 둘째 시어머니는 해방이 되자 재빨리 우리에게 시어머니 노릇을 시작한 북한이고, 지금은 한국까지 시어머니로 모시니까 세 번째가 아니겠소?"

딴은 그렇다.

"그치만 한국을 시어머니로 보는 시각은 잘못이 아닌가요?"

"말도 마오. 시어머니가 따로 있소? 모국이면 시어머니지."

"모국이면 어머니지, 어찌 시어머니요."

"이래도 저래도 눈치 봐야 하니 어찌 어머니라 할 수 있겠소? 시어머니지."

옳다. 한국을 가까이하자니 북한의 눈치를 봐야 하고, 북한을 가까이하자니 한국을 의식해야 하고, 현재는 중국국적이라서 중국인이긴 하나 조선족 소수민족이니 역시 눈치 보며 살아가지 않을 수 없다.

조선족의 전설학자인 박창묵 선생과의 일문일답이었다.

중국에 거주하는 한국인들의 불편한 심기를 단적으로 대변한 말일게다. 어디 중국조선 민족 뿐이겠는가. 조국 분단의 설움은 외국에 거주하는 동포들의 공통된 아픔일 것이다. 남북이 통일만 되었다면 이러한 고민은 있을 리 없다. 그러나 중국에 사는 조선민족의 고민은 일본이나 미국의 교포들과는 또 다르다. 박창묵 선생의 표현을 빌리자면 쪽박 차고 두만강을 넘은 조선족은 '죽느냐 사느냐'의 갈림길에서 사선을 넘는 사투를 하지 않으면 안 되었다. 당시 빈손의 이주민을 맞아준 것은 처절한 냉대뿐이었다. 거의 중국인의 땅을 개간하는 소작인으로서 겨우 입에 풀칠을 하는 정도였고, 중국인 관리들의 횡포는 입에 담을 수 없을 정도였다. 재물의 약탈, 부녀자의 납치는 극에 달했다. 본국에서 왜놈에게 위안부로 끌려가는 비운의 주인공은 정도의 차이는 있으나 이곳 만주뻘의 텃세에도 없는 것은 아니었다.

두번 다시 기억하고 싶지 않는 당시의 비참한 경험은 지금은 설화로 구전되고 있다. 악질지주로부터 착취당하는 민초의 고통을 담은 전설「장생초」「백운봉」「신선봉」「와호봉」「방학대」 등이 있으며 여자 겁탈을 담은 내용으로는「봇나무와 만병초」「신선꽃사슴」「금붕어처녀」 등이다. 이들 이야기는 당시의 비참했던 생활의 단면을 보여준다.「장생초」의 처음 발단부분을 요약하면 다음과 같다.

백두산 기슭의 외딴 산촌에 모자가 살고 있었다. 부잣집 땅을 빌려 농사를 짓는데 피땀 흘려 농사를 지어도 굶주림의 공포를 벗어날 길이 없었다. 어느 해 여느 때보다 풍성한 수확을 했다. 추수를 끝내고 미처 새 곡식으로 밥을 지어 먹기도 전에 땅 주인이 와서 양식을 몽땅 가져가버렸다. 정말이지 참기 어려운 일이었다. 땅 주인을 찾아가 호소했으나 만나주기조차 않았다. 모자는 하는 수 없이 마을을 떠나 깊은 산 속으로 들어갔다.…… (「장생초」)

고향에서는 왜놈들의 가혹한 탄압을 피해 다시 중국으로 이주했건만 맞아준 것은 실망뿐이었다. 여기서 생존할 수 있는 유일한 길은 오직 뭉치는 것뿐이었다. 횡포와 텃세를 극복할 수 있었던 것은 조선족의 뭉침이었다. 설상가상으로 일본의 침략근성이 만주뻘까지 미치었으나 조선이주민들은 최후까지 저항으로 맞섰다. 끝내 그들도 조선족의 뭉침을 흐트러뜨리지는 못했다.

전통춤을 연구하는 김정훈 선생은 중국조선민족의 춤이 과거 가혹한 삶의 고통을 반영한다는 충격적인 말을 해주었다. 이를테면 '아박춤'은 율동이 직선적이고 전투적이다. 원래 이 춤은 학이 조용히 나래를 펴고 호숫가에 앉으려는 듯 은은한 궁중춤이었다(우리가 익히 아는 '동동'이다). 그러나 삶의 위기를 봉착한 춤은 살기 위해 몸부림을 칠 수밖에 없었다. 극적인 변신이 필요했던 것이다.

쪽박 차고 살 길을 찾아 중국으로 건너온 일단이 안도현 송강 송화의 두메산골에 닿은 것은 땅거미가 진 뒤였다. 사나운 눈보라에 굶주림과 피곤이 겹친 일단은 더는 옴짝달싹도 못했다. 모두 동사직전이었다. 이때 50여 세 되는 '복실어머니'가 도끼로 참나무를 쪼개어 두 손에 들고 절규했다.

"자 모두들 아박춤을 추시우다. 춤을 추면 춥지 않아요. 얼어 죽지 않을 사람은 빨리 춤을 춥시다."

모두는 놋대야에다 눈을 끓여 굶주린 창자를 달래며 일어나 춤을 추었다. 짚신 구멍으로 삐죽삐죽 나온 언 발을 굴려가며 춤을 추었다. 아박춤은 이렇게 해서 민간춤이 되었다. 소도구도 상아뿔이 아니라 참나무를 쪼개어 썼고, 점차 참대를 다듬어 썼으며 구멍을 뚫어 삼색 끈을 끼워 쓰기에 이르렀다.

지금은 기억조차 하기 싫은 중국조선민족의 괴로웠던 삶의 역사였다. 광복을 맞고 이제 살맛이 날까 하는데 또 하나의 장애가 생겼다. 하루속히 남북의 통일을 기원하는 마음은 조국의 동포들보다도 더더욱 절실할 것이다.

3.
설화·민요 생생하게 구전

서울신문 1994. 10. 28.

중국에서는 이야기꾼(말꾼)을 일반적으로 고사강술자故事講述者라 한다. 좀 더 구체적으로는 혼자서 수십 편 정도를 구술하는 사람을 고사능수故事能手, 100편 이상을 구술하는 사람은 민간고사가民間故事家라고 하는데 사회적으로 우대하는 의미가 있다. 혼자서 100편 이상을 구술하는 민간고사가를 높이 찬양하면서 상해문예출판사가 단독 민담집을 내어 준 일이 있었다. 그 주인공이 다름 아닌 중국조선족 김덕순 할머니이다.

『김덕순고사집金德順故事集』(1983)에는 88편이 수록되었지만 실제 구술수는 150여 편이 되었다고 하니 팔순의 할머니가 자랑스럽기만 하다. 김덕순 할머니가 두각을 나타내기 시작하면서 중국조선족 사이에서는 속속 민간고사가가 발굴되기 시작했다. 그 중에 차병걸 노인은 혼자서 무려 설화를 420여 편, 민요 300여 수, 속담과 수수께끼 100여 개, 판소리 10여 편을 1년에 걸쳐 구연했다니 인간문화재가 되고도 남을 만큼 놀라운 구전문학의 산 산실인 셈이다.

중국의 56개 민족 중 인구 120여만 명 밖에 안 되는 소수민족이건만 조선민족이 가장 구전문학이 뛰어나다고 하는 것은 중국인 학자들 사이에서 공론되는 사실이다. 필자는 그 동안 중국에서 출판되는 중국어, 한국어 문자로 출판되는 중국조선족의 설화자료집을 닥치는 대로 수집을 해 검토했다. 놀라지 아니할 수 없는 것은 이미 한반도에는 구전이 단절된 자료가 생생하게도 살아 구전되고 있는 것이다. 또 하나 놀라운 사실은 한반도에는 없는 설화가 그곳에서 생성되고 있다는 사실이다.

　기왕 학회에 참가한 김에 훌륭한 구술자를 만나고 싶다는 제의를 했다. 어렵지 않게 올해 여든한 살의 심윤철 할아버지를 만났다. 그는 중국어를 모른다. 8살에 두만강을 건넜으니 중국 땅에 73년을 살았는데도 중국말을 모르고 살았다니 믿을 수가 없다. 비록 이국땅이지만 한국민족이 집단으로 살다 보니 중국어가 필요 없었을는지도 모른다. 어떻든 이 노인은 구술자임에 틀림없다. 이를테면 상대가 대학교수이든 누구이든 신분에 상관없이 말문을 연다.

　"옛날이야기 한마디 들려주십시오."

하고 정중히 부탁하자 빙긋이 웃으며

　"나야 '옛날이야기'같은 건 모르오. '거짓말'이라면 한마디 할 수 있지만."

　"거짓말?"

　놀랍다. 이곳에선 민담을 거짓말이라고 한다. 그래서 맞장구를 쳤다.

　"네. 좋습니다. 거짓말 한마디 해 주시구려."

　이렇게 해서 단숨에 10여 편을 듣고서는 점심식사 때문에 중단이 되었다. 놀라운 구술자이다. 물론 교육도 받았을 리 없고, 8살에 건너 왔으니 고향인 함경도 단청에서 들은 이야기와 연변에 와서 들은 이야기들일 것이다.

　이곳에선 구전설화를 기능별로 구분한다. 전설은 역사로, 민담은 오락중심인 것은 '거짓말'로 교훈이나 아이들에게 들려줄만한 이야기는 '덕담'이다. 그리고 민요는 '참말'이다. 민요는 과장도, 허구도 없는 마음의 노래이기에 진실 되다 하여 참말이라고 한다. 진실로 개념설정이 확연하다. 바람과 눈과 먼지와 싸우며 기나긴 만주벌의 겨울을 상상만 해도 지겹다. 구수하고 짭짤한 '거짓말'과 '덕담'이 없이는 견디기 어려운 살벌한 나날이었을 것이다. 그러므로 이야기가 보존될 수 있었고, 만들어질 수 있었을 것이다.

　옛날 효성이 지극한 아들이 있었는데 아버지가 갑자기 세상을 떴다. 그는 장례식이 끝나자 아버지 묘 옆에 초막을 짓고 수묘守墓를 시작했다. 산 짐승들도 효자의 지극한 정성에 감동을 했는지 해치기는커녕 먹을 것을 갖다 주거나 추위를 이기도록 덮어주기도 했다. 이렇게 3년 수묘를 다 끝내고 집으로 돌아오니 설상가상으로 어머니마저 중병에 걸렸다. 효자는 용한 의원을 찾아 약을 썼으나 효험이 없다. 끝내 아들은 유명한 점쟁이를 찾았다.

"자네 어머니는 약으로는 낫지 않네. 오직 한 가지 '천년두골에 쌍용수千年頭骨雙龍水'라면 모를까." 아들은 통사정을 했다. 점쟁이는 "이 약은 사람의 발길이 닿지 않는 깊은 산속에 있다네. 천 년 묵은 해골에 물이 담겨 있고 지렁이 두 마리가 있을걸세. 그것을 가져다 먹이면 낳을걸세." 효자는 마을 사람에게 어머니의 간병을 부탁하고 깊은 산으로 향했다. 기진맥진했으나 참고 참았다. 갑자기 큰 호랑이가 나타났다. 효자는 뜻도 이루지 못한 채 호랑이에게 잡혀 먹힐 것을 생각하자 호랑이가 몹시도 얄미웠다.

"호랑이야, 넌 산중의 왕이다. 나는 어머니의 병을 고치려고 약을 구하는 중이다. 날 꼭 잡아 먹어야 직성이 풀리겠거든 어머니 약이나 찾은 다음에 잡아 먹거라." 하고 불평을 하자 호랑이는 덥석 꿇어앉았다. 효자는 처음엔 깜짝 놀랐으나 이내 호랑이 등에 올라탔다. 호랑이는 효자를 등에 태우고 날듯이 바람같이 산을 몇 겹이나 넘었다. 호랑이가 선 곳을 보니 그곳에 과연 천 년 묵은 해골이 있고 속에는 물이 담겨 있는데 지렁이 두 마리가 있었다. 효자는 그것을 조심스레 들고 다시 호랑이 등에 올라탔다. 눈 깜짝할 새에 마을 앞에 닿았다. 효자는 약물과 지렁이를 어머니에게 대접했다. 그러자 어머니는 자리를 툭툭 털며 일어나더니 배가 고프다고 한다. 예로부터 만물이 효자를 돕는다는 말이 이래서 나왔는가보다.

"내 아직 100살도 안 먹었는데 이게 덕담이란겝니다." 이렇게 한마디 붙이는 구술형식을 보더라도 구전설화가 체계적으로 전승되고 있음을 알 수 있다. 비록 소수민족이지만 도덕과 덕성을 기르는데 이 구전설화가 얼마나 큰 몫을 했는가 짐작이 간다.

고무적인 것은 12억 중국의 인구 중에서도 120여만 명 밖에 안 되는 중국조선족의 정신적 문화적 유산인 구전설화가 보존되고 전승되는 현장이 있음은 얼마나 다행한 일인가. 그러나 최근 급작스럽게 생활의 패턴이 바뀌면서 구전의 현장이 텔레비전이나 오락게임의 보급으로 위기를 서서히 맞게 되었음은 안타까운 일이다.

4.
간소해진 전통의례

서울신문 1994. 11. 4.

한국인은 어디 가서 뿌리를 내려 살더라도 혼인만은 인륜지대사로서 정중하게 전통성을 지키는 것이 관례이다. 특히 한국과 가장 인접해 사는 중국조선민족 사이에서도 예외는 아니다. 그러나 최근 자유화의 물결로 인해 연변이 놀라울 만큼 의식의 변화가 이루어지고 있다. 혼인풍속의 변이만 보더라도 고금의 차이가 실감난다. 연변의 향경 선생이 쓴「내가 본 민속 반세기」란 글 중에서 혼인풍속을 중심으로 변화의 정도를 알아본다.

과거 연변에서는 혹간 연애결혼도 있었지만 대부분 전통혼례 의례를 따랐다. '선보기'가 끝난 다음에는 남자 측에서 부모나 후견인이 여자집으로 가서 청혼을 한다. 그러면 여자쪽에서 '궁합'을 보고 좋으면 '허혼'한다. 남자집에서 신랑 될 사람의 '사주단자'를 신부집에 보내면, 신부집에서는 '연길'을 신랑집으로 보낸다. 그러나 지금은 많이 변했다. '사돈보기'가 새로 생겨난

두만강 회령시가

것이다. 즉, 신랑쪽의 부모가 음식을 차리고, 신부네 집으로 가서 사돈끼리 혼인날자와 혼담을 나누는 방법이다. '사주단자'나 '연길'을 생략한 형식이지만 이 두 제도를 복합한 간이형식이라고도 할 수 있다. 그리고 혼인전에 신랑쪽에서 '납폐'를 보낸다. 고향이 남쪽 사람들은 남자쪽에서 혼수감을 준비하지만, 북쪽 사람은 여자쪽에서 혼수감을 마련한다. 예단도 준비한다.

혼인 당일 신랑이 신부집으로 간다. 가까운 친척 3~5명이 '상객'으로 함께 간다. 연변에서는 '우시꾼'이라 한다. 신부집에 도착하면 '대반'의 안내를 받아 '전안례'를 치른다. 나무로 만든 기러기를 상위에 놓고 부채로 세 번 들이민다. 이때 짓궂은 사람들이 성교를 빗대어 "썩 들이밀어! 좀 더." 하고 음담을 하여 장내를 웃긴다.

나무 기러기를 바치는 '전안례'에 관한 유래담이 한국에서는 채록된 것이 없더니 향경 선생의 글에 인용되었기에 전문을 재인용한다.

옛날 한 사람이 봄 가을에 기러기 때 내리는 자리에 옹노(새나 짐승을 잡는 올가미)를 놓고 기러기를 잡으려고 했다. 하루는 옹노에 기러기가 잡혔나 해서 가 보았다. 그랬더니 기러기 두 마리가 잡혀 죽어 있었다. 자세히 보니 기러기 한 마리는 확실히 옹노에 걸려 죽고, 다른 한 마리는 옹노에 걸려 죽은 기러기의 목에 자기 목을 걸고 죽어 있었다. 더 자세히 보니 옹노에 걸려 죽은 기러기는 수컷이고, 목에 자기 목을 걸고 죽은 기러기는 암기러기였다. 기러기잡이꾼은 이 부부기러기의 애절한 사랑의 죽음을 아쉽게 여겨 작은 널조각으로 관을 만들고, 죽은 기러기 한 쌍을 사람 무덤처럼 묻어주었다. 그리고 그 무덤에다 '열려 기러기묘'라고 쓴 비를 세웠다. 기러기잡이꾼은 그 길로 집에 돌아와서 기러기옹노를 없애버리고 나무를 깎아서 한 쌍의 기러기를 만들어 두었다가 자기 딸이 시집갈 때 신랑신부가 그 나무기러기를 가져가게 하여 서로 바꾸게 했다.

전안례가 끝나면 연변에서는 '교배례'가 없고 신랑은 큰 상을 받는다. 신부는 뒷 골방에서 떠날 차비를 한다. 이때 신랑을 따라온 우시꾼은 딴 집에서 상을 받는다. 신랑이 상음식을 갈라서 부모님께 보내겠다면 뜻대로 하게 한다. 큰 상에는 삶은 닭에 붉은 고추를 물려 쌀사

발에 담아 놓는데 액막이와 생육을 상징한다. 신랑이 큰 상을 받을 때, 신랑이 우시꾼을 불러 상차림을 보게 한다. 상을 얼마나 잘 차렸는가 보라는 것이다. 신랑이 먹는 밥그릇에는 삶은 달걀 두 개를 밥에 묻어두는데 신랑은 한 개를 먹고 나머지 한 개는 신부에게 물린다. 여기서도 부부의 금실이 좋음을 의미한다.

　신부는 가마를 타고, 신랑은 말을 타고 떠난다. 남의 천금을 가져온다는 관념에서 음식을 주는 대로 먹고, 점잖게 신부를 데려 온다. 신부를 태운 가마가 신랑집 마당에 들어설 때 '대반'이나 '인접'하는 사람만으로는 '교군꾼'을 달래기 힘들다.

　"신부가 너무 무거워서 인제는 가마를 내팽개치겠다."

　"신랑집에서 대접이 뜰뜰하니 가마를 메고 돌아가겠다."

하고 입씨름을 벌리며 가마를 일부러 흔들어 댄다. 그러면 신랑의 어머니가 나와서,

　"죽을 죄를 지었습니다. 제발 이번만 용서하십시오."

하고 손발이 닳도록 빌면서 술과 고기 안주를 내 오고 돈푼도 넣어준다. 지금은 아예 흥정을 해서 기분이 내키면 응하는 정도가 되었다.

　신부가 받는 큰 상은 신랑이 받았던 큰 상과 비슷하다. 이때 신부측 우시꾼은 애를 먹이며 우쭐대고 주정 하는척 한다. 신랑 측에서는 이러한 억지나 무례한 짓에도 거의 무조건 좋은 말로 달랠 뿐이다. 아무리 남존여비라지만 이날만은 여존남비로 역순 된다. 이튿날 신부는 시집 어른들에게 예단을 놓고 큰 절을 올린다. 지금은 이튿날 신랑신부가 음식을 차려서 부모 가까운 친척과 함께 신부집으로 가서 인사를 한다. 옛날엔 삼일 만에 떠나는 '삼일'이지만 지금은 다음날로 바뀌었다. 돌아온 뒤에는 시어머니나 동서 되는 사람이 신부를 데리고 일가친척을 돌아다니며 소개한다. 이것을 연변에서는 '집보기'라 한다.

　'신랑신부다루기'나 '신방엿보기' 습속은 해방전까지는 지속되었으나 사회주의 이데올르기에 맞지 않는다 하여 없어졌으며 다만 신랑 친구들이 좀 지껄이다가 마는 정도이다.

　오늘날 혼인잔치에서 변수로 나타난 모습은 혼인잔치가 하루에 끝나지 않고 여러 날 계속된다는 것이다. 예컨대 혼인날 일주일이나 열흘 전부터 오늘은 아버지 직장의 손님을, 내일은 어머니 직장의 손님을, 모레는 또 관계되는 직장 손님들 … 이렇게 하다가 혼인 당일

은 가까운 친구들과 친척을 청하는 것이다. 경제적으로 여유가 생긴 탓이라고 할 수는 없지만 어떻든 손 대접이 푸짐한 정서가 다시 살아난 듯하다. 또 하나의 다른 변수는 신부가 마련하는 혼수가 기하급수로 치닫고 있다는 점이다. 70년대 후반부터 생긴 이러한 경향은 80년대를 거쳐 90년대에 와서는 더더욱 심해 사회문제로 대두되고 있다. 처음에는 신부가 이불 두 채, 옷장 하나쯤 갖추면 만족했지만 차차 늘어나서 이불 네 채, 옷장 두 개

예쁜 옷을 입고 결혼식장에 가는 소녀(두만강 연변)

로 늘더니, 지금은 이불 여덟 채에 최신식 옷장, 찬장, 컬러 텔레비전, 냉장고, 세탁기, 녹음기 등을 갖추어야만 한다. 신부들은 마치 경쟁이나 하듯 남보다 더 차려가려고 한다. 이렇게 푸짐한 혼숫감이 준비된 신부를 얻은 신랑들은 수지맞는 편이다.

전통혼례처럼 신랑신부가 가마나 말을 타고 가느니 지금은 승용차를 사용한다. 산촌이나 농촌에서도 승용차는 기본이고, 부득이 해서 승용차를 대지 못할 경우에는 최소한 트럭 운전대에만이라도 앉힌다.

이처럼 혼인풍속도가 달라진 것은 아마도 가치관의 변화 때문이라고 생각한다. 한국의 사정도 '강 건너 불 보듯'이 아니라 70~80년대에 직접 겪었다. 고난과 가난을 겪은 전 세대들의 가치관과 핵가족의 주인들이 될 현재의 젊은이들 간에는 그만큼 괴리가 생겨난 것이다.

또 하나 기성세대가 고민하는 혼인풍속도는 현행 제도가 약혼 후 행정기관에 신고만 하면 혼인증서를 발부하는 문제이다. 법적으로는 약혼으로 정식부부임을 증명 받은 셈이다. 전통적 관례에 따르면 혼인식이 끝나야 정식부부가 되고, 달이 차지 아니한 아이를 출생하면 당연히 혼전 경험으로 인정되어 핀잔의 대상이 된다. 그러나 법적으로는 하자가 없는 현행제도와 관례 사이에 파생되는 갈등이 고민이다. 성문란의 원인이 되지 않기를 바라는 부모들의 마음은 본국이나 연변이나 마찬가지이다.

5.
웃음을 아는 민족

서울신문 1994. 11. 11.

한국인 정서의 근성을 낭만과 해학이라고 해도 지나치지 않을 것이다. 혹독한 만주벌에 가 살아도 한국인의 근성은 버리지 않았다. 이러한 낭만과 해학이 어떤 경로로 정형화 됐는 지는 알 수 없으나 한국인의 운명관, 영혼관이 '체념'이라는 고리를 항상 달고 다니면서 괴로 움과 비통함을 극복하는 장치가 되어 주었을 것이라고 믿는다.

체념의 장치는 해학과 낭만으로 미화되었다. 임진왜란 때 강제로 잡혀간 도공들이 기아 와 망향의 슬픔을 딛고 삶의 뿌리를 규슈에 내린 것도 이러한 철학이 있었기 때문이고, 스탈 린이 한국인을 중앙아시아의 황량한 들판에 내던짐을 받았을지라도 그곳에 한국인의 얼을 심어 오늘 꽃 피게 한 것도 근성의 철학이 바탕에 깔려 있었기 때문이다. 동시에 만주벌의 동족들도 예외는 아니다. 그들에게 낭만과 해학이 없었던들 어찌 오늘의 중국조선민족이 가능했을까. 한국인의 유머는 낭만과 해학의 산물이다. 미움이나 증오도 비아냥대며 웃고 넘겨버리는 대담성이 한국인에게는 있다.

지난 8월 구비문학학술회의에 참가하러 연변을 들렀을 때도 시종 웃음을 잃지 않았다. 비통한 역사, 굶주림의 역사를 웃음으로 대치하면서 오늘의 탄탄한 위상을 확립한 것도 생활사의 승리이다. 회의가 끝날 무렵, 순한글 타블로이드판 〈이야기천지〉란 신문 몇 부를 받았다. 주로 이야기거리를 담은 이 신문에는 유머 고정난이 있었다. 연재물도 재미있었다. 신문의 의도는 독서를 통해서 낭만과 해학으로 세파를 이겨가자는 뜻일 거다. 유머 몇 편을 읽어보니 부조리를 웃음으로, 사회고발을 웃음으로 승화하는 과정이 조명되었다.

① 한 공상관리원이 돼지고기 장사꾼에게 세금을 내라고 했다.

"매일 와서 공돈만 떼먹으니 너네 공상관리소 놈들은 모두 돼지야!"

하면서 욕지거리를 했다. 이때 지나가다가 이 광경을 목격한 법관이

"인신침해로 벌금을 30원을 내야 한다!"

하고 명했다. 그러자 돼지고기 장사꾼이,

"전번에도 '돼지'라고 욕했다가 벌금 10원밖에 내지 않았소."

하며 투덜거렸다. 그러자 법관이 말했다.

"이번 벌금은 새로운 법률적 근거에 의한 것이오. 돼지고기 값이 두배나 뛰지 않았소."

유머 속에는 물가고의 폭등을 꼬집고 있다. 자유화의 물결로 개인상업이 보장되면서 상점세 또는 잡세를 거두는 수금원간에 말다툼이 잦다. 그리고 물가고가 천정 모르듯 오르고 인플레가 지속되는 현실을 유머로 잘 소화시키고 있다.

② 까치배처럼 흰소리 잘하고 행실이 우락부락 하고 언사가 오뉴월 사복개천司僕開川 같이 더러운 사람이 한 여관을 찾아 들어 왔다. 여관방을 뚜리뚜리 살피던 그는,

"이게 무슨 여관이야! 돼지굴이지. 그래 이 돼지굴 같은 여관의 숙박료는 얼마요?"

하고 희떱게 물었다. 무례한 손님 말에 여관집 주인은 예절스럽고 공손하게 답변해 주었다.

"돼지 한 마리 하루밤 재우는 데 5원입니다."

'까치배처럼 흰소리'는 흰소리를 까치의 배가 흰데 비유한 말로 북한이나 연변에서는 말이나 행동이 거드럭거리며 건방지고 거만한 사람을 비하하여 일컫는 말이다. 북한이나 연변에서도 서민들이 보는 일부 기관원이나 당간부들은 희떠운(건방지고 거만한)존재로 부각되기 일쑤이다. 이토록 희떠운 존재를 비아냥거리며 유머로 소화할 수 있는 사회가 되었으니 반갑기만 하다.

③ 약방의 한 판매원이 경리에게 회보(보고)하였다.

"새로 온 그 출납원 처녀는 자꾸 졸기만 합니다."

경리는 듣고 나서 대답을 했다.

"별 문제 없네. 내일부터 그 처녀에게 수면제 약을 파는 매대를 맡기오. 약 사러 오는 고객들이 그 처녀가 졸고 있는 것을 보기만 해도 우리 약방의 수면제가 아주 효험이 있다는 것을 알게 될테니까."

④ "엄마, 엄마, 큰 일 났네요."

"이 애가 왜 이래? 무슨 큰 일이 났다고 그러냐?"

"글쎄 큰 누나가 밤에는 앞을 보지 못하나봐요."

"그게 무슨 말이냐?"

"장님이 아니면 왜 밤에는 어떤 남자가 그냥 누나 손목을 쥐고 다녀요?"

⑤ 시골 지주네 집에 삼촌이 놀러 왔다가 병들어 자리에 눕게 되었다. 지주는 삼촌의 병 치료에 쓸 돈이 아까왔다. 삼촌의 병이 점점 심해지자 하는 수 없이 밤에 의사를 데리러 떠났다. 그는 절반쯤 가서 무엇인가 생각하더니 다시 집으로 돌아와 삼촌에게 말했다.

"삼촌, 내 말을 기억하세요. 숨이 넘어갈 것이 느껴지거든, 필요없이 기름이 타지 않게 꼭 등잔 불을 꺼 주세요."

⑥ 한국의 어느 한 거리에서

손님 : 버스차장! 읍까지 가자면 얼만가요?

차장 : 1,110원입니다.

손님 : 그럼 짐은 얼만가요?

차장 : 짐값은 없습니다.

손님 : 그럼 이 짐을 읍까지 실어다 주오. 나는 걸어가겠으니.

⑦ 선생 : 동문 어째서 다른 동무의 숙제를 해 줘요?

　학생 : 왜냐하면 그는 나에게 노임을 주겠다고 했기 때문이에요.

　선생 : 그럼 돈을 받기 위해 숙제를 해준단 말인가

　학생 : 예, 지금은 모두 제2 직업을 찾아 돈을 벌지 않고 뭐예요? 그러니 나도 … 형세의
　　　　발전을 따라야 하지 않겠어요?

⑧ 비서 : 국장님, 통신대학에서 당신한테로 졸업장을 보내 왔습니다.

　국장 : 졸업장? 내가 언제 통신대학에 입학 했던가?

　비서 : 2년 전에 나더러 입학신청을 해 달라고 부탁하지 않았습니까?
　　　　교체를 부쳐오면 나더러 건사해 두라고 하셨지요. 몇 차례 시험이 있었는데 내가
　　　　시험답안을 만들어 보내지 않았습니까?

　국장 : 그래 그래 생각 나오. 그런 일이 있었지. 잘 됐소. 당신은 그르느라고 지식이 늘어났
　　　　고, 나는 졸업장을 받게 되었으니, 우리는 소득이 있구먼!

⑨ 항상 저만 안다고 뽐내던 형은 어느 날 달밤에 동생과 함께 개울을 건너고 있었다.

　동생 : 형! 오늘밤의 저 달 반쪽은 어디에 있을까?

　형 : 그것두 몰라? 반쪽은 저 물속에 있지 않니.

　동생 : 정말 형은 알기도 잘 안다야!

　이상 무작위로 게재한 9개의 유머를 볼 때 경제와 관련된 것이 ①, ③, ⑤, ⑥, ⑦로 가장
많고, ②와 ⑧은 관료지탄을, ④와 ⑨는 일반 우문답이다. 경제 분야가 많은 것은 그만치
담화의 중심이 경제이며 일반의 관심사가 경제임을 알 수 있다. 지금 연변은 새경제 질서에
의 탈바꿈을 하고 있는 진통기이다.

6.
사회문제가 된 고부갈등

서울신문 1994. 11. 18.

중국조선족의 여성 활동은 눈부시다. 사회적 정치적 활동과 아울러 경제적 면에서도 여성의 위치는 확고하다. 1990년 통계에 의하면 중국조선족의 남녀의 연간 수입 비례는 100:92.68로 나타난 것만 보아도 거의 남녀가 동위선상에 있음을 알 수 있다.

여성학의 입장에서 여성의 사회 참여와 위상의 변천을 생각할 때 거의 한국과 유사하나 지정학적 이유로 인한 약간의 차이점이 발견된다. 광복을 맞이하기까지는 유교의 엄숙한 부덕의 덕목을 지켜야 할 여필종부의 사회의식이 자리한 것은 한국과 다를 바 없다. 그러나 광복 후 중국의 공산화로 인해 남녀동등권이 사회 개혁의 중요한 부분이 되었고, 교육을 통해 여성 자각 의식을 고취시켰다. 그렇지만 문제는 여성들의 자각 속도에 비해 남성들의 의식 변화는 그것을 따르지 못했다. 그러므로 남녀 간의 갈등이 고조되는 일종의 사회병리가 쌓여갔다. 예컨대 여성의 사회 참여로 발생된 가정의 빈 공간을 채울 대역이 필요했던 것이다. 그럼에도 불구하고 남성이 이 자리를 보완해야한다는 자각을 하기까지는 상당한 시간이 필요했던 것이다. 그러다가 문화대혁명이 발생했다. 1966년부터 76년 사이의 문화대혁명 기간은 물리적으로 여성 권위 회복의 운동이 일어났던 때이다. 이 기간 동안 여성들은 가정도 우정도 '혁명'에 우선될 수 없다는 사상으로 계몽되었다. 바꾸어 말하면 혁명을 위해서는 이것들은 희생되어도 좋다는 생각을 한 것이다. 문화대혁명의 10년간 지극히 가정적이라는 호평을 받아왔던 조선족 여성들은 상당한 변모를 하면서 억세어졌다. 공자의 유교 사상과 전통적 여성의 현모양처 사상이 정면으로 부정당하면서 여성 해방운동이 일어났던 것이다.

그러나 중국의 문화대혁명은 10년 만에 붕괴되고, 서서히 자유화의 물결이 일기 시작한 것이 여성 권리에 대한 재고의 기간으로 간주된다. 단순히 여성이 가정으로부터 사회로 진출하는 것만이 능사가 아니라 신체적 생리적으로 남성과 다른 조건에 대한 사회적 보장을 요구하게끔 되는 진정한 의미에서의 여성 운동이 90년대 들어서면서 확립된다.

그러면 조선족 여성 문제와 관련되는 고부간의 갈등은 연변에서 어떻게 변모해 왔는지 살펴보기로 한다. 연변에서 불리는 다음 민요 한 수가 며느리의 설움을 단적으로 보여주고 있다.

백두산보다 더 높은 시아버지,
고추 후추보다 더 매운 시어머니,
외나무 다리보다 어려운 시형,
배두잎보다 더 푸른 맏동서,
종콩알보다 더 발가진 시동생,
올빼미 눈보다 더 밝은 시누이 눈,
참대보다 더 곧은 남편 …

며느리의 위치가 매우 불안정한 상태임을 이 민요는 보인다. 마지막 보루인 남편마저 여기서는 '융통성 없는 인간'으로 비치고 있다. 한국의 전통적 며느리와 진배없다. 그러면 조선족 여성사에서 표출된 고부간의 갈등은 어떤 것일까. 이명숙, 최복순 두 분의 논문「고부 관계에 대한 초보적인 고찰」이 이 문제를 잘 해명하고 있다.

고부간의 관계란 '준혈연'관계이다. 갈등이 생기면 모자나 모녀간에는 잘 풀어지지만 고부간에는 겉으로는 풀어질지언정 심리적으로는 앙금으로 남는다. 그래서 요즘 미혼녀들 사이에 유행하는 속어가 있다. "동무의 집에 염소와 투레기가 있습니까?" 하고 묻는다. 만일 있다면 "다른 물건은 다 가져도 염소와 투레기는 못 가지겠다."는 말이다. 염소는 '시아버지'를 말하고 투레기란 '시어머니'를 말한다. 경제적으로 어쩔 수 없이 아들에게 얹혀 사는 노부부는 참고 견뎌야만 한다. 참는 데도 한계가 있으므로 극에 달하면 정면으로 며느리에게 항거한다. "내가 있으면 네가 없다."는 식이다. 이 말은 죽나 사냐 결판을 내자는 뜻이다. 재미있는 것은 현행법 규정이다. '너도 있고 나도 있어야, 그 누구도 집밖에 쫓겨나서는 안 된다.'는 것이다. 법과 현실의 괴리를 좁히는 길이 어려운 과제가 아닐 수 없다.

가정에는 '총리'가 있다. 며느리가 들어오기 전에는 어머니가 총리였다. 며느리가 들어오자 '총리'를 놓고 갈등이 심화된다. 그러나 경제적 기반이 없는 시어머니는 '총리'를 쥐고 있기엔 불안하다. 만일 며느리에게 양도하면 냉전은 사라지지만 그렇지 않을 경우 냉전이 지속된다. 연변에는 이러한 문제로 가정이 불안한 상태가 전체의 반이나 된다.

며느리는 남편을 "우리"라고 호칭하며 시어머니를 "그"라고 호칭하면서도 "우리 어머니"라고는 부르지 않는다. 이처럼 호칭 상으로도 시어머니는 소외를 당하고 있다. 또 며느리를 맞기 전에는 무엇이나 어머니와 먼저 의논하더니 며느리가 들어오자 자기 마누라와 먼저 상의 한 후에야 어머니에게 통고한다. 이런 환경에서 남편의 중재적 역할은 매우 절실하다. 사회주의 국가는 남녀 공히 노동자임을 자처하고 정치, 사회, 문화에 적극 참여하는 것을 원칙으로 하기 때문에 개인의 재산 증식을 인정하지 않았다. 그러므로 노부모는 경제적으로 자식에게 넘겨 줄 유산도 없고, 노후를 자식에게 기댈 수밖에 없다. 한편 며느리가 시부모를 모시는 것도 단지 인도적인 차원에서 해결이 되도록 호소하는 길 뿐이다.

사회 변화에 따르는 새로운 경제 질서에 적응하려는 노력은 핵가족의 확산이라는 반대급부를 초래했다. 현재 핵가족의 수는 날로 확대해 가는 실정이다. 1990년 통계에 따르면 도시에서는 핵가족이 68%이고, 농촌에서는 66.28%임은 이러한 것을 단적으로 웅변하고 있다. 노부모를 모시고 있는 가정도 사실은 부모를 모신다는 '효'가 바탕이 된 것이 아니라 젊은 부부가 함께 뛰자니 집안을 돌봐 줄 사람이 있어야 한다는 가정이 많다는 데 문제가 있다.

한국이 현재 안고 있는 사회 고민이 이곳 연변에서도 가속으로 추격해 오고 있음을 볼 때 안타까움을 금할 길이 없다.

7.
놀이로 발전한 항일 의식화

서울신문 1994. 11. 25.

이곳 만주벌에 사는 중국조선족은 전통민속놀이를 계승 발전시킨 주역들이다. 그러나 하나 다른 점이 있다면 연변에서는 민속놀이를 항일의식을 고취시키는 촉매로서 활용할 뿐 아니라 민속운동이라는 차원으로 육성 발전시켰다는 점이다. 예컨대 씨름은 원래 단오놀이였고 생산증식의 주술적 의례로서 출발한 민속놀이였지만 이곳 연변에서는 씨름판이 항일의 의분을 폭발케 해 주는 장소가 되기도 했으며 씨름판에 모인 민중을 항일대열로 참여시키는 의식화 운동의 산실이기도 했다.

그네 또한 예외는 아니었다. 씨름의 주역이 남자이면 그네의 주역은 여자였다. 그네도 단오놀이이긴 하지만 이곳에서는 수시 개최되었는데 그때마다 모인 민중들의 단결과 항일의식으로 연대가 되는 계기를 마련해 준 것이다. 이와 비슷한 놀이로서 널뛰기가 있다. 널뛰기는 정초에 여성들의 전통놀이였다. 그러나 연변 여성들은 널뛰기의 단순한 의미를 벗어나 일본의 압제로부터 일탈하여 항일로 무장한다는 의식화 놀이로 발전했다. 그러므로 씨름, 그네, 널뛰기는 명절 뿐 아니라 수시 개최되었으며 개최될 때마다 뭉치면 살고 흩어지면 죽는다는 집단의식으로 무장하는 계기가 되었던 것이다. 오히려 전통놀이라기보다는 사회운동이라는 인상이 짙다.

1945년 일본의 패전으로 항일의 기능은 사라졌다. 그렇지만 고국이 아닌 이국땅에 사는 조선족은 단결은 필요했고 연대의식의 강조는 아무리 부르짖어도 무리가 아니었다. 따라서 씨름, 그네, 널뛰기는 조선족을 대표하는 '민속운동'으로 뿌리를 내리게 하였다.

이러한 민속놀이의 사회화는 씨름을 비롯한 민속놀이의 과학적 연구를 초래하게 하였고 운동으로서 체계화 하게 되었다. 조선족의 씨름연구는 지대한 것으로 그 일부만을 조감해 보면 우선 크게 공격과 방어로 나눌 수 있는데 기술과 전략을 대충 살펴보면 다음과 같다.

1. 메치기(공격기술)
   (1) 들어치기 기술 ① 들어치기 ② 배지기 ③ 엉뎅이지기
   (2) 다리 기술 ① 안걸이뒤집기 ② 모두걸이(호미걸이) ③ 덧걸이
        ④ 회목걸이(낚시걸이) ⑤ 회목 받치기(족부치기)
   (3) 손 기술 ① 앞무릎치기(안손치기) ② 서무릎치기(뒤무릎치기)
        ③ 바깥무릎치기(갓안손) ④ 앞다리채기 ⑤ 덜미잡이
2. 되치기(방어기술)
   (1) 배지기의 되치기
   (2) 안다리걸기(안걸이)의 되치기
   (3) 바깥다리걸기(모두걸이)의 되치기
   (4) 맞배지기 되치기

씨름을 민속운동으로서 발전시키려면 씨름이 인체에 미치는 특징을 추출하지 않으면 안 될 것이다. 이 점에 대해서 씨름이 인체에 주는 장점을 다음과 같이 들고 있다. 첫째 전체 근육 운동이므로 신체를 조화롭게 발전시키며, 둘째 여러 기술을 동원하기 위해서는 운동 기능을 발전시키며, 셋째 민첩하게 움직이는 기능, 넷째 힘과 정신운동으로서 전투적인 기질과 투지를 키운다. 다섯째 관절과 신체의 유연성, 심장과 패의 기능을 높이는 등이다.

한편 중국의 전국 운동대회에서 조선족여성을 대표하는 그네타기와 널뛰기는 중요하고도 유명한 종목이 되었다. 이 종목을 통해 조선족 여성들의 명랑하고 씩씩하며 근면한 성품을 충분하게 과시할 수 있었다고 한다. 많은 관중의 열렬한 찬사와 박수갈채를 받은 것은 말할 것도 없다. 소수민족들의 운동대회에서도 그네타기와 널뛰기는 인기 있는 종목

이 되었다.

지금도 연변에서는 불리고 있는 널뛰기 민요가 한국에서는 이미 단절된 지 오래다. 이곳 연변에서 불리고 있는 널뛰기 민요를 옮긴다.

묵은 해는 지나가고 / 새해 신원을 맞이했네
(후렴) 널뛰자 널뛰자 / 새해맞이 널 뛰자
앞집의 수캐야 너 왔느냐 / 뒷집의 순희야 너도 왔늬
(후렴)
서제도령 공치기가 / 널뛰기만 못하리라
(후렴)
규중생장 우리 몸은 / 설놀음이 널뛰기라
(후렴)
널뛰기를 마친 후에 / 떡국노래를 가자세라
(후렴)

고국에 대한 향수의 응어리임에 틀림이 없다.

다른 어느 나라 한민족 사회보다도 전통문화를 가장 유지 발전시킨 지역은 중국조선족이라고 확언할 수 있다. 그것은 연변이 항일운동의 씨밭이었고 독립운동가들의 피신처였기에 모든 전통문화를 항일의식으로 미화시킨 것이 아닐까 생각한다.

단지 광복 후 중국과 북한의 공산화 영향을 받은 점은 인정이 된다. 이를테면 놀이의 의미부여에 있어서 지나치게 집체성과 전투성을 강조한다거나 이데올로기적 의미부여를 하는 것 등이다. 그렇다 하더라도 그들의 명절 속에 '자치주 창건 기념일'(9월 3일), '연변노인절'(8월 15일), '아동절'(6월 1일)과 같은 새로운 명절이 포함된 것은 박수를 보낼 만하다. 특히 연변노인절은 다른 민족들 사회에서는 볼 수 없는 특유의 명절로서 차세대들에게 '효'를 잇게 하는 징검다리 역할을 하는 의미 있는 명절이다. 아동절은 정신적으로 해이해 가는 젊은 세대들에게 바른 길을 보이는 미래지향적 명절이라고 할 수 있다.

오늘 한국사회가 안고 있는 노인문제와 갈수록 늘어가는 범죄 집단을 사전에 예방하는 사회적 문화적 장치로서 노인절이나 아동절은 크게 기능하리라 믿는다. 우리를 되돌아 볼 과제의 열쇠가 연변조선족에 있음을 깨닫게 한다.

8.
어린이가 희망인 아동문학

서울신문 1994. 12. 2.

비교적 창작활동이 한반도보다 자유스러웠던 1930년대의 간도는 작가들의 활동무대였고 은신처였다. 아동문학도 예외는 아니다. 암흑기를 방불케 하는 당시에 살았던 아동문학가들은 다음 세대에게 희망을 걸 수밖에 없었다. 그리고 이러한 절박한 심정으로 동화 동시를 써 왔다. 30년대 초창기 문학가 중에는 우리가 익히 아는 작가들이 간도에서 아동문학으로 활동해 온 사실을 알 수 있다.

최서해는 1915년에 북간도 백하지구에 건너와서 농사를 짓다가 쪼들린 생활을 이기지 못해 7년간이나 유랑생활을 보내다가 1924년에 서울로 향했다. 윤극영은 1926년 용정에 와서 동흥중학교 음악교사로 있었다. 그 후 일본, 하얼빈 등지로 다니며 음악을 전공하며 가무단을 이끌기도 하다가 용정에서 광복을 맞이했다. 김예삼은 1935년 흑룡강성 목능현 흥원에 이주하여 교편을 잡았으며, 채택룡은 1938년 연길현 명륜학교로 와서 교편을 잡다가 광복을 맞았다. 그리고 윤동주는 1917년 북간도 명동에서 출생하여 평양숭실학교를 다니다가 36년에 다시 용정으로 돌아와 광명중학에 편입했다.

이 밖에도 간도에서 이 무렵 활동하던 아동문학가로서 윤해영, 안수길, 함형수, 이호남, 천청송, 염호열, 김연호, 박화목, 한해수 등을 꼽을 수 있다. 중국조선족의 아동문학은 이들 작가군에 의해 형성되었고 1936년 창간된 〈가톨릭소년〉은 작품의 발표원이 되었다. 당시의 상황은 조국을 빼앗긴 설움의 공감대가 형성되어 있었고 항일운동과 독립전쟁을 몸소 경험하는 현장이었기에 아동문학의 저변도 이러한 경향을 벗어날 수 없었다.

당시의 참혹한 생활상을 동시로 표현한 최서해의 〈시골소년이 부른 노래〉가 이것을 입증한다.

어머니는 무명 매고 / 아버지는 신 삼고
누이동생은 밥 짓고 / 나는 나무 하고

이리하여 아버지도 늙고 / 어머니도 늙고
누이동생 시집가고 / 나는 장가 못들고

아아 이것이 / 봄부터 겨울까지
겨울 또 봄 또 겨울 / 내가 하는 일입니다.

일제의 탄압은 이곳까지 물밀듯 엄습했고, 작가들은 붓을 놓을 수밖에 없었다. 이 무렵 윤동주는 참혹한 당시의 생활상을 동시로 표현했다. 그의 초기 작품 중 두 편을 감상해 보자.

〈아기의 새벽〉
우리 집에는 닭도 없단다 / 다만
아기가 젖 달라 울어서 / 새벽이 된다.

〈굴 뚝〉
산골짜기 오막살이 낮은 굴뚝엔 / 몽기몽기 웨인 연기 대낮에 솟나

감자를 굽는게지 총각애들이 / 깜박깜박 검은 눈이 모여앉아서
입술에 꺼멓게 숯을 바르고 / 옛이야기 한커리에 감자 하나씩.

산골짜기 오막살이 낮은 굴뚝엔 / 살랑살랑 솟아나네 감자 굽는 내.

1940년대에 와서는 윤동주에 이어 이호남, 천청송, 함형수 등이 계속 동요와 동시를 썼다. 그러나 검열제도가 심해지자 전처럼 노골적인 항일의지는 밝힐 수 없었고, 다만 상징적으로 모호한 표현을 써가며 새 경지를 개척해 갈 수밖에 없었다. 이러한 와중에서도 항일유격대 안에서는 전투성이 강하고 선동성이 짙은 아동문학이 생성되었다. 항일가요로는 〈혁명군이 왔고나〉 〈아동단가〉 〈어디까지 왔나〉 등이 있으며 아동극으로는 〈유언을 받들고〉 〈아버지는 이겼다〉 등이 있다. 이들 선동성이 강한 작품을 통해서 미래의 혁명투사를 만들고자 했던 의지를 가늠할 수 있다.

일제의 탄압이 끈질겼으나 작가들이 붓을 꺾지 아니한 보람이 있어서 중국조선족 아동문학이 오늘에 이른 것이다. 1945년 광복을 맞아 아동문학은 활기를 찾게 된다. 연변에서는 주로 채택룡, 염호열, 이호남, 김순기, 최형동 등이 활동을 했으며 「연변일보」 「길동일보」 「동북조선족인민보」 「불꽃」 등 신문과 잡지에 발표를 했었다. 목단강 일대에서는 주로 김예산이 발표를 많이 했는데 1949년에는 「건설」이라는 잡지를 편집하여 작품을 게재도 했다. 하얼빈일대에서는 김태희, 임효원 등이 「인민신보」를 내면서 작품을 게재했고, 특히 임효원은 1947년 「어린이신문」을 발간하기도 했다.

그 후 문화대혁명의 혼란기를 거쳐 1970년대부터는 새로운 국가건설이라는 목표 아래 중국조선족도 새로운 문단조직으로 가다듬었다. 그 결과 아동문학작가는 거의 30여 명에 달했고, 발표지도 늘어나 「소년아동」 「중국조선족소년보」 「별나라」 「꽃동

윤동주의 묘와 묘비
용정중학교가 1968년6월에 수선한 것으로 되어있다.

산」 등이 속속 발행하기에 이른다. 그러나 이처럼 많은 작가와 발표지를 가지면서도 아동문학의 문학성 부진을 면치 못했으니 이는 자아확립의 기틀이 잡히지 않았던 까닭이다. 그러므로 1980년대는 모두가 과거를 돌이켜 보면서 아동문학의 나아갈 길이 무엇인가 깊이 반성하기에 이른다. 즉 과거처럼 틀에 박힌 작품활동, 교시적이고 피상적인 주제보다는 현실적이고 자아개발이라는 〈나〉를 발견하는 새로운 질서에 대하여 재고해 가는 과정이 된 것이다.

다시 말해서 지난날의 계급투쟁을 기본으로 하는 인위적인 갈등을 설정하여 정치적 교훈을 주는 목적으로 하던 창작정신은 이제 지양되어야 한다. 이러한 반성문학운동을 업고 궤도수정으로 생겨난 것이 다름 아닌 중편소년소설의 등장이다. 과거 동시나 동요 위주였던 아동문학이 중편소설의 등장으로 새국면을 맞는다. 예컨대 류원무의 〈우리 선생님〉(이 작품은 국내에서도 〈해란강의 아이들〉로 알려졌다) 〈부중대장과 그의 벗들〉, 허봉남의 〈하얀 봇나무〉, 이태수의 〈체포령이 내린 강도〉 김수영의 〈무쇠바우〉 등을 들 수 있다. 이처럼 중편소년소설이 등장하자 최소한 아이들의 성격묘사가 가능해졌다. 진정한 의미의 문학성을 찾은 것이라 할 수 있다.

이제 겨우 아동문학의 성년을 맞으려고 하는 때에 또 하나의 장벽이 다가왔다. 그것은 물밀듯 다가오는 전파문화의 창궐로 인한 아이들의 가치관 변화이다. 홍수처럼 다가오는 텔레비전과 컴퓨터시대를 맞아 아이들이 책을 멀리 하려는 경향을 어떻게 지혜롭게 극복해 갈는지 커다란 과제가 아닐 수 없다.

9.
민족의 영산, 백두산

서울신문 1994. 12. 16.

비록 지금은 중국영토에 얹혀살지만 정신만은 아직도 부여, 고구려, 발해 땅에 살고 있다. 중국조선족이 이러한 의식으로 사는 것은 백두산 때문이다. 그리고 백두산이 존재하는 한 이러한 의식은 지워지지 않는다.

1990년 7월 필자가 단신으로 백두산등정을 했을 때의 일이다. 연변조선족부녀회 임원 몇 명과 만났다. "한국서 오셨구만요." "참으로 멀리서 오셨군요. 통일만 되면 바로 올라오실걸". 그렇다. 중국대륙을 횡단해 우회하며 올라온 필자를 측은히 여겨 준 것이다. "우린 만주땅에 살지만 백두산이 있는 한 외롭지 않아요. 조국이 그리우면 백두산엘 오르는걸요." 이토록 정신적 지주가 된 백두산은 진실로 물질적 정신적 모신母神의 요람이었다.

문득 가곡원류에 실린 무명씨의 시조 한수가 떠오른다.

백두산에 높이 앉아 앞뒤뜰 굽어보니 / 남북만리에 옛 생각 새로워라 /

간 님의 정령 계시면 눈물질가 하노라.

이 시조작가도 넓은 만주벌을 잃은 설움에 한숨 지은 것이다. 백두산은 신령의 산이다. 한민족의 젖줄이며 정기가 담긴 영봉이다. 최고봉이라는 것 뿐 아니라 한반도와 만주벌의 중앙에 우뚝 서서 그 옛날 한민족이 활약했던 넓은 대지를 굽어보며 흥망성쇠를 지켜본 영산이다.

왜정 때는 잔혹한 일본인의 탄압을 피해 이곳으로 와서 가냘픈 목숨을 지탱한 곳이고, 일본군의 총칼과 맞서 조국을 위해 싸운 독립군의 보금자리기도 했다. 백두산은 마치 모신의 가슴처럼 굶주린 고아들을 먹였고, 외로운 고아들을 따스하게 안겨준 어머니 가슴이었다.

백두산 정상에 오르면 누구나 "아아, 백두산!" 하고 절규하지만 순간 자연의 외포와 엄숙함에 할 말을 잃고 침묵이 있을 뿐이다. 병풍처럼 둘러싸인 기암절벽 안에 검푸른 물결로 덮인 잔잔한 천지天池는 거짓 없는 하늘의 호반이었다. 마치 금시라도 해룡이 용틀임하며 승천하는 것 같은 분위기가 이어진다. 그래서 천지를 용왕담이라고 하나보다. 예로부터 백두산 신령은 나라의 평화와 인간의 소원을 들어주는 민간신앙의 표상이었다.

정상에서 얼마 안 되는 곳에 중국에서 명소로 꼽는 장백폭포가 있다. 달문을 통해 흐르는 천지의 물줄기가 폭포로 힘을 얻어 벌을 적시면서 송화강에 합류한다. 천지의 물줄기는 분명 조선족의 젖줄이 된다. 폭포로부터 얼마 안 되는 곳에 작은 담수호가 숲속에 슬며시 모습을 나타낸다. 사람들은 이곳을 소천지라 부른다. 그보다 더 인상적인 것은 이 작은 호수가 그토록 유명한 「선녀와 나무꾼」의 무대라는 것이다.

나무꾼이 사냥꾼으로부터 쫓기는 사슴을 도운 덕택에 이 호수에서 멱을 감던 선녀를 아내로 맞는다. 그러나 보여서는 안 될 '선녀의 옷'을 보인 탓으로 아내는 그 옷을 입고 아이들을 데리고 하늘로 간다. 이 슬픈 설화가 본토에서는 금강산이 무대로 되어 있지만 이곳 조선족은 자신들이 처해 있는 현재의 공간에다 설정하고 있다. 이리하여 백두산을 업고 사는 만주벌을 삶의 터전으로 하면서 고향을 만들겠다는 의지의 발현이 강하게 나타난다.

폭포를 따라 내려오면서 처음 만나는 도시가 이도백하진이다. 도시라기보다는 백두산의 풍요로운 임업, 광산, 동식물을 관리하는 관청이 있는 농촌마을이다. "안녕하십니까?"로 통하는 마을, 이곳도 조선족이 개발한 지역이다. 인근에 옹기종기 작은 마을을 형성하며 사는 사람들이 있다. 싸리 울타리에 싸리문, 호박넝쿨이 지붕을 덮은 모습, 닭들이 마당에서 모이를 쪼는 모습이 전날 한국 농촌의 풍경을 옮겨 놓은 듯하다. 모두 조선족 마을이다. 삼도진을 거쳐 매음마을을 지나면 평지에 이른다. 여기부터 평강벌이다.

백두산에서 만주쪽으로 장백폭포가 있다.

이 담수호를 사람들은 이곳을 소천지라 칭한다.
이곳에 선녀들이 내려와 멱을 감든 곳이라 전한다.

백두산의 총면적은 8,000㎢로서 전라북도의 면적과 비슷하다. 지정학적으로 중국과 경계를 하고 있으니까 자연히 중국에서는 장백산으로 부른다. 중국문헌을 뒤져보면 옛날에는 "넓은 황야가운데 있으니 '불함'이라 이름한다. 숙신땅에 속한다"(산해경)고 되어 있고, 한나라 때는 '단단 대령單單大嶺'이라 불렸고, 남북조의 위시대는 '개마대산' 또는 '태백산'이라 불렸다. 당나라 때는 '태백산'이라 했고, 금나라 때는 '장백산' 또는 '백산'이라 불렸다. 한편 백두산을 배경으로 살아온 민족을 보면 숙신족, 읍루족, 물길족, 말갈족, 여진족, 만주족 등 여러 민족을 들 수 있으나 우리민족도 부여, 고구려, 발해 등 여러 왕조가 백두산에 발상을 두고 있다.

이와 같이 백두산을 배경으로 여러 민족들이 발붙여 살아왔으나 모두 역사의 뒤안길로 사라졌다. 오직 우리 민족만이 뿌리를 내리고 민족의 성산으로 숭상하면서 우리의 정신적 지주로 여겨 오래오래 살 것을 표상하고 있다. 단군신화에서 환웅이 천상에서 하강한 곳도 태백산 아래 신단수로서 이곳에 신시를 만들었다, 발해 대조영이 건국의 기틀을 만든 곳도 태백산이며, 부여 금와왕이 고구려 시조인 동명왕의 어머니 유화부인을 만났다는 곳도 태백산으로 다름 아닌 백두산이다.

백두산의 명명유래는 성해응成海應의『동국명산기』에 나타난다. 즉 흰 독을 엎어놓은 듯한 데서 붙여진 이름이란다. 이유원李裕元의『임하필기』에는 4계절 산마루에 흰 눈이 덮여

백두산 아래
이도백화진(二道白河鎭)에 교포청년이 노점상
을 하고 있다.

있는 데서 붙여진 이름이라 했다. 한편 최남선은 우
리의 명산들에 '백白'자가 많이 들어 있음을 지적
하면서 이는 광명한 산악, 해가 돋는 신성한 고지
등을 의미하는 '밝뫼', '밝달'에서 유래되었다고
설명한다.

어떻든 이 백두산을 이국땅에서 지금 계속해서
보존계승하고 있는 것은 다름 아닌 중국조선족들
이다. 지금은 백두산의 절반이 중국 땅이지만 연
변의 조선족이 삶터로서 지금도 그곳에 살며 영산
으로 떠받들고 있는 것은 반만년 한국 핏줄을 이어
가고 있는 표상이라 하지 않을 수 없다. "우린 조국
땅에 살아요." 하는 말은 백두산에 사는 한 그게 남이든 북이든 조국이라는 의식에서다.
그리고 백두산에 얽힌 수많은 전설들이 우리 동포들에 의해 생성되고 있음은 의식의 연장으
로 가슴 뿌듯한 일이 아닐 수 없다.

IO.

백두산 설화 200가지

서울신문 1994. 12. 16.

중국조선족이 구전하는 백두산 설화만도 200여 편이 넘는다. 많다 보니 내용도 다양하고 분류도 가능하다. 우선 신화적 성격이 강한 설화, 자연과 조형물의 유래를 설명하는 기원전설, 흥미를 중심으로 하는 민담 등이 고루 분포되고 있으며 예로부터 이 지역에 살던 우리 민족에 의해 구전되기 시작한 설화가 대부분이다.

백두산설화 중에서도 가장 핵심이 되는 '천지'는 하늘의 호수라 일컫는 천지의 유래담으로 신들의 세계와 갈등을 묘사한 일대 서사신화이다. 내용이 장엄하고 웅장하여 희랍의 인문신화가 손색 할 정도이다.

하늘에서 발 붙일 곳을 잃은 흑룡은 지상으로 내려와 백성을 못살게 굴었다. 백성들이 죽을 힘을 다해 물을 찾았으나 흑룡의 방해는 더 해 갔다. 백장수가 백성들을 위해 사투를 했으나 별 성과가 없었다. 이때 신선의 현몽함을 받은 공주가 백장수를 찾아 왔다. 공주는 신선이 말한 대로 백장수를 데리고 비밀의 옥장천을 찾는다. 이 물을 석 달 열흘 동안 마셔야 흑룡을 대결할 힘이 솟는다. 과연 힘이 속아 백장수는 삽을 들고 백두산 정상에 올라 땅을 파기 시작했다. 16삽을 떠서 동서남북으로 버렸더니 16기봉이 생겼다. 파인 웅덩이에서는 물이 솟기 시작한다. 흑룡이 이것을 방관할 리가 없었다. 이리하여 백장수와 흑룡간에는 치열한 공중전이 벌어졌다. "불칼을 휘두르는 흑룡은 불덩이 같았고, 만근도를 휘두르는 백장수는 은덩

어리 같았다." 둘의 싸움이 승부가 나지 않자 공주는 흑룡을 향해 단검을 퍼부어 백장수에게 가세했다. 끝내 당하지 못할 것 같자 흑룡은 동해바다쪽으로 줄행랑을 쳤다. 백장수와 공주가 승리의 기쁨을 맛볼 때는 이미 백두산 정상의 웅덩이에는 물이 가득 고였다. 둘이는 흑룡이 다시 나타나 방해하지 못하도록 천지 아래에 수정궁을 짓고 지금도 살고 있다는 것이다.

(내용의 개요이다. 『백두산전설』에서)

이 천지기원신화는 우리 설화의 괴도퇴치나 고전소설 〈김원전〉을 방불케 하는 것으로 〈지하국의 구두괴도九頭怪盜퇴치설화〉와 비교해 볼 때 나라의 위기가 닥칠 때 젊은 영웅이 출현함, 천우신조로 적진에 투입하여 정체를 밝힘, 여인의 도움으로 괴수를 당해낼 힘이 생김, 격전이 벌어지나 여인의 도움으로 승리를 함. 등의 구성요소가 일치한다. 우리는 이미 신화소가 사라져 민담으로 변이구전되고 있는 데 비해 백두산을 민족의 영산으로 신격시하는 이곳 천지유래담은 원형대로 신화성이 강조되고 있는 것이 특징이다.

식물유래담의 〈장생초〉전설은 효심이 지극한 모자, 악질지주의 횡포, 기로에 선 가족을 지켜준 백두산신령에 관한 이야기다.

백두산 기슭에 효심이 지극한 아들이 노모를 모시고 살았다. 어느해 처음으로 풍성한 수확을 하게 되었다. 아직 햇곡식으로 첫밥을 먹어보기도 전에 악질지주가 몽땅 빼앗아갔다. 설상가상 노모는 병으로 눕게 되었다. 효자는 피눈물 나는 노력을 해서 병약한 노모를 봉양했다. 그러나 병은 더 깊어만 갔다. 아들은 어머니의 병을 고칠 수 있다는 장생초를 손에 넣기 위해 목숨을 걸기로 하고 백두산을 샅샅이 뒤지기 시작했다. 깊은 산 속에서 한 노파를 만나게 되고 노파의 도움을 받는다. 어렵게 장생초를 손에 넣은 아들은 끝내 뜻을 이루었다. 이리하여 백두산에는 훌륭한 약재 장생초가 번식하기 시작했다.

(내용의 대략임. 『조선족민간고사선』에서)

백두산설화에 등장하는 인물들은 모두 조선족으로 표출한다. 이 〈장생초〉도 먹고 살기 위해 백두산기슭까지 찾아간 조선족을 대변한다. 땅을 개간하여 목숨은 겨우 부지하지만 지주의 횡포는 날로 더해 간다는 내용은 거짓이 아닌 이주민들의 초기 생활상이었다. 설화에서는 천우신조, 이를테면 천신만고 끝에 신선같은 노인, 산신같은 노파를 만나게 되어 명줄을 잇게 하는 설화의 내용은 전설이 아니라 삶의 역사였다고 보는 것이 정당할 것이다. 고난을 자포자기하지 않고 스스로 개척하면 하늘도 돕는다는 삶의 철학이 구전설화에 담겨 있다.

그러나 우리민족의 인생관은 비통을 낭만으로 승화할 기질을 타고 난다. 낭만적 민족성은 슬픈 이야기도 웃음으로 바꿀 수 있다. 백두산설화 중에는 신화 전설만이 아니라 오락중심의 민담도 포함되어 있다. 신화적 성격이 강한 내용을 민담으로 변이되어 구전하는 것으로 〈술이 나오는 그림〉이 있다.

옛날 백두산에 한 나무꾼이 살고 있었다. 가난해서 장가도 들지 못했다. 추운 겨울 나무하러 숲으로 들어갔다. 신음소리를 들었다. 그는 움막 속에서 곧 목숨이 걸릴 병약한 노인을 찾았다. 그는 애써 마련한 자신의 나무로 방을 덥히고 죽을 끓여 노인을 간병했다. 그는 노인에게 바싹 붙어 사흘 동안 간병을 했다. 덕택으로 노인은 회복이 되었다. 노인은 붓으로 송학도松鶴圖를 한 폭 그려주었다. 다음날 그 움막을 찾았을 때는 움막도 노인도 흔적이 없었다. 나무꾼은 어이없이 앉아 그림을 펴 봤다. 그림에는 샘물이 있었는데 나무꾼이 "이 샘물이 술이었음 좋겠다"고 말하는 순간 술이 되었다. 나무꾼은 샘물처럼 솟아오르는 신선주를 팔아 부자가 되었다. 한 구두쇠 영감이 이 그림을 탐내어 그림을 사려고 했다. 강제로 빼앗아 갔다. 그리고 많은 군중을 모으고 그림을 펴 기적이 일어날 것을 예고했지만 아무 일도 생기지 않았다. 군중은 이 구두쇠 영감을 욕하고 돌아갔다. 구두쇠는 관청에 고발했다. 막대한 돈을 받고 엉터리 그림을 준 사기꾼을 고발한 것이다. 나무꾼이 옥에 갇히려는 순간 백발노인이 나타났다. 관리와 구두쇠를 나무라고 나서 그림을 들자 그림속의 학이 날개를 퍼드덕거리며 나무꾼과 신선을 태우고 멀리 날아갔다. 이때 청천벽력이 나더니 산이 무너져 사또와 구두쇠를 덮어버리고 말았다.

매우 교훈성이 내포된 설화지만 기적이 일어나는 그림에 대한 설화는 우리 주변에 많이 구전되고 있다. 〈그림속의 여인〉〈술이 나오는 표주박〉 등이 공통 모티프라고 할 수 있겠다. 백두산설화가 백두산을 지키며 사는 우리 중국조선족들에게 항상 생수와 같은 역할을 하고 있다는 사실은 얼마나 고마운 일인지 알 수 없다.

II.
고달픈 삶을 담은 민요가락

서울신문 1994. 12. 30.

어느새 중국인들 사이엔 이러한 말이 굳어졌다. '조선사람 사는 마을엔 논밭이 있고, 벼농사 하는 곳엔 조선사람 있다.' 조선사람은 황무지도 개간하여 농사를 짓는다. 밭을 논으로 바꿔 벼농사를 지으니 중국인이 보기에는 영농엔 도가 튼 조선인이라고 개탄하여 마지않을 것이다.

19세기초, 압록강과 두만강 연안에 살던 우리 민족은 봄만 되면 강을 건너 중국땅에서 황무지를 일궈 가꾸고, 가을이 되면 알곡을 잔뜩 지고 다시 강을 넘어 고향으로 돌아왔다. 이 무렵 중국땅에서 피땀 흘려가며 개간하던 우리 농민들 사이에선 이런 민요가 불려졌다.

월편이 나붓기는 갈잎대 가지는/애타는 내가슴을 불러야 보건만 /

이몸이 건느면 월강죄란다.

기러기 갈 때마다 일러야 보내며 / 꿈길에 그대와는 늘 같이 다녀도 /

이몸이 건느면 월강죄란다.

이름하여 〈월강곡〉이다. 아마도 현행법으로는 월강이 불법인 줄은 알면서도 그곳에 가서 농사를 지어오는 농민들의 마음을 조금은 읽을 것 같다. 압록강과 두만강 연안주민들은 국경의 의식이 적었던 모양이다. 그도 그럴 것이 예로부터 강 북쪽이 어디 외국영토였던가.

한 때는 우리의 삶터였기도 했고, 선조들이 묻힌 땅이기도 한데 어찌 현실이 그들에게 이러한 의식을 제재할 수 있으리.

이 무렵 중국땅으로 건너가 개간하던 빈농들이 부른 민요는 거의 삶의 몸부림이었다. 노동을 할 때 일의 능률을 위한 민요도 있었고, 신세타령도 있다. 〈시집살이〉의 한 구절이다.

"백두산이 높다이 / 시아바이처럼 높으랴 / 고추후추가 맵다이 /
시어머니처럼 매우랴. /

농사꾼이 있는 곳엔 대장장이가 없을 수 없다. 대장장이는 농사꾼을 따라다니며 농기구를 고치거나 만들어주며 목숨을 유지한다. 그러나 이것도 만만치는 않다. 천하디 천한 직업으로 대장장이에게 시집올 처녀가 없다.

"대장일 십년에 / 망치깨만 남겼네 / 후렴
어깨넘어 실포장도 / 네 날 살려주렴아 / 후렴
누덕저고리 진자지고름 / 나를 살려주렴아 / 후렴

시간이 흐름에 따라 가난한 농민들은 가족들을 데리고 월강하여 그곳에 정착을 했다. 그리하여 조선족 마을을 형성했다. 뒤따라 자리 잡은 것이 천주교와 기독교였다. 불교나 유교가 중국조선인들에게 현실극복에 도움이 되지 않는다는 사실을 안 이주민들은 신교에 의지할 수밖에 없었다. 중국인의 착취와 횡포가 극에 달해 시달림을 받았던 조선족에게 있어서는 중국의 유교나 불교가 매력이 있을 리가 없었다.

중국조선족이 민요 다음으로 맞이한 노래가 신식학교 창가과에서 부른 찬송가였다. 1914년이래 기독교, 천주교 계통에서 간도일대에 많은 학교를 세웠다. 용정에 「명신여자학교」와 「은진중학교」 「해성학교」 등이 생겼다. 그러나 조선인 신식학교로는 1906년에 이상설선생이 세운 서전의숙瑞甸義塾이 처음이다. 1892년 한글로 번역된 찬송가가 나오기 전까지는 한자발음으로 불렀다. 예를들면 "예수 사랑하심"을 "주 예수 아이워"와 같은 경우이다.

이렇게 창가는 찬송가로부터 시작되었으며 이것이 보급되면서 찬송가 곡조에 새 가사를 바꾸어 넣어 부르는 일이 많았다. 그러고 나서 찬송가와 비슷한 노래를 만들기도 했다. 특히 지적할 것은 중국조선족이 새운 사립학교 창가과에서는 반일사상을 담은 새창가의 개발이었다. 예컨대 당시 집안현의 광성학교에서 사용한 창가교재에는 〈모험맹진가〉〈운동가〉 등이 있었고, 통화현의 배달학교 창가교재에는 〈학도가〉〈세계일주가〉〈부모의 은덕〉 등이 있었다. 전체적으로 봐서 두 주류의 의도가 있었으니 하나는 반일사상을 고취시키자는 것이었고 다른 하나는 신지식을 고취시키자는 것이었다.

이러한 조선인의 의도를 모르는 일본이 아니었다. 아니나 다를까 당시 조선총독인 데라우찌는 각도 현령들에게 창가라는 미명하에 독립정신과 반일사상을 주입하려는 의도를 용납할 수 없다는 강한 제재의사를 밝혔다. 그리하면서 일본식 군가를 부르도록 강요했다.(1911년 7월)

용정은 나라 잃은 민족의 항일구국독립운동의 산실이 되었고, 중국조선족의 교육의 중심지가 되었다. 그러다보니 일본도 이곳을 방관할 수는 없었다. 용정에 일본영사관을 세우고, 겉으로는 중국조선인을 보호한다는 구실아래 실제로는 독립운동을 탄압했다. 1930년대로 접어들자 독립군의 조직과 활동이 서서히 그 윤곽을 드러내기 시작한다. 이 무렵 이정호가 만든 〈조선의용군행진곡〉이 불려졌다.

중국조선족 사회에서 활동하던 작곡가 중에 정률성(1918~1976)이 있다. 그는 40년 동안에 360여곡을 남겼으며 장르도 다양하여 가요, 행진곡, 아동요, 합창곡 등으로 분류된다. 1936년 중국의 남경에서 개최된 「5월문예사」 창립대회에 참석하여 처녀작 〈5월의 노래〉로 데뷔했다.

중국에서 〈아리랑〉이 가극으로 첫 공연된 것이 1940년 5월 21일 서안시 실험극장에서였다. 가극 〈아리랑〉은 당시 청년작곡가 한유한의 창작으로 가극을 총지휘할 뿐 아니라 자신도 무대에 올라가 목동역을 연출했다. 가극 〈아리랑〉의 요지는 이렇다. 평화로운 마을에서 청년남녀가 서로 사랑하며 백년가약을 맺는다. 일제의 탄압은 날로 심화되어 강토는 빼앗기고 피바다로 물든다. 이들은 나라를 회복하기 위하여 광활한 중국으로 가서 독립운동에 가담한다. 당시 서안에서 이 가극을 공연할 때는 전기가 없어서 가스불로 조명을 해야 했지만 현지 신문들은 대서특필로 이 가극을 찬양했었다.

　1945년 해방이 되자 연변에도 〈우리의 향토〉〈여성행진곡〉〈아침은 빛나라〉 등 해방을 기쁨으로 맞이하는 대중가요가 나왔다. 이어서 〈토지 얻은 기쁨〉〈농민의 노래〉〈새아리랑〉 등 토지개혁으로 농민들이 소작생활을 청산하는 기쁨을 노래하는 가요들이 나왔다. 그리고는 한국동란으로 인해 북한에 동조하여 한국으로 진격하자는 내용의 가요들도 나왔다. 그러나 1966년부터의 10년간은 문화혁명시기로 대수난기를 맞는다. 대비판의 소용돌이 속에서 음악부분이 당하는 과녁은 민족전통예술분야였다. 중국조선족의 예술활동이 비판을 받으면서 고난의 10년이 흘렀다. 그리고 다시 원상을 회복한다.

　필자가 연변을 처음 찾은 것은 1990년 7월이었다. 이 무렵은 이미 한국의 관광객이 붐비던 시기였으며 젊은 사람들 사이에서는 한국의 대중가요 태잎을 틀어가며 감상하던 시기였다. 어느 허름한 식당에서 필자더러 〈사랑의 종말〉을 불러달라고 강요받아서 모두 합창한 경험이 있었다. 지금은 노래방이 성시를 이룬다.

I2.
항일투쟁 본거지, 봉오동 전투

서울신문 1995. 1. 6.

지금까지 이 연재를 통해서 연변이라는 곳이 독립운동의 산실이었음을 누차 강조해 왔다. 이 중에 한국독립군전투사에서 빼놓을 수 없는 곳이 세 곳 있는데 삼둔자전투, 봉오동전투, 청산리전투가 그것이다. 이 3개 지역은 우리의 피를 말리던 당시의 일본측으로 보면 몹시도 상처 받은 아픈 상흔으로 남을 것이고, 우리 입장으로서는 마지막 남은 자존심이었고 울부짖음이었다.

당시 한국이주정착민들의 거주지역은 크게 서간도와 북간도로 나누는데 서간도는 백두산서남과 압록강대안의 남만주를 일컬으며 북간도는 서간도를 제외한 나머지지역을 말한다. 이 밖에 두만강 하류에서 우수리강 동쪽의 러시아 땅에도 이주민들이 살던 곳으로 이곳을 연해주라고 불렀다. 해도간海島間이란 연해주의 '해'와 간도의 '도'를 따서 붙인 이름이다. 이를테면 한국이주민들이 구한말 이래 새로 개척한 신천지를 총칭하는 말이다.

산둔자三屯子는 현재 연변 제2의 도시인 도문시 월청향 간평이란 마을이다. 이 지역 일대가 산악이며 일본수비대의 눈을 피해 국내로 잠입할 중요거점으로 알려진 곳이다. 삼둔자 사건의 전말은 이렇다. 1920년 6월4일 새벽이었다. 30여 명의 독립군이 국내로 진입하기 위해 두만강을 건너 종성 북방 5리 지점의 강양동으로 진격하여 일본헌병 후쿠가와 조장이 인솔하는 헌병순찰소대를 격파하고 날이 저무는 것을 기다렸다가 다시 귀환하는 임무였다. 이날도 여느 때처럼 성공리에 무사 귀환했다. 그러나 왜군은 참패의 복수를 위해 니이미 중위로 하여금 남양수비대 병력 1개 중대와 헌병경찰중대를 인솔하게 하여 독립군을 추격하게 하였다. 낌새를 챈 독립군은 요소에 잠복하고 있었다. 삼둔자에 이르러 뜻을 이루지 못한 일본군은 억울한 양민만 대량 학살하고 퇴각하는 길이었다. 이때 놓칠세라 독립군이 일시에 습격하여 섬멸시켰다. 소수의 병력으로 왜군을 섬멸시킬 수 있었던 것은 이곳 지형에 익숙한 독립군이 협곡으로 왜군을 몰아 일시에 포위하여 공격한 탓이었다. 이 사건은 일본군이 강을 건너 중국땅에서 독립군과 싸운 처음 기록이 되었으며 다음 '봉오동승첩'의 서전이 되었다.

1920년 6월 7일 봉오동승첩의 전투는 이렇게 시작되었다. 두만강 국경수비대는 국내진입작전의 독립군 본영이 있는 봉오동을 일격에 섬멸하여 그 기능을 봉쇄하려고 공격부대를 편성했다. 결국 야스카와 소좌는 보병2개중대, 기관총 소대, 헌병경찰대를 합친 혼성대대로 편성했다. 그리고 며칠 전 삼둔자에서 패전한 니이미 중대가 가세하여 신예무기로 무장한 전투대대병력으로 공격이 시작되었다. 새벽 3시가 지나 해란강이 두만강과 합류하는 온성 하탄동 부근에서 두만강을 건너 봉오동을 향해 진격해 온 것이다.

봉오동은 사면이 야산으로 둘러싸여 마치 길쭉한 삿갓을 뒤집어 놓은 지형의 요새라 할 수 있다. 남쪽 입구로부터 북쪽까지는 25리가 넘는 골짜기로 되어 있고 두세 곳의 한국인 이주민마을이 형성되어 있었다. 한편 봉오동 독립군을 지휘하던 사령관은 홍범도였으며 왜군을 대치한 아군작전은 치밀했다. 마을 주민들은 모두 대피시켰고 사령관이 직접 지휘하는 2개중대는 서산남단에 자리 잡고 그밖에 중대들은 사방으로 매복시켰다.

아침 8시가 지나 일본군은 봉오동 초입에 당도했다. 마을을 습격하면서 미처 피하지 못한 노약자들을 학살하기 시작했다. 점차 깊이 수색해 들어온 일본군은 독립군이 매복하고 있으리라고는 꿈에도 생각지 못하고 도주한 줄만 알았다. 때가 왔을 때 홍범도사령관의 신호로 삼면으로부터 일제히 공격이 시작되었다. 일본군은 결사 반격을 했으나 워낙 갑작이 당한 습격이라 수습할 길이 없었다. 결국 패퇴하고 말았다. 이 전투의 개선은 나라를 빼앗긴 설움을 조금은 위로해 주었다. 그리고 중국조선족의 정신적 힘이 되어주었다.

청산리대첩은 1920년 10월 김좌진, 나중소, 이범석이 지휘하는 북로군정서군北路軍政署

軍과 홍범도가 이끄는 대한독립군이 합세한 독립군부대가 독립군토벌을 위해 간도로 진격한 일본군을 맞아 청산리일대에서 싸워 일본군을 대파시킨 것을 말한다. 청산리 계곡은 동서로 약 25㎞나 되며 교통이 거의 불가능한 지세였다. 10월 21일 오전 9시경 야스카와가 이끄는 추격대가 이곳에 당도했을 때 이범석의 지휘로 매복해 있던 독립군이 일제히 엄습하여 전멸시켰다. 이어 야마타가 이끄는 본대가 당도했지만 아군에게 유리한 지형과 매복작전에 속수무책 200여 명의 일본군이 사살되고 패퇴했다. 한편 홍범도부대는 완루구에서 일본군을 맞아 치열한 전투끝에 400여 명의 사상자를 내는 피해를 입혔다. 22일에는 김좌진부대가 마을주민의 제보를 받아 어랑촌에 주둔하고 있던 기병대를 습격하여 많은 피해를 입혔다. 청산리전투는 10월 21일부터 시작되어 26일까지 약 10여 회 전투를 한 끝에 일본군 1,200여 명을 사살한 데 비해 독립군은 100여 명이 전사를 했다.

삼둔자전투는 일본군이 중국땅에서 독립군과 최초로 싸운 기록이 되었으며 봉오동전투는 독립군의 주력부대를 파멸시키려는 일본군의 복수전이었으나 결국 패퇴했고 청산리전투는 규모면에서는 가장 큰 전투였다. 군인의 수나 무기의 수 등 병력이 약세임에도 불구하고 승리한 것은 유리한 지형의 치밀한 전략때문이라는 점도 있었겠지만 그보다도 조국독립을 위한 정신력 때문이었다고 보는 편이 나을 것이다. 홍범도洪範圖의 〈대한독립군유고문〉의 한 구절을 보면 당시 독립군의 의식이 무엇이었나가 더욱 극명해진다. 「당당한 독립군으로 몸을 던져 반만년 역사를 광영되게 하며, 국토를 회복하여 자손만대에 행복을 줌이 우리 독립군의 목적이요 또한 민족을 위한 본의이다.」 당시 독립군은 조직적이고 강력한 군대가 편성되면 때를 기다렸다 강을 건너 조국을 회복하기 위한 진격을 하려고 했던 것이었다.

13.
개방바람에 달라지는 풍속도

서울신문 1995. 1. 13.

중국조선족의 예술활동을 조감해 보는 것은 여러 가지 의미로 가치 있는 일이다. 특히 해방 전의 이주민들이 펼쳐온 놀이마당을 전통과 변화라는 시각에서 검토하는 것은 한국 전통예술의 조명에도 크게 도움이 된다.

이주 100년을 되돌아 볼 때 중국조선족의 예술활동은 조국보다 훨씬 복잡하고 변화의 과정을 밟았다. 우선 해방 후 중국 조선족은 소수민족으로서의 「조선족」이란 위상확립을 위해 몸부림을 쳤고, 문화혁명시기에는 갖은 탄압을 받아가며 예술활동의 위축을 겪어야 했다. 그리고 북한의 끈질긴 교화를 받으면서 지내오다 최근에는 한국의 영향으로 예술활동의 변화라는 파도를 타야만 했다. 그럼에도 불구하고 민족에 근거를 둔 전통예술성은 굴절하지 않고 맥을 이었다. 특히 이주로부터 해방까지의 예술활동 중에서 춤과 노래를 조명해 보면 조선족의 의식이 가장 잘 표출된 시기라고 할 수 있다.

이 시기에 연희되었던 민속춤으로는 승무, 농악무, 남무, 한량무, 살풀이, 강강술래 등이 있다. 이밖에 〈아박무〉가 있었다. 구전에 의하면 〈아박무〉는 1923년 봄, 안도현 송강 송화의 한 골짜기에서 발생했다고 한다.(본지 94.10.21자 연재②참조) 그러나 조국으로부터 그대로 옮겨 온 전통춤 중에서는 뭐니 뭐니 해도 농악이 으뜸이다. 가장 먼저 농악대가 구성되어 연희된 곳은 1928년 왕청현의 어느 마을이라고 하나 규모있고 영향력을 가진 농악대로서는 1938년 길림성 안도현의 신촌마을이다.

경남의 이주민 100여 세대가 1938년 이곳에 자리 잡았다. 그들이 올 때 꿩과리, 징, 장고, 북, 소고 등 농악에 필요한 최소한의 소도구를 휴대해 왔다. 그들은 낮에는 산에 올라가 밭을 일구고 밤에는 모닥불을 피워놓고 농악을 울리며 피로를 풀고 망국의 설움을 달랬다. 그 후 1941년 남사당패에서 농악을 추었다는 광대 이원보씨를 전라도로부터 모셔와 본격적으로 연수를 받았다. 이리하여 20명 내외로 구성된 신촌농악대는 마을 마당놀이(지신밟기), 두레굿, 집돌이농악의 수준을 넘어서서 무대에로 진출하기에 이르렀다. 이에 자극을 받은 농민들은 자신의 마을농악대를 조직하려는 의욕으로 찼다.

민속춤 중에서는 〈쾌지나 칭칭나네〉가 가장 많이 추어졌다. 특히 정월보름날 줄다리기에 나가기 위한 선행놀이로서 이 춤을 추었다고 하는데 사기를 진작시키는 데 큰 역할을 했다. 해방 전 동북 3성의 조선족 마을에서 주로 재인才人들에 의해 추어진 민속춤으로는 승무, 탈춤, 칼춤, 학춤, 사자춤, 수박춤, 양산도 등을 들 수 있다. 물론 이것들은 전문 광대들에 의해 무대에서 추어진 것들이 태반이다.

이금덕(1922 전남태생)은 이리 권번에서 노래, 기악, 춤을 익히고 40년대에 이주하여 〈양산도춤〉과 〈수건춤〉을 보급시켰다. 김선덕은 14살 때 평양권번에 들어가 음악과 무용을 익히고 이주 후 〈칼춤〉과 〈남무〉를 보급시켰다. 김재산(1890 강원도출생)은 1914년 길림성 안도현으로 이주하여 〈학춤〉과 〈거북춤〉을 보급시켰다. 조정숙(1928 평양출생)은 8살부터 기예를 배워 활동하다가 해방후 이주하여 〈승무〉 〈한산춤〉 〈봉산탈춤〉 등을 계승시켰다. 이밖에도 박정록은 〈접시춤〉을, 김학천은 〈수박춤〉을 전수시켰다.

특히 김학천의 〈수박춤〉은 유명하다. 김씨네 집안에서 500년이나 전승된 춤이란다. 알몸으로 허리엔 짐승 가죽을 두르고 맨발로 추는 이 춤은 악기라고는 물을 담은 큰 함지 안에 작은 함지박을 엎은 것을 두드리는 정도이다. 이 두닥거리는 소리에 박자를 맞추며 연희자가 등장하여 두 어깨를 으쓱거리며 두 손으로 자기 몸을 치면서 추는 춤이다. 도중 갖가지 새소리와 짐승소리를 낸다. 사냥꾼의 모의춤이라 할 수 있는 이 춤의 끝은 맹수를 정복한 사냥꾼의 희열로 끝난다.

박정록이 전수시킨 〈접시춤〉은 30년대부터 훈춘지방에서 추어진 것인데 이 지역에서 자생된 춤으로 알려졌다. 명절이나 잔치 때 상에 접시를 나르는 흥취를 소재로 한 기쁨을 담은 춤이다. 춤을 예술적 경지로 끌어 올리는 데 기여한 예인으로서는 하태익과 김용옥이 있다. 전자는 〈농악무〉를 발전시켰고, 후자는 〈목동과 처녀〉〈도라지〉〈민간북춤〉〈팔선녀〉 등을 창작하여 중국에서 조선족 무용예술의 극치를 과시한 인물이다.

　해방 전의 중국조선족의 춤을 언급함에 있어서 항일투쟁배경에서 자생한 몇 가지 춤들을 빠뜨릴 수 없다. 항일 전투가 지속되는 긴박감속에서 여성대원들이 군복을 누벼나가는 모습을 극화시킨 여성군무인 〈재봉대원의 춤〉을 비롯해서 〈붉은 수건 춤〉〈붉은 봄 돌아왔네〉〈기병대 춤〉〈무장춤〉 등이 1930년대부터 항일투쟁 집단에서 연희되었었다.

　한편, 세계적으로 총애를 받아온 무용수 최승희가 중국에서의 무용활동으로 인해 조선족의 콧대를 한층 높여준 결과가 되었을 뿐 아니라 춤의 예술적 경지를 한층 높이는 데도 몫을 했다. 최승희 편력을 살필 여유는 없지만 그녀는 1912년 서울 태생으로 14살 때 도일하여 현대무용과 발레를 배운 세계적 무용수이다. 1930년 조선경성공회당에서 처음 귀국공연을 시작으로 그의 명성은 일약 아시아로부터 유럽 미국으로 번지기 시작했다. 최승희가 중국에서 활동을 개시한 것은 1940년부터이다. 당시 조선족이 10여만 명이 살고 있었던 흑룡강성 목단강시에서 최승희가 공연을 했다. 이때의 공연된 춤은 〈천하대장군〉〈관세음보살〉〈명절놀이〉〈몸은 늙었어도 마음 늙지 않네〉 등이었다.

　묵직하면서 무사의 용맹을 표출하면서 조용하게 동작이 시작하나 쾅쾅 울리는 음악에 맞춰 위엄을 과시하는 〈천하대장군〉은 축귀의 민간신앙을 담고 있다. 그리고 이와는 대조적으로 대자대비한 관세음보살의 정靜, 동動, 정의 순으로 동작을 이끌면서 심오한 종교의 분위기를 표출했다. 〈명절놀이〉는 명절에만 외출이 허가된 규중처녀가 바깥세상에 흥취되는 감정을 표출한 춤이었고 노인이 취중에 젊은 시절을 회상하는 주제를 담은 〈몸은 늙었어도〉는 해학을 담아 웃음을 자아내게 한 춤이다.

　최승희의 일련의 창작춤들은 한국전통의 춤사위를 되살려 새로운 감각과 창조성을 가미시킨 것으로 당시 크게 호평을 받았다. 당시 중국 경극계에서는 '노래를 위주로 했던 재래의 경극은 최승희무용의 영향을 받아 끝내는 변혁을 일으킬 것이다'라고 할 정도였다. 1944년에는 북경에「동방무용연구소」를 차렸다. 이러한 일련의 활동은 중국조선족의 무용활동에도 크게 영향을 끼쳐 조선족 무용사의 획을 그었다. 최근에도 공연되는 〈부채춤〉〈팔선녀〉 〈금도끼와 은도끼〉〈물동이춤〉 등은 이러한 맥락에서 창작된 무대춤이라 할 수 있다.

처음에는 마당놀이에서 출발한 농악이 섬세한 기예의 독창성을 살려 무대 〈농악무〉가 되었고, 따라서 민속춤의 대부분이 무대극으로 공연되기에 이르렀다. 이를테면 〈탈춤〉 〈칼춤〉〈승무〉〈부채춤〉〈접시춤〉〈손춤〉〈수박춤〉〈장고춤〉〈수건춤〉〈학춤〉〈사자춤〉 〈무당춤〉 등이 무대에 오르게 되자, 마당놀이로서의 민속춤은 차차 위축되어 〈쾨지나 칭칭 나네〉 정도가 남아 있을 뿐이다.

사회주의가 민중의 소박성을 예술이라는 무대로 자리바꿈 시키는 특성이 있음을 중국조 선족에서도 발견할 수 있다.

14.
단점을 병용하는 지혜

서울신문 1995. 2. 3.

지금까지 필자는 이 연재를 통해서 중국조선족의 보편적인 생활문화를 관찰해 왔다. 나름대로 객관성을 가지고 평가하려 했으나 현지답사와 자료의 부족으로 소홀히 다루어진 분야가 있었다고 생각한다. 국내를 다루는 문제라면 막힐 때 달려가거나 전화로도 확인하는 방법이 있었겠지만 연변은 사정이 다르다. 그리고 또 하나 유의하지 않으면 안 되었던 것은 국내를 보는 잣대로 조선족을 보아서도 안 된다는 것이다.

중국조선족은 엄격히 말해서 우리 민족이면서 중국 소수민족중 하나다. 한족을 포함한 56개 민족중 하나의 민족이다. 국내인들 중에는 중국조선족은 삶터를 중국에 두고 있기 때문에 성격이나 생활습성이 중국과 같다고 생각하는 이들이 더러 있다. 물론 중국화하려는 노력은 꾸준히 있어왔고 차세대로 갈수록 그러한 경향은 더욱 증폭 될지 모르겠지만 한족과 조선족 사이에는 현격한 성격차이가 있음을 발견한다.

56개 민족 중에서도 한족이 가장 수적으로나 문화적으로 앞섰다고들 한다. 그러나 얼마 전 곤명에서 개최된 중국 최초의 소수민족 국제연구토론회에서는 조선족이 가장 문화적으로 우수하다는 평을 받은 사실이 있다. 물론 과학적 뒷받침이 어느 만큼 입증되었는지는 알 수 없다.

몇 차례 중국을 답사하는 동안 중국인 학자들을 많이 사귈 수 있었다. 그들은 이구동성으로 조선족의 뛰어남을 말해 주었다. 평가는 비교적 고무적이었다. '조선족은 교육열이 높다', '조선민족은 노인을 극진히 대하는 경로사상이 투철하다', '조선족은 예의 바르고 복장이 단정하다'는 정도의 찬사는 흔히 듣는 상투적 인사말 치레이다. 물론 이러한 찬사를 들을 때는 기분이 나쁘지 않다. 그러나 기탄 없이 의견을 나눌 수 있는 사이라면 좀 더 심층적인 말이 오갈 수 있다. 그래서 필자는 짓궂게 물어본다.

누구와 비교해서 뛰어나단 말인가? 한족과 비교해서는 어떤가? 를 되풀이 물어보면 결코 한족보다 우수하다는 말이 아님을 이내 알 수 있다. 소수민족들 중에서 상위권이라는 것이다. '그럼 그렇지, 뙈놈들이 설마 저희보다 우수하다고 할까' 하는 심술을 가지면서도 스스로 되돌아볼 필요가 있다. 퍼스널리티 문제로 깊이 이야기 하다보면 그들의 입을 통해서 '조선족은 소비성향이 있다'는 말을 듣는다. 아마도 먹는 것에 많은 투자를 하는 조선족, 손대접을 할 때 실컷 먹고 남아야 충분하다고 생각하는 식사풍토가 그들에게는 소비성향으로 비추었을 것이다. 계절에 따라 자주 갈아 입는 의복을 보고 '겉치레가 심한 조선족'이라고 할 수도 있을 것이다. 사실 중국 서민들은 옷을 갈아 입는 법도 없고, 꾀죄죄하게 입는 버릇이 있을 뿐 아니라 먹는 것도 우리에 비하면 보잘 것 없다. 중국인 입장에서 우리 식문화를 보면 우리쪽이 훨씬 소비성향이 짙은 편이라고 할 수 있을 것이다. 뉴욕이나 요꼬하마, 서울의 차이나타운에서 부호가 된 화교들은 모두 이러한 생활차이에서 축적된 부라고 할 수 있다.

다음 '조선족은 성급한 편이다'라는 말을 듣는다. 전성호씨가 쓴 「조선족과 한족의 생활문화비교」라는 글 속에 이런 대목이 있다. "확실히 한족들은 모든 일에서 조선족처럼 서두르지 않고 느리다. 밭김을 맬 때도 그들은 조선족처럼 자루가 짧은 호미를 쥐고 허리를 굽힌 채 발딱거리면서 매여나가는 것이 아니라 사람의 키만큼 긴 자루의 호미를 쥐고 꼿꼿이 서서 서로 잡담을 해가며 김을 맨다. 밥 먹을 때도 그들은 조선족처럼 말없이 자기 몫을 먹어 치우고 입을 닦고 일어서는 것이 아니라 서로 이야기하며 천천히 먹는다. 길을 걸을 때도 서둘지 않는다. 자전거 왕국인 중국에서 자전거를 타도 느림보로 탄다. 씽 달리다가 교통사고를 저지르는 것은 거의 조선족 청년들이다."

중국인의 대명사가 '만만디'라는 것은 세계가 인정하고 있다. 서두르지 않는 태도를 두고 대륙적 기질이라고 한다. 그렇다면 서두르는 쪽은 반도 기질이라 할 수 있을 것이다. 서두르긴 해도 약삭빠르게 서둘면 국물이라도 있지만 실속없이 서두는 것이 반도 기질이다. 약삭빠르게 서두는 것은 섬 기질이다. 일본은 약삭빠르게 서둔 탓으로 경제가 앞섰다. 물론 이러한 토양기질차는 과학성이 없는 스테레오타입이다.

'천직賤職을 기피하는 조선족'이라는 말이 왜 나왔는지 곰곰이 생각해 볼 필요가 있다. 조선족이 사는 연변에서도 돈줄이라 할 수 있는 건축업, 탄광업, 임업 등에는 조선족 보다는 한족이 지배하고 있다. 이는 천직을 피하려는 조선족의 성향 때문이라고 본다. 천하고 힘든 노동을 기피하는 관계로 조선족이 지배해야 할 중요 경제 분야가 한족의 손으로 운영되고 있는 것이다.

이상 몇 가지 부정적 심증을 엿듣긴 했지만 이게 어디 조선족만의 문제인가. 조선족인들 우리민족의 핏줄인 것을. 그래서 '세살버릇 개주랴'는 속담처럼 조선족, 그들이 우리 민족인 이상 중국에 산다고 중국인이 될 수는 없다는 철칙은 한국민족성이다. 한국민족이 어디를 가나 현지 문화에 적응하는 속도가 중국인보다 일본인보다 느린 것은 확실하다. 반도적 기질 때문일 것이다. 오늘에 사는 우리가 어떤 면으로서는 고집 센 민족일지 모르나 이 고집마저 없이는 우리의 위상을 찾기 어렵다는 점도 간과해서는 안 된다.

한국인의 성급한 민족성은 단점도 되지만 장점도 될 수 있다. 이 성급함을 긍정적으로 유도할 때 새 개혁에 빨리 적응할 수 있었고, 잿더미에서 경제회복이 이루어져 세계무역국이 될 수도 있다. 고쳐야 할 점은 한국인의 겉치레와 소비성향이다. 상다리가 부러질 만큼 차려야 직성이 풀린다는 것은 이미 전 세기적 산물이다. 하루속히 개선의 필요가 있다. 손대접을 미덕으로 여기는 데서 흥청망청 먹어 치우는 식문화가 생겨났지만 이제 물질적 손대접의 시대는 과거의 산물이 되었다. 건전한 식생활의 식문화가 하루속히 정착해야 할 것이다.

중국 조선족도 예외는 아니다. 분명 한족의 라이벌이며 경쟁상대인 조선족이 자존심을 살려 보다 예절 바르고 지혜 있는 중국 조선족이 되어주기를 기대하여 마지않는다.

각국 문화유적지
탐방기와 답사기

III

중남미 인디오 문화 탐방기

에콰도르

I.
지구 저편의 공감대, 과야킬

서울신문 1988. 5. 20.

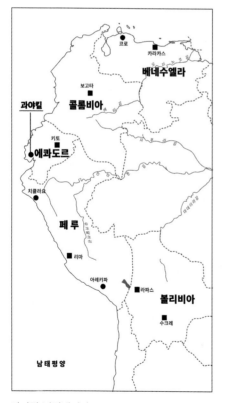

과야킬-남아메리카

유럽의 라틴계 민족이 15-16세기 태양과 정열로 상징되는 중남미를 지배한 이래, 이곳을 라틴 아메리카라 부르게 되었다.

현재 중남미에는 32개 독립국이 있지만 군정의 색채가 짙은 공화정치체제를 이루고 있다. 원래 이 땅의 주인이었던 인디오들은 서양에서 밀려온 서구문화에 짓눌려 현주소는 물론 본적마저도 희미하게 안개 속으로 사라져가며 힘없이 생존하고 있다. 필자가 애써 이곳을 밟으려 한 까닭은 스페인문화나 자연의 아름다움을 보려는 호기심에서 만은 물론 아니었다.

지금으로부터 1만 5천 년에서 2만 년 전 아시아대륙으로부터 당시는 육로였던 베링해협을 가로질러 서서히 남하하며 신천지를 개척한 인디언과 인디오, 그들이 남단에 닿은 것은 기원전 6천 년경이다.

이들 중에는 상상을 초월한 지능의 소유자들도 있었다. 강인하고 전투적인 인디언들의 그룹도 있었으며 온적하고 타협적인 농경민족의 그룹도 있었다.

중남미대륙을 개척한 일부 인디오들은 고도의 지능과 강인성을 발휘하여 잉카문명을 개발했고 마야와 아즈테크문명을 일으켜 한 때 세계의 문화 중심지를 형성했었다.

에콰도르의 정부청사와 정부기관이 집약되어있는 거리. -키토-

한편 베링해협을 건너기 이전 이들과 헤어진 일부 그룹은 아시아대륙을 남하하여 만주와 한반도에 정착했었다. 온건하고 사색적인 특성을 가진 이들 무리는 농경문화를 일으켜 한 국민족으로 결집되었다.

우리가 지금 인류학적으로 결코 남이라 볼 수 없는 중남미의 인디오를 그들의 땅에서 그들을 만나 피는 물보다 진하다는 실감을 하게 되고 한 때는 화려했던 그들의 문화에서 공감대를 찾으려는 의욕이 뭉클해지는 것은 나만의 과욕은 아닐 것이다.

여행자 수칙 '캄비오'

과야킬은 에콰도르의 최대 상업도시이다. 콰이아스강의 하류에 위치한 1백60만 인구를 가진 이 도시는 바나나 수출항으로도 유명하다.

남미여행의 첫 기착지로 이곳을 택한 것은 보다 저렴한 비용으로 보다 많은 곳을 보려는 의도에서였다. 2개월 이내에 중남미 10여 개국을 미화 9백여 달러로 다닐 수 있는 에어로페루Aeroperu의 상품을 구입했기 때문이었다. 물론 저렴한 대신 출발항이 정해 있고 비행스케줄이 자유스럽지 않다는 불편은 있었어도 이 정도 싼 것이라면 감수할 수 있다.

애당초 넉넉히 비용을 가지고 출발한 것도 아니고, 관광도 아니었으니 침식도 정도에 맞게 찾아야 한다는 부담도 있었다.

우선 중남미 어느 나라든지 내리면 캄비오cambio를 알아야 한다. 환전점換錢店, 이를테면 미화美貨가 통하지 않는 곳이 없지만 그 나라의 화폐로 바꿔 써야만 편리하고 경제적이다. 그리고 일시에 다 바꾸는 것이 아니라 며칠분씩 바꾸는 것이 조금이라도 득이 된다. 경제 불황으로 인한 달러상승이 눈에 보일 정도이기 때문이다.

면적 28만㎢, 한반도보다 약간 넓은 정도인데 인구는 1천만도 안 된다. 아직도 아마존지역의 삼림 속으로 들어가면 원주민 인디오들이 순박하게 사는 모습을 볼 수 있다. 그들은 돈의 매력을 느끼지 못한 탓인지 돈보다 가벼운 소지품을 보상으로 받고자 한다.

에콰도르는 인디오(40%), 혼혈(40%), 백인(10%), 흑인(10%)으로 구성되어 있다.

정치와 상권은 거의 백인독점이다. 금과 석유의 매장량, 그리고 광대한 해양자원을 가지고 있으면서도 선진국이 되지 못한 것은 오히려 그러한 의욕을 갖지 않았기 때문이 아닐까.

공항은 군부가 장악하고 군인이 검색한다. 여권사증을 주시하면서도 표정이 밝지 못한 것은 위조입국사증이 많다는 것을 단적으로 보여주고 있는 것이다.

한글간판 '친구네'

시몬 보리바르공항내의 캄비오에서 환전을 하고 택시로 시내에 들어갔다. 관공서가 많은 메인스트리트를 벗어나 아고스토 거리에서 '호텔 이탈리아'를 찾아냈다. 하루 숙박료 9달러, 에어컨·욕실이 있는 방인데 관광호텔의 60~80달러에 비하면 나에겐 안성맞춤이다.

우선 인류학박물관을 찾았다. 기원전 3천 년서부터의 고고학적 유물들이 전시되어 있는데 특히 얼굴에 종족표시로 문신을

에콰도르 최대 과아킬 시가.
과아킬의 시가지는 오랜 식민지였기 때문에 유럽풍이었다. 시내에는 한국인이 경영하는 식당 친구네가 있다.

하는 것과 성인식 때 치아를 뽑아 조각이 된 금니를 박는 풍속이 흥미로웠다. 재래식 베틀과 북은 인디오들이 사용했던 것이라는데 역시 우리의 것과 차이가 없었다.

번화가 거리에서 문득 '친구네'라는 한글간판이 눈에 띄었다. 갑자기 허기가 느껴졌다. 들어서니 한국인이 경영하는 이 나라의 대중식당이었다. 주인 김세진金世珍씨가 반겨 준다. 마침 옆 좌석에서 가족식사를 하던 장張씨가 다가와 맥주를 사주었다. 오랜만에 포식을 하면서 피로를 풀며 담소했다.

교포 70여 가구가 거의 봉제공장을 하며 이곳 상권에 도전하고 있다. 걱정이 있다면 향학열이 낮은 교육환경에서 자녀교육 문제이다. 초등학교까지 의무교육이며 원주민들의 약 70%가 국졸이라고 한다.

식당에서 나올 때 장張씨는 귀엣말로 이렇게 당부했다. "소지품을 조심하세요. 악의없이 뺏어가고 악의없이 가해를 합니다." 묘한 표정이었다.

2.

세계최대의 고원도시, 키토

서울신문 1988. 5. 27.

갑자기 비행기가 심하게 흔들린다. 창밖을 내다보니 험준한 산봉들이 비행기보다 높게 솟아 있다. 밑으로는 푸르른 계속과 고원평야가 펼쳐있고, 그 사이로 비행기가 마치 곡예를 펼치듯 스쳐갔다.

스릴을 느끼도록 해 주려는 조종사의 의도적 선심일까, 안데스고원의 특별한 기류때문일까. 어떻든 약간은 불안하기도 했다.

이렇게 5분쯤 지나자 갑자기 평야가 나타나고 비행기는 활주로에 앉을 태세를 갖춘다.

주위는 준령으로 감싸여 마치 거대한 여인의 치마폭에 싸이는 듯한 착각을 일으키면서 신화 속에 빠져들었다. 내린 곳은 에콰도르의 수도인 키토. 해발 2천 8백50m로서 백두산보다 높은 곳에 세워진 도시, 둘째는 3~4세기전의 스페인식 도시풍경을 그대로 볼 수 있다는 것과 또하나, 이곳 원주민들의 생활에서 한국 고층문화의 단서라도 발견할 수 있지 않을까 하는 기대심리 때문이었다.

에콰도르란 적도를 의미한다.

키토는 이 적도 바로 밑에 위치하고 있다. 그러나 안데스산맥의 고원지대 탓인지 연평균 기온은 13도정도로서 일년내 초여름이나 가을인 셈이다.

세계에서 가장 좋은 일기와 풍요로운 자연을 가졌으면서도 경제수준이 남미에서도 하위라는 것은 쉽게 수긍이 가지 않는다.

하늘과 가장 가까운 도시. 지구에서 가장 높은 곳에 자리한 에콰도르 수도이다.   독립광장의 독립기념탑

돈이 없고 기술이 없고 지리적 악조건 때문에 교통수단이 나쁘다는 것을 내세우지만 객관성이 없는 것 같다. 이 나라 토지와 재물은 거의 소수 백인들의 독점이고 또 그들의 생활은 미국의 부호보다 못지않다. 중세기적 봉건시대의 대지주들이 개혁을 바라지 않았던 것처럼 이곳 부호들에게도 이같은 심리가 작용하고 있는 것은 아닐까.

키토는 구도시와 신도시로 형성되어 있다. 구도시는 성채형식으로 이루어진 도읍으로 성채와 성채 사이로 좁고 구불구불한 길이 나 있다. 걷는 것조차가 즐거울 정도로 낭만을 간직했다.

가끔 인디언복장을 한 여인들이 손수 짠 수예품을 등에 지고 골목을 누비며 파는 모습은 더욱 한 폭의 영상 같기도 했다.

서울서 걷던 버릇이 있어 태연하게, 느릿하게 걷지 못하는 나에게 하루에도 몇 차례 고도병 증세가 발작했다. 머리가 띵하고, 가슴이 답답하고, 심장이 빨리 뛴다. 심할 때는 메스껍기도 했다. 천천히 걷고 자주 쉬며 산소를 많이 섭취할 수 있도록 가끔 심호흡을 해야 하는 수칙쯤은 상식으로 알고 있지만 흥분하고 시간에 쫓기다 보면 깜박 잊는 수가 많았다.

하오 3시가 지나 한국대사관에 전화를 했더니 이미 문을 닫았다. 고원지대의 특수성 때문에 3시면 공공기관이 문을 닫는단다.

이곳에는 천여 명의 교포가 산다. 대부분 상업에 종사하지만 오래 정주定住하지 못하는 것이 탈이다. 뇌물수수가 공공연히 자행되고 있는 이 사회에서 사업으로 성공하려면 우리가 말하는 소위 권력형 부조리를 잘 수용하여 빨리 적응할 필요가 있다.

비교적 교포들은 이러한 환경에 잘 순응하는지 보다 단기간에 축재하는 사람도 있다. 주위에서는 한국사람들이 상술이 좋고, 돌아가는 경제에 대해서 머리회전이 빠르다고들 했다.

이것을 칭찬으로만 수용해서는 안 될 것이다. 이러한 칭찬이 오히려 힐난의 목소리로 바뀔 수도 있기 때문이다. 교민들은 무엇보다도 그 나라의 진정한 민족의식과 문화를 이해하여 동화해 가는 태도가 우선해야 할 것이다. 예컨대 가게에서 점원을 쓰더라도 주종관계에서 가족의 일원인 시각으로 사람을 부리면 훨씬 부드러운 관계가 유지될 것이라는 생각을 했다.

키토의 구도시에서 빠뜨릴 수 없는 관광명소로서 성聖프란시스코교회를 들 수 있다 1535년에 세워진, 남미에서 가장 오래된 이교회는 규모나 미술·조각으로도 유명한 곳이다. 뿐만 아니라 인디오출신 조각가인 카스피카라가 기둥에 새긴 12사도상은 근엄할 뿐 아니라 보는 사람을 압도하기까지 했다.

사실 키토는 로마 밖의 가톨릭성지다운 면모가 있다. 인구1백10만밖에 안 되는 이 도시에 수도원이나 교회당이 무려 86개소나 되어 작은 성지임을 입증했다.

키토에서 버스로 1시간 반 정도 가면 인디오마을인 오타바로가 나온다. 이곳은 토요시장으로 유명하며 원주민들의 의식주생활을 한 눈으로 볼 수 있는 희소 원주민취락이다. 주민의 대부분은 자작 수예품이나 재래식 도자기 등으로 관광객을 상대하여 생활을 유지하지만 일부는 보리농사도 짓고 가축도 기른다.

농사는 주로 재래식 농기구를 쓰는데 소가 끄는 쟁기질 따위는 거의 우리와 같다. 곧 "이러!" "워!" 하는 소부림소리가 튀어나올 듯 싶었다. 이들의 목축시장은 우리시골의 닷새장 우시장을 꼭 닮았다.

인디오 마을의 장날.
오다바로라는 인디오마을의 장날은 토요일
마다 서기 때문에 토요시장으로 불린다.

인디오의 가축시장. 소는 쟁기질을 하는 등 인디오들의 농사일에 큰 몫을
하고 있다. 목축은 그들의 생계수단이다.

　장날이 되면 수공예품들을 등에 메고 장터로 모여든다. 바닥에다 늘어놓고 팔고 사는
모습이 지루할 만큼 더디었다. 빨리 거래가 이루어지지 않는 것은 값의 조정 때문이 아니라
상호 생활주변의 정보교환 때문이었다. 상품의 거래는 부차적이고, 오히려 마을이나 개인
들의 소식을 주고받는 데 더 큰 기능을 하는 것 같이 보였다.

　그러므로 빨리 거래를 끝내고 귀가하려는 의도가 전혀 나타나지 않는다. 그러다가 해가
질 무렵이 되자 장터는 일변하여 축제분위기로 변해 버렸다. 구슬픈 노래와 춤으로 흥을
돋우었다. 피에스타Fiesta는 시간이 갈수록 절정을 이룬다.

　한국의 전통 장날이 춤은 없어졌으나 이와같은 심성들이 깔려있었다고 할 때 나의 먼
조상의 고향을 보는 듯 했다.

콜롬비아

3.
화려했던 인디오문화의 단면, 보고타

서울신문 1988. 6. 3.

나의 여행은 가는 곳마다 보고 싶은 대상이 하나씩 있었다. 콜롬비아 수도인 보고타를 찾은 것은 황금박물관을 견학하기 위해서였다.

커피와 에메랄드로 유명한 콜롬비아지만 그것은 간판뿐이었다. 실제 국민들의 생활은 넉넉지 않다는 것이 실감나게 피부에 와닿았다.

보고타는 해발 2650m로서 상춘의 도시다. 중심지는 현대식 고층빌딩이 들어섰고 도로는 동서로 뻗은 카이에스와 대각으로 뻗은 아베니라스로 시원스럽게 뚫렸다. 중심지로부터 북동쪽으로 가까운 거리에 옛날 식민지시대를 연상케해주는 구도시와 정부의 중요한 기관들은 모두 이속에 모여 있다.

도착하는 날 시내에서 행인에게 길을 물었다 마침 양장점 여점원이 뛰어나오더니 길에 놓았던 내 짐을 번쩍 들어 내 가슴에 폭 안겨주었다 그러면서 속삭이듯 말했다. "이렇게 안고 다녀야 합니다. 카메라도 백 속에 넣고 시계도 노출시키지 마십시오. 많은 여행객이 도난당했습니다."라고.

보고타-남아메리카

순간 숨이 막히는 듯했다. 그녀는 내가 들고 있는 메모를 보더니 몸소 택시를 잡아 운전기사에게 말을 건네더니 '목적지에 가거든 2백50페소만 내라'고 일러주는 것이었다. 그리고 내가 자기네 가게 손님이니까 결례가 없도록 모시라는 당부를 하는 듯했다. 참으로 친절한 사람을 만났다.

번지는 틀림없는데 호텔은 간곳이 없고 다른 건물이 한창 건설중이었다. 행인에게 물었더니 호텔이 헐리고 슈퍼마켓이 지어지고 있단다. 또한번 숨이 막혔다. 옛 여관이 헐리고 슈퍼마켓이 들어선다는 것은 산업경제의 변모를 보여주는 현상이다. 콜롬비아는 지금이 이 문턱에 들어선 느낌이다.

그 부근을 두리번거리다가 작은 간판이 눈에 들었다. 성뿔니콜라스호텔, 말이 호텔이지 여관이었다. 영어가 통하지 않는 상대와 한참 실랑이를 하다 겨우 의사소통이 되어 하루에 2천 페소(미화6달러)로 흥정, 사흘 머무르기로 했다.

무세오 델 오로라는 황금박물관이 이곳에 있다. 1939년에 창건되었지만 현재의 4층 건물은 1968년에 준공된 것이다. 1만5천여 점의 전시품이 통시적 공간적으로 잘 정돈되었다. 기원전의 인디오 원주민들의 거석문화유적으로부터 식민지시대의 세금류가 한눈으로 볼 수 있게 꾸몄다.

보고타의 황금박물관
황금박물관에 전시된 현란한 황금세공품들. 황금박물관 3층 밀실에 들어서면 어느 누구도 놀라지 않을 수 없을 만큼 금제유물들이사방을 꽉 메우고 있다.

특히 경이스러운 것은 3층에 설비된 특수 암실이다. 은행의 대형 금고문처럼 출입문이 설계되어 20여 명씩 교대로 들어갈 수밖에 없었다. 안에 들어서면 처음에는 어둡지만 차차 밝아지기 시작했다. 그리고 사방이 금으로 둘러싸여 있음을 곧 발견했다. 저절로 탄성이 쏟아져 나왔다

코걸이 귀걸이 팔찌 목걸이 등의 장식품과 각종 의례용의 가면들, 그리고 장례용의 부장품들로 이루어진 황금세공품들이 꽉 들어차 있다. 그 옛날 인디오들의 화려했던 문화의 단면을 분명히 봤다.

식민지 당시 수많은 황금세공품들이 스페인 본토로 실려가 금괴용으로 용광로에 들어갔다. 지금 이만큼이나마 남아서 우리의 눈요기가 되어준 것은 다행한 일이 아닐 수 없었다.

1천5백년대초 신대륙발견에 열을 올렸던 서구인들 사이에서는 엘도라도El Dorado, 즉 황금의 나라가 지금의 콜롬비아지역에 실존한다고 믿고 있었다. 그래서 여러 원정대가 앞 다투어 발진했다.

저들의 목적은 물론 황금이었다. 그중 게사라가 지휘한 일단은 북에서 남하했고, 베

전통의상으로 정장한 콜롬비아와 파나마 국경지대 다리엔지역의 여인들

나르카잘이 지휘한 일단은 남에서 북상을 했다. 또 다른 독일인 알핀게는 베네수엘라로부터 원정에 나섰다.

그들은 개인 소유의 원주민 노예들을 동원시켰는데 도주하지 못하도록 목에 쇠고랑을 채웠다. 만일 가다가 지쳐 쓰러지는 노예가 있으면 목을 베어 쇠고랑을 푸는 수고를 덜었다. 결국은 알펜게도 그 자신 노다지의 고향 황금골짝을 보지 못한 채 목에 화살을 맞고 죽었다.

끝내 황금의 나라 엘도라도는 찾지 못하고 애꿎은 원주민들만 학살되거나 노예화한 셈이 되고 말았다. 서구인 원정대들에게 콜롬비아에 황금의 나라가 실재한다는 소문이 퍼지게 된 근거는 다음과 같은 이야기가 와전되었기 때문이다.

옛날 지금의 보고타지역에 칩차chib-cha족이 있었다. 이들은 1년에 한 번씩 구와라비다 호수의 수신에게 제사를 드렸다. 추장은 그의 몸에 기름을 칠한 뒤 금분金粉을 발랐다 그리고는 귀족들과 함께 호수중앙으로 향했다. 부족들은 호수가에서 노래를 부르고 춤을 추었다. 이윽고 추장은 보물을 수신에게 바치고 자신도 몸에 칠한 금분을 씻기 위해 물에 뛰어드는 의식을 베풀었다.

어떻든 이러한 인디오들의 의례가 서구인들에게 과장되어 전해짐으로써 황금의 나라를

찾기 시작했다. 이것이 계기가 되어 신대륙을 정복하는 서구인들의 발길이 수세기동안 끊기지 않았다.

스페인 왕실의 입장에서는 매우 다행한 일이 아닐 수 없다. 비록 황금의 나라는 허상이었다 할지라도 황금과 에메랄드가 다량 생산되었던 것은 사실이었기 때문이다.

스페인왕실은 처음에는 현지 정복자들로부터 전리품의 5분의1을 상납하도록 요구했다. 다음에는 관리들을 파견하기에 이르러 마침내 식민지정책을 본격적으로 실시하는 첩경을 구축했던 것이다.

16세기초 지금을 콜롬비아지역에는 70만~80만 명에 이르는 원주민 인디오가 거주하고 있었다. 이 중에서도 보고타지역에 세력을 뻗친 칩차족은 무려 30여만 명에 이르렀다고 한다. 마야와 잉카사이에서 저들 나름대로의 다양한 문화를 창출했던 인디오들이었다. 특히 시장의 발달, 화폐사용, 태양신에게의 인신공의 등은 희미하게 구전으로만 전해지고 있는 실정이다. 지금은 원주민 인디오가 이 나라 전체인구의 1%에 지나지 않는다. 급진적인 문화변용의 요인은 어디에 있을까.

4.
인디오들 매스타조 문화창출

서울신문 1988. 6. 17.

처음부터 콜롬비아에 대한 부정적 시각이 편견이기를 기대하면서 이 땅을 밟았다 최근의 사건으로는 루이스화산의 폭발로 2만 3천 명의 희생자를 냈던 참사가 기억난다. 또 미국으로 밀수입되는 마약의 80%가 콜롬비아산이라는 것이었다.

현지에 와서 들은 이야기지만 현정권의 가장 큰 두통거리는 게릴라들의 도전에 대처하는 일이라고 했다. 이전부터 있어 왔지만 80년대에 들어와서 콜롬비아혁명군, 4월 19일 운동 등의 좌익게릴라가 조직되어 극성을 부린다는 얘기다. 대사관을 점거하거나 최고재판소를 습격하는 등 무력투쟁을 벌이고 있다. 이러한 게릴라를 어떻게 정치권으로 수용하며 평화적으로 협정을 맺게 할 수 있는가에 따라 정권의 신임여부가 좌우된다는 것이었다.

그토록 가고 싶었던 아마존유역의 정글지대로 게릴라의 거점이라는 이유로 포기할 수밖에 없었다.

그러나 한 가지 분명히 말할 수 있는 것은 거리나 상가에서 만난 보통사람들의 표정이었다. 비교적 숫기가 좋고 대화에 적극적이다. 비록 스페인어를 사용하지만 서구인들처럼 콧대가 높은 것도 아니고 실용주의나 합리주의도 아닌 인간중심주의라고나 할까. 쉽게 친해질 수 있는 것이 특징이다. 친해지면 집으로 데려가서 가족을 일일이 소개하는 등 인정이 넘쳤다. 가족중심의 확대사회라는 인상이 들었다.

이런 점에서 더욱 친밀감을 느꼈다. 사실 우리사회도 지나치게 지연적이고 혈연적이지

보고타의 성카를로스 길.
스페인 식민지시대 정경이 그대로 살아 숨쉬는 이
거리는 현대적으로 가꾼 보고타 중심가와는 대조
를 이루고 있다. 신대륙을 정복한 이후에 만들어진
외형적 백인 문화의 흔적이기도 하다.

만 이곳에서는 혈연을 전통적으로 중시하는 경
향이 두드러졌다.

수백 년 동안의 식민지문화가 이 땅을 지배했
거늘 아직도 서구화되지 않았다는 사실을 얼마
든지 발견했다. 비록 95%가 가톨릭이라고 하지
만 기층에는 인디오문화가 상당히 잠식되어 있
음을 알 수 있었다.

서구화도 아니고 그렇다고 순수한 인디오도
아닌 이들의 문화를 일컬어 메스티조mestizo문
화라고 부른다. 인류학적으로 보면 메스티조는
16세기부터 신대륙에 신생된 혼혈을 말하는 것
이다.

한때는 혼혈이라는 것 때문에 원주민 인디오
로부터도 스페인인들로부터도 괄시와 멸시를
받아 왔다. 그러나 지금은 중남미에서 주체로
서의 메스티조로 정치 사회 문화의 중심이 되었
고 대세를 장악하고 있다.

콜롬비아의 인종은 서구계 백인이 20%, 흑인이 4%, 원주민인디오가 1%, 나머지 75%가
혼혈로 구성되었다. 혼혈은 다시 세분하여 인디오와 백인의 혼혈을 메스티조라 하여 58%,
백인남자와 흑인여자사이에서 난 혼혈을 뮬라토mulato라 하여 14%, 인디오와 흑인사이에
서 난 혼혈을 샘보sambo라 하여 3%가 있다.

신대륙을 정복하던 초기 서구인들은 거의 독신으로 와서 인디오를 아내로 맞아 메스티조
가 시작되었다. 식민지 초기의 사회적 지위는 물론 스페인계가 최상이었고 다음이 메스티
조이며 최하위가 인디오였다. 인디오가 신분상승을 꾀하는 유일한 길은 메스티조가 되는
길 밖에 없었다.

그로부터 2~3세기가 지나 19세기 초가 되자 메스티조의 수는 놀랄 만큼 확장되었다. 1900

년대에 접어들면서 멕시코를 비롯한 중남미는 메스티조의 주도권쟁탈이 이어져 성공하기에 이른다.

그러나 권력을 잡았다 하더라도 전통이 없는 문화에서 오는 흔들림이 경제사회의 혼란을 초래할 우려가 있다. 현실은 메스티조가 인디오를 수탈하는 입장에 있으면서 인디오문화에 뿌리를 두려는 접맥이 역력히 보였다.

스페인계 문화와 인디오문화의 접맥은 외세에 의해 강압적으로 의도되어 메스티조문화를 창출했지만 정통적 사상면에 있어서는 아직 빈곤을 면할 수가 없었다.

현재 중남미가 정치·경제적으로 몸살을 앓는 것도 따지고 보면 문화적으로 정통성 결여에서 오는 원인을 찾아볼 수가 있다.

가톨릭신봉이 95%라 하지만 막상 가족 중에 환자가 생기면 우선은 약초로 치료하다 낫지 않으면 쿠란데로curandero를 불러온다. 이들은 무의로서 인디오들에게는 종교적 사제자이며 메스티조들에게는 민간의료의 직능자였다. 일종의 트란스를 거쳐 예언과 치료를 병행하면서 기원도 서슴지 않았다.

보고타의 구도시 가까이에 자생된 시장이 있었다. 6차선대로인데 4차선은 노점으로 메워졌다. 남미풍의 정열적 음악이 요란하다. 리어카에 판자를 펴고 상품을 진열해놓고 상인들은 시끄럽게 호객한다. 일종의 난장이었다.

인파를 비비며 잔뜩 호기심에서 두리번거리다가 보니 남대문시장이나 동대문시장을 거닐고 있는 것 같은 느낌마저 들었다. 다만 상품들의 질이 약간 20여 년 전을 회상케 할 뿐이었다. 도시의 난장은 우리와 형식이나 내용에 있어서 유사했다.

스페인문화와 인디오문화를 접목시켜 자생된 메스티조문화가 동양적이고 유교적이라는 점이 무척 관심을 끌었다. 비록 정치·사회·경제가 안정을 유지하지 못하고 있는데도, 대하는 사람들의 얼굴은 밝았고 사교적이었다.

시간이 갈수록 우리와는 두터운 아미고友情로 연대할 수 있는 가능성을 실감했다.

아
르
헨
티
나

5.
팜파스와 탱고의 나라

서울신문 1988. 7. 1.

    원래의 이름은 '라플라라', 지금은 아르헨티나로 두 이름 모두 은이라는 의미가 있다.
1500년대 초기 스페인인들이 은이 많다는 소
문을 듣고 찾아들기 시작한 곳이다.

    남미에서는 브라질 다음으로 큰 나라로 한
반도의 12배반이나 되는데 인구는 3천만 명
이다. 현재 정치적으로는 안정이 되어가고 있
지만 경제적으로는 몸살을 앓고 있다. 지난
82년4월, 당시 갈티에리대통령은 정치와 경
제 불황에 대한 불만을 선회시키려는 의도에
서 포클랜드제도를 영국으로부터 탈환하고
자 시도했다가 실패한 사건은 우리도 익히 알
고 있다.

    드디어 83년 12월 민정으로 이양되고 알폰
신대통령이 취임하였으나 급격한 인플레와
누적된 부채는 어쩔 도리가 없었다. 85년에는
물가와 임금을 동결했으며 화폐개혁을 단행

부에노스아이레스-남아메리카

하여 1천 페소를 1아우스트라로 대체했다. 그러나 이것도 실효를 거두지 못하고 작년말까지도 페소와 아우스트라를 양용하고 있는 실정이었다.

그 막대한 부채의 원인은 어디에 있을까. 부에노스아이레스에 도착하던 다음날 시내 한 카페에서 만난 노신사는 서슴지 않고 성녀 에바를 아느냐고 묻는다. 알고말고. 뉴욕의 흥행가 브로드웨이에서 5년 이상이나 흥행에 성공한 뮤지컬 〈에비타〉의 여주인공이 아닌가.

그녀의 대명사는 빈민의 천사, 노동자의 어머니로도 부족하여 '성녀에바'로 통한다. 사생아로 태어나 거리의 여자로 밑바닥 인생을 전전하다 여우가 되려고 필사적으로 노력했으나 단역밖에 하지 못했다. 그러던 무렵 당시 군사정권의 실력자 페론을 알게 되면서부터 대통령부인이 되기까지 이르렀다.

자선단체를 조직하고, 빈민촌을 개선하고, 의지할 데 없는 노인과 고아들을 돌보는 데 국고를 탕진했다. 그 정도는 재벌이나 부호들의 위협이 아닐 수 없었다. 이런 와중에서 그녀는 불행하게도 33살을 일기로 백혈병 때문에 쓰러졌다. 사생아로 시작하여 거리의 탕녀가 되고 퍼스트 레이디가 되어서 다시 빈민구제를 위해 헌신했던 그녀의 짧은 생애는 충분히 드라마가 될 수 있었다.

아르헨티나는 백인의 나라라 할 수 있다. 원주민 인디오는 겨우 16만 명 내외로 볼리비아 국경지대와 안데스산록에 산재하고 있다.

인디오의 종족문신.
스페인 식민지 이전에 아르헨티나에 거주했던 원주민 인디오들의 종족표지로서의 문신.

편도5차선의 대로
이다. 1936년 7월
9일 독립일을 기
념하여 세운 높이
72m의 기념탑(오
베리스크)이 세워
져 있다.

아르헨티나에 은이 많다는 소문을 믿고 몰려온 초기 스페인 개척자들은 부에노스아이레
스로부터 반경 8백㎞에 이르는 대초원 팜파스가 목장으로서 적지임을 알게 된다.

당시 이 땅에는 아라우카노Araucano라는 인디오족이 살고 있었다. 그들은 농경과 가축사
육을 하며 살고 있었다. 주로 옥수수와 감자, 그리고 배추와 콩 · 고추가 작물이었고 라마
lama와 개를 길렀다.

아라우카노는 그들의 평화스럽던 생활권이 백인들에 의해 위협을 받게 되자 원래가 용맹
했던 성격이 폭발하여 저항을 했다. 이리하여 백인들과 원주민 사이의 피비린내 나는 살육
의 연속은 근세에까지 계속되었었다.

지금도 부에노스아이레스에서는 아라우카노의 한 지파인 마푸체족의 왕족 혈통이라고
호칭하는 여인이 기타를 연주하면서 사라져가는 종족의 종말을 고하듯 그 옛날 조상들이
불렀다던 구슬픈 노래를 들려주는 스테이지가 있다고 한다. 그래서 꼭 한번 들러보리라고
결심했지만 끝내 여의치 않았다.

팜파스초원의 광활한 목장을 생각할 때 가우초gaucho를 생각하지 않을 수 없다. 일종의
목동으로서 혼혈이 대부분이다. 이들은 혼혈이기에 백인의 대지주들에게 고용되어 사병화

되어 있다.

인디오들의 습격에는 당연히 이들이 병사로서 나가 싸우게 되는데 그 넓은 평원을 무대로 하여 오랜 시일이 지나 지친 몸을 하고 돌아와 보면 가족들은 그새 굶어 죽었거나 어디론가 사라져버렸다. 낙담한 가우초는 그길로 병영을 탈출하여 유리방황하는 신세가 되는데 이러한 것을 문학으로 승화시킨 작품이 저 유명한 세계적 걸작 서사시 「말틴 피에로Martin Fierro」이다. 이 작품은 아르헨티나가 낳은 시인詩人 에르난데스Jose Hernandez가 1872년에 지은 것으로 가우초들의 파란의 일생을 그리면서 자유를 박탈한 문명사회의 부정에 저항하고 있다.

여로의 피곤을 잊게 하는 데는 아르헨티나 탱고가 촉매역할을 한다. 보카Boca는 부에노스아이레스의 동남부에 위치한 포구. 이곳은 16세기 스페인인 멘도사가 최초로 상륙하여 막사를 세운 곳으로 이를테면 부에노스아이레스의 발상지라 할 수 있다. 그 뒤 이 지역은 보헤미안들의 거점이 되었으며 화가들의 집합소이기도 했다. 그러나 무엇보다도 유명한 것은 아르헨티나 탱고의 발상지라는 점이다.

보카지역의 한 구석 카미니토Caminito거리는 약 1백m정도 되는 골목이었는데 이곳을 소재로 해서 필베르토가 작곡한 유명한 탱고의 달콤한 사랑, 그리고 슬픔의 이별을 담은 탱고음악은 바야흐로 세계를 제패했다. 그러므로 대평원 팜파스와 아울러 탱고음악은 아르헨티나를 상징한다고 해도 과언이 아닐 것이다.

보통 탱고쇼는 밤11시가 넘어야 시작했으며 입장료도 1인당 미화 20달러상당의 고가였다. 탱고의 산지에 왔으니 한번 감상하는 것도 좋으리라. 타코니엔도라는 전문쇼집을 찾았다.

탱고의 유래를 물었더니 매니저가 친절히 설명해 주었다. 쿠바의 무곡 〈하바네라〉가 19세기중엽 선원들에 의해 부에노스아이레스로 상륙했다. 그리고 토착민요인 미롱가와 유럽서 상륙한 폴카, 흑인들의 행진곡 칸돈베Candonbe 등이 혼합되어 새로운 장르로서 등장한 것이 아르헨티나 탱고라는 것이다.

6.
유태인 상술도 몰아낸 근면성

서울신문 1988. 7. 15.

부에노스아이레스는 '남미의 파리'라고도 할 만큼 경제 사회 문화의 중심지이며 서구풍의 계획적 도시건설이 된 곳이다. 약 1백m 간격으로 바둑판모양 도로가 종횡으로 건설되어 있으며 가로수와 화단이 정리되어 있다.

가장 추운 시기가 6~7월로 평균 섭씨 11도. 가장 더운 시기가 1월로 평균 24도이니 연평균 기온은 16도가 된다. 한국인이 살기에는 남미에서 가장 좋은 기온이다. 그래서인지 한국인이 꽤 많이 살고 있는 듯하다.

길에서 우연히 만난 한국인 소녀의 소개로 '아폴로 호텔'로 숙소를 옮겼다. 말이 호텔이지 한국이민가족들이 정착할 때까지 임시로 머무를 숙박소의 기능을 하는 곳이다. 마침 10여 가구가 정착을 위해 머물고 있었다. 널찍한 방 하나에 가족들이 함께 머물면서 취사도 가능하고 비용도 저렴하여 매우 편리하지만 무엇보다도 정착 생활정보를 얻는 데 이곳의 장점이 있다.

우선 집을 구하는 일이 쉽지가 않다. 저당 잡힌 집에 들었다가 피해를 입는 수도 있었다. 그러므로 값이 싸

보헤미안 탱고
아르헨티나 탱고는 그들의 국민음악으로 성행해 왔다.

다고 무조건 입주할 수도 없는 실정이다.

물어보니 집을 얻어 나가기까지는 약 1~2개월 소요된다고 한다. 그럴 수밖에 없는 것이 우선 언어소통이 자유스럽지 않고 안전한 집을 얻기 위해서는 지체 없이 생계수단으로 이어져야하기 때문이다.

만일 현지 보증인 둘을 얻지 못했을 경우에는 1~2년분의 집세를 미리 주고 입주하는데 평균 5인가족의 월세는 1백50~2백 달러(미화), 소개비 두 달분, 손상비 적립금 두 달분(이 돈은 거의 받아내지 못한다)을 지불하고 매달 공제해 가는 방법이다.

아폴로 호텔에서 도보로 30분 거리에 코보Cobo지역이 있다. 한국인들 사회에서는 백구촌으로 알려져 있다. 109번 버스종점이기에 붙여진 이름이다.

허름한 바라크촌이다. 카메라를 들이대고 전경을 찍으려 하자 한 노파가 젊은 사람을 불러 모은다. 심상치 않아 그 자리를 피했다. 바라크촌 속으로 들어가고픈 충동이 걸음을 재촉했다. 약 30m쯤 골목을 들어섰는데 마침 의자에 앉아 쉬고 있는 30대 한국인 남자를 만났다.

교포와 이민자 가족을 대상으로 하는
아폴로 호텔

초창기 이민의 터전. 이곳은 빈민들의 취락으로 한때는
한국인 이주민들의 생활의 터전이었다.

둘이는 반가이 인사를 나누었다. 더 이상 들어가지 말라는 것이다. 백주에도 살인사건이 가끔 난다는 것이다. 마치 뉴욕의 슬럼가를 연상케 한다. 한 때는 한국인 이주자 3백여 가구가 살았지만 지금은 11가구가 있을 뿐이다.

집값이 싸고 생활비가 적게 들어 이곳에 모여든 한국 이민자들은 현지인들이 잠잘 때 일을 하고 현지인들이 공휴일(이래저래 핑계되고 노는 날이 한국의 몇 배나 된다)로 쉴 때 일한다.

2년 만에 자동차를 사서 굴리고, 5년 만에 집을 사서 나가고, 10년 만에 기반을 완전히 닦는다. 같은 슬럼가에 사는 볼리비아 이주자들과 현지인들이 증폭적으로 발전하는 한국인의 경제력을 보고 신비롭게만 생각할 뿐 아니라 불가사의로 여기는 나머지 적으로 극대화해가는 경향까지 있다.

한국인의 집을 터는 강도들이 심심치 않게 발생한다. 한국인들이 미화를 다량 보유하고 있다는 것이 저들의 표적이다. 그도 그럴 것이 나날이 달라지는 환율과 물가고에 민감한 한국인은 버는 족족 미화로 바꿔놓는다. 여유가 없어서도 그렇겠지만 볼리비아인이나 현지인들이 도저히 이런 변동에 대처할 민첩성이 한국인을 따르지 못하는 것이다.

3년 전 화폐개혁으로 US$1=#1로 조정해 놓았던 것이 지금은 US$1=#4.22가 되었으니 이 나라의 경제 불황이 어느 만큼인가 짐작이 간다.

이런 불황을 딛고 기반을 닦아가는 한국 이주민들이 현지인들로부터 경원당하는 것도 이해할만 하다. 아직은 그러한 단계에 이르지 않았지만 한국인이 이 땅에서 부의 축적을 이루었다면 적절한 사회 환원도 병행하면서 현지인들의 신임을 얻어가며 더욱 우정의 연대를 꾀해야 될 것이라고 생각했다.

온세라는 지역에 한국인의 집중상가가 형성된 것도 10년이 채 되지 않았다. 아르헨티나의 수도인 부에노스아이레스의 도심지에 의류도매상 시장

현지인들의 태권도 도장이다.

이 형성되어 있고 한국인이 이곳을 주름잡고 있다. 한집 건너 한국인가게가 있고 한글간판이 뭉클 향수를 느끼게 해준다.

바로 근처에 기차역이 있고 교통의 중심지로서 남대문시장을 연상케 한다. 처음 이곳은 현지인이 상권을 쥐고 있었다. 다음 유태인 상인들이 현지인을 누르고 상권을 장악했다. 그러다가 보따리 장사로 시작한 한국인이 한두 집 생겨나면서부터 현재는 반수 이상이 한국인이 점했다. 견디다 못한 유태인들이 물러선 것이다.

지금까지의 상식으로는 유태인의 상술을 따를 수 없다고 했지만 이 신화를 깨뜨린 것은 한국인이었다. 산술과 절약 검약은 유태인에게 아직 따를 수 없다고 할지 모르나 근면성은 우위에 서 있는 게 분명한 것 같다.

점원을 고용하는 데도 현지인은 미화로 1백 달러정도 임금을 주지만 한국인에게는 3백 달러를 주더라도 선호하는 까닭은 실속이 그만큼 있다는 것을 의미한다. 한마디로 부지런하게 일을 하기 때문이라는 것이다. 한국인의 가장 큰 밑천인 근면성은 열정과 낭만의 기질을 가진 남미인 사회에서는 가치있는 자본인 것이다.

이곳을 떠나면서 두 가지 일이 머리를 스쳤다. 하나는 한국정부가 보다 적극적으로 농업과 기술이주를 위해 막대한 투자를 해 주어야만 두 나라와의 유대관계가 공고해 갈 것은 물론 교민사회의 기반도 튼튼히 뿌리를 내릴 수 있다는 확신이다.

두 번째는 자녀교육문제이다. 현지에서 영주하겠다는 신념이 없는 한 쉽게 철수하기 쉬운 상업에만 손댈 것이고 기회만 오면 북미北美로 떠나려는 저의가 있는 한 현지인들과의 괴리는 더욱 깊어만 갈 것이다.

칠레

7.
잇단 시위, 누적된 외화에 몸살

서울신문 1988. 10. 28.

세계에서 가장 좁고 긴 나라 칠레는 전장全長이 4천여㎞로 우리나라보다 길이나 면적이 거의 3.5배가 된다.

부에노스아이레스로부터 비행기로 2시간. 광활한 초원의 평야를 지루하게 날더니 갑자기 험준한 산봉을 스쳐간다. 설봉의 안데스산맥이 눈앞에 펼쳐진다. 기체가 약간 흔들리는가 했더니 이미 착륙자세로 들어간다.

칠레의 푸다후엘 국제공항을 밟는 순간 신선한 공기와 눈앞에 펼쳐진 경관이 상쾌하기가 이를 데 없다.

"후유-" 절로 안도의 숨을 내쉬면서 쉽게 입국수속을 끝내고 밖으로 나왔다. 정말 남미의 파리답게 사람들이 공손하고 지적이었다. 칠레는 8년제 의무교육이며 고등교육진학률도 높아 교육수준이 남미 제일이다.

그러고 보니 금세기에 와서 둘이나 노벨문학상을 받은 작가가 있다. 처음 수상자는 가브리엘라 미스트랄. 그녀는 연인의 자살로 상처받은 마음을 노래한 비탄으로 문단에 데뷔한 이래 1945년 노벨문학상을 받았다. 두 번째 수상자는 파블로 네루다. 그는 시인이면서 외교관으로 활약하여 많은 시집을 내면서 1971년에 수상했다. 인구 약 1천 2백만 명밖에 안 되는 이 나라에서 노벨문학상 수상자를 둘이나 낸 것은 분명히 이 민족의 자부심이라 하지 아니할 수 없다.

지금은 거의 백인과 혼혈계로서 원주민 · 인디오는 겨우 2%밖에 안 된다. 1535년에 산티아고를 창건하면서 식민지가 시작되어 1818년에 칠레공화국으로 독립은 했지만 그간 원주민 아라우카노족의 끊임없는 항거로 인한 분쟁이 계속되었었다.

아라우카노족은 칠레 중부에 거주하는 원주민들의 총칭으로 매우 용맹하고 보수적이며 저들 나름의 문화를 향유해오던 종족이다. 약 3백 년 동안 스페인을 적대시하면서 싸워왔으니 그 끈기는 알아줄 만하다. 저들이 한창 번성했던 16세기경에는 인구가 50만에서 1백50만으로 추정됐던 것이 20세기에 이르러 20만 명으로 줄었으니 그 당당했던 위세가 스페인정복자들과의 싸움에서 얼마나 손실이 컸던가를 짐작할 수 있다. 농경민족이면서 어로도 겸했다. 박물관에는 저들의 유산인 금은동의 세공예술품이 많이 진열되고 있다.

그리고 금세기 후반에 막 접어들어 안데스 주변에 쿤사족 인디오들이 살았다는 사실이 명확히 밝혀졌다. 고고학자이자 선교사였던 구스타프 주 페제가 산 페드로 데 아타가마를 발굴했을 때 약 1천2백여 전의 쿤사족 인디오의 인골 4백여 명분과 부장품 항아리 · 보석 · 화살 · 옷감 등을 수습함으로써 칠레 인디오문화를 입증하기도 했다. 이들 유물은 사원박물관에 보존돼 있다.

산티아고는 현재 이 나라 전인구의 3분의 1이 넘는 4백만 명 이상이 살고 있으며 계속 도시집중화 현상이 진행되고 있다. 도심지는 관공서 · 상사 · 상가가 형성되고 있으며 외곽지대에 기차역을 중심으로 시장이 형성되었다.

도심지 센트로에 공원화된 산타루시아 동산이 자리잡았다. 이곳이 옛날 스페인군이 요새화한 곳으로 지금도 그때 구축한 성벽과 고철이 된 화포가 기념으로 놓여있다. 정상에는 스페인을 대표하는 정복자 발디비아Pedro de Valdivia와 이

인디오 처녀의 미라.
안데스산맥 주위로 펼쳐진 사막에서 발굴된 쿤사족 인디오의 미라. 약 1천2백여 년 전의 이 미라는 인디오문화의 실상을 밝히고 있다.

에 항거하여 격전을 벌였던 원주민 추장 가우포리칸의 동상이 각각 세워져 그 당시의 피비린내 나는 격전지였음을 연상케 했다.

또 하나의 성聖크리스토발동산이 있다.(높이 약 3백30m). 시내를 한눈으로 내려다 볼 수 있는 서울의 남산과 비견할 만한 동산이다. 동물원도 있고 케이블카도 가동하며 정상에는 성모마리아상像이 마치 산티아고를 굽어보며 은총을 내려주듯 우뚝 서있는 모습이 이곳 시민들의 정신적 · 종교적 성지로서의 기능을 다하고 있는 듯했다.

정상에서 시내를 굽어보니 두 지역으로 완연히 구분되었다. 동남쪽은 현대식 고층건물에 고급 주택지가 즐비하게 들어섰고 서쪽은 단층 재래식 주택이 나직이 운집해 있다. 경제적으로 볼 때 빈부의 양립이 확연하다. 비록 교육수준이 높고 예술문화가 고양되었다고는 하나 빈부의 차는 날이 갈수록 심화되고 이에 따라 위정자의 고민도 국민의 소득향상에 몰두할 수밖에 없을 것이다.

얼마 전에 계엄령이 해제되었다고 들었다. 현재는 피노체트Pinochet-를 중심으로 한 육 · 해 · 공 · 경찰의 4자 과두정치체제를 취하고 있다. 그러나 학생 및 군중시위는 끊일 새가 없다.

쿠데타로 등장한 피노체트정권은 아옌데이전의 정치 판도를 회복하면서 미국과의 관계개선에 힘썼지만 80년대의 경제 불황은 20%이상의 실업률, 기업의 도산, 1백50억 달러가 넘는 외채 등으로 인해 몸살을 앓고 있는 형편이다.

이런 와중에서 요원을 불길처럼 일어난 두 물결은 우리의 뇌리에도 생생한 '해방신학'과 '종속론'이었다. 그러나 현지의 보통사람들 사이에서는 이것이 이미 사양이론이 된 탓인지, 아니면 이러한 이론조차도 자기네 삶을 부유하게 해 주지 못한 때문이었는지 무감각해 보였다.

밤이 깊을수록 생기가 도는 남미의 정열은 이곳에도 변함이 없었다. 보행자 전용도로인 아후마다는 주야의 풍경이 바뀐다. 낮에는 회사원과 관광객으로 메운 이 거리가 밤이 되면 밤을 즐기려는 시민으로 일변한다. 간헐적으로 연주되는 보헤미안 악사들의 음악에 맞춰 모두가 가무로 하나 되는 모습은 애써 고뇌를 씻고자 하는 수도자들의 몸부림과도 같았다.

8.
남미 아라카노족의 구비문학

서울신문 1988. 11. 5.

칠레는 좁고 긴 나라인 만큼 기상조건이나 자연환경도 변화가 많고 다양하다. 대개는 4개 지역으로 나누어 생각할 수 있다.

북쪽은 아타카마사막지대로서 칠레의 풍부한 지하자원은 거의 이곳이 독무대이다. 유황 구리 석탄 암염, 그리고 말라빠진 호수바닥 등이 마치 월면의 크레이터를 연상한다. 그래서 달의 계곡Valle de Luna으로 통칭된다. 중부는 칠레의 유일한 평원지대. 아콘카구아산(7,021m)을 비롯한 안데스산맥의 고봉준령이 마치 이 평원의 성벽이라도 되어 주듯 서있고 태평양의 온화한 기후조건이 농경에도 좋아 인구의 4분의 3이 이 지역에 집중하여 거주한다.

남부는 화산과 호수가 마치 수놓은 듯 펼쳐있는 호반지역이다. 온천과 송어낚시 · 요트놀이 등으로 세계적 휴양지로도 유명하다. 그리고 최남단의 파다코니아지대는 3만 개 이상의 크고 작은 섬으로 이루어져 있으며 해표 물개 펭귄 등의 서식지이다. 육지에는 짧은 여름밤을 놓칠세라 토끼 여우 스컹크들이 날뛰는 인간의 오염되지 않은 자연이 펼쳐지고 있다.

스페인의 이주가 있기 전에는 이러한 다양한 자연환경에 적응하면서 다양한 원주민들이 평화롭게 살고 있었다. 그중에서도 중부와 남부에 세력을 펴고 있던 아라우카노족은 자기네들의 삶의 터전을 빼앗으려는 정복자들과 대항해서 끝까지 싸운 강인한 인디오들이었다.

제례용 가면.
아라우카노족들이 장례 때 쓰기 위해 만든 탈. 종족을 상징하고 마귀를 쫓아내는 기능을 지닌 것으로 믿는 이 탈은 시신과 함께 묻어왔다. 아라우카노족은 이 탈을 기원전부터 사용해 왔다.

　외모는 동양적이고 순한 듯 보이지만 생존권의 투지는 그 어느 종족보다 강했다. 비록 전세는 불리하고 종족의 수는 감퇴일로에 있었다 하지만 굴하지 않고 무려 3백년간을 저항하며 지탱해 온 민족이다.

　19세기말 아라우카노족의 민속연구에 몰두했던 랜스교수에 의하면 이 종족은 남미에서도 가장 다량의 구비문학을 향유했었다고 한다. 그래서 몇 편의 설화를 읽어가다가 문득 그중 하나를 소개할 욕구가 생겼다. 개요하면 다음과 같다.

　옛날 나이 많은 인디오 할머니가 세 아들을 키웠다. 너무나 가난해서 세 아들은 벌이를 하러 나섰다. 위의 두 아들은 돈을 꽤 벌어왔지만 막내는 어려서 아무 일도 못하고 바닷가를 거닐다 작은 조개 하나를 주워 왔을 뿐이었다. 두 형은 막내를 때려 쫓아냈다. 종일 걷다가 배가 고파 조개속을 꺼내먹으려고 했더니 모래만 나왔다. 막내는 조개를 내던졌다. 그랬더니 그 속에서 태양처럼 빛나는 구슬이 달린 반지가 나왔다. 반지를 손가락에 끼었다. 이 반지는 요술반지로 구슬을 손바닥쪽으로 돌리면 막내의 모습을 다른 사람들이 볼 수 없게 된다. 막내는 추장을 죽이고 금품을 탈취한 두 강도가 속삭이는 것을 엿듣고 요술반지로 자기 모습을 감춘다음 몽둥이로 그들을 때려 죽이고 금품을 빼앗아 집으로 돌아왔다. 그새 두 형은 어머니를 내어쫓았다. 막내는 어머니를 다른 곳으로 데리고 가서 집을 지어주고 편안히 살게 해 주었다.

　어느 날 막내가 동굴 속에 들어갔더니 머리와 꼬리가 일곱 개씩 달린 괴물이 있어 요술반

아라우카노족의 절구.
탈곡용으로 쓰던 절구방아.

지로 모습을 감춘다음 긴칼로 목을 차례로 내리쳤다. 그랬더니 그 안에서 이 괴물에게 잡혀간 인디오 남녀들이 수없이 나왔다. 인디오들은 막내를 자기네 마을로 초청하여 연회를 베풀었다. 그러나 추장의 딸은 매우 슬퍼했다. 그 까닭은 추장이 오밤중에 습격 온 외다리 괴인怪人들에게 잡혀갔기 때문이란다. 막내는 추장을 반드시 데려오겠다며 바닷가로 나갔다. 그리고 습격 온 외다리 사나이들에게 일부러 잡혀갔다. 큰 배에 실린 막내는 요술반지를 작동시켜 배안을 샅샅이 뒤졌다. 괴인 선원들은 잡아온 마을 사람들을 죽이고 그 피를 술로 대신 마시고 있었다. 드디어 잠이 들었다. 막내는 큰 도끼로 모든 괴인의 목을 베었다. 감방에 갇힌 인디오들을 모두 풀어 주었다. 그중에는 추장도 있었다. 모두는 배에 불을 지르고 상륙했다. 이 배는 인간의 배가 아니고 마술의 배기 때문에 다 없어지지는 않았다. 그러므로 지금도 그믐 때는 훨훨 타오르는 불길과 배가 보인다고 한다.

막내는 마을로 돌아온 뒤 추장의 딸과 결혼했다. 훗날 막내도 훌륭한 추장이 되었다 한다.

긴 이야기지만 요약했다. 군이 여기에 이 이야기를 소개한 것은 만일 이 이야기가 서구의 영향을 받지 아니한 것이었다면 우리의 설화와 몇 가지 관련되는 공통점이 있어 관심을 불러일으킨다.

첫째는 3형제 중 막내를 학대하거나 추방하나 그는 신비의 주패를 손에 넣는다는 모티브는 가부장제도와 유산분배가 기반이 되고 있는 사회에 흔히 있을 수 있는 내용이라는 점이다.

둘째는 머리 일곱과 꼬리 일곱이 있는 괴물은 우리의 지하도적퇴치설화나 구두괴도퇴치설화와 유사하며 셋째는 우리 설화에는 임금의 딸이 괴물에게 납치되어 간 것을 무명의 청년이 초인간적 능력의 힘을 빌어 구출해 와서 공주와 결혼한다는 내용인데 비해 등장인물이 바뀐 것뿐이지 내용상의 구조는 우리것과 일치한다는 점을 간과해서는 안 된다.

외모나 민족이동의 과정으로 보아 막연히 추상해 오던 동질성을 확인이라도 한 것처럼 잠시 흥분했지만 사실은 우리와 유사 내지 공통점의 모티브는 이밖에도 여기 인디오들 설화

중에는 많다.

한편 무당이 마을의 수호신격인 장승이나 솟대 앞에서 굿을 하며 마을의 평안을 비는 우리의 신앙의례는 아라우카노족의 무당에 있어서도 같다.

저들의 사회에서 무당의 기능과 역할을 영매로서의 사제와 무의로서의 역할, 그리고 사회적 인간의 갈등을 해소해 주는 역할을 담당하고 있다는 점에서 한국의 무당과 깊은 상관관계를 연상하게 한다.

9.
토착신앙 바탕 새로운 종교

서울신문 1988. 11. 13.

　그 사회의 경제사정을 알기 위해서는 백화점이나 상가보다는 시장을 살피는 것이 첩경이다. 시장은 서민들의 경제를 한 눈으로 볼 수 있는 곳이다.

　센트로역을 찾은 것도 그 주위의 노점상가와 시장을 보기 위해서였다. 그런데 역 가까이 큰 도로변에 길이 약 15m, 높이 약 3m 되는 벽돌담이 있고 벽면에는 각양각색의 크고 작은 표지판이 붙어 있는데 밑에는 헌화도 있고 촛불도 켜 있었다. 분명히 신앙과 관련있다고 생각했는데 한 여행자가 비통한 얼굴로 촛불을 켠 다음 기도를 하는 것이었다.

　알고 보니 교통사고로 목숨을 잃은 영혼들을 위한 제단이었다. 가까이 가서 살폈다. 가각 유명을 달리한 사람들의 이름이 새겨 있었다. 가톨릭풍이었지만 아무리 생각해도 이것은 토착신앙과 결합된 인상이 짙다. 그렇지 않으면 가톨릭의 세속화라고나 할까.

　객사한 영혼은 길에서 방황한다는 저들의 민속신앙은 바로 그 자리에 그 영혼을 위한 제단을 설치하지 아니하고서는 안도가 되지 않는 모양이었다.

　여기서 잠깐 포크 가톨리시즘folk Catholicism에 대한 인식을 음미할 필요가 있다. 한마디로 표현해서 로마 가톨릭에 토착적 민속적 요소가 융합된 종교원리나 행동을 말하는 것이다.

　특히 중남미에서 이 경향이 강하다.

　식민지 초기 스페인 정복자는 인디오들의 군사적 정복과 아울러 종교적 정복의 불가피성을 강조한 이래 이베리아 기독교문화를 이들에게 강요했던 것이다.

한편 인디오들도 불가항력으로 외래 종교 수용의 불가피성을 인정하면서 수용은 하되 저들의 종교개념에 융합하는 데 게을리 하지 않았다.

예컨대 십자가의 의미를 수용하면서도 저들의 종교관에 용해시켜 소화했다.

유카탄반도 북부의 마야Maya제관들이 기록한 〈칠람 발람서Chilam Balam〉는 마야의 역사와 예언서인데 이 안에 기독교적인 요소가 있음을 발견할 수가 있다.

16세기 중엽 멕시코 남부 어떤 지역에서는 성모마리아를 위한 의례가 동굴 속에서 성직자(신부)없이 비의로 집행된 사실도 있었다. 당국은 이것을 사교로 단정하여 단속을 했지만 역부족이었다.

끝내 교회측은 일보후퇴 하여 사교와 미신이란 개념구분을 한 뒤, 인디오는 미신을 전적으로 버리지는 못했지만 사교도들은 아니라는 해석에 이르게 된다.

환언하면 인디오들의 포크 가톨리시즘을 인정한 셈이 된다.

그러므로 중남미의 가톨릭은 엄격하게 말하면 로마 가톨릭도 아니며 그렇다고 이베리아 가톨릭도 아닌 제3의 종교문화를 17세기부터 형성하게 되었다는 사실이다.

센트로역 가까이에 있는 교통사 한 망령의 위령제단도 이러한 각도에서 관찰해야 될 것이다. 농촌에서 자주 볼 수 있는 마을 입구나 경작지입구(대개 이런 곳은 예로부터 성지로 숲이

대로변에 설치된 제단.
산티아고 센트로역 부근에 설치된 제단벽이 이채롭다. 사고로 숨진 사람들의 혼령을 달래기 위해 세워진 이 제단은 얼핏 보기에는 가톨릭풍이나 인디오의 토착신앙이 스며있다.

우거졌거나 노목이 울창한 곳이다) 등에 그리스도나 마리아상이 조촐하게 세워지고는 있으나 원래는 저들 고유의 조령이나 각종 기능신을 모신 신역이라는 점을 고려할 때 기독교문화의 토착화 현상을 더욱 실감하게 한다.

포마이레Pomire는 50~60호정도 되는 인디오 마을로 전통적인 도요지이다. 산티아고로부터 서남쪽으로 63㎞ 지점에 위치하고 있다. 그 마을까지 가는 버스가 하루에 몇 차례 있지만 일부러 국도와 지방도로의 갈림길에서 내려 약 3㎞정도 걷는다면 마치 아름다운 낙원을 들어가듯 상쾌하고 즐거운 산책이 된다. 높이 솟은 포플러 가로수의 녹음사이로 곧게 뻗은 길을 걷노라면 어릴 때 고향 방둑을 걷던 회상에 젖는다.

꾸밈이 없는 소박한 인디오들이 재래식 방법으로 저들 독특한 검은 색상의 단조로운 도기를 굽는 모습이 가식이 없어 좋다. 소수의 살아남은 아라우카노족의 후예들임에 틀림이 없다. 유일한 생활수단으로 영위하는 도요고예는 당국의 인위적인 것이 아니라 조상으로부터 이어받은 자연마을 그대로임을 짐작 할 수 있다.

예술적인 미화없이 유치한 방법으로 구워낸 단조로운 도기를, 그리고 단색인 검정 빛깔은 오히려 미개성이 있어 희귀본능이 발동한다. 값도 비싸지 않으므로 도시로부터 많은 기로가들이 장식용으로 사가는 듯 했다.

깎아 찌른 듯한 급경사의 암반위에 가지런히 단장된 주택가는 멀리서 조망하는 것이 한결 낫다. 1백 년 전의 수동식 케이블카를 타고 올라가서 내렸더니 옛날 부호의 저택이었다. 지금은 바실리카미술관으로 식민지시대의 서구풍 작품들이 전시되어 있었다.

다시 버스를 타고 9㎞정도 북상하면 남미에서 제일 아름답다는 바다의 유원지 비냐델말 Vina del Mar이 나온다. 발파라이소가 항구도시로 일하는 고장이라면 비냐델말은 바다에서 쉬는 휴양지라고나 할까 분위기는 갑자기 바뀐다.

이곳에 닿는 순간 남미의 정치 · 경제 · 사회의 혼미가 가신 듯 마치 유럽의 피서지에 온 듯한 착각까지 한다. 무엇보다도 감동적인 것은 가까이에 보이는 듯한 동쪽에 우뚝 솟은 백설의 안데스산록에서는 지금 스키가 한창인데 여기 비치에서는 수영과 보트레이스가 한창이다.

반경 두시간대에서 여름과 겨울을 동시에 만끽할 수 있는 것은 은총받은 칠레의 자연경관이 아닐 수 없다.

페루

10.
안데스 고원에 세운 잉카 거석문화

서울신문 1988. 11. 18.

해발 3천 4백30m의 안데스산봉에 자리잡은 잉카의 왕도는 신비의 수수께끼를 남긴 채 조용히 관광객만을 맞이하고 있다. 우리에게는 산소결핍으로 호흡장애가 있으나 이곳 사람들은 태연하다. 대체 이런 고원지대에 과연 잉카의 왕도를 세워야 할 까닭이 무엇이었을까.

그 옛날 잉카의 조상인 만코 카파크Manco Capac가 태양신의 명령에 따라 그의 누이이면서 부인이기도 한 마마오쿠요를 데리고 티티카카호수로부터 지상으로 출현했다. 만코 카파크가 지상에 출현한 목적은 백성을 행복하게 해주는 일과 왕도를 건설하는 일이었다. 그는 금으로 된 홀장笏杖을 가지고 있었는데 산 위에 서서 그것을 힘껏 멀리 던졌다. 그래서 떨어진 곳에 왕도를 세우기로 했다. 이곳이 곧 오늘날의 쿠스코이다. 쿠스코는 배꼽이란 의미로 세계의 중심이다.

이러한 전설로 궁금증을 풀어줄 수는 없었다. 거대한 잉카의 태양신전이었던 코리칸차 자리에는 지금 성도밍고 수도

쿠스코의 연예단원
갖가지 복색의 의상을 걸친 단원들은 춤을 추며 과거 역사를 씹으면서 상기한다.

원이 세워졌고, 웅장했던 슨추루와시신전 자리에는 지금은 카테드랄 성당이 서있다. 1532년 스페인군대에 의해 정복된 후 이 도시는 파괴되었으나 그 웅장했던 왕도의 초석까지 송두리째 뽑지는 못했다. 잉카의 반석위에 스페인 문화가 얹힌 셈이다.

쿠스코의 궁전과 신전 자리에 왔을 때 어쩐지 그 옛날 희생제물로 바쳐진 소녀의 애환이 가슴을 더욱 두근거리게 하는 듯 했다.

제관祭官 두세 사람이 평민들이 사는 마을 앞을 지나간다. 이때 길에서 한 어린 소녀가 놀고 있었다. 순진하고 예쁜 얼굴을 한 소녀의 눈이 제관들의 눈과 마주쳤다. 제관들은 마치 보물이나 발견하듯 소녀의 집을 알아두고는 말없이 가버렸다. 이 만남이 소녀의 운명을 좌우하는 순간이 될 줄이야 소녀는 아무것도 모른 채 몇 년 동안 부모로부터 귀염을 받아가며 성장했다.

어느 날 제관들이 다시 소녀의 집으로 찾아왔다. 태양신이 소녀를 신부로 택한 것이다.

옛날엔 잉카의 수도였지만 1532년 스페인에 의해 함락되고 그 위에 현대도시가 건설되었다. 잉카의 고도(古都)라 할 수 있는 이곳에 사원, 교회, 수도원 등이 많이 보이는 것은 종교적인 식민정책을 수립했기 때문이다.

영광일까, 비통일까. 거역할 수 없는 부모의 심정, 묵묵히 지켜볼 수밖에 없었다. 소녀는 굳게 입을 다문 채 제관들의 뒤를 따랐다. 이때 이 소녀의 나이는 8살. 소녀는 다시는 세상에 나올 수 없는 아쿠야우아시라는 〈선택받은자의 집〉에 갇힌 몸이 되고 여수도사 아마쿠나는 이 소녀를 마치 신神의 왕비처럼 정중하게, 그리고 실수 없이 돌보며 교육을 시켜야 했다. 다시 몇 해가 지났다. 이제는 아름다운 신부감이 되었다.

6월의 태양제의는 9일간 계속되었다. 처음 3일간은 금식을 한다. 4일째 되는 날 쿠스코의 왕과 신하들, 그리고 백성들은 모두 태양의 신전으로 모인다. 가장 중심에 서있는 천사와 같은 모습의 소녀, 그는 이제 태양을 위해 목숨을 바쳐야 할 희생제물이다. 그녀의 가슴에 비수가 꽂히고 선혈이 낭자할 때 왕은 거울을 사용하여 새 불씨를 태양신으로부터 부여받는다. 이것이 시토크 라이미 제의이다. 제의는 1532년까지 지속되었고 드디어 프란시스코 피자로가 이끄는 정예부대 1백77명 앞에 무참히도 잉카는 무너지고 만다.

잉카제국은 북은 에콰도르에서 남으로는 칠레 남단까지 장장 4천㎞나 되는 광활한 영토를 거느리고 신전 하나를 짓는데 하루에 3만 명이 동원되고도 80년 걸려 완성했다니 그 거대한 석축기초와 벽은 마치 바위를 쌓아 놓은 듯했다. 사막에 피라미드를 세운 이집트도 불가사의였지만 안데스산맥의 고원에다 거석문화를 꽃피운 잉카제국도 경악의 대상이 아닐 수 없다.

야금술冶金術과 제도술製陶術도 발달했다. 사금을 다량으로 채취하여 황금장식을 제조했다. 얼마나 많은 황금이 있었는지는 잉카 폐망사를 살펴보면 나타난다.

스페인군대에 의해 잉카최후의 왕, 아타우알파가 인질로 사로잡혔다. 이때 잉카인들은 스페인군대와 흥정을 했다. 모든 황금과 인질의 왕을 바꾸기로 하고 금을 모았는데 궁전의 한 넓은 방에 사람 키 만큼 가득 찼다고 하니 그 양이 얼마나 많았는가 짐작이 간다. 그러나 스페인군대는 황금을 탈취하고는 왕을 처형하고 말았다. 이에 분노한 잉카인들은 다시 힘을 모아 1569년에 반란을 일으켰으나 사기는 저하되고 재래식 무기로는 스페인군에 대항해서 도저히 승산이 없었다.

잉카가 왕국으로 모습을 드러낸 것은 1200년경이며 가장 황금시대는 1450년부터 멸망하기까지였다. 그러나 1527년에 이르러 아타우알파와 우아스카르 루 왕자들 사이에 갈등과 전력투쟁이 힘의 분산을 초래했고 이것이 잉카멸망의 불씨가 되었었다.

잉카의 사회조직은 철저한 계층사회로서 통치계급 ·

페루 고대유물
(상) 나즈카(Nazka)문화의 유물들. 나선형 선은 농경에서 유용하게 쓰이는 당시 지식인의 천문학적인 소견을 나타낸다.
(하) 나즈카 문화의 유물이다.

귀족·평민·노예로 구분되었다. 통치와 귀족계층은 정교하게 지어진 거대한 저택에서 금으로 제조한 식기류를 사용하면서 많은 노예를 거느리며 호화롭게 생활했다. 평민들은 외곽지대에 소규모의 취락을 형성하면서 단순한 돌 기구나 목기를 사용했다.

사회질서와 안정을 누리기 위한 엄한 형법이 있었는데 살인자에게는 살인으로 대처했고 간통죄도 사형으로 다루었다. 왕에 대한 불경죄는 역시 사형이었고 여승들이 서약을 어겼을 때는 산 채로 땅에 묻혀야만 했다.

왕은 태양신의 후계자로 살아있는 신神적 존재였으며 제관祭官들은 최고 지식인들로 제의를 담당하는 것 이외에 무의巫醫의 기능까지 포괄했다. 제관들은 주술행위로 진료를 했는데 병이 든 것은 악귀의 침입으로 보고 악귀를 제거하는 것이 곧 치유의 근본이라고 믿었다. 문자가 없어 기록은 하지 못하나 끈의 길이, 매듭 그리고 빛깔로서 간단한 제의의 설명이 가능했다.

II.
잉카왕국의 산상고도, 마추픽추

서울신문 1988. 11. 25.

1911년의 일이었다. 미국 예일대학교의 히램 빙햄Hiram Bing-ham교수는 남미정복사를 연구하면서 페루 독립전쟁의 영웅이었던 시몬 보리바르장군의 발자취를 찾아 답사를 하고 있었다.

안데스산록과 협곡을 누비면서 우루밤바강의 계곡을 따라 이곳저곳 산재해 있는 원주민들을 만나고 있을 때 한 원주민이 귀띔을 해주었다. "저 산 봉우리에 무언가 유적인 듯한 것이 있다."

이 말에 빙햄교수는 눈이 번쩍했다. 그러나 울창한 자연림에다 가파른 절벽을 타고 올라갈 재간이 없었다. 그는 실망하지 않고 그곳 인디오들의 협조를 받아 간신히 숲을 헤치면서 정상에 올랐을 때 그의 한마디는 "오오 하느님 이럴 수가!" 하고 탄성을 발했다. 숲으로 덮여 있긴 했으나 원형 그대로 살아있는 산상고도였다.

마추픽추는 이렇게 하여 다시 세상에 알려지게 되었다. 해발 2천4백60m인 마추픽추 Machupicchu는 천연의 요새였다. 한쪽은 깎아 세운 듯 난공불락의 절벽이었고 또 반대쪽은 위로부터는 아래가 잘 보이지만 밑에서는 위가 보이지 않는 유리한 지형으로 되어 있었다. 산 정상에는 마추픽추와 와이나피추의 두 봉우리가 있고 그 사이가 좁은 능선으로 돼 석조 고도가 펼쳐진다.

다시 이야기는 잉카의 멸망시기로 돌아간다. 황금을 주고 아타우알파를 구출하려던 계획이 실패로 돌아가자 인디오들은 최후의 공격을 시도하지만 또 실패하고 허탈에 빠진다.

한편 잉카를 정복한 스페인은 유화정책을 써 허수아비 잉카통치자를 임명했다. 순진한 잉카인들은 혹시 자기네 왕국을 되돌려주려니 기대를 했지만 2년동안 기다려도 아무런 반응이 없자 만코는 자기의 추종자들을 규합하여 또 반란을 일으킨다. 그러나 중과부적으로 인해 만코는 포로가 된다. 1년쯤 포로생활을 하다가 탈출에 성공, 추종자들을 데리고 스페인군대의 추격을 피하여 마추픽추에 당도한다.

산상에 도착한 이들은 신전과 궁전을 지었다. 관저와 일반주택을 지었다. 쿠스코의 건축술이 이곳에서 재연되었다. 관개시설도 갖추어져서 한 방울의 빗물도 손실 없이 활용하여 곡물을 재배하는 데 썼다. 약간의 비탈진 산을 깎아 계단식 경작지를 만들고 자급자족할 수 있게 했다. 현존하는 유적으로 보아 주거지, 왕녀의 목욕탕, 묘지, 왕녀의 궁전, 제사장의 거주지, 교수대, 신성의 광장, 신전, 해시계, 두 개의 돌절구, 일반인의 주거지, 처형장, 귀족과 왕족의 거주지 등이다. 그런데 어찌하여 마추픽추의 산상도시가 그로부터 3백40여 년간 세상에 알려지지 아니한 채 조용히 잠자고 있었을까. 사연을 좀 더 살펴본다. 스페인군의 추격을 피해 이곳에 온 만코는 산상의 왕도를 세우고 1571년에 죽었다. 이때 이 마지막 잉카

마추픽추(MACHUPIJCHU)
2,460m의 험악한 고봉에 세워진 마추픽추는 산상고도로 알려졌다. 1911년 미국 예일대학의 빙햄 교수 고고학팀에 의거 발굴된 이 산상고도(山上高都)는 지금도 불가사의의 미궁으로 알려졌다.

정상에서 바라본 마추픽추 전경

의 지도자가 죽은 것과 때를 같이 해서 이 도시는 황폐해진다. 만일 이때 만코의 추종자들이 다시 하산하여 흩어졌더라면 구전으로도 알려졌을 테고 스페인당국도 당연히 조사했을 테지만 앞에서 말한 빙햄교수가 발견하기 이전에는 스페인은 물론 페루정부도 감쪽같이 모르고 있었다는 것이 사실이다.

만코와 함께 모두 집단자살을 한 것일까. 이러한 의문 때문에 빙햄교수는 이곳을 '사라진 잉카도시'(The lost city of the Incas)라 명명했다. 그러나 아직도 풀리지 않는 수수께끼는 쿠스코로부터 탈출한 잉카의 후예들이 이곳에 머문 기간은 겨우 35년 정도이다. 이 짧은 기간에 이 산상도시가 건설되었다고는 믿을 수가 없다. 일부는 새로 지은 것이겠지만 원래부터 있었던 고도를 복원한 것이라고 보는 것이 옳을 것 같다.

잉카는 문자가 없었다.

역사는 모두 구전으로 전승되고 있었다. 잉카Inca는 태양의 사람이란 의미가 있다. 그리고 만코 카파크는 태양과 달 사이에서 탄생된 잉카제국의 신화적 조상이다. 하루는 만코 카파크가 홀로 사는 것이 쓸쓸해서 인간을 창조하기로 결심했다. 흙을 빚어 토우土偶를 만들고

'인티와타나'라고 칭하는 석주(石柱)는 하늘을 향한 수호신의 역할을 하며 평소에는 천문학적인 기능도 한다. 예컨대 계절의 변화와 농사를 하는 데 대비하는 지식도 공급한다.

373

호흡을 불어넣었다. 이렇게 하여 인간창조는 이루어지고 태양숭배는 시작되었다. 잉카의 다부일처제는 보통 있는 일로서 그 유래담은 이렇다. 옛날 홍수로 천지개벽이 일어날 그때 두 형제가 살아남았다. 물이 빠지고 둘은 열심히 일을 하며 살았다. 어느 날 일을 끝내고 돌아와 보니 밥상이 차려져 있었다. 그것은 두 마리의 새가 날아와 아름다운 여인으로 변신되어 돕고 있는 것이었다. 한 마리는 놓치고 한 마리는 형제에게 잡힌 몸이 되어 두형제의 부인이 되었다.

잉카제국은 계층사회가 현격했다. 옛날 태양신이 세 개의 알을 보내주었다. 하나는 황금알, 또 하나는 은빛 알, 마지막 하나는 구릿빛 알이었다. 얼마쯤 지나 세알에서 사람이 태어났다. 황금알에서는 왕자가, 은빛 알에서는 제사장이 태어났다. 그리고 구릿빛 알에서는 노예가 태어났다.

옛날 태양과 달은 부부였다. 달도 처음에는 태양과 같이 밤낮으로 지상을 비치고 있었다. 그런데 웬일인지 어느 날 달은 몹시 화를 내어 지상의 인간을 멸하려고 했었다. 낌새를 챈 태양이 달을 나무라면서 밤에만 비치게 했다. 이때부터 달은 밤에만 비친다. 잉카의 천지창조, 신과 인간의 관계, 자연의 설명, 그밖에 사회제도 등 모두 구전으로 설명되고 있다. 그렇다면 마추픽추의 유래는 어떻게 설명되고 있는가. 아무리 살펴보아도 그 설명만은 누락되고 있다. 빙햄교수도 마추픽추의 전설만은 끝내 찾지 못했다.

1570년 스페인 국왕에게 제출된 보고문에는 잉카의 일들이 자세히 기록되어 있었다. 인디오와 스페인과의 대화록이라 할 수 있는 이 보고서에는 마추픽추에 관해 전연 언급이 없다. 살아남은 소수 잉카의 후예들인 인디오들은 그 비밀을 간직하고 있을 것이다.

멕시코

12.

우주를 내다 본 마야문명

서울신문 1988. 12. 10.

1511년의 일이었다. 대서양을 항해 중이던 스페인범선이 태풍을 만나 소용돌이 속에 좌초하여 침몰했다. 이때 살아남은 십수 명의 승무원이 작은 보트에 옮겨 타고 운명을 하늘에 맡길 수밖에 없었다. 물 한 방울 없고 빵 한 조각 없는 상황에서 작은 보트는 자메이카해안으로부터 서쪽으로 서쪽으로 밀려만 갔다. 도중에서 7명은 끝내 굶어 죽었다. 14일간의 표류 끝에 겨우 유카탄반도 동해안에 표착했다.

그러나 불행하게도 이들은 현지의 어느 마야인들에 의해 체포되었고 추장의 명에 의해 바드디비아외 4명은 인간의 희생제물로 바쳐졌다. 나머지도 다음 차례를 기다리고 있었다. 이 중 몇 명은 위험을 무릅쓴 탈출에 성공했다. 정글을 헤매던 중 다행이랄까 적대관계에 있는 다른 마야부족의 추장에게 잡히게 되었다. 목숨은 건졌지만 노예의 고된 일에 견디다 못한 일행은 하나 하나 죽어갔다. 아기라르와 게레로는 끝내 살아났다.

게레로는 원래 수병水兵이었다. 체토마르족의 추장에게 충성을 서약한 그는 다른 부족과의 전투에서 공을 세워 마야 귀족의 딸과 결혼하기에 이른다.

한편 아기라르도 타슈마르추장에게 헌신했고 많은 전공을 세워 두터운 신임을 받았지만 철저한 기독교 신앙 때문에 이교도 여인을 아내로 맞이하지는 않았다.

이렇게 해서 스페인인 두 명은 마야의 유력한 귀족이 되었다. 그로부터 9년 뒤 정복자 코르테스가 이끄는 11쌍의 선단이 항해 중에 어느 인디오의 제보에 따라 수소문 끝에 끝내

아기라르와의 접선에 성공을 했다. 아기라르
는 자기 추장의 허락을 받아 카누를 타고 가서
조국의 선단에 올랐다. 이때 아기라르의 모습
을 기록한 내용은 이렇다. "그는 나체였으며
전신을 붉게 칠했고 삭발을 했으나 정수리부
분의 머리는 길게 길러 따서 빨간 가죽리본을
이어 허리까지 늘어뜨렸다. 그는 함께 온 인디
오 동료와 함께 코르테스 앞에 앉았다. 우선 활
과 화살을 오른쪽에 놓고 오른손을 입에 대고
침을 발라 손을 바닥에 놓았다. 그리고 그 손을
다시 가슴 쪽에 대고 비볐다. 이것이 최대의
경의를 표시하는 마야의 인사였다."

치첸이챠의 천문관측소
윗부분이 돔형식의 이 건조물은 마야의 천문 관측소
였다. 마야 사람들은 달과 태양뿐 아니라 이미 금성
까지 관측하는 고도의 천문학을 소유하고 있었다.

그 후의 기록은 흥미진진한 일대 서사기행문이 전개되지만 여기에 모두 소개하지 못하는
것이 유감스럽다. 결국 아기라르는 조국의 품에 안기게 되어 마야정복에 큰 공헌을 세웠지
만 그의 동료였던 게레로는 끝내 조국을 등지고 마야편에서 스페인군과 싸우다 저희 동족의
총탄에 쓰러졌다. 게레로는 이미 마야의 귀족이 되고 그의 아내와 아이들은 추장의 총애받
는 신분이었다. 그는 마야의 관습에 따라 코와 입술 그리고 귀에 구멍을 뚫고 장식했으며
얼굴에 문신을 했을 뿐 아니라 용사들에게만 할 수 있는 손에까지 문신을 하고 있었다.

이상이 마야와 서구의 첫 대면이었다. 마야의 실존과 비의가 서구에 알려지면서 관심의
표적이 되었다 무엇보다 놀란 것은 이 무렵 서구인들이 상상도 할 수 없었던 천문학과 수학
의 발달, 문자의 소유는 놀라움과 시기의 대상이 아닐 수 없었다.

마야의 고대문화에는 로마나 이집트보다 부분적으로 더 발달한 것이 있었다. 마야가 아
메리카 인디언들 중에서는 가장 문명된 민족이라는 점에 이의는 없다.

중앙아메리카에 위치하면서 한때 화려한 문명을 소유했던 마야문화의 최성기는 서기
200~800년이었고 이때의 총 인구는 약 2백만 명이었다. 주로 멕시코의 유카탄반도 전역과
과테말라 그리고 엘살바도르·온두라스의 일부지역에까지 그 세력이 확대되어 있었다.

멕시코, 용사의 신전
천의 기둥이라 불리는 돌기둥으로 둘러싸인 3층 기
단위에 건축된 신전. 용사를 조각한 돌기둥과 제단을
받치고 있는 19개의 아틀라스 사람들의 두상이 인상
적이다.

이들의 집단 거주는 거의가 열대 정글 속에서 해발 60~1백80m 정도 되는 언덕위에 조밀하게 조성되어 있었다.

대소大小의 추장·제관·용사들의 직능계층은 농민과 수공업자들에 의해 영위 되었다. 농업이 주생업이었고 옥수수를 비롯하여 카카오·면·고추 등을 재배했다. 정글의 잡목지대를 화전으로 일궈 씨앗을 뿌렸으며 노동은 공동으로 했었다.

마을에 가져오면 추장에게 바치고 나머지는 모두가 균배했다. 목공과 도공이 있었고 금식이나 제계를 거쳐 점토나 나무로 토우를 만드는 직업은 수입이 많았다. 약초나 주술로 외과를 담당하는 소위 주의呪醫들도 있었다.

장례용 두상(骨壺)마야문화

마야인은 키가 작은 편이며 통통한 몸집, 약간 검은 피부와 검은 머리칼에 둥근 머리를 하고 있었다. 아이를 낳으면 판자로 머리를 눌러 머리를 납작하게 했다. 그리고 태양신을 경배하는 이들은 태양신의 눈이 사팔뜨기라 해서 아이를 낳으면 어미가 무거운 구슬을 눈에 달아 늘어뜨려 일부러 사팔뜨기가 되게 했다.

형질인류학으로 볼 때 신대륙의 원주민인 인디오와 같이 몽골로이드 즉 황색인종에 속한다. 머리칼·피부 그리고 얼굴 생김새도 동아시아와 진배없다.

16세기 초 스페인군이 멕시코와 중미를 정복할 때 경이스러운 마야문명에 대한 기록은 더러는 편견이 없을 수 없지만 옛 마야인이 남긴 유물이나 벽화를 통해서 근세에 와서는 마야문명의 실체가 바로 잡혀가고 있다.

고도의 지능과 재능을 소유한 마야인은 대체 어디에서 왔을까 하는 의문은 많은 가설을 낳았다. 어떤 학자는 이집트로부터, 혹은 페티키아로부터, 혹은 중국으로부터 왔다고도 주장한다. 왜냐하면 마야유적으로부터 이집트나 희랍·아시아의 요소가 표출되고 있기 때문이다. 일부는 마야 독자적으로 생성된 문화라고도 주장한다. 그러면서도 한 가지 공통점은 이들은 아메리카 인디언의 일족임에 틀림없고 황색인종으로서 동아시아와 맥을 같이 하고 있다는 점이다.

13.
마야 최후의 피라미드군, 치첸이챠

서울신문 1988. 12. 16.

유카탄반도에 군림했던 마야제국은 1540년 스페인군대에 의해 정복당했다. 이때 많은 유물이 파괴되었고 신전은 허물어 그 반석 위에 교회와 수도원이 세워졌다. 당시 식민지배의 막강한 권력자 란다주교Diego de Landa는 미신과 악마의 기만이라는 이유로 유일하게 마야의 상형문자로 된 역사와 역에 관한 책(Mayan Bark-Cloth Book)을 태워버리라고 명령을 했다. 만일 이 책이 있었더라면 란다주교 자신도 마야문자를 해독하려고 했을 때 얼마나 도움이 되었을까.

많은 학자들이 마야문화를 이해하기 위해 기호로 나타내는 마야문자를 해독하는 작업이 1876년부터 시작되었다. 그 결과 로즈니Leon de Rosny는 '동서남북'의 방위를 나타내는 기호를 알아내는 데만 수년이 걸렸고 셀러Seler박사는 '밤夜'이라는 기호 하나를 판독하는 데도 수년이 소요되었다. 그리고 포르스테만Forstemann은 '처음初'과 '마지막終'을 알아내는 데 성공했다. 이상 몇 개의 단어를 해독하는 데만 무려 20년이 걸린 셈이다. 한 사람의 실수로 없애버린 책 한권 때문에 얼마나 많은 장벽이 되었는가.

그렇지만 꾸준히 계속된 연구의 결과 현재는 거의 고대古代마야인들의 생활과 종교의 실상을 이해할 수 있게 되었다.

마야여인의 출산시에는 반드시 무녀가 입회했었다. 그는 임산부 곁에 산신에 해당하는 이슈 · 체르라는 토우를 놓고 기다리다가 출산이 되면 이내 아기를 깨끗이 씻고 나서 판자에

넌다. 이때 다른 판자로 아기의 두개를 눌러
납작하게 만든다(頭蓋變工). 그 후 아기를 제관
에게 데리고 가서 운수를 점치고 점괘에 따라
직업을 정한다. 대개는 3~4살까지 모유를 먹
이기 때문에 건강하게 자란다. 5살까지는 알
몸으로 키우지만 그 후에는 국부만 가릴 정도
로 허리띠를 두른다.

결혼 적령기의 젊은이들이 모인 집이 마을
에 하나씩 있어서 이곳에 모여 오락이나 게임
을 한다. 그리고 합숙을 한다. 물론 성년식과
성녀식에 해당되는 절차를 이미 밟은 젊은이

마야인들의 농가.
그들은 옥수수를 주로 재배했었다.

들이다. 특히 마야여인들은 정절을 높이 평가한다. 식사 때도 남자와 함께 하지 않는다. 남
자를 만났을 때는 등을 돌리며 지나친다. 남자에게 술을 권했을 경우에는 다 마실 때까지
등을 돌린다. 남자를 정면으로 본다거나 남자 앞에서 웃는 일은 무례한 짓이었다.

스페인이 정복할 무렵 마야인 결혼 적령기는 12~14살이었다고 한다. 그러나 옛날에는
평균20살이었다. 이렇게 빨라진 것은 전쟁으로 감소된 인구의 보충때문이라고 한다. 연애
결혼은 불가능하고 반드시 중매를 통해 성사한다. 결혼 일에 신부집에서 연회가 베풀어진
다. 주례는 제관이 담당한다. 신랑은 그로부터 5~6년간 신부집에 머물면서 노동을 한다.
만일 게으름을 피우면 신랑은 쫓겨나며 이혼이 성립된다. 이혼이나 재혼이 비교적 자유스
러웠지만 동족 간 결혼은 금지되었으며 동성끼리의 결혼도 부끄러움으로 여긴다. 상속은
남계제로 딸들은 약간의 재산을 분배받지만 남자 형제들은 균분한다.

마야의 출산의례 중 두개변공頭蓋變工을 제외하고서는 우리나라의 삼신을 모시는 것이
나 경험이 많은 산파가 입회한다거나 돌잔치 때 직업을 점치는 민속 등이 비슷하다. 그리고
古代 우리나라 혼인제도, 가족제도와 재산상속 등 공통점이 많은 것은 흥미롭다. 성인식의
비교도 흥미의 대상이라 할 수 있다.

유카탄반도의 주도인 메리다로부터 동쪽으로 120㎞, 정글사이로 된 아스팔트길을 따라

아즈텍 달력(Aztek Calendar). 멕시코 계곡에서 가장 잘 알려진 고대 코롬비아 문화이다. 세상의 존재와 인류의 진화과정을 나타내는 5개의 태양과 월(月), 날(day)의 상징을 포함하는 숫장의 표상이다.

가면 거대한 피라미드군群으로 형성된 마야문명의 유적지인 치첸이챠가 있다. 마야어로 샘 곁의 이차저택이란 의미가 있다. 정글속의 이 고도는 주거지라기보다는 종교적 기능이 더 컸던 유적지이다.

가장 매력적인 것은 높이 23m, 91개의 계단으로 이루어진 카스티요EL Castillo피라미드다. 정상에는 신전寺院이 세워져 있다. 이 피라미드는 세 가지 기능이 있다. 하나는 마야의 역을 상징한다.(1년을 365일로, 1년을 18개월로, 그리고 52년 주기周期) 둘째는 이 피라미드의 원명은 쿠쿠루칸 즉 깃털의 뱀이란 뜻이다. 수확의 신이며 풍요를 가져다주는 신을 모시고 있다. 셋째는 피라미드 내부에는 또 하나의 작은 신전이 있다.

내부 신전의 출입문은 서쪽 끝에 겨우 한 사람씩 줄지어 들어갈 수 있는 길이 나있고 다시 계단으로 밟아 올라가면 제단이 있다.

안쪽에 붉은 빛을 칠한 재규어jaguar상이 있고 그 앞에 차크몰의 석상이 있다. 차크몰은 우신이라고도 하며 희생제물의 사자이기도 하다. 1년에도 많을 때는 수십 명 수백 명의 인간의 희생제물이 바쳐졌다.

이 피라미드로부터 남쪽에는 카라콜이라 불리는 관측탑이 있고 북쪽에는 세노테라는 인신공희를 바쳤던 큰 샘이 있다. 마야인들은 돌이나 나무나 흙으로 우상을 만들어 제단에 바치며 피血를 신에게 바치는 희생제물이 제의의 중심을 이룬다. 마야인은 귀・볼・아랫입술에 상처를 내기도하고 혀 양쪽에 구멍을 내 흐르는 피를 받아 제물로 바치는 것이 보통이다.

사람이 희생제물로 바쳐지는 대상은 주로 노예들로 대치하지만 특별히 선택받은 유아나 소녀의 경우도 많다.

희생제물로 선택받은 노예나 소녀는 그 제일까지 목욕재계를 하여 그날까지는 극진한 대우를 받는다. 재계기간동안 제관들은 금식을 한다. 희생제물을 바치는 제의의 방법은 세 가지가 있는데 하나는 화살을 쏘는 방법과 제관이 돌칼로 가슴을 베어 심장을 꺼내는 방법 그리고 치첸이챠의 세노테에 던져버리는 방법이 있다.

직경이 66m나 되고 깊이가 20m나 되는 이 공동의 샘은 특히 한발이나 흉년이 들 때 많은 인신공희가 있었다고 한다. 1885년 톰슨에 의해 실시된 수중 발굴 조사에서 밝혀진 인골은 18개월에서 12살까지의 아이 것이 21명, 그리고 성인남자가 13명, 여자가 8명, 그밖에 많은 유물이 건져졌다고 하니 그 옛날 처참했던 인신공희의 피비린내 나는 장면이 몸서리쳐진다.

멕시코 사람을 바친 샘.
세노테라는 이름으로 불리는 이 샘은 인간을 제물로 바쳤던 치첸이챠의 유적의 하나다. 가뭄이나 흉년에 더 많은 이신공희가 행해졌던 이 샘에서 19세기말 고고학자들에 의해 인골이 발굴됐다.

14.
아즈테카문명의 꽃, 신의 도시

서울신문 1988. 12. 30.

멕시코시티로부터 북으로 약 50㎞지점에 최대의 고대도시 유적으로 테오티우아칸 Teotihuacan이 있다. 신역의 둘레만도 약 13㎞에 이르는 이 고대도시는 해발 2천m 이상 되는 멕시코 중앙고원에 위치한다.

고고학적으로 보면 기원전 2~3세기부터 시작해서 기원전후에 완성된 이 고도가 수신과 농경신들을 숭배하는 종교도시의 기능을 할 뿐 아니라 당시 많은 인구가 집거해 있었음은 상상을 초월하기도 한다. 유적의 규모로 보아서는 적어도 12만 5천 명이 거주할 수 있었다고 하니 이것이 사실이라면 당대의 로마보다도 규모면에서 더 컸다고 할 수 있다.

그런데 지금까지 이 고도에 대한 수수께끼는 풀리지 않은 채 아직도 숨 쉬고 있다. 이 거대한 종교적 기능의 도시를 건설한 테오티우아칸인들이 어디로부터 왔는지 그 정체는 아직도 미궁 속에 있다. 그리고 7세기경 유적만 남겨둔 채 홀연히 사라진 이유는 무엇일까. '죽은 자의 길'이라 부르는 폭이 45m나 되는 중앙대로를 축으로 해서 좌우로 피라미드와 수도원 거주지 시장 등이 배열되어 있다. '죽은 자의 길'은 남북으로 4㎞나 뻗어 있으며 남단에는 복합으로 이룬 두 개의 피라미드가 있고 그 뒤에는 깃털의 뱀으로 상징된 농경신을 모신 퀘차르코아의 피라미드가 있다. 대로를 따라 북쪽으로 가면 우측에 태양의 피라미드가 있다. 경사도가 가파른 2백48개 계단을 간신히 올라가면 정상에 신전터가 있고 광활한 테오티우아칸의 전경이 눈앞에 펼쳐진다.

북단에는 제의를 하던 광장이 있고 정면이 달의 피라미드이다. 높이 46m 바닥의 한 쪽면

이 1백50m나 되고 기원후 350년경에 완성되
었다고 한다. 가장 규모가 큰 제의는 이 달의
피라미드를 중심으로 거행된 듯하다. 제신
중에서도 특별히 피를 즐겼다는 월신에게 많
은 인신공희가 바쳐졌다. 신화로만 전해지고
있는 인신공희의 유래는 다음과 같다.

티오티멕시코와칸 피라미드

신들의 몸을 희생해서 인간과 신들을 창조
한 아즈테크의 신들은 다음에는 태양을 만들
기 위해 어둠속에서 테오티우아칸에 모여들
었다. 태양이 될 두 신이 선택되었다. 두 신은 태양이 되기 위해 고난의 금기생활을 시작했
다. 태양이 되기 위해 끓는 불속으로 몸을 던질 때가 왔다. 한 신은 용감하게 불에 뛰어들었으
나 또 한 신은 주저했다. 어둠속의 제신들은 태양이 떠오르기를 초조히 기다렸다. 최초의
태양은 동쪽에서 나타났다. 다음 또 태양이 떠올랐다. 태양이 둘 있는 것은 안 된다. 제신중
하나가 욕을 하며 토끼를 태양을 향해 던졌다. 두 번째 태양은 빛이 바래져 표면에는 토끼의
반점이 생겼다. 이것이 달이다. 그런데 웬일인지 태양과 달이 움직이지 않는다. 태양과 달은
죽어버린 것이다. 제신들은 끝내 자신들의 몸을 던져 태양과 달을 소생시키려고 했다. 제신
들은 모두 죽었다. 태양과 달이 소생했다. 이렇게 신들의 희생에 의해 움직이는 태양을 가졌
으나 영원히 움직이게 하기 위해서는 인간 자신들도 희생할 수밖에 없었다.

태양과 달의 창조신화이며 인간의 희생제물을 설명하는 유래담이다. 원래 인신공희는
속에서 성으로의 이행의례이다. 즉 성화의 과정이라고 할 수 있다. 제신들이 죽음으로 태양
과 달이 힘을 얻어 다시 제 기능을 발휘할 수 있는 것처럼 신에게 힘을 부여하기 위해 인간의
희생제물은 끊임없이 지속되었고 생명력이 소생된 신은 다시 인간에게 축복과 풍요로움을
부여할 수 있다고 믿었던 고대인들의 사유가 무조건 잔인하다고만 할 수는 없다.

마야인의 조각에 그려진 인신공희에는 가슴을 벤 자리로부터 생생한 식물이 소생하는
묘사가 있었다. 정결하고 힘있는 생명체가 제관에 의해 피를 흘려 죽음으로써 생산의 풍요
로움을 획득하려는 원시종교사유는 보편적인 것이었다.

고대 마야와 테오티우아칸문화를 돌아볼 때 우리는 그들의 문화가 지구 반대편에 있는 이색적인 것이 아니라 보다 원시사유의 공감대를 오히려 느낀다.

물론 종교의 핵심은 태양신 숭배처럼 보이나 '깃털의 뱀' '제규어' '차크몰'과 같은 신들은 이들의 생업과 밀착된 신으로 한마디로 농신으로서의 성격이 강하다. 농경민족의 신앙체계가 보편화되어 있음을 알 수 있다. 특히 테오티우아칸에 있어서 규모는 태양보다 달의 피라미드가 작지만 달의 피라미드가 더 중요한 기능을 하는 것은 농경문화가 핵심임을 입증하고 있다.

물론 농사의 기술은 열등했지만 상부상조에 의한 공동노동제가 발달했다.

파종시에 노동력의 부족을 충당하기 위해 20여 명이 그룹이 된 공동작업이 이루어졌다. 마치 우리나라의 두레나 품앗이와 같은 것을 연상케 한다.

시장이 발달되었고 식감 · 면포 · 노예 등은 주된 거래품이었으며 카카오의 열매, 돌로 만든 구슬(염주) 등이 화폐로 사용되었다. 아주 고급 구슬은 노예를 살 수 있었다. 외상 거래도 가능했으나 이자는 붙지 않았다. 어떤 종류의 매매계약은 문서나 담보가 필요없고 당사자끼리 술을 나누며 대화하면 그것으로 끝난다. 매우 상업도덕이 높다 할 수 있다.

200년경부터 최성기를 이룬 마야문명, 300년경부터 혜성같이 나타나는 테오티우아칸(古都文明), 그리고 16세기 초반까지 지속되었던 아즈테크문화들을 등에 업고 신생 멕시코가 형성되었지만 1521년 이래 스페인문화의 이식으로 오랫동안 지속된 문화의 갈등은 오히려 근대화에 장벽이 되었다. 멕시코시티는 이런 의미에서 공간적으로는 인디오문명과 유럽풍의 호사스런 건조물이 대조적이었고 통시적으로는 고대 · 근대 · 현대의 요소가 결집된 박물관이라 할 수 있었다.

티오티와칸 피라미드
세계에서 3번째로 규모가 큰 이 피라미드는 태양을 섬기던 제단이다. 정상에는 작은 신전이 있었다고 하나 지금은 그 흔적만 남아 있다. 내부 신전에서는 인신공의가 행해졌다.

미
국

15.
미국의 초기 역사의 모습, 아미시

인천신문 2000. 10. 17.

북미대륙은 땅이 넓은 만큼 볼거리도 많고 인종들도 많다. 그러나 저로서는 짧은 기간에 이 모든 것을 둘러볼 수는 없다. 그래서 한국 관광객이 잘 가지 않은 '옛 질서를 지키는 아미시'와 청교도들이 메이플라워를 타고 미대륙에 첫발을 디딘 후로부터 18세기 미국의 초기 마을이 보존되어 있는 버지니아의 윌리암스버그를 찾기로 했다. 아미시는 초기 종교탄압을 벗어나 신대륙을 찾은 모습을 보여주며 윌리암스버그는 초기 미국의 정치사정을 엿볼 수 있는 계기가 되었다.

미국 윌리암스버그.
정장을 한 아미시 가족

옛 질서를 지키는 아미시

문명이 최고도로 발달되어 있다는 미국에 지금도 200여 년 전의 생활양식을 고수하며 사는 백인사회가 있다면 믿겠는가? 말이 끄는 마차를 타고, 전기와 전화를 사용하지 않으며 텔레비젼 · 라디오까지 외면하면서 그들만이 자급자족을 하며 사는 집단농장을 찾았다.

농장으로 작업을 하러 가는 아미시 소녀 소년들

재래식 농기구로 사탕수수를 수확한다.

1600년대부터 1700년대 사이에 유럽의 종교적 박해를 받던 루터교인이나 신교도들이 주로 독일에서 종교자유를 찾아 북미와 캐나다 특히 펜실바니아의 란카스터 카운티에 정착했는데 옛 질서(old order)를 고수했던 경건파 무리를 아미시the Amish라 한다.

아미시는 대부분 펜실바니아의 란카스터 카운티에 살고 있다. 전 세계적으로 4백만 신자가 있는데 그중 북미에만 32만이 살고 있다. 교육은 8학년까지며 복식교육을 한다. 아미시는 교회와 국가가 분리되어야 한다고 가르친다. 교인들은 전쟁에 나가는 것을 금하고 선서와 공직을 갖는 것을 금한다. 그들은 주로 농사일을 하며 검소하고 단순하게 절제하는 생활을 요구한다. 아미시 성인 남자들은 수염을 기르고 창이 넓은 모자를 쓰며, 여인들은 간소하고 긴 드레스를 입고 보닛bonnet을 쓴다. 교인들은 2주에 한 번씩 교인들의 가정을 차례로 돌아가며 예배를 드린다. 땅을 경작하며 재래식대로 유기농법을 쓴다. 그들의 규칙은 전기와 전화사용을 금한다. 외부의 전기나 전화를 사용하면 자연히 외부와의 접촉을 하게 되며 따라서 자가 발전을 하여 세탁기나 전기 기자재를 직류로 사용하게 되어 있다. 그들은 독일어로 된 성서를 읽기 때문에 자연히 독일어에 정통하다. 그리고 이들은 사진 촬영을 영혼을 빼앗는 행위라 하여 극구 거부한다.

이들 무리들은 서로 협동심이 강하다. 예컨대, 그 지역사회의 어느 가정의 가장이 병에 들어 입원한다든지 하는 경우 그 가장이 해야 할 일을 이웃들이 철저하게 도와주기 때문에

아미시는 근거리 여행을 다닐 때 자가용이나 택시를 사용하지 않고 마차를 이용한다.

부양가족은 아무런 어려움을 받지 않는다. 그들의 전통 음식은 사우어크라트와 포크Sauerkraut and Pork, 커테이즈 치즈, 건조된 사과, 수제비 등이다.

민속마을 윌리암스버그

18세기 버지니아의 초기 수도였던 윌리암스버그Williamsburg는 가까이 있는 제임스타운과 요크타운과 더불어 역사적 트라이앵글이라 할 만큼 미국 초기의 역사적 산실을 이루고 있다. 제임스타운은 1617년 이래로부터 최초의 영국의 이주민이 정착한 곳으로 아름다운 자연이 잘 보존되었으며, 재건된 요새와 첫 이주민을 실어 날랐던 세 개의 선박을 복제해 놓은 박물관이 있다. 요크타운은 1781년에 미국독립전쟁의 결정적인 전투지였으며 요크타운 빅토리센터에 전쟁전시관도 볼만하다.

한편, 윌리암스버그는 1700년대의 모습으로 80여 채의 집들이 복구되어 있으며 아름다운 테마공원인 부쉬 가든, 주지사의 궁전, 관청, 재래시장과 정원 특히 흑인노예들을 경매했던 경매장, 대장간, 도자기, 벽돌공장, 수공예 등을 생생하게 주민들이 일을 하고 있었다. 말이 끄는 마차를 타고 18세기의 복장으로 생활하는 모습을 재연하고 있었다. 그 당시의 재판상황을 재연해 보이는 재판소(대법원), 그야말로 살아있는 자연박물관이라고 할 수 있다.

영국의 이주민이 최초로 이곳에 정착한 것은 모기도 적었을 뿐 아니라 농작물에 적당한 토지배수가 훌륭하기 때문이라고 한다. 윌리암스버그 지방장관 구드윈Goodwin은 이곳을 옛 모습으로 보존하려고 시도했으며 록펠러가 윌리암스버그 재단을 설립하고 재정적인 후원자가 되었다. 그래서 80여 개의 초기 건물들이 복구되었고, 50여 개의 건축물이 복원되었다. 현대생활의 복잡한 틀 속에서 잠시 벗어나 맑은 공기와 수려한 자연에 파묻혀 옛 18세기의 문화에 젖는 것도 현대인에게는 필요한 것이라고 여겨진다.

이상향 청학동

우리나라도 세속과 절연해서 사는 종교집단이 있다. 옛날, 임방이란 정승이 정계를 떠나 있을 때 그 하인에게 지리산에 심부름을 보냈다. 그는 고생 끝에 겨우 그곳을 찾아 신선을 만날 수 있었다. 신선은 이 심부름꾼에게 답신을 써주었다. 그곳은 별천지처럼 청아하고 아름다운 곳이었다. 돌아가는 길에 뒤돌아보니 길은 없어지고 엉겅퀴만 무성하다. 심부름꾼은 집에 왔지만 두 번 다시 그곳을 찾을 수가 없었다. 훗날 심부름꾼이 가서 신선을 만났다는 그 곳을 청학동이라고 한다. 청학동은 그처럼 속세와는 별개의 세계, 병이 없고 먹을 것이 풍부하고 아름다운 이상향이다. 사람들은 신선이 산다는 이상향을 동경했다.

아미시 여인이 밀가루 반죽을 하여 우리의 수제비와 비슷한 음식을 준비하고 있다.

일심교(갱정유도)라고 자칭하는 종교집단이 있다. 전남에서 발생했다는 이 집단은 세속과 절연해서 한복을 입고 머리를 깎지 않으며 학교를 보내지 않고 저들 서당에 보낸다. 지금은 이들 일부가 청학동이라 불리는 곳에 들어가 사당을 짓고 농사를 하며 집단으로 살고 있다. 최근에는 세속과 왕래도 하며 일반 학교에도 희망하면 보낸다고 한다.

한편 미국의 윌림암스버그를 비롯해 일본에도 메이지무라明治村가 있고, 북구 핀랜드에도 옛 마을이 복원되어 있는 것을 보았다. 우리나라는 아직 이런 마을이 없다. 용인에 있는 한국민속촌은 개인이 경영하는 소규모 민속마을의 관광지이다. 장구한 역사를 가지고 있다고 하면서 외국인들에게 역사를 한눈에 볼 수 있는 산 박물관이 필요하다.

베틀에 천을 짜서 재봉틀에 옷을 만들어 입는다.

16.
웅대한 미국의 상징, 그랜드캐년

인천신문 2000. 10. 24.

달라진 라스베이거스

그랜드캐년을 가려면 여러 갈래가 있다. 그러나 나는 라스베이거스를 기점으로 택했다. 그곳에서 렌트카를 빌려 아침 일찍 떠나기로 한 것이다. 관광객에 따라가면 2~3시간밖에 머물지 못하지만 자동차로 이틀을 돌면 거의 절반은 볼 수 있기 때문이다. 또 가는 도중에

수억 년의 침식작용을 통해 이룩된 단층이 한눈에 보여 세계지질학자들의 발길이 끊이지 않고 있다.

후버댐을 구경할 수 있기 때문에 비용이 다소 더 들더라도 렌트카를 빌리기로 했다.

라스베이거스에서는 룩소르호텔에 하룻밤을 묵었다. 말이 호텔이지 1층은 도박장이다. 구슬 돌아가는 기계음이 사람의 발걸음을 유인하는 듯했다. 그러나 신도시 라스베이거스는 도박의 도시라는 인상을 씻고 '가족이 휴가를 즐기는 곳'으로 변모해 가는 모습이 역력해 보였다. 룩소르호텔도 그런 것 중의 하나다. 마치 이집트 피라미드를 보러 온 것 같은 착각을 느끼게 하듯, 사방 벽에 조각과 그림이 피라미드를 방불케 한다. 밖에서 보아도 커다란 호텔 외모가 하나의 피라미드처럼 되어 있다. 분명히 신도시 라스베이거스는 가족이 휴가를 즐기는 곳으로 변해가고 있다. 아래층은 도박장, 2층은 가족 오락장으로 컴퓨터 게임, 영화관, 과학박물관, 쇼핑, 식당으로 되어 있어 이곳에서 가족들이 하루를 즐길 수 있다. 규모가 큰 호텔이 3~4개가 호텔군을 이루고 상호간 트램tram을 타고 왕래하게 되어 있다. 전에는 디즈니랜드가 가족의 놀이터로 유명했지만 이제는 라스베이거스로 바뀌고 있다.

그랜드캐년으로 가는 도중 후버댐에 들렀다. 세계에서 가장 높은 콘크리트댐으로 유명하다. 댐의 기능은 전기 공급은 물론 콜로라도 강의 홍수방지와 식수를 공급한다. 아리조나

그랜드캐년이 잘 보이는 매드 포인트로 모여든 관광객들

주와 네바다주의 경계에 위치하며 댐의 높이는 221m, 길이는 379m이다. 엘리베이터를 타고44층을 내려가도 밑바닥에 다 내려가지 못한다. 이 댐을 만들기 위해 시멘트가 2차선 하이웨이로 뉴욕서 샌프란시스코를 깔만큼 많이 들었다고 한다. 이곳에서 나오는 전기는 남부 캘리포니아와 아리조나 네바다주를 공급하고도 남는다니 얼마나 큰 발전소인지 짐작이 간다. 1947년 미국국회에서는 31대 후버대통령의 임기 중 업적을 기리는 의미로 그의 이름을 따서 후버댐으로 명명했다.

웅장한 그랜드캐년

'그랜드캐년 보지 않고서 미국을 봤다고 하지 말아라' 자연의 오묘함, 신께서 만드신 자연의 극치, 그만큼 그랜드캐년 장엄하고 웅대하다. 매드 포인트에 서서 그랜드캐년을 굽어보면 20억 년이나 되는 암석이 발가숭이로 노출되어 단층을 이루고 있다. 세계의 지질학자들이 이곳에 와서 지질연구를 하는 것도 오히려 당연하다 하겠다. 캐년의 길이는 446㎞이고, 평균 넓이는 16㎞, 깊이는 약 1,600m이다. 그러나 이 숫자는 중요하지 않다. 이곳에는 인간의 과학, 철학, 예술이 공존하여 숨쉬는 곳이기도 하기 때문이다.

금강산 1만2천 봉, 비로봉을 중심으로 특이한 기암괴석을 보며 놀라는 우리나라의 자연 보고를 한마디로 아기자기한 자연의 신비로움이라면 캐년은 웅대한 오케스트라라고 할 수 있다. 한마디로 인간의 존재가 이렇게 작은 것인가 하는 압도감을 느낀다.

1869년 그랜드캐년을 처음 답사한 존 포웰 소령은 지도에 그랜드캐년을 기록해 넣었다. 그 후로 유명해진 그랜드캐년을 보기 위해서 지금은 매해 500만 명의 외국인이 전 세계에서 찾아온다. 그러나 포웰 소령이 이곳을 답사할 때 이미 그곳에는 주인이 살고 있었던 것이다. 아메리칸 인디언들이 그들이다. 지금은 옛 인디언들의 주거지도 발견되어 복원되었고, 인디언들의 세계관과 예술도 보존하는 데 힘을 기울이고 있다.

그랜드캐년의 주인

그랜드캐년 숲 속에 호피인디언들의 주거지도 만들어 놓고 탑(제사 드리는 곳)도 만들어 놓았다. 탑 안에는 호피인디언들의 기하학적 그림이 그려져 있고, 벽 중앙에는 크게 원을 그려 그 속에 사등분하여 의식을 의미하는 그림이 각각 그려져 있다. 그림에는 기우제의 과정이 생생이 그려져 있다. 호피인디언들은 여름에 비가 오지 않으면 기우제를 드린다. 그들은 뱀 춤이 유명하다. 뱀 춤은 특히 기우제 때 추는 것으로 되어 있다.

호피인디언 하우스에는 작은 박물관이 있다

그림의 왼쪽 상단은 추장이 그 아들에게 콜로라도 강을 거슬러 올라가는 탐험 길에 무사히 다녀오도록 기도하며 그 징표로서 '기도하는 막대'(prayer sticks)를 건넨다. 이 여행의 목적은 호피족에게 비를 내리게 하는 신을 모셔오는 목적이다. 오른쪽 상단 그림은 콜로라도 강을 배를 타고 가는 모습이다. 오른쪽 하단의 그림은 뱀을 숭상하는 제사장이 뱀 부족의 상징인 활을 건네주고 있다. 주머니에는 비를 만드는 비밀이 들어있는 것을 건네준다. 활은 뱀을 숭상하는 부족의 상징이다. 또 뱀 부족의 제사장이 자기 딸을 그 청년에게 아내로 준다. 아래쪽 왼쪽 그림은 젊은 부부가 자기 부족에게 돌아와서 활로부터 물을 떨어뜨리고 있다. 그랬더니 6개의 구름으로부터 비가 내리기 시작한다.

그랜드캐년 주인이라 할 수 있는 호피인디언들의 가옥과 사계절의 도안이 그려진 벽화

그림이 들어있는 원은 세상을 의미하고 네 개의 빛깔로 원을 둘렀는데 이것은 빛과 생명을 상징한다. 원의 중심 부분의 작은 원은 우주를 의미하며, 원 바깥쪽 상단에 그려져 있는 것은 태양을 의미한다. 그리고 아래쪽 작은 원은 달을 의미한다.

우리나라에도 기우제에서 비를 내리게 하는 것은 용의 조작이라고 믿고 있다. 용은 비를 내리게 할 뿐 아니라 농업의 수호신으로도 받든다. 용이 구상화되어 중국으로부터 유입되기 전에는 뱀이 수호신이었다. 이무기라고도 하고 미르라고도 한다. 그러나 고문화에 덮여 뱀의 존재는 약화되었다. 그렇지만 지금도 뱀을 마을의 수호신으로 믿는 곳이 있다. 이것으로 보아 호피인디언들의 뱀에 관한 신앙은 동양과 밀접한 관계가 있으리라고 믿는다.

호피인디언들의 자녀들은 어머니들로부터 학습한다.

각지의 민속문화 답사기

타
이
완

I.
고산족의 문신풍습

새농민 1980. 1.

이 지구상에는 인간의 얼굴이나 몸에 문신을 하는 습속을 가진 민족들이 많다. 물론 우리나라에도 옛날에는 남자들이 더러 문신을 했었다고 한다. 그런데 문신을 하는 유래와 의미를 캐보면 그러한 풍속을 가진 민족마다 설명이 구구해서 한 마디로 다 표현할 수 없다. 가까운 일본이나 미국에서도 젊은 층에서 지금도 문신을 하고 있는데 지금 하는 것은 주로 몸의 부분에 하는 것으로 다만 아름답게 보이기 위해서, 또는 위엄을 나타내기 위해서 한다고 하지만 이것은 옛날부터 전통적으로 해 내려오는 참된 이유는 되지 못한다.

대만에는 아주 옛날부터 살아온 원주민들이 있는데 이들은 주로 산에서 산다고 하여 고산족高山族이라고 부른다. 물론 지금은 모두 중국인 행세를 하고 있지만 원래부터 대만에 살아온 원주민들이다. 이들 중에는 타이야르라고 부르는 억세고 거친 종족이 있는데 주로 대만의 중앙산맥의 중간 위치에 살고 있다. 과거 일본이 대만을 정복해서 식민지 통치를 할 때 가장 최후까지 버티고 항거한 종족이 바로 이 타이야르족이었다. 그 때문에 일본 군경의 희생도 많았다. 타이야르 민족들은 주로 고구마, 옥수수, 조와 같은 밭농사를 하며 최근에는 과수원을 하게 되어 생활의 기반을 닦아 가고 있다. 부인들은 저들의 독특한 무늬가 있는 옷감을 짜서 부수입을 올린다.

그런데 나이가 60이 넘은 할머니들 중에는 얼굴에 문신을 하고 있는 할머니들이 많았다. 원래 문신이란 한번 하면 일평생 지워지는 것이 아니기 때문에 지금은 문신의 습속이 없어졌다 하더라도 해방 전에 했던 사람들이 아직도 그 흔적을 가지고 있는 것이다.

타이야르족의 문신의 유래에는 다음과 같은 전설이 있다.

옛날에 큰 돌이 하나 있었는데 어느 날 그 돌이 갈라지면서 그 안에서 남자 아이와 여자 아이가 태어났다. 이 두 남매는 무럭무럭 자라나서 드디어 청년이 되었다. 그런데 이 세상에 사람이라고는 이 두 남매뿐이라서 적적하기 한이 없었다. 결혼을 하려고 해도 상대가 없으니 못하고 그렇다고 남매가 결혼할 수도 없는 일이었다.

어느 날 동생이 한 꾀를 짜냈다. 오빠를 속여 결혼하려는 것이었다. 그래서 오빠에게 말을 건넸다.

"오빠도 이젠 결혼을 해야 하지 않겠어요? 만일 신부감이 필요하시다면 제가 시키는대로 내일 어디어디로 가 보셔요. 그곳에 아마 여자가 기다리고 있을 거예요."

그리고 나서 다음 날 여동생은 먼저 집을 나왔다. 얼굴에는 새까맣게 먹칠을 했기 때문에 자기 얼굴을 감출 수가 있었다. 오빠가 올 장소에 미리 가서 기다리고 있었더니 정말 오빠가 찾아 왔다. 와서 보니 얼굴은 흉측하지만 젊은 여자임에는 틀림이 없었다. 그래서 둘이는 부부가 되었다. 그 후에 아들 딸을 낳고 자손이 번창했는데 이때로부터 여자는 얼굴에 문신을 하게끔 되었다고 한다.

옛날에 타이야르족의 여자들은 빠짐없이 문신을 했다. 가장 예뻐지는 나이, 다시 말해서 결혼 직전인 12-13세가 될 때 얼굴에 문신을 하는 것이 이들의 습속이었다. 얼굴의 문신이 있어야만 여자는 결혼을 할 수가 있었다.

솥이나 냄비 밑바닥의 그을음이 재료가 된다. 바늘 끝에 이 그을음을 묻혀 처녀를 뉘어 놓고 부드러운 얼굴에다 피가 나기까지 바늘로 찌른다. 그 한편 피를 닦아내며 수없이 바늘로 찌르면 바늘 끝에 묻어 있던 그을음이 피하에 스며들어 영원히 지워지지 않는 문신이 되는 것이다. 바늘로 살결을 찌를 때의 고통이란 말할 수 없이 괴로운 것이지만 울지 않고 참고 견디어야만 한다.

대개 여자의 문신은 이마 전면과 양쪽 귀 옆에서부터 5cm 정도의 폭으로 코 부분을 제외한 얼굴 밑부분을 덮어버린다. 그러니까 얼굴 전면을 거의 문신으로 덮는다 해도 과언이 아니다.

한편 남자에게도 문신이 없는 것은 아니지만 여자만큼 심하지는 않다. 남자의 경우에는 입술의 중앙 부분에서 가로로 폭 2cm 정도로 턱까지 문신을 하는 정도인데 이것도 의무적으로 남자 전원에게 하는 것은 아니다. 남자의 문신은 옛날에는 목을 베어오는 용사에 한해서만 할 수 있었고 남자로 태어난 이상 용사가 되는 것을 명예로 생각했던 것이다. 목을 베어 온다는 것은 쉬운 일은 아니다. 목을 베러 갔다가 오히려 자기 목을 바치고 오는 수도 있기 때문에 용기와 무술이 겸비되어야만 했다. 이들이 목을 베어 오는 대상은 다른 부족이나 종족들의 목이었다.

목 베는 습속도 비단 타이야르족 뿐 아니라 과거에는 이 지구상에 수많은 종족들 사이에 행해지고 있었다. 동기와 무술을 자랑하기 위한 것 뿐 아니라 종교적, 사회적 의미가 포함돼 있음을 알 수 있다.

얼굴의 문신은 영험 얻기 위한 것

타이야르족의 남자들은 이 문신이 자기의 위신과 신분을 높이는 역할을 하여 특히 처녀들의 인기가 집중된다. 다시 말해서 문신이 없는 남자에게 시집가려는 처녀는 없을 것이다.

그러므로 사회적으로 볼 때 자연히 문신 때문에 부정이 있을 수가 있다. 즉 문신이 없는 남자가 돼지나 재물을 주고 친구가 베어온 머리 중에서 하나를 슬쩍 받아와 자기 집에 장식하여 마치 자기가 베어온 것처럼 가장하고 문신을 한다는 것이다.

문신을 왜 하느냐 한 말은 문신이 무엇을 의미하느냐 하는 말과 같은데 사실은 앞에서도 말했듯이 각 민족이나 부족마다 문신의 종류와 의미가 다르기 때문에 한 마디로 말할 수는 없다. 그러나 대충 다음 두 가지 의미가 포함돼 있는 것만은 사실이다.

하나는 종교적 의미인데 예를 들면 일본 북쪽에 살고 있는 아이누족들은 입 부근에 하는 문신은 신의 공수를 잘함이요, 이마나 볼에 하는 것은 영험이나 영력을 받기 위한 것이고, 손에 한 것은 기예를 높이기 위한 것이라고 한다. 또 남태평양에 있는 마오리족들은 문신을 함으로써 그 사람의 정신 속에 자기 종족들이 가지고 있는 전통과 종교를 새기는 것이라고 하는 것 등을 보면 역시 문신을 종교적 혹은 주술적인 목적에서 시행하는 종족들이 있음을 알 수 있다.

둘째는 사회적 의미를 가진 것인데 지금까지 말한 대만의 타이야르족이 그 대표적인 예라고 할 수 있다. 즉 여자가 문신을 하는 것은 성숙했다는 증거가 되며, 결혼 직전에 한다는 것은 마치 성년식과 같은 사회적 의식 또는 통과의식의 하나라고 보아야 할 것이다. 남자들의 문신도 역시 타부족의 목을 베어 오는 자에 한해 할 수 있다는 것은 남자로서의 자격을 갖춘다는 표시 이외에 다른 의미가 있는 것은 아니다.

문화의 변천 속에 사라지는 전통

그렇지만 문명의 발달, 문화의 변천으로 인해 예로부터의 습속이나 전통을 생명으로 여겨오던 고산족들도 점차로 그들의 전통이 사라져 가고 있는 것만은 사실이다. 한때 일본이 대만을 점령해서 법으로 문신을 금지시킨 일이 있었다. 그렇지만 타이야르족의 여자들은 숨어서 문신을 했다. 그러다가 발각이 되어 일주일간씩 유치장 신세를 지곤 했다고 한다.

그토록 전통을 간직하려던 타이야르족도 문화의 변천이란 용트림 속에서는 어쩔 수 없었던지 지금의 젊은 여인으로부터 문신을 발견할 수가 없다. 그뿐 아니라 문신에 대한 저들의 의견 또한 가관이다. 즉 여자의 문신은 여자의 화장을 의미한다는 것이다. 여자는 젊었을 때 문신을 하지 않으면 조로하기 때문에 문신을 해야 얼굴의 주름살을 볼 수가 없게 된다는 것이다. 그래서 젊어서 문신으로 얼굴을 덮어버리면 주름살을 감출 수가 있기 때문에 아름다움을 일평생 유지할 수 있다는 것이다. 그리고 문신 위에 화장을 할 필요가 없어서 또한 편리하다는 것이다. 이 얼마나 현대적인 해석인가.

이것은 전통문화에 대한 해석도 시대에 따라 변화된다는 사실을 입증하고 있다. 대만의 고산족들도 지금이 저들의 전통문화가 현대화 되어가는 갈림길에 놓여 있음을 아는지 모르는지.

문신과 미녀

가계부에 주부 화장품대가 몇%나 올라 있는지 나는 잘 모른다. 만일 화장을 하지 않고서도 아름다움을 보존할 수 있는 여인이 있다면 현대판 신화라고나 할까.

대만의 산지 민족의 민속을 조사하러 갔을 때, 귀 밑에서부터 입까지 폭 5~6cm정도의 남빛 문신을 한 여인들이 베틀에 앉아 관광객에게 팔 옷감을 짜고 있는 모습을 여러 차례

타이야르족의 한 노파는 처녀시절에 했던 얼굴문
신이 지워지지 아니한 채 과시하고 있다.
(대만고산족)

보았다. 처음 보았을 대 다소 흉측하다고 생각하지
않은 것도 아니지만 점점 볼수록 매력을 느꼈다.

　그곳 사람들에 의하면 여인이 얼굴에 문신을
하게 된 유래는 이렇다. 옛날에 인간은 돌에서 탄
생했다. 처음 남매가 태어났었는데 계속 후계를
이어 가자니 남매가 함께 살 수도 없고, 걱정이
태산 같았다. 누이 동생이 먼저 꾀를 냈다. 오빠
에게 "오늘 밤 어느 곳에 가면 여인이 있을테니
결혼하시오."라고 말한 뒤 동생은 얼굴에 먹칠
을 하고 먼저 그 장소에 가서 기다리고 있었다.
오빠가 그곳에 가 보니 과연 여인이 있었고 그래
서 그는 결혼했다. 그 뒤로부터 여인은 화장으로
얼굴에 문신을 하게 되었다는 것이다.

　귀 밑에서부터 입가지라면 양 볼 전면을 문신
으로 칠한 셈이 된다. 그리고 보면 문신 전의 모습
과는 전혀 다른, 딴 사람이 되고 만다. 옛날에는 베 짜기에 숙달되었을 때 비로소 문신을
했지만 요즈음에는 결혼 전 즉, 12~13세 정도가 되면 문신을 한다고 한다. 냄비나 솥 밑의
그을음을 원료로 하여 바늘에 그것을 묻혀 피가 나도록 찌른다니 그 고통이야 이루 말할
수가 없을 것이다.

　현지의 남자들은 여인의 문신에 대해 다음과 같은 합리적인 해석을 하고 있다. 여자란
한번 결혼해서 아이를 낳고 계속 일을 하다보면 일찍 늙어 버리는데 우리 여인들은 문신
때문에 얼굴만으로는 노쇠 현상을 식별할 수 없어 언제나 미인이라고 생각한다고 하니 그럴
싸한 궤변이다.

　그러나 원래 문신을 하게 된 이유는 마를 제거한다는 주술적인 요소가 작용했을 것이고,
그밖에도 신체의 미관을 위해, 남녀가 성년이 되어 결혼 적령기가 되었다는 표시로, 또 종족
을 식별하기 위해서 했다고 보는 것이 좋을 것이다.

2.

고산족의 관습과 신앙

『이웃집굴뚝사정』1990. 7. 문학아카데미

민속조사의 일환으로 대만에 도착한 것이 1972년 12월이었다. 그곳은 섣달인데도 비가 자주 오는 우기였다.

대만의 국립중앙연구원 민족학 연구소장인 유지만劉枝萬 박사의 안내로 일본 쯔꾸바대학 인류학 과장인 나오에直江廣治 박사와 필자, 이렇게 셋이서 대만의 중앙산맥 깊숙이 위치한 우쇠霧社라는 곳을 찾아간 것은 12월 17일이었다. 우리 일행은 이곳에서 사흘을 묵으면서 필드워크를 했다.

이곳을 찾은 이유는 대만에 있는 9개의 고산 종족 중 가장 성격이 사납고 용맹한 타이아르Atayal족을 보기 위해서였다. 해발 1,148m에 위치하고 있는 우쇠 마을에는 집이 60여 호 나란히 있고, 높은 종탑이 우뚝 서 있는 교회당이 보였다.

몇 년 전만 하더라도 이곳은 외인 출입금지 구역으로 선교사 이외에는 굳게 폐쇄된 곳이었으며, 경찰청의 허가를 받아 경찰의 신변보호를 받아야 들어갈 수 있는 지구였던 곳이다.

우쇠마을 주택(대만 타이야르족의 거소)
1972.12

그런데 지금은 이러한 제약이 풀려 자유로이 출입하게 되었다. 그래서 우리 일행도 이때를 놓칠세라 황망히 그곳을 찾았다.

타이아르족 뿐 아니라 대만의 고산족들은 모두 옛날에는 해드 헌팅(목 베는)의 관습이 있었다. 젊은이들은 타 부족의 목을 베어와야만 사람 구실을 했고, 또 신부를 선택할 권리가 있었다. 많은 목을 베어 올수록 용사가 되었으며, 용사는 처녀들의 선망하는 대상이었다. 추장이 되려면 목의 숫자가 많을수록 유력하다.

이들이 타부족이나 외인의 목을 베어오는 것은 적대 관계의 경우도 있었지만 관례라고 하는 편이 더 나을 것이다. 베어 온 목은 살이 없어질 때 까지 마당에 있는 장대 끝에 꽂아두었다가 깨끗이 씻은 다음, 방안 선반에 나란히 진열해 둔다. 옛날에는 손님이 자기 집에 왔을 때 이 선반 위의 해골을 보여주는 것을 가장 영광으로 생각했다고 한다.

일단 베어 온 머리는 자기의 친구가 되며, 자기가 죽어 저 세상에 가더라도 동행해 주기 때문에 외롭지 않다고 생각한다. 그리고 이 영혼들이 보호해 주기 때문에 밭농사도 잘되고 전염병도 예방해 준다고 믿고 있다.

이와 같은 일종의 의식과 신앙에 근거를 두고 목을 베기 때문에, 우리의 입장에서 말하는 잔혹이나 잔인한 관념이라는 것들이 저들에게는 전연 없다. 이러한 악습이 제일 먼저 없어진 종족이 약 1세기 전 아미Ami족이었으며, 가장 늦게까지 고집스럽게 시행했던 부족이 타이아르족인데 이들이 완전히 이 악습에서 손 뗀 것은 40~50년 쯤 된다고 한다. 그러나 그 기질은 아직도 남아있어 일단 유사시에는 폭발할 가능성이 있기 때문에 저들의 해드 헌팅 관습으로부터 보호하기 위해서 굳게 외인의 출입을 금지시켰던 것이다.

우쇠霧社 사건은 너무나 유명한 사건이었다. 1919년 3월이 우리나라를 짓밟은 일본을 상대로 독립 운동을 일으킨 유명한 날인데 비해, 1930년 10월 27일은 타이아르가 대거 일본에 항거한 날이었다. 그런데 이 사건은 우리의 3·1 운동과는 근본적으로 달랐다. 첫째, 우리는 계획적이고 조직적이었으며 무저항 맨주먹으로 일어선 것인데 비해 이들은 우발적이고 감정적이었으며, 무력을 휘둘렀다는 것이다.

새벽 일찍 각 동네마다의 파출소를 습격하여 자고 있는 일인 순경들의 목을 베었으며, 아침 일찍 일인 학교의 운동회에 참가하기 위해 모여든 학부모와 아이들의 목을 베어 대참사를 빚어냈다. 이날 하루에 죽음을 당한 사람만도 136이었다고 하니 얼마나 큰 사건이었는지 짐작이 간다.

여기에 꼼짝없이 당한 일본측이 가만히 있을 리가 없다. 당시 대만 총독부는 응원군 수색대를 대거 파견하여 칼을 휘두른 타이아르족을 잡아 죽였다. 이때 죽은 타이아르족의 숫자는 공개되지 않았으나 많은 희생자를 낸 것만은 사실이었다. 일단 사건을 수습한 일본측은 자기네 동족의 희생자들을 위로하기 위해 합동 위령탑을 세워 놓았었다. 그러나 이 위령탑은 2차 세계대전이 종식하자 파괴되고 그 대

민간신앙으로 고목 앞에서도 제의를 지낸다.
신수(神樹)로서 원초 형태이다. (대만 타이융)

신 똑같은 장소에 타이아르족의 위령탑이 세워졌다. 그때 필자가 보고 있던 탑은 타이아르족의 위령탑이긴 하나 그곳에 일본인 희생자도 함께 묻혀있다는 것을 생각하니 착잡한 마음 금할 길이 없었다.

필자가 이렇게 잔인한 사건을 장황히 늘어놓는 것은 다름 아니라 이토록 잔인하고 강인한 성격의 소유자 타이아르가 무슨 기적이 있었길래 오늘날 양같이 순한 부족이 되었을까 하는 점이다.

우리 일행을 영접해 준 비오와리스高永淸 씨는 당시 59세로 이 부근에서는 꽤 세력자였었다. 그는 우리 일행을 자기 집에 투숙 시켜 줄 뿐 아니라, 밤에는 연회까지 베풀어 주는 친절을 아끼지 않았다. 그의 입에서 나오는 말은 숨김이 없었고 타이아르의 후손답게 모든 비밀을 털어 놓았다.

그의 해설에 의하면 우쇠사건은 두 가지 원인이 있었는데, 하나는 일본 경찰관들이 너무 권력을 휘둘렀기 때문이라는 것이고, 또 하나는 일본인들이 타이아르족 여자들을 취급하는 태도가 불순했다는 것이었다. 물론 혼자서 대만에 와 있다 보면 타이아르의 처녀들이 탐이 나서 같이 사는 것까지는 참을 수 있다손 치더라도 전근을 갈 때는 헌신짝 버리듯 버리

고 가는 저들의 무책임한 태도에 분개한 타이아르의 청년들에 의해 우발적으로 과거의 악습인 헤드 헌팅이 폭발했다는 것이었다.

설득력 있는 해명에 우리는 충분히 이해를 했다. 원래 타이아르족은 저희 조상이 돌에서 태어났다는 신화를 가지고 있다. 지금도 마스트반이라는 돌은, 앞부분이 돌이요 뒷부분은 나무로 되어 있는데 여기서 자기네 조상이 태어났다고 믿는다.

비오와리스 씨는 우리에게 문자가 없어 입으로 전해 내려온 '태양 정벌'에 대한 신화를 들려주었다.

옛날 태양은 둘이 있었다. 하나가 동에서 떠서 서로 지면, 또 하나의 태양이 뜨기 때문에 밤이 없고 계속 낮이었다. 그 때문에 물은 마르고 식물은 모두 타버려 사람까지 죽어가는 형편이었다. 이때 용감한 세 청년이 활을 가지고 태양을 정벌하러 떠났다. 하루 이틀, 일년 십년, 아무리 가도 광활한 들판, 험악한 골짜기뿐이었다. 그새 세 사람은 늙어 백발이 성성한 노인이 되었다. 셋은 논의 끝에 다시 고향으로 돌아가 응원을 요청하기로 하고 둘은 계속 걸어갔다. 겨우 고향으로 돌아온 한 사람의 보고를 들은 타이아르족들은 이것은 쉽게 해결될 문제도 아니고 장구한 세월이 걸릴 것이라고 믿고 씩씩한 세 청년을 다시 선출하여 저들에게 어린이 하나씩을 업혀주고 조 종자와 귤 종자를 가지고 가게 했다. 응원대는 열심히 뒤를 아갔다. 가면서 조와 귤을 심었다. 해를 넘길수록 등에 업은 아이들은 커갔다. 수십 년이 되어 앞에 갔던 둘을 만났다. 둘은 이미 노쇠해져서 걸음조차 걸을 수 없을 지경이었다. 일행은 다시 걸었다. 도중에서 선발대는 죽었다. 그리고 세 청년도 이미 늙어 죽었다. 지금은 등에 업혀서 떠났던 아이 셋이 훌륭한 어른이 되어 뒤를 이었다. 셋은 구사일생, 겨우 목적지에 도착했다. 마침 태양이 떠올랐기 때문에 활을 겨냥하여 쏘았다. 활은 명중했다. 태양은 붉은 피를 토하며 쓰러졌다. 빛을 잃은 태양 때문에 세상은 암흑이 계속되었다. 그러나 얼마 후 다시 태양이 떠올랐으나 이미 처음의 힘은 없어졌다. 이것이 바로 달이 된 것이다. 지금도 태양에 얼룩이 있는 것은 이때의 상처 때문이라고 한다. 셋은 기쁨을 안고 고향으로 돌아왔다. 오면서 보니까 갈 때 뿌려놓았던 조가 무성하고 귤도 크게 자라 그것을 먹으면서 돌아왔다. 셋은 벌써 백발노인이 되었던 것이다.

태양 정벌의 신화는 이 부족들만 가지고 있는 게 아니라 다른 부족들도 가지고 있지만, 이렇게 강인한 투지와 인내를 묘사해서 사활의 문제를 해결하려는 민족성을 읽을 수 있는 것은 이 신화만의 특징이다.

그런데 지금은 어떤가? 도저히 기독교 신앙을 받아들일 만한 가능성이 보이지 않던 무서운 민족 타이아르가 오늘날 거의가 천주와 기독교를 신봉하고 있다면 믿기 어려운 사실이리라.

해드 헌팅을 가장 늦게까지 버리지 않았고 자기네 조상 때부터의 전통과 관습만을 계승하는 것을 생명으로 알고 있는 이들이 그것을 버리고 기독교로 개종할 수 있었다는 것은 분명히 현대의 기적이라고 아니할 수 없다.

물론 선교사들의 희생도 많았지만, 저들의 태양 정벌과 같이 선교사들도 못지 않은 정열과 희생적 정신으로 포교를 했기 때문에 오늘날의 결과가 있었다고 보아야 하겠다.

지금 기독교 신앙을 하는 저들의 모습을 볼 때, 얼굴에 나타나는 순진성에서, 언제 저들이 그토록 잔인한 악습을 가지고 있었더냐는 듯 의심스러울 정도였다.

필자는 즈마보라고 부르는 노파를 만났다. 즈마보는 일종의 샤먼으로 병자를 낫게 하기 위한 의식이나 잃은 물건을 찾기 위해 의식을 하는 직명이다. 과거에 했었던 의식에 대해 물었으나, 우리 일행을 원망스런 눈으로 바라보며 이렇게 말했다.

"기구들은 벌써 오래전에 불태워 버렸어요. 예수를 믿기 시작하면서 나는 모든 것을 잃어버렸어요. 그러니까 더 내 마음을 괴롭히지 말아주세요."

오히려 이쪽이 부끄러워진다. 목적했던 조사는 만족하게 이루지 못했으나 저들이 용감하게 기독교를 신앙할 수 있었던 태도에 다시 한 번 머리를 숙이지 않을 수 없었다.

태양이 저물어 가자 교회당의 종소리가 깊은 산 속을 메아리 쳤다.

모두 부산히 교회 갈 준비를 했다.

우리도 떠날 차비를 했다.

3.
꿈꾸는 방과 포에

새농민 1978. 7.

지남궁은 관광명물

지남궁指南宮. 도교와 불교가 사이좋게 합쳐진 절이다. 대만에는 순수한 불교의 절도 없고, 도교의 묘도 없다. 어떤 절에 가도 도교의 신을 모시고 있으며, 어떤 묘에서도 부처님을 모시고 있다. 그러므로 사묘의 명칭만으로는 그곳이 불교가 중심인지 아닌지 알 수가 없다.

꿈꾸는 방
대만 지남궁(指南宮)의
대성전

지남궁은 부처님을 모시고는 있지만 도교가 중심이 된 묘이다. 대개의 사묘는 이름 끝에 사寺나 묘廟나 궁宮을 붙이는 게 보통이다. 지남궁은 타이페이(대만) 교외에 위치하고 있는데, 일 년 사시 경배자와 관광객으로 언제나 인파를 이룬다.

찾아오는 신자들을 위한 주차장만 하더라도 운동장보다 크니 얼마나 차량이 밀어닥치는지 짐작이 간다.

우선 이 지남궁 경내에는 정전과 대웅보전, 대성전이 있는데 대성전은 으리으리한 호텔처럼 현대식 건물로 되어 있다. 2층에는 신들을 모셔 놓고 경배하는 장소이며, 1층과 지하는 여관처럼 방이 즐비해 있었다.

이 방들이 소위 꿈꾸는 방이다. 필자가 이곳을 찾은 때는 1972년 12월이었다. 이 꿈꾸는 방은 초만원을 이루어 예약을 하고 나서 다음 차례가 오기를 기다리는 것이었다. 대성전 전체가 꿈꾸는 절이라고 생각하면 틀림이 없다.

필자는 길몽이니 태몽이니 해서 우리나라에서도 꿈은 현실과 연결되는 것이므로 좋은 꿈, 나쁜 꿈이 있는 것을 알지만 좋은 꿈을 꾸기 위해 꿈꾸는 방을 찾는다는 이야기는 우리나라에서는 듣지 못했다.

지남궁은 그런 의미에서 필자의 관심을 끌었다. 그래서 여러 날 꿈꾸는 방이 있는 대성전을 찾아 민속조사를 했다.

점 좋아하는 대만인

대만 사람들은 운명을 자기의 노력으로 어느 정도 조정할 수 있다고 생각한다. 물론 신앙과 신의 의사가 관건을 쥐고는 있지만 보채는 아이에게 더 젖을 주는 것과 같이 두터운 신앙을 가지고 신에게 매달리면 흉사도 길사吉事로 할 수 있다고 생각한다. 그 대표적인 예가 꿈꾸는 방, 포에, 죽첨竹籤 등이다.

예를 들면 처음에 꾼 꿈이 그렇게 좋지 않다고 생각되었을 때는 다시 신에게 빈 다음 골방에 누워 다음 꿈을 기다리는 것이다. 몇 번이나 되풀이 하는 동안 좋은 꿈이 나타나면 그것이 자기의 운수를 좌우하는 것이라고 생각하고 돌아간다. 좋은 꿈을 받기 위해 어떤 사람은 한 달 이상 대성전에 투숙하는 사람이 있는가 하면, 어떤 사람은 하루 만에 나가는 사람도 있다. 방값과 자취 비용만 하더라도 보통 비싼 게 아닌데 한 달이나 머문다면 일반 노동자나 서민들은 엄두도 내지 못할 만큼 막대한 비용이 든다.

대성전에는 또 꿈을 풀어 주는 해몽사解夢師가 있어서 이 사람들이 그 꿈을 요리하는 것이다. 꿈이란 반드시 길몽만이 아니고 때로는 의외로 흉몽을 보는 수도 있다. 언제나 이익을 보았다든가 성공을 했다든가 하는 꿈을 보았었을 경우는 흉몽, 길몽을 동시에 본 것으로 간주하여 흉몽을 제외하는 주술을 행한다. 입에 물을 머금고 칼을 손에 잡고 상하좌우 전후에 내리치면서 입안의 물을 뿌린다. 그리고 십이지十二支 주문을 외우면서 부적을 쓴다. 이 부적을 몸에 지니고 있으면 흉몽이 가까이 하지 못한다고 생각한다.

그럼 꿈과 그 해몽을 몇 가지 예만 들어 본다.

일월이 몸을 비치면 높은 벼슬을 한다.

일월이 땅에 떨어지면 부모를 잃을 가능성이 있다.

일월이 서로 만나면 처가 아이를 갖게 된다.

일월을 삼키면 귀한 자식을 낳는다.

별을 낚으면 병이 있다.

구름이 사방을 덮으면 장사가 잘 된다.

빨간 무지개를 보면 운이 좋고, 검은 무지개를 보면 재수가 없다.

스스로 병이 나으면 중직에 부임하게 된다.

스스로 살이 찌거나 마르는 것은 흉몽이다.

하얀 머리카락은 장수를 의미한다.

거울이 맑으면 길이고, 흐리면 흉이다.

포에는 대중의 점占

포에는 가장 많이 사용하는 대중의 점이다. 둥근 대나무 뿌리를 가지고 만든 것인데 마치 둥그스름한 고구마를 길이로 반 자른 모양이다. 큰 것은 길이가 15cm, 작은 것은 5cm 정도의 것도 있다. 볼록한 쪽은 양陽이고, 평평한 쪽은 음陰이다.

먼저 절에 오면 향에 불을 붙여 향로에 꽂고 나서, 자기의 소원을 신에게 아뢴 다음, 두 손으로 두 개의 포에를 쥐고 지면에 던진다.

땅에 떨어진 포에의 모습으로 신의 의사를 알아보는 방법인데 이것은 누구나 다 할 수 있는 것으로 어느 절이나 묘에 가도 입구에 즐비하게 놓여 있어 누구나 쉽게 점을 칠 수 있게 되어 있다.

필자가 지남궁에 갔을 때는 포에 점을 치기

포에(筊)
성인용과 아이용의 포에. 두 개가 한 쌍이고 두 개를 동시에 던져 하나가 뒤집어지면 신이 기원을 들어 주셨다고 믿는다.

위해 모여드는 사람이 너무나 많아서 줄을 서서 차례를 기다리는 형평이었다. 마침 여대생인 듯한 아가씨가 양장 모습으로 불단佛壇 앞에 나타나 포에를 두 손으로 정중히 잡고 지면에 던지는 모습을 보았다. 그런데 이상한 것은 이 여인은 몇 번이나 되풀이 포에를 던지고 있었다. 점은 한 반 치는 것으로 알고 있는 우리의 상식으로는 이해가 가지 않는다. 그래서 다 끝난 다음 곁으로 가서

당신은 왜 포에를 몇 번이나 던졌는가?

하고 질문을 했다. 그녀의 설명을 정리하면 다음과 같았다. 자기에게는 자기를 좋아하는 남자가 둘이 있는데 어느 쪽을 택했으면 좋을지 신의 의사를 알아보았다는 것인데, 처음에 던졌더니 신이 웃으시면서 소원을 받아 주시지 않아서 두 번째는 지명을 해서 "나는 S라는 사람을 좋아하는데 하느님의 뜻이 어떠신지?" 묻기 위해 두 번째 던졌는데 그만 의외에도 노여워하시면 거절하더라는 것이다. 그래서 그녀는 이번에는 다른 한 사람의 남자 이름을 대며 어떤가 의사를 물었더니 신이 좋다는 승낙을 해주셨다는 것이다. 그래서 결국 세 번째에 신의 의사를 알았으며 그녀는 신의 뜻을 따르기로 했다는 것이다.

그녀의 말을 듣고 보니 참으로 합리적이고 사실적이었다. 자기의 소원이 이루어지기까지 기원의 내용을 바꿔가면서 포에를 몇 번이나 던져 결국은 신의 뜻을 받고 가는 제도는 대만 사람들의 일상생활의 나침판 역할을 하는 것 같이 보였다.

예를 들면 대학 입학시험을 치러야 하는데 처음에 아무개 대학을 지망하고 싶은데 합격

이 되겠느냐고 신의 의사를 물어보았을 때 바로 신의 응답이 있으면 한 번으로 그치지만, 신이 받지 않으면 그다음 수준이 조금 낮은 대학을 지망하게 되고 그다음 또 낮추어서 물어보고 신이 자기의 기원을 들어줄 때까지 하게 된다. 그래서 종내 신이 기뻐하는 방향으로 자기의 지망 대학이 결정이 되는 것이다.

대학 입학 원서를 제출할 무렵에는 절이나 묘에는 젊은 학생으로 입추의 여지가 없을 만큼 붐빈다.

그러면 신의 뜻을 좀 더 구체적으로 설명하자. 앞서 말한 것처럼 두 조각의 포에를 던져 두 개 다 음이 나오면 신이 노여워하시는 것으로 이것은 기원의 내용을 바꿔서 다시 하지 않으면 안 된다. 그리고 둘 다 양이 나오면 이것을 신이 웃는 점괘이므로 같은 내용을 가지고 다시 한 번 포에를 던지거나 내용을 바꿔서 포에를 던져도 좋다. 그래서 음과 양이 나오면 신이 자기의 기원을 들어 주시는 점괘이므로 만족해 돌아가는 것이다. 음양의 화합은 순리와 합리를 의미하는 음양설에 입학한 이 점 양식을 대만 사람들에게서 애용되고 널리 보급되고 있다.

필자와 동행했던 일본이 민속학자인 나오에 박사가 타이중(대만)에 들렸을 때 탕키가 사용하는 무구 하나를 얻고 싶어서 절간의 도사에게 물어봤더니 그것은 인간의 소유가 아니라 신의 소유물이며, 의식 때 사용하는 신기神器이므로 신의 의사를 물어보아야 하겠다는 것이다. 그래서 나오에 박사는 포에를 던져 점괘를 보기로 했다.

향로에 향을 피워 꽂고 신에게 기도하는 마음으로

"신이여, 이 무구를 제가 학술연구에 필요하므로 선물로 받아 가도 좋겠습니까?"

하고 빈 다음 두 개의 포에를 손에 쥐고 두세 번 흔든 다음 지면에 던졌다. 이날 나오에 박사는 퍽이나 운이 좋았다. 첫 번에 음과 양이 나왔다. 신이 즐겁게 그 기원을 받아들였다는 것이다. 옆에서 지켜보던 도사도 할 수 없다는 듯이 선뜻 그 무구를 내어 주었다.

참으로 편리한 점술이었다.

또 하나 편리한 점술로 죽첨을 들 수 있다. 절이나 묘에 들어가면 불단 앞에 기다란 테이블이 놓여 있고 양쪽에 향로가 놓여 있으며, 테이블 양쪽은 죽첨을 담은 그릇이 놓여 있다. 매일매일의 점괘를 보기 위해서는 포에가 편리하고 일년의 운수를 보기 위해서는 죽첨이 편리하다. 죽첨이 담긴 그릇에서 자기 마음에 드는 죽첨을 하나 뽑는다. 그 끝에는 숫자로 기호가 맞는 점괘가 적힌 점지占紙를 뽑는다.

점괘는 모두 한시로 되어 있어서 만일 난해한 경우에는 그 사찰에 주재하고 있는 직원이나 도사에게 부탁해서 해석을 받는다.

이상 말한 대만의 점술은 대만 사람들의 생활과 밀접되어 있어 우리나라에서 매일 화투를 가지고 일수를 보던 과거의 생활과 비교해 보면 우리의 경우는 너무나 과학 문명에 물들어 전통적인 점 사상이 소멸 되어 가고 있는 것에 비해, 대만 사람들은 고도로 발달하는 문화의 영향에도 불구하고 이와 같이 점술이 성행하는 것은 역시 민족성의 차이요, 음양의 발생지인 중국인의 생리라고 보아야 하지 않을까 한다.

4.
대만의 샤먼, 탕키와 앙이

새교육 1978. 8.

1

대만은 인류학적으로 매우 흥미있는 섬이다. 원래 이 섬은 지리적으로 중국 대륙에 예속되지 아니하고 인도네시아 계통의 원주민들이 살고 있었던 환태평양 제도의 하나라고 보아야 할 것이다.

중국의 수 당 시대에 한족들이 이 대만 섬에 이주하기 시작했으나 전격적으로 대거 이주해 온 것은 명말 청초의 정성공鄭成功이 이끌고 온 피난민에 의해 미개했던 원주민들은 평지를 내놓고 고지로 쫓기는 신세가 되었다. 그로부터 대만의 임자는 원주민으로부터 한족으로 옮겨진 것이라고 보아야 할 것이다.

현재도 대만에는 고산지대를 무대로 해서 언어를 달리하여 생활하고 있는 10개 이상의 원주민이 있다. 반세기 전만 하더라도 원주민들은 한족에게 동화하지 않고 그들의 전통적인 문화 습속을 계승해 왔다. 그러나 자유중국의 수반首班이 대만으로 옮겨진 이후 적극적인 동화정책을 썼으므로 지금은 어느 정도 개화되었다고 보아야 할 것이다.

2

오늘 소개하고자 하는 것은 평지에 거주하는 한족들 사이에 성행하고 있는 샤먼(무당)에 대해서이다. 특히 필자가 이 분야에 관심을 가진 것은 우리나라의 샤먼의 생태학적 연구에 다소나마 어떤 힌트를 얻을 수 있을까 해서였다.

대만 한족들 사이에는 크게 두 부류의 샤먼이 있다. 하나는 tang-ki(童乩)라고 불리는 것으로 신을 불러들여 신의 말을 전하며, 액막이를 하며 여러 형태의 소원을 신에게 기도하는 부류이다. 엄격한 의미에서 이 부류를 샤먼이라고 할 수 있을지 의문이 없는 것도 아니지만 Eliade가 말한 초월(trans), 무아경(ecstasy), 소유(possession) 의 요소가 구비되어 있는 것이 샤먼이라고 할 수 있다면 tang-ki는 틀림없는 샤먼의 계통에 넣어도 무방하리라 본다.

그런데 이 tang-ki의 특징은 대만에 성행하는 왕야신앙王爺信仰과 깊은 관련성이 있다는 점이다. 특히 왕야는 tang-ki의 수호신이기 때문에 왕야묘에는 반드시 tang-ki가 주재하고 있으며, 개인집으로 의식을 할 때도 왕야의 신상이 있는 곳에서나 설치하여 그 앞에서 의식을 거행한다.

또 하나의 부류는 ang-i(홍제)라는 것인데 이것은 tang-ki가 남자인데 비해 여자라는 점이 다르고 내용은 거의 비슷하다. 일종의 영매라고 보아야 할 것이다. 일반적으로는 홍제마라고 존칭을 사용하고 있는 것을 보더라도 서민 사회로부터 대단한 존경을 받는 것 같았다.

문신을 한 부인과 함께
(1972.12.)
왼쪽은 일본 문화인류학자인
故 나오에(直江廣治)교수와
필자

ang-i는 원칙적으로 여자가 되지만 의식을 할 때는 남자도 그룹이 되는데 이 경우 남자를 법관 또는 수도두竪棹頭라고 한다.

3

필자가 tang-ki의 무의를 본 것은 1972년 12월18일이었으며, 이 날은 12년마다 한 번씩 개최되는 초제醮祭(부락제)의 전일에 해당된다. 그때 필자는 동부의 아미족을 답사하고 있었으나 남투현 리南投縣 里에서 이 초제가 열린다고 해서 중앙산맥을 가로질러 서부로 달려 갔다.

성령사醒靈寺는 불교와 도교가 습합된 상태의 사찰로 중앙에 불상, 좌우에 월성성과 토지궁土地宮이 안배되어 있었다. 밤 8시부터 tang-ki에 의해 무의가 행해진다고 해서 긴장과 흥분된 마음으로 낮부터 성령사에 진을 치고 있었다. 이미 듣고 알았지만 무의식에는 관계자 이외에는 절대 출입이 금지돼 있다는 것은 우리나라 무당굿보다 더 엄격했다. 낮부터 끈질긴 교섭 끝에 겨우 현장에 입회할 특권은 받았으나 촬영은 안 된다는 것이었다.

의식을 하는 방이 따로 있는데 5,6평 정도밖에 안 되었으며, 출입문을 닫으면 외부와 완전히 차단이 된다. 이들은 무의를 fulan(또는 feilan) 이라고 하는데, 이것은 무의 의식에 사용되는 무구의 하나인 人 모양의 나무를 칭하는 것 같았다.

이 나무는 복숭아류의 나무나 버드나무로 만드는데 복숭아와 버드나무는 신령한 나무라고 알려지고 있으며, 제마의 성질도 있다고 믿는다. 두 사람의 tang-ki가 이 feilan의 한 쪽씩을 잡는데 정부正副가 있어서 주무가 정을 잡게 되어 있다. 그리고 나무 끝은 모래판(사반)위에 놓여 있어서 글씨를 쓰게끔 되어 있다.

그리고 이 tang-ki 옆에는 같은 도복을 입은 법관(기자) 두 명이 필기구를 가지고 앉아 있었다. 그리고 그 뒤에 또 두 명의 도복 입은 사람이 서 있었다. 결국 이 날 무의식을 하는 방에는 8명이 있는 셈이 된다. 의식이 시작하자 문성진경門聖眞經 이란 경을 봉독했다. 약 5분 정도 읽었을까 말까 하는데 두 tang-ki의 손이 떨리기 시작했다. 마치 두 사람이 잡은 나무가 끌고 가는 듯이 모래판 위를 선회했다. 벌써 강신이 되어 신이 들린 상태였다.

옆에 앉아 있던 법관이 모래 위에 그린 선을 내려다보며 읽는다. 또 한 사람의 법관이 그것을 받아 한시로 적는다. 모래판 위에 그은 선은 분명히 문자는 아니었다. 그러나 저들은 그것을 신어神語라고 하며 저들만이 그것을 이해할 수 있다고 한다. 말하자면 우리나라 무당이 강신무의를 했을 때 무당이 신이 들려 공수를 하는 것과 꼭 같았다.

앙이(紅姨)는 지금 신이 내려 공수(託宣)를 하려고 한다. 한국의 무당(巫女)과 기능이 같다. (가토게이(加藤敬),『台湾のシャーマニズム』, p.46)

나중에 들은 이야기이지만 이 날 내린 신은 문신이었다고 한다. 그러고 보면 크게 나누어 문신과 무신이 있음을 알 수 있고, 또 이 날 내린 신이 문신 중에서도 마조가 내렸다는 것을 보니까 강신은 그때그때에 따라 신이 상이함을 알 수 있다.

약 10분 정도 한시가 써지자, 그다음 다시 경을 읽기 시작하는데 이것은 내린 신에게 감사하고 배송하는 의식이었다. 약 20분 후에 의식이 끝났다.

숨소리도 나지 않은 골방에서 약 40분간에 걸친 무의식이 끝난 셈이다. 길 때는 몇 시간씩 하지만 오늘은 외국인도 참관을 한 탓인지 지극히 짧았다. 그리고 오늘은 기두자祈頭者가 있어서 의식을 행한 것이 아니라 내일부터 개최되는 초제를 앞두고 신의 축복을 받기 위한 축두식祝頭式이였기 때문에 더욱 짧았을는지도 모른다.

사무실에 돌아온 뒤에 주무였던 tang-ki에게 오늘밤 강신한 신의 말씀을 보여 달라고 요청했다. 친절하게도 법관이 정서를 해서 내게 주었다. 그 내용은 다음과 같다.

〈마조님의 말씀〉

七天淸醮己開詩	칠천의 맑은 (초제)로 이미 글이 트였으니,
諸子分壇勉共持	여러 사람은 단을 나누어 함께 가지기를 힘쓰네.
造就陰功祈國秦	나아가 몰래 닦은 공으로 나라가 태평하기를 비니
平安獲福喜臨眉	평안히 행복을 얻음이 가까이 몸을 기뻐하네.

山川洗淨慶齊心	산천에 깨끗이 씻고 마음을 한 가지로 기뻐하며
擧醮當今一片枕	초제를 올리는 지금 산 조가 목침이로다.
衆持齊薰不食	무리들이 제공을 가져오나 냄새 나서 먹지 않고 비노니
祈廷福壽自天福	복과 수를 늘이어 천복을 따르네.

tang-ki는 남자들인데 사묘寺廟에 소속되어 있기는 하나 무보수로 의식을 한다. 저들은 대부분은 노동, 광부, 어부를 겸하고 있는 사람들이 많고, 그 중에는 무직자도 상당수가 있다. tang-ki는 일종의 예언자라고도 할 수 있으며, 신과 인간 사이에 서서 어떤 사건에 관해서 신의 의사를 인간에게 전달하는 역할을 한다.

또 tang-ki는 신축시, 분묘시에 사신邪神을 제거하는 일도 하며, 병자에게 신약을 제공도 하며, 귀신 들린 자에게 퇴귀退鬼시키는 일도 한다.

그러나 무엇보다도 특기할 만한 것은 tang-ki의 고행을 지적할 수 있다. 고행이란 일종의 tang-ki 신성을 대중에게 과시하는 데몬스트레이션으로 대중은 이 광경을 보고 신성이 강한 tang-ki라는 것을 인정하게 된다. 얼굴이나 혓바닥, 그리고 등에다 칼로 상처를 내는 것은 가벼운 고행에 속하며, 숯불을 피워 놓고 그 위에 맨발로 올라서거나, 전봇대와 같은 기둥을 세워 놓고 날카로운 칼을 위로 향해서 기둥에 꽂아 그것을 밟아가며 꼭대기까지 올라갔다 내려오는 기예는 아무리 생각해도 이해하기 어렵다.

병상 심리학적으로는 일종의 최면 상태에서 가능하다고는 하나, 그렇다고 최면이 끝난 다음에는 다시 그 고통을 느껴야 하겠지만 고통스러운 느낌은 없는 성싶다. 칼로 얼굴이나 수족에 심한 상처를 내었을 때 주위에 섰던 사람들은 술을 상처에 뿌리는데, 이것은 일종의 소독 방법이긴 하나 아픔을 느끼지 않는 것은 역시 신들린 상태라고 생각할 수도 있다.

4

ang-i는 때때로 남자가 되는 수도 있지만 원칙상으로는 여자가 된다. 처녀가 ang-i가 되는 수는 적으나 수도 중인 처녀들은 있을 수 있고, 주부가 ang-i인 경우에는 그 남편이나 딸도 의식의 그룹이 된다.

앞에서 ang-i는 영매라고 한 것은 이 ang-i가 주로 사령死靈과의 매개역을 하기 때문이다. tang-ki가 주로 신과의 관계라고 한다면 ang-i는 사령과의 관계라고 할 수 있다. 사령을 불러 축복을 빌거나 원령怨靈을 불러 위로해서 저승으로 보내거나 또는 신이 들려 공수를 한다.

ang-i는 주로 기원자가 희망할 때에만 의식을 하는데 대만에서 ang-i가 행하는 의식의 종류에는 문불問佛, 견망牽亡, 환두換斗, 해액解厄, 소재消災, 문홍군 問紅君 등이 대표적이다.

문불은 기원자의 의뢰에 의해 신불을 초빙하여 공수하는 것으로 우리나라 무당굿 중에서 흔히 볼 수 있는 것과 같다. 견망은 ang-i가 2,3척 길이가 되는 실 끝에 바늘을 꽂고, 한 쪽은 사자의 위패에다 찌르고, 또 한쪽은 자기 머리카락에 꽂아 주문을 외우면서 사령을 불러 ang-i가 신이 들려 공수를 하는 것이다. 환두는 ang-i가 산부에 대해서 임신중인 아이가 여자인 경우, 산부의 희망에 따라 남자가 되게 하는 의식이다. 그리고 무자인 경우는 의식을 통해 임신을 하게도 해 준다. 해액은 병자나 재액을 당한 자들에게 그 병이나 재액을 퇴치시키는 의식을 말한다. 소재라는 것은 흑백의 기를 오색의 재봉실로 묶어 ang-i가 주문을 외우면서 상처를 문지른다. 그러면 고통이 덜해진다고 한다. 그 다음에 문홍군이나 문풍수는 원래 홍군이란 부엌에 있는 신이며, 풍수는 조상의 유해를 묻은 분묘를 말한다. 만일 부엌의 아궁이가 부셔졌거나 하면 재해를 받을 염려가 있고, 분묘가 좋지 않으면 그 자손에 해가 있다고 생각한다. 그러므로 이러한 염려가 있는 사람은 ang-i에게 의뢰해서 재해의 요소를 발견하고 다시 이것을 제거하므로 태평하고자 하는 것이다.

5

대만의 tang-ki와 ang-i는 각각 별개의 것으로 때로는 연합으로 의식을 하는 경우가 있지만, 엄격히 말해서 tang-ki는 사묘에 속한 공적인 것이라면, ang-i는 민간에 속한 사적인 것이라고 보아야 할 것이다.

우리나라에도 한 마디로 무당이라고는 하지만 내용은 그리 간단하지 않다. 서울을 중심으로 한 중부지방의 강신무는 대만의 ang-i에 유사하며, 호남과 영남 일대에 분포하고 있는 당골무는 tang-ki에 유사하다고 할 수 있겠다. 다만 신을 내리고 예언을 하거나 신의 말을 전달하는 것으로는 ang-i나 tang-ki가 공통점이 있지만, ang-i는 자유로이 성업을 할 수 있는 데 비해 tang-ki는 그 사묘의 관할 내에서 주로 의식을 하고 있는 점으로는 당골과 공통점이 있다.

최근 우리나라의 무당을 샤머니즘으로 단정하여 북방계열이라고 단정해온 학계의 지배적인 경향은 폭넓게 우리 민족을 둘러싼 타 민족의 그것과 비교함으로써 보다 그 본질성을 찾아야 하리라 본다.

대만에 있어서의 tang-ki와 ang-i, 그리고 오끼나와의 noro와 yuda, 그리고 일본 본토에 있는 wakasama나 idako 등은 우리 무당의 본질을 규명하는 데 있어서 매우 중요한 연구 대상이라 하지 않을 수 없다.

과연 우리나라의 무당이 한 마디로 샤머니즘이라고 단정하기에는 너무나 석연치 않는 점이 없지도 않다.

여기에서는 우리나라의 무당을 논하는 지면이 아니기 때문에 논외로 하지만 보다 폭넓은 비교 연구가 있어야 할 것은 대만의 tang-ki와 ang-i를 보았을 때 더욱 절실히 느껴졌다.

5.
성왕옹과 토지공

『이웃집굴뚝사정』1990. 7. 문학아카데미

필자는 1972년 73년에 걸쳐 대만에 민속 조사를 간 일이 있었다. 조사 대상은 주로 고산족이었으나 조사 기간의 거의 반은 한족들의 민간신앙을 위해 할애했다. 중국인들에게 "당신네들 한족의 가장 대표적이고 대중적인 신앙의 대상이 무엇이냐."고 물으면 저들은 거의가 성황옹과 토지공이라고 답변할 것은 의심할 여지가 없다. 그만큼 이 두 유사한 민간신앙은 이를테면 중국 민족들의 정신과 사상을 지탱해 온, 기층 문화의 심볼이라 하지 않을 수 없다.

1930년 자료 보고에 의하면 대만 안에서도 성황묘城隍廟가 30개소 이상이고 토지공사土地公社가 700여 곳 이상 등록이 되어 있으니 미등록분을 합치면 그 수는 훨씬 많다고 할 수 있다.

대만이 중국 본토와 교류가 있은 것은 수 · 당 시대까지 소급할 수 있으나 한민족의 대거 대만 이주가 실행된 것은 1800년대 명말 청초의 일이다. 특히 복건福建 · 광동성廣東省 사람들이 많이 이주해 왔는데 그중에서도 천주泉州 · 장주漳州의 복건인과 혜주蕙州 · 호주湖州의 광동인이 대부분이었다. 그리고 이들을 직종별로 보면 약간의 어민을 제외하고는 거의가 농민이었다.

이주 농민들이 대만에 상륙해서 가장 먼저 실행한 것은, 말할 것도 없이 저들의 조상 때부터 신앙해오던 성황묘와 토지공의 제의였다. 그렇기 때문에 대만의 상기 두 신앙 체계가 비록 대만이라고 하는 지리적 조건은 있을지라도 본래의 본토로부터 이주민에 의해 심어진

성황옹은 사찰 안에 정좌해서 그 지역 내의 평안과 안녕을 관장한다.(대만 타이페이)

것이고, 시간적인 추이에 의한 변화라는 점도 무시할 수 는 없으나, 그 근본은 본토와 다를 바 없다고 생각한다. 그래서 여기서는 필자의 조사 노트에서 중국의 대표적인 부락제인 성황옹과 토지공에 대해 조사해 보려고 한다.

성황옹seng-heng-ia의 현상

성황의 명칭은「역경易經」의「성복우황城復于隍 물용사勿用師」와「예기禮記」의「천자대발입天子大跋入 수용거칠水庸居七」에서 유래되었다고 한다. 전언에 의하면 성황제는 오吳의 적오시대赤吳時代부터 있어 왔으며, 고대에는 도성호수都城濠水의 신이었던 것이 차차 도성의 수호신이 되었고, 또 도교사상과 결합해서 사법 경찰격인 신으로 발전되었다. 그러므로 자연히 그 관할 구역도 한정되며 명칭도 행정구역명을 붙여 성성황省城隍 등으로 불리고 있다.

제보자의 설명에 의하면 행정관의 사법관은 양관陽官이요, 성황옹은 음관陰官이라는 것이다. 즉 지방 관리는 현실 사회를 지배하고 있기 때문이요, 성황옹은 기관의 세계를 관리하고 있기 때문이라는 것이다. 다시 말해서, 성황옹은 지방관이 다스리지 못하는 내적 통찰, 인간의 심리적 이 면을 덮어주는 보조 기관의 기능을 가지고 있다는 것이다. 따라서 성황옹은 항상 음양사陰陽司, 속보사速報司 그밖에 다양의 장군을 파견해서 음간·양간陰間 陽間을 순시해서 백성들의 행위를 낱낱이 감시·기록을 하는 동시에 악자에게는 음벌을 가한다고 한다. 여기서 음벌이라는 것은 구체적으로, 악인에게 질병을 갖게 하거나 혹은 빈곤하게 하거나 심지어는 생명까지 빼앗는 수가 있다고 한다.

이렇게 성황옹은 음간·양간에 걸쳐 인간들의 정사악선正邪惡善을 관장하기 때문에 그 신무神務를 담당하는 데는 많은 부하들을 슬하에 두게 된다.

① 문판관文判官·무판관武判官 : 문판관은 재판소로 말할 것 같으면 서기관과 같이 인간들의 선악과 수천壽夭을 조사하여 판결문을 작성하여 보고한다. 무판관은 범죄의 사실 여부가 드러나 결과가 나면 형을 집행하는 일을 한다.

② 우장군牛將軍·마장군馬將軍 : 이 두 장군은 본래는 염라왕의 부하로써 음간내하교陰間奈河橋의 양측에 서서 감시하는 문장門將으로, 만일 악인이 통과할 때는 다리 밑으로 떨어뜨리는 일을 한다.

③ 연수사延壽司·속보사速報司·규찰사糾察司·장선사獎善司·벌악사罰惡司·증록사增祿司 : 이것을 육신옹六神爺이라고도 부른다. 그리고 그 명칭이 가리키는대로 각각 직무를 수행한다.

④ 사장군謝將軍·범장군范將軍 : 사謝를 칠옹, 범范을 팔옹이라고도 부른다. 사는 사필망범謝必妄范범무구范無救라고 하며, 악은을 검거해서 법정에 호송하는 일을 한다.

⑤ 36 관장關將 : 이상의 제신 외 제의 시에 36 관장 등 다수의 신장神將과 천병天兵 등을 거느리는데 이것들은 평소 그 신상神像이 없다.

위에서도 지적한 바와 같이 성황신의 지방 관할이 엄격하고 그 지방을 담당하는 신인 이상 지방 관사들은 또한, 이 신을 자기들의 상관처럼 생각하는 관념이 강하다. 그래서 청대에 와서는 지방관이 부임할 때는, 먼저 그 땅의 성황옹에게 보고할 뿐 아니라 부임 후에는 월례月例의 제의를 위한 집행 등 분망했다. 지방관이 스스로 판단하기 어려운 난건이 있을 때는 야간에 성황묘를 찾아 경배하고 수면 중에 성황옹의 몽고夢告를 받을 수 있도록 빌었다고 한다.

성황묘에는 존속의 화거도伙居道(hochuitao)가 기거하고 있으며, 정식으로는 노도사老道士나 승려가 배치되어 있다.

묘회廟會는 청명절 7월 15일, 10월 1일의 삼대귀절三大鬼節에 제의가 성대하게 베풀어 진다. 그 밖에는 매월 1일과 15일에는 일반인들의 기원제의가 행해진다.

토지공Tho ti kong의 현상

성황옹은 주로 사묘寺廟에 모시고 있지만, 그러나 제의식도 공제公祭라고 할만치 관민이 대거 참여한다. 거기에 비해 토지공은 소수 부락, 소수 가구, 또는 개인이 모시고 있으며, 제의도 전자만큼 성대하지는 않지만 오히려 민간의 밀착도로 볼 것 같으면 토지공 쪽이 훨씬 지배적이라고 할 수 있겠다.

토지공은 복덕정신福德正神·복덕옹福德爺·후토后土 혹은 백공伯公 등으로 호칭된다. 토지공을 자의대로 해석한다면 사직社稷의 신이 된다. 주지하는 바와 같이 사社는 토지의 뜻이며, 직稷은 오곡을 의미한다. 그러므로 문자 그대로 토지신이요, 풍작을 가져다주는 신이라고 할 수 있다. 특히 이 토지신이 민간에게 더 밀착되고 있는 것은, 성황옹이 인간에게 상·벌을 가하여 인간이 두려워하는 존재인데 비해 토지공은 풍요와 자비를 베푸는 신이기 때문에 친밀도가 있다고 볼 수 있다. 그리고 성황옹이 행정 구역의 관할이 되어 있는 것에 비해 토지공은 어디까지나 개적個的이기 때문에 그 수는 엄청나서 개인이 소유하고 있는 것까지 합치면 대만에서도 수천에 이를 것이다.

그리고 토지신을 시가지의 사묘 안에 모셔 놓은 것은, 토지공 혹은 백공이라 불리어 수호신적 기능을 하고 있으며, 개인이 모시고 있는 것은 복덕정신이라 하여 그 집을 지켜주는 가신이 된다. 또 묘지에 모신 것은 후토라 해서 묘를 지키는 문장 역할을 한다. 또 토지공은 재신財神이기도 하다. 예를 들면, 광업에 종사하는 사람이 횡재를 만나면 이것을 토지공전土地公錢이라 하여 소득의 얼마를 토지공의 제의 비용으로 희사한다. 임자 없는 토지는 토지공의 소유이며, 어느 기회에 그것이 개인 소유가 되었을 때는 토지공으로부터 받은 것이라고 생각하는 것이다.

토지공의 신상은 의관속대衣冠束帶하며 손에는 금정金錠을 가진 온유한 모습의 노옹으로 의자에 앉아 있다. 그러나 산간山間이나 산도山道에 있는 노옹은 대개 호랑이를 타고 있거나 거느리고 있다. 그밖에도 어떤 사당에 있는 토지공은 처나 말을 거느리고 있다. 즉, 토지마土地馬가 그것이다. 그러나 개인 사당에서는 토지공만을 모시지 토지마는 모시지 않는다. 이와 같이 토지마를 피하는 이유로는 다음과 같은 전설이 배경이 되어 있다. 즉, 토지공이 재신으로서 인간에게 평등하게 행복과 재물을 분배하려고 했으나 토지마는 이것을 반대했다. 그 때문에 인간 세계는 빈부의 차가 생겼다는 것이다.

중국 부락신의 신격

위에서 중국의 성황옹과 토지공에 대해서 그 윤곽을 살펴봤지만 무엇보다도 그 신격의 특징을 말한다면 양자가 다 인격신을 경배하고 있다는 것이다. 이것은 물론 사회적으로 보면 하나의 발전이지만 신앙적인 면에서 보면 변이라고 하지 않을 수 없다. 그리고 인격신인 이상 하나의 신이 아니고, 다수의 개신個神이라는 말이 된다. 성황옹의 각각의 개신들은 옥황상제의 명에 의해 행정 구역의 경주境主가 되는데, 이것도 반드시 영구성이 있는 것은 아니고, 상호간에 교체가 행해지며 때로는 결원이 생기는 수도 있다고 한다.

그래서 일반으로부터 어떤 사람이 성황옹이 될 수 있는지 정리해 보면 대중 다음과 같이 지적할 수가 있다.

① 수중에 익사한 수귀는 타인을 수중에 끌어들여 익사시킬 때는 이것을 자기 대신으로 수중에 머물게 하고 자기는 인간 세계에 다시 출생함이 가능하다. 그런데 이 수귀가 만일 3년간의 고통을 참고 타인을 수중에 끌어들이지 않을 때는 그 공덕에 의해 성황옹이 되는 수가 있다.

② 충량忠良・효제孝悌・유덕한 사람은 사후 성황옹이 될 수가 있다.

③ 생전에 학덕・교양에 있어서 사악의 소행이 없는 자는 사후 성황옹의 등용 시험을 받을 자격이 있다. 급제하면 성황옹이 되는 수가 있다.

이러한 생각을 바탕으로 해서 실제 제신의 대상이 되어 있는 인물로는 그 수 또한 많으니, 예를 들면 문인으로서는 한퇴지韓退之・심약沈約・임방任昉 등이 있고 무인으로서는 악비岳飛・항우項羽・류장劉璋・춘신군春申君 등이 있으며 정치인으로서는 엄숭嚴嵩 등을 들 수 있다. 그런가 하면 서시西施나 주매신朱買臣의 처와 같은 여성신도 있다.

여기서 우리는 신의 의인화 과정을 생각하지 않을 수 없다. 물론 이것들은 도교사상의 융합과정을 전제로 하지 않을 수 없지만 일반대중이 인격신을 받아들이려는 심리적인 면을

고려해야 한다. 우찌다內田智雄씨는「중국농촌의 가족과 신앙中國農村の家族と信仰」에서 다음과 같이 설명하고 있다. 첫째는 위에 등장한 인물 중에 비통한 죽음을 한 사람도 있다. 이러한 비운의 최후를 마친 사람들의 원령에 대한 일반인의 공포심의 결과, 이들을 신격화해서 경배하게 되었다는 것이고, 둘째는 질병의 유행이나 화재의 빈발을 막기 위해 막연한 추상신보다는 구체적인 실제 인물을 신으로 모시려는 것이 동기가 되었을 것이라고 한다. 물론 이 두 가지 요인이 작용한 것은 틀림이 없으나 좀 더 파고들어 가면 성황옹에 있어서는 지·덕을 겸비한 초대 그 지방의 노옹을 받든다든가, 토지공에 있어서도 그 땅의 개척자인 조상 혹은 촌락의 장로격인 인물을 모신다는 것이 일반적인 개념이 아닌가 생각된다. 이것은 한마디로 말해서 개척자 즉, 조상 숭배와 관련해서 생각해야만 할 것 같다.

다음에 고려해야 할 것은, 성황옹과 토지공이 현재의 자료를 기준으로 하는 신격에도 차등이 있어서 성황옹이 상위로 되어 있으나, 이것은 전술한 바와 같이 공적인 성질이 있기 때문이지, 내용상으로 보면 대동소이 하다. 문제는 최초부터 이 두 신앙 계통이 병행하고 있었는지, 아니면 도중에서 둘로 분리되었는지 그 점에 대해서는 중국 대륙의 보다 많은 자료를 기초로 해서 연구하지 않으면 안 되므로 금후의 과제로 남겨두지 않을 수 없다.

6.
아미족의 가정과 교육

새교육 1978. 9.

대만에는 언어와 풍속이 다른 10여 종의 원주민이 있다. 원래는 이 원주민들이 평야, 주로 해안평야에 살고 있었으나 대륙으로부터 한민족들이 대거 이주해 오므로 문명과 세력에 눌려 점점 산으로 밀려들어가 고산족이 된 것으로, 아메리카 인디언이 구주歐州의 이주민에 밀려 옥토를 버리고 산으로 들어간 것과 같은 과정을 밟고 있다.

대만의 고산족은 인종학적으로는 거의 한 계통이지만, 종족적으로는 전술한 바와 같이 10여 종족이 살고 있다. 그 중에서도 대만 중앙 고산지대에 자리잡고 있는 타이얄족이 가장 완강하고, 동해안의 비교적 평지에 살고 있는 아미족이 온순한 편이다. 그래서 아미족은 고산족 중에서 가장 빨리 현대 문명에 동화, 문화를 받아들여 생활하고 있으며, 타이얄족은 그 민족성 때문에 가장 늦게 근대문명을 받아들여 문화생활이 뒤졌다고 할 수 있다.

아미족은 고산족 중에서 거장 먼저 개방된 부족이었다. 화련시에 아미문화촌을 만들어 아미문화를 보급하며 개방을 꾀하였다.

427

사회조직의 이원구조

필자가 화련시花蓮市에서 만난 기자, 황서양黃瑞祥 씨의 자료에 의하면 가정은 여성에 의해 유도되고, 사회는 여성이 전혀 관여하지 않는 것은 아니지만 주로 남성에 의해 유지된다.

촌락의 두목이나 두목이 될 사람은 여자가 남자에게 시집오는 형식을 취하지만, 그 나머지는 남자가 여자에게 장가가는 형식을 취한다. 가계는 여성에 의해 계승되고 재산도 여성에 의해 상속된다. 남자가 여성에게 시집갈 때 가지고 가는 혼수는 지극히 간단하다. 사냥 갈 때 사용하는 창과 번도蕃刀라고 불리는 칼과 몇 벌의 옷을 보자기에 싸서 가져갈 뿐이다.

잡혼의 절차가 또 지극히 간단하다. 만일 여자가 남자와 이혼을 원하면 일방적이다. 남자가 없는 틈에 여자가 남자의 소지품 즉 창과 칼 그리고 몇 벌의 옷을 보자기에 싸서 집 앞에 놓아둔다. 남자가 집으로 오다 자기의 소지품을 발견하면 그것은 이혼을 제기받은 것으로 간주하여 그것을 들고 자기 집으로 돌아와야 한다. 이것이 저들의 관례로 되어 있다. 다시 말하면 남자의 친정으로 돌아오는 것이 된다.

집에 돌아온 남자는 제 3자를 자기 처에게 보내 그 연유를 묻게 되는데 이때 처가 다른 남자를 얻었다고 답변하면 그것으로 끝난다. 그러나 그 남자도 얼마 안 가 이혼당하고 첫 남자가 역시 마음에 든다고 할 때 제 3자를 남자의 집으로 보내어 다시 오라는 요청을 할 수 있다. 만일 이때 남자가 아직도 독신으로 있었으면 처에게 돌아가게 되는 영광을 가지게 된다.

이것은 다소 우리 귀에 지나치게 들릴 지는 모르나 모계사회라는 점을 감안할 때 가능성이 있는 문제라고 본다.

필자는 부夫의 교환이 에스키모 사회에서만이 있는 줄 알았는데, 옛날 아미족에게도 그 같은 제도가 있었다는 것을 알았다. 여자와 여자 간에 각각 자기 남자를 교환하기로 약속이 되면 전술한 바와 같은 방법으로 남자를 내어 보낸다. 남자는 자기 집으로 일단 돌아가서 제 3자를 처에게 보내어 그 이유를 묻게 된다. 이때 처가 나는 아무개로 교환했으니 당신은 아무개 집으로 가 보시오. 하고 답변하면 남자는 그 집으로 가게 된다.

너무나 남자에게 굴욕적이요, 여성들의 행패가 심하다고 할지 모르나 철저한 모계사회에서는 있을 법한 일이라고 할 수 있다.

그러나 일단 가정을 벗어나 사회가 되면 여성의 발언권을 약해진다. 이들 사회는 두목제도(일종의 추장제)로 되어 있는데, 두목은 연령계층에서 원로들에 의해 천거되기 때문에 세습은 아니다.

아미족의 연령계층을 살펴보면 13-14세로부터 20세 전후가 소년시대로, 용사의 후보생이라고 할 수 있다. 20-30세까지가 가장 세련된 용사시대이며 이때는 부락의 안전에 대한 책임을 진다.

아미족의 부인의상(대만 유우리지역)

교육과 훈련

그들의 교육은 크게 셋으로 나뉘는데 하나는 13세까지는 가정에서 주로 모계에 의한 가정교육이 행해지며, 14세부터는 직접 연령계급에 가입되어 상급계층으로부터 실생활에 필요한 실제훈련을 받게 된다. 이 훈련의 엄격성은 일종의 신성과 타부로 상징된다. 신체적 단련, 군사적 훈련, 수렵에 관한 기술 습득 등 다양하게 이루어진다. 때가 되면 상위계급으로 진급하는 것이 아니라 엄격한 시험에 합격이 되어야 한다. 또 하나의 교육 절차는 치카와사이tsikawasai(일종의 사제역)라는 종교적 지도자의 훈련을 말하는 것인데 이것은 전체 청소년이 참가하는 것이 아니라 특정된 사람만이 참가하게 된다. 이 훈련을 통과한 사람은 의식 때나 제의 때는 항상 치카와사이의 조수역을 하며, 장래엔 치카와사이가 되는 것이다 한 촌락에 치카와사이는 수 명씩 있게 마련이다.

치카와사이라는 어의는 신이 들린 사람이란 뜻이다. 따라서 의식을 할 때 치카와사이가 신이 들리면 몸이 떨리며 껑충껑충 뛰기도 한다. 부락 단위로 의식을 할 때는 물론, 사자나 병자가 났을 때도 의식을 사제司祭한다.

치카와사이의 훈련을 받는 연령은 5-6세로부터 11-12세까지의 아이들 중에서 특히 병이나 특별한 사정으로 치카와사이의 신세를 입었거나 병이 신의 은총으로 회복되었다고 믿어지는 아이들이 대상이 된다. 이 아이들은 청년이 되기까지 무사巫師로서의 훈련을 받는다.

여아들을 위한 교육은 별도로 조직되거나 남자들처럼 계통적으로 되어 있지는 않으나 대개는 가정에서 모母의 지도를 받게 되어 있으며, 15세 이상이 되면 부락 단위의 의식에 참가하여 조직원으로서 부덕을 익혀간다.

연령이 30-40대가 되면 용사로서의 시기는 일단 졸업하지만 후배 양성에 주력하게 되며, 이 연령에서 추장이 선출된다. 아미족도 다른 미개 민족들 사이에서 행하고 있는 것과 같이 30-40세 때가 황금 시기로서 일생 중에 가장 실권이 많은 시기이다. 50대를 넘어서면 고노古老가 되어 고문의 역할을 한다. 비교적 사회 연령이 고노하게 되는 것이 문화 민족과 다르다.

고산족의 생활과 의식

아미족의 의식은 그 종류와 내용이 풍부하다. 저들은 이 의식을 통해 공동체적 유대를 강화하는 동시에 생활의 수단으로 삼는다. 옛날에는 역曆이 없었기 때문에 의식 그 자체가 시간을 상징하기도 한다.

미바하바mibahaba라는 의식이 있다. 4월 하순이 되면 파종했던 것이 싹이 트기 시작하는데 이때에 거행하는 행사이다. 청년들이 그룹이 되어 산에 올라가서 월도月桃나무를 길이 5m 정도로 베어 온다. 부락으로 가져온 다음에는 그 나무 끝에 빈랑을 매달아 주렁주렁 매단다. 그날 저녁 때가 되면 약 4,50명의 청년들이 좁게 원형이 되어 빈랑이 매달린 월도나무를 손에 잡고 가무하면서 빙글빙글 돈다. 이것을 구경할 수 있는 것은 오직 처녀들로서 그 밖의 사람들은 접근을 금한다. 이윽고 가무가 절정에 이르면 조용히 구경을 하고 있던 둘레의 처녀들이 일제히 청년들에게 덤벼들어 그들이 가지고 있던 월도나무를 기울여 매달려 있는 빈랑을 딴다.

이 의식은 단순히 청춘남녀만이 가지는 섹스의 비의로 볼 수 있으나, 그것보다는 풍작을 기원하는 의미가 있지 않나 생각된다. 즉 악귀나 풍요를 방해하는 사신을 추방하는 의식이며, 수확을 기원한다는 것이다. 시기적으로 보면 파종이 끝나도 이제 막 싹이 트는 시기에 이 행사가 거행된다는 점에 착념해야 한다고 본다. 그리고 하필 월도나무를 베어야 한다는 것은 역시 우리나라에도 동도판東桃板이라 하여 도류목桃類木은 사신을 제한다는 의술의 기능이 있는 것처럼 우선은 월도나무에 관한 주력을 생각해야 하며, 빈랑의 열매가 많이 맺힌 것을 처녀들이 일제히 덤벼들어 딴다는 것은 수확을 상징하는 것이지만, 처녀가 딴다는 것은 복합적인 요소가 있어서 이것은 세계적으로 미개 사회에서 볼 수 있는 여성의 생산기능과 연관하여 생각할 수 있지 않을까 한다.

특히 이 행사가 거행되기 1주일 쯤 전부터 이 행사에 참가하는 청춘남녀들은 금식을 해야 한다. 이것은 신의 축복을 받기 위한 제계齊戒로 보아야 할 것이다.

미하바이mihavai라는 의식이 있다. 이것은 밤栗의 수확제를 말한다. 5월 중순이나 말이 되는데 작업은 9일 동안에 끝내고 9일째 되는 날 밤에 부락의 남자들이 총동원되어 천렵할 준비를 했다가 10일째 아침 일찍 아이로부터 노인까지 남자들은 모두 냇가로 간다. 냇가에는 임시 막사가 한 채 세워지고 이곳에는 그 부락의 최고령자가 한 사람 앉아 있다. 그 나머지 사람은 손으로 고기를 잡기 시작한다.

이때 막사에 앉아 있는 노인은 하루 종일 몸을 움직여서는 안 된다. 손을 흔들어도 안 되고, 용변을 보러 갈 수도 없다. 문자 그대로 목석처럼 앉아 있어야 하는데 이날따라 이 노인에겐 지옥과 같은 하루임에는 틀림없다. 모두가 고기를 잡아 올 때까지 앉아 있다는 것은 괴로운 일이긴 하나 노인의 부동이 고기를 많이 잡을 수 있다는 것을 생각하면 그만한 고통은 참을 수 있다는 것이다. 즉 노인이 움직이면 고기는 모두 도망쳐서 이 날의 천렵이 허탕이 되지만, 노인이 움직이지 않으면 고기들이 꼼짝 못하고 잡힌다는 것이다. 이 날의 노인은 마치 수신처럼 상징되어 인간들에게 고기를 많이 제공하는 것을 의미한다.

잡아 온 고기는 그 자리에서 요리를 하는데 움푹 패인 돌그릇에 담아 뜨거운 자갈로 연신 교대로 그릇에 넣어 익히는 원시적 방법을 사용하고 있다. 먹다 남은 물고기는 연령 계층 순으로 분배하여 각 집에 돌아간다. 그러나 물고기를 집 안으로 가지고 들어가지는 못하므로 옥외에서 가족들과 또 요리를 해서 저녁을 먹는다.

고기를 잡으러 냇가로 가는 것은 저들에게 있어서 신성한 의식의 하나이기 때문에 천렵을 앞두고 누구나 목욕을 해서는 안 되며, 부부가 동침해서도 안 된다.

전술한 바와 같이 의식은 저들의 공동체의 의식을 더욱 굳게 해주는 기능을 가지고 있으며, 저들이 오직 생의 보람을 가지는 것은 저들 공동체에 소속되어 있다는 것이다.

한 가지 예를 들면 저들 사회에서도 범법자에 대한 징계가 있는데, 가장 중한 벌이 사형 대신에 추방인 것이다. 일단 추방을 당하면 그는 유리방황하는 신세가 되고, 그렇다고 아무 촌락에서나 그를 환영하여 입사시켜주지도 않는다. 그러는 동안 타종족들의 습격을 받아 참수 당하는 것이 보통이다. 기왕 처벌 규정이 나왔으니 곁들여 말하자면, 가장 가벼운 범법자는 미아얌이라 하여 닭을 추장에게 바쳐야 한다. 그 다음이 미바브라 하여 돼지를 바쳐야 한다. 파이루는 집을 부숴버리는 것을 말하며, 추방당하는 것을 파카이와리크라고 한다.

신앙과 전통

아미족은 우리와 같이 신성, 정령, 원령, 귀신 등 분류되지 아니하고 총칭하여 카와스 Kawas라 한다. 단 카와스의 기능으로 볼 때 선과 악으로 나뉘는데 오른쪽 어깨에 임재臨齋하는 신은 선이고, 왼쪽 어깨에 임재하는 신은 악을 의미한다. 그리고 선신은 우리에게 해야 할 것을 교시해 주는 남신인데 비해, 악신은 사람을 혼돈하게 하는 여신이라고 한다. 그러므로 저들은 우수右手는 남, 좌수左手는 여로 상징하여 주로 우수를 많이 사용한다고 한다. 인간은 카와스에 의해 출생하고, 죽으며, 다시 카와스의 세계로 간다. 이때의 카와스는 조상을 의미하기 때문에 사람이 죽으면 조상들이 있는 세계로 옮겨 가는 것으로 생각한다.

지면 관계로 아미족의 신앙관계를 깊이 기술할 수는 없으나 저들의 조상신에 대한 인식은 우리와 별 차이가 없음을 알 수 있고, 가정과 사회가 모계와 부계의 2중 구조를 형성하고 있는 것도 우리나라의 경우와 엇비슷하다고 본다.

원래 우리나라도 가정에서는 여권이 더욱 지배적인 것이었음은 민속이 뒷받침해 주고 있다. 집안이 잘 되고 안 됨은 주부의 탓이요, 바깥일에 입을 열지 않는 것이 전통적인 여자의 부덕으로 되어 있었다. 다만 그 경로가 우리의 경우는 유교의 탓이 컸고, 아미족은 원래부터 여권사회였던 것을 지적할 수가 있다.

지금은 거의 중국인으로 동화되어 문화생활을 영위하고 있지만, 고노들을 찾아보면 옛날 저들 조상들이 인도네시아 혹은 필리핀을 경유해서 상륙하여 토착했던 고유한 생활풍속을 잊지 않고 들려주는 것을 보면, 민족의 전통은 시공時空에 관계없이 그리 쉽게 사라지는 것이 아니라는 것을 다시 한번 뼈저리게 느낀다.

7.
참수와 해임

『이웃집굴뚝사정』 1990. 7. 문학아카데미

대만에는 9개 미개 민족들이 주로 고산 지대에 할거하여 생활하고 있다. 그래서 그들을 일명 고산족이라고 부른다. 지금은 극히 소수를 제외하고는 모두 문화 생활을 하고 있지만 70년~80년 전만 하더라도 이들 사회에는 참수관습斬首慣習이 성행하고 있었다.

타이야르Atayal는 이 중 한 종족으로 가장 용맹하고 저돌적猪突的인 민족이라고 한다. 석양이 지나면 3~4명의 청년들이 (혹은 단신으로) 길이 60cm 정도의 참도斬刀를 휴대하고 타종족의 촌락으로 가까이 간다. 그리고 길섶에 숨어 있다가 행인의 뒤를 습격하여 단숨에 목을 벤다. 귀로에 냇가에서 그것을 깨끗이 씻은 다음, 옆구리에 차고 있는 머리 주머니首囊에 넣어 집으로 돌아와서는 마당에 세워둔 장대 위에 꽂아 놓는다. 얼마 후 살이 빠지고, 뼈만 남으면 그것을 다시 집 안으로 옮겨 두골 선반에 나란히 놓고 이것을 명예로 삼는다. 과거 자기 부친대까지 참수 관행을 해왔다고 하는 남투현인애향南投縣仁愛鄉에서 사는 고씨(63)는 내게 참수하는 이유에 대하여 다음과 같은 항목을 들려주었다. 즉, 장년반에 들기 위하여(입사식), 쟁의 및 혐의를 풀기 위하여, 여자를 선택하는 경쟁에서 승리하기 위해라고 했다.

그러고 보면 이들의 참수 행위는 전투나 적대 행위로서가 아니라 일종의 사회 관습이요, 종교 의식에서 출발한 것이라고 할 수 있다.

나의 필드노트에서 간추려 보면 이들이 타인의 목을 베어 집 안 선반에다 나란히 배열해

두는 것은 자기 친구를 많이 영접해 두려는 것과 내세에 자기 노예를 많이 확보해두려는 관념에서 그렇게 한다는 점을 알 수 있다. 그래서 그들은 늘 두골 앞에서 술잔을 나누면서 "친구여, 내 곁에 와주어 고맙네."라고 답례를 하는 것이다.

아무튼 이같은 악습이 오늘날에는 근절되었다니 참으로 다행한 일이다. 그러나 한편 우리 사회에도 이러한 악습이 차원을 달리하여 성행하고 있지는 않은지? 고용주가 치부를 위해 고용인에게 정당한 대우를 하지 않는다든지, 경기 부진이라는 이유로 일방적으로 직원을 해임시키는 것 등도, 신앙에서 참수하는 미개 민족과 무엇이 다를 게 있으랴. 그래서 우리말에 해임된 것을 목잘렸다(斬首)라고 하지 않는가.

추장의 후손인 高씨는 부친대까지 참수관행을 해 왔었다고 술화한다.(대만 고산족)

인
도

8.
시바와 링가의 나라, 인도

조선일보 1995. 4. 15.

1.

소를 신성시 하는 인도를 모르는 사람이 없다. 그러나 소가 교통적체를 일으킨다는 사실을 아는 사람은 많지 않다. 도심지 사거리에서 소떼들이 느릿느릿 걷노라면 신호등이 소용이 없다. 임자 없는 소떼들은 교통규칙 정도는 아랑곳도 않고 제멋대로다. '아무리 짐승이라도 심하지 않는가, 단속을 해야지' 이런 생각을 하지만, 천만에 인도인은 생각이 다르다. 시바신이 타시는 소는 시바신의 분신으로서 신격시 되고 경배대상으로서 타부시된다. 인도인은 소가 다 지나갈 때까지 침묵으로 일관한다.

시골소떼라고 별수는 없지만 도시소떼와 비교할 때 도시소들이 영양실조에다 병들어 쇠약한 것이 많다. 돌보지 않은 채 방치만 하고 초식草食거리도 없으니 그럴 수밖에 없다. 대기의 공해도 소들을 괴롭힌다. 한시라도 도시를 벗어났으면 좋으련만 그런 봉사를 나서서 할 사람은 없다. 델리대학교 세미나에서 한국의 민속 슬라이더 설명회가 있었다. 인도학자들이 가장 호기심을 끈 사진은 우시장, 새벽 동트기 전 수백 마리의 황소떼가 우글거리는 가운데 지전을 세는 상인들의 모습이 매우 신기하게 비친 모양이다. 하기야 소를 신성시하는 그들의 눈에 한국인은 비문화인으로 비쳤을테고, 우린 인도의 임자없는 소를 불고기감으로 여겨 아깝다는 생각을 하니까 같은 소를 놓고 보는 시각도 양극화, 문화의 다양성이다.

브라마, 비시누, 시바를 알면 인도를 아는 것이고, 갠지스강, 카주라호, 링가를 보면 인도

인도, 성합은 풍요의 신
생식력의 상징으로 숭배된다. '링가'는 인도 전역의 시바 신전과 가정의 사당에 중요한 숭배대상으로 모셔져 있다. 사람과 비슷한 모습을한 시바 신의 형상은 그다지 널리 숭배되지 않는다. 생산력의 상징으로 숭배된다.

를 보았다 할 수 있다. 역설적으로는 이것을 모르면 인도를 언급하지 말라는 것이다. 물론 이것들이 인도의 전부를 대변한 것은 아니지만 인도의 입문이 되기 때문이다. 브라마는 세계를 창조하는 신이고, 비시누는 이 세계를 유지하는 신이며 끝으로 시바는 세계를 파괴하고 재창조하는 신이다. 이상을 힌두의 최고 삼위신이라 하고 힌두교문화의 뿌리가 된다. 인도문화를 이해하려면 이 삼위신부터 짚고 넘어가야 한다. 특히 파괴의 신 시바는 인도인의 대부분이 존경하는 경외신으로서 어디를 가나 시바사원이 있고 어느 가정엘 가나 시바신을 모시고 있다. 파괴신이면서 인기 있는 까닭은 파괴가 곧 재창조의 에너지원이 되기 때문이다. 그래서 일반적으로 시바신을 에너지가 충만한 풍요와 다산의 신으로 받아들이고 있다.

힌두어로 시바라는 말에는 남과 여의 복합의미가 있다. 그리고 남녀각각의 에너지가 있다. 이 두 에너지가 합칠 때 보다 강한 창조력을 발생한다. 파괴의 기능은 보다 강한 창조력을 보장한다. 만일 파괴하는 일이 있더라도 그것은 보다 나은 변혁을 위한 파괴인 것이다. 인도인의 83%가 힌두교도이고 그 대부분이 시바신을 흠모하는 이유도 변혁을 바라는 민중의 의식과 합치되기 때문이다.

데칸고원의 북단에 위치한 카주라호는 10~11세기의 찬드라왕국이 구축한 힌두교사원군으로 유명하다. 사원외벽을 둘러싼 미투나(남녀성교조각상)는 '남녀유별'의 윤리관으로 물들어버린 우리의 눈으로는 눈뜨고 볼 수 없는 불가사의한 것들이었다. 대체 어쩌자고 성교

의 모습을 이다지 많이 조각해 놓았을까. 수음手淫을 비롯해서 수많은 성교자세, 혼음, 동성애, 인간과 동물의 관계 등 일대 성의 파노라마가 전개된다.

어느 민족이나 성교를 생산의 상징적 수단으로 표상한 부분이 다소의 차는 있으나 존재했었다. 한국도 경배신이 여신일 경우 남근을 바쳐 생산 풍요를 기원하는 사당이 있었다. 동해안 일대의 해랑당과 조선조 서울의 부군당도 그러했다. 또 풍수지리에서도 마을 처녀를 지키기 위해 동구에 남근석을 세우기도 했으며 기풍의례로서의 줄다리기도 남녀의 성교를 표출한 것이다. 그렇지만 힌두교의 미투나상은 우리가 부정적으로 보는 추악한 장면까지 표현되어 있어 성을 미美적으로 표현한 예술이라고 일축해 버리기에는 우리 식으로 굳어버린 사고를 일순에 지울 수는 없었다.

현지의 전문 안내원의 틀에 박힌 설명은 이렇다. 9세기는 후기의 밀교와 성적요소를 신앙에 수용한 탄트라불교 등이 융합한 불교의 융성기였다. 여기서 같은 성을 존중하는 힌두교가 불교에 질새라 당시의 권력자가 자신의 힘을 세계적으로 과시하기 위해 또 모든 사람을 힌두교로 유도하기 위한 수단으로 찬드라왕조는 사원벽에 에로틱하게 조각한 것이라고 한다. 그러므로 에로틱한 성교조각은 중세시대는 음란이 아니라 평범이었다고 할 수 있다.

갠지스강은 힌두교에 있어서 성하聖河이며 어머니의 품이다. 상류로부터 하류에 이르기까지 힌두교도들은 1년에 한두 번씩 자신의 죄를 씻기 위해 강을 향한 순례길을 떠난다. 대나무로 엮은 평상에 환자를 뉘고 그 먼 길을 향한다. 임종이 가까워 오는 노인도 와상에 누운 채 옮겨오고 있다. 강은 정화의례의 성소이며 죽은 영혼을 포용해 주는 어머니의 품이다. 강가에서 임종하여 화장되어서 뿌려지면 어머니의 품으로 회귀한다. 진실로 행복한 죽음을 맞은 것이며 자식들도 효도를 다 한 것이 된다.

갠지스강의 중류인 바나래스는 이러한 의례가 행해지는 대표적인 성지이다. 목욕터를 가트라고 하는데 항상 붐빈다. 축제 때는 수만의 신도가 모여 아수라장을 이룬다. 목욕하러 들어갔다가 물살이 새어 인파로 물 밖으로 나오지 못한 채 익사하는 경우도 있다. 어머니품에 안겼으니 행복한 죽음을 했다고 하니 어이없는 일이다. 옛날엔 한국에도 강을 신성시하여 임금이 제주祭主가 되어 제사를 드렸다. 고대에는 계욕일戒浴日이라 하여 강물에 가서 목욕을 하던 행사가 있었다. 일종의 종교적 정화의례였다. 지금도 그 잔존으로 마을 동제洞祭 때 제관이 된 사람은 제사당일까지 목욕 제계를 하고 있다.

인도에서는 성지, 사원, 마을동구 어디를 가도 링가를 볼 수 있다.원통형 석조로 된 링가는 시바신의 상징으로 남근을 의미하며 남녀교합을 통하여 생산과 풍요를 비는 대상이다. 시바신은 한 손에는 삼지창을 들고 있다. 트리슈르라 하는 이 시바신의 삼지창은 이것으로 최강의 강적을 무찔렀다는 신화에 유래하는 것으로 힌두교도의 집에는 신구神具로 갖추고 있다. 수도하는 수행자들도 삼지창을 소지하고 있는데 지팡이를 대신한다.

시바신을 자세히 보니 한국의 무당이 머리에 떠오른다. 무당의 무구巫具 중에 삼지창이 있는데 잡귀를 쫓는 무구이며 굿을 할 때 신이 지피면 삼지창에 통돼지를 꽂아 세운다. 이곳의 샤먼들도 삼지창에 몸을 얹거나 찌르지만 상처는 없다. 듣는 말에 의하면 축제일에 모이는 샤먼들 중에는 100㎏ 넘는 철제 삼지창을 휘둘러가며 나트라쟈 춤을 춘다고 한다. 신이 지피지 않고서는 불가능한 초인적 힘이다. 신도들의 고민을 듣고 해결해 주기도 하고 그 자리서 병을 고치기도 한다. 무당과 차이가 없다. 한국 무속을 북방계라고 하던 고정관념은 힌두교와의 연관성도 고려해야 할 때가 된 듯하다.

최근 일본의 독가스사건으로 오우무진리교가 문제되고 있는데 이는 힌두교에서 명상을 시작할 때나, 기도를 시작할 때와 끝날 때 또는 요가를 하는 동안에도 자주 말하는 '오우무 AUM'에서 따온 이름이다. 영속적이고 신화적인 말로 전우주를 대표하거나 모든 신들의 총칭을 의미하기도 한다. 사두Sadhu는 수행자를 일컫는데 해탈이 구도의 길이라 하여 고행을 일삼는 힌두교의 수도자이다. 일본의 오우무진리교가 만일 독가스사건과 관련이 있다면 힌두교의 수도자격인 교주가 시바신의 기능인 파괴와 재창조의 특성만을 여과없이 수용한데서 저지러진 사건이라고 보아야 할 것이다. 힌두교에는 창조와 유지의 기능도 복합되어 있다.

9.
갠지스강은 어머니 품을 상징

길병원 1995. 4.

인도의 대명사가 몇 가지 있다. 이를테면 시바의 나라, 링가의 나라, 사두의 나라가 그것이다. 물론 이밖에도 여러 대명사가 있겠으나 최소한 이 세 가지는 알아두어야 한다. 시바, 링가, 사두를 모르고서는 인도를 안다고 할 수 없고 이 세 가지를 모른 채 인도를 간들 인도의 진가를 모르고 돌아오게 된다.

시바는 힌두교 주신의 하나이며 가장 많은 신도가 시바신을 경배한다. 코브라를 몸에 감고 호랑이 모피에 앉아서 이마에는 제3의 눈이 있다. 이 눈은 악신을 무찌를 때만 기능을 한다. 시바신은 파괴의 신으로 알려져 있는데 파괴는 재창조와 연관한다. 파괴와 재창조의 에너지원이 되는 시바신의 상징은 링가男根로 표출된다. 사원마다 남근을 상징하는 원통형의 돌이 놓여있고 신도들은 그 곳에 경배를 하며 꽃을 바치고 물을 부어 씻기기도 한다. 돌로 된 남근은 링가라고 하며 시바신을 상징한다. 한편 사두는 수도자, 또는 수행자를 말한다. 인도에는 일정한 거처 없이 도를 닦는 수도자들이 많다. 그들은 주로 성지를 중심으로 수행을 하는데 요가도 그 중의 하나다. 신도들이 주는 보시로 생활수단을 삼는다. 그들은 수도만 할 뿐 고작 신도들에게 설법을 하는 것 이외는 하는 일이 없지만 시민들은 그들을 존경하고 최소한의 연명은 보시로 충당시킨다.

우리에게 불교문화를 전수케 해 준 나라, 고대의 찬란한 문화 발상지의 하나였던 인도가 지금은 그 토록 찬란했던 과거의 명예는 역사의 뒤안길로 보내버리고 지금은 오로지 혼란과 착란이 혼재된 대지로만 남아 있는 듯이 비친다. 홍수, 전염병, 실업자, 거지들로 우글거리는 곳이 되었다. 그러나 이러한 부정적 시각은 어느 민족 어느 사회에도 있는 일이고 인도만의 현실은 아니다. 인도를 자세히 들여다보면 눈에 보이지 않는 힘, 그 힘이 혼돈속의 질서, 착란 속에 정돈으로 구현되고 있음을 발견한다. 그 힘은 정치의 힘도 아니고 경제력도 아니다. 그것은 오로지 종교의 힘이다. 인도는 우리에게 불교를 주었지만 불교국이 아니다. 그렇다고 가장 세력이 많다고 해서 힌두교국이냐 하면 그것도 아니다. 이를테면 신도수는 단연 힌두이지만 경제력은 시크교가 장악하고 있듯이 힘의 분배가 종교에도 적용되고 있다. 따라서 인도는 종교국이면서 한 종파만이 아니라 여러 종파가 공존하는 곳이라고 할 수 있다. 지구상에 종파가 공존하며 호혜 있게 살아가는 나라가 인도 이외에 또 있겠는가. 인도에는 대표적인 종교로 힌두교, 이슬람교, 시크교, 자이나교, 불교, 기독교 등이 있다.

거리를 나다니는 무리들은 보노라면 옷이라고는 누더기 한 벌 걸치고 맨발로 걷는 사람들이 많다. 열 사람 중에 한 사람 꼴은 마치 거지처럼 한손엔 지팡이(때로는 창이나 삼지창) 또 한손엔 깡통을 들고 있는데 이것을 거지라고 할까 사두(수행자)라고 할까. 사두와 거지를 구분하기 어려울 때가 많다. 인도의 민중이 사는 집을 보면 허름한 흙담집에다 가구라고는 별로 없고 부엌살림도 보잘 것 없다. 한국동란 때 피난살이 하던 우리 모습을 방불케 한다. 이런 모습을 보고 인도는 가난한 나라라고 생각하기 쉽다. 그러나 자세히 들여다보면 한국에 비할 바도 안될 만큼 풍요한 나라임을 알 수 있다. 비옥한 대지, 울창한 산림, 풍요한 가축 등 얼마든지 가능성이 잠재한다. 옷도 걸치지 아니하고 맨발로 다니는 것은 결코 가난해서가 아니다. 기후조건이기 때문이며 집과 가구에 신경 쓰지 아니한 것은 내세의 향락을 도모하는 것이지 그들이 가난하거나 게을러서가 아니다.

도시로 시골로 다녀보면 알다가도 모를 일이 한두 번이 아니다. 예컨대 거지인지 사두인지 구분이 가지 않는 때가 많다. 다가가서 말을 건네면 깡통을 내밀며 돈을 요구한다. 그래서 돈을 주면 덤덤한 표정을 할 뿐 고맙다거나 상냥한 표정이 없다. 무표정한 사람들이라고 하겠지만 실은 그게 아니라 적선해서 하늘에 그만큼 선을 쌓게 기회를 주었으니 오히려

인도 어머니의 품, 갠지스
강
인도의 힌두교도들이 성스
러운 곳으로 숭배하는 강,
어머니의 강이라고 일컫는
다. (취재하는 이는 최래옥
교수)

자기에게 감사해야 한다는 생각이다. 역지사지易之思之도 이만하면 분수가 있다. 그러므로
당당하게 적선을 바라는 태도이다. 이것을 이해하면 그들이 손을 내밀며 돈을 요구하는
것이 불쾌하지 않다.

　힌두교에서는 강은 어머니의 몸母神이다. 갠지스강은 성하聖河로서 갠지스강에 몸을 담
그는 것이 자신의 죄를 씻는 정화의례이다. 강가에 다가가는 것만으로도 기쁨이 충만하다.
중환자나 임종이 가까운 사람을 대나무로 짠 들거리에 뉘어 그 먼 길을 걸어서 또는 버스나
트럭에 태워 이 강에까지 오면 그렇게 행복할 수가 없다. 강가에는 화장터가 마련되어 있어
서 강가에 와서 운명하면 최고의 행복이고 화장을 한 다음 강에 뿌려지면 이미 그의 영혼은
어머니의 품에 안긴 것이다. 전국으로부터 갠지스강을 향해 오는 이러한 행렬이 기가 막힐
정도로 많다. 한마디로 어머니로부터 태어나 어머니로 돌아가는 순환원리가 그들의 삶의
전부이며 현실에서 실현하고 있는 것이다. 인도인의 83%가 힌두교이므로 인도인의 대다수
는 저들이 힌두교인이 된 것이 아니라 힌두(인도의 어원語源이다)로서 태어난 것이라는 생각
을 한다.

　인도인은 매년 한두 번은 강을 찾는다. 갠지스강물에 들어갔다 나와야 새 삶을 누릴 수
있고 영적인 힘을 유지할 수 있다. 병자도 들어가고 화장한 유골가루도 뿌려지고 오만상의

더러운 것이 모두 물에 잠기니 그 물이 성할 리 없다. 좀 속된 표현이기는 하나 강 상류는 그래도 맑지만 점점 탁해져서 중류쯤 되면 오염된 물로 악취가 날 정도이다. 그럼에도 불구하고 신도들은 목욕은 고사하고 그 물을 성수로 떠가서 마시기도 하며 사원에 모신 시바신의 상징인 링가에 부어주기도 한다. 축제 때는 강물에 모이는 인파로 떠밀려 강가로 올라오지 못한 채 급류에 휘말려 급기야 목숨을 잃어도 어머니 품으로 안겼으니 행복한 죽음이라고 여긴다.

어디 급류에 휘말려 희생된 것 뿐이랴. 푸리에는 유명한 자간나트사원이 있는데 이 사원의 주신을 위한 라트 야트라 축제 때는 인근의 주민들로 인산인해를 이룬다. 신을 태운 거대한 수레가 지날 때 손이 닿기만 해도 성화 된다고 믿어 아비규환을 이룬다. 노인이나 병약자는 몰려든 인파를 헤치고 나오지 못한 채 바퀴에 깔려 희생된다. 신에게 바쳐진 몸, 희생제물이 되었으니 억울한 죽음이 아니다. 어떤 사람은 일부러 바퀴 밑에 깔려 죽음을 자청한다고하니 신앙도 이쯤 되면 법도 못 말린다.

우리나라에도 신라시대에 계욕일이라 하여 2월이나 3월중 날을 잡아 강물에 들어갔다나오는 풍속이 있었다. 특히 제의를 집행하는 제관들은 한결같이 물의 정화의례를 거쳐야한다. 이러한 종교의례는 오늘날에도 지속되어 마을 동제 때 제관이 된 사람들은 일정기간목욕제계를 하는 것이다. 강을 신성시 하는 신앙은 힌두문화권 뿐 아니다. 중국도 황하를신성시 했고 우리나라도 압록강을 비롯해서 한강, 낙동강을 신성시 하여 임금이 몸소 제관이 되어 강물에 제사를 지냈다. 비록 지금은 이러한 신앙이 사라졌어도 관념만은 계승했으면 한국의 강물이 오늘처럼 오염되지는 안했을 것이다.

인도인들의 신앙태도는 순수하다. 순수한 신앙 때문에 인도는 경제적으로 사회적으로발달하지 못했다. 그러나 이러한 후진성은 무지에서 온 것은 아니다. 비록 문명의 이기를누리지 못한다 해도 그들의 얼굴을 보면 불안과 초조와 긴장을 찾을 수 없다. 오히려 그들은우리에게 묻는다. 무엇을 위해 그토록 발악을 하며 사느냐고. 스트레스가 없는 민족, 그들은분명 마음의 장수를 누리고 있는 게 틀림없다.

그리스

그리스의 고대문화를 찾아

인천신문 2000. 9. 26.

신들을 만든 인간들

일조량이 많은 탓으로 오렌지와 올리브, 피스타치오(견과류) 등 과실이 충분한 나라 그리스는 한편 고대신화의 발상지며 신과 인간이 공존하는 곳이기도 하다. 더구나 북부 테살리아에 있는 올림푸스 산은 매우 높아서(해발 2,917m) 산 정상은 항상 구름에 덮여 있다. 고대 그리스인은 이 영봉에 신들이 살고 있다고 생각했다. 신들 중에서도 가장 세력이 있는 신은 제우스 형제자매와 제우스의 아들 중에서 뽑아 '올림푸스 12신'이라고 불렸다. 인간다운 감정을 가진 이 신들의 세계를 이해하는 것이 그리스를 이해하는 것이 된다.

제우스신은 쿠로노스 다음으로 천지의 주권을 잡은 신으로 제우스로부터 새로운 신의 왕조가 시작되었다. 지혜와 질서의 상징인 제우스신은 '신들과 인간의 어버이'라고 불리며 사계절의 변화, 주야의 교체, 자연계의 질서 등 모든 권한을 장악했다. 그의 처 헤라는 아름답고 훌륭한 여신으로서 '하늘의 여왕'이라고 불리었다. 올림푸스의 여왕 중 최고여신으로서 여성의 수호신이 되었으며 결혼과 출산을 관장했고, 그러나 그는 사랑의 경쟁자에 대해서는 질투심으로 냉혹한 박해를 가하기도 했다.

올림픽의 기원

올림피아 제전의 기원에 대해서는 정설이 없다. 대개 세 가지 가설이 전할뿐이다. 첫째는

아테내의 중심지인 아크로폴리스에 파르테논신전이 기원전 5~6세기경에 건설된 높은 언덕위의 도시라는 별명이 붙은 신전이다.

페로프스가 피시의 왕을 전차 경주로 물리치고, 왕의 딸과 왕국을 손에 넣은 것을 기념한 것과 둘째는 영웅 헤라클레스가 에리스의 왕을 물리친 것을 기념한 것과, 셋째는 올림피아의 제우스상을 건립한 것을 기념하여 열렸다는 것이다. 기록으로는 기원전 776년에 처음에는 이 지방의 주민들이 마을 축제로 열렸던 것인데 100년쯤 지난 후에는 전국적인 체육제전이 된 것 같다. 6세기경 대지진으로 올림피아는 완전히 매몰되었다가 20세기초에 국제 올림픽의 재개가 이루어진다.

세계 7대 불가사의의 하나인 올림피아 유적의 대표적인 제우스상은 개선문을 지나 왼쪽으로 한 단 높은 곳에 제우스 신전이 있다. 신전 뒤쪽에 '피디아스의 작업장'이 있는데 이곳에서 고대 유명한 조각가 피디아스의 걸작인 제우스상이 제작되었다. 이 제우스상은 황금과 상아를 사용하여 만든 높이 14m의 거상이었는데 4세기말 콘스탄티노플로 빼돌려진 후 그곳에서 소실되어버렸다고 한다. 제우스상에 대한 신앙심에서 올림픽이 시작되었다는 설이 수긍할만하다. 지금 호주 시드니에서 열리고 있는 세계 올림픽의 원조인 올림피아가 발생한 것은 결코 우연이 아니다.

파르테논 신전이 도리스
식(Doris式의)돌기둥에
둘러싸여 있다. 아테네의
수호신 아테나 여신의 제
사를 지내던 파르테논 신
전이다.

아테네의 파르테논 신전

아테네는 그리스의 수도로서 전 인구의 약 절반인 400만이 살고 있다. 그리스 신화에
의하면 지혜의 여신 아테나와 바다의 여신 포세이돈이 이 도시의 수호신 자리를 놓고 싸웠
다고 한다. 승리는 여신 아테나에게 돌아갔는데 그 이유는 시민들에게 열매가 달린 올리브
나무를 선물했기 때문이라는 것이다. 결국 도시의 이름도 여신 아테나에서 유래되었다고
한다.

아테네의 중심지에 아크로폴리스의 유적이 언덕 위에 있다. 찬란했던 고대의 문명지,
그래서 유네스코에서 지원을 받아 지금도 개수 보존을 위해 공사를 진행하고 있다. 기원전5
~6세기경에 이러한 '높은 언덕 위의 도시'라는 별호가 붙은 신전을 중심으로 한 도시가 건설
했다고 하니 그 얼마나 위대했는가 짐작이 된다. 고대 아테네의 영광을 상징하는 파르테논
신전이 도리스식의 돌기둥에 둘러 싸여 웅장한 모습을 나타낸다. 15년이나 걸려 기원전 438
년에 완성되었다고 한다. 이 신전은 아테네의 수호신 아테나를 제사 지냈던 곳이다.

파르테논 신전의 오묘함은 건축설계에 있다. 아랫부분이 2m되는 46개의 대리석 기둥
때문에 압도되기도 한다. 멀리서 보면 이 신전은 직선과 평면의 조화로 만들어진 정육면체

로 보이지만 실제로는 곡선과 곡면을 조화시켜 만들어져있다. 도리스식의 기둥은 수직으로 세워진 직선 기둥처럼 보이지만 기둥 중간은 부풀려져 있고 위쪽은 가늘다. 기둥은 수직으로 서 있는 것이 아니라 조금 안쪽으로 기울어져 있으며 기둥 표면에 새겨진 20개의 홈도 곡선미를 만들어 내고 있다. 기둥이 안쪽으로 기울어져 있는 것은 지붕의 무게를 버티기 위한 것이며 바닥이 높은 것은 배수가 잘 되기 위한 것이라고 한다. 건축 당시 벌써 이처럼 건축 미학을 고려했다는 것은 진실로 지혜롭고 위대하다고 할 수 있다.

그리스와 한국의 창조신화

만물의 최초에 '카오스'가 있었다. 그 다음에 땅 깊숙이 암흑의 불사신 중에 제일 아름다운 '에로스愛'가 나왔다. '카오스'는 암흑의 안개로 자욱했다. 카오스는 그렇지만 하늘도, 바다도, 산들도 없고 낮과 밤이 없었다. 다음에 카오스로부터는 지하의 암흑인 에레포스와 먼 일몰의 나라에 살고 있는 지상의 어두움인 닉스夜가 태어났다. 에로스는 닉스와 에레포스를 결연시켜 두 아이를 낳게 했다. 하늘의 빛인 기운과 땅의 빛인 헤메라晝가 바로 두 아이다. 다음에 가이야(어머니인 땅)와 에로스가 접촉해서 우라노스(별이 많은 하늘)와 광대한 산과 본토스(황량한 바다)를 낳았다. 우라노스와 가이야(하늘과 땅)는 이 세계의 최초의 주제자로서 다음 세대의 신들의 어버이가 되었다.

신들의 계보는 우리의 족보만큼이나 복잡하고 다양하다. 거기에 비해 한국의 창조신화는 단순하고 소박하다. 한국의 개벽신화가 일반에게 알려지지 아니한 것은 '창생가'가 의식을 행할 때 부르는 무가이기 때문이다. 손진태가 1923년에 함경남도함흥에서 무당으로부터 채록한 창생가다.

"하늘과 땅이 생길 때에 / 미륵님이 탄생한 즉 / 하늘과 땅이 서로 붙어 / 떨어지지 아니 하소아 / 하늘은 북개꼭지처럼 도드라지고 / 땅은 네귀에 구리기둥을 세우고 / 그때는 해도 둘이요, 달도 둘이요 / 달 하나 떼어서 북두칠성 남두칠성 마련하고 / 해 하나 떼어서 큰 별을 마련하고 … 금벌기(벌레)는 사나이 되고 / 은벌기는 계집으로 마련하고 / … 부부로 마련하사 …."

그리스와 한국의 창조신화를 비교해보면 그리스의 창조신화는 신들의 계보가 중심이 되어 있고 한국의 창조신화는 창조의 과정만을 묘사하고 있다. 그리스 창조신화는 결국 도시국가의 복잡한 지배와 갈등의 묘사라 할 수 있고 한국의 창조신화는 농경문화의 배경에서 태어난 것이라고 보아진다.

고대문화의 발상지 그리스는 그들의 조상이 남긴 유적과 유물로 세계인들의 주목을 끌고 있다. 지금은 경제적으로 부유한 생활은 못한다 할지라도 그들의 온고지심과 자존심은 오늘을 극복해 나갈 것이다.

터키

II.
동서양 문화의 교차점, 이스탄불

인천신문 2000. 10. 10.

이스탄불 문화 유적

이스탄불은 아시아와 유럽 두 대륙을 잇는 도시로 동서 문화의 접점이 되고 있다. 터키는 지진이 잦은 곳이며 이 때문에 많은 유적들이 파괴되었고 매몰되었다. '터키의 아버지'라 불리는 무스타파 케말이 1923년 터키 공화국을 세워 일부다처주의 폐지, 정치와 종교의 분리, 라틴문학의 채용 등 일대혁명을 일으켰다. 오스만터키 시대의 유적은 대부분 이스탄불에 집중되어 있다.

이스탄불은 비잔티움, 콘스탄티노플 그리고 현재의 이스탄불로 불리기까지 약 1600여년 동안의 문화와 역사, 왕조의 흥망이 되풀이되고 예로부터 상업의 중심지로 각광을 받았다. 이스탄불은 두 대륙이 접해있는 세계에서 유일한 도시이다. 이 도시는 보스포로스 해를 가운데로 하여 유럽과 아시아로 나뉘는 곳이다. 이스탄불의 황금시대는 유스티아누스 통치(527~565)기간이다. 이슬람교의 영향을 받아 돔 형식의 모스크와 첨탑들을 여기저기서 찾아볼 수가 있다.

톱카프 궁전은 17세기, 천하의 강대한 힘을 과시하던 오스만제국의 술탄(왕의 칭호)들이 세계 곳곳에서 거둬들인 진기한 보물과 눈부시게 아름다운 헌 상품들이 이곳에 있다. 골든 혼 바닷가에 성벽으로 둘러싸인 궁전은 그 면적만도 70만m²로 15세기 중반부터 20세기초에 걸쳐서 강대한 권력을 누렸던 오스만제국의 술탄이 거주하던 궁성이다. 500여 년 동안 오스만 제국을 통치하던 36명의 술탄 중에서 반 정도가 톱카프궁전을 사용했다고 한다. 자세히 살펴보면 이곳은 군사상 최적의 요새라고 할 수 있다. 삼면이 바다로 둘러싸인 언덕 끝에 동서교역의 접점인 보스포로스 해협을 향해 대포를 포진해 놓았다. 이 때문에 '대포문'(톱가푸)이라는 이름이 붙었다.

궁전은 그 자체가 하나의 마을이다. 의사당이나 술탄의 거실은 아름답고 왕실 여인들이 거처했던 하렘은 더욱 흥미롭다. 하렘은 술탄이 거느리던 여인들이 살던 곳이다. 이슬람 교리에 의해 여자들은 사람들 앞에 함부로 그 모습을 드러내서는 안 된다. 하렘은 술탄의 어머니가 사는 곳이기도 하다. 여자들은 첫 번째로부터 네 번째의 처까지 살고 있는 곳과 그 외의 첩들이 살던 곳으로 나뉘어졌다. 네 명의 처는 자신의 하인을 소유하고 생활도 보호되었으나 그 외의 첩들은 그러하지 못했다.

보물 중에서 빼놓을 수 없는 것은 에메랄드 방이다. 세 개의 큰 에메랄드와 시계가 부착된 '톱카프의 단검', 무게가 3kg이나 나가는 세계 최대의 에메랄드 등 깊은 초록의 아름다움이 곳곳에서 반짝인다. '스푼의 다이아몬드'는 86캐럿의 큰 다이아몬드를 중심으로 49개의 다이아몬드가 둘러싸고 있어 마치 투명한 눈물방울과 같다. 보석으로 장식된 물병도 볼거리다.

술탄아흐메트 사원(블루 모스크)은 1616년에 술탄아흐메트 1세가 여행객들의 쉼터로 만들었던 곳이다. 내벽을 장식한 푸른 타일은 각기 독특한 문양이면서도 건물 전체로 보면 연속된 아름다움을 지니고 있다. 그래서 블루 모스크라는 애칭으로 더욱 알려졌다. 터키의 사원은 둥근 천장의 돔과 첨탑이 특징이다. 블루 모스크도 6개의 높은 첨탑과 여러 개의 돔으로 이루어졌다. 건축양식이 독특해서 중앙 천장에 4개의 돔이 있지만 기둥은 없다. 블루 모스크에 내부에 깔려있는 넓은 초록 양탄자는 에티오피아에서 선사 받은 것으로 유명하다. 블루 모스크 밖으로 나오면 평온한 광장이 펼쳐지는데 여행객과 시민들의 휴식처로 사랑을 받고 있다.

아야소피아 사원은 톱카프 궁전 앞에 있는 적갈색의 건물로 동로마제국 시대 그리스정교의 본산지였다. 내부는 비잔틴 문화를 상징하는 다수의 모자이크 벽화가 남아 있다. 그리스도를 품에 안은 마리아 상이나 유스티아누스 대제가 화려하게 묘사된 그리스도 좌상은 특히 유명하다. 이들 모자이크 벽화는 콘스탄티노플이 1453년 오스만터키에 의해 함락되면서 옻칠을 하여 가리게 되었다. 그 후 이슬람교 사원으로 변모했다.

바실리카 지하 물 저장고를 빼놓을 수 없다. 이스탄불에 있는 가장 크고 웅장한 규모의 물 저장고이며 527~567년에 유스티아누스 황제가 7천여 명의 노예를 시켜 건설한 것이다. 길이 140m 폭이 70m이다. 높이 8m정도로 336개의 코린트 양식의 기둥이 떠받치고 있다. 총 면적은 9,800㎡이며 물의 용량은 10만 톤이나 된다. 물은 아타튀르크 거리에 있는 동로마 시대의 수도교에서 끌어왔는데, 오스만 시대엔 톱카프 궁전에서 거주하던 술탄들이 식수로도 공급되었다고 한다.

더구나 이 기둥들은 고대 건축물에서 채집한 것으로 여러 가지 문양의 대리석과 화강암으로 되어 있다. 기둥머리장식만 해도 98명의 전문 조각가들이 동원되어 예술과 과학의 조화를 갖춘 궁전모양으로 지어졌기 때문에 그곳 사람들은 예레바탄 궁전이라고 부른다. 그 중에 한 기둥은 눈물방울처럼 조각을 한 것은 이 건물을 지을 때 수백 명의 노예가 희생된 것을 추모하기 위한 것이라 한다. 이 저장고의 서북쪽 기둥에 메두사 머리가 하나는 머리를 거꾸로 하고, 다른 하나는 머리를 옆으로 하여 기둥을 받치고 있다. 이 머리를 어디로부터 가져온 것인지 그리고 머리가 왜 거꾸로 또는 옆으로 놓여있는지는 잘 알려져 있지 않으나 전설에 의하면 이것을 본 사람은 돌로 변한다는 것이다. 그래서 가장 안쪽에 숨겨 둔 듯하다.

그랜드 바자르는 터키어로 '카팔르 차르쉬'라고 한다. 즉 지붕이 있는 시장이라는 뜻이다. 약 5,000개의 상점이 들어서 있고 여러 방향으로 길이 나있어 한번 들어가면 나오는 출구를 잃는 수가 많다. 민족적 향기가 감도는 이 그랜드 바자르는 토산물 가게로 가득한 쇼핑 천국이다. 허브와 향료, 터키카페트, 금은 세공, 특히 옛 건축물의 모자이크를 문양을 한 동 주석의 세공물들이 좋은 기념품으로 눈에 뜨인다. 그냥 거닐며 아이 쇼핑만 하러 나왔다가 여러 가지 재미있는 기념품과 상인들의 친절하고 솜씨 있는 상술에 넘어가 지갑의 돈을 다 써버리게 되기 마련이다. 기분 좋게 흥정을 해서 값을 깎아 내리는 것도 재미가 있다.

이집트

피라미드와 '왕가의 골짜기'

인천신문 2000. 10. 3.

기자의 세 거대한 피라미드

우리 설화에 이런 이야기가 있다. 아이들 뒷바라지하느라고 일생을 고생하다 죽은 어머니가 있었다. 염라왕이 그에게 물었다. "넌 이 세상 어디어디를 구경했느냐?" 그러자 그는 대답했다. "네, 저는 아이들 키우느라고 아무 데도 가보지 못했습니다." 그러자 염라왕은 "허허 그럼 세상에 돌려보낼 테니 유명한 절이라도 보고 오너라." 하여 그는 다시 세상에 태어났다는 것이다.

'세상에 태어나서 피라미드와 〈왕들의 골짜기〉를 가보고 온 것은 최고의 영광이다.' 할 만큼 이집트는 신비스럽고 경이롭다. 그리스인들이 이집트관광의 붐이 일고 있을 무렵인

파피루스에 그려진 최후 심판의 그림.
파피루스는 미라와 같이 묻히는 것으로 미라에서 도려낸 심장을 질서와 정의 진실을 재는 마트라는 저울에 달아 심판한다.

기자지구에 있는
피라미드와 스핑크스

기원전 450년경 그 유명한 '역사의 아버지'라고 일컬을 헤로도토스가 현지에 와서 거의 약 3개월간 피라미드, 신전 등을 구석구석 돌아보며 기록으로 남겼다. 그의 저서 『역사』의 이집트 부분은 이때에 기록한 것이다. 그의 견문록은 오늘날 고대문명을 연구하는 연구가들에게 필요한 지식을 공급했던 것이다.

세상에서 가장 오래된 피라미드는 기원전 2680년경 사카라에 있는 조세르왕의 능묘이다. 여섯 계단형으로 된 것이나 그로부터 1세기가 지나 기자지구에 오늘날 보는 것처럼 밑이 정사각형의 네모꼴로 된 피라미드가 완성되었던 것이다. 그로부터 10세기 동안을 피라미드 시대가 지속되다가 기원전 1550년경 〈왕가의 골짜기〉의 암굴묘岩窟墓 시대로 바뀌었다. 지금까지 만들어진 피라미드의 수는 무너진 것도 있고 해서 정확한 수는 알 수 없으나 60~80개 정도라고만 알고 있다. 이 중에는 물론 왕 자신의 것도 있지만 왕족의 것도 적지 않다.

피라미드 하나에 들어간 돌의 양을 만일 30㎤ 네모꼴로 잘라 한 줄로 놓을 것 같으면 적도의 약 3분의 2에 달할 것이라고 했다. 1798년 이집트로 원정 갔던 나폴레옹은 기자의 언덕에 서서 이 세 피라미드(쿠푸왕, 카프레왕, 멘카우레왕의 세 피라미드)를 보고 이 피라미드의 돌을 모두 프랑스로 가져갈 수만 있다면 두께 30cm, 높이 약 3m의 석벽으로 프랑스 전국을 쌓을

신비스런 왕가의 골짜기 기지에 있는 스핑크스

피라미드 내부에 그려진 미라를 만드는 과정. 카르나크 신전의 벽화 중 일부. 자칼머리를 한 아누비스신이 왕의 미라를 만들고 있다. 자칼머리를 한 아누비스신은 장례를 관장하는 신이다.

수 있을 것이라고 하는 일화가 있을 만큼 웅장했다.

당시의 기술로 이 같은 거대한 피라미드를 어떻게 건조할 수 있을까가 오늘날의 불가사의이다. 심지어는 현대 과학자들도 이해할 수 없는 우주인의 기술에 의해서 건조되었을 것이라는 막연한 추측까지도 불러일으켰던 것이다. 그러나 경사를 완만한 모래로 쌓아 썰매로 운반되었을 것이라는 학설이 지배적이다.

스핑크스 즉 머리는 인간이고 몸은 사자의 모습을 하고 있는 스핑크스는 아랍어로 아불하울, 뜻은 공포의 아버지이다. 아랍군의 침입 후에는 코가 깎여 나갔으며 영국군에게는 수염이 뽑혀나가 현재의 얼굴은 사람의 얼굴답지 않다. 스핑크스의 수염은 현재 대영박물관에 보관되어 있는데 이집트 정부가 반환을 요구하고 있다. 스핑크스의 길이는 73m, 높이는 21m이다. 처음엔 바위산이었으나 통 체로 깎아 스핑크스를 조각했다. 오랜 역사가 흐르는 동안 스핑크스는 모래에 파묻혀 머리만 모래 위에 내놓았던 것을 1926년에 현재 모습이 되었다.

처음에는 사막지대라 왕의 관을 지하에 묻더라도 오래 지나면 왕관이 노출되어 짐승에게 손상이 되거나 도굴꾼에게 도굴되거나 하여 궁리 끝에 영원히 보존할 수 있는 피라미드를 건조할 생각을 했을 것이다. 영원의 상징 피라미드는 또한 태양신 숭배의 이집트인의 종교 관에도 일치하여 높이 쌓을 수밖에 없었을 것이다. 그리고 미라를 만든 것은 죽은 자가 다시 세상에 올 때 육신이 있어야만 영혼이 돌아올 수 있기 때문에 가능한 최고의 기술을 들여 미라를 부패하지 않게 만들었을 것이다.

이집트 고고학박물관은 이집트 전역에서 발굴한 방대한 양의 유물을 모아 놓아 세계적으로도 유명하다. 하나 흠이라면 유물에 비해 장소가 좁아서 마치 조각상과 돌의 창고 같은 느낌이 든다. 그러나 미라실이 공개되어 수십 구의 미라를 보며 유물을 살피는 것만 해도 너끈히 3~4일은 소요된다. 조각상이나 파피루스에 새겨진 인물상에 눈이 특징이 있다. 눈을 크게 그렸을 뿐 아니라 살아있는 것처럼 생기가 있다. 눈두덩에 아이섀도를 한 것은 악귀를 쫓는 주술의 역할을 한다고 믿는다. 미라의 표면에 눈을 그린 것은 죽은 자의 영혼이 세상 밖을 바라보고 있다는 것을 나타낸다. 그리고 수염도 특징이 있는데 직사각형으로 되어있는 것은 왕과 귀족을 표상하는 것이다.

왕가의 골짜기

룩소르는 예전에는 테베라고 불리던 곳으로 중왕국, 신왕국 시대에는 수도로서 번영했던 곳이다. 중왕국시대까지는 피라미드 콤플렉스처럼 무덤과 장제전葬祭殿 신전이 하나로 되어 있었다. 그러나 신왕국시대로 접어들면서 왕가의 골짜기와 같은 암굴분묘와 핫셉슈트 장제전으로 대표되는 신전으로 나뉜다. 나일강 동안에는 카르나크 신전과 룩소르 신전이 있고 나일강 서안에는 왕가의 골짜기가 있다.

태양이 지는 나일강 서쪽의 사막은 고대 이집트인에게는 저승이 있는 곳이라고 믿고 있었다. 신왕국시대에 이르자 파라오(왕)들은 도굴을 방지하기 위해 룩소르 서쪽 강변 깊숙한 계곡에서 사후에 영원히 안주할 땅을 찾았다. 그것이 유명한 왕가의 골짜기다. 그러나 결국 금은보화를 노리는 도굴꾼들의 눈을 피하지 못하고 대부분의 무덤이 약탈당하는 수모를 겪었다. 그 가운데 유일하게 남은 게 바로 투탕카멘의 무덤이다. 이 무덤의 주인공 투탕카멘 왕은 9세 때 왕위에 올라 18세로 요절했다. 다른 무덤에 비해 가장 작았으므로 도굴꾼들의 관심이 덜 했을 것이다. 이 무덤에서 나온 유물들이 이집트 고고학 박물관의 2층의 절반을

룩소르에 있는 함쎕슈트 장제전(葬祭殿)

룩소르에 있는 핫쎕슈트 장제전(葬祭殿)의 기둥에 새겨진 조각상. 대부분 지진과 전쟁으로 파괴되었다.

차지할 만큼 양이 많은 것은 참으로 다행한 일이라고 하지 않을 수 없다.

오벨리스크는 옛날 이집트 왕조 시대에 태양신앙의 상징으로 신전 앞에 세워진 높다란 기념탑이다. 하나의 거대한 석재로 만들어 위쪽으로 갈수록 가늘어지는 네모 기둥이고 꼭대기는 피라미드 꼴로 되었다. 기둥 면에는 상형문자로 왕의 업적과 기타 도안이 새겨졌다. 오벨리스크가 해외로 반출되면서 현재 이집트에 남아있는 오벨리스크는 얼마 안 된다 현재 남아있는 오벨리스크 중에 제일 높은 것은 카르나크 신전에 있는 핫쎕슈트 여왕의 오벨리스크로 높이가 무려 30m나 된다. 태양신의 상징답게 햇빛이 나면 화강암으로 된 오벨리스크의 정상 뾰족한 부분이 금빛으로 도금한 것처럼 빛나는 것이 장엄하다.

타
이

13.
타이 북부 소수민족의 생활문화

인천신문 2000. 11. 14.

치앙마이의 전원도시

타이북부 지역은 무성한 산림이 우거지고 산과 비옥한 계곡이 있다. 풍요로운 물줄기가 여기저기 흐르고 있으며 산비탈에는 미얀마 혹은 중국의 운남에서부터 이주해 온 여러 종족들이 살고 있다.

방콕에서 북쪽으로 700㎞ 떨어진 치앙마이는 태국에서 두 번째로 큰 중심도시로서 15만의 인구가 살고 있다. 태국에서 으뜸가는 미인도시라고 일컬을 만큼 미인들이 많이 나는 도시이기도 하다. 아마도 전원도시인데다 항상 푸르고 꽃으로 둘러싸인 자연환경이 미인을 낳은 조건이 되었는지 모른다. 도시 중앙에는 옛 왕조시대의 번영을 대변하는 듯 300여 곳이 넘는 사원들이 무척 인상 깊다. 도시는 구 시가지인 사각의 성벽을 중심으로 발달되었는데 지금은 성벽이 거의 파괴되고 일부만이 남아 있다. 제2차 세계대전 때 일본군이 점령해서 도로공사를 위해 성벽을 허물었다고 하니 이곳까지 일본 침략의 손이 뻗쳤던 모양이다. 도시의 차분한 전원의 분위기가 나그네로 하여금 안도감을 주는 성싶다.

치앙마이에서 가장 오래된 사원으로 12세기에 세워진 '왓치앙만'사원이 있다. 처음에는 왕이 거주하던 궁전으로 세워졌다. 이곳에는 수정으로 된 불과 높이 10cm의 불상 '프라세탕 따마니'가 있으며 또 하나는 대리석 불상인 '프라실라'가 있다. 이 두 불상은 비를 오게 하는 능력이 있어서 4월에 열리는 송크란 축제 때 참가하며 치앙마이 사람들이 이 부처상

치앙마이의 소년 스님들.
승려대학에서 수업을 마치고 줄지어
식당으로 가는 행렬이다.

카렌족 여인들은 목에 링을 착용한다. 놋쇠 재질의 링은 그 무게만큼이
나 무겁지만 어릴 때부터 착용하기 때문에 차고 견딘다. 농사를 주로 하
며 수공예를 부업으로 한다.

에다가 물을 뿌려준다. 본당 뒷편에는 사면이 코끼리상으로 둘러싸인 '창롬 체디(탑)'가 세워져 있다.

그리고 거대한 '체디루앙'이 파라미드처럼 시가지 중심에 자리잡고 있다. 그리고 사각형 대칭을 이루는 체디의 각 면에는 용이 조각된 계단 위로 코끼리상이 호위하고 있다. 사원 내에는 승려대학이 있었는데 소년 승도들이 열심히 불경을 소리내어 암송하고 있는 모습이 인상 깊었다. 총인구의 90%이상이 불교를 신봉하는 태국에서 남자는 성인이 되면 일생에 한번 불문에 드는 관습이 이어져 내려오고 있다. 소승불교인 승려들은 엄한 계율을 지켜 절대로 결혼을 금하며 술과 고기를 먹지 않고 스스로 금욕생활을 철칙으로 삼는다. 새벽녘에 여인네들이 집 앞에 나와서 주홍색 장삼을 두른 승려에게 음식과 연꽃을 시주하는 모습을 보면 신앙심이 절로 울어 나온다.

성기신앙의 아카족과 디딜방아 찧는 카렌족

마약의 소굴 트라이앵글은 옛말이다. 물론 깊은 산 속으로 들어가면 마약 생산이 성행하고 있는지 모르지만 이 지역은 완전히 관광지가 되어 있었다.

북부도시인 치앙라이에서 다시 북쪽으로 약 20㎞정도 가면 아카족 마을이 있다. 미리

타이북부 산비탈에 사는 아카족의 성기신앙.
성기숭배는 모든 생산의 관장하는 신이다.

얻은 자료에 의하면 아카족은 우리나라와 신앙이 비슷한 형태가 보이며 매우 유사한 것이 있어서 관심을 가지고 일부러 찾아간 것이다. 언덕 경사진 곳에 10여 채 집이 띄엄띄엄 있었다. 이들은 부근 산 비탈진 곳에 마을을 이루어 살고 있다. 마을에 들어서자 숲 속에 이상한 것이 보였다. 차에서 내려 살펴봤더니 우리나라의 장승과 비슷한데 남근이 있었다. 장승과 남근 원초적인 신앙 형태라고 생각이 들었다. 남근은 풍요와 생산의 상징이다. 우리나라에도 동해안 일대는 남근숭배가 지금도 성행하고 있다.

중국 운남성에서 살다 국경을 넘어 온 이 종족은 여자들의 복장은 뒷면이 다양한 색깔의 새 깃털로 장식된 원추형의 모자를 쓰고 청색 또는 검은 바탕의 미니스커트와 재킷을 입는다. 아카족은 성에 관한 한 비교적 자유스럽다. 둘이 마음이 맞아 살다가도 아이를 낳지 못하면 반드시 결혼하지 않아도 된다. 담배를 즐기는 아카족은 누구나 긴 담뱃대를 애용한다. 그리고 우리나라와 비슷한 것은 보신탕을 먹는다는 것이다. 이들이 개를 키우는 것은 먹기 위해서다. 개고기가 고급 요리로 사용된다. 우리나라도 얼마 전까지는 시골에서 개를 키우는 것은 식용으로 하기 위한 것이 대부분이었다.

산으로 약 3시간정도 깊이 들어가니 카렌족의 마을이 있었다. 이들은 농업을 경영하며 대나무로 엉성하게 집을 지어 산다. 아래층은 돼지나 가축을 키우고 또는 방앗간으로 설치하고, 위층은 방과 부엌이 있었다. 부엌이라야 냄비와 솥 그리고 그릇 몇 개가 전부다. 다른 어떤 소수민족보다 코끼리 조련에 능하여 원목을 운반하는 일에 코끼리를 이용하고 있다. 특히 필자의 관심을 끈 것은 디딜방아가 아래층에 설치되어 있는데 마침 두 부인이 작업을 하고 있었다. 무얼 찧고 있을까 나는 궁금해서 가까이 가서 보니까 밀가루를 만들고 있었다.

마치 작업 모습이 우리나라의 디딜방아와 같아서 친밀감이 들었다.

골든 트라이앵글

미얀마와 라오스와 타이 3국이 국경을 맞대고 있는 곳으로 유명한 황금의 삼각지대 (Golden Triangle)가 위치해 있다. 이곳에서 생산되어 전세계로 공급되는 마약의 양은 세계 최대가 된다고 하나 지금은 관광으로 과거를 대신하는 듯 많은 관광객을 상대로 소수민족 의 아이들이 형형색색의 옷으로 장식하여 예쁘게 차려 입고 이방인을 맞이하고 있다. 이들 은 함께 사진을 찍어주고 사례를 받는다. 강변을 따라 고급호텔 건설이 한창인데 앞으로 다가올 대중국과 미얀마, 라오스와의 교역의 견인차 역할을 할 중심도시로서 성장을 꿈꾸 며 많은 투자가 이루어지고 있다. 강 하나 사이를 두고 미얀마 쪽에도 카지노 빌딩을 짓다가 자금난으로 중지된 듯 앙상한 뼈대만 보기 싫게 서있다. 타이 최북단의 소도시 메사이는 미얀마와의 다리 하나를 사이에 두고 있는 국경마을로 양국 시민들의 왕래가 호황을 이루고 낮에는 상업도시로 북적거린다.

14.
관광의 삼요소가 갖추어진 나라, 타이

인천신문 2000. 11. 21.

아유타야의 불교문화

관광객을 모으려면 볼거리가 풍족해야 되고 기후조건이 좋아서 자연이 좋아야 하며 그곳 사람들의 친절함과 인심이 좋아야 한다. 이 중에 한 가지라도 부족하면 관광지로서는 실격이다. 태국은 관광의 나라다. 자연풍토도 관광에 적합하지만 문화도 다양하여 볼거리가 너무 많다. 뭐니 뭐니 해도 그곳 사람들은 관광에 소질이 있는 성싶다. 친절하고 성내지 않고 낭만적이다. 아마도 세계에서 모여드는 관광객을 상대로 먹고살자니 그럴 수밖에 없겠지만 아무튼 상냥하고 친절하다. 사실 태국은 소수민족들이 어우러져 다양한 문화를 꽃 피웠다. 카렌족, 몽족, 미엔족, 라후족, 아카족, 리수족이 그들이다.

이들 6종족은 언어, 복장, 종교와 역사적 배경이 각각 다르다. 한국에서 관광객을 모집해서 가는 여행사의 코스는 방콕과 아유타야 정도, 그리고 해수욕장 정도가 고작이다. 그러므로 진짜 멋진 문화관광을 하려면 북부로 가야 한다. 물론 아유타야는 빼놓을 수 없는 곳이다. 아유타야는 태국의 정신적 산실인 불교의 모태를 볼 수 있기 때문이다. 1767년 미얀마군의 공격으로 파괴는 되었지만 고대 유적이 산재해 있는 이곳을 둘러보는 것은 즐거움이다. 나란히 앉아있는 좌불상과 그 옆으로 누워있는 부처님의 와불상은 너무나 좋다. 인도와는 또 다른 불교의 진면목을 볼 수 있어서 꼭 가봐야 할 곳이다.

타이에서 가장 규모가 큰 폐허의 유적도시 아유타야는 강으로 둘러싸인 천혜의 입지 조건

치앙마이 소수민족 소녀들

아카족 부인의 의상
아카족의 부인. 여자들의 복장은 뒷면이
다양한 색깔의 새 깃털로 장식된 원추형
의 모자를 쓰고 청색 또는 검은 바탕의
미니스커트와 재킷을 입는다.

이 좋은 인구 6만의 작은 도시이며 방콕으로부터 북쪽으로 거의 80㎞ 거리에 있다. 수코타이는 13세기중엽 타이족이 세운 왕조였으며 중국의 문물을 받아들여 문화를 발전시켰으며 타이 문자가 제정된 것도 이 왕조 때였다. 14세기 후반에 아유타야 왕조에게 멸망되어 아유타야가 그 찬란했던 문화를 계승하였다. 아유타야는 수코타이에 이어 1350년에서 1767년까지 5왕조에 걸쳐 417년간 아유타야 왕국의 수도였던 곳이다. 아유타야는 '프라 나콘 시 아유타야' 즉 '신성한 도시의 아유타야'를 의미하듯 경내에 들어서면 감탄과 감격이 절로 솟는다.

그러나 이 작고 전원적인 도시가 세계적으로 알려지게 된 것은 무엇보다 이곳이 국제무역항이었다는 점이다. 아시아 제국은 물론 저 멀리 서유럽까지 외교통상을 열었으며 영국인은 "런던처럼 훌륭한 나라다"라고 호평까지 했다고 한다. 그토록 훌륭했던 아유타야도 몇 차례 미얀마와의 전쟁과 왕위 계승을 둘러 싼 다툼 끝에 아유타야는 미얀마군에 의해 함락된다. 미얀마군의 파괴와 약탈은 극에 달했다. 중세 유적도시 아유타야는 한때 세계적으로 번성했던 옛 도읍지였으나 지금은 폐허화된 왕궁과 수많은 사원의 잔재들이 여행자들의 눈을 끄는 곳이다. 더러는 유네스코의 지원으로 복원 중에 있는 것도 있다.

우통왕(재위 1350~60)은 북방에서 주민과 함께 이주해와 새로운 도읍지를 만들었다. 왕궁은 1350년에 세워져 그 후로 역대왕들이 몇 개의 궁궐을 증축함으로써 귀족들의 호화스런 궁전생활의 무대가 되었다. 그러나 1767년에 미얀마의 침공으로 파괴되어 지금은 그 화려했던 아유타야는 유적만이 남아있을 뿐이다.

왓프라시산펫은 아유타야 사원 가운데 가장 규모가 크고 아름다운 사원으로 가운데에는 아유타야의 상징이기도 한 3기의 흰 탑이 높이 솟아 있다. 우뚝 솟은 3기의 탑은 스리랑카 양식의 체디(탑)로 부자왕의 유골을 각각 수장하고 있다. 왓로카야수타는 길이가 30m 되는 열반불상涅槃佛像이 풀숲 속에 옆으로 누워있다. 이 열반상은 80세로 죽은 불타를 표현한 것이라고 하지만 불자가 아니라 하더라도 열반상 앞에서는 절로 머리가 숙연해진다. 본당 뒷편 사각형 경내에는 체디를 중심으로 수십 기의 좌불상座佛像이 있다.

북부 소수민족의 부인이 부엌에서 조리를 하고 있다.

왕궁의 수호 '에메랄드사원'

타이의 수도 방콕으로 돌아왔다. 수도 방콕의 교통체증은 서울과 진배없었다. 길이 협소하며 과밀하기 그지없다. 가까운 거리인데도 교통체증 때문에 시간이 걸린다.

에메랄드사원(왓프라께오)은 왕궁 수호사원이다. 먼저 에메랄드 불상의 기원에 대해서 알아보자. 전승에 의하면 이 불상은 기원전 43년, 현재의 북인도 파트나에서 만들어졌다고 한다. 300년 후 이곳에서 일어난 내전을 피해서 경건한 불교도들이 불상과 함께 세이론으로 건너갔다. 457년에 바캉왕은 불상을 인수했지만 귀로에 배는 풍랑에 파괴되어 불상은 바다에 침몰되었다. 그런데 앙콜 해안에서 불상을 건져 올렸다고 한다. 그 후 아유타야를 경유해서 치잉라이에 건너갔다. 여기에서 도둑 맞지 않도록 석고를 입혀 불탑에 안치하였다. 시간이 흘러 1434년에 이 탑에 벼락이 떨어졌다. 그 때문에 석고가 깨지고 안에 있던 에메랄드 불상이 나타났다. 이때로부터 이 불상은 이상하게도 초능력을 가지게 되어 사람들로부터 신앙을 받게 되었다. 치앙마이의 왕이 이 소문을 듣고 불상을 코끼리에 싫어 치앙마이로 옮겼다. 그러나 코끼리는 치앙마이 방향으로 가지 않고 랑팡으로 향했다고 한다. 이것을

방콕에 있는 에메랄드사원의 일부. 둥근 탑이 '프라스리 라타나 체디'이고 그 앞에 많은 기둥으로 둘러
있는 것이 '푸라 몽도푸'(정방형의 도서관)이다. 순수한 타이양식의 탑이다.

방콕에 있는 에메랄드사원의 황금 탑을 받치고 있는 야차(도깨비)와 원숭이신들

본 왕은 이것도 부처님의 뜻이라고 생각하여 랑팡의 사원에 모셨다. 그 후 불상은 이곳 저곳으로 옮겨졌다가 1784년에 현재의 위치로 옮겨졌다고 한다.

왓프라께오는 일명 '에메랄드사원'으로 타이 최고의 왕궁 수호사원이다. 이 사원에는 타이에서 가장 숭앙받는 본존이 모셔져 있다. 그 높이가 75cm의 아름다운 초록 빛깔의 벽옥碧玉으로 이루어져 마치 에메랄드 빛깔처럼 아름다워 사람들은 에메랄드사원이란 이름으로 불려왔다.

먼저 관광인이 되라

타이를 돌아보고 느낀 것은 조상들이 남긴 문화유산이 많다는 점이다. 이런 점으로 봐서 우리나라도 문화유산이 적지 않다. 문제는 관광산업을 일으키려면 그 민족이 먼저 관광인이 되어야 한다는 것이다. 우리 민족은 전통적으로 관광업에 소질이 없는 민족이다. 처음 만나는 인상이 부드럽지 않고, 길에서 방황하는 사람을 만나더라도 그것은 내 일이 아니니까 그저 지나쳐 버리곤 한다. 그러나 무엇보다도 역사나 문화에 대해서 좀 더 지식이 풍부해야 한다는 것이다. 지금은 글로벌 시대이다. 과거는 제 잘 난 맛으로 살았는지 모르지만 이제는 그런 정저와井底蛙에서 벗어 나와야 할 시대라고 생각한다.

베트남

15.
호안키엠전설과 용왕전설

인천신문 2000. 10. 31.

하노이거리는 오토바이 천국이다. 출퇴근시간이면 발 디딜 틈 없이 거리를 빽빽이 찬 오토바이를 본다. 사람들의 얼굴은 생기가 돋고 베트남전쟁을 잊은 듯 태연한 그들은 과거에만 연연할 시간이 없다는 것이다. 부지런하게 일을 해야만 먹고산다는 일념으로 오토바이를 몰고 있다. 가끔 벽에 총알 자국이 남아있을 뿐 사람들 모습에는 전쟁의 상흔은 남아있지 않다.

강대국들의 침략과 약탈만 없었더라면 평온하고 풍요로운 자연환경과 평온한 생활을 영위했을 것이다. 베트남인들은 그만큼 시달리고 쫓기는 생활을 계속했다. 그래서 지금은 부지런하게 일하는 모습이 역력히 보였다. 그런 점에서는 우리나라와 진배없다. 우리도 옛날에는 바지저고리에 팔자걸음을 걷는 정도로 유유한 생활을 했지만 전쟁을 몇 번 겪고, 생활난에 쫓기다 보니 "빨리빨리"가 몸에 배인 듯하다.

베트남은 길게 펼쳐 있고 여러 나라와 국경을 접하고 있으며 54개 다민족이 살고 있어서 언어 풍속이 제각기 다르고 문화도 다양하다. 물론 킨족이 90%를 차지하니 킨족이 정치 경

교통수단은 오토바이다.

제면은 지배하고 있지만 이곳 사람들은 민족 분쟁 없이 잘 지내고 있다. 호치민시가 유행과 팻숀의 도시라고 하면 하노이시는 역사와 고풍의 도시답다. 오토바이의 질주만 없었다면 조용하고 안락한 도시라고 할 수 있다.

하노이의 호안키엠 전설

하노이 중심부에 조용한 호안키엠還劍湖이라는 호수가 있다. 그리고 호수 중앙에 있는 것이 거북탑이다. 전설에 의하면, 15세기 초에 명나라의 침략을 격퇴시켜 그로부터 10년 후에 베트남의 통일과 민족통일을 이룩한 여조黎朝의 태조, 레로이黎利의 신검神劍을 둘러싼 전설이다. 레로이가 어느 때, 이 호수에서 고기를 잡고 있었는데 거물을 거두니까 그 밑에는 한 자루 검이 나왔다. 레로이는 이 신검을 가지고 전장으로 나가 명나라를 격퇴시켰던 것이다. 승전하여 하노이로 돌아온 레로이는 즉위식을 했는데, 그 즉위식을 한 장소는 전에 신검을 얻은 호수 한가운데였다. 그

하노이 시내 주심에 있는 호안키엠 호수이다. 한가운데 있는 것이 거북 탑이다.

런데 바로 그때 한 마리의 커다란 거북이 나타나더니 레로이의 신검은 칼집 채로 그의 손으로부터 빠져나와 거북이 있는 곳으로 날라 가더니 거북이는 그 신검을 물고 호수 깊이 사라졌다.

또 다른 전설은 레로이가 왕위에 오르자, 전쟁에서 이긴 것을 감사하는 제의를 올리기로 했다. 준비가 다 되고 왕의 신검이 제장으로 옮겨졌다. 제의가 시작하자마자 왕의 신검이 칼집에서 뽑아지자 그것이 용으로 변했다. 용은 물밑으로 사라지더니 두번 다시 나타나지 않았다. 신검은 곧 용이었고 용은 수호신이었다. 검이 사라진 그곳에 탑이 섰는데 하노이 사람들은 이것을

거북탑이라고 한다.

우리나라에도 이와 비슷한 전설이 있다. 함경북도 함흥에서 가까운 곳에 적지赤池라는 못이 있다. 이 못에 관련된 전설이 있는데 다음과 같다. 옛날, 이태조의 조부 도조度祖가 젊었을 때의 일이다. 어느 날 꿈에 흰 용이 나타나서 "나는 이 못에 사는 흰 용인데 검은 용이 딴 곳에서 와서, 못을 뺏으려고 하니 나를 도와주시오. 당신은 활을 잘 쏘니까 겨누어 검은 용을 쏘아 주시오." 하고 사라졌다. 그래서 그 다음날 연못에 가 보니 과연 검은 용과 흰 용이 엉켜 서로 싸우는 것이었다. 도조는 활을 쏘려고 했지만 어느 쪽이 검은 용인지 분간을 할 수 없었다. 그랬더니 그날 밤 꿈에 또 흰 용이 나타나서 언짢은 표정으로 "왜 활을 쏘지 안했는가? 이번에는 실수하지 말고 잘 쏘시오. 먼저 오는 쪽이 흰 용이고 나중 오는 쪽이 검은 용이오." 하고 사라졌다. 과연 그날도 두 용이 나타났는데 예상한대로 활을 쏘았다. 검은 용은 피를 흘리고 사라졌다. 이때 용의 피 때문에 붉게 물들었다 해서 적지赤池라고 한다. 흰 용은 감사의 표시로 손자인 이성계가 왕이 될 것이라는 예언을 했다. 이 예언은 들어맞았다.

베트남의 산신과 용왕의 다툼

베트남은 남북으로 길게 뻗은 지형을 가졌으므로 바다와 산맥으로 가로막고 있다. 따라서 자연히 바다와 산을 배경으로 산업이 발달했다. 오랫동안 중국문화의 수용으로 인해 신앙면도 중국남부의 영향이 많다. 산신과 용왕에 대한 베트남인들의 사고思考에 대하여 알아보는 것도 우리와 비슷한 동질성을 발견할 수 있는 잣대가 된다고 생각한다.

훈분 18대 왕에게는 미눙이라는 예쁜 딸이 있었다. 어느 날 산을 대표하는 산왕山王과 바다를 대표하는 수왕水王이 구혼하러 훈분왕에게로 왔다. 한 사람은 서쪽 높은 산의 산맥의 왕이요. 또 한 사람은 동쪽 깊고 넓은 바다의 용왕이다. 그들은 누가 보아도 씩씩하고 용맹스런 청년으로 훈분의 사윗감으로는 적임자였다. 그래서 둘 중에 누구를 사윗감으로 택할 것인가 매우 난처했다. 끝내 훈분은 결정을 못하고 다음과 같은 지시를 내렸다. "둘 다 나의 사윗감으로는 적임자다. 그러나 딸은 하나뿐이니 어찌하랴. 그러므로 내일 아침 찹쌀 10가마, 바잉중 10가마, 상아 9개 있는 코끼리, 윗 발가락 9개 있는 닭, 아홉 빛깔의

수상 인형극
베트남의 전설이나 설화를 주제로 물위에서 상연하는 인형극
이다.

말, 이것을 가져오는 자를 사위로 삼는다."고 했다. 다음날 아침, 훈분왕이 하명한대로 산왕은 선물을 모두 갖추고 먼저 마눙산을 내려왔다. 수왕은 늦었기 때문에 신부를 얻지 못했다. 수왕은 대단히 분해서 군대를 이끌고 산왕을 추격해 미눙을 뺏으려고 했다. 수왕은 폭우와 태풍을 일으켜, 대지를 삼킬 듯 요란스럽게 진동하면서 산왕을 괴롭혔다. 한편 산왕도 이에 못지 않게 요술을 부려 들과 언덕을 물에 잠기지 않게 높이곤 했다. 이리하여 최후로 수왕은 돌아가버렸다. 그때부터 수왕은 마음이 거칠어져 매해 태풍과 수해를 일으킨다.

한국에도 산신과 용왕이 싸우는 전설이 있다. 지네는 산신으로 대변되고 용은 수신을 대변된다. 한국에는 용왕이 승리하는 것이 보통이다. 임헌도 씨가 채록한 공주 연미산의 전설도 이 계통의 전설이다. 용과 지네가 늘 싸우는데 싸울 때마다 전염병이 유행하거나, 흉년이 들어 사람이 살수가 없었다. 사람이 용을 두둔하자 용이 지네를 물리쳐 이겼다. 지네는 가끔 희생제물을 요구한다. 처녀를 매해 한 명씩 요구하는데 희생제물을 바치지 않으면 그 해 농사는 흉년이 든다. 이때 용이 나타나 지네를 퇴치한다. 이것은 산신과 수신을 상징한다. 수신이 이겼을 때는 사람들이 강이나 바다를 생업으로 하는 경우가 많고, 만일 산을 업으로 하는 사람이 많을 때는 산신이 이긴다. 따라서 수신이 이기면 농사가 잘 되고 대신 산신이 이기면 산촌이 번창한다.

베트남은 다민족이 사는 만큼 신화와 전설도 풍부하다. 그리고 오랫동안 중국의 유교문화에 젖었기 때문에 부모를 섬기는 일, 노인을 위하는 것들이 우리나라와 같다.

인
도
네
시
아

16

신과 인간이 공존하는 발리섬

인천신문 2000. 11. 7.

힌두교의 신심信心

발리섬이 관광으로 유명해진 것은 280만 도민이 모두 힌두교를 믿고, 힌두문화의 전통을 고수하고 있기 때문이다. 인도네시아 국민의 90%가 이슬람교도인데도 불구하고 종교의 자유를 위해 이곳 섬에 머물며 그들 독특의 신앙과 무희와 전통예술을 지켜온 것이 오늘날 관광의 노란 자위가 된 것은 아무도 몰랐을 것이다.

섬 북부는 거친 땅이지만 중남부는 비옥한 농토를 가지고 있어서 발리 사람들의 식량은

기도하는 섬사람들
주민들이 사원에 모여기도를 드리고 있다. 특히 백의를 두르고 앉아있는 모습이 마치 선경(仙境)이라도 온 것 같았다.

자급자족이 가능하다. 부족함이 없이 살아 왔기 때문에 사람들의 표정도 밝으며 인심도 후한 편이다. 최근은 관광 수입이 짭짤해서 돈을 알기 시작하면서 다소 인색한 편이라고 할까 돈을 요구하는 습성이 생긴 듯하다. 그러나 그것은 일부 사람들이지 주민들의 마음의 저변에는 오로지 신과 더불어 공존하는 세계관이 있을 뿐이다.

마을마다 세 개의 사원이 있다. 하나는 마을의 설립과 동시에 세워진 사원으로 푸라ㆍ푸세이고 두 번째는 마을 공동체가 공동의례를 행하는 사원으로 이곳을 푸라ㆍ데사라고 한다. 그리고 세 번째는 사후死後의 영혼을 비는 푸라ㆍ다렘이다. 발리 도민들은 영계의 존재를 확실히 믿으며 영혼과 신들의 신성함을 유지시키기 위하여 이 밖에도 여러 제신을 섬기는 사원이나 사찰이 많다. 예컨대 벼의 신, 물의 신을 제사하기 위해서 논의 구석구석에 작은 사당을 모시고 있는 풍경을 볼 수가 있다.

그들의 언어도 힌두교의 카스트제도로 인해 파생되었다고 보아지는 보통어, 정중한 언어, 존경어의 3종류가 있다. 이를테면 발리 사람들은 손아래 사람, 친구나 친한 사람사이에 사용하는 보통어, 낯선 사람이나 손위의 사람에게 쓰는 정중어, 그리고 최상의 카스트에 속하는 승려나 중요한 인물에게 쓰는 존경어가 있다. 의식적이건 무의식적이건 간에 이 세 가지 경우를 뒤범벅으로 사용하는 사람을 무례한 사람으로서 기피인물로 취급한다. 극단의 경우 재판에 회부되어 처벌되는 수도 가끔은 있다.

발리
집집마다 사당이 설치되었다.

차로나랑과 우리나라의 사자춤

나는 우리나라의 '놀이'문화가 최초에 제사의식에서 발생했다는 설을 주장하지만 이것을 뒷받침하듯 발리에서는 의례에서 출발한 민속예술임을 입증하고 있다. 왜냐하면 발리 사람들은 신에게 예술활동을 통하여 의례가 행해지며 그것이 그들 생활의 일부인 것이다. 발리의 무용에는 세 종류가 있는데 하나는 종교적 요소가 강한 무용(달리·왈리), 의례성이 강한 무용(달리·부왈리), 세속적인 무용(달리·발리발리앙)이다.

달리·왈리는 사원의 제일 안쪽에서 공연되는 것으로 그야말로 신을 즐겁게 해주기 위한 오신娛神의 기능이 있다. 달리·부왈리는 사원의 중간 뜰에서 공연되는 무용이다. 물론 여기는 무용 뿐 아니라 연극도 포함한다. 그리고 달리·발리발리앙은 사원 밖에서 추는 춤인데 이것은 오락성이 가장 많고 가장 역사가 짧은 무용이다. 물론 세속적이건 종교적이건 연극을 포함한 이들 무용은 발리 사람들에게는 없어서는 안 될 생활의 일부분으로 그들의 신앙생활과 밀착되어 있다.

차로나랑, 일명 바롱·댄스로 알려진 이 무용담은 극을 보는 순간 선과 악의 투쟁이란 것을 짐작케 한다. 초자연의 힘을 가진 성스러운 짐승 바롱은 발리의 힌두교에서 선의 상징으로 알려지고 있으며 각 마을을 찾아다니며 악령을 물리치고 역병을 퇴치시키는 기능을 한다. 이 극의 끝에 가서 성스러운 바롱에 대항하는 악의 상징인 마녀 랑다가 등장하여 격투는 절정에 이른다. 이 선과 악의 투쟁은 현재도 계속된다고 하는 세리프로 막을 내린다.

마치 우리나라의 사자춤이나 지신밟기와 같다. 사자는 동물 중에 가장 힘센 짐승으로서 사자가 온 마을을 두루 돌아다니며 역병을 물리치고 잡귀를 퇴치하여 집집마

발리 연희 바롱댄스.
힌두교 선(善)의 상징인 바롱이 각 마을을 다니며 악령을 물리친다.

다 그리고 마을의 평안을 가져
오게 하는 놀이로서 북청 사자
놀이는 유명하다. 남쪽에서는
이 사자놀이 대신에 지신밟기
를 하여 잡귀를 내쫓고 역병을
물리친다는 것으로 음력 정월
보름이나 그 이후에 실행하는
곳이 많다. 바롱은 사자와 같은
무서운 탈을 쓰며 일종의 탈춤
이라고 할 수 있고 그 기능 또한
같다. 다른 것은 사자춤은 집집
마다 돌아다니며 하는 데 비해
바롱 · 댄스는 연극화되었다는
것이다.

우시장
닷새 만에 개장되는 우시장은 성황이다. 왼쪽은 Jenelli 교수

발리의 의미는 희생제물

발리는 산스크리트어(범어梵語)로 희생제물이란 뜻이다. 아침 해 뜰 무렵 거리에는 작고
큰 사원에 제물을 바치는 여인들의 모습이 장관이다. 가지각색의 꽃들을 사당에 바치는
제물, 이것이 희생제물이다. 바구니 하나 가득히 가지고 와서는 꽃을 놓고, 때로는 음식을
해서 공손히 바치는 사람도 있다. 그리고는 옆에 있는 사원으로 발걸음을 옮긴다. 이 사람들
은 이렇게 신을 즐겁게 해 주어서 신과 가까이 지낸다. 아침 해가 떠오르면 고운 치마를 입은
여인들이 바구니를 이고 사원을 도는 것부터 하루의 일과가 시작된다. 차낭(제물을 담은 바구
니)에는 아름다운 꽃, 쌀, 향이 담겨있다. 10살 미만의 어린 여자아이가 고운 옷을 입고 꽃바
구니를 머리에 이고 총총 걸음으로 사원을 도는 모습을 그려 보라. 어찌 신선하지 않겠는가.
절로 신과 더불어 교신하는 신심이 울어 나오지 않겠는가.

17.
사진으로 보는 토라자의 장례의식

미발표

비교민속학회는 인도네시아의 토라자 지역의 장례의식을 참관하기 위하여 2004년 7월 23일부터 30일까지 8일간에 걸쳐 답사를 계획하고 출발했다.

토라자족의 대다수는 평균표고 약 1,000m에 거주지를 가지고 있다. 이들 대다수는 몇천 년 전 대륙산지로부터 남하하여 온 화전민으로 생각하고 있다. 그들은 이러한 고지에 도착 후 외계와 격리된 생활을 지속해 왔기 때문에 아주 특이한 문화를 가지고 있다. 외래 방문자가 이곳을 찾아 처음 놀랜 것은 훌륭한 가옥이라고 생각한다. 굵은 기둥을 사용하여 세워진 특수한 집은 기둥이나 서까래나 벽의 각 부분에 갖가지 조각으로 되어있다. 이러한 가옥이 5~6채 혹은 10여 채 덩어리를 이루어 가로수로 둘러싸여 멀리서 보면 뾰족한 지붕만이 보인다.

인도네시아 토라자의 장례의식 토라자족의 안장형 지붕(鞍型屋根)

482

장례는 죽음을 처리하는 의식이다. 따라서 인간의 통과의례 중 마지막 절차이기도 하다. 장례의식을 통하여 우리는 한국문화의 특성과 사생관이 드러난다. 중국의 문헌인『수서隋書』「동이 고구려전東夷 高句麗傳」에는 우리 고대사회의 장례풍속을 다음과 같이 기술하고 있다. "사람이 죽으면 집안에 초분을 만들어 모셔놓는다. 삼년이 지난 뒤 길일을 가려서 당에 장사지낸다. 부모나 남편이 죽었을 때는 모두 삼년복을 입고 형제가 죽었을 때는 세 달만 입는다. 초종을 마칠 때까지는 곡하고 울지만 장사를 치르면서 북을 치고 춤을 추면서 풍악을 이루어 죽은 이를 배송한다."

여기에서 우리는 비록 중국문헌이긴 하지만 몇 가지 특징을 엿볼 수 있다. 하나는 초분을 하는 이중장제요, 다른 하나는 유족들이 슬퍼서 곡하고 울긴 하지만 한편 북을 치고 춤을 춘다는 것이다. 이는 죽음을 죽음으로 생각하지 않고 죽은 자를 저승으로 배송하는 기쁜 환송연을 베푼다는 의식이다. 따라서 여기에 한국인의 사생관이 나타난다. 초분을 하는 까닭은 여러 가지가 있겠으나 죽어서 삼년까지는 아직도 가족처럼 여기고 집 가까이에 두고 매일 찾아가 예를 갖춘다.

이 같은 장례의식을 연구하는 것은 전술한 바, 한국인의 특성을 규명하기 위한 것이며 따라서 우리 이웃나라와 비교함으로써 더욱 의의가 선명해지리라 보는 것이다. 현제 시행

우시장에서 희생제물로 바쳐질 소를 구배하고 있다.

선택된 희생제물은 형장으로 끌려간다.

하고 있는 전통의례는 주자가례에 의한 지극히 형식적인 면이 많으나 내용을 하나하나 규찰할 필요가 있다.

이번 인도네시아 토라자에서 시행하는 장례의식을 고찰하기 위해 답사 및 학술대회를 가지는 것은 토라자의 장례의식이 우리와 공통점이 있기 때문이다. 특히 토라자에서는 우리의 초분과 같은 것을 만들고, 장례식은 따로 3년 후에 하는데, 이때 값 비싼 물소를 잡는다. 물소를 잡는 것은 물소가 영혼을 천국으로 나르는 수레바퀴의 역할을 하며 몇 날이고 잔치를 하는 것은 마치 우리나라의 다시래기와 같은 장례의식과도 같다.

인도네시의 슬라웨시(세레베스)도의 토라자의 경우 대단한 지위에 있는 사람이 죽은 장례의례에는 물소를 100두 이상 희생제물로 바쳐지고, 고기는 참가자들에게 배분된다. 많은 물소를 소유한다는 것은 재산이나 사회적 공헌이 있다는 것을 말한다.

통코난(Tongkonan house)이란 토라자족의 전통적 가옥양식을 말한다.

남슬라웨시 토라자족의 주거형태는 안장형 지붕鞍型屋根으로 되었다. 이것을 현지인들은 통고난이라 호칭한다.

토라자족의 대다수는 평균표고 약 1,000m 에 거주지를 가지고 있다. 이들 대다수는 몇천 년 전 대륙산지로부터 남하하여 온 화전민으로 생각하고 있다. 그들은 이러한 고지에

동고난 하우스(Tongkonan house)

통고난 하우스가 나란히 세워져 있다.

도착 후 외계와 격리된 생활을 지속해 왔기 때문에 아주 특이한 문화를 가지고 있다. 외래 방문자가 이곳을 찾아 처음 놀랜 것은 훌륭한 가옥이라고 생각한다.

수확을 한 볏단을 말리기 위해 밑둥을 묶어 거꾸로 세운다.

기둥을 사용하여 세워진 특수한 집은 기둥이나 서까래나 벽의 각 부분에 갖가지 조각으로 되어있다. 이러한 가옥이 5~6채 혹은 10여 채 덩어리를 이루어 가로수로 둘러싸여 멀리서 보면 뾰족한 지붕만이 보인다. 토라자족은 쌀을 하늘로부터의 선물이라고 생각하여 옛날에는 벼농사이외의 농작물은 재배하지 않았다. 그들 의례에서도 도작의례는 커다란 위치를 점하고 있다. 오늘날은 벼 이외에 옥수수, 마(山芋), 갓사바 등을 재배하고 또 토라자커피는 세계적으로 알려져 있다. 커피는 중요한 환금작물이다. 물소, 돼지, 개, 닭 은 희생제물로 쓰이는 가축이며 숫놈이 암컷보다 높은 가치가 있다고 한다.

7월25일에는 전통마을과 재래시장 그리고 몰소시장을 두루 살폈다. 26일에는 종일 3일을 계속하는 장례의식을 참관하고 27일에는 토라자대학의 공동으로 합동세미나를 열었다. 주제는 일생의례와 토라자의 장례풍속이었다.

토라자대학의 소로가 타나Sologa Tana 교수는 「토라자인의 생에 대한 전통적신앙」이란 제목으로 그리고 요헌니스 파비사Johannis Pabisa 교수는 「토라자인의 삶과 죽음」이란 제목으로 발표를 해주었다. 특히 임돈희 교수는 통역을 해주어 모든 회원들에게 감동을 주었다. 세미나 준비를 위해서는 김용덕 교수가 수고를 아끼지 않았다.

토라자족의 가옥건축은 화려하기로 잘 알려져 있다. 통코난이라고 불리는 가옥의 양식은 인도네시아의 슬라웨시도의 내륙고지에 사는 마레이시아인계의 민족에서 유래되었다. 토라자란 '산지인' 또는 '산속에 사는 사람'이란 뜻이다. 남서부의 사단강 유역에 있는 토라자족은 잘 알려져 있다. 20세기초 네덜란드는 토라자지역에 지배권을 확립하고 네덜란드 개혁파교회가 들어와 기독교화가 확장되었다.

① 비교민속학회와 토론토대학의 합동 학술회의(2004. 7. 27)
② 타나 교수가 발표를 하고 임돈희 교수가 통역을 한다. 우측에 앉아 있는 이는 파비사 교수이다.
③ 인도네시아 지도. 슬라웨시 섬
④ 확대한 슬라웨시 섬이다. 섬의 중부에 토라자가 위치한다.
⑤ 토라자 장례의식이 시작하는 것을 기다리며 토라자 노인들과 함께 있다.
⑥ 토라자 장례의식의 전경을 보기 위해 언덕위에 자리잡은 관광객들.

⑦ 각 촌에서 모여든 음악대원. 율동과 함께 슬픔과 기쁨의 찬양을 한다. 남자들의 춤과 노래를 바둥이라 한다.

⑧ 호텔 회의실에서 개최된 세미나 광경

⑨ 지휘자에 의해 바둥을 배우고 있는 우리 회원(우측서부터 최래옥 교수, 김용덕 교수, 최인학 교수)

⑩ 소년 소녀들도 장례의식에 참여하기 위해 선생으로부터 노래와 춤을 배우고 있다.

⑪ 통고난(죽은 자를 안치하는 건조물) 앞에 모인 단원들이 선생과 함께 차례가 오기를 기다린다.

⑫ 여자들이 모여 슬픈 곡을 부른다. 여자들이 부르는 노래는 주로
슬픈 곡인데 마조개 혹은 마카티아라고 하여 구별한다.

⑬ 통고난. 앞에는 죽은 이의 상(像)을 장식하고 조화를 놓는다.

⑭ 마조개를 부르기 위해 나선 여인.

⑮ 재래시장.

⑯ 희생제물이 된 물소나 돼지를 분해하여 각 마을 별로 분배한다.
각 마을 마다 분배 받은 고기를 현장에서 조리한다.

⑰ 야채시장

⑱ 선택받은 물소들.

⑲ 물소시장. 장례의식에 바칠 물소를 고른다.

⑳ 조문객이 바친 돼지와 물소를 일정한 장소에서 분해하기 위해 준
비한다.

㉑ 해체한 고기를 각 부위대로 정리한다.

㉒ 죽은자의 시신에게 장식하는 인형을 제작하는 사람을 찾아가 설문하고 있다.(이수자 교수)
㉓ 인형제작을 하는 노인에게 질문하는 임돈희 교수.
㉔ 절벽무덤에는 발코니를 설치하고 가족들의 인형을 조각하여 안치한다. 저세상에서 다복한 생애를 누린다고 믿는
다.

㉕ 예복을 입은 장례식에 참석한 어린이에게 다가간다. (소황옥 교수)
㉖ 장례식이 끝나고 집으로 돌아가는 토라자 소년 소녀들.
㉗ 각 촌에서 모여든 음악대원. 율동과 함께 슬픔과 기쁨의 찬양을 한다. 남자들의 춤과 노래를 바둥이라 한다.

○

답사보고(워크숍)와 논문

I.

시바·링가의 성지를 찾아

〈한·인 민속학 워크숍〉

비교민속학 12. 김택규교수 정년기념논총 1995. 4.

1. 프롤로그 – 준비에서 출발까지 –

우리 회원중에 부산외대 이광수교수는 델리대학교에서 고대인도와 한국문화의 접촉으로 박사학위를 취득했다. 그는 이번 우리 일행의 인도답사를 성사시킨 산파역이었다. 지도교수였던 델리대학의 쉬리말리교수를 우리에게 소개해 주었고 그의 주선으로 비교민속학회와 인도역사학회(Indian History Congress)가 공동으로 세미나를 가질 수 있었다.

인도답사의 전체 일정은 다음과 같았다.

1995. 2. 12 ~ 24(13일간)

일자	장소	교통편	시간	행사내용
제1일 2/12(일)	서울→방콕	TG 771	18:55-22:35	김포공항(구청사2층) 16:45 신한은행앞 집결
	방콕→델리	TG 954	23:40-02:20	델리도착 후 The Connaught 호텔에서 휴식

제2일 2/13(월)	델리	전용버스	전일	국립박물관, 푸라가터바이단, 굽타미나르, 레드포트, 락슈비, 나라안사원 답사후 호텔투숙
제3일 2/14(화)	델리	전용버스	전일	조식(호텔), 델리대학세미나 참석, 석식후 호텔
제4일 2/15(수)	델리→하리드와르	전용버스	전일	조식후출발(약 4시간 30분 소요) 히리키파리 목욕터, 마하데비사원, 힌두성지 답사후 리시케시로 이동(30분 소요) 석식, Hotel Natraj
제5일 2/16(목)	리시케시→델리	전용버스	전일	조식후 락슈만사원, 요가니케탈 등 답사 중식후 델리로 이동(약 5시간 소요) Asoka Hotel 투숙
제6일 2/17(금)	델리→아그라	전용버스	전일	조식후 출발, 마투라, 힌두성지 답사 후 아그라도착, 타지마할, 아그라포트(5시간 소요) Novotel호텔투숙
제7일 2/18(토)	아그라→카주라호	IC 407	10:35-11:20	미투나상, 동, 서군사원 답사 Holiday Inn 호텔투숙
제8일 2/19(일)	카주라호→바라나시	IC 407	11:50-12:35	사르나르 답사 Clarks호텔투숙
제9일 2/20(월)	바라나시→ 부바네스와르	 IC 897	오전 17:05-18:20	갠지스강, 힌두대학, 황금사원 답사 Oberoi 호텔투숙
제10일 2/21(화)	부바네스와르→	전용버스	전일	라지나리템플, 시내답사 후 푸리로 이동 푸리도착후 해변에서 자유시간 Toshali Sands호텔 투숙

제11일 2/22(수)	푸리→			시내관광후 부바네시와르 공항으로
	부바네슈와르→델리	IC 897	19:10-21:20	델리 도착후 출국수속
제12일 2/23(목)	델리→방콕	TG 915 (안개로지연)		델리출발 방콕도착 Amari Atrium Hotel 투숙
제13일 2/24(금)	방콕→서울	TG 634	08:10-16:30	방콕출발 서울도착

　이번 여행은 거의 일정표대로 운영되었다. 다만 두 번에 걸쳐 차질이 있었으나 크게 빗나가지 않았다. 하나는 2월 19일 오전 11시 50분 카주라호에서 바라나시로 떠날 예정이었으나 어느 관광집단이 우리가 탈 비행기를 전세 내어 징발해갔기 때문에 부득이 오후 4시에 떠나게 되었고 다른 한번은 2월 23일 새벽2시 델리에서 방콕으로 가기 위해서 출국수속을 끝내고 대합실에서 기다리고 있었으나 짙은 안개로 모든 비행기의 이착륙이 불가능하게 되어 로비 시멘트 바닥에서 뜬눈으로 밤을 새우고 새벽에 겨우 트랩을 밟았다. 그나마 인도답사를 끝내고 귀국하는 길이어서 다행이었다. 인도의 항공이나 교통사정이 전보다 나아진 것만은 사실이고 또 관광사업도 전보다는 향상되었다고 보아야 할 것이다.

　이번 인도방문의 목표는 힌두교 성지의 답사였다. 한국의 입장에서는 고대 불교문화를 접목하게 한 기원지이며 인도의 고대 원시종교가 한국 민간신앙에 어떤 과정을 통해서든 관련이 없다고는 할 수 없는 지역으로서 우리에게는 중요한 필드라고 할 수 있다. 인도를 무시하고 한국의 민간신앙을 이해할 수 없다는 말도 성립이 된다. 그래서 이번 답사에서 최소한 몇 가지 관심있는 항목에 초점을 맞추고 내용을 검토하기로 했다. 다만 한번의 답사로 인도를 분석한다는 것은 불가능한 일이기 때문에 이번 답사는 문제점을 발견한다는 것과 앞으로 연구할 과제를 발견하는 것에 초점을 두었다.

1995.2.14. 최초의 한국·인도역사학회 세미나를 위해 델리대학을 방문하여 기념 촬영을 했다. 한국 대표단은 18명이었다.

2. 최초의 한국·인도 비교민속학 세미나

인도역사학회의 초청으로 일행 18명은 95년 2월 12일 서울을 떠났다. 2월 14일은 델리대학을 방문하여 하루 종일 세미나를 개최했는데 이날의 일정은 대략 다음과 같다.

10:30   개회사   쉘리말리 교수의 인삿말과 최인학 교수의 답사 / 기념품 교환

10:45   연구발표   최래옥 교수(한국인의 통과의례)

11:15   휴식

11:30   연구발표   바타카리아 교수(델리대학 인류학과장)

　　　　　　　　　　　　　인도민속학의 특성

12:00   중식

14:00   연구발표   안자니 쿠마 싱하 교수(델리대학 언어학과장)

인도 민속학에 있어서 불의 개념

15:00   연구발표 최인학 · 엄용희(한국민속학의 개괄)   슬라이드 사용

16:00   질의 토론

17:00   폐회

　　인도역사학회측 회원으로서 쉬리말리 교수 외 29명과 본회 방문단 18명이 참석하여 진지하고도 열정적인 세미나를 가졌다. 특히 인도와 한국의 두 학회가 공동으로 세미나를 가진 것은 처음 있는 일로 매우 의미있는 행사였다. 지면이 허락지 않아 국내학자의 발표내용은 생략하고 인도측 발표자 2명의 발표를 개요한다.

◆ 인도의 민간전승에 관한 몇 가지 특징
　(Special Features of Folk-Lore from India)

D. K. 바타카르야(델리대학 인류학과장)

인도에 있어서 민간전승연구는 이전의 영국행정자들이 인도전역에 걸쳐 수집할 때부터 시작되었다. 그러나 이것이 결국 인도의 모든 구전전승을 집성했다는 의미는 아니다. 그러나 이 작업은 인도에 있어서 공식 민간전승연구의 기초를 놓았다. 인도민간전승 연구의 대부분은 프로프, 레비 · 스트라우스와 다른 구조주의자들과 같은 서양학자들에 의해서 마련된 연구 내에서 이루어졌다. 그런데 금세기 중간으로부터 많은 인류학자, 인도학자, 역사학자들은 문화적 역사 또는 사회적 과정을 이해하는 수단으로서 민간전승을 연구하기 시작했다. 이러한 연구들은 동양과 서양의 민간전승의 기본적인 차이를 여러 가지 방법으로 밝혀주었다. 본인은 서구학자들이 저들의 틀에 맞춰 인도의 민간전승을 연구해 왔으므로 이 중에서 적합하지 않은 것을 몇 가지 지적하려고 한다.

　① 인도에 있어서 민간전승에는 두가지 상이하고 특이한 흐름을 밝힐 수 있다. A.K. 쿠머스워미(A. K. Coomerswamy)는 캐나다(Kannada) 민속을 분석하는 동안 이들을 구체적으로 취급했다. 이들은 아캄(Akam, 가정적)과 뿌람(Puram, 공공) 민간전승으로 구분된다. 가정학(Domestic lore)에 있어서는 아캄이라 하고 가정생활에 있어서 갈등의 영역에 있는 심볼을 사용한다. 고부간의 갈등이나 성행위의 규범이나 부모자식간의 역할, 또

498

는 자손번성이 그러한 예들이다. 다음 뿌람(Puram)은 고전 전승, 인도는 산스크리트 자료로부터 흔히 유추하기때문에 고전전승을 다룬다. 그러므로 이것은 사회적 규범, 인종적 신분, 우주발생론, 사법상의 문제들까지도 취급한다. 우주발생론, 자손번영은 아캄이나 프람에 공통으로 일어날 수 있는 것을 볼 수 있다. 이 공통성은 민간전승물의 개념적 구조에 제한되고 있으며 산스크리트의 유사물을 민중으로부터 찾아볼 수도 있고 또 반대로도 찾을 수 있다.

② 민간전승물은 고전등장인물과 연관되며 이러한 현상은 사회적으로 지위가 높은 과반수의 독창적인 그룹에 사회적 관계의 잣대로서 행동한다. 존 스미드(John Smith)는 서부라자스탄(Rajastan)의 라바리스(Rabaris)들 사이에서 구전되는 구비전설을 기록한다. 이들은 낙타사육자들이고 17세기에 지방영웅으로 믿어지고 있는 파부지 Pabuzi의 민간전승을 가지고 있다. 오늘날 그의 집성은 그를 신격화할 뿐만 아니라 고전원본(經)의 락쉬마나(Lakshmana)와도 연관된다.

③ 민간전승물이 고전원본으로부터 등장인물을 사용할 때는 언제나 이들 등장인물들은 그 묘사에 큰 변화를 받는다. 예컨대 데이빗 술만(David Shulman)은 시타(Sita, Ramayana의 Classical text)가 산스크리스트형식에 있어서보다 더 강력하다는 것을 보여주는 "타밀(Tamil)의 활노래"에서 몇 가지 예를 언급했다. 그녀는 어느 경우에는 그녀의 남편 라마(Rama)를 대신하기까지 한다.

④ 인간들의 신격화는 모든 인도민속학의 또 하나의 중요한 특성이다. 사티 시스템(Sati system)은 사회적 현실이 될지 모르나 희생제물로 바쳐진 사람이 어떻게 즉시 인간관계를 잃고 모신(母神)으로서 사티(Sati)의 관념적 심볼을 가진 존재가 되는가에 대한 가장 좋은 예로서 언급될 수 있다. 모든 신격화는 희생이나 극기를 통한 길을 따르는 것은 아니다.

⑤ 이것은 배경의 예민한 요소이다. 라바리스(Rabaris)의 파부지(Pabuji)는 낙타를 가져오고 낙타를 기르는 것이 라자스단(Rajasthan)의 주요직종으로 확립하므로써 중요한 경제적 구제를 가져왔다. 그리고 이것은 신격화의 원인이 될 수 있었다.

⑥ 민간전승물의 묘사에서 심리적 성적 차원은 매우 명백하며 일반적으로 그들에 대해 세속성을 갖는다. 만일 이들 민간전승이 고전문헌으로부터 차용된 등장인물을 갖는다면 이들은 모두 다른 방법으로 묘사되고 성적 관계는 더욱 더 함축적이 된다.

⑦ 비슷한 방법으로 민간전승은 형제들 간에 또는 다른 가족성원간에 매우 난폭한 형태로 적의를 보여주며 어떤 신격 근원을 통해서 완화를 초래하게 된다. 이리하여 결국 안정상태가 이루어진다. 고전원본에서 찾아볼 수 있는 이같은 관계는 먼저 안정상태를 확립하

고 그러고 나서 정규적인 상호작용을 묘사한다.
⑧ 한 지방 특유의 메타포는 선택될 수 있으며 그 지방의 풍습에 알맞게 거의 완전히 발전시
킬 수 있으나 우리는 훨씬 더 큰 지역에서 공통될 수 있는 일반적 흐름을 볼 수 있다.
⑨ 민간전승물의 활용과 그 속에 등장하는 인물의 배치는 흔히 우리들로 하여금 한 지역사
회안에 세계관의 인식의 경향으로 들어가게 할 수 있다. 인도에서 보다 낮은 카스트와
보다 높은 카스트간을 검토한 이들 차이들은 문화적 형성과 그 발생에 대해 엄청나게 풍
부한 정보를 우리에게 제공한다.

◆ 인도민속학에 있어서 '불'의 개념
(The Concept of Fire in Indian Folklore)

안자니 쿠마 신하(델리대학 언어학과장)

인도에 있어서 고전전승과 민간전승간에 분명한 선을 긋기가 어렵다. 따라서 인도의 신화와 역사
는 분명한 구분을 할 수가 없다. 불은 인간이 가장 먼저 발견한 것중의 하나다. 원시인들은 불이
일어나는 것을 멀리서 보고 달려가 그 불을 보존했지만 그 불을 피우는 법을 몰랐다. 원신인들은
불을 보존하는 것은 곧 생명을 보존하는 것이라고 생각했었다. 그래서 원시인들은 불을 어떻게
보존하고 불을 어떻게 가질 수 있는지에 대한 사유가 오래전부터 있어 온 의례에 투영되고 있다.
원시인들은 불을 떠나서는 살 수 없다고 생각했다. 그래서 불을 보존한다는 것은 생명을 보존하
는 것이라고 생각할 수 있었다. 심지어는 지금도 준 유목민들은 고대인의 방식대로 불을 일구고
보존하고 있다.
베다시대에 와서는(BC 1500년부터 1000년경까지)제의 때에 부싯돌을 써서 불을 피우고 보존하
는 법을 사용했었다. 베다시대의 가장 중요한 신의 하나는 아그니라는 불의 신이었다. 베다시대
의 가장 중요한 제의의 하나가 아그니짜이나(Agni Jaina)였다. 베다시대는 천개가 넘는 벽돌로
제단을 쌓아 불을 피우는 의례가 있었다. 그래서 그 벽돌 하나하나는 성스럽게 정화절차를 거치
고 그 위에서 베다만드라를 낭송했다. 이러한 불의 숭배는 여러나라에서도 있었다. 이란에도 유
사한 의례가 있었다. 심지어는 유럽에서도 불을 보존하는 의례를 찾아볼 수 있었다. 불교가 발생
한 시기에 역시 불을 숭배하는 의식은 매우중요한 의례였다. 불교시대에 와서도 불의 숭배는 가
정에서 행해지는 의례에서 행해졌었다.
예컨대 힌두교의 결혼에서는 불을 빼놓고는 완전한 예식을 행할 수 없었다. 아그니짜이나의 과정
에 대한 구조적분석을 해보면 그 불의 의식의 제도가 얼마나 정형적인지를 알 수 있다. 그러나

그 구체적인 것을 살펴보면 인도의 결혼의식제도가 힌두교의 부흥후에 어떤 변화가 있었음을 알 수 있다.

예를 들어 아그니짜이나(불의 의례)에서 14마리의 염소를 희생제물로 바치는 것을 볼 수 있는데 최근에는 30년 전 케랄라지방에서 이 불의 의례(아그니짜이나)가 행해졌는데 그 제의에서는 염소대신에 쌀가루로 14마리의 염소형상을 만들어 희생제물로 대신해 바쳤다. 꾸라니에에 있는 불의 신 아그니 아그니(agni)에 대한 몇 가지 설화중에 한 예를 들면 다음과 같다.

케이나 꾸란에서 한 브라만이 아그니에게 "당신은 누구요?" 하고 물었다. 아그니는 "나는 불이다!" 하고 대꾸했다. 그 브라만은 다시 "당신이 불이라면 당신이 가지고 있는 힘은 무엇이오?" 하고 또 물었다. 아그니는 "나는 이 세상의 모든 것을 다 태워버릴 수가 있다."라고 대꾸했다. 그러자 브라만이 풀 한포기를 불앞에 내 놓으며, "이것을 태워보시오." 하고 말했다. 아그니는 그것을 태우려고 안간힘을 다 했지만 실패했다.

이 이야기는 지역에 따라 약간씩 변형이 되고 있지만 인도전역에 분포되고 있다.

불 그 자체는 우리에게 한편으로는 매력을 주고, 또 한편으로는 두려움을 준다. 이 불에 대한 개념의 양면성이 인도 민속에 반영되고 있다. 한편 불은 여자의 부도덕한 유혹으로 표상되기도 한다. 즉 성적인 불로 표상한다. 다른 하나는 금욕주의자(聖者)의 불로 표상된다. 이 불의 양면성을 지적하는 부다마하르타에 있는 설화를 예로 들어본다.

불이 일곱 성자의 아내들과 사랑에 빠진다. 그는(불) 그들에게 욕정을 품었으나 극복한다. 그들은 성자들의 아내들이기 때문에 그는 주저하지 않을 수 없었다. 그 불은 의인화하여 그들에게 욕정을 품게 한 것이다. 그는 그 집의 아궁이로 들어갔다. 그렇게 해서 그는 그의 불꽃으로 부엌에서 요리하고 있는 여인의 얼굴을 만질 수 있게 하기 위해서였다. 그런데 그 집에 들어온 그 불이 누구인지를 알게 된 또 다른 여인이 있었다. 그는 그 여인에게는 전혀 관심을 보이지 않았다. 그 여인은 차례차례로 일곱성자들의 아내들의 모습으로 변장했다. 불에 대한 개념의 양면성은 미인을 매혹하는 불꽃을 표상하기도 하고 불의 열기에 대한 공포를 표상하기도 한다.

이와 유사한 예가 민담에도 있는데 호랑이의 눈의 불꽃이 불에 비유되는 경우이다. 전술한대로 인도의 신화와 역사는 혼재되어 있는 상태이다. 이런 유형의 예화가 몇 가지 있다. 마하바하르트에 있어서 불은 간다바산림을 태우는 것과 연관 된다. 기타 여러 설화가운데서도 불이 산림을 태우는 경우를 많이 볼 수가 있다. 또 사람이 불에 의해 시험을 당한다는 설화가 고전에서나 민간전승에서 찾을 수 있다. 예컨대 시타(Sita)가 랑카로부터 돌아왔을 때, 그의 남편 라마(Rama)는 그녀의 결백을 시험하고자 했다. 이 시험도 불에 의해 행해졌다. 또 어떤 경우에는 불은 선과 악을 구분하는 능력을 표상할 때도 있다.

이상 모든 설화속에 불의 개념은 인도의 전역에서 여러 형태로 나타나 보인다.

델리대학 세미나실에서
세미나 개최전 저서 헌증
식이 있었다.

3. 델리의 하루

델리를 힌두어로는 딜리Dilli라고 하는데 '대문'이라는 페르시아어 데히리스Dehlies에서
유래되었다가도 하고, 8세기경 라자 딜루Raja Dillu 왕의 이름에서 따왔다고도 한다. 1947년
파키스탄과의 분리 독립이후 인구가 급증해서 1988년 통계에 의하면 720만 명이 사는 대도
시이다.

(1) 락슈미 나라얀 사원

만디르 마르그(사원 거리)에 위치한 락스밀 나라얀 사원Lakshmi Narayan Temple은 1938년
에 건립한 힌두사원이다. 주신은 나라얀(비슈누의 별명)과 그의 아내 락슈미이지만 시바신을
비롯한 다른 힌두신도 모시고 있다. 옆에는 불교사원도 있어서 마치 종교의 전시장 같았다.
이곳에서 처음으로 신발을 벗었다. 이제부터 신발 벗는 횟수가 잦아질 것이다. 인도의 사원
은 신발을 벗고 맨발로 들어가야 하는 곳이 많다.

델리에서 가장 번화한 서민거리 찬드니 초우크, 왼쪽 골목을 들어서면 은세공 바자르인 다리바 칼란이다.

(2) 찬드니 초우크

찬드니는 '달빛', 초우크는 길이 모인 활기찬 광장이란 뜻이다. 이름 그대로 델리의 서민 거리답게 활기찬 인간들의 모습을 볼 수 있는 곳이다. 좌우로 잡화상, 과일점 인파를 뚫고 서서히 끌어가는 릭샤들이 그래도 하나 부딪치지 않고 잘도 지나간다. 이곳에 있는 다리바 칼란Dariba Kalan이라 하는 좁은 길은 은세공 골목으로 꽉찬 인파들과 맞물려 흥정에 한참들이다. 우리 일행은 둘씩 페어가 되어 릭샤를 탔다. 만일 걸었다면 인파들을 비집고 이처럼 지나칠 수 있었을까. 비록 릭샤꾼에게는 미안했지만 즐거운 한 때를 보냈다.

(3) 델리의 국립박물관

수도 박물관답게 건물은 훌륭한 데 비해 전시품은 인더스문명의 인장, 간다라불상, 힌두 사원의 조각과 신상들로 단조로워 보였다. 매점에서 박물관자료 문헌을 구입하고자 하자 샘플만 놓아두고 주문할 테면 하라는 태도였다. 어느 세월에 받아보랴 해서 일행은 포기했지만 알고 보니 창고까지 가는 게 귀찮아서 주문을 받아놓고 한번에 다녀올 태도였다. 다시 주문하려다가 성의 없는 태도에 이쪽도 구매의욕을 잃고 말았다.

(4) 중앙 가내공업 특산품점

인도관광객은 한번은 들릴 관광상품 상가라고 할 수 있다. 정식명칭은 중앙수공예전시직매장Central Cottage Industries Emporium이다. 이 상가 중간에 주정부종합특산품점State Emporia Complex이 있다. 인도 각지의 공산품, 민예품을 주별로 전시하여 구매충동을 일으키게 한다. 그보다 더 중요한 사실은 품종이 다양하고 누구나 외국인이 들르면 사고픈 욕구를 가지게 만들어 놓았다. 고도의 예술적 감각을 발휘한 것도 아니고 고가의 미술품도 아니다. 소박하고 서민적인 조잡한 것이 많았지만 그래도 인도다운 향취가 풍기는 상품이라고 할 수 있다. 우리나라에 비하면 훨씬 매력이 간다. 우리나라에도 다양한 관광상품의 개발이 절실하다. 값싸게 한국적 맛이 나는 상품의 개발이 아쉽다.

(5) 파르시 안쥬만 홀

인도의 춤을 보려면 파르시 안주만 홀Parsi Anjuman Hall에 가라는 안내서 글을 읽고 가이드에게 부탁해서 갔었다. 관광객을 위한 인도의 춤을 보이는 곳이다. 종교를 바탕으로 한 인도의 춤은 손과 팔의 움직임에 특징이 있다. 무용수는 각각 힌두신을 표상하는 경우가 많다. 춤의 역사는 고대 신에게 바치는 제의의 한 부분으로 출발한다. 무용은 리그 베다시대부터 발달했으며 특히 종교적 의미를 투영하고 있다. 힌두교 주신 시바는 나타라쟈(무용의 왕), 나테슈바라(무용의 주인), 마하나타(대무용가) 등으로 불려 무용이나 연극의 수호신으로 알려져 있다. 종교춤의 대표격인 시바신의 비妃 카리의 광란의 춤, 크리슈나의 용족龍族 카리야를 퇴치하는 승리의 춤, 비슈누신의 비妃 락슈미의 우아한 춤 등은 각각 특수한 신비적, 상징적 의미를 내포하고 있다. 특히 인도의 전통적 춤은 각 사원에 소속되어 매일 신전에 바치는 춤속에 용해되어 있다. 한편 이들 춤들은 Lasya와 Tandava의 두 종류로 구분되어 전자는 감미로운춤으로 제의 때 추게 되고, 후자는 열광적 춤으로 축제, 결혼행렬, 친구의 해후, 탄생과 같은 축하 때에 추게 된다. 한편 28종의 손놀림과 24종의 팔놀림이 있어 각각 상징적 의미를 가지고 움직인다.

델리의 하루는 너무나 바빴다. 3~4일간 델리에 머물면서 힌두문화의 도시화에 푹 젖고싶은 충동을 가진 것은 비단 필자만의 감정은 아니었다. 그러나 꼭 짜인 일정표에 따를 수밖에 없어 델리의 아쉬움을 남기면서 떠나야만 했다.

4. 하르드와르와 리시케슈

두 곳 모두 히말라야에 인접해 있고 인도의 모신 갠지스강의 발원지이기 때문에 힌두교의 순례자 사두Sadhu를 많이 볼 수 있었다. 하르Har는 시바신, 드와르Dwar는 문을 의미하는 하르드와르는 델리로부터 서북쪽 200㎞ 지점에 위치한 힌두의 성지이다. 이름이 가리키듯 신들이 살고 있는 산으로 가는 입구이다. 갠지스강 다리를 건너자 순례자들과 신자들이 줄지어 물에 잠긴다. 물에서 나온 신자들 중에는 점치는 사람(브라만의 설법을 듣는 사람?)도 있었다. 우리 일행은 신발을 벗어야 했고 사진을 재주껏 찍어야 했다. 질서정리를 하는 사람이 다니면서 촬영을 금한다. 그러므로 성지역내에서는 좋은 사진이 만들어질 수 없다. 더러는 가족들이 멀리서 여기까지 와서 회포를 풀고 신의 가호를 받아 기쁨으로 돌아간다. 더러는 걸식을 해가며 보행으로 수도자의 길을 걸어왔다. 그들도 발걸음을 돌릴 때는 기쁨이 충만하다. 다리난간에 기대앉아 수행자들의 표정을 직시하고 있노라면 어쩐지 멀리 이국에서 날아온 나도 기쁨이 충만한 것 같아진다. 더러운 악령들로 가득찬 세속으로 돌아가고 싶은 마음이 사라진다.

12년에 한번 이곳에서 행해지는 힌두의 큰 축제 굼브메라 때에는 이 도시 인구의 10배나 되는 50만 명의 순례자들이 모여 서로 앞다투어 성하聖河에 목욕을 한다고 하니 과연 장관일 게다. 인파에 강가로 오르지 못하고 급류에 떠내려가는 예도 허다하다고 하니 이것도 이들에게는 행복한 죽음일지도 모른다.

점심을 간단히 치르고 버스로 다시 북향하여 24㎞ 지점에 있는 리시케슈로 향했다.

해가 지는 순간의 모신 갠지스강에서의 참배의례는 너무나 큰 충격이었다. 수백 명의 신자가 몇 겹으로 강줄기에 서서 경을 읽어가며 두 손에 받친 꽃을 강물에 띄운다. 그리고 이마가 닿도록 머리 숙여 경배를 하는 힌두인들의 장엄한 모습에 신이 지핀 사람 같이 되어

버렸다. 참으로 이 광경을 볼 수 있었던 인도 기행은 값진 것이었다. 우리 일행은 말을 잃은 채 자리를 뜰 줄 몰랐다. 강가에 땅거미가 지고 상점에 불이 켜지자 밤이라는 생각에 모두는 호텔로 돌아왔다.

힌두의 성지이며 갠지스강의 상류에 해당하는 하르드와르에서 만난 시바신을 경배하는 사두(修行者)와 함께.

리시케슈 계곡을 따라 올라가다 보면 수도자 요가하는 신선들의 모습을 볼 수 있다. 하르드와르가 일반 신자들의 고을이라면 이곳 리시케슈는 수도자의 고을이다. 밝은 오렌지색의 승복을 입은 사두Sadhu를 볼 수 있는 곳이다. 사원도 많고 요가 아슈람도 있다. 이곳이 요가의 도량이라는 평판은 이미 세계적이다. 이곳에도 강에서 목욕하는 신자가 있다. 신자의 목욕터 가트Ghat가 있다고 해서 이제는 새삼스럽지도 않고 경이롭기만 하다.

5. 아그라의 타지마할

아그라Agra는 델리로부터 야무나강을 따라 남쪽으로 200㎞ 지점에 있다. 그동안 영화나 사진으로만 보아온 타지마할을 직접 보고 만질 수 있다는 기대에 밤잠을 스쳤다. 16세기중엽 무굴제국 3대 황제 악바르가 수도를 이곳으로 정한 후 1세기가 채 안 되는 기간이지만 문화적, 역사적 기념비들을 남겼다. 현재도 아그라는 이슬람문화의 향기가 짙게 풍기는 아담한 도시로 각광을 받고 있으며 특히 교육과 비지니스의 중심역할을 하는 곳이다.

마할(궁전)이라고 부르기 때문에 왕을 위한 무덤처럼 착각하기 쉬우나 실은 무굴제국의 황제 샤 자한이 사랑하던 뭄타즈 마할 왕비의 무덤이다. 1631년 사랑하는 왕비가 죽자 건축

광답게 샤 자한 황제는 제국의 국력을 쏟아 왕비의 무덤을 만들었다. 22년이 걸렸다. 샤 자한은 그 후 이 야무나 강의 반대쪽 기슭에 검은 대리석으로 자신의 무덤을 만들어 왕비의 무덤사이에 다리를 놓으려고 했다. 그러나 샤 자한은 아들에게 유폐당하고 죽은 후에는 왕비 옆에 안장된다. 가로 300m, 세로 580m의 부지에 세워진 타지마할은 파란 하늘과 하얀 대리석이 한폭의 그림처럼 어우러진다.

6. 에로틱한 카주라호

1000여 년 전 여기에서 번성한 '달의 신' 찬드라의 자손이라는 찬델라 왕국Chandella(950~1050)이 세운 사원도시의 유적이다. 14세기 이슬람교도의 지배아래 들어가면서 이들 사원의 조각은 이슬람의 교리에 어긋나는 우상숭배로서 파괴대상이 되어 현재 남아 있는 것은 85개 사원 중 22개만이 그 모습을 드러내 보이고 있다. 사원은 힌두신인 시바와 비슈누를 중심으로 모시고 있지만 자이나교도의 사원도 있다. 거대한 종교의 도시 지금은 그 주인공들이 어디로 가버렸을까. 오직 불가사의한 에로틱한 조각들만이 우리의 관심과 호기심을 끌고 있다. 가까이 다가가 에로틱한 성전바깥벽 조각들을 보느라면 우리가 가지고 있는 성의 부정적 사고思考가 깨끗이 가시는 듯하다. 생명력 넘치는 성적 교합의 미투나상은 과연 인간의 한계 이상을 보여주고 있다.

음란하고 음탕한 에로틱 조각이 신성한 신전외벽에 장식으로 있는 것은 무슨 연유일까. 한국인의 윤리관으로서는 도저히 이해할 수 없는 부분이다. 한마디로 카주라호 신전은 섹스와 종교를 등가等價로 병렬해 놓은 곳이다. 첫째, 신전의 에로틱조각은 중세기(특히 9~11세기) 인도사원의 일반적 양식이었다. 그렇다 해도 카주라호신전의 에로틱 조각은 지나치게 성적 음란성이 노출되어 있다. 그러나 전체적인 구조로서는 그 자체는 상징적이며 우리 신체와 같이 생명의 참된 근원인 영혼이 내부에 거하며 육체의 야함으로부터 면제 되어 있고 성소에 안치된 신의 중심형상은 그 주변에 아무런 조각 장식들이 없다. 우리의 감각은 실로 신만이 있는 내부로 향해져야 한다는 것을 의미한다.

또 다른 해답은 사원벽의 음란하고 에로틱한 조각들은 돌풍, 폭풍, 벼락 등과 같은 자연적 재해로부터 보호한다는 것이다. 어떻게 자연발생들 또는 재해들을 그러한 장면의 도움으로 피하게 될 수 있을까? 이 질문에 대한 대답은 악한 행위가 악을 행하는 자를 매혹하는 것과 같이 경신敬神이 신들을 매혹한다. 인드라Indra와 바루나Varuna와 같은 신들은 폭풍이나 천둥과 같은 자연적 재해의 신(主)이다. 신들이 거주하고 있는 사원은 인드라Indra, 바루나Varuna 그리고 모든 다른 신들을 매혹하기 마련이며 그러나 주변에 묘사된 그 음란한 장면들을 보는 그들은 철저한 혐오감으로 그곳을 떠날 것이며 그러므로 그 사원은 안전하게 남아있게 될 것이라는 것이다.

또 하나의 다른 이유는 이러한 에로틱한 조각들은 숭배자의 신실성과 집중성을 시험하기 위해 새겨진 것이다. 숭배자들은 만일 그들이 신실하다면 이러한 음란한 광경에 동요하지 않을 것이다. 만일 그렇지 않다면 그들은 그들의 감각에 굴복하고 성소로 올라가서 신 앞에 경배하지 않고 사원을 떠나게 될 것이다. 마치 인간이 감각의 자제를 달성한 후에야 성소에 도달할 수 있듯이.

중세기 인도사원의 벽에 있는 음란한 조각의 근원은 불교의 탄트릭 형식으로 추적될 수 있다. 티베트에서는 수도원에 들어가고자 원하는 불교 신도들은 이 시험을 통과해야 한다. 티베트의 라마Lama도 그의 영적 수련단계에 이르렀을 때 그 모든 음란한 포즈가 생생하게 묘사된 그런 광경에 동요되지 않고 그것들을 바라볼 수 있는지 자신의 자제력을 시험하기 위해 음란한 우상의 집으로 들어갔다. 또한 카주라호 근교에 탄트라Tantra 경전센타가 있다. 탄트라교는 성과 종교의 융합을 믿으며 종교적 제의로서 성적행위를 강조한다. 탄트라 교리는 인도뿐만 아니라 세계 여러 곳에서 행해졌던 고대생식제의를 기초로 한 것 같다.

유럽 여러 나라들의 중세기교회에는 누드여신상이 그려져 있다. 남근숭배가 고대 바벨론, 이집트, 희랍, 이태리와 같은 유럽 여러 국가에서 우세했다고 한다. 사실 성적생활은 성스런 관계로서 간주되어 왔으며 프로베딕Provedic 시대와 같이 오랜 옛 시대로부터 옳은 것으로 간주되었다. 인생에 있어서 성의 중요성은 베다Veda(인도의 옛 성전)에서 주장했듯이 아달바 베다Atharva Veda에 있는 536찬송가 중에서 41찬송가가 성에 관한 것이라는 사실로부터 이해할 수 있다.

진정한 심미가로서의 카주라호 예술가들은 결코 영혼에 도달하지 않고 육체의 향락만을 위해 노력하지는 않았다. 그는 성적 즐거움이 신에게 이르는 엑스타시ecstasy에 가장 가까운 즐거움으로써 높였다. 카주라호 사원의 벽면에 조각된, 특히 미투나Mithuna는 남녀교합상으로 신성스러운 것으로 간주되고 있다. 섹스는 카주라호의 예술가가 살고 있었던 사회에서는 치욕이나 금지된 일이 아니었다. 사원의 안쪽과 바깥벽에 있는 에로틱 조각들은 그 당시의 요구였다. 즉 그것은 그 사회에서 받아들여진 것이며 그 당시 종교에서도 시인된 것이었다. 그러므로 카주라호 사원의 벽에 있는 에로틱한 조각들은 종교적 신성성과 철학적 배경을 지닌 것이며 음란하거나 천한 것으로 생각하는 대신에 엑스타시, 미美, 그리고 진리로 간주되어야 할 것이다.

---

7. 바라나시를 가지 않고 인도를 논하지 말라!

일행 중 누구의 입에서 "비용을 뽑고도 남았다." 한다. 민속학자들의 속성 중 하나가 쉬 흥분하는 것이다. 좀 색다른, 좀 특이한 것을 볼 때면 눈빛이 달라지며 빙의로워진다. 카주라호사원에서 그랬고 여기 바라나시에서 또 그런다.

영어명칭인 베나래스Benares는 현지서는 통하지 않는다. 독립후의 정식명칭은 바나라시Banarasi인데 북쪽의 바루나Varuna 강과 남쪽의 앗시Assi 강 사이에 도시가 위치해 있기 때문에 붙여진 이름이다. 바라나시의 또 다른 이름이 하나 있다. 순례 성지를 카시Kashi라고 하는데 '영적인 빛으로 충만한 도시'라는 의미가 있다. 하나 더 부연하자면 갠지스강도 영어식 표현이며 이곳에선 강가Ganga라고 하는데 성스러운 강이란 뜻이다. 따라서 이 갠지스강은 신격화된 어머니인 강가Ganga mata ji로서 숭배의 대상이 된다.

연간 100만 명 이상의 방문객이 찾는 이 도시는 3천 년 이상의 역사를 가진 시바신의 성도聖都이다. 처음 고대인도문화의 중심지였고, 12세기엔 모슬렘의 세력권에 들었으며 1738년에는 힌두의 지배하에 다시 들어오면서 옛 문화의 복원이 이루어졌다. 영국의 지배하에서도 문화의 굴절없이 유지계승 된 곳으로 현재는 약 100만 명이 산다.

　무엇보다도 장관은 아침 해돋이 예배이다. 이를 위해서는 새벽 동트기 전에 강가로 나가 배를 타고 유유히 흐르면서 가트에서 목욕하는 신자, 경배하는 신자, 여기 저기 앉아 명상에 잠긴 사두Sadhu들을 보는 것이 관광코스로 되어 있다. 그러다가 아침 동이 지평선 위에 떠오르기 시작하면 환호성이 터진다.

　많은 거지들이 줄지어 앉아 있다. 인도의 관광객 순례자들은 적선을 많이 한다. 이승에 적선을 많이 쌓을수록 피안의 세계에 많은 선善을 쌓는 결과가 된다. 때로는 순례자, 수도자 사두들도 적선을 받아 경비에 쓰며 생계를 유지한다. 우리가 약간의 적선을 해도 감사의 표시를 하지 않는 것은 오히려 우리쪽이 적선할 기회를 주어 고맙다는 식의 감각으로 받아들여야 한다. 강변에서는 브라만이 파라솔을 받치고 앉아 목욕하러 온 사람들을 상대로 설법을 한다. 우리 일행은 배를 타고 강가의 남단으로 향했다가 다시 오던 길로 되돌아 가려고 할 무렵 시체를 뉘어 놓고 그 주위를 돌고 있는 무리를 목격했다. 화장터이다. 촬영은 절대 금지이며 그들 중의 한 사람은 이방인들의 촬영을 감시하고 있었다. 임종이 가까워지면 대나무 침대에 실려 이곳 갠지스강가로 오게 되는데 이곳에서 운명하는 것이 명복 중의 행운이다. 화장터는 두어 곳밖에 안 되며 각지로부터 화장을 희망하는 사람이 많이

힌두교의 성지 바라나시의 다시슈와메드 가트이다. 신도들이 아침새벽부터 갠지스강에 목욕을 한다. 정화의례이다.

시바신을 모신 사원 안쪽 사당에는 링가를 신체의 상징으로 모시고 있다. 바닥은 여음을 상징하는 요니, 중앙에 남근을 상징하는 링가, 그리고 역시 남근을 상징하는 뱀(고부라)이 둘레를 장식하고 있다.

모여들어 차례가 오기를 여러 날 기다리기도 한다. 북쪽의 화장터는 마니카르니카 가트 Manikarnika Ghat이다.

　사원의 주신은 시바신이다. 어느 사원이나 힌두사원이면 시바신 상징인 링가와 요니가 있다. 브라마, 비슈누, 시바를 가리켜 힌두교의 삼위신이라 한다. 이 셋째 신인 시바의 외모는 다음과 같다. 양미간 사이에는 사물을 파괴하는 때 이외에는 평소 감고 있는 제3의 눈을 가지고 있다. 긴 머리카락으로 머리위의 성스런 갠지스강을 받치고 있으며 머리부분의 가르마 위에는 초생달을 받치고 있다. 그리고 두 개 혹은 네 개의 팔을 가지고 있으며 손에는 삼지창을 들고 호랑이 가죽, 외엔 옷을 입지 않는다. 온 몸엔 재를 바르고 그의 머리와 목과 팔에는 뱀으로 장식되어 있다. 그는 살결이 흰 편이지만 신들에 의해서 바다의 파도를 일으키는 동안 독소를 들이켰기 때문에 푸른 목을 가지고 있다. 그의 다른 손은 도끼, 영양(뿔사슴), 그리고 다마루damru라고 부르는 북모양의 유리시계를 들고 있다. 그는 해골로 된 고리 장식을 하고 화장터의 주신으로도 알려져 있다. 그의 배우자는 파르바티Parvati이며 시바는 가네샤Ganesha와 스칸다Skanda(Kartikeya)의 부신父神이기도 하다. 그리고 난디Nandi라고 하는 황소를 타고 다닌다.

　시바신은 원래 루두라Rudra로 알려졌다. 루두라는 자비와 악덕의 양면성을 가진 신이었으며 차차 후자의 신성이 더 강해졌다. 그밖에 그는 남근상징이 되어 링가Linga로 표상되었다. 대부분의 시바신을 경배하는 사원에는 돌로 만든 링가(남근)와 요니(여음)가 표적이 되어 있다. 이 밖에 시바는 4개 이상의 손을 가지고 있는데 각각 해당하는 의미가 있다.

팔의 수가 6개인 경우 자비를 베푸는 형상이며, 8개인 경우에는 파괴적인 형상을 하며 12개인 경우에는 선성적善性的이며 28개의 팔은 일반적인 형상을 의미한다. 108개의 팔이 있는 것은 춤추는 형상을 나타낸다. 그리고 링가는 시바신의 창조력의 상징이며 시바신을 주신으로 신봉하는 신도들은 이 링가와 요니에게 경배하는 것은 절대적이라 할 수 있다. 링가와 요니는 석재石材로 되어 있고 전체를 3구분 할 수 있다. 요니에 해당하는 기단부분은 타원형이나 8각형 초석으로 되어 있는데 마치 한국의 맷돌 밑부분과 같이 생각하면 대차가 없다. 그 중앙에 원통형의 둥근 석주石柱를 박아 놓은 꼴이다. 크기는 일정하지 않다. 이 링가는 위에서 물이 흘러내리는 곳에 두거나 물이 흘러내리게 하여 항상 경배하러 오는 신자가 위에서부터의 낙수落水로 링가를 목욕시키고 꽃과 꽃다발로 장식하고 그 위에 기름과 우유를 부으며 때로는 쌀과 음식을 제물로 놓기도 한다. 링가는 창조의 신성을 상징하고 링가와 요니의 결합은 자연, 우주적 에너지를 결합함을 표상하는 것이다.

한국의 맷돌도 성합性合의 상징으로 주구呪具였음은 구전설화나 민간신앙에서 찾아볼 수 있다. 인도의 링가와 요니가 새삼스럽지는 않았다. 다만 인도의 링가와 요니와 한국의 맷돌이 어떤 연관성이 있으며 있다면 어떤 경로로 상호 관련하는지 금후의 연구 과제가 될 것이다. 이를테면 시바신의 성격으로 보아 시바신은 원시민간

춤추는 시바신. 8세기경에 만들어진 것. 둘레는 우주를 표상하는 불꽃으로 장식이 되었다. 비시누신과 더불어 힌두교에서 최고신의 하나로 숭상되고 있다.
춤추는 시바신. 8세기경에 만들어진 것. 둘레는 우주를 표상하는 불꽃으로 장식이 되었다. 비시누신과 더불어 힌두교에서 최고신의 하나로 숭상되고 있다.

신앙의 복합체이며 문화변용과정을 통해 정립된 신격이므로 하나하나 분해하여 고려한다면 한국의 무속신앙과도 다분히 연관지을 수 있는 요소가 많다고 생각한다.

8. 석가모니의 처음 설법도량說法道場, 사르나트

바라나시로부터 동북쪽으로 9㎞ 거리밖에 안 되는 곳에 불교성지가 있었다. 불교문화가 힌두교에 눌려 빛을 발하지 못하는 정서에서 이 바라나시는 특히 한국인에게 감명 깊은 곳이 되었다. 석가모니가 최초로 공식 설법한 도량이며 많은 유적이 파손되어 있었으나 인도에서 아직도 살아있는 불교를 느낄 수 있는 이곳이 대견하기만 하다. 특히 이곳에서 불교사원을 비롯해서 그토록 유명한 다메크스투파, 그리고 옛 화려했던 시대의 물간다 쿠티사원의 유적을 볼 수 있었으며 여기에서 발굴된 유물을 전시한 고고학박물관을 관람한 것은 참으로 다행한 일이었다.

인도에 와서 불교사원다운 곳을 처음으로 밟은 것이 물간다 쿠티사원Mulgandha Kuti Vihar이었다. 멀리서부터 찾아온 순례자들로 차례를 기대려 들어갈 수 있었던 이 사원은

석가모니가 처음 설법한 도량에 위치한 다메크 스 투파이다.

벽면 가득히 부다의 생애를 묘사한 벽화가 그려 있었다.

넓은 잔디밭이 깔린 한가운데 거대한 다메크 스투파Dhamekh Stupa가 서있다. 산스크리트어로 '흙을 쌓아 올린 것'이란 의미가 있는 스투파는 현재는 불탑이라는 의미로 쓰이고 있으며 여기 있는 스투파는 6세기에 만들어진 것이다. 중국에서는 '졸탑파率堵婆'로 한역되어 약자로 '탑'이라 쓰여진 것은 이미 알고 있는 사실이다. 한국불교에서 사리탑은 이 스투파에서 유래된 것임을 알 수 있다. 스투파의 원형이 가장 잘 보존되어 있는 곳은 산치에 있는 것이 유명하며 불교의 성지, 예컨대 부다가야, 구시나가르, 바이살리 등에는 반드시 스투파가 서있다. 사르나트도 예외는 아니다. 아잔타의 석굴이 조성된 시대의 옛불교 석굴에는 불상이 없고 단순한 스투파가 부처를 상징하기도 했다.

정원에는 티베트로부터 많은 승려들이 이 성지를 찾아 경배하는 모습이 보였다. 이 근처에는 티베트 사원을 비롯해서 중국인 사원, 최근에는 일본인 사원과 한국사원도 신축한다는 소식이다. 그러나 이들 외국인 사원이 어떤 모습을 하고 있는지 들러보고 싶었지만 시간이 허락지 않았다.

---

9. 벵골만의 골든 트라이앵글

부바네스와르, 푸리, 코나라크 지역을 일컬어 오릿사의 황금삼각지대라고 한다. 지금까지 우리가 본 것은 인도의 일부를 본 것이고 오릿사지역을 밟아야 인도를 다녀왔다고 할 수 있을만큼 문화의 특성이 있는 곳이다. 그러나 교통상의 이유와 비용문제도 있어서 대개는 바라나시까지를 종착으로 되돌아가는 경우가 많다. 우리는 다소 무리를 해서 벵갈만까지 날아왔고 이로써 인도 횡단을 한 셈이다. 바라나시에서 비행기로 1시간 반쯤 날아 부바네스와르에 닿았다. 이 지역도 힌두교의 성지임에 틀림없지만 지금까지 본거와는 뭔가 색다른 인상이 들었다.

1) 가장 먼저 본 것은 링가라지Lingaraj 사원이다.

그 규모면이 지금까지 본 사원을 압도한다. 힌두교의 4대성지중의 하나인 이곳, 유감스럽게도 힌두교도 이외엔 출입이 금지되어 있다. 지금까지는 신발을 벗으면 출입이 가능했는데 이곳은 아예 이교도의 출입이 금지된 곳이다. 다행한 것은 관광객을 위해 동쪽에 있는 테라스에 오르면 내부의 반쪽을 들여다 볼 수 있으므로 이 정도로 만족할 수밖에 없었다. 11세기에 사원이 건립되었다고 한다.

발걸음을 돌려 이 가까이에 바이타르 데우르 사원이 있다. 이 사원 안벽에는 '물소인 아수라를 격퇴시키는 두르가'의 벽화가 그려져 있다. 또 가까이에 아치형의 트라나(탑문)로 유명한 무크테스와라Mukteswara 사원이 있는데 '신神이 일어나는 곳'이라는 명칭의 의미가 있다. 사원외곽벽에는 산스크리트로 된 판챠탄트라에 등장하는 원숭이와 악어를 소재로 하는 민담이 그림상으로 조각되어 있었다. 내용은 우리의 '토끼와 거북이'(별주부전)의 원형담으로 판챠탄트라에서는 원숭이와 악어로 되어 있다. 내용이 길어 개요만을 소개한다.

어느 날 해변의 한 그루 나무 밑에서 악어가 쉬고 있었다. 이 나무에는 원숭이가 살고 있었는데 그는 자기 집에 찾아오는 악어를 손님으로 영접하여 환대했다. 이것이 계기가 되어 둘이는 친한 친구가 되었다. 악어가 돌아갈 때마다 나무에서 딴 과실을 주어 보냈다. 악어의 처가 과실을 먹어보고 하는 말이 "언제나 이토록 맛있는 과실을 먹고 사는 원숭이의 심장은 더더욱 맛있고 달지요. 당신이 날 사랑한다면 그 원숭이의 심장을 가져다 주시면 먹고 내가 불로장생할 수 있지요." 이것이 발단이 되어 악어는 친구를 죽일 수 없다 하고 아내는 불만을 털어놓아 싱강이를 하게 되었다. 종내 아내는 "아마 당신이 만난다는 악어는 여자임에 틀림 없어요. 그러니까 매일 만나러 갈 뿐 아니라 날 덜 사랑하니까 내 소원을 들어줄 수도 없지요."라고 억지를 부렸다. 악어는 원숭이를 바다 속으로 데려왔다. 그리고 사연을 말했다. 이때 원숭이는 태연히 말했다. "그런 일이라면 왜 미리 말해 두지 안했는가. 내 심장은 언제나 나무에 숨겨둔다. 그러니 친구의 아내를 위해 심장을 주지." "잘 됐네 그 심장을 내게 주게. 그럼 아내도 단식을 중지할걸세." 이리하여 해변의 나무밑으로 다시 왔다. 원숭이는 나무위로 올라가더니 이렇게 말했다. "바보같은 친구여, 세상에 누가 심장이 둘 있겠는가. 당장 사라져 다신 나타나지 마라!" 그러자 악어는 후회했다. '난 어리석다. 왜 미리 말해버렸을까. 친구가 날 신뢰할 변명이 없을까.' 하고 또 이렇게 말했다. "친구여, 근 농담이었어 내 처가 심장 같은 걸 필요로 할 턱이 없지. 그러니 그저 친구로서 우리집에 놀러 가세."원숭이는 말했다. "이 악당 같은 놈아 꺼져! 다신 내가 가나 봐라." (판챠탄트라에서 요약)

2) 자이나교 승려들의 도량, 동굴

부바네스와르로부터 서쪽으로 6km 지점에 2개의 언덕(giri)이 있다. 이곳이 유명한 기원 전 2세기에 자이나교 승려들이 살고 있었다는 50개소 이상의 동굴이 있는 우다이기리 Udaigiri와 칸다기리Khandagiri가 있다. 자이나교Jaina는 불교와 거의 동시대에 성립한 종교 로서 마하비라Mahavira(BC 549~477?)가 세운 불교와 유사한 교리를 가진 종파이다. 행위가 업을 만들고 윤회로 속박한다고 생각하기 때문에 엄한 계율과 고행을 지켜야만 해탈에 이 른다고 주장한다. 그래서 살생금지와 무소유를 강조한다. 옷을 안 입는 수도승은 무소유의

부바네스와르 근교에 있는 우다이기리의 자이나사원

망고나무 밑에서 요가로 수도하는 사두, 그의 머리는 평생 깎지를 않아 2m가 넘는다. 부바네스와르 근교에 있는 우다이기리의 자이나사원내에서 수도하는 사두, 자이나교에 서는 살생금지와 무소유를 강조하기 때문에 옷을 입지 않는다.
사두 곁에는 김택규교수가 앉아 있다.

극치이며 벗은 채 생활한다. 현재 신도 수는 200만 명이지만 신용이 있어 상업에 성공하고 있다.

3) 푸리의 자그나트 사원

해가 질무렵 일행은 푸리의 메인스트리트라고 할 만한 사원통로에 들어섰다. 약간 곡선이긴 해도 약 1㎞의 사원통로는 왕복 6차선 정도의 폭넓은 길이지만 이중삼중으로 노점이 줄지어 있고 복판 2차선 정도가 비어 있긴 하나 인파와 때로는 방랑 소떼들 때문에 길은 장터같은 느낌이 든다. 일행은 버스에서 내리자 뛰다시피 해서 사람 틈을 피해 자가나트Jaganath 사원으로 달려갔다. 물론 힌두교도 이외엔 들어갈 수가 없었으나 사원 앞 길 건너편에 있는 라그난단도서관을 통한 옥상에서 사원을 들여다보기 위해 도서관 문이 닫히기 전에 도착해야만 하기 때문이다. 다행이 옥상에 오르긴 했으나 60m 되는 사원탑만 보였을 뿐 자세히 들여다 볼 순 없었다. 12세기에 세워졌다는 자가나트 사원은 원래 이 주변의 원주민들이 숭배했던 토착신이 원조이지만 지금은 비슈누의 화신이며 그 신격은 우주의 주신으로 받들고 있다. 푸리는 이 자가나트사원을 중심으로 이루어진 종교도시의 기능을 한다. 비록 사원안은 자세히 관찰하지 못했지만 사원통로의 저녁광경을 관망할 수 있어서 다행이다. 이제 막 야시장이 펼쳐지는 듯 노점들은 제각기 백열등을 켜 주변이 훤하다. 물건들이 조잡하나 이곳 경제수준을 반영하는 듯하다.

다음날 우리는 벵골만을 찾았다. 푸리의 비치는 황금빛 모래알로 반짝이고 있었으며 모든 강물을 수용한 벵골만은 다른 의미에서 델리와는 다른 오리사의 문화권을 형성한다. 힌두교가 지배적이긴 하지만 보다 토착신의 색채가 농후하며 축제 때 인파에 밀려 압사사망자가 발생하나 축일에 죽은 영혼이기에 신에게 바쳐진 희생제물이라 영광이다. 이것은 신앙의 농도를 의미한다.

4) 마지막 밟은 코나라크

푸리에서 동쪽으로 30㎞쯤 되는 모래밭에 퇴색된 거대한 수리야Surhya 신전이 있다. 영어명으로는 선 템플Sun Temple(Black Pagoda)로서 13세기에 세워진 것이다. 사원전체가 태양신 수리야의 마차를 상징한다. 왜냐하면 앞부분에는 7마리의 말이 끌고 있으며 기초부분에는 12쌍의 24개의 수레가 크게 조각되어 이를테면 7마리의 말이 24개의 수레가 달린 신전을 끌고 가는 형상이다. 말 일곱은 1주일이 7일임을 의미하고 수레 12쌍은 1년의 12달을 상징한다고도 말한다. 그리고 신전바깥벽에는 남녀의 미투나상이 조각되어 있다.

마지막 귀로에 들른 곳이 넓고 넓은 평야에 언덕이 하나 우뚝 있고 그 정상에 흰색으로 빛나는 불교사원이 있었다. 정식 명칭은 다울리 산티 사원Dhauli Shanti Stupa이다. 이 오리사 지역은 힌두교, 자이나교, 불교 등이 공존하는 종교박물관 같다. 우리는 불교사원을 들렀다. 어찌하여 이곳에 불교사원이 들어설 수 있었을까. 가이드인 라제시Rajesh로부터 들은 유래전설이다.

BC 6세기경 아소카왕이 마가다Magadha 갈린가를 공격했다. 약 10만 명을 살해하고 15만 명을 포로로 잡았으며 약 5만 명은 굶주려 죽었다. 생존자는 아이와 노인과 여자들 만이었다. 아소카가 생각하기를 비록 전쟁은 이겼으나 너무 많은 사람을 죽인 것을 뉘우쳤다. 그는 이렇게 많은 사람을 죽이고 왕이 되는 것이 진실된 승리가 아니고 사람들의 마음을 사로잡아 왕이 되는 것이 진실된 승리라고 생각했다. 아쇼카는 이 때문에 번민하고 있었던 중 하루는 한 노승이 아소카왕에게 와서 자기네 모든 가족들이 이 싸움에서 죽었다고 원망하는

태양사원의 바퀴(大車輪). 바퀴는 유사이전부터 태양 숭배의 상징물이다. 앗시리아인들은 바퀴를 생명의 상징이며 바퀴의 중앙에 있는 신은 전쟁의 신이며 풍요의 상징이다.

소리를 듣고 마음 아파했다. 아소카는 불교승려에게 가서 불교의 제자가 되고 그로부터 불교를 전파하게 되었다.

아소카Asoka(BC 272~232)는 부왕父王이 죽은 후 BC 272년에 마가다의 황제가 되었다. 그는 불교나 자이나교 등 모든 종파를 존경하여 브라만 세력을 약화시키는 비폭력적 전략을 폈다. 군주는 아버지이고 백성은 자식이라는 사랑과 자비의 도덕적 이념으로 그의 패권을 확장시켜 나갔었다.

다울리 불교사원 뒷편에 붉게 칠한 사원탑이 있었고 많은 신도들이 줄지어 사원안으로 들어가고 있었다. 입구는 좁은데 많은 사람이 비집고 들어가려는 통에 혼잡이 생기자 장정 몇 사람이 질서를 잡기 시작했으며 우리는 안에 들어가지 못하고 밖에서 안쪽을 들여다보았다. 링가가 중앙에 있고 신도들이 그 앞에서 경배를 하고 있었다. 이 사원이 시바사원임을 이내 알 수 있었다. 그리고 불교사원에 경배 오는 신도들보다 시바사원에 경배 오는 신도가 훨씬 많은 것으로 보아 역시 힌두교의 영역임을 짐작할 수 있었다.

2.
인도의 민속기행과 인도 민담

1995. 5. 8. ~ 7. 27. 집필

1. 인도설화의 이해

　인도는 고대로부터 설화의 산실이며 동서양으로 많은 정신적 문화유산을 공급해 준 터였다. 아주 옛날에는 「리그·베다」(讚歌)에서 서술된 신화들을 비롯해서 「라마야나」 「마하바라타」 등의 서사문학서도 고대설화집이다. 기원 4세기경에는 「판챠탄트라」와 「쟈타카」 등의 설화문학서가 편찬되어 그중의 일부는 한국에도 불교문화와 함께 수입이 된 것이 있다.

　인도의 고대설화집들은 일찍이 외국어로 번역이 되어 세계적으로 전파된 것이 많다. 그중에 「라마야나」의 설화는 동남아시아 제민족에게 전파되어 그곳 민족들의 문학, 조각, 무용을 형성하는 초석이 되어주기도 했다. 「판챠탄트라」 속의 몇 개의 설화들은 페르시아, 아라비아를 경유하여 유럽으로 전파되어 라·퐁테느의 우화나 그림동화집에 수용되기도 했다. 석가모니의 전생설화라고 할 수 있는 「챠타카」는 불교의 전파와 함께 한국으로, 일본으로 건너가 일본 고대설화집의 하나인 「곤쟈크모노카타리」(今昔物語) 속에 「쟈타카」의 내용이 부분 수용되었다.

　이처럼 고대설화의 산실이었던 인도는 고대, 중세의 신화, 전설, 서사시, 설화문학이라는 형식을 빌어 문헌으로서 정립되기도 했지만 한편 유사설화들이 소박한 민간의 구술형식으로 구전되기도 했다. 그러면서 한편으로는 문헌으로 또 한편으로는 구전으로 계승되면서 더욱 세련된 모티프로 발전되어 장편의 서사민담이 형성하기에 이른다.

이처럼 고대신화나 문헌설화들이 소박한 형식으로 민간에 전승하면서 신화는 신화로 민간설화는 흥미와 문학성을 띤 민담으로 발전했다. 후술하는 민담 중에 〈도둑의 딸과 왕자〉는 무쿠도리가 오움에게 이야기를 들려주는 형식으로 된 집성 중에 삽입된 삽화로 소심한 왕자가 목숨의 은인인 도둑의 딸을 죽인다는 줄거리로 되어 있다. 비록 짧은 내용이지만 집성을 이루는 하나의 삽화라는 구조의 성격을 띠고 있다. 교훈성이 짙은 내용을 가진 민담 중에는 「챠타카」와 유사한 이야기가 많아 번안이 아닌가 생각된다.

인도민담의 주인공들은 보통은 그가 소속된 카스트의 이름으로 등장한다. 예컨대 "옛날, 한 바라몬(승려)이 있었다."든가 "옛날 젊은 목수가 있었다."와 같이 카스트를 주인공으로 소개한다. 우리는 보통 "옛날, 한 나무꾼이 있었다."든가 "옛날, 가난한 사람이 살고 있었다." 하고 사회계층의 상징적 존재를 주인공으로 내세운다. 이것을 인도의 카스트와 비교할 수는 없지만 발단구에 있어서 인도의 카스트, 한국의 사회계층이란 표현의 차이는 가지고 있지만 신분제도라는 점에서는 공통점이 있다. 이와같이 신분제도에 의해 제약된 카스트가 주인공으로 등장함에 따라 주인공의 행동은 카스트로 인한 제약을 받는다. 이를테면 바라몬이면 대중의 존경을 한몸에 받은 인물로 학식 많고 후덕하고 인자함이 기대되어 그 기대하는바대로 행동하면 이야기속에서 존경 받으며 해피앤드로 끝나지만 반대로 무지와 욕심장이 바라몬이면 미움과 웃음의 대상으로 전락하는 줄거리가 될 것이다.

임금이나 왕비 혹은 왕자, 공주도 인도민담에는 자주 등장한다. 이들은 민간의 신분제도에 해당하는 사람들에 비하면 매우 행동에 자유스럽다. 민중의 선망의 대상인 왕족들이기 때문이다. 인도민담은 19세기이래 영국으로부터 온 식민지관리들이나 선교사들에 의해 채집되었고 이어서 인도인들에 의해 채록되었다. 인도는 워낙 큰 대륙이며 인종도 다양해서 총체적인 채집에 많은 애로가 있으며 그뿐만 아니라 많은 방언과 많은 종파와 카스트에 속한 사람들이 독자적으로 민담을 구전하고 있기 때문에 이것을 모두 망라하는 것은 불가능한 작업이다.

구전민담을 창작하고 육성시켜 온 주체는 마을의 주민들이었다. 사람들은 새벽에 시작하는데 여름 더운 때는 나무 그늘이나 지붕 처마 밑에서 낮잠을 자고 저녁에 다시 작업을 계속한다. 저녁상을 물리고 나서는 밤늦도록 노래를 부르거나 담소를 나눈다. 이러한 생활 리듬은 지금도 변화가 없다. 어느 마을이나 입구에는 부농의 대가大家나 높은 탑이 있는 사찰이 있기 마련이다. 이러한 장소는 낮 휴식 때나 저녁식사 후에 사람들이 잘 모여드는 곳이다. 마을의 잡화상이나 행상인들도 이런곳에 자리를 잡고 사람들을 호객한다.

　　마을 주민들은 대개 지주, 부농, 상인, 목공이나 도공들, 대장깐등의 직업인들, 그리고 농토를 갖지 않은 농민들로 구성되어 있다. 주민들은 토지와 깊은 관계를 유지하며 살아온다. 또 카스트에 의해 정해진 직업을 충실히 대대로 계승하며 살아온다. 마을 사람들은 어느 계층의 어느 카스트에 속하는가에 의해 각자의 위상이 정해진다. 예컨대 사람을 부를 때 "어느 마을의 목공의 누구누구" 하는 식으로 부른다.

　　민담에도 "옛날 브라만이 있었다." 든가. "어느 곳에 한 도공이 있었다."라고 시작하는 것은 이러한 카스트의 사회구조를 반영한다. 오늘날도 민담의 세계가 현실에 실존한다. 한편 다양한 민족, 다양한 종교와 문화를 배경으로 하는 인도의 민담은 그 내용도 다양하다. 식사에 대해서도 힌두교도의 일부는 육류와 어류를 일체 먹지 않는다. 육식을 하는 경우라도 힌두교도는 신성시하는 쇠고기를 먹는 것은 타부시되며 이슬람교도는 돼지고기를 부정한 것으로 취급한다. 그러므로 어느 쪽에나 가까워질 수 있는 양이나 닭고기를 사육하며 먹는다.

　　복장도 같은 성인이지만 서북인도에서는 헐렁헐렁한 바지같은 것을 입는가 하면 동부인도에서는 흰 띠를 허리에 감는다.

　　사람들의 인사만 해도 집단에 따라 다르다. 예컨대 턱수염을 기르고 흰 터어번을 두른 이슬람교도간에는 "신의 은총이 있으시기를!" 하고 인사말을 나누지만 머리에 터어번을 하고 볼부터 턱까지 수염을 기른 시크교도들 간에는 "시크교의 신 아칼은 진실!" 하고 인사말을 나눈다. 힌두교도는 인도 총 인구의 80%를 점하고 있다. 바라나시를 순례하여 성스런 갠지스강에서 목욕하여 기도하는 것은 그들의 최상의 소원이다. 힌두교도들은 두 손을 가슴에 합장하고 "나마스테(당신께 경의로써 인사를 드립니다.)"라고 인사를 한다. 근엄한 상호간의 인사에서 우리는 그들의 신심信心을 읽을 수 있다.

이러한 다양한 문화에서 생성되는 민담은 또한 그 내용도 다양해서 인도의 다양한 문화를 모두 이해하지 않으면 민담도 이해할 수 없다. 그래서 세계적으로 민담의 기원지의 하나인 인도의 민담을 수집하고 분석하는 일은 인도문화의 이해를 전제로 하며 따라서 한국의 민담을 본격적으로 연구하기 위해서는 인도의 민담연구가 전제가 되어야 한다.

이번 우리의 인도답사는 설화채집이 불가능했기 때문에 장차의 가능성을 인식하고 돌아왔다. 그러나 인도설화를 채록해서 출판한 외국자료, 고전번역본 등이 이미 한국에도 소개된 것이 더러 있으므로 아쉬운 대로 이 가운데서 우리 일행이 다녀온 지역의 민담을 몇 편선정하여 여기 제시하기로 한다.

---

2. 인도 고전 설화집

자따까Jataka

본생경本生經 혹은 본생담本生譚으로 더욱 알려져 있다. 총 22권 547편으로 구성되었으며 빠리어로 씌어졌다. '자따까'란 말은 '태어났을 때의 일'이란 뜻으로 이 세상에 태어나기 전의 이야기로서 석가의 전생설화를 기록한 것이다. 불교이전 약 기원전 3세기부터 민간에 전하는 설화들을 불교적인 색채를 가미하여 정리한 것이며 설화집으로는 가장 오래된 것이다. 구성의 의도가 교훈에 있으므로 우화, 해학, 비유 등을 최대한 수용하고 있다.

내용을 분석해보면 인도에는 석가이전에 이미 윤회전생사상이 존재하고 있었음을 알 수 있고 이러한 민간에 전승하는 사상을 기반으로 해서 석가의 가르침이 성립되었음을 알 수 있다. 여기에 수록된 설화 중에는 〈판챠탄트라〉나 〈가타 사릿트 사가라〉 등의 설화집에 있는 것들이 중복되어 있는 것도 있다.

판챠탄트라Panchatantra

이 설화집은 〈오부경五部經〉 혹은 〈오편의 이야기〉로 알려져 있다. 일종의 교훈담의 성격이 있다. 브라만 비슈누샤르만이 왕의 요청을 받아 세 왕자에게 처세와 정치의 요체를 가르치기 위한 방법으로 구성한 것이다. 형식은 설화를 전제로 하여 군데군데 격언이나 교훈적 삽화를 삽입하면서 설득해 나가는 방식이다. 본래의 원본은 망실되고 원작자나 제작년대도 정확한 것은 알 수 없으나 원본에 근거한 사본들이 전승되고 있으며 이미 6세기경에는 중기 페르시아어인 파라뷔어로 번역이 되었다고 한다. 그러나 지금은 이 파라뷔어로 된 번역본도 망실되고 오로지 이 번역본을 텍스트로 해서 시리아어로 번역된 〈카리라와 디무나〉(570년경), 다시 아라비아어역〈비도파이의 이야기〉, 히부리어역, 희랍어역(11세기경) 등 50여 개 국어로 번역되어 각지로 전파되어 설화문학에 큰 영향을 준 인도고전이다.

가따 사릿도 사아가라

카시밀의 시인 소마데봐가 자란다라의 공주 스루아마디의 우울함을 달래기 위해 약 20년(1063-1081)에 걸쳐 쓴 설화집이다. 전체 18권 2만여 편의 운문으로 수려한 산스크리트어로 씌어졌다. 흥미있는 많은 삽화가 포함되어 판챠탄트라나 불교설화집 자따까와 더불어 유명하다.

베다라 판챠빈샤디카

〈시귀이십오화屍鬼二十五話〉로 알려졌다. 베다라란 말은 시신에 빙의된 잡귀(악마)란 뜻이 있다. 이 설화지는 드리비크라마왕의 호쾌성 때문에 묘지에 선 신샤파트라는 나무로부터 매일 밤 시신을 업고 오는 왕에게 그 시신에 지펴 한편의 이야기를 말하고 이야기 끝에 하나의 질문을 던져 왕에게 해답을 요구한다. 왕은 이때 입을 열지 않도록 되어 있으나 총명한 왕은 언제나 그것에 해답을 말하곤 한다. 이리하여 스무나흘 밤을 지나지만 마침내 스무닷새 날에는 왕이 해답을 할 수 없었기 때문에 이제야 악덕수련자의 간교함을 밝혀내고 물리쳐 왕의 신통력을 획득한다는 내용으로 되어있다.

수카사푸타티 Sukasaptati

〈앵무칠십화鸚鵡七十話〉로 더욱 알려져 있다. 상용으로 출타할 상인 마다나세나는 집에 있는 애처 푸라바봐디가 염려가 돼 영리한 앵무새에게 부탁을 하고 떠난다. 그녀는 왕자를 만나게 되고 마음이 동요되어 왕자를 만나러 가도 좋으냐고 앵무새에게 제안한다. 앵무새는 갖가지 유혹을 말하면서 만일 이 유혹들을 모두 해결할 수 있다면 가도 좋다고 말한다. 그녀가 그 해답을 찾는 동안 날이 샜다. 앵무새가 해결방법을 말해준다. 결국 칠십 밤을 무사히 넘기고 남편을 맞이하게 된다는 내용이다.

이 설화집도 원작자와 연대가 불명하다. 2종의 산스크리트어로 된 이본이 전래되고 있을 뿐이다. 14세기의 페르시아어역인 〈두디나메〉를 비롯해서 터어키어 마라이샤어 등 각종 번역이나 번안물이 각지로 전파되었다. 내용은 주로 남녀의 정사에 관한 것으로 천일야화, 데카메론 등과 비교해 볼만하다.

히또파데샤

'유익한 교훈'이란 뜻을 가진 이 설화집은 판챠탄트라가 벵갈지방에 전래되는 것 중 하나로 작자는 나라야나이며 판챠탄트라의 다섯 편을 네 편으로 개편하면서 우화의 배열도 바꾸어 다시 새 삽화를 삽입하기도 했다. 약 9세기경에 성립된 것으로 보인다.

부리핫또가타

전설에 의하면 이 책은 구나디야작으로 파이샤치어란 일종의 방언으로 씌어져 그 양은 10만 편에 이른다고 하나 원본은 없어지고 그 내용을 요약한 산스크리트어로 된 다음 3종이 전하고 있다.

① 네팔에 전하고 있는 붓다스와민(9세기경)작으로 〈부리핫도 가다 슈로카 산그라하〉
② 카시밀에 전하는 쿠세맨도라(11세기)작으로 〈부리핫도 가다 만쟈리〉
③ 소마데에바(11세기)작의 〈가다 사릿도 사가라〉

3. 답사지역의 민담

악착스런 부인(판자브Punjab 주 지방)

옛날, 고라쿠나도라는 성자가 있었다. 그의 지혜와 선량함이 〈다섯 강의 나라〉(판자부 지방) 안의 모든 가정가정에 미쳤다. 어느 날 먼 곳으로부터 한 순례자가 이 성자를 찾아왔다. 성자의 집에 당도하자 성자는 출타중이었다. 순례자는 문을 두드렸다. 성자의 부인은 심술이 많고 노기에찬 악착스런 여인이었다. "당신은 누구시오? 당신이 찾는 성자는 집에 없어요. 그 사람은 아마도 기적따위로 사기를 치러 나갔을께요. 당신들은 모두 그를 따르지만 나에게는 단 한마디 대꾸를 하지 못해요. 종일 귀신과 중얼거리다가 볼일 다 봐요. 당신네들이 가져다 준 맛있는 음식들 혼자서 먹어치운대요. 나에게는 한쪼각도 주지 않아요. 담배를 피우고, 술을 마시고, 환상을 보고 그리고 당신네들이 그의 발밑에 엎들이잖아요. 몹쓸 사기꾼!" 순례자는 질려버렸다. 그는 "미안하오나 먼데서 왔기 때문에 목이 탑니다. 물 한잔만 얻어먹읍시다." "줄만큼 여유가 없는걸요." 하고 성자의 부인은 거절했다. 그리고 계속 말을 이었다. "물을 길러 나는 먼데까지 가는데요 그렇게 애써서 가져온 물을 당신께 줄 것 같은가요. 그리고 보자하니 당신도 집에서 쫓겨난 신세같구료. 당신이 성자라고 하는 그 사람은 즐거형편없는 카스트에 소속한 사람을 제자로 삼으니 말이오."

순례자는 급히 그 집을 나오자 마을 사람을 만났다. 순례자는 동네 사람들에게 성자에 대해서 물었다. "고라쿠나도성자님을 만나려면 어딜 가야 하겠습니까?" "부인성화에 못이겨 지금 숲속에 땔감을 하러 갔어요." 또 다른 사람은 "그 성자는 하루종일 기도만 하는 걸요. 아마도 어딘가에서 요가를 하고 있을겝니다." 또 다른 사람이 말을 했다. "그 사람은 부인의 말밖에 안들어요. 가끔 성자에게 손지겸을 하는걸요."

참으로 이상하다고 순례자는 생각했다. 이웃사람마저 이 성자를 존경하고 있다고 는 할 수 없다. 그렇지만 어느 누구나 고향에서는 예언자가 될 수 없다. 어떻든 나는 멀리서 일부러 온 것이니 돌아가기 전에 꼭 성자를 만나야지 하고 생각했다. 그래서 그는 숲으로 달려갔다. 얼마 안가서 그는 무거운 나무를 지고 오는 사나이를 만났다. 한 마리의 사자가 그의 옆에 따라오고, 그이 목에는 뱀이 감겨 있었다. 순례자는 이 사람이 곧 성자 고라쿠나도라고 생각했다. 그래서 "성자님, 그 무거운 짐을 저에게 지우세요." 하고 말했다. "아들이요, 내 아내는 당신이 내 짐을 대신 지고 있는 모습을 보면 결코 나를 용서하지 않을걸요. 난 벌지를 못하는 대신에 이 나무를 지고 오는것이오." "고라쿠나도 성자님, 선생은 진실된 성자입니다. 어째서 그토록 혹독하게 구는 부인을 방관하십니까. 저 사자도 성자님 말씀에 순종하고 있는데, 목에 감겨 있는 뱀은 목걸이 역할을 잘하고 있지 않습니까. 어째서 그토록 참으십니까." "사랑을 소유한자는 참을성이 있는법이지."라고 성자는 대꾸를 했다. 그리고 말을 이었다. "그녀도 범이나 뱀을 달랠 수 있다. 그리고 아무리 악착스런 부인이라도 도움이 될 때가 많아. 그녀가 성깔을 부려 화를 내면 낼수록 나는 인내라는 것을 배우게 되지. 언젠가는 그녀도 내가그녀의 뜻에 따르고 있다는 것을 알고 그토록 심하게 굴지는 않겠지."

이 말을 듣고 순례자는 고라쿠나도의 발밑에 엎들였다. "저의 순례는 이제 끝났습니다. 성자님의 첫번째 가르침, '사랑'에 대해서 깊히 배웠으니까요."

P.C. Roy Chaudhury(각주별 민담집 21권) 뉴델리

교훈담의 특징은 결구結句에서 격언이나 교훈을 한마디 첨부하는 것이다. 그러기 위해서 전편에는 우화나 동물담 혹은 인간의 삽화로 시작한다. 교훈담은 비교적 하나의 사건으로 매듭을 지어 결론으로 유도하는 것이 일반적 구성법이다. 위의 민담 내용도 순례자가 성자를 찾는 과정에서 성자의 부인을 만나는 단순삽화로 되어 있다. 그리고 결구로는 "그녀가 성깔을 부려 화를 내면 낼수록 나는 인내라는 것을 배우게 되지." 하는 한마디로 축약된다. 따라서 이 민담의 주제는 '사랑'과 '인내'라고 할 수 있다.

임금님과 앵무새(판자부)

옛날엔 새들도 인간과 같이 말을 할 수 있었다. 새가 영리하기 때문이었다. 어느 곳의

임금님이 말을 잘하는 암새 한 마리를 새장에 넣어 키우고 있었다. 임금님은 이 앵무새가 너무 귀여워 매일 아침저녁으로 대화를 나누었다. 그리고는 하루에 세 번 무릎에 놓고 맛있는 빵을 주었다.

어느 날 이른 봄이었다. 나무에서는 파릇파릇 싹이 나는 계절이었다. 앵무새는 상냥하게 임금님에게 말을 건넸다. "전하, 저는 고향을 떠난지 너무 오래 되었습니다. 고향에 다녀오게 해 주십시오." 그러자 임금님은 귀여운 앵무새를 놓아주기는 싫었지만 그로부터 매일 간청하므로 할 수없이 허가해주었다. "그렇담 다녀오너라. 그치만 6개월을 넘겨서는 안된다. 그리고 돌아올 때는 네 애정의 표시로 무언가 선물을 가져오너라. 네가 날 잊지 않았다는 증거로말이다." "여부가 있겠습니까. 어디를 가나 임금님을 잊지 않을 것입니다."라고 말했다.

마침내 앵무새는 임금님과 석별의 입맞춤을 하고 창공을 날아갔다. 앵무새는 나무에서 나무로, 언덕에서 언덕으로, 초원에서 초원으로 날랐다. 한편 앵무새가 어느방향 어디로 날아갔는지 궁금한 임금님은신하들에게 뒤따르게 했다. 신하들이 100마일이나 말을 타고 달려가보니 풀 한포기 없는 거치른 땅에 다달았다. 그곳에는 죽음의 신 야마와 같은 바람이 불고 있었다. 저 끝엔 큰 강이 있는데 건널 수 없었다. 되돌아 갈까 하고 있을 때 강가에 숲이 있는 것을 발견했다. 자세히 살피니 그 중 한 나무에 새둥지가 있었다. 그런데 놀란 것은 그 새둥지 안에 임금님이 그토록 좋아하던 앵무새가 앉아 있었던 것이 아닌가. 신하들은 강풍이 불어 둥지의 나무가지가 뿌러지면 앵무새는 강물에 떨어져 죽을 텐데 하고 걱정이 되자 신하들은 "우리 함께 임금님에게 돌아가요." 하고 앵무새에게 권했다. 그러나 앵무새는 대꾸를 하지 않았다. 할 수 없이 신하들은 그대로 돌아가 임금님에게 아뢰기로 했다. 그토록 아끼고 귀여운 앵무새가 황량한 들판의 한 나무위에 얹혀 있다는 것을 알자 너무 기가 막혔다. 어째서 앵무새는 이토록 훌륭한 궁전보다도 황량한 들판의 둥지가 좋단말인가. 아무리 생각해도 이해가 안간다. 끝내 임금님은 신하들에게 말했다. "모든 생물은 자기가 태어난 고향을 동경하는가보다. 내 사랑하는 앵무새가 훌륭한 궁전보다도 황량한 들판의 한그루나무위에 있음은 그만한 이유가 있음이 틀림 없다. 너희들은 어떻게 생각하나 말해 봐라." 신하들이 아무리 머리를 짜봐도 명석한 해답을 찾을 길이 없었다. 그러는 동안에 세월이 흘러 1년이 지났다.

그 새에 암앵무새는 한 마리의 새끼를 낳았다. 그리고 새끼를 키워 홀로 공중을 날을 수 있기까지 도왔다. 그러고 나서 임금님의 궁전으로 돌아갈 준비를 했다. 선물도 가져갈 것을 잊지 않았다. 그래서 앵무개는 요정의 나라에 있는 마당으로 가서 마법의 나무로부터 작고 빨간 사과를 2개를 땄다. 그리고 궁전까지 날아오자 신하들이 목격하고 이 기쁜 소식을 임금님에게 고했다. 앵무새가 임금님 어깨에 닿자 반갑게 인사를 하고 선물로 가져온 사과를 건네 주었다. "전하 전 임금님을 잊은 적이 없습니다요." 하고 말했지만 임금님은 그 말을 신용할 수가 없었다. '어째서 이 앵무새는 1년이나 지체하고 돌아왔을까. 이 사과는 혹시 독이 들어있을지도 몰라.' 하는 생각에 미치자 한 개의 사과를 개 앞에 놓아주었다. 개는 덥석 사과를 물더니 한숨에 먹어 치웠다. 그 순간 개는 온몸을 떨며 고통을 하는 것이었다. 임금님은 반역한 앵무새를 휘어잡더니 목을 비뚤어 죽이고 말았다. 그러고 나서 남은 사과 한 개를 버리라고 명했다.

역시 사과는 이상한 힘을 가지고 있었다. 사과를 버린 곳에 한 그루의 사과나무가 자라났다. 그리고 많은 사과가 맺혔다. 임금님은 명을 내려 이 나무 근처 50보 안에 들어가지 말 것. 이 나무는 독이 들어있는 사과로부터 자란 것이므로 죽음의 나무임을 밝혔다. 그런데 이 정원 끝 마구간 옆에는 한 가난한 청소부 부부가 살고 있었다. 둘은 마구간을 청소하는 일이었지만 보수가 형편없어 먹고 살기가 어려웠다. 이들의 신분은 제일 낮은 언닷차불不可 觸賤民에 속하고 있었다. 어느 날 밤 청소부는 부인에게 말했다. "아무리 노력해도 이보다 나을 공산이 없구나. 참을 만큼 참았지만 희망이 보이지 않아. 이젠 몸도 늙어서 더는 일을 잘 할 수도 없고 이쯤해서 죽으면 어떨까. 여보 우리 저 '죽음의 나무'에 열린 과실을 따 먹고 말이야." 청소부 부부는 정원으로 나와 금단의 구역을 넘고 마침내 죽음의 사과를 따먹었 다. 그런데 웬일인지 기적이 생겼다. 쓰러진 채 죽음을 기대리던 둘에게 젊음이 용솟음치 는 혈기로 꽉 찼다. 둘이는 너무나 좋아 덩실덩실 춤을 추기 시작했다.

다음날 아침, 임금님의 마부가 낯선 두 사람을 발견하고 "늬들은 누구냐?"고 물었다. "저 희들은 저 움막에 사는 청소부입니다. 살기가 싫어져서 죽음의 나무 사과를 따먹었습니다. 그런데 신의 가호로 이렇게 젊어진 것입니다."라고 말했다. 놀란 마부는 둘을 데리고 임금님에게 가서 고했다. "전하 이 젊은 남녀의 믿을 수 없는 말을 들어주십시오." 청소부는 사실대로 고했다. 그러고 나서 둘이는 임금님 앞에 무릎을 꿇고 빌었다. 임금님 명을 거역한 죄를 용서해 달라며 그 나무는 죽음의 나무가 아니라 젊게 되살아나게 하는 나무라고 고했다. 그러나 임금님은 그 말을 믿지 않았다. 그리고 당장 청소부 부부를 사형에 처하도록 명했다. 그러나 마부는 필사적으로 임금님에게 진정을 했다. 이 청소부의 말이 진실인가를 시험해 보자는 것이었다. 임금님도 그러기로 하고 가장 고령의 귀족 한 사람을 불러 죽음의 사과를 따먹으라고 명했다. 늙은 귀족은 임금님이 보는 앞에서 사과를 먹었다. 그런데 임금님이 보는 앞에서 그 늙은 귀족은 젊은 청년으로 변하는 것이었다. 이것을 본 임금님은 자신이 임금이라는 것도 잊고 달려가더니 사과를 덥석 깨물어 먹는 것이었다. 그러자 임금님의 몸은 20대 청년으로 바뀌었다. 주위에 서 있던 귀족들도 하나씩 모두 먹고 젊어졌다.

임금님은 주치의, 복술가, 학자들을 모두 궁전으로 불러 모으더니 대체 이 사과나무의 불가사의를 설명해 달라고 요청했다. "한 개의 사과는 나의 귀한 개를 죽였다. 또 하나의 사과는 나무가 되더니 우리를 모두 젊게 바꿔놓았다. 대체 어찌 된 것이냐." 그러자 머리를 푹 숙이고 있던 주치의가 앞으로 나와 말했다. "전하의 개를 죽인 최초의 사과는 아마도 요정의 나라의 사과나무 밑에 살고 있는 뱀이 핥은 사과일 것입니다. 독사의 독이 사과에 묻혀있어서 그것을 먹은 개가 죽게 된 것입니다. 사과를 가져온 앵무새에게는 아무런 죄도 없습니다." 이 말을 듣고 임금님은 사랑하는 앵무새를 조급히 죽인 것을 후회하고 괴로워했다. 임금님은 사과나무 아래에 앵무새를 위한 사당을 짓고 매일 아침 저녁으로 꽃을 가져다 놓았다.

그로부터 이 생명나무는 온 국민의 순례장소가 되었다.

P.C. Roy Chaudhury(각주별 민담집 21권) 뉴델리

제의기원설화에 속한다. 다민족, 다종교의 나라 인도는 이같은 유형의 설화가 주종을 이룬다. 이 민담도 옛날에는 전설로서 기능을 했겠지만 지금은 민담의 기능이 강해지고 반대로 전설의 기능은 약화되었다. 인간과 동물의 교섭을 통해 동물의 보은을 주제로 한 이 민담은 성지의

지명유래담으로 인도의 어느 제의장소도 이같은 유래담이 전하고 있다.

아시다바리 제의(히마찰 프라데시Himachal Pradesh 주 지방)

히마차르 지방 산악에 부모와 무남독녀인 래누가가 움막에 살고 있었다. 래누가는 나이 아홉에 시집을 갔고 신랑은 먼곳 사람이었다. 래누가는 부모가 그리워 친정을 보내달라고 보챘지만 이곳 관습으로는 친정에서 자기 남형제가 데리러 오지 아니하고서는 친정엘 가지 못했다. 래누가에게는 남형제가 없었으므로 친정부모를 만날 가망이 없었다. 래누가는 언덕바지에 한그루 새마루를 심었다. (새마루는 산지에 많은 아름다운 나무이다. 시루구곳동 이라고도 부른다.) 이 묘목을 부모의 대신이라고 생각하고 매일 정성껏 가꾸면서 매일 나무를 보러 다녔다. 세월이 흘러 묘목은 드디어 거목으로 성장을 했다.

어느 날 밤 래누가는 꿈을 꾸었다. 꿈에 한 여신이 나타나 이렇게 말했다. "래누가야, 얼마 안 있어서 너에겐 형제가 생길거야." 그러자 래누가가 말했다. "만일 내개 형제가 생긴다면 꼭 아시다바리 제사를 올리겠습니다." 아시다바리란 오래도록 기원한 소원이 이루어질 때 올리는 제사로서 특정한 신을 위해 8마리 동물을 잡아야 한다. 그로부터 얼마 있다 래누가의 어머니는 사내아이를 낳았다. 랑비루라고 이름을 지었다. 랑비루는 성큼성큼 자라더니 많은 친구들도 사귀었다. 이 지방 풍속으로는 제사가 있을 때에는 시집간 누이들이 친정에 와서 맛있게 먹고 노는 것이었다. 물론 랑비루도 누이가 있으면 좋겠다고 생각했다.

그런데 어느 날 어머니로부터 자기에게도 래누가라는 누이가 있지만 먼곳으로 시집을 갔다는 사실을 알았다. 그는 힘이 샌 소년이었으므로 누이를 만나러 가야겠다고 생각했다. 그러나 갈 길을 몰랐다. 그러던 어느 날 그는 꿈을 꾸었다. 꿈에 한 아름다운 여인이 한그루 나무 밑에 앉아 눈물을 흘리고 있었다. 가까이 다가가자 "오 아우야, 아우야." 하고 부르는 것이었다. 아침 일어나자 랑비루는 꿈 이야기를 어머니에게 들려주고 누이를 데리러 가야 겠다고 말했다. 어머니는 아직 어린나이기 때문에 허락할 수가 없었다. 그러나 랑비루는 한사코 간다며 마을 이름만 듣고 길을 떠났다. 다행히 누이가 있는 마을에 도착하여 반갑게 남매는 상봉을 했다.

래누가는 언젠가 여신에게 한 약속을 잊지 않았다. 그래서 아시다바리 제사를 드리기로 했다. 그는 제사용 땔감을 준비하고 몇명의 스님을 초빙했다. 스님들은 독경을 하고 제사는 시작하였다. 이제 희생제물을 바칠 때가 되어 산양을 끌고 오려고 했다. 이때 느닷없이 신의 음성이 들렸다. "산양으로는 안돼. 인간을 희생제물로 바치라." 래누가는 질겁을 했다. "차라리 저를 희생제물로 써 주십시오." 하고 호소했다. 그러자 또 신의 음성이 들렸다. "안돼 여자는 희생제물이 될 수 없어. 네 자식들을 바쳐라." 래누가가 어이가 없어 주춤하고 있으니까 다시 벼락같은 음성이 들렸다. "원치 않거든 차라리 네 약속을 버려라." 래누가는 벌떡 일어나자 두 아들을 희생시켰다. 닐카로운 칼로 두 아들의 목을 베자 두 목을 보재기에 싸고 방안에 넣어두고 몸은 제단에 올려 놓았다. 주위에 모인 사람들은 멍하니 넋이 빠진 모습으로 쳐다만 보고 있었다. 그런데 이때 신의 음성이 다시 들렸다. "두 개의 머리를 가져오너라. 머리가 없이는 희생제물이 될 수 없다." 래누가는 급히 방으로 뛰어들어갔다. 그런데 놀란 것은 두 아들이 그곳에서 놀고 있지 않은가. 그녀는 얼떨결에 두 아들을 안았다. 그때 신의 음성이 들렸다. "이번엔 산양을 희생제물로 바쳐도 좋다. 네 신앙심을 확인하기 위해서였다." 이렇게 하여 산양을 바치고 아시다바리 제사는 끝냈다.

래누가는 두아들을 데리고 동생과 함께 친정으로 향했다. 몇년만에 만난 친정부모와 래누가의 기쁨은 말로 형용할 수 없었다.

P.C. Roy Chaudhury(각주별 민담집 21권) 뉴델리

제의기원설화이다. 엄격히 구분하자면 전설에 속하지만 이 이야기는 이미 민중속에서 민담으로 굳어져 에피소드에 중심을 두고 구술하기 때문에 민담으로서의 기능이 강조된다. 모티프는 구약성서에 나오는 〈아브라함이 이삭을 번제희생물〉(창세기 22:1~13)로 바치는 것과 공통하다. 남자형제에 의해서만 친정엘 갈 수 있다는 풍속은 가부장제도의 반영이며, 조혼의 풍속은 각 민족에 보편화 된 것으로 한국에도 고대로부터 조선시대에 이르기까지 그 잔존이 유래되었음을 알 수 있다.

어머니의 애정(우타르 프라데시Uttar Pradesh 주 지방)

아주 먼 옛날 일이었다. 어느 임금님이 왕비와 공주와 살고 있었다. 그런데 왕비가 갑자기 병이나서 어떤 유명한 의사가 와도 소용이 없었다. 자신의 죽음이 임박한 것을 안 왕비는 임금님을 곁에 앉히고 유언을 했다. "제발 공주가 언제까지나 행복하도록 잘 돌봐주세요." 왕비가 죽고 얼마 있다가 임금님은 새왕비를 맞이했다. 임금님은 새 왕비에게 공주를 맡겨 놓은채 국사에 여념이 없었다. 얼마동안은 새왕비는 공주를 부드럽게 대해 주었지만 시간이 흐르자 태도가 바뀌어 공주를 학대하기 시작했다. 밥도 주지 않고 굶기자 공주는 바싹 마르고 창백하게 여위었다.

어느 날 공주는 너무나 배가 고파서 새왕비더러 먹을 것을 구했다. 그러자 왕비는 먹을 것은 주지 않고 심한 매질만 했다. 공주는 마당으로 나와 흐느껴 울었다. 이때 이상한 소리가 나서 그쪽을 쳐다보니 나무위에 한 마리 앵무새가 앉아 있었다. "울지말아라 공주야, 난 앵무새 모양을 하고 있지만 사실은 네 어머니다. 내가 맛있는 음식이나 과실을 가져다 줄테니 배가 고플 때 언제나 이 나무밑에 와 앉거라." 공주는 기뻤다. 그로부터 배고플때 마다 그곳에 와서는 맛있게 먹곤 했다. 그러자 공주의 몸은 다시 회복되고 아름답게 피었다. 새왕비는 누가 몰래 음식을 가져다 준게 아닐까 의심을 하고 시녀를 시켜 지켜보도록 했다. 시녀는 마당 구석에 숨어 앵무새가 음식을가져다 주는 것을 목격하고 왕비에게 알렸다.

왕비는 일부러 아픈채 했다. 임금님이 옆에 와서 어찌 된 일인가 물었다. 그러자 왕비는 "내 창밖 마당에 있는 나무에 한 마리 앵무새가 앉아 시끄럽게 지저대니 머리가 아파 견딜 수가 없습니다." 그러자 임금님은 "그렇담 그 앵무새를 잡아 죽이면 될게 아냐." 하였다. 공주가 이 말을 엿듣고 나무에 달려가 앵무새에게 일렀다. "공주야, 걱정말아라. 그렇다면 내가 산양이 되어 이 나무밑에 와 앉아 있을테니 배가 고프면 와서 내 젖을 먹으면 되지" 이리하여 공주는 산양의 우유를 먹게 되었다. 갈수록 예쁘게만 커가는 공주를 보고 새왕비는 또 시녀를 시켜 감시하게 했다. 시녀가 본대로 알리자 왕비는 침대에 누워 앓는채 하였다. 임금님이 다가와서 "어째서 또 병이 났소?" 하고 묻자 왕비는 "내 창밖 나무밑에 한 마리의 산양이 있어서 밤낮 울어대니 시끄러워서 죽을 지경이에요" 이 말을 듣고 임금님은 "걱정마시오. 잡아죽이면 되지." 하였다. 이말을 엿들은 공주는산양에게 가서 사실대로 말했다.

그러자 산양은 "걱정말아라 공주야, 그렇다면 옥수수밭이 될테니 배가 고프거든 옥수수를 따서 구어먹거라." 하였다. 그 후 산양은 이내 잡혀 죽었지만 동시에 그 나무뒤쪽에 옥수수 밭이 생겼다.

왕비는 공주에게 먹을 것을 주지 않고 굶겼다. 그런대도 공주의 몸이 야위지 않자 왕비는 의심을 하기 시작하여 시녀를 붙였다. 시녀가 목격한대로 아뢰자 왕비는 또 앓기 시작했다. 임금님이 가까이와서 "어찌된 것이오." 하고 묻자 왕비는 말 했다. "전 아무리 노력해도 마음의 편안을 얻을 수 없습니다. 처음엔 고약한 앵무새, 다음은 산양, 그러더니 지금은 옥수수가 생겨나는 게 아니겠어요. 옥수수밭에 새들이 날아와 짖어대니 잠을 이룰 수가 없습니다."

그러자 임금님은 말했다. "좋아 그렇담 그 옥수수밭을 몽땅 밀어버리면 될테지" 그리고 신하들에게 옥수수를 몽땅 파해치라고 명했다. 신하들이 삽과 곡갱이를 들고 가서 옥수수를 파해치려고 했더니 하도 땅이 단단해서 삽이 들어가지를 않는다. 모두는 임금님에게 돌아와서 고했다. "그렇게 단단하다니 이상하지 않는가. 내가 직접 가 보리라." 하고 임금님은 신하들을 앞세우고 현장에 나타났다. 임금님은 신하들이 땅을 파지 못하는 것을 직접 눈으로 보고 자신이 삽을 들었다. 그리고 힘을 다해 땅을 팠다. 이때 갑작이 흰 옷을 입은 왕비가 나타났다. "임금님 당신은 내 딸을 잘 돌봐준다고 약속까지 하지 않았습니까. 새왕비는공주를 괴롭히고 식사도 주지않고 굶기지 않습니까." 이렇게 말을 남기고 그녀는 사라졌다. 임금님은 너무나 기가 막혀 왕궁으로 돌아오자 새왕비를 궁에서 쫓아내고 공주를 자신이 직접 돌보기 시작했다.

P.C. Roy Chaudhury(각주별 민담집 21권) 뉴델리

계모담이다. 실모實母의 혼이 식물, 동물로 변신하여 실자實子를 돌보는 모티프는 인도와 한국이 공통점이 있다. 한국민담에는 몇 가지 유형이 있는데 하나는 계모가 아이들의 간을 먹으면 병이 낫는다고 하자 하인이 아이를 감추고 곰의 간을 가져다 준다.(임석재 1971 II 204- 213), 한국민담에 인간과 새의 교섭모티프가 많다. 이를테면 새의 말을 듣고 비밀을 알아내는, 궁극에 빠졌을 때 새가 구출하는, 사람이 죽어서 새가 되는

모티프 등이 민담의 풍요로움을 더해주는 요소로 작용하고 있다. 뿐만 아니라 새는 신과 인간의 영매적 존재라는 민간신앙이 민담에 많은 부분 작용하고 있다.

이마의 땀(웃다루푸라데시 지방)

분데루칸도 지방에 제일 먼저 살기 시작한 것은 공도족과 라자푸토족이었다. 이 지방은 산과 언덕이 많아 깊은 숲으로 이루어져 경치가 그만이라고 알려져 있다. 장마철에도 모래 섞인 붉은 흙이 물끼를 흡수하기 때문에 다른 지방처럼 진흙탕으로 골탕 먹는 일이 없다. 또 이지방 사람들은 부지런하고 용감했다. 특히 여자들이 그러했다. 그런 까닭에 영국군이 공격해 왔을 때는 분데루칸도 사람들은 용감한 장시여왕을 도와 용감하게 영국군에게 저항했던 것이다.

어느 때 장시 지방의 어느 마을에 대단히 가난하나 마음씨 착한 파티토(힌두교의 학자)가 살고 있었는데 모든 사람으로부터 존경을 받았다. 판티토는 날마다 경을 읽거나 스님의 일을 보면서도 조금도 욕심을 내지 않고 약간의 사례를 받고는 밤에 귀가하는 것이었다. 그러나 부인은 욕심 많고 유복한 삶을 누리고 싶어했다. 좋은 옷을 입고, 좋은 음식을 먹고, 상류사회 사람들과 사교를 하고픈 편이었다. 그래서 부인은 언제나 남편을 못살게 굴며 돈을 버는 직종에서 일하게 하려고 했다.

어느 날 이웃과 담소하면서 남이 하는 말을 들었다. 가까운 고을에 사는 임금님은 누구든지 간청하러 오는 사람에게는 결코 빈손으로 돌아가게 하지 않는다는 것을. 이 말을 듣자, 남편인 판티토에게 말을 했다. "이 나라의 임금님은 아주 마음씨 좋은 분이래요. 당신도 한번 만나보세요. 틀림없이 큰 선물을 줄거예요." 그러자 판티토는 대꾸를 했다. "임금이란 부정한 방법으로 재산을 긁어모은다. 그래서 경문에 의하면 인간은 그러한 사람에게 기대어서는 안 된다고 하셨다." 그렇지만 부인은 남편의 말은 아랑곳도 않고 임금님에게 가보라고 졸랐다.

마침내 판티토가 궁중에 가자 임금님은 정중히 그를 맞이하여 좋은 자리에 앉히고 말을 했다. "당신에 대한 소문은 잘 들도 알고 있습니다. 무슨 소원이 있으면 어떤 것인들 상관없으니 말해 보시오." 판티토는 말했다. "전하 전 재보는 필요없습니다. 제가 원하는 것은 전하가 스스로 벌은 돈이 있으면 동화(銅貨)4개만 필요합니다." "단지 동화 넉장뿐이라니. 당신은 참으로 알다가도 모를 사람이야. 다른 사람들은 황금이나 보석을 원하는데 동화 넉장만을 요구하다니 그것은 오히려 날 모욕하는 것이나 다를바 없다. 그러니 다른 것을 요구하시오."라고 다짐을 했다. 그러나 판티토는 자기 주장을 꺾지 않고 말을 했다. "아닙니다. 임금님 저는 임금님의 부를 탐내지 않습니다. 그런 것은 죄로 물들여 있기 때문입니다. 제가 원하는 것은 전하가 자신의 이마에 땀을 흘리며 벌어들인 동화 넉장 뿐입니다. 그 이상은 필요없습니다." 파티토의 말을 들은 궁중은 조용했다. 임금님도 어찌할 바를 몰랐다. 잠시 침묵이 흐른 뒤 임금님은 말을 했다. "좋아, 당신이 좋아하는 것을 내리겠소. 그러나 지금 당장은 안 되오. 모래 다시 오시오." 하고. 판티토가 귀가하자 부인이 황급히 결과를 물었다. "임금님이 무엇을 주시든가요." 판티토는 대꾸를 했다. "임금님께서는 모래 다시 오라고 했소." 부인은 이 말을 듣자 너무나 좋아했다. "그렇다면 임금님은 굉장한 것을 주실 생각인가봐요. 작은 것이라면 지금 당장 주었을 텐데요." 그리고는 부인은 그날이 오기를 학수고대했었다.

그 새 임금님은 어떻게 해서 자기 자신이 돈을 벌수 있을까 궁리를 했었다. 임금이란 남에게 명령은 할지언정 자기 자신이 한 것은 없었다. 밤새 궁리하다가 아침이 되자 몸을 씻고 나서 찢어진 남루한 옷을 입고 왕궁을 몰래 빠져나갔다. 시내를 방황하고 있는 중에 어떤 사람이 자기집 대문간에 서있는 남자를 만나게 되어 물어보았다. "전 일을 찾고 있습니다만 무슨일이든 좋으니 저에게 일을 시켜주시지 않겠습니까." 사나이는 대꾸를 했다. "당신은 물을 기를 수 있겠는가. 우리집은 수도가 없어서 졸졸 뱀구멍으로부터 흘러내리는 공동우물에서 물을 기러다 먹고 있네." 임금님이 동의하자, 사나이는 하나의 항아리를 건네주며 "저쪽으로 가서 물을 기러오시오." 하고 명령을 했다. 임금님은 스스로 일을 해 본 적이 없어서 항아리를 들고 가는 데만도 지쳐 이마에 땀이 맺혔다. 그래서 잠시 쉬고 있었다. 이때 주인이 나타나서 소리를 질렀다. "그렇게 늑장을 부리다간 수도물이 끊어져 물을 기러오지 못하지 않겠나" 임금님은 간신히 물을 담아 항아리를 어깨에 매고 비틀브틀 걸어오는데 발이 비틀거리는바람에 항아리를 깨뜨리고 말았다. 주인이 이것을 보고 고래고래 소리 질렀다. "대체 어떻게 했기에 항아리를 깨뜨려. 당신은 일하긴 틀렸어. 그만 두시오. 그러나 내가 시킨게 잘못이므로 일 한 품삯으로 동화 넉장을 주겠소. 실은 항아리를 깨뜨렸기 때문에 한푼도 안주어도 좋겠지만 자 가져가시오." 주인이 동화 넉장을 던져주자 임금님은 그것을 줍자 슬금슬금 뒷골목으로 해서 궁중으로 돌아왔다. 몸은 지칠대로 지쳐 있지만 임금님은 자신이 땀을 흘려 돈을 벌었기 때문에 만족했다.

이튿날 아침, 임금님이 여늬때처럼 알현장에 앉아있자 약속대로 판티토가 찾아왔다. 임금님은 그를 환영하여 앉히고는 이렇게 말하면서 동화 넉장을 내밀었다. "이 동화 넉장을 수중에 넣기 위해 무척 힘 썼다오. 그치만 이것은 내가 스스로 번 돈이니까 안심하고 받아주시오." 판티토는고맙게 이 돈을 받아들고 임금님에게 축복이 내리시기를 기원했다. 판티토가 돌아서려고 할 때 임금님이 더 많은 보물을 하사하려고 했지만 그는 거절했다. "천만에요. 전하, 저는 진실로 고생해서 번 이 넉장만으로 충분합니다." 그리고는 집으로 돌아왔다.

한편 부인은 큰 기대를 가지고 남편이 돌아오기를 잔뜩 기대리고 있었다. 집에 당도한 판티토는 주머니로부터 넉장의 동화를 꺼내더니 부인에게 주면서 말했다. "보시오. 이것이 임금님께서 몸소 벌어온 돈이라오." 그러자 부아가 잔뜩 난 부인은 참을길이 없이 동화를 집더니 생각할 겨를도 없이 뚜루시(비쉬누신에게 바치는 성스러운 식물)로 된 나무그릇에 넣어버렸다. 판티토는 부인의 큰소리에는 익숙하기 때문에 아무렇지도 않게 태연하게 다시 책을 읽기 시작했다.

며칠이 지나자, 판티토부인의 집에 있는 뚜루시그릇에는 4개의 작은 싹이 돋았다. 이게 아름다운 식물이었는데 부인은 가꾸기로 작정하고 물을 주곤했다. 며칠이 지났는데 금빛나는 꽃이 피기 시작하자 이내 그곳에는 반짝반짝 광채가 나는 열매가 맺혔다. 저녁이 되자 금열매는 바닥으로 떨어졌다. 부인은 너무 눈이 부셔 버리기에는 아까워 쓸어 모아 두었다. 어느 날 야채장수 할머니가 왔기에 야채를 사고는 돈 대신에 그 열매를 몇 개 주었다. 야채장수는 그 열매가 너무나 아름답고 광채가 나서 기쁘게 받아갔다. 그로부터 야채장수가 오는 대로 야채값 대신에 그 열매를 주곤했다.

그 무렵, 임금님의 공주가 결혼을 하게 되었는데 왕비는 공주에게 이중으로 된 목걸이를 해주기 위해서 진주를 찾고 있었다. 신하들이 사방으로 진주를 찾으러 다녔더니 어느 식료품 집에 놀라운 진주가 있다는 소문을 들었다. 가서 보니 정말 놀라운 진주였다. "이 진주를 어디서 구했소?" 하고 다구치자 점주는 "저희 가게에 야채를 팔러 오는 부인이 있어요. 그 부인으로부터 이 것을 싸게 샀지요. 그 부인은 이 것의 가치를 잘 모르는것 같았어요." 신하들이 다시 그 야채장수를 찾아가서 물었다. 학자의 부인으로부터 받은 것임을 알고 신하들은 임금님에게 그대로 고했다. 임금님은 그 학자를 궁중으로 불러 들였다. 그런데 만나고 보니 전에 동화 넉장을 받아간 사람이었다. 임금님은 몇 개의 진주를 보이면서 출처를 캐물었다. "전하, 이런 것은 아무런 가치도 없습니다. 전하가 원하신다면 얼마든지 드리겠습니다. 우리 집엔 뚜루시 그릇이 있는데 그곳에 네그루 나무가 자랐습니다. 매일밤 그 나무로부터 이같은 열매가 떨어져 아내는 그것을 치우느라 짜증을 낼 정도입니다." 이말을 들은 임금님은 자못 놀랐다. 그리고는 판티토가 꿈을 꾸고 있는것이라고 생각했다. "나무에서 진주가 나다니, 이것은 바다밑에서 나는 것인데 진짜 나무에서나는 것이라면 그 나무를 가져와 보라."

판티토는 임금님을 모시고 집으로 갔다. 가서 보니 정말 네그루의 나무에는 눈을 의심할 만큼 반짝이는 진주가 달려있고 바닥에는 수북히 쌓여있었다. "대체 이 나무를 어디서 구했단 말이냐?" 하고 임금님은 물었다. 판티토는 확실한 것을 모르니까 무어라 말할 수 없었다. 이때 누군가가 "흙을 조금 파 봅시다. 어떤 종자로부터 싹이 났는지 보면 알테지요." 하고 제안을 했다. 이 말을 듣자 판티토는 나무뿌리 쪽을 조금 긁어 흙을 파냈다. 넉장의 동화로부터 싹이 난 것을 알았다. 이때 옆에 있던 판티토 부인이 "당신이 궁중에서 돌아오던날 내게 준 넉장의 동화를 내가 이곳에 던져버렸습니다." 이제야 전말을 안 판티토는 그날의 일을 상세히 임금님에게 아뢨다. 임금님은 너무나 놀라운 일에 감탄을 하며 외쳤다.

한 시간의 노동이 이렇게 위대한 일을 발생한다면 매일 하는 노동은 얼마만큼이나 발생하랴! 진실로 〈노동이야말로 지상至上의 진리〉란 말이 틀린 말이 아니다."

P.C. Roy Chaudhury(각주별 민담집 21권) 뉴델리

노동의 신성성을 강조한 교훈담이다. 전술한 것과 같이 교훈담에는 결구結句에 한마디 축약구로 끝맺는 것이 특징이다. 그러나 이 민담의

주제는 '욕심이 없는 자에게 진실한 재보를 부여한다'는 것이다. 종교의 나라 인도는 무의도식처럼 보이는 성자의 무리가 많다. 이들은 가정을 돌보지 않기 때문에 부인과의 갈등이 없을 수 없다. 그렇기 때문에 민담의 주인공은 성자나 순례자가 등장한다. 그리고 이러한 주인공이 등장하는 민담은 거의 교훈담으로 결구되는 것이 일반적이다.

영리한 며느리(마디아 프라데시Madhya Pradesh 주 지방)

어느 상인의 며느리가 마을 끝에 있는 우물에 물을 길러 갔었다. 바로 그녀가 물을 물통에 다 채웠을 무렵, 4명의 나그네가 우물가에 오고 있었다. 처음 닿은 나그네가 그녀에게 말을 했다. "나는 목이 마릅니다. 물을 마시게 해주시겠습니까." 그녀는 듬썩 물을 줄 것을 주저했다. 그 까닭은 첫째 그녀는 제대로 복장을 하고 있지 안했으며 둘째는 컵을 가지고 있지 않았다. 그래서 그녀는 물을 즉시 줄 수 없다는 핑계를 돌려대어 이렇게 질문을 했다. "당신은 어떤 분이십니까" "나그네올시다." 그녀는 두 번째 질문을 했다. "나그네라 하면 둘이밖에 없지만 당신은 대체 어느 쪽입니까?" 그는 대꾸를 할 수 없었다. 상대가 주저하고 있는 것을 보고 그녀는 말했다. "내 질문에 대꾸할 수 없다면 물을 줄 수가 없겠군요." 이렇게 말하고 그녀는 물통의 물을 물 항아리에 비우고 다시 물통을 우물에 넣었다. 그 순간 두 번째 나그네가 나서서 마실 물을 청했다. 그녀는 같은 질문을 했다. "당신은 누구세요?" "가난한 사람이올시다." "세상엔 가난한 사람이 두 사람뿐입니다. 당신은 어느 쪽입니까?" 두 번째 나그네도 대꾸하지 못했으므로 물을 받지 못했다. 이번엔 세 번째 사나이가 나타났다. 그도 역시 같은 질문을 받자 "저는 문맹자올시다."라고 대꾸했다. 그녀가 "문맹에는 두 종류가 있는데 당신은 어느 쪽이 문맹입니까?" 이렇게 질문을 받은 사나이는 어떻게 대꾸할지 몰랐다. 최후로 네번째 나그네가 다가와서 자기는 바보라고 말했다. 그녀는 이내 바보엔 두 종류가 있는데 당신은 어느 쪽이오? 라고 물었다. 이 사나이도 멍하니 서있을 뿐이었다. 물을 다 채우자 그녀는 물 항아리를 머리에 얹고는 이렇게 말했다. "여러분, 정말 목이 마르시거든 저희 집까지 가십시다. 물을 드릴 테니까요." 나그네들은 그녀의 뒤를 따랐다. 집에 당도하자 그녀는 먼저 물항아리를 제자리에 놓고, 옷을 제대로 입은 다음에 베란다로 나와 나그네들에게 모두 물을 마시게 해주었다. 나그네들은 물을 마시자 다시 길을 떠났다.

그런데 이러한 광경을 시아버지인 상인이 다른 베란다로부터 보고 있었다. 그는 중얼거렸다. "아들이 출타 중에 며느리가 낯선 사내들을 데려왔다. 이건 나쁜 짓이다. 그대로 넘길 수는 없어 '쇠뿔은 단김에 빼라'고 지금 당장 처리하지 않고선 안 된다." 하고 상인은 왕궁으로 달려갔다. 며느리의 행각을 임금님에게 고했다. 임금님은 경찰관을 시켜 며느리를 불러 오게 했다. 그녀는 경찰관에게 말했다. "나를 소환한 것은 며느리로서인가, 딸로서인가 그 것을 임금님에게 물어봐 주시오. 일가의 며느리를 불러내는 대는 그만한 대우가 있어야 하니까요." 잠시 지나자 경찰관은 가마를 가지고 왔다. 당신은 며느리로서 소환된 것이오 한다. 그녀는 가마를 타고 임금님께 갔다.

"너는 어찌하여 남편의 출타중에 4명의 남자를 집에 불러 들였는가?" 하고 임금님은 그녀에게 물었다. 그녀는 대꾸를 했다. "목이 마른 나그네에게 물을 주는 것은 주부로서 당연한 일이 아니겠습니까. 제가 우물에 물을 기르러 갔더니 나그네들이 다가와서 물을 달라기에 옷도 제대로 입지 안했으므로 즉시 물을 줄 수 없었습니다. 그래서 저는 그들에게 수수께끼 비슷한 질문을 하고선 그들을 집으로 데려온 것입니다. 그 질문은 그들이 대답할 수 없는 것들이었습니다." "어떤 질문이었나?" 하고 임금님은 물었다. 그녀는 같은 말을 되풀이했지만 임금님을 비롯하여 대신들까지 그 대꾸를 할 수 없었다. 임금니믄 어떻게 대답했더라면 옳았던가하고 물었다. 그녀는 말했다. "제가 생각했던 정답은 최초의 질문인 다만 두 사람의 나그네란 태양과 달입니다. 두 번째 질문의 대답은 숫소와 며느리입니다. 이 두 생물만이 진짜 가난하다고 할 수 있기 때문입니다. 제삼의 질문의 대답은 물과 음식입니다. 그것은 무지한 사람과 같이 어디에나 가기 때문입니다. 그리고 네 번째 사나이는 자기 스스로 바보라고 했지만 두유형의 바보중 어느쪽인가 물었는데도 멍하니 서있을 뿐이었습니다." 임금님은 호기심이 나서 물었다. "바보는 두 유형이 있다고 너는 말했지?" "네 그렇습니다." 라고 며느리는 대답했다. "그것은 누구와 누구냐? 바로 지금 말해봐" 하고 임금님은 다그쳤다. 며느리는 대답했다. "용서해 주신다면 그 해답을 말씀드리겠습니다." "재판장이라고 걱정할 필요가 없다." "이 경우 바보는 둘입니다. 한 사람은 사실을 확인도 안하고 저를 임금니에게 고소한 저의 시아버지이고, 다른 한 사람은 며느리의 사회적 평판도 고려하지 아니하고 그녀를 법정으로 끌고 온 임금님입니다."

이 말을 듣고 임금님은 기분은 썩 좋지 않았지만 그래도 마음 깊이에서는 이 며느리로부터 깊이 감명을 받았던 것이다.

P.C. Roy Chaudhury(각주별 민담집 21권) 뉴델리

일종의 지혜담이다. 지혜담중에서도 시아버지와 며느리의 갈등을 소재로 하고 있다. 우리의 경우에는 고부간의 갈등이 많고 시아버지와 며느리 사이는 좋은 편으로 노출되고 있는 데 비해, 이 민담은 그 반대이다. 비록 가부장제도에서는 한국과 인도가 맥을 같이 하더라도 같은 여성간의 갈등은 한국만큼 심하지 않다. 그 까닭은 가족제도의 차이에서 기인되었다고 본다. 이 민담에서 나그네에게 던진 질문은 수수께끼 형식을 이루고 있다. 이러한 수수께끼를 소재로 하는 민담은 한국에도 있다. 예를 들면, 한 노인이 상복을 입은채 장국을 먹고 있었다. 친구가 참다 못해 꾸짖었다. 그러자 그는 "상주도 상주 나름이지, 누이 아들의 외조부가 돌아가셨는데 뭐이 나쁘냐?" 하고 임기응변으로 넘겼다. '누이 아들의 외조부'는 수수께끼의 성격을 띠고 있다.

라쟈스탄 마을의 처녀(라자스탄Rajasthan 주 지방)

오후의 조용한 시간에 말발굽소리가 크게 들렸다. 치토루의 왕자 우루싱그가 친구들을 데리고 사냥을 온 것이다. 이 날은 성적이 나빠 단 한 마리도 사냥을 하지 못했다. 이때 누군가가 소리를 질렀다. 한 마리의 사슴을 발견한 것이다. 사냥꾼들은 전속력으로 말을 달렸다. 어느새 숲을 헤치고 나와 옥수수밭에 당도했다. 사슴은 높이 자란 옥수수밭으로 뛰어들어가 모습을 감췄다. 사냥꾼의 한 사람이 나무위로 올라가 사슴을 찾았다. 그는 왼손을 치켜들어 그 방향으로 가도록 유도했다. 모두는 나무에 말을 매어놓고 가리킨 방향으로 걸어갔다.

얼마쯤 갔을 때 공터가 있었고, 원두막에는 마을처녀가 옥수수를 지키고 있었다. 그녀는 모두에게 물었다. "당신들은 내 옥수수밭에서 무얼 찾고 있습니까. 옥수수밭을 반이나 망가뜨렸잖아요." 이때 왕자가 대답했다. "그것은 미안하게 되었습니다. 사슴을 쫓고 있었습니다. 이 옥수수밭은 망가뜨리라고는 생각하지 못했습니다." 그러자 마을 처녀는 말을 이었다. "사슴을 쫓고 있었다구요? 단지 한 마리의 사슴 때문에 이토록 많은 사람이 동원돼야 합니까?" 이 말을 듣자 왕자는 당황했다. 그러면서 친구들을 둘러봤다. 친구중 한 사람이 말을 했다. "자 우리 꾸물대지 말고 어서 돌아갑시다." 이때 처녀는 그럴것 없다는 표정을 지었다. "잠깐만, 이내 돌아올테니 여기서 잠시 기대리십시오." 그리고는 그녀는 단단한 옥수수 줄기를 하나 주워 마치 창모양 손에 잡더니 옥수수밭을 향해 힘껏 던졌다. 그리고는 달려갔다. 모두는 서로 수근거렸다. "대체 뭘 하는거야" 하고. 처녀가 뭘 끌고 오는 것이었다. 그것은 사슴이었다. 모두는 아연실색했다. 처녀가 던진 옥수수 줄기가 사슴을 찔러 죽였다. 처녀는 "자아, 이제 당신들이 찾던 이 사슴을 가지고 어서 내 옥수수밭을 나가주세요." 하고 재촉했다. 사람들은 한마디도 못하고 사슴을 어깨에 맨체 옥수수밭을 나왔다. 그리고는 멋진 요리를 해서 먹었다.

이때 어디선지 돌이 한 개 날아와 한 마리 말 무릎을 맞췄다. 말은 비명소리를 내며 높이 뛰었다가 폭 쓸어지고 말았다. 모두는 머리끝까지 부아가 났다. 라지푸토족에게는 말이 최고의 재산이었기 때문이다. 모두는 누구 짓인지 잡으려고 칼을 뽑았다. 이때 마을처녀가 나타나더니 말을 상하게 한 것을 용서를 빌었다. "어쩌자고 돌을 던졌나?" 하고 왕자가 물었다. "옥수수밭에 날아온 새를 잡으려고 돌을 던졌습니다. 그런데 그만 말을 다치게 해서." 그녀는 대꾸를 했다. 왕자는 그녀를 용서했다. 날은 저물어가고 궁성으로 돌아갈 시간이 되었다.

이리하여 숲을 나오자 또 아까 그 처녀를 만났다. 처녀는 우유가 든 항아리를 머리에 이고 두손으로 양쪽의 물소를 잡고 가고 있었다. 사냥꾼들은 처녀를 골려줄 심사로 서로 짜고서는 장난을 시작했다. 한 사나이는 처녀의 머리위에 얹혀있는 항아리를 떨어뜨려 깨뜨릴 셈으로 말을 몰았다. 다른 일행들은 재미있는 일이 벌어질 것을 기대하고 웃고 있었다. 처녀는 잽싸게 젊은쪽 물소를 자기 앞으로 오게 했다. 그러자 물소는 뿔로 말의 몸체를 쳤다.

그러자 말이 놀래 앞발을 높히 치켜 올리는 순간 사나이는 땅에 떨어졌다. 처녀가 일행을 향해 짖궂은 짓은 하지말라고 주의를 한마디 하더니 태연하게 갈길을 가는 것이었다. 모두는 기가 죽어 끽소리도 못하고 쓰러진 사나이를 일으켜 세워 성으로 돌아왔다.

다음날 아침 우루싱구 왕자는 그 옥수수밭을 가 봤다. 물론 어제의 친구들과 함께. 그러나 그곳에는 처녀의 모습은 없었다. 그렇치만 처녀의 아버지 이름을 알아두었기 때문에 궁중으로 불러들였다. 노인은 어제 젊은이들을 골려준 것에 사과는커녕 왕자 옆에 가서 앉았다. 왕자는 노인을 보자, "딸을 저에게 주십시오." 하고 말했다. 노인은 단 한마디 "안 됩니다."를 남기고 궁중을 나왔다. 모두는 노인의 거절 한마디에 놀랐다. 장차 이 나라 임금님이 될 왕자의 청을 한마디로 거절하다니, 도저히 이해가 안 되는 일이었다. 모두가 그 까닭에 대해 궁리하고 있을 때 그 노인이 또 나타났다. 이번에는 아주 겸손하게 예를 갖추면서 아까의 무례함을 용서해 달라고 사과를 했다. "제발 제 딸을 받아주시오. 집으로 돌아가서 아내에게 그 일을 말했더니 나를 꾸짖으며 말했습니다. 당신은 진짜 바보같은 사람이에요." 하고.

이리하여 용감한 마을 처녀는 우루싱그 왕자의 아내가 되었다. 머지않아 그녀는 용감한 하미르 왕자를 생산했다. 이 왕자야말로 치도르를 터어키가통으로부터 독립시킨 인물이었다.

P.C. Roy Chaudhury(각주별 민담집 21권) 뉴델리

> 여걸의 혼인을 소재로한 행복한 결혼담이다. 결말은 역사적 인물의 출생담으로 되어 있어 인물전설에 속하지만 이 민담 역시 구조면에서는 민담형식을 가지고 있다.

천국의 되뀨(오리사Orissa 주 지방)

어느 마을에 노부부가 살고 있었다. 마을 사람들은 자주 타국으로 품팔이를 가서 많이 벌어오곤 했다. 부인은 이것이 부러워 남편에게 말했다. "다른 사람들은 품팔이 가서 많이

벌어오고 있잖아요. 우리도 그렇게 합시다." 그런데 어떤 곳에 매일 하늘의 코끼리가 내려와 벼를 먹고 있었다. 벼를 맘껏 먹고 나서는 천국으로 돌아가기 위해서 하늘높이 떠올랐다. 이때 남편은 코끼리 꼬리를 붙잡았다. 코끼리는 늙은 남편을 데리고 천국에 당도했다.

천국에서 남편은 실컷 일을 하고 실컷 먹었다. 그러고 나서 코끼리 꼬리를 잡고 다시 지상으로 내려오자 부인에게 말했다. "이봐, 이렇게 벌어왔단다." 그러자 부인은 아주 기뻐하면서 "그렇담 나도 가볼걸." 했다. 그리고 둘이는 함께 코끼리 꼬리를 붙잡고 하늘에 갔다. 둘이는 천국에서 열심으로 일하고 실컷 먹었다. 이러는 동안 남편은 한가지 꾀가 생각났다. 그래서 아내에게 말했다. 그러고 나서 남편은 마을 사람을 천국으로 데려오기 위해서 지상으로 내려갔다. 남편은 마을 사람들에게 이처럼 말했다. "여러분, 여기서 먹냐, 굶냐 싱강이를 할 필요가 없다. 천국에는 양식이 넘치도록 있고 같은 값이라도 큰 되로 달아주오." 마을 사람들은 이 말을 듣고 생각 끝에 "그렇담 우리도 함께 떠나자." 하고 말했다.

이리하여 마을사람들은 모두 코끼리에게 갔다. 코끼리 꼬리에 노인이 붙잡고 노인의 등에 다음 사람이 붙잡고, 그 사람의 등에는 또 다른 사람이 붙잡고 하는 식으로 모두 붙잡았다. 드디어 천국으로 날으기 시작했다. 천국으로 가는 도중 반쯤 갔을 때 맨 꼬리를 잡은 사람이 "어어이 천국은 대체 얼마나 가야 하나. 그리고 천국의 되는 대체 얼마나 크냐?" 하고 물었다. 노인은 그 말에 대답하고자 한쪽손으로 꼬리를 잡고 다른 손으로 되의 크기를 가리키려고 "이토록 크단다." 하고 대꾸를 해주었다. 이번에는 또 다른 사람이 "어어이, 뭐라고 했냐? 듣지 못했다. 얼마나 크다고?" 하고 물었다. 그러자 노인은 두 손을 펼쳐보이며 "이처럼 크단다!" 하고 대꾸해주었다. 코끼리는 그대로 천국으로 갔으며 사람들은 모두 지상으로 추락해 죽었단 이야기다.

G.A. Grierson(ed.) Linguistic Survey of India, Vol.V-2, Calcutta, 1903

동화다운 민담이다. 지상보다는 천국이 좋다는 주제를 담았으며 어리석은 사람들은 천국에 갈 수 없음을 암시하고 있다.

참고문헌

金達鎭 『佛敎說話』 國民書館 1973

徐京保 『佛敎說話一鵬短篇集』 明文堂 1978

鄭柄朝 『佛敎와 印度古典』 現代佛敎新書37 東國佛典刊行委員會 1981

나-라-야나 李芝洙 『히또빠데샤』 甘露堂 1981

趙明烈 『佛敎童話의 世界』 現代佛敎新書52 東國大佛典刊行委員會 1984

하인리히 침머 이숙종 옮김 『인도의 신화와 예술』 대원사 1995

田中於菟彌 『鸚鵡七十話 -インド風流譚-』 東洋文庫3 平凡社 1963

野村耀昌 『佛敎寓話集』 潮文社新書 1976

ソ-マデ-ブア- 上村勝彦 譯 『屍鬼二十五話 -インド傳奇集-』 東洋文庫323 平凡社 1978

山室 靜 『インド昔話抄』 レグルス文庫112 第三文明社 1979

ブア-ルミ-キ 岩本 裕 譯 『ラ-マ-ヤナ1』 東洋文庫376 平凡社 1980

A. Berriedale Keith, D.C.L., D.Litt., Indian Mythology. Cooper Square Pub., Co. New York 1945

Arthur W. Ryder (by Translated from the Sanskrit) The Panchatantra The University of Chicago Press 1956 (First Phoenix Edition)

Stith Thompson and Warren E. Roberts Types of Indic Oral Tales -India, Pakistan, and Ceylon- FFC180 Helsinki 1960

Chaman Lal (ed.) Spiritual Stories from India Charles E. Tuttle Co., Inc. Rutland 1964

Margaret Stutley Ancient Indian Magic and Folklore. Routledge & Kegan Paul London 1980

J. M. Macfie, M. A. Myths and Legends of India.. Rupa & Co New Delhi 1993 101 Stories of Grand Mother. Arora Book Company. Delhi

545

3.
내몽골 유목민족의 구비문학

정기호화갑기념논총 대제각 1991

1. 내몽골 휘팅실리 고원에서

본고에서 지칭하는 몽골은 몽골인민공화국인 외몽골지역과 중국의 내몽골자치구인 내몽골지역을 통괄한다. 외몽골지역은 156만 5천 평방킬로미터에 인구는 2백여만 명이고, 내몽골지역은 118만 3천 평방킬로미터에 인구는 순 몽골족이 268만여 명이다.[1]

몽골은 우리와 중세말의 역사 속에서 조우해 왔다. 물론 다운증후군적 외모나 이른바 몽골반점의 체질도 같을 뿐 아니라 알타이어계라는 사실만으로도 우리와는 친연성을 느끼는 정도이다. 그럼에도 불구하고 우리는 오래동안 몽골을 답사할 수 없었다. 그동안 몽골지역이 모두 죽의 장막으로 폐쇄되어 자유로이 갈 수 없었던 정치적 이유 때문이다.

이제 북방의 개방화가 이루어지고 있는 때를 맞춰 필자는 1990년 7월 1일부터 18일까지 16일간 내몽골 휘팅실리 고원지대와 오르도스일대를 단신으로 답사하고 돌아왔다.[2] 본고

---

[1]   1984년도말 통계임. 『中國 · 內蒙古』 內蒙古人民出版社, 1987, P.37.

[2]   필자의 답사노트는 서울신문에 1990.7.26부터 1991.1.12까지 20회에 걸쳐 연재했음.

는 이 답사의 필드노우트에서 구비문학과 관련된 부분만을 발췌하여 본격적인 구비문학의 비교연구를 위한 준비단계로서 정리한 것이다.

북경에서 하오 3시 10분 울란바토르행 열차를 타고 다음날 아침 8시경 내몽고 수도인 후허호토呼和浩特에 내렸다. 80여 년 전만 하더라도 장자커우張家口까지는 열차로 와서 여기서부터는 말을 타고 만리장성을 넘어 망망대 초원을 가로질러서 후허호토까지 가는 데는 일주일이 걸렸다. 그러던 것이 지금은 열차로도 17시간이면 갈 수 있으니 편리해진 셈이다. 몽골의 자연에는 3대 특징이 있다. 하나는 광활한 대초원과 둘째는 울창한 삼림과 셋째는 사막이라고 할 수 있다. 그런가 하면 3대 특산물도 있다. 하나는 유목이며 둘째는 양육과 카시밀론, 셋째가 풍요한 광물이다.

가도가도 끝이 없는 대고원은 겨울에는 대설원이고 여름에는 대초원이 된다. 후허호토로부터 동북향 127㎞ 거리에 위치한 휘팅실리(灰騰錫勒) 초원은 게르(蒙古包)과 오보(敖包), 몽골족 취락을 동시에 볼 수 있는 유리한 조건이 갖추어져 있는 곳이다. 127㎞면 2시간도 걸리지 않는 거리지만 비포장도로와 험로를 통과하는 데 6시간이나 소요되었다. 7월이면 무더위가 내려쬐는 계절인데도 해발 2천m의 이곳 초원은 조석朝夕의 기온차가 심했으며 낮 기온도 따갑지는 않았다. 그래서 예로부터 이같은 말이 있다.'여름에도 아침에는 가죽옷을 입고, 낮에는 마옷을 입고, 저녁에는 게르에서 불을 쬐며 수박을 먹는다'라는 것이다. 휘팅실리초원의 면적은 3백만 평방킬로미터이며 13세기초에 칭기즈칸이 몽고족을 통일한 후 이곳을 군사훈련장으로 삼은 곳이다. 그 때문인지 지금도 당시의 토성土城과 석조울타리의 유적이 군데군데 흩어져 있다. 여러 개의 게르가 세워져 있는 곳에 자동차가 닿자 주민들이 친절히 반겨주었다.

주인은 반드시 게르 밖에서 손님을 맞는다. 오른손을 가슴에 얹고 허리를 굽혀 정중히 인사를 하면 손님도 따라 한다. 게르 안으로 들어서면 손님은 왼쪽으로 가서 주인의 오른편에 앉는다. 옛날에는 주인이 경의를 표하는 뜻으로 담배를 권하면 받아 피웠다. 신은 벗되 안쪽을 향해 놓고 잘 때는 머리를 문쪽에 두지 않는다. 손님이 자리를 잡고 앉으면 부인과 딸이 큰 주전자와 사발을 가져와서 내이차奶茶를 부어준다.[3] 이곳에서 상용하는 음료수이다.

게르는 일종의 원형천막이다. 유목민족은 끊임없이 이동을 일삼기 때문에 이동식 주택이 필요했고 풍우나 폭설에도 견딜 수 있도록 창안되어 있었다. 지붕쪽 중앙에는 폭이 1m 정도 되는 원형창이 개폐식으로 장치되어 굴뚝이나 환기통의 구실도 하며 실내를 밝히는 역할도 한다. 실내 중앙에는 난로가 설치되어 있는데 말려 둔 양이나 말의 똥糞을 연료로 쓴다. 주인 장산해張山海씨 부부는 매우 친절했다. 이곳에 머무는 며칠동안 필자의 좋은 말 상대가 되어 주었고 또 훌륭한 제보자가 되어주기도 했다. 장씨는 100여 마리의 양을 치고 있었으며 이 정도면 괜찮게 사는 정도라고 한다.4)

저녁에는 손님을 위한 환영만찬이 베풀어진다는 통역의 귀띔이었다. 양은 특별한 손님이 왔을 때가 아니면 잡지 않는다. 오늘은 양을 잡는다고 하니 필자도 귀한 손님대접을 받게 되어 영광스러웠다. (물론 뒤에 적당히 사례는 했지만) 만찬이 시작되자 처녀 셋이 고유의 상을 입고 나왔다. 마을이라야 게르가 7-8개에 가정수로는 세 가정뿐이다. 통역이 "이제부터 에레헨토(祝酒歌라는 의미)가 시작됩니다." 한다. 길이 1.5m 폭 30㎝ 되는 백포白布를 두손으로 받쳐들고 그 위에 알콜농도가 45도나 넘는 독주를 넘치도록 부은 잔을 얹어 필자 앞에 오더니 에레헨토를 부르는 것이었다. 노래말은 대충 이렇다.

이 금잔에 금술을 넘치도록 부어
우리의 사랑과 우정으로 권하오니
청컨대 한잔 드시옵소서.....

두 손으로 술잔을 받고 보니 앞이 캄캄하다. 남김없이 마셔야 하는 것이 규정이다. 이곳 사람들은 술이 세고 춤이 능하다. 우리 민족도 가무에 뒤지지는 않는다. 이 점에 있어서는 동질성이 엿보이기도 하다. 이번에는 주인 장씨가 술잔을 받았다. 오른손 넷째 약손가락으로 술을 적시더니 하늘을 향해, 땅을 향해, 공중을 향해 세 번 튕기고야 술을 마시는 것이었

---

3) 유목민에게는 중요한 상용음료임. 전차磚茶를 부셔 베에 싸서 끓는 물에 넣어 빛깔이 베어들면 꺼낸 다음 신선한 우유나 분유를 붓고 다시 덥히면서 주걱으로 저어 만든 유제음료이다. 마실 때는 적량의 설탕이 나 볶은 쌀을 넣어 마시기도 한다.

4) 張山海 씨는 70세이며 유목에 종사한다. 半定住生活을 한다. (中國內蒙古察右中旗種馬場) 이하 出典이 밝히지 아니한 口碑文學 資料들은 거의 張山海씨 부부로부터 채록한 것이다.

다. 우리 민속의 '고수레'와 같다고 생각했다. 연회가 끝나고 물었더니 과연 천신과 지신 그리고 인간에게 감사함을 드리는 것이라고 한다. 몽고식 고수레가 틀림없다. 연회가 고조될 때 몽골처녀가 모링호올(馬頭琴)을 들고 나와 연주하며 노래를 부른다.

---

2. 유목민족의 내면세계: 민요

몽골유목민들의 구비문학은 그들의 유목생활과 밀착되어 있다. 저들의 구비문학은 장르별로 확연히 구분되거나 유형화 되지는 안했지만 대개 신가神歌나 민요 등 '노래 부분'과 영웅담, 전설, 민담 등 '이야기 부분'과 수수께끼와 속담 등 '말의 지혜 부분'으로 구분할 수 있다.

신가는 우리의 무가에 해당하는 것이며 이 속에 신화적인 요소를 발견할 수 있다. 신화에는 천상, 지상, 그리고 지하세계에 각각 사는 주민들에 대해 설명하고 있다.[5] 천계에는 텡그리(천계주민)와 그의 적인 아사루(魔鬼)가 살고 있으며 지하세계는 아부라가모고이(거대한 뱀)가 살고 있다. 신화에는 '낙타와 당나귀' '비둘기와 참새' '제비와 벌' 등으로 구성된 내용도 있고, 은하수 대웅좌大熊座와 같은 천계유래담도 있으며 지명을 비롯해서 인명 부족명 등 발생유래담도 있다. 이 중에는 엄지손가락이라는 활의 명수가 자기네 종족의 행복을 위해 태양정벌을 떠나 6개의 태양을 떨어뜨려 인간을 구출하는 내용도 포함되어 있다.[6] 이들 신화는 몽골의 스텝민들에 의해서 생긴 것도 있으나 인도나 티베트로부터 혹은 다른 지역으로부터 수용되어 발전된 것도 있다. 비교연구를 통해서 밝혀져야 할 문제들이다. 그러나 필자는 본고에 과제만 제시하고 저들의 내면세계가 잘 반영된 노래 몇 편을 감상하기로 한다.

---

5) 色音, 「샤머니즘의 영역 분류기준 비교」『文化인류紀行』59, 서울신문 1991.3.3.
6) 張山海씨 口述

서사시나 영웅담은 대개 현악기를 연주하면서 구송되는 것이 일반적이다. 평균 3천에서 5천 행으로 구성된 장시이며 구송하는데 며칠씩 소요되는 수도 있다. 이러한 서사시는 대개 영웅담 형식인데 내용은 영웅의 구혼, 괴물과의 투쟁, 부족 간의 갈등으로 구성된다. 영웅의 구혼에 있어서는 경쟁자를 물리치고 고난을 딛고 끝내 성공하는 내용이다. 서사시의 두드러진 또 하나의 주제는 부모의 복수이다. 복수를 위해 괴물에게 도전하여 승리를 거두며 포로가 된 양민을 풀어주고 빼앗긴 영토를 다시 찾아주는 내용이 있다. 영웅들의 서사시는 시대의 변천으로 인해 내용도 변이해 가는 현상을 볼 수 있다. 전에는 부족이나 씨족에 한정되어 있는 내용이 확대되어 괴물과의 투쟁도 단순한 구혼을 넘어선 사회적, 계급적 투쟁으로 성격이 변한다. 또는 초인간적 영웅이 변이되어 주인공으로 보통사람이 등장하고 괴물도 사악한 통치자나 독재자로 바뀐다.

민요는 스텝민족에게 있어서 유일하게 정신적 반려가 된다. 진부한 길고 긴 유목의 여정을 달래는 방법은 민요뿐이며 이러한 여정에서 새로운 민요가 제작되기도 한다. 광활한 스텝, 자연의 신비 속에서 아름답게 느껴지는 것이 노래로 발현된다. 목자는 그래서 뛰어난 가수이기도 하다.

(1) 우리아스타이, 물살이 빠른 강을
    나는 끝내 헤엄쳐 건널 수 없다.
    내맘을 사로잡은 저 님을
    유혹하고픈 나, 그러나 이루지 못하는 나.

(2) 십오야 달밤은 밤하늘을 밝히는 빛이어라.
    열다섯의 딸은 양친에게는 빛이어라.
    비록 달이 하늘에서 사라져도
    우주에 있어선 달은 빛이어라.
    비록 아내가 서른이 되어도
    가족에겐 그녀는 빛이어라.
    달은 사라지기도 하지만

전우주에 있어선 밤의 빛이어라.

비록 그녀가 늙었어도

낳은 자식에겐 그녀는 빛이어라.

(3) 밤털의 내 말은 빨리 뛴다네

내 총도 다른이의 그것에 지지 않지

귀여운 시이랜 보올 따라 한 걸음에

미운 남편과 헤어지고 싶은 만큼이나

준마는 줄곧 나의 충실한 벗

허리는 강하고 발은 빨라

시이랜 보올을 빼앗아 내어

달리면서 입맞춤을 하세

(4) 울안의 모든 말중에서 저말이 제일 좋아

마을안의 모든 젊은이들중에서 내님이 제일 좋아

(5) 잿빛 라샤의 저고리 / 풀내음에 울부짖네

스님, 나이는 많지만 / 애띤 여인 내음이

빼앗은 타인의 낙타 / 어쩐지 필요하지 않네

스님, 이 밤중에 / 다니는 상대는 유부녀[7)

(1)은 젊은이들의 사랑을 노래한 것이다. 강줄기는 유목지에 흔한 것은 아니지만 경계선이 되기도 하고 생활용수로서의 젖줄이기도 하다. 그런가 하면 이별의 상징성도 내포한다. 자연을 상징으로 노래에 담아 감정을 표현하는 기법은 몽고인의 민요의 특징이기도 하다. (2)의 노래에 있어서도 이 원리가 적용된다. 이 노래는 비록 유목민의 가부장적 부권이 문화의 패턴이 되어 있다 하더라도 가정에 있어서는 여성은 마땅히 존경 받아야 할 권리가 있음

---

7)   여기 인용된 5편의 노래는 몽고인민공화국 정부 요직을 퇴임하고 현재는 저술에 전념하고 있는 D.마이탈의 일역본에서 인출한
      것임(加藤九祚 譯, 『草原の國, モンゴル』, 新潮社, 1988, pp.173-75).

을 노래하고 있다. 한국가정에 있어서 주부의 위치가 높은 것과 유사하여 피부에 닿는 듯하다. (3)은 유목민에게 모든 가축이 다 소중하겠지만 말은 그 중에서도 애인처럼 느껴진다. 민요중에서 낙타나 양이나 말을 노래한 것이 많다. 자연과 동물은 우리가 상상할 수 없을만큼 생활에 밀착되어 저들의 육체의 일부분이며 생활의 일부분이 되어 있다. (4)도 동일한 위상에서 노래한 것이다. 저들이 동물에 대한 태도를 가까이서 관찰해 보면 대화를 나누며 귀여운 님과 함께 하고 있음을 느낀다.

(5)는 라마교(특히 황교를 일컬음)에 의한 동정童貞의 파괴를 비판하는 노래이다. 물론 초기에는 신앙의 일환으로 수용해 체념해 버린 관습도 시대의 변화에 따라 조소와 비판의 대상이 되기도 한다.8) 저들의 민요에는 이처럼 생활관습, 세계관, 가족제도에서 초래하는 특수성, 유목적 생활양식, 대상의 노래 등 다양하게 반영되고 있다.

3. 몽고인의 언어지혜: 수수께끼와 속담

극한의 계절을 피해 이동하는 저들에게는 정주의 교육생활이 불가능하다. 오직 경험과 생활을 통해 지혜를 축적해 갈 뿐이다. 문자는 있지만 유목민에게는 없는 거나 같다. 그들에게는 오직 언어가 있을 뿐이다. 교육은 말로 하고 듣고 이해하고 실천하여 체험을 통해 지식의 축적이 되고 다시 그것을 다음 세대에 전승한다. 수수께끼와 속담은 이러한 교육적 기능을 충족시키는 데 발달했다.

저들도 우리와 마찬가지로 3이라는 수를 즐겨 쓴다. 민속학에서 3이란 수는 완전수이다. 몽고족은 예로부터 셋이 천지인의 삼합을 의미한다고 생각해 왔다. 우리의 고수레 같은

---

8)   최인학, 「몽골기행, 여성과 여속」, 『월간 퀸』, 서울신문사, 1990.12., pp.554-57(아이를 갖고자하는 여인들의 라마교 신봉은 절대적이었다. 라마교 사찰에서 행하는 법회나 행사 때는 많은 부녀자가 모이는데 유부녀는 물론 처녀들이 라마승과 관계를 해도 허물이 되지 않고 오히려 은총으로 여겼다. 일부 타락한 라마승은 이러한 민간의 신앙을 역이용하여 修道를 떠나면서 부녀만 있는 집을 찾아가 재미를 보기도 한다. 라마교 자체는 주색이 금지되어 있음에도 축첩이 성행하고 음행이 잦았다. 이리하여 라마교 내부에서조차 개혁의 바람이 일어 宗古派를 개조로 하는 신파가 일어나기도 했다.

행위에서도 첫술잔의 술은 하늘을 향해서, 그 다음은 땅을 향해서, 공간(인간세상)을 향해서 각각 뿌리고 나서 마신다. 이러한 3의 개념은 저들의 생활철학에도 반영되었다.

예컨대 세상에는 세 가지 부자가 있다. 가축과 자식이 많은 사람이 부자이다. 그러나 지식이 많은 사람은 더 큰 부자로 꼽는다. 또 세상에는 세 가지 위험이 있다. 아이 손에 칼을 쥐어 주는 것, 어리석은 자의 손에 권력을 쥐어주는 것, 아첨하는 자의 입에 오르내리는 칭찬이 그것이다. 그밖에 세상에서 멸시 당하는 것도 셋이 있다. 곤경을 두려워 하는 자, 죽음을 두려워 하는 자, 그 중에서도 제일 멸시 받는 자는 아첨하는 자이다. 이상이 몽고인들의 생활 철학이며 삶의 좌우명이다. 비록 떠돌이 유목생활에서 체계적으로 교육을 받을 기회는 없을지라도 내면에는 불문율 같은 위의 지표는 가지고 있다. 만일 어겼을 때는 게르 집단으로부터 소외당하거나 어른들로부터 매서운 힐책을 받는다.

행복의 기준은 가축과 자식이 많은 것이 되겠지만 그보다 중요한 것은 지식이라 했다. 유목생활을 하는 데 필요되는 지식, 자연과 동물에 순응하는 지식을 전수받고 몸에 익히는 것이 중요하다. 가장 혐오하는 것은 어리석은 자에게 권력을 쥐어주는 것이라는 말은 곧 지식과 지혜를 존중한다는 것이다. 그래서 유목민은 순진하면서도 솔직하고 자연과 동물에 대한 지식은 풍부하다.

또 3이란 수 개념은 생활철학 이외에도 수수께끼나 속담에 반영되고 있다. 수호신이 있는 3개의 언덕, 풍요로운 3개의 오보, 얼음이 언 3개의 계곡, 꽃이 있는 3개의 들은 무엇이냐? 이 대답은 춘하추동으로 1년의 사계절을 말한다. 여기서도 3이란 수는 완전의 의미를 갖는다. 즉 수호신의 3개의 언덕은 봄을 뜻하는 가운데 셋은 3개월을 의미한다. 가축들에게 봄은 연중 가장 나쁜 계절이다. 그래서 수호신이 있는 3개의 언덕을 넘으면 1년은 보장을 받는다는 것을 암시한다. 세상에서 세가지 많은 것은 무엇인가? 세상에는 뿌리가 많고, 하늘에는 별이 많고, 바다에는 물이 많다가 대답이다.

몽골족의 수수께끼를 자세히 관찰해 보면 동물과 자연에 대한 생태나 섭리를 터득케 하는 지식의 공급원이라는 것을 알 수 있다. 쥐의 모양을 하고 황소의 굽과 범의 가슴을 가지고는 토끼의 입술을 했다. 그리고 용의 목을, 뱀의 눈을 , 말의 목털을, 양의 털을, 원숭이의 혹을, 닭의 벼슬을, 개의 다리를, 돼지의 꼬리를 가진 것은 무얼까? 이 대답은 낙타다. 물음의 순서가 십이지임을 알 수 있다. 이 12동물의 생태를 낙타는 모두 가지고 있다는 것이다. 그러나 이 수수께끼는 십이지를 익히기 위한 것도 된다. 뛰고 뛰는 영양羚羊, 뒤쫓을 수 없는 영양, 잡을 수 없는 영양은 무엇인가? 이 대답은 신기루이다. 자연을 동식물, 인간에게 비유해서 설명하고자 하는 지혜가 돋보인다.

아이들의 말장난言語謠이 성인들의 수수께끼와 같은 유형으로 보급되고 있다.

재灰를 밟아도 자국이 없고 문으로 들어오지도 않는 넌 대체 누구냐? 하고 말할 때는 욕설이다. 이 말의 대답은 유령이나 악마를 뜻하기도 한다. 아이들의 욕 중에는 황야에서 시들어 버렷! 이것은 죽어버리라는 욕이다. 또 미친 늑대에게 찢겨버렷! 이것도 역시 사라져버리라는 욕이다. 문밖에서 올빼미가 울기나 햇! 이 말도 죽었으면 좋겠다는 심한 욕이다. 올빼미가 울면 곧 누군가가 죽는다는 불길한 속신을 가지고 있기 때문이다. 잿더미 위에 여우가 쓰러져 있다. 이 욕은 너를 잡아먹으려고 여우가 잿더미 속에 숨어 있다는 뜻이다.

금기의 하나로 이름을 입에 담아서는 안 될 때가 있다. 며느리가 시부모나 시아주버니의 이름을 입에 담아서는 안 된다. 며느리는 시부모나 시아주버니 이름과 비슷한 음도 피해서 동의어나 일부러 조어를 만들어 사용해야 한다. 만일 시아버지 이름에 샤라黃 차간白 하라黑 같은 말이 들어 있을 때는 며느리는 자기 대화중에 이같은 말을 빼버리고 대신 다른 말을 넣어 사용한다. 이러한 관습은 아이들에게도 마찬가지이다. 아이가 자기 부모나 외부모 이름과 같은 다른 사람에게 말을 건넬 때는 그 이름이 나올 부분에 이름을 피한채 '어려운 이름의 아버지'라는 형용사를 붙인 구를 만들어 사용한다.

두 마디로 구성된 몽고족의 속담에는 저들의 생활과 의식이 내포되어 있다. 창작도 아니고 오랜 역사의 유목생활에서 자생된 것이다.

비렁뱅이 등은 굽어도 주는 이의 가슴은 펴 있다.

까마귀가 다른 까마귀를 검다 한다.

어리석은 자는 먹는 이야기만 하지만 賢者는 무엇을 본 것에 대해 말한다.

무서우면 하지마라. 했으면 두려워 말라.

사람을 알고프면 그의 벗을 보라.

물방울이 모여 바다를 이룬다.

사람은 진실할 때 아름답고 말은 달릴 때 아름답다.

놓친 말(馬)은 잡지만 놓친 말(言語)은 잡지 못한다.

말(言語)은 적은 편이 좋고 생각은 많은 편이 좋다.

운수에 불평하지 말고 자기에게 불평하라.

아이에게 칼을 주지 말라.

愚者에게 권력을 주지 말라.

愚者에게 충고하는 것은 소뿔에 앉는 거나 같다.

비구름이 모이면 비, 사람이 모이면 힘.

거북은 천의 알을 낳아도 소리를 지르지 않지만 닭은 한 개를 낳고도 세상이 떠들석하게
외친다.

몽골인의 심성과 덕성을 반영한 속담들이다. 우리 것과 유사속담도 발견된다.

---

4. 몽골인의 설화

몽골에도 몽골문자가 있다. 그러나 난이하고 쓰기에 불편하여 지식인이나 라마승들이
주로 사용하고 대부분의 유목민은 문자를 사용하지 않는다.[9] 유목생활을 할지라도 여가를
누릴만한 여유가 없는 것은 아니다. 길고 긴 겨울을 보내는 데는 구송되는 이야기시간이
그들 생활의 일부분이기도 하다. 아이들은 구전설화를 통해서 조상들의 이야기, 영웅들의
승전기, 동물과 인간의 관련, 생활의 지식을 전수 받는다. 또는 민요나 수수께끼 속담을
통해 정서를 개발한다.

9)　　宋基中,「蒙古語의 歷史」『比較民俗學會 會報』5, 1990.11., pp.9-18.

성인이라 해서 누구나 구송을 잘하는 것은 아니다. 구변이 좋고 기억력과 창의력이 있는 사람은 많지 않다. 게르 집단에 한 사람 혹은 두 사람 있을 정도이다. 우리로 말하면 이야기꾼이나 말꾼, 또는 강담사 같은 전문 구술가가 있다. 이들은 장편 영웅서사시나 옛날 이야기를 며칠씩이나 계속 구술한다. 때로는 호오루, 도부슈르 같은 전통 현악기를 연주하면서 노래를 삽입하며 구술하기도 한다. 이것을 기록하면 평균 3천에서 5천 행의 시편이 된다고 하니 암기력도 대단하지만 내용도 방대하다.

신화 전설 민담의 구분은 확실하지 않지만 대개 신화와 전설에 해당하는 것은 노래로 구송되며 민담은 이야기 형식으로 구술된다. 시작하는 도입부분은 '에리떼'(옛날)로 시작하여 끝의 결구는 '아무르한 사이한 자르가자이'(평안하게 아주 행복했습니다.)로 맺는다.[10]

1927년 우리나라에서 처음으로 한몽설화비교연구를 시도한 손진태는 우리와 몽고간에 공통설화 6편을 예시하여 비교연구를 시도했다. 이를테면 대전쟁전설(홍수설화), 견묘犬猫의 보주탈환설화, 지하국대적제치설화, 조선의 일월설화, 쇠똥에 자빠진 범, 흥부설화 등이 그것이다.[11] 최근 주채혁周采赫교수가 번역출판한『몽고민담』에는 나무꾼과 선녀, 호랑이와 토끼, 나그네와 호랑이 등 공통설화가 있으며 부분적으로 유사한 유화類話는 많다고 지적하고 있다.[12] 한편 벨기에 출신 모스탈트 선교사가 1937년에 발행한 오르도스지방의 설화집에도 우리와 유사민담이 여러 편 수록되어 있다.[13]

자료①의 '미하친의 이야기'는 우리 민담의 '여우누이'에 해당한다. 우리 것은 외동딸이 여우의 변신으로서 밤마다 말을 잡아먹는다. 이 사실을 보고한 두 형은 누이를 모함한다는 누명을 쓰고 추방당한다. 셋째는 거짓으로 고하여 집에 있게 되었다. 몇 년 후 가출했던 두형이 집에 돌아와 보니 누이는 여우의 본색을 들어내고 형들을 해치려 한다. 쫓기는 두 형과

10) 兒玉信久 (他),『モンゴルの昔話』, 三彌井書店, 1978, p.13(註).
11) 孫晋泰,『韓國民族說話의 硏究』, 乙酉文化社, 1947, pp.86-138.
12) 주채혁 역편,『口碑史料 몽고민담』, 정음사, 1984.
13) 磯野富士子 譯,『オルドス口碑集』, 東洋文庫 59, 平凡社, 1966(Antoine Mostaert, *Texites oraux Ordos*, The Catholic University, Peiping, 1937).
     艾厚國 收集整理,『鄂爾多斯民間故事』, 內蒙古人民出版社, 1989.

쫓아오는 누이여우간에 몇 고비 난관이 있었으나 끝내 누이여우는 깊은 바다에 침몰되어 죽었다.[14)]

몽골의 내용은 노모가 여우로 대치한다. 그러나 어떤 경로로 노모가 미하친이 됐는지 설명이 없다. 그리고 미하친이 추격하는 과정도 단조롭다. 종결부분에서 노모는 사라지고 다른 미하친이 등장하는데 이 부분은 별개의 삽화가 접맥된 것으로 보인다. 우리 민담에서는 나그네가 산속 외딴 집에서 대접을 잘 받았으나 식인귀의 급습을 받아 겨우 위기를 모면하는 민담이 따로 유포되고 있다.[15)]

원래 이 계통의 민담은 광포설화로서 유목민족문화를 배경으로 해서 생성된 것이다. 유럽, 중동을 비롯해서 중국 한국 일본에까지 널리 유포되고 있다. 핵심이 되는 모티프는 마법에 의한 구조와 탈출이다. 아아네는 이 계통의 민담이 최고最古의 유형이라 했다.[16)] 일본의 『고사기古事記』에도 이 유화기록이 있다.[17)] 고사기 형성연대로 미루어 볼 때 만일 유목문화를 배경으로 한 이 설화가 한반도를 거쳐 일본으로 간 것이라면 7세기 이전으로 추산된다.

자료②의 '우루雨漏의 무서움'은 우리의 '호랑이보다 무서운 곶감'에 해당한다. 이 계통의 설화는 주로 아시아에 분포되고 있는 점으로 보아 농경문화권을 배경으로 하여 생성된 것이 아닌가 생각된다. 손진태는 인도의 판챠탄트라에 이 유화가 있음을 지적하고 인도에서 중국 한국 일본순으로 전파되었으리라고 주장했다.[18)] 몽고가 누락된 것은 아마 자료를 입수하지 못한 탓이라고 생각된다. 그러나 몽골에 널리 구전되고 있는 설화의 하나이다. 판챠탄

---

14) 孫晋泰,「狐妹の三兄弟」『朝鮮民譚集』, 鄕土研究史, 1930, pp.110-14.
     任晳宰,「여우누이」『韓國口碑說話, 平安北道Ⅱ』, 평민사, 1988, pp.53-59.
     (1935-36년 사이에 채록된 수편이 수록되었음)

15) In-hak Choi, *A Type Index of Korean Folktales*, Myongoi University Publishing, 1979, pp.30-32.

16) A. Aarne, *Die Magische Flucht*, Helsinki, 1930. FFC.92(필자는 關敬吾,『日本昔話集成』, 角川書店, 1955, p.1118 註에서 재인용했음).

17) 『古事記』(AD712) 상권에는 이자나기노미꼬도가 黃泉國으로부터 도망쳐 올 때 구르미가쯔라(식물로 둥글게 엮어 머리에 주술용으로 얹음)와 유쯔쯔마 구시(머리빗) 그리고 모노노미(살구씨)를 각각 던져 위기를 모면하고 무사 탈출했다는 기록이 있는데 이것이 일본 逃竄譚의 효시이다.

18) 孫晋泰, 1947, pp.145-58.

트라에 있는 내용이[19] 우리와 유사한 것이고 인도설화가 불교문화로서 우리나라에 유입된 다른 설화들과 같이 이 설화도 불교와 동시에 들어온 것이라 생각해도 좋을 것 같다. 손진태가 몽고자료를 제시하지 않은 것은 역시 이 설화가 우리나라에 유입될 때 몽고와는 하등 지리적 상관성이 없었기 때문이라고 생각할 수 있다.

자료③의 '쥐의 지혜'는 우리의 '까치의 보은' 일명 '치악산 전설'에 해당한다. 나그네가 까치를 살리기 위해 구렁이를 죽였다. 깊은 산에서 외딴집을 발견하고 대접을 받는다. 그러나 구렁이의 복수를 받게 되고 종소리 세 번이 난 탓으로 목숨을 건진다. 그것은 까치가 자기 몸을 던져 종소리를 나게 한 것이다.[20] 이 유화는 지금까지 알려진 바로는 일본에만 전할 뿐[21] 다른 민족에게는 발견되지 않고 있었으나 이번 답사에서 유화를 찾았다. 그런데 설화의 내용면에서 많은 차이점이 있다. 한몽 두 설화가 불교와 라마교의 문화배경에서 생성된 것만은 사실이고 또 구조면에서 동일하니 유화로 봐도 무방할 것이다. 다만 이 정도의 자료만으로 비교하는 것은 무의미하니 다음 기회에 미루기로 하고, '까치의 보은'형 유화가 몽고에 구전되고 있다는 사실만을 확인해 둔다.

자료④의 '당나귀 귀'는 우리 문헌『삼국유사』「신라경문왕조」에 이미 기록된 것으로 초기에는 설화였던 것이 후에 신라 경문왕의 신변담으로 된 '임금님 귀는 당나귀 귀'에 해당한다. 희랍신화에 나오는 프뤼기아왕 미다스의 귀가 당나귀 귀라는 것은 이미 아는 바이지만 이 계통의 설화가 어찌하여 동양권에 전파되었는지는 아직도 규명되지 않고 있다. 따라서 몽골의 유화가 고려시대 원의 침략으로 상륙했다고는 도저히 생각할 수 없다.[22] 역으로 경문왕 전설로 굳어진 이 계통 설화가 고려시대 여성들에 의해 몽골에 구전되기 시작한 것은 아닐까 생각할 수도 있다.

19) Arthur W.Ryder, "The Credulous Fiend", *The Panchatantra*, The University of Chicago Press, 1956, pp.462-65.
20) 朴英晩,『朝鮮傳來童話集』, 學藝社, 1940, pp.529-34.
21) 關敬吾, 「鴻の卵」『日本昔話集成』, 角川書店, 1953, pp.90-96(일부 모티프가 일치함).
22) 三國遺事의 編年이 비록 고려중기에 있었다 할지라도 이 說話가 이전부터 민간에 구전되고 있었던 것은 이해할 수 있다.

이밖에도 몇 편의 자료를 여기 게재했으나 지면관계로 자세한 코멘트는 생략한다. 자료 ⑤의 '사람을 먹는 미하친 이야기'는 우리의 '해와 달이 된 이야기'(日月傳說의 類話)이며[23] 자료 ⑥의 '백호白狐의 이야기'는 우리의 설화중에 부자의 사위가 된 젊은이를 다룬 일련의 모티프가 이와 같은 것이 있다. 예컨대 요괴가 부자집 딸의 영혼을 빼앗아온 것을 젊은이가 도로 회수하여 여인을 소생시키고 사위가 된다는 내용이다.[24] 자료 ⑦의 '상처 입은 제비'는 우리의 '흥부와 놀부'와 같다. 손진태는 한몽의 비교를 통해 제비가 박씨를 갖다 준 점을 중시하여 고려시대 여성들에 의해 몽고에 전파된 것으로 추정했다.[25] 중국 당대唐代에 편집된 유양잡저『유양잡조酉陽雜俎』에 등장하는 방이설화[26]가 우리의 '흥부와 놀부' 설화와 어떤 관계에 있는지 관심을 둘 필요가 있다. 따라서 이 설화는 한중몽 삼국을 동시에 비교고찰할 필요가 있다. 자료⑧의 '요괴할멈의 이야기'는 우리의 '쇠똥에 자빠진 범'에 해당하는 유화로 손진태는 구체적인 설명 없이 티베트에서 몽고를 거쳐 한반도로 전파된 것으로 처리했다.[27] 무엇을 근거로 이러한 결론을 유추했는지 설명이 없으니까 논란의 여지가 없지만 이 유화는 아시아 뿐 아니라 유럽, 오세아니아를 비롯한 아프리카와 신대륙에도 구전되고 있는 광포설화이므로 단순히 처리될 문제가 아니다.

5. 한몽구비문학 비교연구의 과제

고려중엽 원의 침공이후 언어, 복식, 제주도 말 사육법 등 몽고문화가 이 땅에 어느정도

23) 孫晋泰, 1930, 「日と月と星」 pp.5-8.
24) In-hak Choi, 1979, No.467. The Father's Legacy and the Three Brother, pp.205-206. 이 설화에서는 둘째가 묘지에서 만난 妖怪로부터 魂을 회수하여 부잣집 딸의 생명을 회수시키는 모티프가 있음.
25) 孫晋泰, 1947, pp.137-38.
26) 殷成式, 『酉陽雜俎』, 續集卷一 旁而說話(唐代).
27) 孫晋泰, 1947, pp.135-36.

영향을 준 것은 사실이다. 또 몽고인들의 귀화로 인한 혈연적 관계와 아울러 그들의 습속이 이 땅에 융합된 부분도 있을 것이다. 한편 몽고에도 한국여인들의 영향으로 특히 상류층의 생활문화가 변화되어 우리문화의 이식이 이루어진 것은 널리 알려진 사실이다. 일반적으로 한국문화를 일컬어 지금도 고려양高麗樣이라 한다.[28]

몽골의 구비문학을 살펴볼 때 우리와 공통점과 유사성이 발견되는 것은 우연의 일치라고는 할 수 없다. 양 민족 간의 교류를 통한 문화수수관계가 이같은 공감대를 형성한 것이라고 볼 수 있다. 그러므로 양 민족 간의 문화비교는 시급하며 민족의 정신적 지혜의 산물인 구비문학의 비교연구는 더 지체할 수 없는 과제가 되었다.

◆ 부록 : 〈설화자료〉 8편 일람

	話名	引出書名
설화자료	① 미하친의 이야기	兒玉信久(他),『モンゴルの昔話』, 三彌井書店, 1978
〃	② 雨漏의 무서움	〃
〃	③ 쥐의 지혜	〃
〃	④ 당나귀 귀	Antoine Mostaert, Textes oraux Ordos, 1937
〃	⑤ 사람을 먹는 미하친 이야기	鳥居きみ子,「蒙古の童話」
〃	⑥ 狐의 이야기	『土俗學上より觀たる蒙古』, 1927
〃	⑦ 상처 입은 제비	〃
〃	⑧ 요괴할멈의 이야기	〃

〈설화자료〉 ① ~ ⑧

미하친 식인귀食人鬼의 이야기

옛날, 어느 좋은 시절에 노모가 딸과 함께 살고 있었습니다. 나이가 찬 딸이 먼 곳으로 시집을 갔습니다. 몇 년 후 딸이 시아버지께

---

28) 최서면, 『최서면몽골기행』, 삼성출판사, 1990, pp.202-30.

"친정엘 다녀오겠습니다."

하자,

"네 어미는 미하친이 돼 버렸는걸."

"어떻든 상관없이 가봐야 하겠습니다."

하고 말을 타고 떠났습니다. 며칠이 지나 겨우 친정에 닿았습니다. 집에는 사람 흔적이 없습니다. 이때 노모가 들어왔습니다. 딸을 보자마자,

"통통히 살이 쪄 먹기에 좋군."

하고 말했습니다. 잠시 후 노모가 물을 뜨러 나갔습니다. 딸이 집안을 살펴보니까 새까만 궤 하나가 있었습니다. 열어보니 사람 뼈가 가득 들어있었습니다. 딸은 말을 타고 서쪽으로 도망쳤습니다.

노모가 뒤쫓아와 큰 팽이로 마구 말을 때리는 것이었습니다. 말도 질새라 마구 뛰어 겨우 벗어났습니다. 이때 노모는 놓쳐서 억울하다고 이를 갈았습니다.

딸은 서쪽으로 가다가 한 집에 다다랐습니다.

어떤 사람이 많은 늑대를 데리고 와서 집안에 넣더니,

"부드러운 살코기가 기대리고 있구나."

하면서 큰칼을 갈기 시작했습니다. 딸은 재빨리 미하친의 칼을 빼앗아 들었습니다. 그러자 미하친은 다른 칼을 들었습니다. 딸은 생각 끝에 집안에 있는 늑대들을 풀어놨습니다. 그랬더니 미하친은 늑대를 모조리 죽였습니다. 이때를 놓칠 새라 딸은 그 틈에 그곳을 빠져나와 말을 타고 다라 났습니다.

우루雨漏의 무서움

옛날, 좋은 시절에 데구루툴이란 노부부가 살고 있었습니다. 초가에 살고 있으면서 한 마리의 소를 길렀습니다. 어느 날 비가 종일 내렸습니다. 노부부는 소가 불쌍해서 집안에 넣어 비를 피하게 해주었습니다.

이때에 몹시 배고픈 호랑이가 소를 잡아먹으려고 다가왔습니다. 집안을 두루두루 살피고 있는데 방안에서 무슨 소리가 들렸습니다.

"고종하이(雨漏)가 무서워!" "암 고종하이가 무섭지."

호랑이는 겁이 났습니다. 마침 이때 한 놈의 도둑이 소를 훔치려고 지붕으로 내려왔습니다. 도둑은 호랑이를 소로 알고 등에 뛰어내렸습니다. 호랑이는 이게 고종하이란 무서운 놈이라고 생각하면서 산 쪽으로 다라 났습니다.

도중 나뭇가지가 있는 곳에서 도둑은 팔을 뻗어 나뭇가지에 매달리고 호랑이는 혼자서 다라 났습니다. 산 정상에 이르자 호랑이는 한숨을 쉬는데 여우가 다가왔습니다.
"무슨 걱정이 많으셔서 이다지도 괴로워하십니까?"
"말도 말게, 어제 데구루톨 노인의 소를 훔치러 갔다가 고종하이란 무서운 놈을 만나 겨우 목숨만 건진 셈이네."
"그게 인간일테지요."
"아냐, 고종하이란 놈이야."
"내 말을 신용 못하겠으면 우리 서로 목을 묶어 그 나무 있는데 가서 인간인지 고종하이인지 확인해 봅시다."
이 말에 호랑이는 승낙하였습니다. 둘 이는 서로 달아나지 못하게 목을 매었습니다. 한편 도둑은 두 놈이 목을 매고 오는 것을 보자 무서워 나무 위에서 떨었습니다. 호랑이가 이것을 보고,
"보라, 저게 고종하이란 놈이다!"
하고 외치면서 뛰기 시작했습니다. 그 바람에 여우는 목이 졸려 죽고 말았습니다. 그로부터 호랑이는 노부부네 집에서 발걸음을 끊었고 소도둑도 다시는 도둑질을 끊었다고 합니다.

쥐의 지혜

옛날 좋은 시절에 호라스산 정상에 자작나무 한 그루가 서 있고 그 꼭대기에 불룩한 룩이란 새가 집을 짓고 살고 있었습니다. 매해 16개의 알을 낳는 것이 보통인데 어느 해 5개의 알밖에 낳지 못했습니다.
어느 날 붉은 여우가 와서는,
"불한룩 새야, 내게 알 하나만 다오."
하고 말했습니다. 그러자 새는,
"올해는 5개 밖에 없으니 안 되겠어요."
하고 사정을 말했습니다. 그럼에도 불구하고 여우는 위협을 하였습니다.
"그렇담 호라스산을 무너뜨릴 테야. 자작나무를 꺾어버릴 테야."
새는 여우가 무서워 할 수 없이 알 한 개를 주었습니다. 그랬더니 다음날 아침 또 와서
"불한룩새야, 4개 있는 것 중에 하나만 다오."
하고 말하자 새는 거절을 하였습니다. 여우는 호라스산을 무너뜨린다든가 자작나무를 꺾어버린다든가 어제와 같은 말을 되풀이하기에 새는 또 한 개의 알을 주었습니다. 그리고 새는 울었습니다.

이때 쥐 한 마리가 다가왔습니다.

"그토록 큰 날개를 가진 새가 울긴 왜 울어."

하고 물었습니다. 그러자 새는,

"나는 이 나무 꼭대기에서 16년째 살고 있습니다. 매해 16개의 알을 낳아 왔는데 올해는 5개 밖에 낳지 못했습니다. 그런데 붉은 여우가 와서 산을 무너뜨린다. 자작나무를 꺾어버린다고 하면서 알을 달라기에 2개의 알을 주었습니다. 지금은 3개밖에 남지 않아 슬퍼서 울고 있습니다."

하고 대꾸를 하였습니다. 쥐가 이 말을 듣고 나서 말하였습니다.

"좋아, 이번에 또 오거든 호라스산을 넘어뜨릴 만한 발톱이 있늬? 자작나무를 꺾어 버릴만한 뿔이 있늬? 하고 말해요. 그리고 누가 그렇게 말하라고 했더냐? 하고 묻거든 생각해 보니까 그 말이 떠오르더라고 하십시오. 내가 말했다고는 하지 마시고요."

이렇게 말하고는 어디론가 가버렸습니다. 이윽고 여우가 나타났습니다.

"셋 중에 하나만 다오."

새는 거절했습니다. 여우는 지난번 말을 되풀이하여 위협을 하는 것이었습니다. 새는 용기를 내고 말을 했습니다.

"호라스산을 무너뜨릴만한 손톱이 있나요? 자작나무를 꺾어 버릴만한 뿔이 있나요?"

그러자 아니나다를까 여우는 반색을 하며 물었습니다.

"누가 그 말을 했지?"

"생각해 보니 그 말이 떠오르데요."

여우는 그대로 돌아갔습니다. 그리고 쥐가 채 쥐구멍으로 들어가기 전에 날쌔게 물었습니다. 새가 이것을 보고,

옛날 여우는 앙갈앙갈하고 깨물고 지금 여우는 지물지물하고 깨물어 먹는 법인데요."

하고 말하자 여우는 앙갈앙갈 깨물려고 하자 입이 벌어져 쥐는 무사히 빠져나와 쥐구멍으로 들어가 버렸습니다.

당나귀 귀

차간·발가스왕은 당나귀 귀를 가졌습니다. 귀를 쌓아 아무에게도 보이지 않았습니다. 이발을 한 뒤에는 반드시 그 이발사를 죽이곤 하였습니다. 다른 사람에게 전할까봐서입니다. 왕은 이발할 때가 되었습니다. 그래서 한 이발사를 불렀습니다. 그는 자기가 죽을 것을 알고

'나는 죽기 전에 어머니 젖을 조금 먹을 테다.'

하고 젖을 받아 그 젖으로 밀가루로 반죽을 해서 둥글게 뭉쳐 가지고 갔습니다. 그리고 왕 앞에서

이발을 시작하기 전에 그것을 먹기 시작했습니다.

이것을 본 왕이 물었습니다.

"뭘 먹는 거냐 이리 내 놔라!"

이발사는 먹던 것을 왕에게 주었습니다. 왕이 그것을 받아먹었습니다.

"맛있군, 이건 뭔가?"

"네, 실은 어머니께서 임금님 이발을 해 드리고 나서 죽게 되거든 일걸 먹고 죽거라하며 주신 겁니다."

"음 사람의 젖이란 맛있구나."

"네. 다른 사람의 젖은 먹어 본 일이 없어 모르오나 제 어머니 젖은 이처럼 맛있습니다."

"그럼 너를 살려줄 테니 너와 어머니는 나와 함께 궁에서 살아야 한다."

이리하여 이발사는 어머니를 궁으로 모시고 와서 왕과 함께 살았습니다. 그러나 왕의 귀에 대한 비밀은 굳게 지켜야 했습니다. 신하중 한 사람이 지금까지는 왕이 이발 후에는 이발사를 반드시 죽여 왔는데 어찌하여 이 사람만 살려두고 있는지 궁금해 견딜 수가 없었습니다.

그는 이발사에게 술을 마시게 하고 끝내 임금님 귀는 당나귀 귀였다는 비밀을 술김에 말하게 하였습니다. 왕은 이 사실을 알았습니다. 그리하여 결국 이발사와 그의 어머니, 그리고 신하 한 사람도 모두 죽이기로 하였습니다.

세 사람은 몰래 궁을 빠져나와 도망을 쳤습니다. 그렇지만 임금님 귀는 당나귀 귀였다는 소문은 삽시간에 번져 모르는 사람이 없게 되었습니다.

사람을 먹는 미하친 이야기

옛날, 어느 곳에서 네 딸을 데리고 산에서 사는 어머니가 있었습니다.

하루는 일이 있어서 네 딸에게 집을 맡기고 어머니는 친정에 간다면서 나갔습니다. 그런데 해가 지고 돌아올 약속시간이 훨씬 지났지만 어머니는 돌아오지 않았습니다. 그래서 등불을 끄고 네 딸은 나란히 자리에 누웠습니다. 얼마쯤 지나 밖에 어머니가 돌아온 듯한 소리가 나기에 딸들은,

"어머니, 이제 돌아왔어요?"

하고 물었습니다. 그런데 묻는 말이 채 끝나기도 전에 어머니는 벌써 방문을 열고 들어왔습니다. 막내가 어머니 품에 안기면서 젖을 찾느라고 손을 저었습니다.

이때 어머니가 뭔가를 깨물어 먹는 소리가 났습니다. 너무나 이상해서 큰딸이 물었습니다.

"어머니, 이 밤중에 뭘 먹어요?"

그러자 어머니는,

"무를 먹고 있단다."

하고 대꾸를 하였습니다. 그러자 둘째 딸이 물었습니다.

"무는 어디에서 얻어왔나요?"

"외가의 할머니께서 주셨단다."

하며 어머니는 계속 부드득 소리를 내며 먹고 있었습니다. 그러자 셋째 딸이 물었습니다.

"나도 먹고싶으니 조금 주셔요."

그러자 어머니는 "잇다! 먹어라." 하면서 무 한쪽을 던져주었습니다. 어둠 속에서도 더듬어가며 던져 준 무를 주어서 자세히 살펴보니 그것은 무가 아니라 막내의 손가락이었습니다.

세 딸은 소름이 끼쳤습니다. 이대로 있다가는 자기들도 목숨이 위태롭게 되었습니다. 셋은 도망칠 궁리를 했습니다. 그리고 살며시 밖으로 나왔습니다. 이미 눈치를 챈 요괴 할멈은,

"늬들은 어딜 가려고, 가 봤자지. 이제 곧 내가 먹어치울텐데 가긴 어딜 가."

하고 뒤쫓아오는 것이었습니다. 딸들은 잡힐 것만 같아서 멀리 도망칠 겨를도 없이 마당에 서 있는 큰 나무를 타고 위로 올라갔습니다. 그러자 요괴도 나무 밑에 이르러,

"늬들은 어떻게 해서 나무위로 올라갔늬? 나도 올라가고 싶다."

고 말하는 것이었습니다. 세 딸은 궁리하다가 모두 허리띠를 풀어 끝을 올가미를 만들어서 내려보냈습니다.

"이 올가미 안으로 머리를 넣으면 우리가 잡아끌어 주겠어요."

요괴 할멈은 올라갈 욕심만으로 생각할 겨를도 없이 머리를 넣었습니다. 그러자 셋은 힘을 합해 끌어 올렸다가 놓았다가 다시 끌어 올렸다가 놓았다가 여러 차례 되풀이하자 아무리 힘센 장사라도 당할 재주가 없었습니다. 끝내 요괴 할멈은 죽고 말았습니다.

이렇게 해서 어머니와 막내를 잡아먹은 요괴 할멈을 죽이고 나서 그 시체를 나무 밑에 묻었습니다. 얼마가 지나 그 나무 밑에 한 포기 배추가 자라나더니 세상에도 없는 큰 배추가 되었습니다. 어느 날 한 장사꾼이 왔습니다. 배추를 보더니,

"와아, 세상에 이런 배추는 처음 보는데!"

하자 딸들은,

"만일 원하신다면 뭔가 내놓고 가져가시지요."

하고 말했습니다. 장사꾼은 흰 실 검정 실을 내놓고 배추를 뽑아 가지고 갔습니다. 저녁 해질 무렵이 되어 장사꾼은 길을 재촉하는데 이상한 일이었습니다. 등에 매고 있는 배추가 말을 하는 것이었습니다.

"네 어머니가 등에 업혀 있단다."

장사꾼은 부리나케 집으로 달려와 짐을 내려놓고 보니 배추는 간데 없고 한 할머니가 있었습니다.

"이제부터는 네 어머니가 되어 줄 테니 만사 불편 없이 지내자."

하는 것이었습니다. 장사꾼도 혼자서 사는 몸이라 불편이 없다고 생각했고 또 아무런 의심도 하지 않은 채 요괴 할멈을 집에 머물게 해두고 장사를 가곤 했습니다.

그런데 이상한 것은 마을을 찾을 때마다 갓난아이가 없어진다는 이야기였습니다. 날이 가면 갈수록 그 수는 늘기만 할 뿐 그 원인을 알 도리가 없었습니다.

어느 날이었습니다. 이 날도 장사를 일찍 끝내고 다른 날 보다 빨리 집으로 돌아왔습니다. 이상하게도 아이 울음소리가 났습니다. 장사꾼은 발자국소리를 죽이고 살면서 집안을 들여다보니 기가 막혔습니다. 지금까지 어머니처럼 모시고 있던 그 어머니가 머리는 산발에다가 입은 귀밑까지 찢어진 사람 먹는 요괴할멈이었습니다. 두 아이 중 한 아이를 잡아 끓는 물 속에 집어넣는 것이었습니다.

장사꾼은 몰래 남은 한 아이를 덥석 안자마자 '발아 날 살려라' 하고 도망쳤습니다. 이것을 안 요괴할멈은 '흥, 내가 놓칠 것 같으냐' 하며 뒤쫓아 왔습니다. 장사꾼은 '이 아이 하나만이라도 목숨을 건져야지' 하며 달렸습니다만 요괴에게 당할 수는 없었습니다. 거의 잡힐 무렵이 되었을 때 장사꾼은 보따리 속에서 반지 하나를 집어 횡하니 뒤로 향해 던졌습니다. 그랬더니 그곳이 샘이 되었습니다. 요괴는 계속 헤쳐 나와 또 쫓아왔습니다.

장사꾼은 이번에는 거울을 집어 던졌습니다. 그랬더니 큰 바다가 되었습니다. 요괴는 풍랑이 이는 파도 속에서 허우적거렸습니다. 요괴할멈은 끝내 익사하고 말았습니다. 겨우 목숨을 건진 장사꾼은 아이의 어미를 찾아 돌려주었습니다. 그로부터는 아이가 사라지는 일은 생기지 않았습니다.

백호白狐의 이야기

옛날 어느 나라에 부자 임금님이 있었습니다. 임금님에게는 아름다운 딸이 있었는데 하루는 궁전 울타리에 이상하고도 아름다운 박이 주렁주렁 매달려 있는 것을 보고 8명의 종을 향해 그것을 따오게 했습니다. 그러나 아무도 박을 따오는 종이 없었습니다. 이것은 분명 여우나 이리의 짓이라고 생각하고 떨기만 하고 있었습니다. 공주는 모두가 박 가까이 하지 않자 스스로 가까이 가서 손을 박에다 대었습니다. 그 순간 공주의 그토록 아름답던 얼굴이 흉측하게 변해 버렸습니다. 이것을 본 임금님은 크게 걱정하여 전국의 명의들에게 명하여 좋다는 약은 다 써보았으나 아무런 효과가 없었습니다.

공주는 실망하여 자리에 누운 채 울기만 하였습니다. 끝내 임금님은,

"누구든지 공주의 병을 고치는 사람은 부마(사위)로 삼을 것이다."

하고 방을 내렸습니다. 이 무렵 이 땅에 한 가난한 젊은이가 살고 있었습니다. 마음씨도 좋고, 인정이 많고 언제나 생각하고 행동하는 젊은이였습니다. 그는 언젠가는 자기네 집을 일으켜보리라고 각오를 하고 열심히 일을 했습니다. 하루는 산에 사냥을 갔다가 길을 잃고 이리저리 헤매다가 풀도 없고 나무도 없는 바위산에 이르렀습니다.

'무엇 이런 곳이 있다. 대체 어떻게 된 거냐?'

하고 생각하면서 두리 번 사방을 살피다가 문득 동굴 하나를 발견했습니다. 거기서 白狐한 마리가 나왔습니다. 백호는 젊은이에게 오더니,

"나는 이 산에 사는 오래 묵은 암 여우 입니다. 당신이야말로 공주의 신랑감입니다. 공주의 병이 금시 나을 즉효 약을 드리겠습니다."

하고 약을 주고 홀연히 자취를 감췄습니다. 젊은이는 그 길로 궁전으로 향했습니다. 젊은이는 임금님에게 지금까지 있었던 일을 모두 아뢰고 약을 건네 주었습니다. 그 약을 먹을 공주는 씻은 듯이 회복되어 전과 같이 아름다웠습니다. 너무나 기뻤습니다. 임금님은 약속대로 이 가난한 젊은이를 사위로 맞이하였습니다. 그리고 후에는 이 나라의 임금이 되었습니다. 나라는 더욱 부강해졌습니다.

상처 입은 제비

어느 날 한 처녀가 창가에서 바느질을 하고 있었습니다. 이곳에 상처 입은 제비 한 마리가 처마 끝에 있는 제비집에서 떨어졌습니다. 처녀는 불쌍히 여겨 빨강, 파랑, 노랑, 검정, 하양 등 오색실로 제비 다리를 매어주었습니다.

제비는 매우 기뻐하면서 하늘 높이 날아갔습니다. 이윽고 어디에선가 박씨를 한 개 물고 온 제비는 처녀가 바느질을 하고 있는 창가에 떨어뜨리고 날아갔습니다.

처녀는 그 박씨를 마당에 심었습니다. 얼마 안 있어 싹이 나더니 줄기가 뻗어 마침내 박이 열렸습니다. 박은 점점 커갔습니다. 어느 정도 컸을 때 처녀는 박을 땄습니다. 꼭지를 뜯어 안을 들여다보니 쌀을 가득 차있었습니다. 처녀는 그 쌀로 밥을 지어먹었습니다. 매일 박에서 살을 퍼내도 쌀은 줄어들지 않았습니다,

이리하여 가난했던 처녀의 집은 부자가 되었습니다. 한편 이웃에 마음씩 고약한 처녀가 살고 있었습니다. 이 처녀는 마음씨 고운 처녀가 부자 된것을 보고 너무나 부럽고 시기가 나서 견딜 수가 없었습니다. 그래서 자기 집 처마 끝에 있는 제비집에서 제비 한 마리를 꺼내 일부러 다리를 비틀어 놓고 오색실로 동여매었습니다.

제비는 멀리 날아가더니 박씨 하나를 물고 와서 이 처녀에게 주었습니다. 처녀는 무척 기뻐하면

서 이웃 부자가 된 처녀보다 더 많은 보물을 얻을 욕심으로 박씨를 심었습니다. 싹이 나고 줄기가 뻗어 박이 열렸습니다. 지난번 처녀가 딴 박보다 더 크게 되기 가지 기다렸다가 땄습니다. 꼭지를 따고 안을 들여다보는 순간 커다란 구렁이 한 마리가 기어 나오는 것이었습니다. 처녀는 그 자리에 쓰러져 숨을 거두었습니다.

요괴 할멈의 이야기

옛날 어느 곳에 빗, 참빗, 털, 깃털이란 이름의 네 딸과 어머니가 함께 살고 있었습니다. 어느 해 정월에 떡을 많이 만들었습니다. 이 떡을 네 딸의 외가집 할머니에게 보내기 위해 어머니는 네 딸을 집을 보게 하고 떡을 가지고 외가집으로 갔습니다.

거의 반쯤 갔을 때 나무 그늘에서 잠시 쉬고 가려고 앉았습니다. 바로 이때 어디선지 한 노파가 다가와서

"아이고 그 떡 냄새, 먹음직하겠네. 하나 맛 좀 보게 하구려."

하고 말했습니다. 원래 마음씨 좋은 어머니는 떡 하나를 주었습니다. 노파는 성큼 그것을 받아먹더니,

"하나 더 주렴."

하고 말했습니다. 또 주었습니다. 이렇게 하여 노파는 하나하나 받아먹은 게 어느새 다 받아먹었습니다. 할멈은 어머니의 얼굴을 빤히 쳐다보면서,

"목에 벌레가 기어가고 있네. 내가 잡아 줄까?"

하고 말하기 때문에 어머니는 그 말을 믿고 노파 앞으로다가 목을 내밀었습니다. 그러자 노파는 단숨에 덤벼들어 목을 물고는 피를 빨았습니다. 어머니는 그 자리에 쓰러 졌습니다.

한편 네 딸은 어머니가 돌아올 시간이 지났는 데도 돌아오지 않으니까 걱정을 하고 있었습니다. 해도 지고 어두워졌습니다. 밤이 깊자 문밖에서 인기척이 났습니다.

"문 좀 열어라!"

하고 부르는 소리가 어머니 목소리가 아니었습니다. 네 딸은 무서워하면서'

"정말 우리 어머니면 그 문틈으로 손을 넣어보세요."

하고 말했습니다. 문틈으로 내 민 손은 어머니 손이 아니라 털이 많이 난 요괴의 손이었습니다. 네 딸은 문을 열어주지 않았습니다. 그러자 요괴 할멈은

"오늘 문을 열어주지 않으면 내일 밤 또 오지."

하고 돌아갔습니다. 네 딸은 뜬눈으로 밤을 지새웠습니다. 네 딸은 모여 앉아 의논을 했습니다. "오늘밤에 요괴 할멈이 또 올게 틀림없어. 어머니 원수를 갚아야 하며 방법을 말하는 가운데 날이

저물었습니다. 바로 이때 달걀 한 개가 굴러오더니 말했습니다.

"무슨 슬픈 일이라도 생겼습니까."

네 딸은 입을 맞춰 어제부터 있었던 일을 죄다 말했습니다. 달걀이 모두 듣고 나서 하는 말이, "참 딱한 노릇입니다. 저 화로에 있는 떡 한 개를 주면은 오늘밤은 이곳에 머물면서 따님들의 원수를 갚는 데 돕겠습니다."

딸들은 기뻤습니다. 그래서 화로에 얹어놓은 떡 하나를 주었습니다. 바로 이때 맷돌이 굴러 왔습니다. 달걀과 같이 위로의 말을 하고 나서 떡 하나를 받고서 그 날 밤을 머물렀습니다. 이어 화젓가락, 바늘, 돼지머리 등이 모여들어 떡을 하나씩 받았습니다. 그리고 모두 가세했습니다.

밤이 깊자 모두는 각각 자기 맡은 일들을 분담 받고 숨었습니다. 달걀은 불 속에 , 맷돌은 처마 밑에, 화젓가락은 마루에, 바늘은 창가에, 돼지머리는 부뚜막에 숨었습니다. 밤이 깊었습니다. 과연 요괴 할멈이 입맛을 다시며,

'흥, 오늘밤 네 딸의 생피를 빨아먹을 수 있으니 얼마나 맛있을까' 하며 다가와 보니 문이 열려 있었습니다. 요괴 할멈은 '이건 웬 떡이냐' 하며 들어서는 순간, 화로에 있던 달걀이 튀겨왔습니다. 너무나 놀란 요괴 할멈은 마루에 손을 대는 순간 꺼꾸러 서있던 화젓가락에 손이 찔렸습니다. 어떻든 오밤중 깜깜한 곳에서 일어난 일이라 불이나 켜고 보자고 창가에 있는 부싯돌을 찾기 위해 주섬주섬 문지르는데 이번에는 바늘에 찔렸습니다. 어쩔 수 없이 부엌으로 가서 부뚜막에서 불씨를 얻으려고 손을 넣는다는 게 돼지머리 입안으로 손을 넣어 손이 짤려버렸습니다. 요괴 할멈은 이건 분명히 적이라고 생각하고 문 쪽으로 도망치려 하자 처마 끝에 있던 맷돌이 떨어져 요괴할멈은 박살이 났다고 합니다.

4.
베트남의 혼속婚俗

이철수교수정년기념논총 태학사 1999

1

동아시아의 민속학 비교연구의 일환으로 1998년 2월부터 13일간 베트남을 답사 여행했었다. 베트남은 중국의 유교문화의 영향을 받아 우리나라와 정신적으로 유사한 점이 많았다. 그러므로 짧은 기간에 민속 전 분야를 다 다룰 수는 없어서 혼속 분야만을 다루기로 한다.

베트남에 있어서 전통적으로 결혼의 목적은 혈연의 계승에 있었다. 그것은 기본적이면서 성스러운 의식이었다. 결혼은 사망과 같이 가장 엄숙한 가정의례의 하나이기도 하다. 그리고 결혼은 언제나 개인적인 행위가 아니라 가정(가족)의 의식으로 생각했다. 결정권은 부모에 의해 이루어지며 자녀들은 이에 순종해야 한다. 당사자간의 사랑은 그다지 중요하지 않다. 만일 부모가 정해준 배우자에 대해 자녀가 만족하지 않을 때는 단 한 번의 행동과정이 있는데 그것은 바로 가족을 떠나는 것이다. 그렇게 되면 그 자녀는 부모의 은혜를 모르는 불효자가 되고 그 부모는 상속권을 박탈할 수밖에 없다. 그러나 실제로 부모는 이러한 권리를 거의 행사하지 않는다. 동킨Tonkin에서는 이러한 풍습을 고치기 위해 민법을 제정했는데 그 법령 제89조에는 "결혼은 당사자 두 사람 또는 그들 중 한 사람의 동의 없이는 존재하지 않는다."라고 되어 있고, 제76조에는 "결혼을 성립하기 위해서는 두 당사자의 동의가 필수적이다."라고 진술함으로써 이 법을 한층 강화시켰다. 그러나 자녀들은 부모의 충고에 따를 것을 사회는 요구한다.

2

민속적으로 결혼의 궁극적 목적은 혈연의 계승과 제사의 지속성이다. 가족은 자녀들이 많을수록 복된 가정으로 간주된다. 신혼 부부가 관습적으로 기원하는 첫 번째 소원은 자녀를 많이 가지는 것이다. 이러한 기원이 부를 축적하는 것보다 우선한다. 가능한 한 빨리 자손을 갖기 위해서 부모는 자녀를 조혼시킨다. 부 혹은 모가 사망한 가정에 있어서 자녀의 결혼을 서두르고 상喪의 발표를 지체하는 이유도 이를 뒷받침한다. 이렇게 함으로써 그 결혼 당사자들은 결혼해서는 안 되는 상 기간 즉 3년을 기다릴 필요가 없게 된다. 이런 풍속을 "짜이탕chay tang(상喪으로부터 피하는 것)"이라 한다.

청년기의 남자에게는 독신주의가 용납되지 않는다. 독신주의 는 곧 불효를 의미한다. 어떤 마을에서는 미혼 남자는 마을공동축제 등에 참여하지 못한다. 때로는 모든 직위를 박탈당하는 수도 있다. 일상생활에서 그들은 가족들에 의해 조롱과 냉소의 대상이 된다. 이와는 반대로 여자의 독신주의는 명예롭게 여긴다. 특히 노부모를 돌보거나 형제자매를 키우기 위해 결혼하지 않은 딸의 경우 주위로부터 칭송을 받는다.

결혼연령은 일정하지 않다. 아주 어린 아이 때부터 결혼시키는 경우가 있다. 이 같은 조혼은 언제나 가족의 협조에 의해 이루어진다. 그들은 어린 여자가 시집에 잘 적응하도록 하는 데 목적이 있다. 어린 며느리를 맞이한 시어머니는 신방을 치르기에 충분할 때까지 그녀를 며느리라기보다 딸처럼 다룬다. 대부분의 경우에 있어서의 부모들은 그들의 자녀가 사춘기, 즉 소년은 15세 그리고 소녀는 12~13세에 달하기 전에는 결혼시키지 않는다. 남자는 18세, 여자는 16세의 연령이 일반적으로 결혼적령기로 간주되고 있다.

3

전통적으로 결혼은 ngu6 lảm mỏi 또는 mai nhân이라고 하는 중매인에 의해 이루어진다. 이때 중매인이 남자면 ông môi, 여자면 bà môi라고 부른다. 오늘날은 주로 나이가 들고 현명한 여인이 중매인이 된다. 부모가 그들의 아들에게 맞는 처녀를 보면 중매인을 처녀의 부모에게 보내 가능성을 타진한다. 그런 후에 처녀의 집으로 가서 빈랑檳榔 열매와 betel잎을 주고 방문의 목적을 밝힌다. 처녀의 부모는 딸과 상의를 하고, 그 무엇보다도 배우자가 될 그 집안의 사회적 배경과 현황에 대한 정보를 얻기 위한 시간을 갖기 위해 그저 흐릿하게 대답을 한다. 얼마 후에, 중매인의 두 번 째 방문이 있게 마련이다. 만일 문의(또는 조회)하는 일에 동의한다면 남자의 가족 편에서 중매인을 처녀의 집으로 보낼 때 남자의 사주를 가지고 가서 여자의 사주와 교환해 가지고 돌아온다. 이것을 八字(8자), bát tu의 교환식이라 부른다.

bát tu(사주)의 두 계열은 점성적 검토를 받는다(궁합이 맞는가를 점친다). 이런 일은 지식인이나 점술가에게 맡겨진다. 만일 사주에 대한 상담이 불길하다면, 즉 출생 년이 잘 맞지 않는다면, 궁합이 잘 맞지 않기 때문에 그 결혼은 포기되는 것이다. 가족들은 '8자=사주'의 교환으로 만족하면 곧 의식에 착수한다.

오늘날 결혼을 하는데 다음 세 기본적인 의식을 베풀게 된다.

1) 결혼의 문의(조회) (dam vo, cham mắt)

2) 약혼 (hoi, ván danh)

3) 결혼 (cuói, nghénh-hôn)

결혼문의(조회) 때에 남자의 부모가 여자의 부모에게 빈랑나무열매와 betel잎(후추과의 나무)을 가져다준다. 이런 예물은 부모와 중매인을 앞에 세워 동행하는 종들에 의해 전해진다. betel과 빈랑열매의 양은 정해져 있지 않다. 이 예물의 배달 후에, 약혼식 날에 약혼자의 부모가 약혼녀의 부모에게 그 친척들 친구들, 그 외 친지들에게 결혼이 결정되었다는 것을 발표하는 뜻으로 betel잎과 빈랑열매와 차를 나누어주도록 충분한 양을 약혼녀의 부모에게 준다. 때로는 결혼문의 때 구운 돼지와 요즘 현대 결혼에 있어서는 비스켓 상자와 샴페인도 예물로 가져간다.

약혼 일에 약혼자는 친척들과 친구를 동행해서 약혼녀의 부모 집에 합의된 예물을 가지고 온다. 약혼녀의 편에도 그녀의 친척들과 친구들도 역시 약혼식에 초대를 한다. joss(중국인이 섬기는 우상, 신상) 조상의 제단에 선향線香(joss-stick)을 피우고 제물을 차려놓는다. 이 예식을 하는 과정에서 양가의 가족들은 결혼 날짜와 약혼자의 가족이 약혼녀에게 제공해야 하는 선물을 결정하게 된다.

선물은 기본적으로 그 청년의 입장에 부합되는 상당량의 돈과 보석, 의복 등등으로 구성된다. 그 여자의 부모는 이 돈을 장래의 가정을 이룩하는 데 사용하기 때문에 가능한 대로 많이 얻으려고 노력한다. 선물의 성격과 가치에 관한 약혼녀의 부모의 첫 결정은 변경될 수 없는 것이 아니다. 흥정(bargaining)이 가능하고 감소가 협정된다.

결혼 선물은 Hong Duc 법에 의해 인구의 각 계층에 따라 결정된다. 예를 들면, 왕자, 후작과 고위층 관리에게는 공단 10피스, 씰크 10 피스piece, 금 10냥, 은 10냥, 50개의 주머니에 든 동전, 금팔찌 한 쌍, 연꽃모양의 금귀고리 한 쌍, 상당한 량의 빗과 거울, 1상자의 향수, 염소 10마리, 돼지 10마리, 술 10단지, 쌀 떡 30쟁반, 빈랑 열매 20쟁반, betel잎 20쟁반, 그리고 그 쟁반을 열 때 쓸 공단 1피스. 부유층 가족에 대해서는 비단 2피스, 동전 10주머니, 은팔찌 한 쌍, 상당한 량의 빗과 거울, 향수 1box, 돼지 3마리, 술 10단지, 빈랑 열매 6쟁반, betel잎 6쟁반, 보통 생활 수준의 가족에게는 비단 1피스, 동전 5주머니, 은팔찌 1쌍, 상당한 량의 빗과 거울, 돼지 2마리, 술 8단지, 빈랑 열매 4쟁반, betel잎 4쟁반.

약혼식이 끝난 후 약혼녀의 부모는 그들이 받은 선물을 친척들, 친구 또는 친지들에게 약혼을 알리는 표시로 나누어준다. 그리고 흔히는 그 선물의 일부를 약혼자의 가족에게 돌려주며 그리하여 그들의 친척, 친지, 친구들에게 나누어주기도 한다. 그 순간부터 약혼이 공식화된 셈이다.

약혼식과 결혼축하 사이에 긴 간격이 있을 수도 있는데, 때로는 수년이 될 수도 있다. 이 기간동안 약혼자의 가족은 계절적인 생산물, 여주(열매), 호도애(암 · 수가 사이좋기로 유명한 새), 쌀, 햅쌀, Kakis, 통(병)조림 과일 등을 연중행사와 축제 때(음력 설날(têt), 5월 5일, 매달 8일과 10일) 약혼녀의 부모에게 가져가야 한다. 이런 예물의 중지는 약혼을 깨뜨리는 표시라고 생각한다.

4

결혼식 전야에 부자는 일반적으로 친척, 친구 및 친지들을 호화스런 잔치에 초대한다. 이 호화스런 잔치가 때로는 며칠이나 계속해서 진행하는 경우도 있다. 초대장은 2-3일 전에 전해지는데 이때 빈랑 열매와 betel잎도 보낸다.

이들 결혼잔치는 양가에서 따로따로 베푼다. 때때로 양가 중 한쪽 가족은 잔치를 베풀고 다른 한쪽 가족은 형편상 그렇게 못하는 경우도 종종 발생한다. 하객은 이런 상황에 공단으로 된 깃발에 câu dôi(paralled sentence)를 수를 놓아 쓰고 차, 폭죽, 신선한 빈랑 열매, 신랑을 위한 사무용품, 단 것, 신부를 위한 가정용품, 욕실용품 등으로 된 축하선물을 빠뜨리지 않고 보낸다. 형편이 좀 어려운 가족들은 결혼식 잔치와 결혼식을 같은 날로 보다 검소하게 베푼다.

결혼식에 신랑의 어머니가 전통적이면서도 절대 필요한 빈랑 열매와 betel잎을 한 상자 가득 가지고 미리 신부의 부모에게로 가서 며느리를 요청해 또 신랑의 가족이 약혼녀를 그녀의 장래의 남편의 집으로 데려가기 위해 올 때를 신부의 가족에게 알리기 위함이다. 이것을 nghênh hôn(迎婚)이라 한다. 그러면 신부는 떠나게 된다.

적절한 때가 오면 신랑, 그의 아버지, 그의 형제 자매들, 친척들과 친구들로 구성된 행렬이 신부의 집을 향해 출발한다. 이때 지나가는 행인의 심술궂은 호기심을 현혹시킴으로써 생길 수 있는 어떤 당혹 감을 줄이기 위해 신랑의 옆에는 키도 비슷하고 복장도 신랑과 똑같이 한 청년을 선택하여 옆에서 동행하게 하는 데 신경을 쓴다.

신부의 가족이 신랑의 행렬을 이루는 사람들에게 축하를 하거나 또는 질문을 할 때 답변을 해 줄 일을 맡는 지혜로운 사람이나 화술이 좋은 사람을 하객 중에 둔다. 그 행렬은 향불을 가진 두 노인에 의해 인도된다. 이들 노인은 아직도 아내가 있으며 자손도 많은 사람을 택한다. 그들은 푸른색의 큰소매가 달린 예복을 입고 가장 정중하고 위엄 있게 파라솔에 보호를 받으며 걷는다.

행렬에서 남자들과 여자들은 어느 정도 간격을 두고 걷는다. 과거에는 도시에서 행렬은 릭쇼나 두 마리 말이 끄는 마차의 긴 행렬이었다. 오늘날에는 부자들은 차를 빌린다. 그러나 오가는 행렬에서 성별로 나뉘어 가는 것은 예나 지금이나 마찬가지다. 행렬이 알려지자마자 폭죽세례를 받게된다. 신부의 가족은 빈랑 열매와 betel잎을 가지고 집 대문에 사람들을 많이 세워둔다. 그 사람들은 행렬이 도착하면 환영의 표시로 각 사람들에게 그것을 주는 일을 한다. 그러면 행렬은 집안으로 들어간다.

흔히 신부의 집 문을 닫아두는 경우가 있다. 그러면 문을 열게 하기 위해 종들에게 돈을 집어 주는 게 하나의 풍습으로 되어 있다. 모두가 집안으로 들어오면 그 두 노인은 향로를 조상제단 위에 놓는다. 모두가 자리를 잡아 앉고 차를 대접받는다.

잠시 후에 신랑의 아버지는 신부의 아버지 또는 만일 아버지가 안 계시면, 아버지를 대신하는 친척으로 하여금 조상들의 영혼들을 불러 자기 아들이 조상께 제의적인 절을 하게 허락하도록 요청한다. 이러한 기원(invocation)은 특별한 의식(예식)없이 행해진다. 몇 개의 선향을 피우면서(joss sticks) 제단 앞에서 나지막한 목소리로 이제 약혼자가 그의 신부 감을 데리러 왔다는 것을 조상들에게 아뢰고 절을 하는 것으로 끝낸다. 이 의식이 끝나면 신랑은 신부의 조상제단 앞에 세 번 절을 하고 신부도 그 뒤를 따라 절을 한다. 그런 다음 신부의 아버지와 어머니를 좌정하게 하고 사위와 딸로부터 절을 받는다. 이때 신부의 부모는 돈이나 또는 물건으로 신혼살림에 돕기 위해 그들에게 주기로 결정했던 것을 모든 사람 앞에서 그 젊은 부부에게 건네준다. 그리고 백살까지 잘 살고 어서 아들을 낳으라는 소원을 부탁한다.

조상의 제단이 신부의 집에 있지 않을 때, 즉 신부가 그 가족의 장남 집 출신이 아닐 때 그 젊은 부부는 그 혈통의 종가 집으로 여행을 하지 않으면 안 된다. 그 젊은 부부는 2-3명을 데리고 간다. 잠시동안 두 가족은 기다리며 이야기한다. 이런 담화의 과정에서 대화가 이루어지고 두 가족의 결속이 형성된다. 그때 만일 가족이 결혼잔치를 준비했다면 모두는 식탁에 자리를 잡고 앉게 된다. 만일 음식이 여의치 않을 경우에는 차라도 대접하며 신부를 데려가 달라고 부탁한다.

신부의 행렬이 신랑의 행렬에 합류한다. 그 행렬도 신랑의 행렬처럼 부모, 친구, 친지 등으로 구성된다. 그러나 신부의 아버지와 어머니는 절대로 딸을 따라 그녀의 남편 되는 집으로 동행하지 않는다. 이리하여 두 행렬은 합류하여 남녀 성별로 두 무리로 나누어 행진한다. 두 노인은 다시 그 행렬의 맨 앞에서 향로를 가지고 걷는다. 의복이며, 패물, 신부의 지참금(dowery) 등이 포함된 상자들을 나르는 종들이 뒤따른다. 행렬의 도착이 알려지자 신랑의 어머니는 재빨리 집을 떠나 이웃으로 피한다. 그녀는 그녀의 며느리가 문지방을 넘어선 후에야 비로소 집으로 돌아온다. 며느리는 흔히 시어머니를 두려워한다. 그래서 새 며느리가 남편의 집에 처음 들어갈 때 그녀가 두려워하는 여자를 보고 생기는 흉조를 느낄 수 있는 그런 인상을 끼치지 않기 위해 시어머니가 자신의 몸을 숨겨 신부로 하여금 신랑의 집 모든 것에 다 좋은 인상을 갖게 하도록 한다.

그 집에도 문 앞에 친구들이나 종들이 나와서 행렬하는 각 사람들에게 환영의 표시로 betel잎을 준다. 타오르는 숯불을 담은 난로를 집 문지방에 두고 신부가 집으로 들어갈 때 그것을 건너 넘게 한다. 신부가 잠시 쉴 수 있는 방 하나를 준비해 놓는다. 이 방은 자손도 많고 재산도 많고 마음씨 좋은 여자, 행운을 가져다 줄 그런 여자에 의해 방이 준비된다. 모두가 집안으로 들어와서 다시 차를 대접받는다. 신랑의 아버지가 그날에 일어났던 모든 일을 알리고 신혼부부의 절을 받게 하기 위해 조상의 영혼을 부른다.

절을 한 후, 이른바 붉은 실의 의식 "Le to hong"이라는 큰 의식 'ông nguyêt lâo'라고 부르는 달의 노인을 축하하여 지낸다. 그 달의 노인은 민간신앙에 의하면 인간의 결합을 주장한다고 한다. 붉은 실의 노인에 대한 제사가 끝나면 신혼부부는 신랑의 아버지와 어머니에게 절을 한다. 만일 신랑의 부모가 신혼부부에게 무엇인가를 주려면 이때 준다. 어떤 경우에도 축하와 기원과 작은 선물들은 언제나 제공된다.

다음날 신혼부부는 이른바 "nhi hi(二喜) 의식(the second rejoicing ceremony)을 해야 한다. 이 의식은 처의 부모 집에서 한다. 새신랑 또는 신랑의 부모는 조상의 제단에 올릴 제물로써 여러 가지 제물, 붉은 색의 찹쌀, 구운 돼지 등을 미리 보낸다. 형편이 안 되는 집은 그들이

할 수 있는 대로 성의껏 보낸다. 중요한 것은 기원의 의식을 지낸다는 것이다. 적당한 때에 처의 부모는 사위에게 와달라고 부탁하기 위해 사람을 보낸다. 그리고 2-3여인들이 신부를 동행한다. 이 의식(예식)은 베트남어로 hai ngây lai mặt이라고 하며 둘째 날의 방문이다. 이것은 결혼의 확실한 이행을 신부의 부모에게 알리는 데 의의가 있다. 그 다음 며칠동안은 신혼부부가 친척들이나 친구들을 방문하여 인사드린다.

결혼 후 며칠 또는 결혼 며칠 전에 신랑과 그의 가족은 "cheo" 또는 "tiēn can giai"라고 부르는 결혼 요금을 지불한다.

"cheo"는 신부의 고향마을에 의해서 관례적으로 요구된 결혼 요금이다. cheo(체오)는 남자가 자기마을에 있는 여자와 결혼 할 때는 작은 요금으로 충족하지만 여자가 다른 마을에서 온 경우는 훨씬 더 크다. 전에는 신부의 행렬이 지나가는 것을 막기 위해 길 건너까지 명주실이 펼쳐졌다. 신랑의 가족은 결혼에 어떤 반대라도 있는가를 질문 받는다. 여기저기 동전 주머니를 나누어주면 모든 어려움을 제거할 수 있고 행렬이 진행될 수 있다. 지불하지 않을 때는 그 실이 끊기고, 그것은 곧 결혼이 오래가지 않을 것을 의미한다. 이런 습관이 아무리 순수했다 할지라도 차츰 돈을 강요하는 구실에 지나지 않게 되었다. 대중적 도덕성의 소위 이들 대표자들의 요구 때문에, 때로는 격투가 벌어지고 웨딩파티에 문제를 일으킨다. 이런 문제를 제거하기 위해 이러한 풍속은 금지되었고 마을에 요금을 지불하는 것으로 대치되었다.

cheo의 성격은 다양하다 현품으로 지불하는 cheo, 예를 들면 식탁 매트, 2개의 동 쟁반, 닭 요리 찹쌀 한 쟁반, 몇 개의 빈랑열매(areca), betel잎 몇 개, 술 한 병, 타일을 깐다든지 등등, 보통 cheo는 돈으로 구성된다. 요금(결혼)의 지불은 결혼의 합법성을 공중 앞에서 확인하는 데 그 목적이 있다. 왜냐하면 그 돈이 저명인사들에게 나누어 줄 많은 betel잎을 수반하고, 그 잎을 지니는 사람이 자연히 그 일에 대해 알리기 때문이다. 뿐만 아니라 cý truòng은 그가 받은 돈의 액수에 대해 영수증을 발행하고 그 지불액에 대한 내역을 밝힌다. 그리고 결혼 증명서에 도장을 찍는다. cheo돈은 공공기금으로 사용된다. 더구나 마을은 cheo를 지불한 후에야 결혼을 합법적으로 인정한다. 만일 결혼이 도시에서 행해진다면 cheo는 신부의 고향마을에까지도 통보하는 뜻으로 지불한다.

5.

결혼의 효력(결과)

베트남의 아내는 혼인의 결합의 주인인 가주의 세력에 시달림을 받는다. 이전에는 아내에 대한 남편의 권한은 절대적이었다. 남편은 자기 아내를 다른 사람에게 빌려주거나 또는 팔기까지 하는 권한이 있었다. 윤리상의 법률에 의하면, 여자는 언제나 종속의 상태에 있다. 여자는 "tam tong"이라는 세 가지 복종을 따라야 한다. 집에서는 아버지를 따르고, 결혼하면 남편을 따르고, 과부가 되면 그녀의 아들을 따른다. 일생동안 여자는 사소한 존재이다.

남편은 아내를 다음의 7가지 경우에 거부할 권한이 있다.

① 불임일 때 : 아이를 낳지 못하는 것은 부모에 대한 불효이므로 남편은 아내가 아이를 낳지 못하면 버릴 수 있다.
② 말이 많거나, 지나치게 질투하거나 남을 욕할 때
③ 난치의 병을 앓을 때(예: 문둥병) : 그녀가 영혼들에게 바친 제물에 오염시킬 수 있으므로
④ 행동이 나쁠 때
⑤ 도둑질해서 남편이나 시부모를 손상시킬 때
⑥ 시부모에게 불경스러운 행위를 할 때
⑦ 남편의 사람에게 폭력을 가할 때

그러나 Gia Long Code(법)은 이런 법을 막는 세 경우를 지적한다.

① 아내가 그녀를 받아 줄 부모가 계시지 않을 때
② 아내가 남편의 부모의 상을 치렀을 때
③ 남편이 결혼할 당시에는 가난했으나 후에 부자가 되었을 때

오늘날은 남편이 아내를 거부하는 것을 금지하고 있다. 이혼은 법에 의해 결정된 이유에

한해서 사법권에 의해서만 판결될 수 있다. 따라서 오늘날, 베트남 여자의 위치는 과거에서보다 훨씬 더 나아졌다. 그들은 옛날에는 시어머니의 권한에 시달렸다. 그러나 오늘날은 풍습이 점진적으로 변화함에 따라 시어머니도 훨씬 덜 무서워졌다. 도시에서는 젊은 부부가 분가를 허락해 줄 것을 부모에게 부탁하는 경우가 많다. 통치하는 왕조에 의해 규정된 법률뿐만 아니라 전통과 풍습도 아내들이 그들의 남편과 동등하게 하는 점에서 아내의 권리를 향상시키는 데 공헌해왔다. 그러나 결혼은 여자의 두 가지 범주에 구별이 있어야 한다.

배우자 혹은 일등급 처(한 사람)와 이등 급 처들로 구분된다. 그 외에도 결혼은 하지 않았지만 그 가족의 일원이 되는 여자들 즉 여종들과 첩들이 이 범주에 속한다. 그들도 정식 결혼을 하면 이등 급 처들에 속하게 된다. 이런 경우는 매우 부유층의 가족, 특히 고위층 관리의 가족에서 볼 수 있다.

첫째, 일부다처(제)=polygamy가 원래는 자손을 많이 두는 그런 이상적인 행복을 수행하기 위해 베트남에서 합법적으로 실행되었다. 그것은 혈통을 잇는 데 그 목적을 두었던 것이다. 처가 불임이면 남편은 자녀를 두기 위해 이등 급 처(second-rank wife)를 취했다. 대개는 불임인 아내가 남편에게 그렇게 할 것을 당부하는 게 보통이다. 둘째로, 일부다처는 특히 시골에서는 유용한 경제적 수단에 부합되었다. 이등 급 처들은 남편에게 확실하고 편리한 협조자들이었다. 그래서 땅주인(영주)들은 그들이 활용할 농장을 가진 것만큼 많은 이등 급 처들을 가졌다. 세 째로 일부다처는 어떤 허영심의 감각을 만족시켰다. 고위층 관리, 영향력 있는 저명인사들은 그들의 관록(지위)을 향상시키는 데 이바지했다. 여러 처들을 가지는 것을 자랑으로 여겼고 한편 그들의 나이가 든 일등 급 처도 모든 처들 중 첫째가 되는 것을 자랑으로 여겼다.

일부다처는 처음에는 시골에서 실행되었으나 도시로부터의 반대 의견이 더욱 우세해지고 있다. 도시에서는 상위권과 중위권 아니 일반 대중 가운데에서도 일부다처제가 서구의 생활개념, 기독교 신앙, 교육, 경제적 필요성 그리고 여성 지위에 대한 새로운 개념 등의 영향으로 심각하게 약화되어 왔다. 그 외 책이나 영화들을 통해서 결혼에 대하여 남편과 아내의 감정과 이상을 인식하기에 이르렀으며, 결혼이란 가족의 결합이기보다 오히려 개인적이라는 이미지를 주기에 이르렀다. 이러한 변화가 매우 심오하고 빨랐다.

어떤 경우에든 간에 '배우자 또는 일등 급 처'만이 가족으로 간주된다. 일등 급 처는 남편과 동등한 한편, 이등 급 처는 가족의 부속물에 지나지 않는다. 제의에서도, 일등 급 처는 재단 앞에서, 남편은 왼쪽, 아내는 오른쪽으로 남편과 동등한 등급을 차지한다. 그리고 아내는 남편이 절을 한 후 바로 남편과 같이 똑같은 장소에서 절을 한다. 장례 때나 기념일 때 또는 가정의식 때에도 아내(일등급)는 남편과 동등한 자격으로 참여한다. 일등 급 처는 집안의 머리요 안주인으로 집안 일을 통치한다. 언제나 그녀는 돈을 간직하고 재산을 관리하고 모든 비용을 청산 처리하고 수입을 수납하고 셋돈을 받고, 말하자면 집안 관리자의 역할을 한다. 남편과 함께 그녀는 자녀의 교육에 책임을 진다. 그러나 교육문제로 남편과 아내가 불일치할 경우에는 남편의 뜻이 우세하다

　남편에게서 사랑과 존경을 그리고 그녀의 자녀들에 의해서도 사랑과 존경을 받는 베트남 의 아내는 대단한 위엄을 차지한 가족에서도 두드러진 위치를 차지한다. 그녀의 경제적 정신과 집안의 모든 일을 잘 관리함으로써 가정 일에 태만한 경향이 있는 남자의 필연적인 동반자로 많은 가족에게 행복을 가져다준다.

　배우자(일등 급 처)는 한 사람 뿐이며, 이등 급 처들의 수는 제한이 없다. 가족의식에 있어서 그들(이등 급 처)은 자녀들의 등급으로 분류된다. 그러므로 모든 자녀들, 심지어 자기 친자녀 들까지라도 그들을 "chi"(elder sister 언니) 또는 "di"(어머니의 여동생)으로 부른다. 일등 급 처는 "me già(venerable=존경할만한 mother)" 또는 "dich mău(true mother)"라고 부르며 모든 자녀들의 어머니로 간주된다. 이등 급 처들은 일등 급 처를 bă cả(첫째마님=firstmamam)이라 고 부른다. 그리고 이등 급 처들은 자기 자신들을 "chi hai, chi ba(둘째 언니, 셋째 언니 …)"와 같은 순서대로 부른다. 그들은 일등 급 처에게 종속되어 있다. 일등 급 처는 남편과 함께 식탁에 자리를 차지하지만 이등 급 처들은 그 식탁에 함께 자리할 수 없다.

　옛날에는 남편이 자기 뜻대로 이등 급 처를 선택할 수 있었다. 오늘날 법은 명백하게 일등 급 처의 동의서를 요구한다. 전에는 일등 급 처에게 상담하는 일은 드물지만 실제로는 가족 의 융화를 지키기 위해 남편은 거의 언제나 일등 급 처에게 남편에게 알맞은 이등 급 처를 선택하도록 허락을 받은 셈이다. 결혼에 의해서 일등급과 이등 급 처들은 그들의 가족을 떠나 남편의 가족과 결합한다. 남편과 처는 서로 도와야하며 서로 협조해야 한다. 남편은

자기의 일등급 처와 이등 급 처들을 보호해야하며, 거꾸로 그들은 남편에게 진실해야 하고 순종해야 한다. 남편이 죽으면 배우자(일등 급 처)의 중요한 역할이 분명해진다. 원칙적으로 남편이 죽으면 과부는 자식과 함께 머물러야 하며 장남에게 의존한다. 윤리법에 의하면 과부는 재혼해서는 안 된다. 만일 재혼이라도 하면 그녀는 정숙한 여인으로 간주되지 않는다. 정절을 잃었다고 생각한다.

실제로 과부는 죽은 남편을 대신해서 자녀들을 양육하고 통제한다. 그녀는 가족의 재산을 관리한다. 만일 그녀의 장남이 동시에 종가의(혈통) 종손이며 아직 너무 어리다면 그녀가 조상의 제단에서 그들(장남)을 대신 할 수 있다. 그러나 실제로 의식을 수행하는 데는 그녀의 남편의 형제에 의해서 도움을 받는다. 그리하여 사실 아내의 역할은 풍습에 의해서 그녀에게 주어진 것보다 훨씬 더 중요한 것으로 오랫동안 행해져왔다. 그러나 만일 과부가 재혼하면 자연히 그녀는 이 경우에, 가까운 친척들에 의해 양육될 그녀의 자녀들에 관한 모든 권리를 잃게 된다. 현재의 법은 남편이 죽은 경우에 과부가 계속 과부 생활을 유지하는 한 그 가족의 결합은 연장된다고 하는 이러한 관례를 법으로 제정한다. 그 씨족은 죽은 남편을 대신한 과부 배우자에 의해 통치된다.

Tonkin의 민법(전)은 "과부 된 배우자(일등급 아내)가 그녀 자신의 자녀들뿐만 아니라 이등 급 처들의 자녀에 관하여 죽은 남편의 모든 부권父權을 가진다"고 분명히 진술한다. 여성들은 이리하여, 위에서 상술한 바와 같이 오늘날 높은 사법적, 사회적 지위를 획득했다. Lê왕조의 법률에 의하면, 장녀가 장남과 똑같이 법과 종교에 대한 모든 권리와 책임을 가진다라는 법을 추가하는 바이다. 오늘날, 중앙 베트남에서는 아버지가 남자 상속이 없이 죽을 경우에, 관례에 따라 장녀가 조상의 제사를 수행할 권리를 갖는다. Hông Dúc 법에서, 만일 장남이 있지 아니하면 장녀가 제사를 수행하기로 되어 있다.

6

한국의 혼속과 비교를 위해서 표로 작성해 보기로 한다.

	한국의 혼속	베트남의 혼속
1. 혼인의 의미	성인 됨을 증명 자손을 번성케 하는 출발점 남녀의 결합을 사회적으로 인정	혈연의 계승과 제사의 지속성 자녀들이 많을수록 복된 가정이다. 부모가 정해준 배우자를 거절할 때는 가출해야 된다. 상속권을 박탈한다.
2. 사례편람에 의해 혼인절차를 따른다.	의혼(議婚), 납채(納采), 납폐(納幣), 친영(親迎)	
3. 매파의 자격	말을 잘 해야 한다. 양가를 잘 알아야 한다. 과부나 자식이 없는 자	중매인은 남녀가 있다. 오늘날은 나이들고 현명한 여인이 된다.
4. 궁합과 사주	신랑집에서 신부집으로 사주와 청혼서를 보낸다. 궁합이 맞으면 신부집에서 허혼성과 택일을 신랑측에 보낸다.	남자의 가족이 사주(bát tu)를 처녀의 집으로 보낸다. 여자의 사주와 교환해 집으로 돌아온다.
5. 함진아비	신랑집에서 신부집으로 한 살림 보낸다. 채단은 치마감으로 청색 홍색으로 한다. 함에는 채단 외에 허혼서를 넣는다. 함진아비는 신랑의 친구가 된다. 신부집에서 오복이 갖춘 사람이 함을 받는다.	약혼녀의 집에 합의된 예물을 가져온다.(예물은 돈과 보석과 의복 등이다.) 약혼녀는 조상의 제단에 선향을 피우고 제물을 차려 놓는다.
6. 초행	신랑이 혼례를 위해 신부집에 간다. 이때 상객이 따른다. 이때 대반이 나와 정방으로 안내한다. 정방에서사모관대를입고 신부집으로 간다. 팔머리가 대문에서 맞는다.	신랑의 어머니가 빈랑과 batel잎을 한상자가득 가지고 신부집으로간다. 이것을 nmhênh hôn(迎婚)이라 한다. 때가 되면 신랑측 사람들이 신부집으로 간다. (이때 향불을 든 노인에 의해 인도된다. 신부의 집문을 닫아두는 수가 있다. 그러면 문을 열게 하기 위해 종들에게 돈을 준다. 신랑의 아버지가 제단 앞에서 신고한다. 그런 연후에 부모들이 신랑신부의 인사를 받는다.
7. 전안례	신랑이 신부측에 기러기를 바친다.	빈랑과 betel잎을 보낸다.
8. 칠거지악	부인은 신랑에게 종속되어있다. 불순구고, 무자, 음행, 질투, 악질,	불임할 때, 말이 많거나 지나치게 질투하거나 남을 욕할 때,

구설, 도절	난치의 병을 앓을 때 행동이 나쁠 때, 도둑질해서 남편이나 시부모를 손상시킬 때, 시부모에게 불경스러운 행위를 할 때, 남편의 사람에게 폭력을 가할 때
9. 삼불거 함께 부모의 상을 지냈거나, 조강지처, 오갈 데 없는 여인	아내가 그녀를 받아줄 부모가 없을 때, 아내가 남편의 부모의 상을 치렀을 때, 남편이 결혼할 당시에는 가난했으나 후에 부자가 되었을 때

    이상과 같이 한국과 베트남의 혼인풍속은 거의 비슷하다. 이것은 일찍이 두 나라가 유교 문화를 받아들였기 때문이라고 생각한다. 그러나 자세히 들여다보면 상이점이 상당히 인정된다. 즉 우리는 대례상을 가운데하고 예식을 거행하지만 베트남은 조상의 제단 앞에서 신랑의 아버지가 신고를 함으로써 예식을 대행하는 것이나, 초행 때 노인이 파란 옷을 입고 향불을 들고 맨 앞에 서서 길을 인도하거나 혹은 신부 동네에 들어가서 심술궂은 젊은이들이 행패를 부리는 수가 있으므로 이를 방지하기 위해 힘센 청년을 행렬 옆에 서서 간다거나 하는 것은 상이한 점이라 할 수 있다. 빈랑과 batel 잎이 선물로 쓰이는 것은 담배 대용으로 쓰이는 씹는 기호식품이기 때문이라고 생각한다.

참고문헌

Huu Ngoc, Sketches for a Portrait of Vietnamese Culture, The Gioi Publishers, Hanoi, 1995.
George F. Schultz, Vietnamese Legends, Chales E. Tuttle Co., 1965.
Nguyen Van Huyen, The Ancient Civilization of Vietnam, The Gioi Publishers, Hanoi, 1995.
Dang Ngheem Van Chu Thai Son-Luu Hung, Ethnic Minorites in Vietnam, The Gioi Publishers, Hanoi, 1993.
Le Hung Hap, Vietnamese Legends, Khai Tri, 1963.
Vovan Thang and Jim Lawson, Vietnamese Folktales. Nha Xuat Ban DaNang, 1996.

5.

〈아즈택 마야 인디오 문화 탐색〉①

설화로 본 Indio 문화

성기열박사환갑기념논총 1989

1. 답사의 의도

　본고는 1987년 11월 20일부터 34일간에 걸쳐 라틴아메리카 지역을 답사한 자료에서 설화를 중심으로 Indio 문화를 이해하고자 정리한 것이다. 시간과 경제적 제약으로 이번에는 마야, 잉카, 아즈테크 고대문화권만을 중심으로 인디오 문화를 주로 답사했다. 따라서 멕시코, 페루, 칠레를 중심으로 하고 에콰도르, 콜롬비아, 아르헨티나 등지는 연루지로 여행했었다. 그리고 남미동부지역은 다음 기회로 미루었다.

　귀국 후 답사보고 형식으로 수종 기고한 바 있다. 「잠에서 깨어난 신비의 불가사의」(廣場 1988. 4월호)에서는 주로 잉카와 마야 그리고 아즈테크문화권의 유적지를 중심으로 특징이 있는 문화요소 몇 가지를 다루었고 「문화인류기행」(서울신문 1988.5.20~12.30)에서는 14회에 걸쳐 라틴아메리카 방문국이었던 에콰도르, 콜롬비아, 아르헨티나, 칠레, 멕시코 등지에서 특히 문화인류학적 시각에서 흥미있는 주제를 선정하여 연재한 것이다.

　그리고 또 하나 「농경근간의 마야문화」(斗山金宅圭 교수회갑기념논문집 1989)는 마야에 국한시켜 마야문화가 농경문화를 배경으로 성숙했음을 인지한 몇 가지 요인을 제시하려고 노력한 기행보고 형식으로 집필한 것이다.

따라서 본고는 전술한 바와 같이 설화를 중심으로 인디오문화를 이해하려고 시도한 것이나 결코 인디오문화를 체계적으로 파헤친 본격 논문도 아니며 설화의 분석연구도 아니다. 다만 예비답사의 기행보고형식을 갖추면서 소재는 주로 설화에 두고 몇 가지 과제를 해당항에서 각각 지적하고 있다.

우선 우리와는 지구 반대편에 위치한 이들 지역을 답사한 의도가 어디에 있는지 밝혀둘 필요가 있다. 콜럼버스가 신대륙을 발견했을 때 그는 인도에 도착한 줄 알고 이곳 원주민을 인디오라고 부르기 시작한 이래 인디오는 라틴 아메리카에 거주하는 원주민을 지칭하게 되었다.

그들의 기원은 아메리카인디안과 더불어 동아시아 특히 시베리아 방면으로부터 베링해협을 건너 이주한 민족들임에는 틀림없으나 그 연대에 대해서는 1만 5천 년에서 2만 년 전으로 추정한다.[1]

이러한 민족이동의 배경으로 보아 인종학적으로 몽고로이드의 혈통이 없다 할 수 없으며 또 이들이 남긴 고대문명의 유적에서 고대중국 주대의 예술모티프가 발견되기도 한다. 한편 화남의 항해에 익숙한 오월인이 북태평양을 둘러싼 조류를 타고 멀리 미대륙의 서해안까지 항해해서 토착의 문화권에 새로운 자극을 부여했다는 학설도 있다. 그런가 하면 기원전 4세기에 월멸망후 안남을 중심으로 확장한 청동기문화가 안데스지대에까지 미쳐 동기, 청동기 제작기술을 발달시킨 원천이 되었을 것이라는 가설도 대두되고 있다.[2]

물론 이러한 가설들을 뒷받침할만한 고대문헌이나 유적의 기록은 없다. 그래서 최근의 학자들은 이러한 가설을 부정하려는 경향이 있다. 한편 구전자료를 통해서 맥락의 근거를 탐색해 보려는 시도도 과거에 없었으므로 이러한 작업이 금후 활발히 전개돼야 한다고 믿는 것이다.

어떻든 그동안의 자료들을 살펴볼 때 인디오문화에서 우리와 유사한 민속사상을 더러

---

1)   大貫良夫外監修, 『ラテソ・アメリカを知る事典』, 平凡社, 1987, p.69.
2)   石田英一郎, 「世界史におけるアンデス」 『アンデスの遺跡』, 美術出版社, 1958, p.44-45.

발견할 수 있으며 현지 답사를 통하여 공감대를 느낄 수 있는 것도 호기심을 충동하여 관심을 갖게 한다. 이러한 관심이 현지답사의 충동을 야기시킨 것은 사실이다. 특히 정주생활의 농경문화를 남긴 인디오문화에서는 우리의 고대생활과도 비교할 만한 가치가 있다고 생각한다. 설화의 비교연구에 있어서 유목민족문화를 기반으로 하고 있는 서구의 그것들과 비교하기보다는 농경문화를 배경으로 한 일부 인디오설화들과 비교하는 것이 우선할 필요가 있다고 본다. 따라서 본고도 이러한 의도에서 출발한 것임을 밝혀 둔다.

2. Indio문화의 개황

　지금까지 인디오문화를 연구한 결과 얻어진 대략의 개황은 다음과 같다.[3]

　인디오들이 신대륙에 도래한 이래 각지에 분산하여 거주하게 된 이들의 생활양식은 사회와 정치통합에 근거해서 삼대별할 수 있다. 하나는 '밴드'로서 유목수렵민, 채집민, 어로민의 집단이다. 이들 집단은 원래 광범위하게 분포되어 있었으나 서구민의 정복당시에는 아르헨티나, 남부칠레, 브라질의 동해안 일부 그리고 북부멕시코에 잔존하게 되었다. 둘째는 농업에 의존하는 집단으로 이들은 다시 세 형태로 나뉘어진다. ① 농업을 개시한지 얼마 되지않은 집단으로 브라질이나 그란차코Gran Chaco의 일부에 존재한다. ② 농업에 종사하며 정치적 통합이 이루어진 사회로 브라질, 콜롬비아의 저지대 베네수엘라, 혼두라스, 니카라과의 일부, 카리브해 제도에 분포하고 있다. ③ 추장제도를 형성한 사회로 파나마, 코스타리카의 저지대, 콜롬비아와 베네수엘라 등지에 분포하고 있다. 셋째는 국가형식을 취한 사회로 Mesoamerica의 아즈테크나 마야, 안데스의 잉카에서만 발달했다.

　유럽인의 상륙이 성행했던 16세기 당시의 인디오 인구는 무려 1,338만 5천 명에 달했다고 하나 유럽인의 상륙 후에는 급속히 격감했다. 물론 전쟁에 의한 감소도 인정할 수 있으나

---

3)　大貫良夫 外監修, 前揭書, pp.69-71.

그보다는 구대륙으로부터 정복자나 이주자들에 의해 반입된 천연두, 티푸스, 홍역, 인푸루엔자, 매독 등 악성병균의 전염으로 격감한 것이 사실이다. 특히 정치적 통합의 수준이 낮은 사회에서는 치명적이었다. 칼리브해의 제도에서는 이로 인해 원주민이 거의 전멸에 가까왔고 남부칠레의 수렵어로민이었던 Chōno족, Alagarf족, Yāgan족, Fuego도島의 Ona족은 거의 전멸상태였다.

아르헨티나나 우르과이의 채집수렵민도 존폐위기에 직면했다. Patagonia, 아르헨티나의 Pampa 파라과이의 Chaco 평원에서는 투피과라니Tupi-Guarani문화와 백인문화가 융합하여 독특한 가우초gaucho문화가 생성했다. 인디오인구가 현재까지 잔존한 지역은 그래도 Mesoamerica와 Andes지역이다. 이들 지역도 인구의 감소현상이 적은 편은 아니었다. 예컨대 중앙멕시코의 경우 1519년에 2,520만 명이었던 것이 1548년에는 630만 명으로 줄었고 다시 1605년에는 107만 5천 명으로 줄은 것이다.

식민지시대로 들어와 인디오는 원주민 보호정책에 의해 지위가 향상되어 스페인 다음 위치였으나 메스티조mestizo(混血)나 흑인보다도 사회·경제적인 측면에서 하위를 면치 못했다. 인디오에 대한 착취는 갈수록 심해져 강제노동과 조세때문에 시달렸다. 이에 따라 인디오들의 반항도 만만치 않았다. 주된 사건을 예거하면 멕시코에서는 Mixtón 전쟁(1938~41), Tzeltal·Fzotzil의 반란(1712), 유카탄반도에서는 Castas전쟁(1847~53), Chamura의 반란(1869) 등이 있었고, 안데스에서는 Manco Inca의 반란(1536~37), Vilcabamba의 반란(1537~52) 등 그 밖에도 여러 반란들이 속출했었다. 이들 반란의 대부분은 천년왕국적 운동의 일환으로 구체적 계획이나 정책이 결여했으므로 성공하지 못했다.

이러한 반란은 꾸준히 이어져 19세기에서 20세기에는 농민봉기 그리고 혁명(예컨대 1910년에 있었던 멕시코혁명)으로 발전해 갔다. 초기의 반란에서 차차 농민봉기, 혁명으로 발전함에 따라 그 성격도 달라져 인디오에서 메스티조화 해 나아가 국민화化하는 일련의 독립운동으로 비화되었다.

현재 인디오인구의 분포는 메소아메리카에서는 멕시코남부와 과테말라, 안데스에서는 에콰도르의 고지, 패루고지, 볼리비아에 집중거주하고 있으나 그밖의 지역에 산재하여 각국의 총인구에 점하는 인디오 비율은 미미할 뿐 정확한 통계를 추산할 수 없는 실정이다.

왜냐 하면 인디오를 메스티조로부터 구별하는 것은 본질적으로 사회적 문화적 · 아이덴티티의 차이이며 결코 인종차이는 아니기 때문이다.

현재의 인디오인구의 대부분이 거주하는 메소아메리카와 안데스의 인디오사회와 문화의 일반적 특징을 요약하면 다음과 같다. 우선 독특한 언어, 예컨대 마야어, 케추아어 Quechua, 아이마라어Aymara 등이며 경제생활로서는 농업에다 목축을 겸한 것이나 여러가지 공예활동에 종사하며, 마을들은 각 지역의 시장망(mercado)과 연계되어 있다. 자급자곡이 불가능하여 현금수입을 위해 농원(plantation)으로 출가出稼하는 경우가 많다. 최근에는 저들의 거주지로부터 도시에의 이주가 많아졌다.

의상은 관두의(huipil)를 착용하나 유럽의상이 보편화되었다. 식생활은 옥수수, 감자, 고추, 강낭콩(frijol) 등 토착의 식물을 중심으로 하면서 메스티조요리도 습합하고 있다. 마을의 구조는 교회, 공공시설, 시장을 중심으로 프라자(plaza) 형식으로 되어 있다. 쌍계친족조직이 근간이 되어있으면서 가톨릭의 대부모제(compadrazgo)도 도입되고 있다. 행정조직은 정복전 토착사회의 계제적階梯的 공직公職 조직에다 가톨릭교구조직이 접목된 형식으로 운영되고 있다.

이상의 인디오들의 생활체계를 검토해 볼 때 인디오사회는 메스티조사회와 전적으로 이질적인 존재가 아니라 사회 문화적으로 양자는 공통된 구조 위에 성립되어 있다고 하겠다. 그러므로 인디오로부터 메스티조에의 이행은 꽤 용이한 편이며 따라서 매년 인디오인구의 몇 %는 메스티조화 되어가고 있는 실정이다.

1920~30년대 이후 멕시코, 페루 등지에서 인디오복권운동(Indigenismo)의 정책이 적극적으로 추진되어 왔지만 인디오인구의 국민국가에의 동화 및 흡수를 위한 정책 때문에 쇠퇴해 버린 경향이 있다.

70년대에 발발한 세계적 인플레이션이나 라틴아메리카 제국의 근대화 정책의 영향때문에 현재 인디오사회는 새로운 문화접변과 변용의 과제를 안고 있다.

과거 인류학자들은 인디오문화의 특이성을 강조해 왔지만 경제생활상으로 말하면 인디오의 대부분은 유목이나 농민이다. 인디오 문제는 국민경제의 발전으로부터 제거된 사회계층의 저층인 일부 농민의 문제에 지나지 않고 있다. 이러한 오늘날의 인디오 문제를 재고

해 볼 때 국책의 재구와 비판이 사회학자들에 의해 가해지고 있는 것은 사실이다.

3. Maya의 창조신화와 Popul Vuh

고도의 지능과 재능을 갖춘 마야인이 대체 어디에서 왔을까 하는 질문에 그동안 많은 학자들의 가설이 던져졌다. 어떤 학자는 이집트로부터, 혹은 페니키아로부터 혹은 중국으로부터 왔다고 주장하기도 한다. 왜냐 하면 마야문화의 여러 유적에서 이집트나 희랍, 아시아의 요소들이 표출되고 있기 때문에 전연 터무니 없는 주장이라고 일축할 수는 없다. 일부 학자들은 마야의 문화가 고대 이집트나 중국과 같은 지역으로부터 영향 받은 것이 아니고 독자적으로 생성된 것이라고도 주장한다. 그러나 한 가지 공통점은 이들 마야인들은 아메리카인디언의 일족임에 틀림없고, 북에서 남하하여 이곳에 정착한 부족임을 다음 신화에서 암시하고 있다.

우라칸신을 비롯해서 하늘에 계신 신들은 새로운 인간을 만들기로 했다. 상의 끝에 그들은 황색 옥수수가루와 백색 옥수수가루를 섞어 반죽을 해서 4명의 남자를 만들었다. 이들 피조물은 그 모습이나 생각하는 것이 모두 신들과 같았다. 우라칸신은 이것이 못마땅했다. "우리 손으로 만들어진 피조물이 우리와 같이 완전하다는 것은 있을 수 없다." 그래서 여러 신들과 상의한 끝에 "인간이란 것은 불완전한 존재라야만 한다. 우리보다는 지식이 다소 낮아야만 한다. 저들은 결코 신이 아니니까." 그리하여 우라칸신은 4명의 남자들의 눈을 향해 숨을 불었다. 그러자 4명의 남자들은 눈이 부분적으로 가려져 대지의 일부만 보이게 되었다. 원래 신들은 대지의 구석구석까지 볼 수가 있었다. 이렇게 해서 4명의 남자들이 신들보다 저능해지자 이번에는 이들을 깊이 잠들게 한 다음 4명의 여자들을 만들어 내어 그들로 하여금 부부가 되게 짝지어 주었다. 즉 이들 남녀 4쌍이 인류의 조상이 되었다.[4]

이들 4쌍의 남녀들은 어둠의 세계에서 살지 않으면 안 되었다. 이때는 아직 태양이 없었다. 이들은 하늘의 신들께 "우리에게 광명을 베풀어 주소서. 편하게 생활할 수 있게 은혜를 베풀어 주소서." 하고 빌었다. 그러나 태양은 나타나지 않았다. 저들은 시름에 빠져 투란쥐바 Turan-Zuiva(7개의 동굴이란 뜻)라는 곳으로 옮겨 살았다. 그러나 아직도 태양은 나타나지 않았다. 다시 빌었다. "제발 우리를 행복한 땅으로 안내해 주소서." 하지만 끝내 저들은 신의 계시에 따라 긴 여정에 올랐다. 높은 산을 몇 번이나 넘어 큰 바다에 다다랐다. 배가 없는 저들은 어찌하면 이 바다를 건널 수 있을까 하고 생각하고 있을 때 바다가 두 쪽으로 갈라지면서 길이 나타났다. 저들은 그 길을 따라 아카비츠Hacavitz라는 산록에 다다랐다. "우리는 신의 계시대로 여기에 왔으니 여기서 태양을 맞이할 것이다." 오랫동안 기다린 끝에 마침내 태양 빛이 동쪽 하늘에서부터 비쳐오기 시작하자 따뜻한 기운이 산천에 충만했다. 처음에는 햇볕이 뜨겁지 않았다. 점차 뜨거워지더니 제단 위의 희생제물을 태울 만큼 뜨거워졌다. 처음 8명의 남녀에게 태양이 나타났을 때는 거울 속에 그림자처럼 보였었다. 이들은 처음으로 태양을 본 것이다. 너무나 기쁜 나머지 춤을 추었다. 저들은 카무쿠Kamucu(우리는 본다는 뜻)라고 외쳐대며 노래를 불렀다. 저들은 아카비츠 산쪽에 정착하여 최초의 퀴체Quiche족의 마을을 건설했다. 시간이 흐르자 사람이 많아졌다. 8명의 조상도 늙었다. 어느 날 신이 이들에게 계시했다. "너희들 자손들이 대대로 행복하게 살려거든 우리에게 인신공희를 바치지 않으면 안 된다." 8명의 조상은 신의 지시에 따라 희생제물을 드리기 위해 다른 마을을 공격했다.

그러나 오랜 투쟁을 계속해도 승패가 쉽게 나지 않았다. 이때 어디서부터인지 벌떼가 날아와 퀴체족을 도와 적병들의 눈을 마구 찔렀다. 마침내 적병들은 앞을 볼 수 없어지자 무기를 휘두를 수가 없어 항복하고 말았다. 8명의 조상은 이들 중에서 몇 명을 선발하여 신에게 인신공희를 바쳤다. 이리하여 퀴체족은 다른 부족들을 차차로 정복하여 세력을 확장해 갔다. 이제 4명의 남자는 거의 운명할 시기가 되어 직계 자손들에게 유언을 하기 위해 오라고 했다. 유언이 끝나자 4명의 남자는 홀연히 모습이 사라졌다. 그 자리에는 두루마리 묶음 하나가

---

4)　松村武雄編, 『神話傳說大系』(卷15, 멕시코, 퀴토, 페루, 브라질 篇), 近代社(東京), 1928, pp.213-14.

놓여 있었다. 퀴체족은 이 두루마리 묶음을 '금기의 보물'이라 하여 절대로 펴보지 않았다.[5]

이 신화는 퀴체족이 추운 북방으로부터 남하하여 따스한 곳에 정주하게 된 이주사를 반영하고 있다. 다른 부족들의 신화에서도 이같은 요소를 발견할 수가 있다. 이는 중남미 인디오들이 북방 아메리카인디안 지역으로부터 이주해온 배경을 암시하고 있는 것이라 할 수 있다. 그리고 말미에 나오는 '금기의 보물'인 두루마리는 어느 부족이나 대개는 소유하고 있는 것으로 이를 신성시하여 파계할 경우 흥망성쇠가 좌우된다고 믿고 있다.

퀴체족은 일명 포풀 부Popul Vuh(공동체의 두루마리)라 하는 두루마리를 가지고 있으며 이에는 마야제족의 기원신화, 역사전승을 퀴체어로 쓴 서사시가 들어 있다. 앞에 인용된 신화의 내용도 포함되어 있다.[6]

다시 요약하면 포풀 부에는 천지만물의 창조신화로부터 시작해서 퀴체족의 4시조의 창조와 더불어 7세기경이라 상정되는 〈7개의 동굴〉이란 전설상의 장소에서 자손들의 이동 그리고 정복활동상, 인신공희등 종교적 의례, 신앙과 관련된 문화영웅의 활동상이 서사시체로 기록된 것이다.

이 신화에서 확인할 수 있는 것은 첫째는 적어도 마야인들은 북방으로부터의 남하된 인디안들이라는 것이다. 태양신을 최고신으로 숭상하는 것으로 보아 초기는 수렵유목민의 후예들이며 인신공희를 하는 종교적 의례가 있음을 알 수 있다.

인디오종족 중에서도 고대문명을 소유했던 마야, 아즈테크, 잉카와 같은 제민족들은 인신공희를 모두 종교적 의례로 실시하고 있었다.

5)   前揭書, pp.215-18.
6)   Hartley Burr Alexander, "Latin-American", *The Mythology of All Races*. (vol. 11), Cooper Square Publishers, Inc., 1920, pp.156-67.

4. Teotihuacan의 인신공희설화

멕시코시티로부터 북으로 50km쯤 되는 곳에 거대한 고대도시 테오티와칸Teotihuacan 유적지가 있다. 이곳은 피라미드군으로 도시의 축이 형성되어 있다. 달의 피라미드는 태양의 피라미드보다 작지만 다소 언덕 위에 지어진 듯 보여 정상은 거의 비슷한 높이로 보인다. 달의 피라미드 정면에 있는 광장(祭儀場所)의 규모로 보아서 종교적 기능과 중요성은 태양의 피라미드보다 더 하다고 생각할 수 있다. 사실 거창한 종교적 제의는 이 광장에서 거행되었다. 제신 중에서도 특별히 피를 즐겼다는 월신에게 수많은 인신공희가 바쳐졌던 것이다.

신들의 몸을 희생해서 인간과 식물을 창조한 아즈테크의 신들은 다음에는 태양을 만들기 위해 어둠 속에서 테오티와칸에 모여들었다. 태양이 될 두 신이 선택되었다. 두 신은 태양이 되기 위해 고난의 금기생활을 시작했다. 다른 제신들은 이 두 신들의 금기생활을 위해 거대한 피라미드를 지어주었다. 며칠이 지나 금기생활이 끝났다. 태양이 되기 위해 끓는 불 속으로 몸을 던질 때가 온 것이다. 한 신은 용감하게 불에 뛰어 들어갔으나 다른 한 신은 무서워 몇 번이나 주저했다. 그러다가 끝내 불에 뛰어 들어갔다. 어둠 속에 있는 제신들은 어느 방향으로부터 태양이 떠오를까 초조히 기다리고 있었다. 최초의 태양이 모습을 나타낸 것은 동쪽이었다. 그런데 잠시 후 또 하나의 태양이 역시 동쪽에서 모습을 나타냈다. 불에 뛰어들기를 주저하던 신이었다. 같은 방향으로 태양이 오르자 모두가 큰일이라고 아우성이었다. 이때 한 신이 불에 뛰어들기를 주저했던 신에게 "되지못한 놈!" 하고 외치면서 도끼를 던졌다. 그때부터 이 태양은 빛이 바래져 표면에는 도끼의 반점이 생겨났다. 이것이 오늘날의 달이다. 이렇게 해서 태양과 달이 생긴 것까지는 좋았으나 둘 다 움직이려고 하지를 않았다. 두 신이 함께 죽어버린 것이었다. 그래서 제신들은 생각했다. 끝내 제신들은 자기들이 모두 죽음으로써 달과 태양을 소생시키기로 했다. 제신들은 모두 죽었다. 그러자 태양이 움직이기 시작했다. 잠시 후 다른 길로 달도 움직이기 시작했다. 때문에 달과 태양은 각각 나타나게 되었다. 이렇게 신들의 희생에 의해 움직이는 태양을 가졌으나 이 움직이는 태양을 영원히 움직이게 하기 위해서는 인간 자신들도 희생할 수밖에 없지 않느냐는 생각에서 이곳 사람들은 인간을 희생제물로 바치기 시작했다. 그리고 태양과 달이 된 두 신이 금기생활을 했던 피라미드는 현재도 존재하고 있다.[7]

인신공희는 중남미일대의 원시 인디오문화에 있어서 보편화된 의례였다. 특히 마야, 아즈테크, 잉카와 같은 고도로 발달된 고대문명권에서 더욱 집약화된다.

인신공희의 기원이나 기능 또한 다양해서 한마디로 정의할 수 없다. 그동안 학계에서 논의돼 온 일반적인 기원설은 ①증여설(gift theory), ②대치설(substitution theory), ③교합설(communion theory) 등이 있지만 중남미의 경우 이 세 요인이 복합되어 있다고 보는 것이 유리할 것 같다.

인신공희의 희생제물이 된 대상 중에서 가장 많이 차지하는 것이 노예며 소녀도 있다. 택함을 받은 소녀의 인신공희와 노예의 인신공희가 그 동기와 목적에 있어서 동일시 될 수는 없다. 그리고 동물의 공희도 병행해서 이루어지고 있었다. 잉카의 쿠스코에서는 라마, 기네아 픽guinea pig 같은 동물을 바치고 있었다. 그러므로 인신공희에서 동물의 공희로 발전했다는 진화적 도식은 이곳에는 적용되지 않는다.

종교적 의례에서 인신공희가 중심이 되어 있는 이곳에서 그 의의를 찾느라면 제물은 신과 인간 사이의 매개의 기능을 한다는 것이다. 신과 인간의 직접적 교섭은 불가능하며 교화를 위한 피의 서약(blood covenant)을 통해서만 비로서 신과 인간의 교합이 가능해 진다는 종교적 의미가 엿보인다.

다음으로 피를 보지 않는 인신공희라 할지라도[8] 죽음을 가져온다는 점에서는 속죄행위라 할 수 있다. 즉 죽음으로서 속죄하여 파괴된 서약을 재확인하는 종교적 의미가 있다고 생각한다.

그러나 위의 인신공희 신화에서는 다소 상이점이 나타난다. 먼저 신들의 희생이 있었고

---

7) 前揭書, pp.88-89.
8) 마야의 치첸이차 유적지에 있는 세노테(cenote)는 신성의 샘으로 기근이나 흉년이 들었을 때 수없이 인신공희가 있었다. 이때에는 피를 보지 아니하고 물에 산채로 던져진다.

또 이 신들의 희생으로 움직이는 태양과 달을 영원히 움직이게 하기 위해서는 인간 자신들도 인신공희를 할 수밖에 없다는 당위를 내세워 종교적 인신공회의 제도화를 뒷받침하고 있다. 여기서 관찰할 수 있는 것은 희생제물의 죽음은 곧 신神의 죽음을 의미하는 것이며 백성을 대표하는 추장이나 제사장의 죽음을 의미하는 것이기도 하다.

이상 세가지 요인을 정리해 볼 때 이 지역의 인신공희는 앞에서 지적한 증여설, 대치설, 교합설이 모두 적용된다고 추측할 수 있다.

우리나라의 인신공희가 언제쯤 사라졌는지는 알 수 없지만 중국이나 일본과 더불어 고대古代에 인신공희가 존재했었다는 배경설명이 될 수 있는 설화들이 많음을 알 수 있다. 설화에서 소설로 정착된 「심청전」, 봉덕사의 에밀레종, 제주의 금녕굴전설 등이 모두 소녀를 인신공희했던 문화사적 배경전설이며 이밖에도 제방을 구축할 때나 다리나 집을 세울 때 희생제물을 바친 전설들이 산재하고 있다.

우리나라 인신공희설화의 문화사적 민속학적 연구는 반드시 이루어져야 할 것이며 그러기 위해서는 가장 전형적인 인신공희의 장場이었던 중남미의 고대문명권에서 실시했던 인신공희의 성격을 이해하는 것이 필요할 것이다. 일찍이 휴버트Hubert H.와 모스Mauss. M가 주장한 바와 같이 다양한 인신공희가 오직 한 가지 단순한 원시적 형태로부터 유래되었다기보다는 인신공희의 보편적인 조직체계와 기능을 고찰하지 않으면 안될 것이다.9)

---

5. Cuzco의 기원설화

해발 3,430m의 안데스산봉에 자리잡은 잉카의 왕도, 쿠스코는 우리에게는 산소결핍으로 호흡장애를 느끼는 곳이다.

그 옛날 잉카의 조상인 만코 카파크Manco Capac가 태양신의 명에 따라 그의 누이이면서

---

9)   Hubert H. and Mauss M., *Sacrifice: Its Nature and Function*, University of Chicago Press., 1964.

부인이기도 한 마마오쿠요Mama Ocullo를 데리고 Titicaca 호수로부터 지상으로 출현했다. 만코 카파크는 금으로 된 홀장笏杖을 가지고 있었는데 산 위에 서서 그것을 힘껏 멀리 던졌다. 그래서 떨어진 곳에 왕도를 세우기로 했다. 이곳이 곧 쿠스코이며 쿠스코는 배꼽이란 뜻이다.

이상이 현지인으로부터 들은 쿠스크 유래담이다. 쿠스코는 배꼽이란 뜻인데 배꼽이 인체의 중심에 위치하고 있는 것처럼 쿠스코는 세계의 중심지이며 세계를 지배한다는 의미에서 유래되었다. 보다 구체적인 설화 내용을 소개한다.

태양과 달 사이에 두 아이가 있었다. 하나는 아들로 만코 카파크라 부르며 또 하나는 딸로 마마오쿠요라 불렀다. 둘은 오뉘였으며 부부이기도 했다. 어느 날 태양신이 둘을 불렀다. "천계로부터 인간계를 내려다보고 있자니 참으로 슬퍼진다. 인간들은 서로 싸우고 다투고 마시고 먹고 놀고 떠드는 것 이외는 아무 것도 하려 들지 않는다. 참으로 가련한 것들이다. 그래서 너희 둘은 만코 카파크 인간세계로 내려가 여러 가지 생활의 기법을 가르쳐 줌이 어떠냐?" 이말을 듣고 와 마마오쿠요는 "네, 잘 알았습니다. 지금 곧 가겠습니다." 하고 대꾸를 했다. 태양신은 황금으로 만든 한 개의 쐐기를 꺼내주면서 "이것을 가지고 가거라. 너희들이 인간세계에 당도하여 이곳 저곳을 둘러보는 중에 어떤 곳에 이르면 이 쐐기가 땅속에 사라질 것이다. 너희들은 그곳에서 인간들을 가르치기 시작해야 한다."고 들려주었다. 만코 카파크와 마마오쿠요는 황금쐐기를 받아들고 인간세계로 내려왔다. 그리고 이곳저곳을 살펴 다니는 중에 쿠스코에서 황금 쐐기가 만코 카파크의 손에서 빠져나가더니 땅속으로 깊이 숨어버렸다. 둘이는 얼굴을 맞대고 "아버님이 말씀하신 그대로다. 그럼 여기에 자리를 잡고 인간들을 가르치기로 하자!" 그리하여 거주할 집을 지었다. 그리고 사람들을 불러모았다. 살아가기 위한 지혜를 가르치기 시작했다. 즉 만코 카파크는 남자들을 모아 땅을 갈고 식물을 재배하는 법을 가르쳤으며 마마오쿠요는 여자들을 모아 실을 뽑고 옷감을 짜는 기술을 가르쳤다. 인간들은 무척 기뻐하며 모여들었다. 그리하여 오래 오래 이곳에서 살게 되었다. 후에 이곳에는 쿠스코라는 마을이 생겼다.[10]

만코 카파크는 잉카제국의 초대 왕으로 전해지고 있으나 전설상의 인물이다. 그는 태양의 아들로서 지상으로 하강한 천손하강신화의 주인공이며 인문적 영웅신화의 주인공이기도 하다. 이 신화의 문화사적 의미는 이동민에서 정착하는 농경민으로 발전하는 과정을 배경으로 하고 있으며 만코 카파크 자신은 이런 농경의 기술을 전수시키는 영웅으로 등장한다. 만코 카파크가 하강할 때 황금의 쐐기를 징표로 가지고 오는 것은 마치 우리의 단군신화에서 천부인 3개를 가지고 내려오는 모티프와 일치한다. 시간적으로는 차이가 있지만 강림 모티프, 생활의 지혜와 국가의 기초를 놓은 여러가지 모티프 등이 단군신화와 비교할만한 가치가 있다.

잉카Inca도 원래는 케추아어로 태양이란 의미이며 유일 최고의 절대 권력자를 가리키는 말이다. 잉카 제국이 왕도를 쿠스코에 정하고 왕국으로 모습을 들어낸 것은 1200년대로 알려지고 있다. 한창 그 세력이 강대했었던 15~16세기 초반에는 북은 콜롬비아 남은 칠레중부에 이르는 전장 4,000㎞이며 내륙의 광활한 영역을 포함한 약 300만㎢에 영토가 달했다고 하니 그 세력을 짐작할만하다. 그러나 이토록 강대했던 잉카제국도 1532년 Francisco Pizarro가 이끄는 잘 훈련된 177명의 정예부대 앞에 무릎을 꿇고 말았다.

1532년 잉카의 마지막 왕王 아타왈파Atahualpa가 인질로 사로잡혔다. 이때 잉카인들은 모든 황금을 모았다. 황금으로 아타우알파왕을 구출하기로 한 것이다. 이때 모은 황금이 궁전의 한 넓은 방에 사람 키 만큼 가득 찼었다고 한다. 그러나 스페인 정복자는 황금과 보석만을 탈취하고 왕을 놓아주기는커녕 처형하고 말았다. 이에 분노한 잉카인들은 마침내 1569년에 반란을 일으키나 재래식 무기로는 도저히 역부족이었다.

---

10) 松村武雄編, 前揭書, pp.299-301.

6. 황금향 · 엘도라도El Dorado

　황금이 무진장한 나라라는 말이 헛소문이 아님을 잉카의 마지막 왕을 황금으로 바꾸려고 했던 사실만 보아도 알 수 있다. 황금은 서구의 탐험대나 정복자들에게 정복욕을 더한층 격하게 만들었다.

　사실 잉카문명권의 나라, 예컨대 에콰도르, 콜롬비아, 페루, 칠레 등의 무세오 델 오로(황금박물관)를 견학할 필요가 있다. 코걸이, 귀걸이, 팔찌, 목걸이 등의 장식품과 금관, 왕족의 금장식품 여러 가지 의례용의 금가면을 나아가서 금으로 된 장례용의 부장품까지 황금세공품들이 가득가득 차 있음을 보고 경탄하지 않는 사람이 없다.

　식민지 당시 수많은 황금세공품들이 스페인 본토로 실려가 용광로에 들어가 버렸어도 아직 이만큼 존재하고 있는 것을 보면 분명 황금에 눈이 어두워지지 아니할 수 없었을 것이다. 1500년대 초 신대륙 발견에 열을 올렸던 서구인들 사이에서는 엘도라도El Dorado 즉 황금향이 지금의 콜롬비아지역에 실존한다고 믿고 있었다. 그래서 여러 원정대가 앞다투어 이곳을 목표로 발진했다.

　저들의 목적은 황금탈취였다. 개인 소유의 원주민 노예들을 동원시켰는데 도주하지 못하도록 목에 쇠고랑을 채웠다. 만일 가다가 지쳐 쓰러지는 노예가 있으면 목을 베어 쇠고랑을 푸는 수고를 덜었다. 결국은 원정대장 알핀게르Ambros von Alfinger도 노다지의 황금향을 보지 못한 채 목에 화살을 맞고 죽었다. 끝내 황금의 나라 엘도라도는 찾지 못하고 애꿎은 원주민들만 학살당했다.

　서구인 원정대들에게 콜롬비아에 황금의 나라가 실재한다는 소문이 퍼지게 된 근거는 다음과 같은 이야기가 과장되었기 때문이다.

　옛날 지금의 보고타지역에 칩차족Chibcha이 있었다. 이들은 1년에 한 번씩 구와라비다 호수의 수신에게 제사를 드렸다. 추장은 그의 몸에 기름을 칠한 뒤 금분을 발랐다. 그리고는 귀족들과 함께 호수 중앙으로 향했다. 부족들은 호숫가에서 노래를 부르고 춤을 추었다. 이윽고

추장은 보물을 수신에게 바치고 자신도 몸에 칠한 금분을 씻기 위해 물에 뛰어드는 의식을 베풀었다.[11]

스페인 왕실의 입장에서는 비록 황금의 나라는 허상이었다 하더라도 황금과 에메랄드가 다량 생산되어 왕실에 부를 더욱 살찌게 한 것만은 사실이었다. 황금의 채굴지 광산 일대의 인디오들 사이에는 당시의 노예노동과 같았던 혹독한 부역에 쓰러져가는 사람이 많았고 어느샌가 다음과 같은 설화가 구전되기 시작했다.

옛날 로자리오의 Cuiabá 강가(브라질 南西部)에 많은 노예들이 사금을 채굴하고 있었다. 주인은 대단한 욕심장이로 매일 노예들을 채찍으로 치며 일을 독려했다. 이러한 노예중에 이제는 거의 나이가 든 안토니오란 노예가 있었다. 그는 주인의 채찍을 언제나 얻어맞았다. 아무리 열심으로 채굴을 해도 주인의 욕심을 채워줄 수가 없었다. 어느 날 안토니오는 지친 몸을 가누고 숲속에 몸을 기대 울고 있었다. 이때 불꽃의 머리카락을 한 여인이 곁에 나타나 안토니오에게 말을 건넸다. 안토니오가 겪었던 일들을 아뢰자 그녀는 "거리로 가서 파랑, 빨강, 노랑의 리본과 거울을 사다 주시지 않겠습니까." 하고 부탁하자 안토니오는 이내 달려가서 부탁한 것을 사왔다. 그리고 불꽃의 머리를 한 여인에게 넘겨주었다. 그녀는 "아무에게도 말해서는 아니됩니다." 하고 다시 물속으로 들어가버렸다. 안토니오는 다시 일터로 가서 사금을 캐는데 팔때마다 금이 나왔다. 주인은 놀라며 "어디서 이렇게 많이 찾았나?" 하며 다그쳤다. 언제나 하던 장소라고 했지만 주인은 장소를 숨기고 있는 줄 알고 계속 때렸다. 안토니오는 참다못해 숲속으로 돌아와 불꽃머리의 여인을 불렀다. "황금의 여인이여!" 그러자 여인이 나타났다. 안토니오는 주인이 장소를 대라며 때린다고 말했다. 그녀는 참장소를 가르쳐 주되 "내일 정오에는 무슨 수단을 해서도 그 장소를 피해야 합니다." 하고 경고했다. 안토니오는 금이 많이 나는 장소를 가르쳐 주었다. 주인은 20여 명의 노예들을 거느리고 그 곳을 파기 시작했다. 많은 금이 쏟아져 나왔다. 욕심쟁이 주인은 계속 파들어갔다. 그랬더니 이번에는 큰 大木의 뿌리마냥

11)   Hartley Burr Alexander, 前揭書, pp.194-98.

금괴가 나타났다. 주인은 며칠을 쉬지 않고 파들어갔다. 끝내 벽이 무너지고 굴안에 있던 주인과 노예들은 파묻혀 죽었다. 안토니오는 여인이 시킨대로 몸을 피해 있어서 무사했다.[12]

이 설화는 분명 1500년대에 생겨났으며 황금채굴이 성행할 무렵 원주민들 사이에서 자생한 것임이 틀림없다. 역시 수신의 기능을 가진 여신이 나타나 삼색의 리본과 거울을 사다 달라는 대목은 아무래도 민간신앙의 사제격인 샤먼의 설화화라고 추측된다.

7. 구비문학을 남긴 아라우카노Araucano족

칠레에는 무려 300년 이상을 굴하지 않고 전통문화를 계승하며 살아온 아라우카노족族이 있다. 외모는 동양적이고 순한 듯 보이지만 생존권과 투지는 어느 원주민 종족보다 강했다. 아라우카노족의 민족연구에 몰두했던 독일의 언어학자 로돌포 랜스Rodolfo Lenz가 1891년 순수하게 언어연구의 목적으로 원주민아라우카노족의 마을에 들어갔다가 이들이 칠레 인디오들의 구비설화를 다량 보유하고 있다는 사실을 알게 되었다. 당장 그 자리에서 26화 채집하여 스페인어역을 붙여 발표한 것이 유럽에 소개한 최초의 인디오설화 아닌가 생각한다.[13]

옛날 나이 많은 인디오할머니가 세 아들을 키웠다. 너무나 가난해서 세 아들들은 벌이를 하러 나섰다. 위의 두 아들은 돈을 꽤 벌어왔지만 막내는 어려서 아무 일도 못하고 바닷가만 거닐다 작은 조개 하나를 주워왔을 뿐이었다. 두 형은 막내를 때려 쫓아냈다. 종일 걷다가 배가 고파

12) Ruth Guimarães, *Cendas e Fábulas do Brasil*, São Paulo, 1960(三原幸久, 『世界の民話』(7), 研秀出版, 1979, pp.75-76).
13) Rodolfo Lenz, *Araukanische Märchen und Erzahlungen mitgeteilt von Segundo Jara*, Valparaiso, 1896(三原幸久, 『方テンアメリカの昔話』(解說), 岩崎美術社, 1972, pp.262-66).

조개속을 꺼내 먹으려고 했더니 모래만 나왔다. 막내는 조개를 내던졌다. 그랬더니 그속에서 태양처럼 빛나는 구슬이 달린 반지가 나왔다. 반지를 손가락에 끼었다. 이 반지는 요술반지로 구슬을 손바닥쪽으로 돌리면 막내의 모습을 다른 사람들이 볼 수 없게 된다. 막내는 추장을 죽이고 금품을 탈취한 두 강도가 속삭이는 것을 엿듣고 요술반지로 자기 모습을 감춘 다음 몽둥이로 그들을 때려 죽이고 금품을 빼앗아 집으로 돌아왔다. 그새 두 형은 어머니를 내쫓았다. 막내는 어머니를 다른 곳으로 데리고 가서 집을 지어주고 편안히 살게 해 주었다. 어느 날 막내가 동굴 속에 들어갔더니 머리와 꼬리가 일곱 개씩 달린 괴물이 있어 요술반지로 모습을 감춘 다음 긴 칼로 목을 차례로 내리쳤다. 다음 꼬리도 쳤다. 그랬더니 그 안에서 이 괴물에게 잡혀간 인디오 남녀들이 수없이 나왔다. 인디오들은 막내를 자기네 마을로 초청하여 연회를 베풀었다. 그러나 추장의 딸은 매우 슬퍼했다. 그 까닭은 추장이 오밤중에 습격해 온 외다리 怪人들에게 잡혀갔기 때문이란다. 막내는 추장을 반드시 데려오겠다며 바닷가로 나갔다. 그리고 습격온 외다리사나이들에게 일부러 잡혀갔다. 큰 배에 실린 막내는 요술반지를 작동시켜 배안을 샅샅이 뒤졌다. 괴인 선원들은 잡아온 마을 사람들을 죽이고 그 피를 술로 대신 마시고 있었다. 드디어 잠이 들었다. 막내는 큰 도끼로 모든 괴인의 목을 베었다. 감방에 갇힌 인디오들을 모두 풀어주었다. 그중에는 추장도 있었다. 모두는 배에 불을 지르고 상륙했다. 이 배는 인간의 배가 아니고 마술의 배기 때문에 다 없어지지는 않았다. 그러므로 지금도 그믐 때는 훨훨 타오르는 불길과 배가 보인다고 한다. 막내는 마을로 돌아온 뒤 추장의 딸과 결혼했다. 훗날 막내는 훌륭한 추장이 되었다 한다.[14]

긴 이야기지만 요약·인용했다. 군이 여기에 이 설화를 소개한 것은 만일 이 설화가 서구의 영향을 전연 받지 아니한 것이었다면 우리의 설화와 대비하여 몇 가지 공통점이 발견되기 때문이다. 첫째는 3형제 중 막내를 학대하거나 추방하지만 그는 신비의 주구를 손에 넣는다는 모티프는 가부장제도와 유산분배가 기반이 되고 있는 사회, 즉 출생의 서열이 사회제도

14) S. de Saunière, *Cuentos Populares Araucanos y Chilenos*, Santiago de Chile, 1918(三原 幸久譯, 『世界の民話』 硏秀出版, 1979, pp.110-12).

에 영향이 있는 사회에서 흔히 볼 수 있는 설화라는 점이다. 그렇다면 아라우카노족들은 우리와 같은 가족제도가 기간이 되어있지 않았는가 관심을 가져 볼 필요가 있다.

둘째는 머리 일곱과 꼬리 일곱이 있는 괴물퇴치 모티프는 우리의 지하도적퇴치설화나 구두괴도퇴치설화와 같은 맥을 하는 것으로 어떻게 해서 이러한 모티프가 아라우카노설화로 생성되었는지 규명할 필요가 있다. 셋째는 우리 설화는 임금의 딸이 괴물에게 납치되어 간 것을 무명의 청년이 초인간적 힘을 빌어 구출해 와서 공주公主와 결혼한다는 내용인데 비해 등장인물이 다소 다를 뿐 전체의 구조면에서는 우리 것과 일치하고 있다.

사실은 인디오설화 중에서도 우리의 설화에서 볼 수 있는 모티프는 많고 유사설화도 발견된다. 이러한 유사설화의 공통모티프가 존재한다는 것은 생활양식이나 신앙전승에 있어서도 공감대가 존재할 것이라는 심증을 주는 것이다. 사실인 즉 아라우카노족의 령매(여기서는 편의상 이렇게 호칭해둔다.)가 마을의 수호신격인 우리의 장승과 같은 신간 앞에서 제의를 하며 마을의 평안을 기원하는 예가 있다. 또 저들의 사회에서 영매의 기능은 사제와 무속, 그리고 예언을 하는 것 등이 포함되는데 우리의 무속신앙과 비교해 보면 우리가 아직 해결하지 못한 보편성이나 어떤 신앙체계의 원칙을 오히려 역으로 발견할 수도 있지 않을까 하는 생각에서 일층관심이 쏠리게 된다.

---

8. 결론: Latin America의 중층문화

라틴계 민족에 의한 중남미지배는 16세기전반부터 시작되어 약 3세기반쯤 식민지가 지속되다가 19세기에 이르러 각지에서 독립의 기운이 일기 시작한다. 독립운동은 3세기반 동안 이루어진 혼혈의 메스티조가 주축이 된다. 독립운동의 영웅으로 지금도 숭배의 대상이 되는 San Martin은 아르헨티나, 칠레, 페루를 건국했고, Simon Bolivar은 베네수엘라, 콜롬비아, 에콰도르의 건국에 기여했다.

라틴계 민족의 정복이 있기까지 수천 년 동안에 계승되어 왔던 Indio문화는 저들에 의해서 무참히 짓밟혀 인종학적으로는 혼혈 메스티조계가 형성되었고 현재는 전체인구의 1% 정도만이 원주민 인디오가 잔존하고 있을 뿐이다.

처음 상륙한 서구의 백인들은 원주민들의 문화를 미개하고 야만적이며 우상숭배로 충만하다고 보아 신전을 허물어 수도원이나 교회를 세우고 유적들을 파괴하는가 하면 기독교문화를 강제적으로 수용시키려 했다.

인디오들의 태양숭배는 국가종교적인 배경으로 신봉되었던 탓으로 각지에 성지와 신전을 건설했던 것이다. 이것이 정복자들의 시각에서 볼 때는 우상이었으며 이교로 보였기 때문에 철저하게 배격했었다. 그리하여 태양신전 위에 십자기를 세우게 하였고, 신상들은 기독교적 성인상으로 대치하였으며 개종을 강요했다. 그러나 인디오 원주민들은 심층에 있던 제신들의 신앙을 용이하게 근절시킬 수는 없었다.

그러자 1667년에 선교상의 일대전환이 일어났다. 즉 정복초기에는 속신이나 주술은 우상숭배라고 매도했던 것이 이것은 다만 미개인의 무지몽매에서 온 것으로 미신이지 우상숭배는 아니라는 완화책을 썼던 것이다. 여기서 인디오들의 전통신앙에 대한 관대한 태도가 반영되었다. 소위 습합현상(syncretism)이 서서히 일어났던 것이다.[15]

예컨대 잉카의 주신인 Viracocha는 예수·크리스트와 습합되었고 농경신의 지모신격인 Pachamana는 마리아로 수용되었다. 아즈테크의 전쟁신 huitzilopochtli은 산디아고의 성야곱의 일화와 접합하여 동일시 되었고, 여신 Tonantzin은 과다르패의 마리아와 습합되었다.

뿐만 아니라 중미의 마야족 거주지 Chichicastenango시의 성 토마스 사원에서는 지금도 마야 전통적인 종교행사가 사원내외에서 행해지고 있는 실정이며, 십자가는 현재 안데스 일대에서는 주자呪者의 주구로서 수용되어 있다.

한마디로 말해서 순수한 인디오문화도 아니고 서구의 기독교문화도 아닌 두 문화의 복합체인 소위 중층문화가 이루어진 셈이다. 이러한 경향은 종교생활에서 뿐 아니라 모든 정치·경제·사회에 걸쳐 현저히 나타난 현상이다.

---

15) Thompson J. E. S., The Rise and Fall of Maya Civilization, Augustin Pub., Norman 1954, Morley S. G., The Ancient Maya, University of Stanford Press, 1946.
　　佐藤信行,「アメリカの宗教」,『宗教學辭典』(小口偉一・堀一郎監修), 東京大學出版部, 1973.

따라서 설화도 마찬가지로 이러한 발전과정에 적용된다. 대부분의 설화들은 정복이후 중층문화의 소산으로 생성된 것이 많아 순수한 인디오설화를 가려내기가 어려우며 양적으로도 전래의 인디오설화는 소수에 지나지 않는다.

토착문화에 강한 외래문화가 수용되어 습합하면서 생겨난 중층문화의 변화과정을 규찰하면서 한국에서도 유교 · 불교 · 도교 · 기독교문화의 수용과정에서 어떻게 문화변용이 이루어졌는지 분석연구를 하는데 이곳이 좋은 필드가 되어 주리라 믿는다.

참고문헌

Algonso Aguavil and Primitivo Aguavil, Iiusun : 50 Leyendas de Los Indios Colorados. Museo Antropológico y Pinacoteca Banco Central del Ecuador Guayaquil. 1985.

Dennis Tedlock (tr.). Popol Vuh. Simon and Schuster, Inc. 1985.

Félix Coluccio, Diccionavio: Folklorico Argentino. Editorial Plus Ultra. 1981.

Hartley Burr Alexsander. Latin-American. The Mythology of All Races(vol. 11). Cooper Square Publishers, Inc., 1920.

Hubert H. and Mauss M., Sacrifice: Its Nature and Function. University of Chicago Press. 1964.

John Hemming. The Conquest of the Incas. Harcourt Brace Jovanovich, Pub. 1970. Justo Cáceres Macedo. The Prehispanic Cultural of Peru. Perugraph Editores. S. A., 1985.

Ludolfo Lenz. Araukanische Märchen und Erzahlungen mitgeteilt von Segundo Jara. Valparaiso. 1896.

Morley S. G., The Ancient Maya. University of Stanford Press. 1946.

Norman Hammond. Ancient Maya Civilization. Rutgers Univ. Press. NJ. 1988(3rd pr.)

Robert Redfield. The Folk Culture of Yucatan. The University of Chicago Press. 1961 (8th cd.)

Ruth Guimarães. Lendas e Fábulas do Brasil. São Paulo. 1960.

S. de Saunière. Cuentos Populares Araucanos y Chilenos. Santiago de Chile. 1918.

Thompson J. E. S., The Rise and Fall of Maya Civilization. Augustin Pub., Norman. 1954.

大貫良夫外監修『ラテン · アメリカを知る事典』平凡社 1987.

三原幸久『ラテンアメリカの昔話』岩崎美術社 1972.

三原幸久『世界の民話 ⑦』研修社 1979.

石田英一郎『アンデスの遺蹟』美術出版社 1958.

小口偉一 · 堀一郎監修『宗教學辭典』東京大學出版部 1973.

松村武雄編『神話傳說大系⑮』(メキシコ · ペルー篇) 近代社 1928.

6.

〈아즈택 마야 인디오 문화 탐색〉 ②

농경 바탕의 마야 문화

김택규박사화갑기념논총 1989

1. 신대륙에 있어서 고대문명의 두 축

일반 상식으로 통하는 세계 최고의 고대문명의 중심지는 기원전 3천 년경 메소포타미아 및 나일강 유역에 기원을 둔 소위 고대 오리엔트문명이다. 이 문명의 영향은 민족의 이동과 문화의 전파로 인해 아시아, 유럽, 아프리카 등지로 파급되었다.

그로부터 천수백 년이 지나 중국의 황하유역에 은 제국문명이 생겨났다. 이것이 제2의 문명의 중심지였다. 인류학적 시각에서 볼 때 이들 문명의 발생원인은 생활문화의 신기술 개혁이라고 할 수 있다. 즉 토기, 방직, 차車, 범선, 그밖에 금속가공품 등이 실은 오리엔트 지역에서 완성되었다. 기원전 5천 년에서 3천 년 사이에 개발된 이러한 신기술들은 근세 산업혁명에 이르기까지 지속되었으며 일상 생활의 기본이 되었었다.

황하유역의 은문명지역이 생겨나면서부터 다시 천수백 년이 지난 기원전 8세기에서 9세기 사이에 중미 및 남미의 안데스산맥지대에 소위 신대륙의 두 축의 문명지가 탄생했다. 마야Maya와 잉카Inca 문명이 그것이다.

그런데 마야와 잉카문화 유적 중에는 시대적으로 거의 이와 병형하는 중국 주대周代의 예술상의 모티브가 인정되기도 했다. 그래서 이들 두 문명권에는 아마도 오리엔트 요소가 영향했을 가능성에 대해 시사한 학자들도 있었다. 이렇게 주장하는 학자들 중에는 당시 화남에 있어서 항해에 익숙한 오월인들이 북태평양을 둘러싼 조류를 타고 멀리 신대륙의 서해안까지 항해해서 그쪽 인디안 및 인디오문화에 자극을 주었을 것이라고 추측하기도 했다.

그밖에 또 한 가지 고려할 수 있는 것은 기원전 4세기경에 월이 멸망하고 안남을 중심으로 확장한 동기, 청동기화가 안데스일대에 영향을 끼쳐 제작기술을 발달시킨 원천이 되었을 것이라는 주장이다. 쌍방의 금속기 형태나 문양에 있어서 유사성이 인정되기 때문이다.

그러나 이같은 가설들은 어디까지나 추측에 지나지 않을 뿐 뒷받침 할만한 문헌이나 기록이 전연 없다. 이 두 축의 문화권은 문자의 발명없이 역사에서 사라졌던 것이다. 그러나 유적만이 말없이 당시의 찬란하고 웅장했던 문화를 보여주고 있다. 최근 많은 학자들은 신대륙의 고대문명의 기원이 아시아로부터 영향된 것이라는 종래의 가설에 회의적이다.

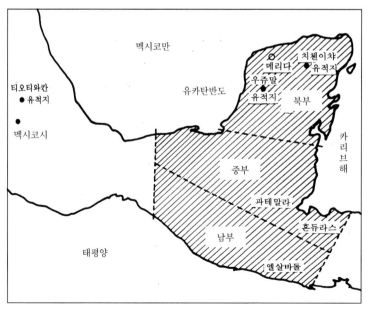

마야 문명 지대(地帶)

이토록 양분된 입장의 주장들이 계속 논란을 불러일으키고 있는 가운데 (또 당분간 이러한 논쟁이 계속되리라 믿지만) 많은 학자들이 잉카·마야의 두 문명의 실태와 내용연구에 몰두하고 있는 것도 사실이다.

필자도 기회가 주어져 1987년 11월 20일에서 12월 24일까지 34일간 마야와 잉카를 단독으로 답사를 했다. 구체적으로는 마야·아즈테크·잉카의 세 문화권을 답사한 셈이지만 이들 문화권이 워낙 넓어 멕시코를 비롯해서 남미의 여러 나라를 거치지 않으면 안 되었다.

이 답사기는 이 중에서 마야문화권만을 취급하고 있으며 잉카와 아즈테크는 다른 지면에 발표하기로 한다.

2. 마야Maya의 기원신화

마야의 고대문명이 로마나 이집트보다도 훨씬 발달했었다고 주장하는 학자도 있다. 물론 부분적으로는 뛰어난 것이 있었다. 특히 천문학과 수학이 뛰어났으며 저들의 캘린더는 빈틈이 없었다. 마야는 중앙아메리카에 위치했으며 최성기는 기원후 200~800년 사이라고 할 수 있고 이때의 인구는 200만 명에 달했다고 한다.

주로 멕시코의 유카탄반도 전역과 과테말라, 그리고 엘사바도르, 혼듀라스의 일부지역까지 그 세력분포는 넓었다. 그리고 이들 집단 거주지는 거의가 열대 정글 속에서 해발 60~180m되는 언덕 위에 조밀하게 조성되었다.

종족은 키가 작은 통통한 몸집, 약간 검은 피부와 검은 머리카락, 둥근 머리를 하고 있다. 옛날에는 아이를 낳으면 판자로 머리를 눌러 머리를 납작하게 했다. 이들은 태양신을 주신으로 경배하는데 태양신의 눈이 사팔뜨기라 해서 아이를 낳으면 어미가 무거운 구슬을 눈에 달아 늘어뜨려 사팔뜨기가 되게 했다. 그들이 남긴 유물들에서 이를 증명할 수 있다.

그럼 이러한 문화의 주인공들인 인디오들이 대체 어디에서 왔을까. 어떤 학자는 이집트로부터, 혹은 페니키아로부터, 혹은 중국으로부터 왔다고 제각기 주장한다. 왜냐하면 마야

유적으로부터 이집트나 희랍, 또는 아시아적 요소들이 표출되고 있기 때문에 전연 터무니없는 주장이라고 일축할 수는 없다.

한편 오리엔탈문화의 영향을 전연 받지 않고 순수한 자생문화라고 주장하는 학자도 있다. 어떻든 틀림없는 사실은 마야인들은 아메리카·인디언의 일족임에 틀림없고 북에서 남하하여 이곳에 정착한 무리라는 점이다.

이제 그들의 기원신화를 살펴본다.

우라칸신을 비롯해서 하늘에 계신 신들은 새로운 인간을 만들기로 했다. 상의 끝에 그들은 황색 옥수수가루와 백색 옥수수가루를 섞어 반죽을 해서 4명의 남자를 만들었다. 이들 피조물은 그 모습이나 생각하는 것이 모두 신들과 같았다. 우라칸신은 이것이 못마땅했다. "우리 손으로 만들어진 피조물이 우리와 같이 완전하다는 것은 있을 수 없다." 그래서 여러 신들과 상의한 끝에 "인간이란 것은 불완전한 존재라야만 한다. 우리보다는 지식이 다소 낮아야만 한다. 저들은 결코 신이 아니니까." 그리하여 우라칸신은 4명의 남자들의 눈을 향해 숨을 불었다. 그러자 4명의 남자들은 눈이 부분적으로 가려져 대지의 일부만이 보이게 되었다. 원래 신들은 대지의 구석구석까지 볼 수가 있었다. 이렇게 해서 4명의 남자들이 신들보다 저능해지자 이번에는 이들을 깊이 잠들게 한 다음 4명의 여자들을 만들어내어 그들로 하여금 부부가 되게 짝지어 주었다. 즉 이들 남녀 4쌍이 인류의 조상이 되었다.

이들 4쌍의 남녀들은 어둠의 세계에서 살지 않으면 안 되었다. 이때는 아직 태양이 없었다. 이들은 하늘의 신들께 "우리에게 광명을 베풀어 주소서. 편하게 생활할 수 있게 은혜를 베풀어주소서." 하고 빌었다. 그러나 태양은 나타나지 않았다. 저들은 깊은 시름에 빠져 투란 쥐바(Turan-Zuiva 7개의 동굴이란 뜻)라는 곳으로 옮겨 살았다. 그러나 아직도 태양은 나타나지 않았다. 다시 빌었다. "제발 우리를 행복한 땅으로 안내하여 주소서." 하지만 끝내 저들은 신의 계시에 따라 긴 여정에 올랐다. 높은 산을 몇 번이나 넘어 큰 바다에 다다랐다. 배가 없는 저들은 어찌하면 이 바다를 건널 수 있을까 하고 생각하고 있을 때 바다가 두 쪽으로 갈라지면서 길이 나타났다. 저들은 그 길을 따라 아카비츠Hacavitz라는 산록에 다다랐다. "우리는 신의 계시대로 여기에 왔으니 여기서 태양을 맞이할 것이다." 오랫동안 기다린 끝에 마침내 태양빛이 동쪽 하늘에서부터 비쳐오기 시작하자 따뜻한 기운이 산천에 충만했다. 처음에는 햇볕이 뜨겁지 않았다. 점차 뜨거워지더니 제단 위에 희생제물을 태울 만큼 뜨거워졌다. 처음 8명의 남녀에게 태양이 나타났을 때는 거울 속에 그림자처럼 보였었다. 이들은 처음으로 태양을 본 것이다. 너무나 기쁜 나머지 춤을 추었다. 저들은 카무쿠Kamucu(우리는 본다는 뜻)라고 외치면서 노래를 불렀다. 저들은 아카미츠 산쪽에 정착하여 최초의 퀴체Quiche족의 마을을 건설했다. 시간이 흐르자 사람이 많아졌다. 8명의 조상도 늙었다. 어느 날 신이 이들에게 계시했다. "너희는 자손들이 대대로 행복하게 살려거든 우리에게 인신공의人身供犧를 바치지 않으면 안 된다." 8명의 조상은 신의 지시에 따라 희생제물을 드리기 위해 다른 마을을 공격했다. 그러나 오랜 투쟁을 계속해도 승패가 쉽게 나지 않았다. 이때 어디서부터인지 벌떼가 날아와 퀴체족을 도와 적병들이 앞을 볼 수 없게 되자 무기를 휘두를 수가 없어 항복하고 말았다. 8명의 조상은 이들 중에서 몇 명을 선발하여 신에게 인신공회를 바쳤다. 이리하여 퀴체족은 다른 부족들을 차차로 정복하여 세력을 확장해 갔다. 이제 4명의 남자는 거의 운명할 시기가 되어 직계 자손들에게 유언을 하기 위해 오라 했다. 유언이 끝나자 4명의 남자는 홀연히 모습이 사라졌다. 그 자리에는 두루마리 묶음 하나가 나타났다. 퀴체족은 이 두두마리 묶음을 '금기의 보물'이라 하여 절대로 펴보지 않았다.

이상 신화를 소개했다. 전편은 인간의 창조과정이고 후편은 마야의 건국신화라 할 수 있다. 이 신화를 개괄적으로 관찰해 볼 때 다음 세 가지를 요약설명할 수 있다. 첫째는 마야의 중심세력이 된 퀴체족은 추운 북방으로부터 따스한 남쪽으로 이동한 이주민이란 사실이다. 둘째는 아메리카·인디언들 중에는 태양신 경배를 하는 경향이 있으므로 마야인도 아메리카·인디언의 한 흐름이라는 것을 알 수 있다. 그리고 셋째는 아메리카·인디언들 중에는 저희 조상의 유물로서 금기의 두루마리 묶음을 소유하고 있으며 이것은 그들 종족의 흥망성쇠와 깊은 관계가 있다고 믿는 경향이 강하다. 그리고 또하나 부수적으로 말할 것은 아즈테크와 잉카도 그렇지만 인신공희 풍속의 유래를 설명하는 신화이기도 하다는 점을 이 신화에서 엿볼 수가 있다.

3. 거대한 피라미드군, Chichen Iza

거대한 피라미드군으로 형성된 마야문명의 유적지로서 치첸이챠Chichen Iza를 들지 않을 수 없다. 유가탄반도의 주도州都인 메리다로부터 동으로 120㎞지점에 위치한 이 치첸이챠(마야어로는 샘곁에 있는 이챠저택이란 의미가 있다.) 숲속에 자리 잡은 이 고도는 주거지라기보다는 종교적 기능이 보다 더 컸던 유적지이다.

가장 매력을 끄는 것은 엘 카스티요El Castillo로 높이 23m에 91개의 계단이 있고 정상에는 제단이 세워져 있다. 마야와 아즈테크의 유적지를 대표하는 것이 거대한 피라미드인데 대부분의 피라미드는 정상에 제단 또는 사원이 건립되어 있는 것이 특징이다. 그리고 이집트의 피라미드에 비해서 이곳 피라미드는 묘소의 관념보다 제의의 성소라는 인상이 짙다. 물론 묘소의 기능을 하면서 매년 정기, 비정기적으로 인신공회와 제의도 거행한다.

카스티요 피라미드 남쪽에는 카라코르Caracol 관측탑이 있고 북쪽에는 세노테Cenote라는 인신공희를 바쳤던 큰 웅덩이가 있다. 동쪽에는 전사의 신전(Templo de los Guerreros)이 있고 서쪽에는 구기장球技場(Jrego de Pelota)이 펼쳐져 있다.

멕시코 용사의 신전
천의 기둥이라 불리는 돌기둥으로 둘러싸인 3층 기단위에 건축된 신전. 용사를 조각한 돌기둥과 제단을 받치고 있는 19개의 아틀라스 사람들의 두상이 인상적이다.

카스티요란 성城이란 뜻이다. 이 피라미드는 또 쿠쿠르칸Kukulcan이란 다른 이름이 있다. 마야인들은 900년대 초기 '깃털의 뱀'을 상징하는 쿠쿠르칸을 경배했었다. 이 피라미드의 신비는 마야력을 표상하는 구조형태를 갖추었다는 것이다. 사방 각면마다 91개의 계단이 있고(91×4=364) 여기에 바닥을 합치면 1년을 365일로 계산했으니 얼마나 정확했는지 상상이 간다. 또 이 피라미드는 9층으로 이어져 있고 각면의 중앙 계단이 양면으로 분리되어 있어서 (9×2=18) 이것은 1년이 18개월로 나뉘어 있음을 의미한다. 그리고 각 층마다 3개씩의 판벽板壁이 있고, 이것이 8단으로 형성되고 9단째는 판벽(패널)이 둘로 되어 있다. 이러한 구조가 계단을 중앙으로 좌우 분리되어 있으므로 (3×8+2)×2=52라는 수치가 나온다. 즉 마야력은 52년주기의 캘린더를 이 당시 이미 사용하고 있었음을 알 수 있다.

또 한가지 신비스러운 점은 '깃털의 뱀'을 상징하는 쿠쿠루칸의 뱀의 머리가 계단이 시작되는 양쪽 모서리에 각각 조각되어 놓여있다. 그런데 '깃털의 뱀'이라면서 날개가 보이지 않는 것이 이상했다. 이러한 의문이 수수께끼로 전해오다가 1976년에야 고고학자들에 의해 해명되었다.

즉, 매년 두 번 쿠쿠르칸신이 강림하는데 춘분과 추분이다. 각각 이날 오후 4시쯤 되면 9층으로 된 피라미드의 그림자가 마치 뱀 머리의 그림자와 합쳐져 마치 살아 움직이는 듯한 '깃털의 뱀'의 형상이 나타난다. 태양의 움직임에 따라 이 깃털의 뱀이 마치 살아 움직이듯 34분간 나타났다가 사라지는데 마야인들은 이 수호신이 땅속으로 사라지는 것이며 옥수수를 풍요롭게 해주는 징조라고 믿는 것이다.

이로 미루어보아 마야인들의 경배신들 중에 직접 생활과 관계 있는 신은 뱀이며 이는 옥수수를 풍요롭게 해주는 기능을 갖는 것으로 보아 옥수수는 저들의 주식료이기 때문에 농경신이라 할 수 있겠다. 한국에서도 뱀은 물과 직접 관계가 있으며 후에 용개념과 융합되어 우신적雨神的 기능을 하는 점과 공통점이 보인다.

카스티요 피라미드 내부에는 또 하나의 신전이 설계되어 있다. 지금은 일정시간 안내원에 의해 개방되어 있으므로 내부관찰이 가능하다. 피라미드 서쪽끝으로부터 좁은 입구가 되어 내부 계단을 조심스럽게 밟아 조심스럽게 올라가다 보면 인신공희를 바치던 제단이 있고 내부에 붉은 빛을 한 재규어jaguar(표범류의 맹수)가 앉혀 있고 그 앞에 차크몰Chacmool

의 석상이 놓여 있다.

이 차크몰은 우신이라고도 하며 희생제물의 사자라고도 하나 아직 분명하게 파악하지 못하고 있다.

전사의 신전은 3층 기단으로 건조되었다. 수많은 석주가 이 신전의 서쪽과 남쪽을 포위하듯 세워져 있는데 각 석주마다 용사들이 조각되어 있다. 이 신전에도 역시 내부에 또 하나의 은폐된 신전이 있으며 벽화가 매우 뛰어난

카스티요 피라마드 안에 있는 Chacmool(우신雨神)

것으로 유명하나 유감스럽게도 지금은 폐쇄되어 있어 내부관찰이 불가능했다.

세노테는 다른 곳에서도 찾아볼 수 없는 신성의 샘이다. 사실 유카탄반도는 지질상 물이 귀하므로 샘을 신성시했고 샘이 있는 곳을 택해 생활 근거지로 삼은 것은 확실하다. 그런데 세노테는 샘이라기보다는 큰 웅덩이었다. 이 샘이 특히 신성시한 것은 이 샘은 식수공급을 하기 위한 것이 아니라 인신공회를 했던 곳이었기 때문이다. 직경 66m이고 깊이가 20m나 되는 이 웅덩이에 마야인들은 한발 때 이곳에 인신공희를 바쳤다. 산채로 웅덩이에 사람을 던지지만 물 위에 떠오르지 않더라도 결코 죽는 일은 없다고 믿었다.

최근 미국의 Edward M. Thomson 교수가 그 동안의 전설을 뒷받침하기 위해 조사에 착수한 결과 바닥에서 21명의 아이와 13명의 성인남자, 8명의 여인의 유해가 각각 인양되었고 그밖에 화려한 장식품들이 많이 발굴되었다.

구기장은 길이가 150m, 폭이 50m가 되는 경기장이다. 마야인의 구기球技놀이는 오락을 초월한 종교적 제의의 일종임이 나타났다. 생고무로 된 공을 벽에 걸려있는 돌로 된 둥근 고리에 손을 쓰지 아니하고 팔꿈치와 무릎과 엉덩이만을 사용해서 쳐 넣는 경기이다. 그리고 승리한 팀의 우두머리가 그 영광을 신에게 돌리기 위하여 희생제물이 된다. 이점에 대해서는 상식을 벗어난 것으로 재검토의 여지가 있다. 진쪽의 희생제물이 당위가 있는 것이나

당시의 구기장(球技場)

여기서는 승자의 희생제물이 바쳐진다고 하니 연구의 과제가 아닐 수 없다. 이 구기장 양쪽 벽에는 승리한 팀의 우두머리가 목 베임을 당하는 모습과 피가 뱀이 되어 꿈틀거리는 모습, 그곳에서 식물의 싹이 움트는 모습이 조각되어 있다. 이 밖에 오른 손에 검을, 왼손에 머리를 든 무사武士와 해골이 새겨진 공을 가지고 양 팀의 선수가 경기하는 모습도 조각되어 있다. 이러한 조각품의 상황으로 봐서 이 구기장의 경기는 결국 농경의 풍요를 기원하는 제의의 기능이 있음을 알 수 있다.

카라코르관측탑은 톨테크Toltec 마야초기에 건축된 것으로 윗부분이 둥근 돔형식으로 되어 있다. 9m높이의 발코니 위에 세워진 13m 높이의 관측탑에는 세 개의 관측창이 있다. 남쪽은 정남인 자오선子午線에 향한 것이고, 서남방의 창은 달이 기우는 최북선을 보기 위한 것이며 서쪽은 각도에 따라 춘분, 추분의 태양과 달의 최북선을 정확하게 관측할 수 있게끔 되어 있다. 또 이 천문대의 정방향의 정면을 정서로부터 27.5도 북으로 향하고 있다. 이것은 금성이 보다 북쪽으로 기울어진 방향을 표시한 것이다. 마야인은 달과 태양뿐 아니라 금성의 이동도 관측했다는 사실을 알 수 있다. 지금도 불가사의로 남은 과제는 당시 육안으로 관찰했을 것인데도 이 정도의 정확한 캘린더가 산출되었다는 데 경

카라코르관측탑

악하지 않을 수 없다.

4. 마야인들의 민속

대소의 추장과 제관, 용사, 농민과 수공업자등 직능계층사회이며 농업이 주생업이었고 옥수수를 비롯하여 카카오, 면, 고추 등을 재배했다. 정글의 잡목지대를 화전으로 일궈 씨앗을 뿌렸으며 노동은 공동으로 했었다. 50~60명이 노동밴드가 되어 사슴사냥을 했으며 잡은 것은 현장에서 구워 보존했다.

마을로 가져오면 추장에게 바치고 나머지는 모두가 균배했다. 목공과 도공이 있었고 금식이나 제계齋戒를 거쳐 점토나 나무로 토우를 만드는 직업은 수입이 많았다. 약초나 주술로 외과치료를 담당하는 소위 주의呪醫들도 있었다.

마야인은 키가 작은 편이며 통통한 몸집, 약간 검은 피부와 검은 머리카락, 둥근 머리를 하고 있었다. 형질인류학으로 볼 때 신대륙의 원주민인 인디오와 같이 몽골로이드, 황색인종에 속한다. 머리칼, 피부, 그리고 얼굴생김새도 동아시아와 진배없다.

마야여인의 출산시에는 반드시 무녀巫女가 입회했었다. 그는 임산부 곁에 산신産神에 해당하는 이슈 · 체르라는 토우를 놓고 기다리다가 출산이 되면 이내 아기를 깨끗이 씻고 나서 판자에 뉜다. 이때 다른 판자로 아기의 두개頭蓋를 눌러 납작하게 한다(頭蓋變工). 또 태양신을 경배하는 이들은 태양신의 눈이 사팔뜨기라는 구전에 근거해서 아이를 낳으면 어미가 무거운 구슬을 눈에 달아 늘어뜨려 일부러 사팔뜨기가 되게 했다.

무녀는 아기를 제관에게 데리고 가서 운수를 점치고 점괘에 따라 직업을 정했다. 대개는 3~4살까지 모유를 먹이기 때문에 건강하게 자란다. 5살까지는 알몸으로 키우지만 그 후에는 국부만 가릴 정도로 허리띠를 두른다.

결혼 적령기의 젊은이들이 모이는 집이 마을에 하나씩 있어서 이곳에 모여 오락이나 게임을 한다. 그리고 합숙을 한다. 물론 성년식과 성녀식에 해당하는 의례는 이미 거친 젊은

마야인의 두개변공(頭蓋變工)

이들이다. 특히 마야인들은 정절을 높이 평가한다. 식사 때도 남자와 함께 하지 않는다. 남자를 대면할 때는 등을 돌려 지나친다. 남자에게 술을 권할 때는 다 마실 때까지 등을 돌린다. 남자를 정면으로 본다거나 남자 앞에서 웃는 일은 무례한 짓으로 여긴다.

스페인이 이곳을 점령할 무렵의 마야의 결혼적령기는 12~14살이었다. 그러나 옛날에는 평균 20살이었다. 오히려 낮아진 것은 전쟁으로 감소된 인구의 증가책이라는 설도 있다. 연애결혼은 불가능하고 반드시 중매를 통한다. 결혼일에 신부집에 연회가 베풀어진다. 주례는 제관이 맡아하며 신랑은 그로부터 5~6년간 신부집에 머물면서 노동을 한다. 만일 게으름을 피면 신랑은 쫓겨나며 이혼이 성립된다. 이혼이나 재혼이 비교적 자유스럽지만 동족간 결혼은 금지되었으며 동성끼리의 결혼도 부끄럼으로 여긴다. 상속은 남계제男系制로 딸들은 약간의 재산을 분할받지만 남자형제들은 균분상속한다.

마야의 출산의례 중 두개변공頭蓋變工을 제외하고서는 우리의 산신을 모시는 것이나 경험이 많은 산파의 입회 그리고 돌잔치 때 직업을 예점하는 것 등이 유사점이 많다. 그리고 고대 우리의 혼인제도와 재산상속에 있어서도 비슷할 뿐 아니라 여인의 예의범절이 유교의 영향권 밖인데도 불구하고 엄격한 것은 우리와 더욱 공감대를 느끼게 한다.

인신공회는 마야제의에서 빼놓을 수 없는 중요한 사항이다. 1년에 많을 때는 수십 명에서 수백 명의 인간의 인신공회가 바쳐졌다. 이와 동위선상에서 마야인들은 돌이나 나무나 흙으로 상像을 만들어 제단에 바치며 선혈을 신에게 바치는 희생제물이 제의의 중심을 이룬다. 이때의 선혈은 귀·볼·아랫입술에 상처를 내거나 혀 양쪽에 구멍을 뚫어 흐르는 피를 받았다. 인신공희의 대상은 소녀를 포함한 노예들이 대부분이다. 인신공회의 제물이 부족할 때는 부족 간의 전투가 벌어진다. 전쟁 노예는 인신공희의 제물로 사라지는 경우가 많다.

멕시코 사람을 바친 샘.
세노테는 이름으로 불리는 이 샘은 인간을 제물로 바쳤던
치첸이차의 유적의 하나다. 가뭄이나 흉년에 더 많은 인
신공희가 행해졌던 이 샘에서 19세기말 고고학자들에 의
해 인골이 발굴됐다.

마야인들이 담소를 나누고 있다.

　인신공희로 바쳐지기로 결정된 소녀나 노예들은 제일까지 일정기간 목욕재계를 하여
당일까지 극진한 대우와 대접을 받는다. 재계기간동안 제관들은 금식을 한다. 인신공희의
방법은 대개 세 가지가 있는데 화살을 쏘는 방법과 제관祭官이 돌칼로 가슴을 베어 심장을
꺼내는 방법, 그리고 치첸이챠의 세노데에 던져버리는 방법이 있다.

　원래 인신공회는 속俗에서 성聖으로의 이행의례라는 설도 있다. 그러나 이곳의 인신공희
는 인간에게 쏟은 신의 힘이 쇠퇴해진 것을 다시 인간이 피를 제공하므로 힘을 얻어 인간에
게 축복할 수 있다는 원시종교사유가 바탕이 되어 있는 듯하다. 마야인의 조각에는 인신공
회를 묘사한 장면이 많은데 가슴을 벤 자리로부터 생생한 식물이 소생하는 표현도 있다.

　이들 종교의 핵심은 태양과 달의 자연신으로 집약할 수 있지만 직접 생활에 영향을 주는
생산기능신으로는 '깃털의 뱀' '제규어' '챠크몰' 등으로 이들은 농경신으로 생각할 수 있다.
즉 농경민의 신앙체계가 보편화되었다고 할 수 있다. 농업의 생산기술은 열등했지만 상부
상조에 의한 공동노동제가 발달했다. 파종시는 노동력의 부족을 충당하기 위해 집단으로
작업을 했다.

5. 마야와 스페인의 복합, Mestizo 문화

원래 인디오와 백인의 혼혈을 메스티조라 한다. 1500년대 스페인을 비롯한 서구인이 당시 성능이 좋은 무기를 소지하고 무력으로 라틴아메리카를 정복하기 전까지만 하더라도 이 신대륙에는 사소한 부족 간의 다툼은 있었을지언정 비교적 평온한 편이었다. 백인들은 인종·종교·문화를 말살하려는 의도가 역력했다. 메스티조는 이런 와중에서 파생된 혼혈로 이수는 대단히 많아졌고 나름의 아이덴티티를 표출할 만큼 확대되었다. 현재 중남미의 정치적 주도는 메스티조가 압도적이다.

마야에 백인이 발을 들여놓은 것은 스페인이었고 이들은 전통적인 고대마야문명 위에 서구문명을 입혀 결국 마야도 아니고 서구도 아닌 새로운 문화를 창출해 냈으니 편의상 이를 매스티조문화라 해도 좋을 것이다.

1511년의 일이었다. 대서양을 항해 중이던 스페인범선이 태풍을 만나 소용돌이 속에 좌초하여 침몰했다. 이때 구사일생으로 살아남은 십수 명의 승무원이 작은 보트에 옮겨타고 운명을 하늘에 맡겨 표류하고 있었다. 물 한방울 없고 빵 한조각 없는 상황에서 작은 보트는 자메이카해안으로부터 서쪽으로 서쪽으로 밀려갔다. 7명은 도중 굶어 죽었고 14일간의 표류끝에 겨우 유카탄반도 동해안에 표착했다.

그러나 불행하게도 이들은 현지 마야인들에 의해 체포되었고 추장의 명에 의해 바르디비아외 4명은 인간의 인신공회로 바쳐졌다. 나머지도 다음 차례를 기다리고 있었다. 이 중 몇 명은 위험을 무릅쓴 탈출에 성공했다. 정글을 헤매던 중 다행이랄까 적대관계에 있는 다른 마야부족의 추장에게 잡힌 몸이 되었다. 천행으로 목숨을 건졌지만 노예의 고된 작업에 견디다 못한 일행은 하나 하나 죽어갔다. 아기라르와 게레로는 끝내 살아났다. 다음은 이 두 사람의 얄궂은 인생행적을 요약한 것이다.

게레로는 원래 수병水兵이었다. 체토마르족의 추장에게 충성을 서약한 그는 다른 부족과의 전투에서 공을 세워 마야귀족의 딸과 결혼하기에 이른다. 한편 아기라르도 타슈마르추장에게 헌신했고 많은 전공을 세워 두터운 신임을 받았건만 철저한 기독교 신초때문에 이교도 여인을 아내로 맞이하지 않았다.

이렇게 해서 스페인인 2명은 마야의 유력한 귀족이 되었다. 그로부터 9년 뒤 정복자 코르테스가 이끄는 11쌍의 선단이 항해중에 어느 인디오의 제보에 따라 수소문 끝에 끝내 아기라르와의 접선에 성공을 했다. 아기라르는 자기 추장의 허락을 받아 카누를 노저어 가서 조국의 선단에 올랐다. 이때 아기라르의 모습을 기록한 내용은 이렇다. "그는 나체였으며 전신을 붉게 칠하고 삭발을 했으나 정수리부분의 머리카락을 길게 길러 따서 빨간 가죽 리번을 이어 허리까지 늘어뜨렸다. 그는 함께 온 인디오 동료와 함께 코르테스 앞에 앉았다. 우선 활과 화살을 오른쪽에 놓고 오른손을 입에 대고 침을 발라 손을 바닥에 놓았다. 그리고 그 손을 다시 가슴쪽에 대고 비볐다. 이것이 최상의 경의를 표하는 마야의 인사였다."

결국 아기라르는 조국의 품에 안기게 되어 마야 정복에 큰 공헌을 세웠지만 그의 동료였던 게레로는 끝내 조국을 등지고 마야편에 서서 스페인군과 싸우다 스페인 총탄에 쓰러지고 말았다. 게레로는 이미 마야의 귀족이 되고 그의 아내와 아이들은 추장의 총애받는 신분이었다. 그는 마야의 관습에 따라 코와 입술 그리고 귀에 구멍을 뚫고 장식을 하는 한편 얼굴에 문신을 했다. 마야의 용사들에게만 혜택이 주어지는 손의 문신까지 하고 있었다.

이상이 마야와 서구의 첫 대면이었다. 이들의 입을 통해 마야의 신비와 비의의 내막이 서구의 알려지기도 했다. 무엇보다도 서구인이 놀란 것은 저들이 상상도 할 수 없었던 천문학과 수학의 발달, 문자의 소유는 놀라움과 시기의 대상이 아닐 수 없었다.

그토록 마야문명의 축을 형성했던 유카탄반도에 스페인군대가 밀어닥친 것은 1540년이었다. 이때 많은 유물이 파괴되었다. 정복자는 신전을 허물어 그 반석 위에 교회와 수도원을 건설했다. 당시 식민지배의 막강한 권력자 란다주교(Diego de Landa)는 미신과 악마의 기만이라는 이유로 유일하게 남은 마야의 상형문자로 된 마야역사와 역에 관한 책(Mayan Bark-Cloth Book)을 태워버리라고 명령을 했다.

만일 이때 이러한 과오를 범하지 않았다면 마야문명의 신비스런 비밀들이 풀렸을 것이다. 란다주교 자신도 마야문자를 해독하려고 했을 때 자기의 과격했던 문화말살정책을 후회했을지도 모른다.

그후 많은 학자들이 마야문화를 이해하기 위해 기호로 나타내는 마야 문자를 해독하는 작업이 1876년부터 시작되었다. 그 결과 로즈니Leon de Rosny는 '동서남북'의 방위를 나타내는 기호를 알아내는 데만 수년이 걸렸고 셀러Seler 박사는 '밤(夜)'이라는 기호 하나를 판독하는 데만 수년이 소요되었다. 그리고 폴스테만Forstemann은 '처음'과 '마지막'을 알아내는 데 성공했다. 이상 몇 개의 단어를 해독하는 데만 무려 20여 년이 걸린 셈이다. 한 사람의 실수로 없애버린 책 한 권이 이렇게 고통을 안겨주었던 것이다. 그러나 연구는 꾸준히 계속되어 현재는 거의 고대 마야인들의 생활과 종교의 실상은 어느 정도 규찰할 수 있는 단계에 이르렀다.

---

6. 결론

약 1개월간에 걸친 잉카 · 마야 · 아즈테크 문화유적지들을 돌아보고 인류의 문화사와 역사의 흥망성쇠가 다시 한번 허전함을 느끼면서 무거운 발걸음으로 돌아올 수밖에 없었다.

그러나 이들 고대문명에 대하여 새로운 인식을 갖게끔 된 계기가 되었고 우리의 민속이나 의식의 근간이 지구의 반대편이라는 지리공간만을 이유로 이질적 안목을 가지고 봐서는 안 된다는 것이다.

이제 몇 가지 의문점과 공감대의 요소들을 정리하면 다음과 같다.

첫째, 이들 문화의 근간이 되어 있는 것은 태양신숭배이지만 이는 지고신격이고 직접 생활문화화된 민속신은 치첸이챠의 '깃털의 뱀'과 같은 농신이라 할 수 있다. 뱀을 수신이나 농업신으로 경배하는 것은 이들이 이동유목민으로부터 정착농경민의 생활패턴으로 변이된 모습을 보여주는 것이다.

둘째, 태양신 숭배가 근간이 되어있지만 종교적 의례의 시각에서 볼 때는 달의 신격을 더 존중한다는 사실을 인지할 수가 있었다. 태양은 모든 신의 지고신격이고 달은 농민으로서 풍요의 길흉을 담당하는 기능을 한다. 따라서 이들 문화속에서는 이동의 유목

티오티와칸 피라미드
세계에서 3번째로 규모가
큰 이 피라미드는 태양을
섬기던 제단이다. 정상에
는 작은 신전이 있었다고
하나 지금은 그 흔적만 남
아 있다. 내부 신전에서는
인신공의가 행해졌다.

민과 정착농경민 문화가 복합되어있음을 알 수 있다.

셋째, 피라미드는 왕이나 귀족의 무덤이외에 제의용으로 만들어지기도 한다. 티오티와칸의 태양과 달의 피라미드는 왕의 무덤으로 만들어진 것 같지는 않으며 치첸이챠의 엘카스티요도 제의적 성격이 강하다.

넷째, 동물의 희생제물과 인신공희가 병행해서 시행되고 있었다. 이는 인신공희로부터 동물의 희생제물이라는 발전적 변이로 보는 종래의 인류학자들의 도식적 사고방식에 하나의 경종이 될 것 같다. 그리고 인신공희가 수없이 많이 이루어진 원인에 대해서는 인구증가 예방책이라는 경제사적 견해도 있지만 저들의 신에 근거한 종교적 이유가 선행되리라 믿는다.

다섯째, 피라미드군을 형성한 고대도시가 완전

마야인의 인신공희(人身供犧)

페허가 된 이유는 대체로 몇 가지 가설이 가능하다. 하나는 적의 침략을 받아 주민들이 포로가 되었거나 전멸당했을 가능성, 또 하나는 오랜 한발로 인한 흉년으로 도시를 포기하고 이주했을 가능성, 그리고 마지막으로는 전염병의 만연으로 전멸했을 가능성도 부인할 수 없다. 이 세 가지 이유가 동시에 이루어졌다고는 할 수 없으나 모두가 정도의 차는 있을지언정 배제할 수 없는 이유가 된다.

끝으로 하나 더 지적할 것은 라틴계 유럽인의 침략으로 인해 인디오 전통문화는 의도적으로 파괴되었다는 사실이다. 마야의 기단 위에 서구식 사원과 교회와 총독부 건물을 짓고 문서를 불태우고 혼혈을 만들어 새로운 Mestizo 문화가 창출되었다.

지금은 정권의 대부분이 이 Mestizo가 주도권을 잡고는 있으나 불안과 갈등은 계속되고 있으며 비옥한 지대를 가졌으면서도 굶주림의 연속이 있는 것은 아마도 Mestizo의 아이텐티티 불확실성이 연루된 때문이라고도 생각할 수 있다.

참고문헌

Sylranus G. Morley, 1956 The Ancient Maya. Stanford University Press. (3rd ed.).

Eric S. Thompson J. 1954 The Rise and Fall of Maya Civilization. University of Oklahoma Press.

Gordon R. Willey, 1966 North and Middle America (vol. I), An Introduction to American Archaeology. Prentice-Hall Inc. Handbook of Middle American Indians. (vols. 11). University of Texas Press. 1964~1970.

John M. Watanahe, 1987 Maya Religian (vol. 9). The Encyclopedia of Religian (ed. Mircea Eliade). Macmillan and Free Press.

Rober Redfield, 1961 The Folk Culture of Yucatan. The University of Chicago. Press. (8th ed.) Mexico. (3rd ed.)

Rober Redfield, 1987 National Museum of Anthropology.

國立現代美術館 1979 『멕시코 文明展(Petrato de Mexico)』

石田英一郎 1986 『マヤ文明』中公新書 127, (30版).

大貫良夫外監修 1987 『ラテン・アメリカを知る事典(Cyclopedia of Latin America)』平凡社

三原幸久 1972 『ラテン・アメリカの昔話』岩崎美術.

松村武雄編 1928 『神話傳説大系』卷 15 (メキシコ・ペルー編) 近代社.

7.

<아즈택 마야 인디오 문화 탐색> ③

잠에서 깨어난 불가사의

광장 1988 4월호

지구 저편의 공감대

유럽의 라틴계 민족이 15-16세기 태양과 정열로 상징되는 중남미를 지배한 이래, 이곳을 라틴 아메리카라 부르게 되었다.

현재 중남미에는 32개 독립국이 있지만 군정의 색채가 짙은 공화 정치체제를 이루고 있다. 원래 이 땅의 주인이었던 인디오들은 서양에서 밀려온 서구문화에 짓눌려 현주소는 물론 본 적마저도 희미하게 안개 속으로 사라져가며 힘없이 생존하고 있다. 필자가 애써 이곳을 밟으려 한 까닭은 스페인문화나 자연의 아름다움을 보려는 호기심에서만은 물론 아니었다.

지금으로부터 1만 5천 년에서 2만 년 전 아시아대륙으로부터 당시는 육로였던 베링해협을 가로질러 서서히 남하하며 신천지를 개척한 인디언과 인디오들 그들이 남단에 닿은 것은 기원전 6천 년경이다.

이들 중에는 상상을 초월한 지능의 소유자들도 있었다. 강인하고 전투적인 인디언들의 그룹도 있었으며 온적하고 타협적인 농경민족의 그룹도 있었다.

중남미대륙을 개척한 일부 인디오들은 고도의 지능과 강인성을 발휘하여 잉카문명을 개발했고 마야와 아즈테크문명을 일으켜 한 때 세계의 문화 중심지를 형성했었다.

한편 베링해협을 건너기 이전 이들과 헤어진 일부 그룹은 아시아대륙을 남하하여 만주와 한반도에 정착했었다. 온건하고 사색적인 특성을 가진 이들 무리는 농경문화를 일으켜 한국 민족으로 결집되었다.

우리가 지금 인류학적으로 결코 남이라 볼 수 없는 중남미의 인디오를 그들의 땅에서 그들을 만나 피는 물보다 진하다는 실감을 하게 되고 한 때는 화려했던 그들의 문화에서 공감대를 찾으려는 의욕이 뭉클해지는 것은 나만의 과욕은 아닐 것이다.

과야킬은 에콰도르의 최대 상업도시이다. 과이아스강의 하류에 위치한 1백60만 인구를 가진 이 도시는 바나나 수출항으로도 유명하다.

남미여행의 첫 기착지로 이곳을 택한 것은 보다 저렴한 비용으로 보다 많은 곳을 보려는 의도에서였다. 2개월 이내에 중남미 10여 개국을 미화 9백여 달러로 다닐 수 있는 아에로페루Aeroperu의 상품을 구입했기 때문이었다. 물론 저렴한 대신 출발항이 정해 있고 비행스케줄이 자유스럽지 않다는 불편은 있었어도 이 정도 싼 것이라면 감수할 수 있다.

애당초 넉넉히 비용을 가지고 출발한 것도 아니고, 관광도 아니었으니 침식도 정도에 맞게 찾아야 한다는 부담도 있었다.

우선 중남미 어느 나라든지 내리면 캄비오cambio를 알아야 한다. 환전점換錢店, 이를테면 미화美貨가 통하지 않는 곳이 없지만 그 나라의 화폐로 바꿔 써야만 편리하고 경제적이다. 그리고 일시에 다 바꾸는 것이 아니라 며칠분씩 바꾸는 것이 조금이라도 덕이 된다. 경제불황으로 인한 달러상승이 눈에 보일 정도이기 때문이다.

면적 28만㎢, 한반도보다 약간 넓은 정도인데 인구는 1천만도 안 된다. 아직도 아마존지역의 삼림 속으로 들어가면 원주민 인디오들이 순박하게 사는 모습을 볼 수 있다. 그들은 돈의 매력을 느끼지 못한 탓인지 돈보다 가벼운 소지품을 보상으로 받고자 한다.

에콰도르는 인디오(40%), 혼혈(40%), 백인(10%), 흑인(10%)으로 구성되어 있다.

지구 저편에 서린 공감대

1987년 11월 20일부터 34일간, 나는 안데스산맥과 멕시코 고원지대에 우리의 상상을 초월한 고대문명의 꽃을 피웠던 잉카·마야·아즈테크를 돌았다. 단순한 호기심에서가 아니었다. 지구의 저편에 어쩌면 우리와 피를 같이하는 조상의 맥이 흐르고 있을지도 모를 일이 아닌가. 그리고 그토록 찬란했던 문화가 무슨 까닭에 계승되지 못하고 오랫동안 덩굴과 수목 속에 파묻힌 채 잠들고 있었는지도 궁금하고 말이다. 이들 문화의 후예들조차 자기네 조상이 누렸던 옛 영화를 잊고 왜 망각 속에 살아왔는가? 이러한 의문들이 더욱 그 땅을 밟고 싶어하는 욕망을 자극했는지도 모른다.

또 하나 군이 이유를 붙인다면 지금까지 우리는 고대 이집트·로마·희랍의 유적에 대해서는 관심을 많이 기울였지만, 사실인즉 이들보다 부분적으로는 우세한 위치에 있기도 한, 아메리칸 인디언들이 이룩한 고대문화에 대해서는 별로 지식도 없고 그동안 알려고 하지도 않았던 것은 사실이다.

우리와는 반대편에 위치한 중남미, 이곳을 라틴 아메리카라 부르는 것은 북미를 앵글로 아메리카라 부르는 데에 대한 대칭이다. 멕시코로부터 중앙 아메리카의 여러 나라를, 남미의 여러 나라를, 그리고 칼리브 해상에 있는 섬나라들을 망라하여 중남미라 하며, 약 32개의 독립국이 있다. 현재 스페인과 포르투갈을 중심으로 한 유럽의 라틴계 민족의 영향을 많이 받은 지역으로서 가톨릭문화가 지배적이다.

유럽의 침략 이전인 콜럼버스가 아직 미대륙을 발견하기 이전에는 비록 시간적·공간적 차이는 있을지언정 고대문화를 창조한 주인공들이 있었다. 예컨대 안데스산맥 고원지대에서 한때 고대문화를 이룩한 잉카제국, 멕시코를 중심으로 신비의 종교국가를 건설한 마야문명, 멕시코시티를 중심으로 해서 꽃피운 전형적 신정일치의 아즈테크문화들은 한마디로 놀라움과 흥분의 대상이 아닐 수 없다.

그런데 이들 고대문명은 연속되지 못하고 어떤 시기를 기점으로 하여 인류역사상 사라져 갔다는 한시적 공통점을 가지고 있다. 마야와 잉카와 아즈테크는 스페인의 침략으로 인해 여지없이 파괴되고 역사에서 그 모습이 사라진 계기가 되었다. 잉카제국을 무너뜨린 피자로Francisco Pizarro, 그리고 아즈테크문명을 여지없이 파괴시킨 코르테스Hernando Cortes는 피비린내 나는 흥망사에 반드시 등장하는 인물들이다.

라틴계 민족에 의한 중남미 지배는 16세기 전반부터 시작되었으며, 약 3세기 반 정도 지속되다가 19세기에 이르러 각지에서 독립의 기운이 일기 시작한다. 그리하여 여기 저기서 새로운 국가가 탄생하기 시작한다. 특히 독립을 위해 싸운 영웅으로 지금도 이곳 주민들로부터 존경과 숭배의 대상이 된 산·마르틴San Martin은 아르헨티나·칠레·페루를 건설했고, 시몬 볼리바르Simon Bolivar는 베네수엘라·콜롬비아·에콰도르를 건설했다.

현재 중남미에는 스페인·포르투갈·이탈리아·프랑스 등의 라틴계 백인과 그들과의 혼혈, 그리고 흑인, 황색인으로는 중국·일본인, 최근에는 한국·인도인들이 무시할 수 없을 만큼 이들 속에 혼합되어 살고 있다. 이와 같이 다양한 인종이 살고 있지만, 원래부터 이곳에 살고 있었던 원주민은 인디오Indio 인디안들이다. 현재 혼혈이 된 인디오들이 많지만, 도시의 행상인들 중에 원주민들을 가끔 볼 수 있고, 시골에 가면 아직도 옛날 풍속대로 살고 있는 원주민들의 취락을 볼 수 있다.

한마디로 아메리카 인디언이라고 통칭하지만 종족별로 보면 북미에만도 150종족 이상이고 중남미에도 100여 종족 이상이 분포되어 있다. 이들은 크고 작은 종족의 차이는 있지만 각각의 언어와 풍속을 소유하고 있으며 또한 신앙을 가지고 있다. 이 중에서도 중미의 아즈테크Aztec와 마야Maya 인디오, 그리고 남미의 잉카Inca 인디오들은 뛰어났으며, 아메리카 인디언들 중에서도 가장 화려했던 고대문명의 소유자들이었다고 할 수 있다.

고고학자들에 의하면 약 2만여 년전 아시아 대륙으로부터 당시는 육로였던 베링해협을 가로질러 서서히 남하하여 기원전 6천 년에는 이미 남미의 남단에까지 분포되었다고 한다.

이 기간이 1만 4천 년이라고 본다면 결코 짧은 기간이 아니다. 이 사이에 언어가 다르고 종교가 다른 종족들이 생겨날 수 있고, 또 체질적으로도 기후와 토양·의식주의 차이 등으로 인해 다양성이 인정된다. 개중에는 수렵문화를 가진 강인하고 전투적인 인디언들도 있는가 하면 온순하면서도 창조적인 농경 인디언들도 있다.

이같은 문화환경 중에서도 잉카·마야·아즈테크문화를 이룩한 인디오들은 지금도 풀

수 없는 불가사의를 남긴 채 공허하게 사라진 것이다. 수백 년 지속된 도시가 어느 날 인적이 없어지는가 하면 폐허가 된 옛 왕도를 발견한 다른 인디오가 그것을 복원하여 다시 발전시켰다. 그러다가 어느 날 또 사라진다. 세상에서 지금까지 알려진 7대 불가사의에 이 수수께끼를 하나 더 포함시키지 않을 수가 없다.

이 글은 인디언들의 인류학적 연대를 보아 마야 · 아즈테크 · 잉카의 순으로 적어나가야 하겠지만 편의상 답사의 순으로 했으며, 지면 관계로 잉카에서는 쿠스코와 마추픽추, 마야에서는 치첸이챠, 아즈테크는 그 전신이 되는 테오티와칸만을 다루기로 했다.

잉카의 왕도, 쿠스코

전설에 의하면 잉카의 조상인 만코 카파크Manco Capac가 태양신의 명령에 따라 그의 누이이면서 부인이기도 한 마마오쿠요Mama Ocllo를 데리고 티티카카Titicaca 호수로부터 지상으로 출현했다. 만코 카파크가 지상에 출현한 목적은 백성을 행복하게 해주는 일과 왕도를 건설하는 일이었다. 그는 금으로 된 홀장笏杖을 가지고 있었는데 산 위에 서서 그것을 힘껏 멀리 던졌다. 그래서 떨어진 곳에 왕도를 세우기로 결심했다. 이곳이 곧 오늘날의 쿠스코Cuzco이다.

안데스산맥의 고원지대인 해발 3,430m에 자리잡은 잉카제국의 수도는 현재 페루의 수도인 리마로부터 동남쪽으로 1,168㎞ 지점에 위치하고 있다. 쿠스코라는 말이 '배꼽'이라는 의미를 가지고 있듯이 세상에서 가장 높은 위치에 건설된 도시이다.

이 위대한 잉카의 왕도는 1532년 스페인군대에 의해 파괴되었다. 거대한 잉카의 태양신전이었던 코리칸챠 자리에는 산토 도밍고 수도원이 세워졌고, 웅장했던 슨투루와시신전 자리에는 카테르랄 성당이 서게 되었다. 즉, 잉카문화의 초석 위에 스페인 문화가 세워진 격이다. 신전의 거석을 헐어 교회를 지었고 잉카의 사원과 신궁을 헐어 수도원을 지었다. 현재 30여 개나 되는 시내의 행정건물 · 교회당 · 수도원을 둘러보면 과거 잉카의 고도古都

가 얼마나 웅장하고 장엄했던가를 알 수 있다. 현대의 사원이나 교회당·수도원들의 웅장한 성루·석벽·석주들이 모두가 잉카의 유물이라는 점을 생각하면 잉카의 규모를 짐작하고도 남음이 있다.

잉카문화가 가장 절정에 이르렀던 시기는 1450~1532년 사이였다. 이 무렵 잉카제국의 영역은 북으로는 에쿠아돌에서 남으로는 칠레의 남단까지, 그리고 볼리비아와 알젠틴 일부에까지 세력이 미쳤다. 이처럼 남북으로 4,000㎞나 되는 거대한 제국을 만드는 데는 잉카의 조직적이고 잘 훈련된 군대가 있었고, 또 정치와 사회조직도 훌륭했기 때문이다. 많은 부족들이 잉카제국에 종속되므로 인해 그들은 잉카의 공용어인 퀘촤Quechua어를 배워야 했다.

그들의 사회조직은 철저한 계층사회로서 통치계급·귀족·평민·노예로 구분되었다. 통치·귀족그룹은 정교하고 거대한 저택에서 금으로 제조된 식기류를 사용하면서 많은 노예들을 거느리고 호화스럽게 생활했다. 평민은 외곽지대에 소수의 취락구조를 형성하면서 단순한 돌기구나 목기를 사용했다. 감자는 그들의 주식이었다.

잉카인들의 문화를 멕시코의 마야와 아즈테크 문화에 비하면 부분적으로는 뛰어난 것도 있었지만 일반적으로 우세하지는 못했다. 잉카는 정확한 시간의 역曆도 만들지 못했다. 더구나 문자의 개발이 안 된 것은 보다 문화의 다양성을 이루는 데 결점이 되었다.

그러나 잉카의 건축술은 로마에 버금가는 정도였으며, 특히 시멘트나 석회 등 반죽을 사용하지 아니하고 높이 쌓아올리는 석축공예는 놀랄만한 것이며, 그 안전도에 있어서도 완벽했다. 그밖에 관개시설의 기법도 어느 고대국가에서도 볼 수 없을만큼 과학적이었다. 수원지로부터 물을 끌어 좌우·고저할 것 없이 지금의 수도처럼 사용할 수 있었으며, 빗물도 낭비없이 최대한으로 밭농사에 활용할 수 있도록 시설이 갖추어져 있었다.

야금술과 제도술, 그리고 직물기술의 발달도 상당했음을 알 수 있다. 잉카인들은 사금을 다량으로 채취하여 황금을 제조했으며, 지금도 에쿠아드르·콜롬비아·페루 등지에 있는 황금박물관에 가보면 잉카가 얼마나 많은 황금을 가지고 그 세공술과 장식예술을 발전시켰는가를 짐작할 수 있다.

한편 사회의 질서와 안정을 누리기 위한 형법은 매우 엄중했다. 살인자에게는 사형이 정한 이치였고, 간통죄도 사형으로 다루었다. 태양신으로 상징된 왕에 대한 불경죄 또한 사형으로 처리되었다. '태양의 여인'이라 통칭되는 여승이 서약을 어겼을 때는 산 채로 땅에 묻혀야만 했다. 가벼운 죄는 채찍으로 다루었으며, 돌을 일정시간 들고 있어야만 했다.

잉카의 왕도 쿠스코에 배열된 궁전과 신전, 그밖의 건축물들을 종합해볼 때 이 당시의 수도는 정치적 기능보다도 종교적 기능이 우세했음을 짐작할 수 있다. 하기야 신정일치시대이므로 왕 자신이 태양신의 후계자이며, 정치가 곧 종교적 의식으로 대치될 수가 있었다.

잉카는 위대한 창조신이며 제신의 근원이 되는 비라코챠Viracocha를 숭상했다. 다음으로 태양·달·별과 같은 천체신, 바람·대지·해신과 같은 자연신도 섬겼다. 그밖에 초자연적 영력을 믿었는데 그러한 힘은 산이나 돌에도 임재臨齋하고, 죽은 동물이나 시체에도, 무덤에도, 옹달샘에도 있다고 믿었다. 그러나 잉카를 지배하는 것은 태양신으로서 현재의 통치자 왕은 곧 태양의 아들이라고 믿는다. 그러므로 태양을 위한 인티프라이미Intip Raymi 라는 제의가 성대하게 개최되었다.

동짓날 쿠스코에서 이 제의가 개최된다. 이날 잉카인들은 쿠스코와 주변의 높은 산에 올라가서 태양제의를 지내기로 하는데 라마lama와 코카coca와 옥수수 등을 휴대한다. 새벽에 산으로 가서 태양이 지평선 끝에 모습을 나타내면 일제히 코카와 옥수수 등을 태우면서 희생제물인 라마를 죽인다.

드디어 태양이 떠오르면 훨훨 타오르는 불꽃 주변을 돌면서 타버린 희생제물의 털을 뽑으며, 작은 목소리로 기원을 한다.

오오 창조신이여, 태양이여, 번개여
영원히 젊음을 간직하소서
사람들도 번식하게 하며
영원히 평화롭게 하여주소서

또 하나의 태양제(祭儀) 중에 시토크 라이미Citoc Raymi라는 것이 있다. 이 제의는 6월중에 개최되는 데 9일간 계속된다. 막상 제의가 시작되기 전인 3일간은 엄중한 단식을 한다. 이 금식기간 동안에는 절대로 불을 피워서는 안 된다. 4일째에 잉카왕은 많은 제의 참석자들과 더불어 쿠스코의 대광장으로 나아가 태양이 떠오르는 것을 기다린다. 마침내 태양이 떠오르면 군중은 일제히 경배를 한다. 행렬을 지어 태양의 신전까지 가서 희생제물을 바친다. 그리고 나서 거울을 사용하여 새 불씨를 만든다.

희생제물은 라마나 기네아 피그guinea pig같은 동물을 사용하지만 인신공희도 있었다. 그러나 잉카의 인신공희는 마야나 아즈테크처럼 심하지는 않았다.

잉카에서는 태양신에게 인간을 희생제물로 바쳤다. 만일 예쁘고 예모 바른 딸을 발견하면 제관들은 눈여겨 두었다가 그 아이가 8살이 되었을 때 그 부모로부터 그 아이를 받아 마마쿠나mamacuna라 부르는 여수도사에게 맡기게 된다.

아이를 맡은 마마쿠나는 여자아이를 아쿠야 우아시aclla huasi라 부르는 '선택받은 자의 집'에 가두어 일정기간 종교적 제의에 관한 교육을 철저하게 시킨다. 그리하여 태양신을 위한 제의 때 희생제물로 바치게 된다.

제의를 집행하는 제관들은 이러한 제의만을 주관하는 것 이외에 나라의 어떤 사건을 예지하는 일, 또는 무의의 기능까지 맡는다. 이 무렵의 제관들은 주술로서 환자를 진단하고 치료를 했다. 병이 든 것은 악귀의 침입으로 보고 악귀를 제거하는 것이 곧 치유의 근본이라고 믿었다.

제관들은 문자가 없어 기록으로 남길 수는 없었으나 어떤 종류의 끈의 길이, 매듭, 그리고 빛깔 등으로써 어느 정도 제의의 내용을 계승시킬 수 있었으며, 시를 암송하거나 간단한 역사를 표현하기도 했다.

쿠스코의 함락과 마추픽추

잉카문화의 황금시대는 1450년부터 1532년 사이였다고 했지만, 잉카문화의 전신은 사실 그 이전, 즉 서기전 2000년부터 시작되었다고 볼 수 있다. 이때는 잉카라 부르지도 않았지만 분명히 잉카의 조상들이 쿠스코와 그 주위에 산재해 있었던 것이다.

기원후 400년경에는 이미 금속기구도 만들었고 토기의 제작도 있었다. 이때는 분명히 잉카의 여명기라 할 수 있을 것이다. 그리고 왕국의 형식을 갖춘 것은 1200년경이며, 1438년까지 쿠스코를 중심으로 해서 남북으로 서서히 영토를 확장해 나갔다. 위대한 정복자 파차쿠티pachacuti는 영토확장의 주역을 맡은 왕이며, 그의 아들 토파 잉카Topa Inca(1471~1497) 역시 영토 확장에 공이 컸다. 잉카제국은 당분간 그 세력이 안정되어 있었으나 1527년에 이르러 아타우알파Atahualpa와 우아스카르Huascar 왕자 사이에서 권력투쟁이 전개되던 중에 드디어 1532년 스페인군에 의해 정복당했다.

수만의 잉카 정예부대가 겨우 177명밖에 안 되는 프란시스코 피자로Francisco Pizarro 이끄는 소수 병정 앞에 무릎을 꿇은 것은 총포 앞에 창과 화살의 대결이 무의미함을 의미하는 것이었다.

1532년 잉카의 마지막 왕 아타우알파가 인질로 사로잡혔다. 이때 잉카인들은 모든 황금을 모았다. 황금으로 아타우알파왕을 구출하기로 한 것이다. 이때 모은 황금이 궁전의 한 넓은 방에 사람 키만큼 가득 찼었다고 한다. 그러나 프랑스 당국은 황금과 보석만을 탈취하고 왕을 놓아주기는커녕 처형시키고 말았다. 이에 분개한 잉카인들은 드디어 1569년 반란을 일으켰으나 사기는 저하되고 재래식 무기로는 스페인군에 대항해서 도저히 승산이 없었다. 이리하여 잉카는 마침내 굴복을 당했다.

스페인 당국은 잉카의 복원을 근원적으로 봉쇄하기 위하여 사원과 신전을 파괴하는 동시에 교회를 짓고 총독부 청사를 신전 위에 건설했다. 동시에 적극적인 서양 종교의 계몽과 선도에 나섰다. 뿐만 아니라 엄청난 중과세 정책을 시도한 탓으로 엄청난 세금 때문에 꼼짝달싹 못한 인디오들은 노예라는 굴레를 벗어날 수가 없었다.

극도로 무능해진 잉카의 후예들은 서양에서 가져온 전염병으로 희생자가 속출하고 스페인 문화에 접목되면서 점차로 고대 잉카의 화려했던 과거가 저들의 뇌리로부터 사라져가고 있었다.

그러면 다시 이야기를 1530년대로 돌려보자. 잉카를 점령한 스페인은 유화정책으로 허수아비 잉카통치자를 임명했다. 순진한 잉카인들은 아마도 스페인이 약속한 대로 왕권의 복원을 해주리라는 기대감으로 정복자들을 신뢰하고 있었다. 2년쯤 기다렸으나 아무런 반응이 없자 만코 카파크Manco Capac는 자기의 추종자들을 거느리고 1535년에 반란을 일으켰다.

그러나 중과부적으로 인해 만코는 포로의 신세가 되었다. 1년쯤 포로생활을 하다가 탈출하여 다시 힘을 모았다. 스페인군대에 대항하는 만코는 잉카의 복원을 꿈꾸고 있었다. 스페인군대의 추격을 피해 쿠스코의 서북향 112㎞인 마추픽추Machupicchu에 다다랐다.

해발 2,460m인 마추픽추는 천연의 요새로서 살아남은 1,000여 명의 마지막 잉카의 후예들이 안주할 수 있는 피난처이기도 했다. 한쪽을 깎아 세운 듯한 절벽, 다른 쪽은 울창한 원시림이 덮여 있을 뿐 아니라 우루밤바Urubamba강이 마치 이 요새를 보호해 주듯 굽이쳐 흘러간다. 위로부터 굽어볼 때는 밑의 정찰이 쉬우나 밑에서 올려다볼 때는 울창한 숲이 덮여 있을 뿐, 시계視界는 오직 자연림과 험준한 봉우리가 보일 뿐이다. 이러한 조건 때문에 스페인은 살아남은 잉카족의 추적을 포기하여 돌아갔고, 잉카족은 이곳에서 다시 과거의 문화를 계승할 수가 있었던 것이다.

이곳에 신전과 궁전을 지었으며 관저와 일반주택을 지었다. 잉카의 고도로 발달한 석조건축술이 이곳에서도 발휘되었다. 관개시설도 갖추어졌으며 왕녀의 목욕탕 시설까지도 갖추었다. 일반주택은 나란히 지어졌다. 계단식 경작지(terracing for farming)는 가파른 경사지를 잘 활용하여 한 방울의 빗물도 손실 없이 활용해서 곡물을 재배할 수 있도록 장치되었고, 모든 사람이 먹을 만큼의 식물이 이곳에서 수확될 수 있었으니 경탄을 금할 길이 없다.

그런데 아직도 수수께끼의 하나인 이 마추픽추의 산상왕도가 어찌하여 그로부터 340여 년간 세상에 알려지지 아니한 채 잠자고 있었던 것일까. 이 세상에는 아직도 그 수수께끼를 풀지 못하는 7대 불가사의가 있다지만 이 마추픽추는 8번째 불가사의임에 틀림없다.

사연을 좀 더 살펴보면 이렇다. 스페인군의 추격을 피해 이 마추픽추로 피난하여 마지막 산상의 작은 왕국을 세운 만크 카파크가 죽은 것은 1571년으로 알려져 있다. 그런데 이 마지막 지도자를 잃은 것과 때를 같이하여 마추픽추는 황폐화된다. 그 이유는 무엇일까. 모두 몰살한 것일까. 다른 곳으로 옮겼다면 왜 340년 동안 침묵을 지켜야만 했던가. 그래서 빙햄 교수는 이곳을 '사라진 잉카왕도(The lost city of the Incas)'라는 이름을 붙였다.

1911년 미국의 예일대학교의 히럼 빙햄Hiram Bingham 교수가 이곳을 발견하기 전까지

이 유적지는 340년 동안 고스란히 정글 속에서 잠자고 있었다. 빙햄 교수가 이곳을 발견한 것도 정말 우연이었다. 그는 페루의 독립전쟁의 영웅인 시몬 볼리바르 장군의 발자취를 찾아 우루밤바강의 계곡을 따라 답사를 하던 중에 어떤 원주민이 "이 산봉우리에도 알 수 없는 유적이 있다."는 말을 듣고 그는 필사적으로 산을 탔다. 하늘을 덮은 삼림 속을 헤치며 간신히 정상을 밟았을 때 그의 첫마디는 "오오 하느님 이럴 수가!"였다. 마추픽추 산봉우리와 와이나비츄 산봉우리 사이에 뻗은 좁은 능선 위에 석조신전과 궁전, 그리고 주택가, 계단식 경작지 등이 눈앞에 펼쳐질 때 그의 감격을 형용할 수가 없었다.

이리하여 세상에 공개된 이 산상도시는 많은 학자들에 의해 마추픽추라고 명명되었다. 지금은 거의 정리가 되어 원형이 회복되었다.

쿠스코의 산타아나역에서 고원열차를 타고 안데스산맥의 계곡을 따라 약 3시간 반쯤 달리면 우루밤바강을 만나게 된다. 산악지대를 굽어보면서 가노라면 정글 속으로 파묻힌 듯한 착각에 빠진다. 푸엔테 루이나스역에서 내리면 사방이 높은 준령으로 하늘이 좁기만 하다. 역이 해발 1,700m이니까 눈앞에 첩첩이 싸인 준령······. 그중의 하나가 마추픽추이다. 지금은 관광개발을 하여 역에서 대기중인 버스를 타고 산상까지 지그재그로 약 30분이면 오를 수 있다. 이 도로명은 유적 발견자의 이름을 따서 히럼 빙햄 도로라 부른다. 현재 알려진 유적은 다음과 같다.

주거지 · 왕녀의 목욕탕 · 묘지지역 · 왕녀의 궁전 · 제사장의 거주지 · 교수대絞首臺 · 성스러운 광장 · 제단의 신전 · 창문이 셋 있는 신전 · 해시계 · 두 개의 돌절구 · 일반 서민들의 주거지 · 신전 · 처형장 · 귀족과 왕족의 거주지 · 그밖에 천여 개의 계단식 경작지.

대체 이 험준한 산 정상에 왕도를 세운 확실한 주인공들이 누구인가는 아직도 정설이 없다. 그리고 언제쯤 건설되었는지도 알 수 없다는 것이다. 신비에 싸인 산상고도는 빙햄이 명명한 대로 '사라진 잉카왕도'란 말이 적절한 표현이 아닐 수 없다.

쿠스코로부터 탈출한 잉카의 후예들이 이곳에 머문 기간은 35년 정도이다. 이 짧은 기간에 이 산상도시가 건설된다는 것은 거의 믿을 수가 없다. 일부 건설도 있었겠지만 옛날의 폐허를 개수 내지는 복원했을 것이라는 가설이 오히려 설득력이 있다. 그러나 기록이 없으므로 정확한 초기 건설연대를 알 도리가 없다. 그리고 마지막 영도자가 죽은 뒤, 이 마추픽추는 폐허가 되었다고 한다. 그런데 그 후 빙햄이 이곳을 발견할 때까지 이 산상도시는 숲으로 덮이고 덩굴 속에 조용히 잠자고 있었다. 그간 이곳에 대해서 아는 사람은 없었다. 그래서 그때 이곳에 살던 주민들은 마지막 왕의 죽음과 함께 모두 죽었을 것이라는 가설도 등장했던 것이다.

마야의 기원신화

마야Maya의 고대문화는 로마나 이집트보다도 훨씬 발달했었다고 주장하는 학자도 있다. 일괄적으로 이 말을 수용할 수는 없지만, 부분적으로는 긍정할 수도 있다. 특히 천문학과 수학이 뛰어났으며 아메리카 인디언들 중에서는 가장 발전된 문자를 개발한 민족이라고도 한다. 중앙아메리카에 위치하면서 한때 화려한 문명을 소유했던 마야문화의 최성기는 서기 200~800년이었고, 이때의 총인구가 약 200만 명이었다고 한다.

주로 멕시코의 유카탄반도 전역과 과테말라, 그리고 엘살바도르·온두라스의 일부 지역에까지 그 세력이 확대되어 있었다. 그리고 이들의 집단거주지는 거의가 열대 정글 속에서 해발 60~180m 정도 되는 언덕 위에 조밀하게 조성되어 있었다.

이들 종족은 키가 작은 편이며 통통한 몸집, 약간 검은 피부와 검은 머리칼에 둥근 머리를 하고 있었다. 옛날에는 아이를 낳으면 판자로 머리를 눌러 머리를 납작하게 했다. 그리고 태양신을 경배하는데 태양신의 눈이 사팔뜨기라 해서 아이를 낳으면 어미가 무거운 구슬을 눈에 달아 늘어뜨려 사팔뜨기가 되게 했다.

이러한 현상은 저들의 유물에서 충분히 발견할 수 있다.

고도의 지능과 재능을 소유한 마야인은 대체 어디에서 왔을까 하는 질문에 그동안 많은 학자들의 가설이 던져졌다. 어떤 학자는 이집트로부터, 혹은 페니키아로부터, 혹은 중국으로부터 왔다고 주장하기도 한다. 왜냐하면 마야문화의 여러 유적에서 이집트나 희랍, 모든 아시안적 요소 등이 표출되고 있기 때문에 전연 터무니없는 주장이라고 일축할 수는 없다. 일부 학자들은 마야의 문화가 고대 이집트나 중국과 같은 지역으로부터 영향을 받은 것이 아니고 독자적으로 생성된 문화라고도 주장한다. 그러나 한 가지 공통점은 이들 마야인들은 아메리카 인디언의 일족임에 틀림없고, 북에서 남하하여 이곳에 정착한 무리라고 하는 점이다.

이제 그들의 신화 두 편을 살펴보자.(앞장 「농경근간의 마야문화」에서 재인용)

우라칸신을 비롯해서 하늘에 계신 신들은 새로운 인간을 만들기로 했다. 상의 끝에 그들은 황색 옥수수가루와 백색 옥수수가루를 섞어 반죽을 해서 4명의 남자를 만들었다. 이들 피조물은 그 모습이나 생각하는 것이 모두 신들과 같았다. 우라칸신은 이것이 못마땅했다. "우리 손으로 만들어진 피조물이 우리와 같이 완전하다는 것은 있을 수 없다." 그래서 여러 신들과 상의한 끝에 "인간이란 것은 불완전한 존재라야만 한다. 우리보다는 지식이 다소 낮아야만 한다. 저들은 결코 신이 아니니까." 그리하여 우라칸신은 4명의 남자들의 눈을 향해 숨을 불었다. 그러자 4명의 남자들은 눈이 부분적으로 가려져 대지의 일부만이 보이게 되었다. 원래 신들은 대지의 구석구석까지 볼 수가 있었다. 이렇게 해서 4명의 남자들이 신들보다 저능해지자 이번에는 이들을 깊이 잠들게 한 다음 4명의 여자들을 만들어내어 그들로 하여금 부부가 되게 짝지어 주었다. 즉, 이들 남녀 4쌍이 인류의 조상이 되었다.

이들 4쌍의 남녀들은 어둠의 세계에서 살지 않으면 안 되었다. 이때는 아직 태양이 없었다. 이들은 하늘의 신들께 "우리에게 광명을 베풀어 주소서. 편하게 생활할 수 있게 은혜를 베풀어 주소서." 하고 빌었다. 그러나 태양은 나타나지 않았다. 저들은 깊은 시름에 빠져 투란쥐바Turan-Zuiva(7개의 동굴이란 뜻)라는 곳으로 옮겨 살았다. 그러나 아직도 태양은 나타나지 않았다. 다시 빌었다. "제발 우리를 행복한 땅으로 안내하여주소서." 하지만 끝내 저들은 신의 계시에 따라 긴 여정에 올랐다. 높은 산을 몇 번이나 넘어 큰 바다에 다다랐다. 배가 없는 저들은 어찌하면 이 바다를 건널 수 있을까 하고 생각하고 있을 때 바다가 두 쪽으로 갈라지면서 길이 나타났다. 저들은 그 길을 따라 아카비츠Hacavitz라는 산록에 다다랐다. "우리는 신의 계시대로 여기에 왔으니 여기서 태양을 맞이할 것이다." 오랫동안 기다린 끝에 마침내 태양빛이 동쪽 하늘에서부터 비쳐오기 시작하자 따뜻한 기운이 산천에 충만했다. 처음에는 햇볕이 뜨겁지 않았다. 점차 뜨거워지더니 제단 위의 희생제물을 태울 만큼 뜨거워졌다. 처음 8명의 남녀에게 태양이 나타났을 때는 거울 속에 그림자처럼 보였었다. 이들은 처음으로 태양을 본 것이다. 너무나 기쁜 나머지 춤을 추었다. 저들은 카무쿠Kamucu(우리는 본다는 뜻)라고 외쳐대며 노래를 불렀다. 저들은 아카비츠 산쪽에 정착하여 최초의 퀴체Quiche족의 마을을 건설했다. 시간이 흐르자 사람이 많아졌다. 8명의 조상도 늙었다. 어느 날 신이 이들에게 계시했다. "너희를 자손들이 대대로 행복하게 살려거든 우리에게 인신공희를 바치지 않으면 안 된다."

8명의 조상은 신의 지시에 따라 희생제물을 드리기 위해 다른 마을을 공격했다. 그러나 오랜 투쟁을 계속해도 승패가 쉽게 나지 않았다. 이때 어디서부터인지 벌떼가 날아와 퀴체족을 도와 적병들의 눈을 마구 찔렀다. 마침내 적병들은 앞을 볼 수 없어지자 무기를 휘두를 수가 없어 항복하고 말았다. 8명의 조상은 이들 중에서 몇 명을 선발하여 신에게 인신공희를 바쳤다. 이리하여 퀴체족은 다른 부족들을 차차로 정복하여 세력을 확장해 갔다. 이제 4명의 남자는 거의 운명할 시기가 되어 직계자손들에게 유언을 하기 위해 오게 했다. 유언이 끝나자 4명의 남자는 홀연히 모습이 사라졌다. 그 자리에는 두루마리 묶음 하나가 나타났다. 퀴체족은 이 두루마리 묶음을 '금기의 보물'이라 하여 절대로 펴보지 않았다.

이상 두 편의 신화를 소개했다. 전편은 인간의 창조과정이고 후편은 마야의 건국신화라고 할 수 있다. 우리는 이 신화를 통해서 마야인의 몇 가지 사실에 대해서 이해할 수 있게 되었다.

하나는 마야의 중심이 된 퀴체족은 추운 북방으로부터 따스한 남쪽으로 이동한 이주민이라는 사실이다. 둘째는 아메리카 인디언들 중에는 태양신 경배를 하는 경향이 있으므로 마야인도 아메리카 인디언의 한 흐름이라는 것을 알 수 있다. 그리고 셋째는 아메리카 인디언들 중에는 저희 조상의 유물로서 금기의 두루마리 묶음을 소유하고 있으며, 이것은 그들 종족의 흥망성쇠와 깊은 관계가 있다고 믿는 경향이 강하다. 그리고 또 하나 부수적인 것은 마야나 아즈테크, 그리고 잉카도 그렇지만 인신공희 풍속의 유래를 설명하는 신화이기도 하다는 점을 이 신화에서 찾아볼 수가 있다.

거대한 유적, 치첸이챠

거대한 피라미드군으로 형성된 마야문명의 유적지로서 치첸이챠Chichen Iza를 들지 않을 수 없다. 유카탄반도의 주도인 메리라로부터 동쪽으로 12㎞ 지점에 위치한 이 채첸이챠(마야어로 샘 곁에 있는 이챠 저택이란 의미가 있다) 숲속에 자리잡은 이 고도는 주거지라기보다는 종교적 기능이 보다 더 컸던 유적지이다.

가장 매력을 끄는 것은 카스티요Castillo. 높이 23m에 91개의 계단이 있고 정상에는 제단이 세워져 있다. 마야·아즈테크의 심볼인 피라미드는 거의 정상에 제단(또는 사원)이 세워져 있는 것이 특징이다. 이 카스티요의 남쪽에는 카라코르Caracol 관측탑이 있고 북쪽에는 세노테Cenote라는 인신공희를 바쳤던 큰 샘이 있다. 동쪽에는 전사戰士의 신전(Templo de los Guerreros)이 있고, 서쪽에는 구기장(Jrego de Pelota)이 펼쳐져 있다.

엘 카스티요El Castillo는 성城이란 뜻이다. 이 피라미드에는 또 쿠쿠루칸이란 다른 이름도 있다. 마야인들은 900년대 초에는 '깃털의 뱀'을 상징하는 이 신을 경배했었다. 이 피라미드는 마야의 역曆을 표상한 것이라고 한다. 사방 각 면마다 91개의 계단이 있고(91×4=364) 여기에 바닥을 합치면 1년 365일이 된다. 또 이 피라미드는 9층으로 이어져 있고 각 면의 중앙에 있는 계단이 양면으로 갈라져 있어서(9×2=18) 이것은 1년이 18개월로 나뉘어 있음을 표상한다. 그리고 각 층마다 세 개씩의 패널(板壁)이 있고, 이것은 다시 8단까지 계속되고, 9단째는 패널이 둘로 된다. 이것도 계단에서 좌우로 나뉘어지기 때문에 (3×8+2)×2=52 수치가 나온다. 즉, 마야의 52년 주기의 캘린더를 정확하게 나타내 보이고 있다는 것이다.

이 피라미드를 쿠쿠루칸이라고도 한다. 쿠쿠루칸Kukulcan은 '깃털의 뱀'이란 뜻인데 뱀의 머리는 계단이 시작되는 양쪽 모서리에 각각 조각되어 있지만, 깃털의 날개는 어디에 있는지 알 수가 없다. 아무리 둘러봐도 깃털의 날개를 찾을 수가 없다. 이 의문의 해답은 오랫동안 수수께끼로 전해오다가 1976년에야 고고학자들에 의해 해명되었다. 결론부터 말하자면 매년 두 번 쿠쿠루칸신이 강림한다는 것이다. 춘분과 추분이 바로 그날이다. 이날 오후 4시쯤 되면 9층으로 된 피라미드의 그림자가 마치 뱀 머리에 깃털이 있는 양 땅에 비친다. 중앙계단 양측면에 있는 뱀 머리의 그림자와 합쳐져 살아 움직이는 듯 '깃털의 뱀'의 형상이 나타난다. 태양의 움직임에 따라 이 깃털의 뱀이 마치 살아 움직이듯 34분간 나타나다가 사라지는데, 마야인들은 이 수호신이 땅속으로 사라지는 것이며 따라서 옥수수를 풍요롭게 해주는 징조라고 믿는 것이다.

또 하나 신비의 열쇠는 이 쿠쿠루칸 피라미드 안에 또 하나의 신전이 있다는 사실이다. 피라미드의 밑 서쪽 끝으로부터 들어가는 좁은 계단을 통해 희미한 전등불에 미끄러운 돌계단을 타고 조심스럽게 안쪽으로 가다가 다시 위로 올라가면 인신공희를 바치던 제단이 있고 안쪽에 붉은 빛의 재규어jaguar(표범류의 맹수)가 있고 그 앞에 차크몰Chacmool의 석상이 놓여 있다. 이 차크몰은 우신이라고도 하고 희생제물의 사자라고도 한다.

전사의 신전(Templo de los Guerreros)은 3층 기단으로 형성된 신전이다. 수많은 석주石柱가 이 신전의 서쪽과 남쪽을 포위하듯 세워져 있다. 이 신전에도 내부에 또 하나의 신전이 숨겨져 있으며 그 벽화도 매우 뛰어난 것이라고 하나 지금은 폐쇄되어 공개하지 않아 볼 수 없는 것이 유감스러웠다. 이 신전은 특히 톨테크Toltec문화의 영향을 많이 받아 지은 신전이라고 알려져 있다.

세노테Cenote란 다른 곳에서는 찾아볼 수 없는 '신성의 샘'이다. 이차Iza족은 이러한 샘을 신성시했던 모양이다. 사실 유카탄반도는 지질상 물이 귀하므로 샘을 신성시했고 또 샘이 있는 곳에 생활 근거지를 정한 것이다. 사실 샘이라는 표현을 했지만 샘이라기보다 여기 있는 것은 큰 웅덩이라고 하는 편이 실감난다. 이 샘이 유명한 것은 수많은 인신공희를 바쳤던 제장이었기 때문이다. 유카탄반도는 석회암질의 토양 때문에 물이 지하로 스며들어 땅 밑에 공동空洞이 생긴다. 때로는 이 공동의 윗부분의 땅이 무너지면 그 자리에 큰 웅덩이가 생기게 된다. 이것이 세노테이며 여기있는 세노테는 직경이 66m이고 깊이가 20m나 된다.

마야인들은 한발 때 이 세노테에 인신공희를 했다고 한다. 산 채로 웅덩이에 던져지는데 물 위에 떠오르지 않더라도 결코 죽지 않는다고 믿고 있었다. 최근에 미국의 톰슨 교수 Edward M. Thomson가 그동안의 전설을 뒷받침하기 위해 조사에 착수했다. 그 결과 물 밑에서부터 21명의 아이들과 13명의 성인남자, 그리고 8명의 여성 유해가 각각 나왔다. 그밖에 화려한 장식품들이 많이 발굴되었다.

구기장(Juego de Pelota)은 길이가 150, 폭이 50m가 넘는 경기장이다. 마야족의 공 경기는 오락을 초월한 수호신에게 기원을 드리는 종교적 제의로 거행되었다. 생고무로 된 공을 벽에 걸려 있는 돌로 된 둥근 고리에 손을 쓰지 아니하고 팔꿈치와 무릎과 엉덩이만을 사용해서 치는 경기이다. 그러고 나서 승리한 팀의 우두머리가 그 영광을 신에게 돌리기 위하여 희생제물이 되는 것이다. 이 구기장의 양쪽 벽에는 승리한 팀의 우두머리가 목베임을 당하는 모습, 피가 뱀이 되어 꿈틀거리는 모습, 그곳에서 다시 식물의 싹이 움트려는 모습의 그림이 조각되어 있다. 또는 오른 손에 검을, 왼손에 머리를 든 무사와 해골이 새겨진 공을 가지고 양팀의 선수가 경기하는 모습이 조각되어 있기도 하다. (승리하는 팀의 우두머리가 진 팀 우두머리의 목을 벤다는 설도 있지만, 필자가 현지에서 주민들로부터 청취한 바로는 이긴 팀의 우두머리가 그 영광을 신에게 바치는 의미로 희생당한다고 들었다. 결국 농경과 풍요를 기원하는 제의로서의 경기라고 생각할 때 해석에 따라 다르겠으나 승리의 영광을 신에게 드린다는 해석이 옳지 않을까 생각한다.)

유카탄반도에 군림했던 마야제국은 1540년 스페인군대에 의해 정복당했다. 많은 유물이 파괴되고 신전에는 그 반석 위에 교회와 수도원이 세워졌다. 당시 막강한 권력을 장악했던 란다 주교Diego de Landa는 미신과 악마의 기만이라는 이유로 유일한 마야의 상형문자로 기록된 역사와 역에 관한 책(Mayan Bark-Cloth Book)을 태워버리라고 명령했다. 만일 이 책이 있었더라면 란다주교 자신도 마야문자를 해독하려고 했을 때 얼마나 도움이 되었을까. 그 때문에 그는 마야문화를 이해하는 데 독선과 오해가 많았다.

많은 학자들이 마야문화를 이해하기 위하여 기호를 나타내는 마야문자를 해독하기 위해 1876년부터 그 작업이 시작되었었다. 그 결과 로즈니Leon de Rosny는 '동서남북'의 방위를 나타내는 기호를 알아내는 데 수 년이 걸렸고, 세러Seler 박사는 '밤(夜)'이라는 기호 하나를 알아내는 데 수 년이 걸렸다. 그리고 횔스테만Forstemann은 '처음과 '마지막'을 알아내는

데 성공했다. 이 몇 개의 단어들을 해독하는 데만 약 20년이라는 세월이 걸렸으니 그 귀중한 문헌 하나가 없어진 결과가 얼마나 큰 고통을 학계에 던져주었는가를 알 수 있다.

죽은 자의 길, 테오티와칸

멕시코시티로부터 북으로 약 50㎞ 지점에 위치한 멕시코 중앙고원에는 최대의 고대도시 유적으로 테오티와칸Teotihuacan이 있다. 신역만도 약 13㎢에 이르는 것으로 미루어 당시의 방대했던 도시 규모를 짐작할 수가 있다. 기원전 2~3세기부터 시작하여 기원전 후에 완성되었다고 보는 이 도시는 수신과 농경신들을 숭배하는 종교도시였다. 이러한 종교도시를 건설한 테오티와칸인들이 어디로부터 왔는지 그 정체는 아직도 미궁 속에 있다. 그리고 7세기경 유적만 남긴 채 홀연히 어디론지 사라졌는데 이것도 수수께끼의 하나이다.

이 유적의 규모로 보아서 당시 많은 인구가 있었음을 짐작하는데 서기 500년경에는 12만 5천 명이 거주했다니까 당대의 로마보다도 규모면에서 더 컸다고 할 수 있겠다.

테오티와칸인들이 경영했던 정치 · 사회제도는 종교가 중심이 되었으므로 제관들이 권력의 핵심이 되었으며, 군인 · 상인층이 있었고 하위층인 각종 직업인들도 각각 직종별로 특정 구역에 거주하고 있었다.

제관들은 거대한 피라미드 건설을 지도 · 지휘하면서 종교적 제의를 맡았다. 저들은 복잡하고 신성한 제의를 정확하게 계승하기 위해서 수학과 천문학 등의 지식을 개발했다.

신역神域에는 '죽은 자의 길'이라 불리는 폭이 45m, 길이가 4㎞나 되는 대로가 남북으로 뻗어 있고, 유적들은 이 대로를 중심으로 좌우로 건설되어 있다. 남단에 복합으로 이룬 두 개의 피라미드 뒤에 위치한 것이 퀘차르코아틀Quetzalcoatl 피라미드인데 깃털이 있는 뱀으로 상징된 수신, 또는 농경신을 모신 곳이다. '죽은 자의 길'을 따라 북상하면서 우측에 태양의 피라미드가 있다. 경사도가 가파른 248계단을 올라가서 사방을 바라보면 테오티와칸의 전경이 보일 뿐 아니라 광활한 고원이 눈앞에 펼쳐진다. '죽은 자의 길'을 다시 북상하다

보면 36면에 웅장한 피라미드가 있고 그 앞에 제의의 광장이 있다. 이것이 달의 피라미드이다. 달의 피라미드 정상에서 남쪽을 향하여 우측에 케차르파파로톨 궁전이 있고, 바로 옆에 재규어jaguar 궁전이 있다. 해발 2,000m 이상 되는 고원지대이기 때문에 충분한 시간을 가지고 여유있게 관찰하지 않으면 이내 지쳐버린다.

죽은 자의 길(La Calle de los Muertos)……. 남북으로 뻗은 이 길은 테오티와칸이 폐허가 되어 있을 때 아즈테크인들이 이곳에 와서 길 좌우편에 나란히 서 있는 크고 작은 신전들을 보고 이것이 왕이나 제관들의 무덤이라고 잘못 오해한 데서 지어진 이름이다. 이 길과 피라미드들은 모두 천체와 방위에 맞춰 지어진 것임이 확증되었다.

퀘차르코아틀의 신전(Templo de Quezalcoatl). 이 피라미드는 사방이 성벽으로 둘러싸여 있다. 신전의 장식은 테오티와칸에서 가장 뛰어나며 전면이 '깃털의 뱀', '비雨의 여신'들의 조각이 새겨져 있다. 희미하게 퇴색되어 있지만 벽면에는 빨강·노랑의 색채가 아직도 남아 있는 것으로 보아 옛날의 화려했었던 미술의 극치를 짐작할 수가 있다.

태양의 피라미드(Pramide del Sol). 높이가 65m, 바닥의 한쪽의 길이가 225m나 되는 거대한 피라미드로서 세계에서도 멕시코시티의 초루라Cholula, 카이로 근교의 키옵스Cheops에 이어 세 번째로 큰 것이라고 한다. 종교제의를 위해 지은 것으로 지금은 없으나 옛날에는 정상에 신전이 있었던 것으로 안다. 1년에 두 번, 태양이 이 피라미드의 바로 위에 오는 날 그 후광으로 인해 이 피라미드가 한결 돋보인다고 했다. 이 피라미드의 내부에는 또 하나의 옛 신전이 들어 있다.

달의 피라미드(Piramide de la Luna). 높이 46m, 바닥의 면이 150m×120m이다. 기원후 350년경에 완성되었다고 한다. 태양의 피라미드보다는 작지만 다소 언덕진 곳에 세워진 탓으로 정상의 높이는 거의 비슷하게 보인다. 그러나 이 피라미드 전면에 펼쳐진 광장(28,017㎡)의 규모로 보아서 그 중요성은 태양의 피라미드보다 더하다고 생각되며, 따라서 가장 거창한 종교적 제의는 이 달의 피라미드를 중심으로 거행된 듯하다. 또한 이 피라미드 정상에도 신전이 있었던 것으로 알려졌다. 제신 중에서도 특별히 피를 즐겼다는 월신에게 수많은 인신공희가 바쳐졌던 것은 틀림없다.

인신공희에 대한 테오티와칸의 신화를 소개한다.

신들의 몸을 희생해서 인간과 식물을 창조한 아즈테크의 신들은, 다음에는 태양을 만들기 위해 어둠속에서 테오티와칸에 모여들었다. 태양이 될 두 신이 선택되었다. 두 신을 태양이 되기 위해 고난의 금기생활을 시작했다. 다른 제신들은 이 두 신들의 금기생활을 위해 거대한 피라미드를 지어주었다. 며칠이 지나 금기생활이 끝났다. 태양이 되기 위해 끓는 불속으로 몸을 던질 때가 온 것이다. 한 신은 용감하게 불에 뛰어들었으나 나머지 한 신은 무서워 몇 번이나 주저했다. 그러다가 끝내 불에 뛰어들었다. 어둠속에 있는 제신들은 어느 방향으로부터 태양이 떠오를까 초조히 기다리고 있었다. 최초의 태양이 모습을 나타낸 것은 동쪽이었다. 그런데 잠시 후 또 하나의 태양이 역시 동쪽에서 모습을 나타냈다. 불에 뛰어들기를 주저하던 신이었다. 같은 방향에서 두 태양이 오르자 모두가 큰일 났다고 아우성이었다. 이때 한 신이 불에 뛰어들기를 주저했던 신에게 "되지 못한 놈!" 하고 외치면서 토끼를 던졌다. 그 때부터 이 태양은 빛이 바래져 표면에는 토끼의 반점이 새겨졌다. 이것이 오늘날의 달이다. 이렇게 해서 태양과 달이 생긴 것까지는 좋았으나 둘 다 움직이려고 하지를 않았다. 두 신들이 함께 죽어버린 것이었다. 그래서 제신들은 생각했다. 끝내 제신들은 자기들이 모두 죽음으로 써 달과 태양을 소생시키기로 했다. 제신들은 모두 죽었다. 그러자 태양이 움직이기 시작했다. 잠시 후 다른 길로 달도 움직이기 시작했다. 때문에 달과 태양은 각각 나타나게 되었다. 이렇게 신들의 희생에 의해 움직이는 태양을 가졌으나 이 움직이는 태양을 영원히 움직이게 하기 위해서는 인간 자신들도 희생할 수밖에 없지 않으냐는 생각에서부터 이곳 사람들은 인간을 희생제물로 바치기 시작했다. 그리고 태양과 달이 된 두 신이 금기생활을 했던 피라미드는 현재도 존재하고 있다.

몇 가지 의문과 감상

잉카와 마야, 그리고 아즈테크문화 유적지들을 돌아보고 인류의 문화사적 흥망성쇠에 다시 한번 허전함을 느끼면서 무거운 발걸음으로 돌아올 수밖에 없었다. 그러나 새로운 인식을 가지게 된 것은 분명히 하나의 소득이었다.

① 이들 문화의 근간이 되어 있는 것은 태양신 숭배이지만 반드시 그렇지는 않다. 치첸이 챠의 '깃털의 뱀' 숭배와 티오티와칸에 있어서의 '깃털의 뱀'은 농신의 심볼이며 뱀을 수신이나 농업신으로 믿는 것은 농경민족의 한 패턴이라 할 수 있다. 따라서 한국민족의 전통민속과 공감대가 느껴지는 것도 이 때문이라 할 수 있다.

② 태양신 숭배가 근간이 되어 있지만 종교적 의례로 보았을 때 달신이 우위에 있다는 사실도 무시할 수 없다. 그것은 농경에 있어서 태양보다 달이 직결되어 있기 때문이다. 특히 티오티와칸에 있어서 이러한 현상이 더욱 두드러진다.

③ 피라미드는 왕이나 귀족의 무덤 이외에 순전히 제의용으로 만들어진 것도 있다는 점을 이해해야 한다. 티오티와칸의 태양과 달의 피라미드는 왕의 무덤으로 만들어진 것은 아닌 것 같다.

④ 동물의 희생제물과 인신공희가 병행되어 실행되고 있었다는 점이다. 이는 인신공희로부터 동물의 희생제물로 변이되었다는 도식적 사고방식에 하나의 경종이 될 수 있다.

⑤ 그리고 인신공희가 수없이 많았던 까닭이 순수한 종교적 이유 때문인지, 아니면 인구증가의 예방책으로 했던 것인지는 아직도 정답이 없다. 아마도 이 두 가지 이유가 복합되었으리라 믿지만 전자의 경우가 보다 강한 인상을 받았다.

⑥ 피라미드군을 형성한 고대도시가 완전 폐허(폐쇄)가 된 이유는 대체 어디에 있을까. 적의 침입을 받아 주민들이 포로가 되었거나 전멸당했을 가능성이 있다. 오랜 한발로 인한 흉년으로 도시를 포기하고 이주했을 가능성도 있다. 또 하나는 전염병의 만연으로 전멸했을 가능성도 부인할 수 없다. 그러나 이러한 가설은 모두가 가능성인지 확실한 것은 아니다. 앞으로 계속 연구하면서 풀어나가야 할 과제이다.

⑦ 그러나 이러한 연구에 장애요소가 되었던 것은 라틴계 유럽인의 침략으로 인해 인디오들의 전통문화가 의도적으로 파괴되었다는 사실이다. 유적을 파괴시켰고 많은 문헌들을 소각했다는 사실은 두고두고 안타까운 일이라 아니할 수 없다.

찾아보기
Index

656

최인학의 세계 민속기행
민속학의 화소話素를 찾아

초판1쇄 발행 2024년 12월 5일

쓰고 엮음 최인학
펴냄 홍종화

주간 조승연
편집 · 디자인 오경희 · 조정화 · 오성현
　　　　　　　　신나래 · 박선주 · 정성희
관리 박정대

펴낸곳 민속원
창업 홍기원
출판등록 제1990-000045호
주소 서울 마포구 토정로25길 41(대흥동 337-25)
전화 02) 804-3320, 805-3320, 806-3320(代)
팩스 02) 802-3346
이메일 minsokwon@naver.com
홈페이지 www.minsokwon.com

ISBN　　978-89-285-2052-7　93380